Lothar Hergarten

Wille – Entscheidung – Verantwortung

Kompass für ein realistisches Menschenbild

WILLE–
ENTSCHEIDUNG–
VERANTWORTUNG

Kompass für
ein realistisches
Menschenbild

Lothar Hergarten

Die Deutsche Nationalbibliothek verzeichnet diese Publikation in der Deutschen Nationalbibliografie; detaillierte bibliografische Daten sind im Internet über http://dnb.dnb.de abrufbar.

1. Auflage 2023

Dr. Lothar Michael Hergarten (PID:23aa20)
c/o auko.media
Torgauer Str. 1A
04838 Eilenburg
Deutschland / Germany / Allemagne

E-Mail: hergarten@gmx.de

Lektorat, Coverdesign, Innenlayout & Buchsatz:
im SELBSTverlag – Die Agentur für Selfpublisher:innen
www.im-selbstverlag.de
in Kooperation mit misa bookdesign, www.misabookdesign.de

Druck und Distribution im Auftrag des Autors:

tredition GmbH, Halenreie 40–44, 22359 Hamburg, Germany

Gender-Hinweis:
Aus Gründen der leichteren Lesbarkeit wird bei Personenbezeichnungen und personenbezogenen Wörtern die männliche Form verwendet. Solche Begriffe gelten im Sinne der Gleichbehandlung grundsätzlich für alle Geschlechter. Die verkürzte Sprachform ermöglicht einen besseren Lesefluss und beinhaltet keine Wertungen.

Für Kerry, Moritz und Felix

*Herzlichen Dank all denen, die über die Jahre bereit waren,
die Themen dieses Buches mit mir zu diskutieren.*

Inhaltsverzeichnis

1 Einleitung ... 13

2 Wir laufen uns warm ... 27

3 Der Entscheidungsprozess ... 41

3.1 Unsere Grundbedürfnisse ... 45

3.2 Der Wille ... 48

3.3 Der Chancencheck ... 51

3.4 Die Entscheidung ... 54

3.4.1 Entscheidungsalternativen und Nutzen ... 54

3.4.2 Alternative Ressourcenverwendung ... 56

3.4.3 Der Mensch als Nutzenmaximierer? ... 62

3.4.4 Nutzenmaximierung und Entscheidungsfreiheit ... 72

3.4.5 Prognose von Umweltbedingungen ... 73

3.4.6 Entscheiderfähigkeiten und Handlungserfolg ... 79

3.5 Überprüfung der Entscheidung ... 79

3.6 Handlung und Handlungsergebnis, das Finale des Entscheidungsprozesses ... 80

3.7 Entscheidungsbewertung ... 81

3.8 Zusammenfassung des Entscheidungsprozesses ... 82

3.9 Zwischenfazit ... 83

4 Die normative Entscheidungstheorie ... 86

4.1 Die Entscheiderpräferenzen ... 90

4.1.1 Die Artenpräferenz ... 92
4.1.2 Die Höhenpräferenz ... 92
4.1.3 Die Zeitpräferenz ... 93
4.1.4 Die Risiko- bzw. Sicherheitspräferenz ... 95

4.2 Die Nutzenvergleichsmatrix ... 98

4.3 Die Entscheidungsökonomie ... 103

4.4 Das Omelettenproblem ... 107

4.5 Fazit zur normativen Entscheidungstheorie ... 109

5 Analyse ausgewählter Entscheidungskategorien ... 113

5.1 Die »optimale« Entscheidung ... 113

5.2 Die »intuitive« Entscheidung ... 116

5.3 Die »irrationale« Entscheidung ... 118

6 Der klassische Determinismus ... 123

6.1 Der Determinismus im Detail ... 129

6.2 Diskussion des Determinismus ... 130

6.2.1 Der Libertarismus ... 133
6.2.2 Determinismus und Gott ... 138
6.2.3 MacKay und der deterministische Widerspruch in sich ... 141
6.2.4 Determinismus und Fatalismus ... 142
6.2.5 Determinismus und Quantenmechanik ... 145
6.2.6 Evolutionstheorie vs. Determinismus ... 147
6.2.7 Der Kompatibilismus ... 152
6.2.8 Das Beobachterparadoxon ... 162

7 Weitere Theorien zur (Un-)Freiheit der menschlichen Entscheidung ... 166

7.1 Das Kausalprinzip ... 166

7.1.1 Das uneingeschränkte Kausalprinzip ... 167
7.1.2 Das eingeschränkte Kausalprinzip ... 175
7.1.3 Beispielhafte Analyse von Entscheidungsgründen ... 180

7.2 Die Lehre vom »Anderskönnen unter gleichen Bedingungen« 197
7.3 Nichtkönnen und Nichtwollen 203
7.4 Neuronaler und psychologischer Determinismus 204
7.5 Die Experimente von Libet & Co. 208
7.6 Immaterielle Entscheidungsinstanzen 213
7.7 Kant, freier Wille und Moral 217
7.8 Sprachliche Freiheit 220
7.9 Theorie des Entscheidungsmoments 221

8 Analyse unserer Denkprozesse 223

8.1 Wie frei sind unsere Gedanken? 223
8.1.1 Associative Chain 225
8.1.2 Requirement Cuts 227
8.1.3 Perceptual Cuts 228
8.1.4 Programmed Cuts 228
8.1.5 Subconscious Cuts 229
8.1.6 Emotional Cuts 229
8.2 Können wir entscheiden, was wir denken? 230
8.3 Sind kreative Gedanken frei? 234
Exkurs: Entscheidung und Disziplin 235
8.4 Gedankliche Disziplin 241
8.5 Eigenprogrammierung unserer Gedanken 242
8.6 Denkökonomie 243

9 Entscheidungen zum Guten und zum Bösen 246

9.1 Kriterien der Entscheidung zum Bösen 252
9.2 Kriterien der Entscheidung zum Guten 265

10 Entscheidungsverantwortung und Strafe 276

10.1 Das Schuldstrafrecht 277

10.2 Mögliche Funktionen von Strafe 285
10.2.1 Schuldausgleich und Vergeltung 285
10.2.2 Generalprävention 289
10.2.3 Spezialprävention und Resozialisierung 298
10.2.4 Vereinigungstheorien 302
10.3 Überholte Funktion des Vergeltungsprinzips 302
10.4 Entscheidungsfreiheit, Schuld und Verantwortung in der strafrechtlichen Diskussion 305
10.4.1 Schuld ohne Entscheidungsfreiheit? 309
10.4.2 Zur Abgrenzung von Vorsatz und Fahrlässigkeit 337
10.4.3 Entscheidung zur Fahrlässigkeit? 340
10.4.4 Die Exkulpationsgründe des Schuldstrafrechts 355
10.4.5 Schuld und Identität 377
10.5 Grundzüge eines nutzenorientierten präventionsbasierten Strafrechts 379
10.5.1 Vorsatzdelikte 379
10.5.2 Fahrlässigkeitsdelikte 383
10.5.3 Die »Zumutbarkeit« der Vorfeldmaßnahmen bei der Fahrlässigkeit 385
10.6 Der »verblendete« Täter 386
11 Kollektiver Schuldwahn? 389
12 Welche Entscheidungen kann Künstliche Intelligenz treffen? 393
13 Unser Leben in einer Welt ohne Entscheidungsfreiheit 396
13.1 Mitmenschlicher Umgang 399
13.2 Glück und Gesundheit 403
13.3 Nachsichtigkeit 403
13.4 Neid 406
13.5 Religion 406
13.6 Liebe, Dankbarkeit & Co. 408

13.7 Hass, Wut, Abneigung & Co. ... 410
13.8 Fatalismus und Freiheitsgefühl ... 411
13.9 Hoffnung ... 414
13.10 Selbstbewusstsein, Eitelkeit und Stolz ... 415
13.11 Scham, Peinlichkeit und Reue ... 417
13.12 Beleidigtsein ... 419
13.13 Verarbeitung vs. Verhinderung negativer Gefühle ... 420
13.14 Strafrecht ... 421
13.15 Gerechtigkeit ... 424

Epilog ... 431

Zitierte und themennahe Literatur ... 432

1 Einleitung

In diesem Buch geht es um das, was uns als Menschen und Persönlichkeiten vielleicht am meisten ausmacht: unsere Entscheidungen. Warum entscheiden wir wie wir entscheiden, wie funktioniert unser Entscheidungsverhalten? Welchen Nutzen können wir aus diesbezüglichen Erkenntnissen im Umgang mit uns selbst und mit unseren Mitmenschen ziehen? Und was resultiert aus solchen Erkenntnissen für Begriffe wie Entscheidungsverantwortung, Schuld oder Willensfreiheit? Braucht es tatsächlich ein Buch, das sich mit den Essenzialien des menschlichen Entscheidungsverhaltens befasst? Auch wenn in der Literatur durchaus Überlegungen zu Teilbereichen des menschlichen Entscheidungsverhaltens anzutreffen sind – es fehlt schlichtweg die tiefgehende konsequente Analyse. Braucht es *noch* ein Buch zu den Fragen von freiem Willen und Handlungsverantwortung? Gibt es davon nicht bereits mehr als genug? Nein. Die enorme Anzahl der größtenteils gegensätzlichen Theorien in der Literatur zu diesem Themenbereich lässt bereits ahnen, dass nicht in allen Fällen sonderlich analytisch vorgegangen worden sein kann. Schließlich gibt es immer nur eine Wahrheit – wenn man von den »alternativen Wahrheiten«, die nicht erst durch einen gewissen US-Präsidenten Trump in Mode gekommen sind, absieht. Nur welche? Und warum gibt es so viele widerstreitende Theorien zu diesen Themen, wenn jeweils nur eine richtig sein kann? Warum müssen ganz offenbar so viele intelligente Schreiber so falsch liegen? Und warum liegen im Rückschluss so wenige – wenn überhaupt – richtig? Schließlich: Warum stellt kaum jemand diese Fragen? Natürlich scheint es vermessen, wenn ich Ihnen hierauf jetzt eine Antwort geben möchte. Aber lassen Sie es mich trotzdem versuchen:

Wenn es um Fragen geht, die letztlich Begriffe wie Willensfreiheit, Schuld und Verantwortung tangieren, sehen wir uns alle in unseren tiefsten Überzeugungen betroffen. Und diese Überzeugungen haben eine Vorgeschichte, nämlich praktisch unser ganzes bisheriges Leben. Bereits in frühester Kindheit werden wir im Wesentlichen über die Begriffe »gut« und »böse« erzogen und unser Bewusstsein wird entsprechend geprägt. Bereits in unseren ersten Lebensjahren signalisieren uns unsere Eltern bzw. Erzieher ihr Wohlwollen und lassen uns wissen, dass wir zu den Guten gehören, wenn wir rechtzeitig vermelden, dass wir aufs Töpfchen müssen. Nach einer mehr oder weniger kurzen Geduldsphase lassen sie uns ihren Unmut spüren, wenn wir wieder einmal einfach so unter uns gelassen haben, auch wenn sie uns nicht direkt als böse titulieren. So setzt es sich fort. Unsere sogenannte Sozialisierung wird im Wesentlichen über Gut und Böse gesteuert. Geht es vielleicht auch anders? Vermutlich nicht. Meine Frau und ich haben zumindest anfangs versucht, unsere Kinder ohne Gut und Böse und ohne Signalisierung von Wohlwollen und Unmut, also gewissermaßen »wertneutral« zu erziehen, und mussten sehr bald einsehen, dass dies ein ziemlich sinnloses Unterfangen war.

Auch dafür gibt es natürlich Gründe. Die bestenfalls in Ansätzen gegebene Einsichtsfähigkeit kleiner Kinder lässt nun einmal eine vernunftbezogene Ansprache kaum fruchten. Oder haben Sie schon einmal eine Mutter erlebt, die ihrem Kleinkind kommuniziert hat, dass es ganz wunderbar wäre, wenn es sein Geschäft nicht mehr in die Windeln, sondern ins Töpfchen machen würde, da die Mama dann keine Windeln mehr entsorgen und das Kind nicht mehr säubern und trockenlegen müsste? Und würde eine solche Ansage – selbst wenn bzw. sobald sie dann fruchtbar sein könnte – sich nicht auch wieder, wenn auch möglicherweise unbewusst, des Gut-und-Böse-Schemas bedienen? Denn im Umkehrschluss wäre es ja das Gegenteil von »wunderbar«, wenn das Kind wieder einmal ohne Topf unter sich lassen würde …

Nach gleichem Muster erfolgt dann in aller Regel auch unsere weitere Sozialisierung. Als Kinder und Jugendliche sind wir »gut«, wenn wir Ordnung halten, in der Schule gute Noten schreiben, unseren Eltern gehorchen und ihnen »wohlgefällig« sind. Verhalten wir uns nicht so, gehören wir zu den »Schlechten« oder »Bösen«. Irgendwann treten die Begriffe der »Schuld« und »Verantwortung« hinzu, nämlich spätestens dann, wenn wir intelligent genug geworden sind, uns »herauszureden«. Einem heranwachsenden Jugendlichen werden Sie höchstens ein mitleidiges Lächeln entlocken, wenn Sie ihn als »böse« bezeichnen. Mit »Schuld« oder »Verantwortung« haben Sie wenigstens noch eine Chance, ins Gespräch zu kommen. Das ändert aber natürlich nichts daran, dass wir uns nach wie vor in denselben Kategorien bewegen.

Warum ich auf das Bezug nehme, was Ihnen möglicherweise schon bewusst war? Ich möchte Sie schlichtweg fragen, ob Sie der Meinung sind, dass ein Mensch, der mit den – wie auch immer gearteten – Inhalten von Gut und Böse sowie Schuld und Verantwortung groß geworden ist und sich diese im weiteren Fortgang seines Lebens dann auch mehr oder weniger zu eigen gemacht hat, diese Kategorien einfach über Bord werfen und frei von diesen denken kann. Die Frage erscheint umso berechtigter, als dass wir bereits früh in unserem Leben selbst mit diesen Begrifflichkeiten zu unserem vermeintlichen Vorteil operieren. Dabei gehören wir meist zu den Guten und die anderen zu den Schlechten. Wir beklagen uns über andere und beschweren uns über sie, weil sie faul sind, zu viel verdienen, eine Atemschutzmaske tragen, denselben Partner wollen etc.

Irgendwann in unserem Leben, meist bereits relativ früh, entdecken wir, dass es unseren Interessen nützlich sein könnte, Gut und Böse für uns zu instrumentalisieren. So werden diese Kategorien quasi ohne Unterlass von uns weiter kultiviert. Unsere Gefühlswelt folgt entsprechend. Wir fühlen uns gut, wenn wir glauben, uns zu den Guten zählen zu dürfen, und wir fühlen uns schlecht, wenn wir (ausnahmsweise) glauben, zu den Schlechten zu gehören, etwa weil Mitmenschen unser Tun missbilligen. Das geht so weit, dass nicht wenige sich in eine Art Opfermentalität hineinsteigern. Sie suhlen sich geradezu in dem Gefühl, als gute Menschen ständig Opfer von schlechten

Menschen zu sein, und erklären damit bequemerweise ihr Unglück, ihr Versagen und ihre Erfolgslosigkeit, anstatt sich damit zu befassen, wie sie Dinge unter den gegebenen Bedingungen ändern und ihren Zielsetzungen entsprechende Erfolge haben könnten (was natürlich nicht davon ablenken soll, dass es mehr als genug Menschen gibt, die Opfer von Mobbing und anderen üblen Machenschaften sind und sich nicht nur so gerieren ...). Als Guter oder als Opfer von Schlechten glauben viele (wenn nicht die meisten) von uns, einen privilegierten Status in der Gesellschaft zu haben – und häufig genug entspricht dies ja auch der Realität. Sie ernten zwar nicht unbedingt Respekt, dafür aber jede Menge Beachtung und Mitgefühl. Viele von uns merken kaum, dass uns eine solche Opfermentalität nachhaltig nicht guttun kann. Nicht nur die selbst ernannten, vermeintlichen »Opfer« bedienen mit solchem Verhalten vermeintlich ihr Sozialbedürfnis und hoffen auf Aufmerksamkeit und Zuwendung ihrer Mitmenschen.

Nein, mit einer solchen Gut-und-böse-Karriere erscheinen wir nur äußerst bedingt offen dafür, Begriffe wie Willensfreiheit, Schuld oder Verantwortung unvoreingenommen zu hinterfragen. Besondere Denkblockaden haben wir offenbar, wenn es um die Frage geht, ob und gegebenenfalls wodurch bzw. inwieweit unsere Entscheidungen möglicherweise determiniert, also unfrei, sind. Denn eine Zuweisung von Verantwortlichkeit kann es schließlich nur für freie Entscheidungen geben. Wir fühlen uns doch in unseren Entscheidungen frei: »Wo soll das Problem sein?« Wie ich in zahlreichen Gesprächen mit meinen Mitmenschen feststellen durfte (und musste), machen solche mentalen Handikaps auch vor den geistigen Eliten unserer Gesellschaft selten Halt. Denn wer möchte schon seine tradierten Grundeinstellungen, in denen er sich gemütlich eingerichtet hat, hinterfragen, um hernach sein Leben möglicherweise mit gegenteiligen Überzeugungen zu Ende führen zu müssen? Solche 180°-Richtungswechsel sind extrem unbeliebt und passieren dementsprechend auch bei hoher Intelligenz eher selten.

So ist es dann auch nicht verwunderlich, dass hunderte von Autoren immer wieder Unterschiedliches zu den Themen Willensfreiheit,

Schuld und Verantwortung geschrieben haben, ohne dass erkennbar ist, dass der eine den anderen je von seiner Grundüberzeugung abgebracht hätte. Allein dieses Bild ist schlichtweg arm: Hätte man von intelligenten Menschen nicht erwarten sollen, dass wenigstens einige ihre Überzeugungen geändert hätten und zum zumindest vermeintlich »Richtigen« konvertiert wären?

Dass sich Gelehrte und Scheingelehrte mit Betrachtungen um Willensfreiheit, Schuld und Verantwortlichkeit bzw. mit der Struktur der menschlichen Entscheidung generell so schwertun, liegt aber auch an einem Spezifikum dieser Themen: Das menschliche Gehirn befasst sich mit den Entscheidungsstrukturen des menschlichen Gehirns, das tendiert geradezu danach, schiefzugehen ... Und wie wir entscheiden, ist doch eigentlich immer »top«. Wenn nicht, lag es nicht an uns, sondern an fehlenden Informationen oder an einem sich inopportun verhaltenden Umfeld. Warum sollten wir uns mit etwas befassen, das wir mit am besten zu kennen glauben, entscheiden wir doch täglich viele 1000 Mal (einige Neurowissenschaftler sprechen gar von etwa 20.000 Entscheidungen am Tag bzw. einer Entscheidung alle drei Sekunden ...).

Unfreie Entscheidungen? Allgemein wird angenommen, dass man sich immer auch anders hätte entscheiden können, dass es immer auch Alternativen gäbe. Zudem könne kein Mensch einem anderen vorschreiben, wie er sich zu entscheiden habe – auch wenn die Handlung, für die er sich entschieden hat, vielleicht nicht möglich ist. Dass wir in diesem Sinne in unseren Entscheidungen frei sind, wird kaum jemand bestreiten wollen. Aber unsere Entscheidungen haben Gründe bzw. Ursachen und diese sind möglicherweise nicht durch uns selbst geschaffen, sondern durch unsere Bedürfnisse und die Umweltgegebenheiten. Wer jemand anderem gegenüber beispielsweise Gewalt anwendet, muss in diesem Moment über ein gewisses Aggressionspotenzial verfügen und dieses hat wiederum seine Gründe, etwa genetische Veranlagung, den aktuellen Testosteronspiegel oder frühkindliche Gewalterfahrung. In diesem Sinne darf und sollte Entscheidungsfreiheit jedenfalls hinterfragbar sein.

Und dann ist da noch die Tatsache, dass wir uns in unseren Entscheidungen frei *fühlen*, was von nicht wenigen Philosophen – man mag es kaum glauben – als »Beweis« dafür bemüht wird, dass unsere Entscheidungen dementsprechend auch frei sein müssen – als ob eine Fata Morgana ein Beweis dafür wäre, dass sich an ihrem Ort auch tatsächlich eine Oase befindet. So verwundert es nicht, dass die allermeisten Menschen ihre Entscheidungen so betrachten, wie sie sie empfinden – nämlich als grundsätzlich frei. Das sind die menschlichen Entscheidungen ja auch, zumindest in dem Sinne, dass uns niemand anderes vorschreiben kann, wie wir entscheiden. Würde man diese Menschen allerdings fragen, ob es denn Gründe für ihre Entscheidungen gibt, würden sie dies wohl ebenso bejahen wie die Frage, ob denn die Gründe ausschlaggebend für ihre Entscheidung seien. Würde man sie fragen, ob sie die Gründe, gegebenenfalls die Gründe der Gründe und wiederum deren Gründe usw. selbst gelegt hätten, würden sie dies letztlich wohl überwiegend verneinen. Fragt man diese Menschen dann weiter, ob ihre Entscheidungen möglicherweise also durch ihre Gründe, die Gründe der Gründe usw. gesteuert sind, kommen sie – nach meinen Erfahrungen jedenfalls – bereits ins »Schleudern«. Dies beweist zwar nichts, veranschaulicht aber, wie wenig wir uns mit den Strukturen unserer Entscheidungen befassen und in welch geringem Maße wir diese Strukturen verstehen. Dementsprechend wenig ist uns bewusst, wie viel Nutzen wir aus dem richtigen Verständnis unserer Entscheidungen und denen unserer Mitmenschen ziehen könnten – ich denke, Sie im Laufe dieses Buches von diesem Nutzen überzeugen zu können. Voraussetzung hierfür ist natürlich, dass wir uns mit den grundlegenden Strukturen und Mechanismen unserer Entscheidungen auseinandersetzen.

Wer bereits befürchtet, sich in der Wertigkeit seines Wesens herabgesetzt zu fühlen, wenn er zu der Erkenntnis käme, dass seine mentalen Freiheiten möglicherweise eingeschränkt oder gar nicht existent sind, wird diesbezüglich nicht klar denken und argumentieren können. Von den vielen Freunden und Bekannten, die ich über die Jahre eher »rücksichtslos« (ich bitte nachträglich um Verzeihung) mit provokanten Fragen zum Thema aus ihrer emotional-mentalen Komfortzone geholt habe, reagierten die meisten mehr oder weniger irritiert, manche auch mit schallendem Gelächter – dann allerdings meistens auch ohne taugliche Argumente. Da mich die Wahrheit mehr interessiert als eine Freundschaft oder Bekanntschaft ohne intellektuellen Austausch, habe ich meinen Gesprächspartnern trotzdem regelmäßig eine vertiefende Diskussion »aufgedrängt«. Am Ende fingen die einen an, nachzudenken, die andern waren mir mehr oder weniger böse für die mentale Ruhestörung. Von einigen habe ich nie wieder etwas gehört ...

Eine meiner Lieblingsfragen, um die mentale Offenheit meines jeweiligen Gesprächspartners zu testen, ist die, ob er sich vorstellen könne, dass der Trieb eines Triebtäters möglicherweise in einer bestimmten Situation so stark sein könne, dass er keine Chance habe, diesem Trieb nicht nachzugeben. Spätestens wenn man diese simple Frage dann auch noch auf einen pädophilen Täter bezieht, treten die meisten Gesprächspartner die »Flucht in die Emotion« an. Natürlich geht es hier um »starken Tobak«, denn schließlich empfinden die meisten von uns – wie auch ich – kaum etwas als so verabscheuenswürdig wie pädophile Straftaten.

Dennoch erscheint es jedenfalls nicht unvorstellbar, dass der Trieb eines Pädophilen im Extremfall in einer konkreten Situation so stark ist, dass der Betroffene keine Chance hat, sich gegen diesen zu wehren, auch wenn wir selbst glauben, in keiner Situation jemals einen so starken Trieb (jenseits der Pädophilie) verspüren zu können. Oder doch? Die Tatsache, dass bis dahin unbescholtene Menschen in extremen Hungersituationen schon andere Menschen getötet und verspeist haben, lehrt uns wohl eher das Gegenteil. So mancher meiner Gesprächspartner hat auf diesen Einwand mit dem Satz reagiert: »Ja, das kann man ja auch letztlich irgendwie verstehen ...« Ach so, wenn ein aus eigener Anschauung bekannter Trieb (hier der Hunger) übermächtig bzw. unbezwingbar wird, rechtfertigt er also auch gegebenenfalls Verständnis für ein Kapitalverbrechen. Handelt es sich dagegen um einen (wie bei den meisten von uns im Falle der Pädophilie) uns selbst unbekannten Trieb, wollen wir von unseren Mitmenschen, dass sie diesen »im Griff haben«, auch wenn sie ihn angesichts seiner (hier unterstelltermaßen für möglich gehaltenen) Übermacht gar nicht beherrschen können. Ja, da haben wir ihn wieder, den »gemeinen« Mitmenschen, wie er sich jedenfalls im Durchschnitt darstellt: Was wir selbst tun oder vielleicht tun würden, »kann man verstehen« und ist irgendwie zu rechtfertigen. Wir erklären uns faktisch selbst zum »Maßstab der Dinge«, natürlich jeder für sich, deshalb sind diese Maßstäbe auch von Person zu Person so unterschiedlich. Wie sollen wir da zu brauchbaren Beurteilungen gelangen, wenn es um Entscheidungen, Schuld und Verantwortung geht? Auch wenn das Denkvermögen des Menschen im Vergleich zu dem aller anderen Lebewesen eine geradezu unglaubliche Entwicklung genommen hat, scheint es noch »Luft nach oben« zu geben, wenn es um ihn selbst, sein eigenes Entscheiden und das diesem nachfolgende Handeln geht.

Auch die Medien vermögen, wenn es um unser Entscheidungsverhalten geht, nur selten etwas Erhellendes jenseits des Mainstreams beizutragen. Denn schließlich leben sie von diesem, müssen ihn bedienen und werden sich hüten, ihn mit unbequemen Überlegungen (vgl. hierzu die Beispiele im Kapitel »Wir laufen uns warm«) zu verschrecken. Hierdurch wiederum wird der Mainstream in seinen insoweit fragwürdigen Überzeugungen bestärkt, was dann wieder die opportunitätsgetriebene Bestätigung dieser Überzeugungen durch die Medien zur Folge hat – ein klassischer Circulus vitiosus. Nur zur Klarstellung: Hier geht es nicht darum, irgendwen oder irgendetwas anzuklagen, sondern darum, eine Erklärung zu liefern, weshalb unser Entscheidungsverhalten, eines der wesentlichsten Elemente unseres Menschseins, so wenig analytische Aufmerksamkeit erfährt.

Natürlich tangieren Willensfreiheit und Co. auch die Frage unserer Selbstbestimmung und der unserer Mitmenschen. Menschen müssen aus der Sicht der meisten Menschen selbstbestimmt sein, um schuldfähig zu sein. Schuld ohne Selbstbestimmung erscheint uns – zu Recht – nicht möglich. Schuld wiederum ist nach weitverbreitetem derzeitigem Verständnis Voraussetzung für Strafe. »Keine Strafe ohne

Schuld«, belehrte mich einmal ein befreundeter Strafrichter. Denn nur mit Schuld sei Strafe zu rechtfertigen. Dies sei eine edle Einstellung, entgegnete ich ihm. Aber wenn Schuld möglicherweise doch nur eine menschliche Erfindung sein sollte, müsse man auch *unschuldige* Täter verurteilen, wenn man »Sodom und Gomorrha« vermeiden und nicht die ganze Gesellschaft »in die Luft fliegen lassen« will. Immerhin erzielten wir Einigkeit dahingehend, dass auch nur die Möglichkeit, am Erkenntnisende Strafe ohne Schuld befürworten zu müssen, die meisten Menschen an einem unvoreingenommenen Nachdenken über unsere mentalen Freiheiten hindert. Auch die Vorstellung, möglicherweise nicht mehr anschuldigend mit dem Finger auf andere zeigen zu können, mag vielen so gar nicht gefallen. Dann würde man das Zu-Ende-Denken häufig doch lieber einstellen und es eben wie Christian Morgenstern halten: »Weil, so schließt er messerscharf, nicht sein kann, was nicht sein darf…«

Ich wiederhole mich: Solche Überlegungen sind natürlich keine Anklage – gegen irgendjemanden. Denn wir sind so, wie wir sind, und niemand sucht sich seine Erkenntnisdefizite und Unwissenheiten selbst aus. So wie wir sind, sind wir aus Gründen und diese – so viel erst mal nur als These – liegen letztendlich möglicherweise nicht bei uns, aber das will natürlich noch gut begründet sein. Generell sollte es nicht verachtenswert sein, grundsätzliche Einstellungen zu besitzen, auch wenn diese korrekturbedürftig sein sind. Wir sind nämlich, so wie unsere Entscheidungen, äußerst unperfekt. Auch darum geht es in diesem Buch: Warum können unsere Entscheidungen nie in irgendeinem Sinne perfekt sein und was macht die »Relativität« der vermeintlich perfekten Entscheidung aus?

Ach ja: Ist dieses Buch ein Lebenshilfe-Buch, wie sie heute die Sachbuch-Bestsellerlisten dominieren? Schon, wenn auch nur bedingt. In erster Linie handelt es sich um ein philosophisch-analytisches Buch, welches uns Wahrheiten über uns selbst näherbringen soll. Erkenntnisse über den Menschen sind aber immer die Basis für Lebenshilfe, wenn diese denn tauglich und nachhaltig sein soll. Für den Fall, dass »alles gut geht«, werden Sie von diesem Buch mental erheblich profitieren können – auch erst mal eine These des Autors, die es zu verifizieren gilt ... Wie wenig analytisch die in der Literatur geführte Diskussion um die sogenannte Willensfreiheit ist, zeigt sich bereits genau an diesem Begriff – der Willensfreiheit. Schon Schopenhauer hat festgestellt, dass man »Wollen nicht wollen kann« und Einstein, so wie viele andere, sind ihm hierin gefolgt. Diese Aussage erscheint auch absolut plausibel. Wenn wir darüber nachdenken, wird uns klar werden, dass sich ein Wille als Folge von Bedürfnissen stets von selbst bildet bzw. generiert. Wenn Sie Hunger verspüren, wollen Sie essen, ohne dass Sie auf diesen Willen einen Einfluss hätten. Sie entscheiden sich vielleicht dafür, trotzdem nicht zu essen, weil das Ihrer Figur schaden könnte. Dies ändert aber nichts an Ihrem Willen zu essen. Es hat sich lediglich ein konkurrierender Wille gemeldet, der letztlich stärker war, wenn Sie dann doch aufs Essen verzichten sollten. Wenn Sie insoweit nicht gerade besonders andersartig veranlagt sind, wollen Sie beispielsweise auch keinen Sand essen. Sie werden ihn vielleicht trotzdem essen, wenn man Ihnen dafür 10.000 Euro anbietet. Dies tun Sie aber nicht, weil sich Ihr Wille verändert hätte, sondern weil der Wille, 10.000 Euro zu erhalten, stärker war als Ihr Widerwille, Sand zu essen. Weil man also Wollen nicht wollen kann und der Wille ohne unser Zutun entsteht, ist auch die Diskussion um die menschliche »Willensfreiheit« schon begrifflich völlig unsinnig. Denn diese Diskussion meint tatsächlich nicht »Willensfreiheit«, die es nicht geben kann, sie meint »Entscheidungsfreiheit«. Unser Wollen entsteht im Vorfeld unserer Entscheidungen und weist in der Regel mindestens eine Alternative auf, z. B.

- gut essen oder auf eine schlanke Figur achten,
- ein teures Auto kaufen oder das Geld ertragbringend anlegen,
- einen gemütlichen Fernsehabend verbringen oder einfach nichts tun.

Wenn es also keine »Willensfreiheit«, sondern bestenfalls eine »Entscheidungsfreiheit« gibt, warum legen die (allermeisten) Philosophen (und übrigens auch Psychologen) ihren diesbezüglichen Werken mit der »Willensfreiheit« bereits begrifflich das falsche Betrachtungsobjekt zugrunde, auch wenn sie tatsächlich zuweilen durchaus das richtige, nämlich die »Entscheidungsfreiheit« meinen? Ernstzunehmende Wissenschaft fängt mit den richtigen Begrifflichkeiten an. Den Vorwurf eines Mangels an analytischer Vorgehensweise wird man – worauf wir natürlich noch konkreter zu sprechen kommen werden – so manchen Autoren nicht ersparen können. Dementsprechend fallen leider häufig auch die Abhandlungsergebnisse aus.

Aus den genannten Gründen wollen wir für unsere weiteren Betrachtungen vom Begriff der Entscheidungsfreiheit ausgehen und die »Willensfreiheit« vornehmlich als Synonym hierfür betrachten, soweit sie von in Bezug genommenen Autoren begrifflich so verwendet wird.

Warum nun dieses Buch? Weil ich mich darauf eingeschworen habe, das Thema – auch wenn ich mich hiermit bereits seit meiner Jugend befasse – möglichst unvoreingenommen durch meine Prägungen streng analytisch anzugehen. Diesem Buch liegt keine vorgefasste Überzeugung zugrunde, die es dann zu begründen gilt. Es will kein Thema den eigenen Überzeugungen entsprechend so lange verbiegen, bis »es passt«. Da ich mit diesem Buch glücklicherweise kein Geld verdienen muss, niemandes Interessen zu vertreten habe und mich – jedenfalls nach eigener Wahrnehmung – in kein durch persönliche Befindlichkeiten generiertes »Credo« verrannt habe, stehen die Chancen für eine wertfreie Abhandlung vielleicht gar nicht so schlecht.

Natürlich empfinde auch ich, dass jeder, der sich an meiner Familie oder mir vergeht, »ans Kreuz genagelt gehört«. Aber ebenso natürlich ist diese Empfindung nur eine Intuition, getragen vom Bedürfnis nach Selbsterhaltung, Fortpflanzung und vielleicht auch Vergeltung, die mich in meinem Nachdenken über Entscheidungsfreiheit, Schuld und Verantwortung zwar behindern kann, über die inhaltliche Qualität dieser Begriffe aber – weil eben nur Intuition – nichts auszusagen vermag.

Wie kam ich zu diesem Buch? Bereits vor meinem Studium habe ich mich stark für die Juristerei, insbesondere das Strafrecht, interessiert. Ins Grübeln kam ich jedes Mal, wenn ich in strafrechtlichen Urteilsbegründungen von »uneingeschränkter Schuldfähigkeit«, einem »hohen Maß an Schuldfähigkeit« oder »eingeschränkter Schuldfähigkeit« las. Wie sollte denn das »Maß« an Schuldfähigkeit gemessen werden? In Kilogramm, Metern, Prozent oder Litern? Woran macht man dieses »Maß« fest, wo ist die »Skala«? Hierauf waren und sind weder in der Literatur noch in den juristischen Kommentaren oder Urteilen plausible Antworten zu finden – sieht man einmal von dem »Empfinden« des jeweils »Maß nehmenden« Gutachters, Staatsanwalts oder Richters ab. Als ich dann auch noch in einer Urteilsbegründung las, dass strafverschärfend zu berücksichtigen sei, dass dem zu Verurteilenden »jegliche Empathie« fehle, schwankte ich zwischen Ratlosigkeit und Empörung. Sucht man sich Empathie aus? Entscheidet man sich dazu, Empathie zu empfinden? Ist Empathie nicht ein Gefühl, das sich – wie Hunger, soziales Geltungsbedürfnis oder sexuelles Verlangen – einstellt oder eben auch nicht? Kann man jemanden dafür verantwortlich machen, dass er ein bestimmtes Gefühl zu entwickeln nicht in der Lage ist? Kann man von jemandem erwarten, dass er bestimmte *Gefühle haben wollen muss*, weil bzw. obwohl diese sich bei ihm nicht einstellen? Und falls man diese Frage tatsächlich positiv beantworten würde: Kann man Wollen wollen, wenn sich der Wille so ohne weiteres nicht einstellen will (Antwort siehe weiter oben)? Gut, die Fragen sind hier etwas willkürlich zusammengestellt, waren aber der ausschlaggebende Anreiz für mich, nach Antworten zu suchen. Und trotzdem: Lesen Sie aus diesen Fragen bitte keine Antworten, es bleiben nur Fragen, die im Verlaufe dieses Buches analytisch-logisch beantwortet werden wollen …

Wenn es mir im Vorfeld dieses Buches lediglich um Fragen der Willensfreiheit bzw. Schuld oder Verantwortlichkeit ging, habe ich doch bald erkannt, dass man Antworten hierzu nur finden kann, wenn man sich mit dem gesamten menschlichen Entscheidungsprozess im weiteren Sinne befasst, vom Grundbedürfnis über die Willensbildung, die Abwägung und die Entscheidung bis hin zur abschließenden Handlung.

Wenn ich hin und wieder ein Buch aus den Sachbuch-Bestsellerlisten studiere, fällt mir häufig auf, dass mehr oder weniger allgemeine (zuweilen dabei auch durchaus richtige) Thesen vertreten werden, denen allerdings etwas fehlt: die tiefgehende, ein Problem bis ins Letzte durchdringende Analyse, die auch den Analysten quasi in einem Akt der Selbstkasteiung zu konsequentester Hinterfragung »von allem« nötigt. Es fehlt so oft das Bemühen um letztliche Unwiderlegbarkeit der jeweils vertretenen Behauptung. Stattdessen drängt sich gelegentlich der Eindruck auf, dass diejenigen, die sowieso schon die Gedanken des Autors teilen, bedient werden sollen. Das bringt zwar Auflage und für den Leser viel »Harmonie«, aber doch keinen wirklichen Erkenntnisgewinn oder gar geänderte Überzeugungen, schon gar nicht bei denen, die anders denken. Deshalb bin ich ein Fan ebenso konsequenter wie schonungsloser Analytik.

Was die Struktur dieses Buches betrifft, so geht es letztlich immer um folgende Fragen: Wie kommen unsere Entscheidungen zustande? Sind unsere Entscheidungen frei und inwieweit können wir für unsere Entscheidungen verantwortlich sein bzw. Schuld tragen? Da hierbei – wie bei so vielen Grundsatzfragen – am Ende »alles mit allem zusammenhängt«, liegt der Gliederung dieses Buch weniger eine strenge Systematik als vielmehr das Bemühen um das Aufzeigen von Querverbindungen und die Sicht auf »das Ganze« zugrunde. Und vielleicht ist es so auch unterhaltsamer zu lesen.

Damit Sie als Leser dieses Buches Ihre Sicht der Dinge und vor allem Ihre Kritik einbringen können, habe ich auf einer Internetsuite *lothar-hergarten.de* ein Forum eingerichtet, welches genau wie dieses Buch gegliedert ist. Sie sind also herzlich eingeladen, zum jeweiligen Gliederungspunkt oder zum Buch im Allgemeinen Ihren Kommentar abzugeben und mit anderen Lesern und/oder mir zu diskutieren. Jeder kritische Beitrag, der sachlich mit konkreten Argumenten unterlegt wird, ist willkommen! Pauschale »Verurteilungen«, die lediglich auf Störgefühlen beruhen, würden uns allerdings nicht weiterbringen …

Abschließend noch zwei Bitten für den Umgang mit diesem Buch:

Da die Kapitel weitgehend aufeinander aufbauen, macht es keinen Sinn, sich einige interessant erscheinende Kapitel herauszusuchen und auf diese Weise selektiv zu lesen. Lesen Sie die Kapitel bitte hintereinander weg.

Und: Auch wenn vieles doch deutlich einfacher ist, als es der tagtägliche Umgang mit unseren Entscheidungen zunächst nahelegen mag, gibt es auch komplexere Zusammenhänge. Diese kann man bekanntlich in längeren, verschachtelten Sätzen oder in umfangreichen Ausführungen mit weit zurückgreifenden Bezugnahmen darlegen – man hat also (nur) die Wahl zwischen zwei »Übeln«. Ich habe mich tendenziell für das erstere entschieden. Lassen Sie sich bitte nicht irritieren! Oft hilft es, einen Satz zweimal zu lesen oder auch einfach weiterzulesen, weil sich vieles dann im weiteren Kontext erklärt oder durch nachfolgende Beispiele veranschaulicht wird. Viel Spaß!

2 Wir laufen uns warm

Wenn es um die Freiheit unserer Entscheidungen, Verantwortung und Schuld geht, sind wir – wie oben angesprochen – merkwürdigerweise häufig sehr unanalytisch, um nicht zu sagen emotional. Das gilt nicht nur für eine Vielzahl der philosophischen und psychologischen Autoren, sondern wohl für die meisten Menschen schlechthin. Am Beispiel der Schuld und der mit dieser in unserer Gesellschaft quasi unlösbar verbundenen Bestrafung möchte ich Ihnen dies anhand einiger Fälle demonstrieren und Sie damit für eine vorbehaltlose Betrachtung unserer Entscheidungsprozesse öffnen. Auch wenn dieses Buch natürlich kein juristisches, sondern ein philosophisches sein will, so zeigen sich die Fehlleitungen im Umgang mit dem Begriff der Entscheidungsfreiheit besonders deutlich im Strafrecht. Dort geht es ja wesentlich um Schuld und Verantwortung, die selbstredend die Existenz einer Entscheidungsfreiheit voraussetzen. Wir werden deshalb immer wieder einmal Rückgriff auf das Strafrecht nehmen und uns in einem Teil dieses Buches auch mit den Konsequenzen der (hoffentlich) gewonnenen Erkenntnisse für das Bestrafungsverhalten unserer Gesellschaft befassen. Keine Sorge, auch der juristische Laie wird den Ausführungen leicht folgen können!

Wenn man einmal vom jeweiligen Strafmaß (worüber sich immer diskutieren lässt) absieht, gehen wohl die meisten von uns davon aus, dass unser Rechtssystem in sich relativ stimmig ist, zumindest aber kein *offensichtliches* Unrecht beinhaltet. Denn andernfalls wäre doch wohl längst das Bundesverfassungsgericht eingeschritten. Doch ist unser Recht tatsächlich gerecht? Dabei spreche ich nicht von der Gerechtigkeit, die jeder nach Gutdünken für sich selbst reklamiert, sondern von der Gerechtigkeit, die in ihrem Wesen Gleiches auch tatsächlich gleichbehandelt und in sich zumindest logisch und stimmig ist. Ich denke, ich kann Sie mit ein paar Fallbeispielen ins Grübeln bringen:

Stellen Sie sich vor, Sie passieren mit ihrem Fahrzeug eine vorfahrtsberechtigte Straße und beachten dabei die Vorfahrt versehentlich nicht. Passiert nichts, weil *zufällig* gerade kein vorfahrtsberechtigtes Fahrzeug an der Einbiegestelle unterwegs war, haben Sie äußerstenfalls mit einem Bußgeld zu rechnen, wenn sie etwa von einem Polizisten bei ihrer Missetat beobachtet wurden. Führt Ihr Versehen dagegen zu einem schweren Verkehrsunfall mit Verletzten, weil auf der vorfahrtsberechtigten Straße *zufällig* gerade ein anderes Fahrzeug unterwegs war, droht Ihnen in Deutschland im äußersten Falle gemäß §229 StGB eine Freiheitsstrafe von bis zu drei Jahren (auch wenn von diesem extremen Strafmaß hierzulande eher selten Gebrauch gemacht wird). Aber können Sie etwas dafür, dass *zufällig* gerade ein anderes Fahrzeug passiert? Natürlich nicht. Im Ergebnis stellt es sich also doch so dar, dass der Zufall für das Strafmaß maßgeblich ist. Aber darf eine Bestrafung von Zufällen abhängen und ist das gerecht? Ist die Schuld – wie auch immer man sie versteht – nicht in beiden Fällen die gleiche?

Im Prinzip genauso verhält es sich bei vorsätzlich begangenen Taten, etwa wenn ein Mensch versucht, jemand anderen umzubringen. »Gelingt« das Vorhaben, wird es strafrechtlich (bei Vorliegen auch der übrigen Tatbestandsvoraussetzungen) als Mord behandelt. »Misslingt« das Vorhaben dagegen, ist es nur versuchter Mord mit einer deutlich geringeren Strafandrohung. Auch hier entscheidet der Zufall über das Strafmaß, etwa abhängig davon, ob bei einem (von einem medizinischen Laien durchgeführten) Messerstich eine Hauptschlagader oder zufällig nur knapp daneben getroffen wurde. Kann es richtig sein, dass das Strafmaß von Zufällen, hier vom »Erfolg« der Straftat abhängig ist? Sie werden mir zustimmen, dass das nicht – in welchem Sinne auch immer – gerecht sein kann. Es lässt sich feststellen, dass unser Strafrecht bereits insoweit jedenfalls nicht in sich stimmig, sondern objektiv ungerecht ist. Damit wir uns richtig verstehen, ich plädiere an dieser Stelle nicht dafür, den einen oder den anderen Fall härter oder weniger hart zu bestrafen, sondern möchte lediglich die Inkonsistenz unseres Strafrechts aufzeigen und wie »brüchig« dessen rechtstheoretischer Unterbau zu sein scheint. Aber die wesentliche Erkenntnis hieraus ist im Zusammenhang dieses Buches noch eine ganz andere:

Haben Sie je von einem Strafverteidiger gehört, der gegenüber dem Gericht moniert hätte, dass sein Mandant doch nicht wegen eines zufälligen Taterfolges härter bestraft werden könne, als wenn eben zufällig kein anderes Fahrzeug die vorfahrtsberechtigte Straße passiert hätte bzw. zufällig die Hauptschlagader nicht getroffen worden wäre? Ich auch nicht und schon gar nicht von einem Richter, der entsprechend geurteilt hätte. Zwar hätte sich der Richter, wäre er dem Strafverteidiger gefolgt, damit über das Gesetz hinweggesetzt, hätte aber immerhin den Gleichheitsgrundsatz des Grundgesetzes bemühen können, wonach substanziell Gleiches jedenfalls nicht ungleich behandelt werden darf und dem widersprechende Gesetze geändert werden müssen – einmal ganz abgesehen von dem unbestrittenen Rechtsgrundsatz, dass ein auszusprechendes Strafmaß nicht auf zufälligen Ereignissen jenseits des Einflusses des Täters beruhen darf. Was sagen die strafrechtlichen Kommentare dazu? Nichts, jedenfalls nichts, was ich trotz intensiver Suche gefunden hätte. Offenbar – und das möchte ich mit diesem Beispiel zum Ausdruck bringen – denken nicht einmal unsere geistigen Eliten, zu denen sich Politiker, Anwälte und Richter wohl zählen dürfen, konsequent zu Ende, wenn es um Verantwortung und Schuld geht.

Spinnen wir unser kleines Beispiel weiter. Und nehmen wir an, im Falle einer versehentlich übersehenen Vorfahrt mit unglücklichem Ausgang kommt es zu einer Gerichtsverhandlung. Und der Strafverteidiger fragt nun den Richter, ob dieser denn in jedem Augenblick seines Lebens und insbesondere auch in jeder Obacht erfordernden Situation stets in vollem Maße aufmerksam gewesen sei und nie etwas Erforderliches übersehen habe. Dies sei natürlich nicht der

Fall, wird der Richter antworten – wenn er denn ehrlich sein und sich überhaupt auf diese Frage einlassen sollte. Und wenn er »open minded« ist, wird er vielleicht hinzufügen, dass kein Mensch auf dieser Welt in jedem Moment seines Lebens eine 100%ige Aufmerksamkeit aufbringen könne. Daraus schließt unser Anwalt – wohl zutreffend –, dass unaufmerksame Momente in keinem Leben vermeidbar seien, also zum Leben unausweichlich dazugehören. Wenn das aber so sei, könne der Richter doch nicht ausschließen, dass es sich bei der Unaufmerksamkeit unseres Autofahrers im Tatmoment um eben eine solche unvermeidbare handeln könnte. Für Unvermeidbares könne es aber keine Schuld geben und damit auch keine Strafe, da es schließlich nicht dem Einfluss des Beschuldigten unterliege. Da letztlich unklar sei (und wohl auch nie wird geklärt werden können), ob es sich vorliegend um eine *unvermeidbare* Unaufmerksamkeit handele oder nicht, könne der Angeklagte nach dem Grundsatz »in dubio pro reo«, also »im Zweifel für den Angeklagten«, letztlich nicht verurteilt werden. Substanzielles dürfte der Richter dem Strafverteidiger wohl kaum entgegensetzen können ... Das wird ihn aber kraft seiner tradierten Überzeugungen nicht daran hindern, den Täter für schuldig zu erklären und entsprechend zu bestrafen.

Wiederum zur Klarstellung: Ich möchte hiermit keineswegs sagen, dass man fahrlässige Straftaten ungesühnt lassen müsse, weil man in keinem Fall ausschließen kann, dass sie in einer Situation »unvermeidbarer« Unaufmerksamkeit begangen wurden. Denn dann würde wiederum bald »Sodom und Gomorrha« herrschen, weil viele Menschen keinen Anlass mehr sähen, sich zu konzentrieren und aufmerksam zu sein. Also muss man vielleicht strafen, obwohl der Täter möglicherweise unschuldig – auch im Sinne unserer Gesetze – ist? Da dieses Ergebnis – auch wenn es richtig sein sollte – aus Gründen, die wir noch zu überdenken haben, in der Gesellschaft kaum kommunizierbar ist, mag wohl auch niemand hierüber – womöglich noch öffentlich – nachdenken, kein Philosoph, kein Jurist, kein Psychologe, kein Neurologe ... Wir halten uns schlichtweg »dumm«, weil unschöne Wahrheiten wie eine möglicherweise notwendige »Bestrafung ohne

Schuld« schwer vermittelbar sind, den Kommunikator tendenziell unbeliebt machen und mit weiteren schwer kalkulierbaren Folgen behaftet sind. Gut, dieses Thema erscheint zunächst nicht unbedingt von praktischer Relevanz zu sein, da wir im Ergebnis auch ohne Schuld strafrechtlich das tun müssten, was leider unvermeidbar erscheint, nämlich auch möglicherweise Unschuldige zu bestrafen, wenn nicht allgemeiner Fahrlässigkeit Vorschub geleistet werden soll. Es scheint also auf den ersten Blick eher rechtsphilosophisch interessant zu sein. Doch gibt es hier ein quasi unentdecktes, erhebliches Problem: Das Rechtssystem und ihm folgend die Gesellschaft verbinden Bestrafung stets mit »Schuld« und somit einer »Ächtung« des Bestraften. Und dies, obwohl der jeweilige Täter – wie im Beispiel unseres für einen Moment unaufmerksamen Autofahrers – möglicherweise »unvermeidbar« unaufmerksam war und damit möglicherweise nicht schuldig in jedwedem Sinn. Deswegen verwundert es umso mehr, dass dieses Problem einer notwendigen Bestrafung möglicherweise unschuldiger fahrlässiger Täter – jedenfalls nach meiner Recherche – nirgendwo in der juristischen Literatur auftaucht. Lediglich die (Rechts-)Philosophen haben sich hiermit z. T. befasst – wenn auch ohne durchschlagenden Erfolg in der öffentlichen Wahrnehmung. Sagt uns vielleicht eine innere Stimme, dass wir Themen mit gefühlterweise nicht allgemeingefälligem Ergebnis besser erst gar nicht analytisch angehen – und schon gar nicht in die Öffentlichkeit tragen? Oder gibt es doch Menschen, die Überlegungen wie oben dargelegt anstellen, eine Veröffentlichung aber für sinnlos, kontraproduktiv oder zu schmerzbereitend halten? Ich kann es Ihnen nicht sagen.

Übrigens: Der Richter war natürlich eine rein fiktive Person. Da Richter entgegen zuweilen gehegter eigener Überzeugung nicht besser oder schlechter als andere Menschen sind (oder wissen Sie mehr?), dürfte für die Realität eher davon auszugehen sein, dass der Richter kraft seiner Obrigkeit das Gespräch abbrechen würde, sobald er merkt, »wo der Hase langlaufen« soll …

Wäre es für den Angeklagten nicht möglicherweise versöhnlicher, wenn man ihm erklären würde, dass man ihn »zur Vermeidung von

Sodom und Gomorrha« bestrafen müsse, obwohl man mangels retrospektiven Blicks in seinen Kopf nicht objektiv feststellen könne, ob seine Unaufmerksamkeit (im obigen Sinne) »unvermeidbar« war und er damit vielleicht unschuldig ist, als wenn man ihm ein Schuldgefühl gibt, das möglicherweise nicht gerechtfertigt ist und ihn damit der Ächtung durch die Gesellschaft preisgibt? Aber das würde zum allgemeinen Verständnis und zur breiten Akzeptanz wohl die Unterrichtung einer realistischen Schuldtheorie bereits in der Schule erfordern …

Meine Studienkollegen und ich haben damals ein uns sehr bewegendes »Schuldproblem« gewälzt, das wir am Ende nicht wirklich einmütig lösen konnten:

Stellen Sie sich vor, Sie befahren mit Ihrem Pkw eine innerstädtische Straße, an deren – aus Fahrtrichtung gesehen – rechter Seite zahlreiche Autos quasi lückenlos parken. Statt der erlaubten 50 km/h haben Sie 60 km/h auf dem Tacho. Plötzlich rennt unvermittelt eine erwachsene Person hinter einem geparkten Transporter direkt vor Ihnen auf die Straße. Sie haben keine Chance, noch in irgendeiner Weise zu reagieren, die Person wird tödlich verletzt. In einem im Vorfeld der anstehenden Gerichtsverhandlung erstellten Gutachten wird Ihnen allerdings bestätigt, dass Sie nicht nur bei dem tatsächlichen Tempo von 60 km/h sondern auch bei dem erlaubten Tempo von 50 km/h keine Chance gehabt hätten, noch angemessen zu reagieren, und es mit an Sicherheit grenzender Wahrscheinlichkeit ebenso zum Tod des Passanten gekommen wäre. Der Richter erklärt Sie dennoch für verantwortlich. Seine Begründung hierfür lautet folgendermaßen:

»Wenn Sie sich an die vorschriftsmäßige Geschwindigkeit von 50 km/h gehalten hätten, wären Sie zu dem Zeitpunkt, als die Person hinter dem parkenden Transporter hervorkam, erst an einer Stelle der Straße gewesen, die noch 10–20 m vor dem tatsächlichen Unfallort liegt. Sie hätten somit noch genügend Zeit gehabt, das Fahrzeug rechtzeitig zum Stillstand zu bringen. Weil Sie aber 60 km/h schnell gefahren sind, waren Sie mit Ihrem Pkw zum fraglichen Zeitpunkt bereits an der Stelle, an welcher der Passant auf die Straße trat. Mit anderen Worten: Sie haben gegen ein gesetzliches Verbot verstoßen und hierdurch einen Menschen tödlich verletzt, weshalb Sie verantwortlich und schuldig im Sinne des Gesetzes sind.«

Im ersten Moment erscheint Ihnen diese Argumentation durchaus plausibel. Dann aber sträubt sich etwas in Ihnen mit aller Gewalt. Und Sie erklären dem Richter: »Aber der Gutachter hat doch ausgesagt, dass es ebenso zu dem Unfall mit tödlichem Ausgang gekommen wäre, wenn ich nur 50 km/h schnell gewesen wäre.« Der Richter darauf hin: »Sie sind aber nicht 50 km/h gefahren, sondern 60 km/h und nur deshalb waren Sie zeitgleich mit dem Passanten an der späteren Unglücksstelle und haben diesen tödlich verletzt.« Sie holen zum letzten Rettungsversuch aus: »Aber ich hätte den Passanten doch auch dann überfahren, wenn ich nur 50 km/h schnell gewesen wäre, mich aber vor meiner Abfahrt von zu Hause z. B. 5 Sekunden länger von meiner Frau verabschiedet hätte. Dann wären der Passant und ich ja ebenso gleichzeitig an der Unglücksstelle gewesen. Wir wären mit gleichem tödlichen Ausgang für den Passagier kollidiert, aber ich wäre unschuldig. Soll ich jetzt etwa schuldig sein, weil ich mich nicht 5 Sekunden kürzer oder länger von meiner Frau verabschiedet habe? Denn dann wäre es ja auch mit dem Tempo von 60 km/h nicht zum Zusammenstoß gekommen.« Der Richter: »Hören Sie doch auf mit Ihrem konjunktivischen Geschwafel! Hätte, würde, wäre: Sie haben gegen ein Höchstgeschwindigkeitsgebot verstoßen und dadurch einen Menschen getötet. Wären Sie nur 50 km/h schnell gewesen, wären Sie zu dem Zeitpunkt, als der Passant auf die Straße trat, noch 10–20 m vor der späteren Unglücksstelle gewesen und hätten noch rechtzeitig bremsen können. Punkt!«

Am Ende »gewinnt« natürlich der Richter, weil er »das Schwert hat«, auch wenn Sie möglicherweise mit Ihrer Argumentation Recht haben. Aber könnten Sie dem Richter jetzt genau sagen, weshalb er im Unrecht ist? Vermutlich nicht und vielleicht ist er es ja auch gar nicht. Seine Logik ist jedenfalls nicht »aus dem Stand heraus« zu widerlegen, auch wenn man ihr mit gewissen Störgefühlen begegnet. Diskutieren Sie den Fall einmal im Kreise Ihrer Freunde oder Bekannten. Sie werden viel Spaß haben – und vermutlich keine wirkliche Lösung. Aber da lasse ich Sie natürlich nicht im Regen stehen. Wir werden diesen Fall an gegebener Stelle im Buch logisch, plausibel und richtig lösen – versprochen! Ich denke, Sie werden erstaunt sein, wie einfach die Lösung ist. So viel vorweg: Sie hat wieder einmal mit unlogischem Recht zu tun, aber das haben Sie wohl schon vermutet ...

Führen wir uns ein weiteres fiktives Gespräch zwischen einem Strafverteidiger und einem Richter zu Gemüte, welches uns veranschaulichen dürfte, wie wenig – und vor allem wie wenig analytisch – wir uns mit unserem Entscheidungsverhalten befassen:

Strafverteidiger: »Können Sie mir einen einzigen Grund nennen, Herr Vorsitzender, weshalb Sie, wenn Sie der Beschuldigte gewesen wären, also im Moment der Tatbegehung genau die gleichen Persönlichkeitsmerkmale gehabt hätten und in genau derselben Situation gewesen wären, anders als dieser gehandelt, sich also gegen den Einbruch entschieden hätten?«

Richter: »Ja selbstverständlich. Ich habe eine Moral und ein Gewissen und hätte mich deswegen nicht für die Tat entschieden.«

Strafverteidiger: »Ich fürchte, Sie haben die Eingangsvoraussetzungen meiner Frage nicht ganz verstanden. Ich habe unter der Voraussetzung gefragt, dass Sie ›der Beschuldigte gewesen‹ wären. Das impliziert, dass Sie im Moment der Tatbegehung genau die gleiche Moral und das gleiche Gewissen wie der Beschuldigte gehabt hätten. Wieso also hätten Sie sich anders entscheiden sollen als der Beschuldigte?«

Richter: »Vielleicht, weil ich intelligenter als der Täter bin?«

Strafverteidiger: »Das mag schon so sein. Aber Ihre Persönlichkeitsmerkmale sollten ja die gleichen wie die des Täters sein, was ja auch eine gleiche Intelligenz beinhaltet. Und nebenbei bemerkt: Wenn Sie nur wegen Ihrer höheren Intelligenz die Tat nicht begangen hätten, wäre es dann richtig, den Täter nur wegen seiner geringeren Intelligenz zu bestrafen? Schließlich sucht man sich seine Intelligenz ja nicht aus.

Aber selbst wenn man – entgegen der Eingangsvoraussetzung, dass alle Persönlichkeitsmerkmale gleich sein sollten – davon ausginge, dass Sie entgegen dem Täter über eine intakte Moral und ein intaktes Gewissen verfügen und deswegen die Tat nicht begehen würden:

Moral und Gewissen unterliegen doch einem langen Entwicklungsprozess und sind abhängig von Erziehung, Erfahrungen, Sozialisierung und wohl auch der Genetik (zum Beispiel was die Empathie betrifft) und damit im potenziellen Tatmoment schlichtweg unabänderlich in einer bestimmten Ausprägung gegeben (bzw. im äußersten Fall gar nicht vorhanden). Sollte der Täter also im Gegensatz zu Ihnen nur wegen anderer Erziehung, Erfahrungen, Sozialisierung und Genetik bestraft werden?

Aber unabhängig von diesen abgewandelten Ausgangsbedingungen frage ich Sie noch einmal: Wieso sollten Sie sich, wenn Sie der Beschuldigte gewesen wären, also bei im potentiellen Tatmoment genau gleicher Persönlichkeitsstruktur und auch ansonsten gleichen Bedingungen, anders als der Täter entschieden, also die Tat nicht begangen haben?«

Richter: »Ja, dann hätte ich mich wohl genauso zur Tat entschieden. Jedenfalls sehe ich keinen Grund, weshalb ich mich anders als ebenfalls zur Tat hätte entscheiden können, wenn ich der Angeklagte gewesen wäre und alle Ausgangsvoraussetzungen identisch gewesen wären. Wenn es keinen Grund gibt, weshalb nicht nur ich, sondern im Prinzip jeder Mensch unter genau gleichen Voraussetzungen sich nicht ebenso für die Tat entschieden hätte, scheidet eine wie auch immer geartete Schuld wohl aus.«

Natürlich ist die letzte fiktive Einlassung des Richters eher als Scherz zu verstehen, was aber nichts an ihrer Aussagekraft ändert. Ein Richter wird im wahren Leben – wie die allermeisten von uns – eher selten bereit sein, seine Grundauffassungen infrage stellen zu lassen, schon gar nicht auf der Grundlage einer interessengeleiteten Diskussion im Rahmen einer strafprozessualen Verhandlung. Aber dieser Dialog soll schließlich auch nichts beweisen, sondern Ihnen veranschaulichen, welche Fragen sich bei analytischer Betrachtung ergeben können, über die die allermeisten von uns noch nicht einmal ansatzweise nachgedacht, geschweige denn die passenden Antworten hierzu gefunden haben. Ich hoffe, ich konnte Ihr Interesse wecken.

Wie wenig selbst unsere »geistigen Eliten« bereit sind, zu Ende zu denken, wenn es um verantwortungs- und schuldbezogene Fragen geht, hat uns das deutsche Bundesverfassungsgericht in seinem Urteil vom 15.02.2006 (1 BvR 357/05) sehr anschaulich gezeigt. Urteilsgegenstand war die sogenannte Triage, also die Frage, ob ein bzw. wenige Menschenleben geopfert werden dürfen, um damit mehrere andere Menschenleben zu retten. Ein Beispiel hierzu ist das sogenannte Trolley-Problem:

Es geht um einen Bus mit einem Fahrer und fünf Passagieren, dessen Bremsen versagen und der auf einen Abgrund zurollt. Auf einer Brücke, unter welcher der Bus hindurchfahren wird, stehen Sie und ein sehr übergewichtiger Herr. Die Wahrscheinlichkeit, dass der sehr übergewichtige Herr den Bus stoppen und damit vor dem tödlichen Fall in den Abgrund bewahren könnte, wenn Sie ihn von der Brücke stoßen würden, ist sehr groß. Allerdings würde der übergewichtige Herr dabei voraussichtlich sterben. Dürfen bzw. sollen bzw. müssen Sie diesen einen Mann nun von der Brücke stoßen, um die immerhin sechs Insassen des Busses zu retten? Macht sich also schuldig, wer ein oder wenige Menschenleben opfert, um damit eine Mehrzahl anderer zu retten? Oder macht sich vielleicht sogar schuldig, wer genau dies nicht tut? Schließlich hätte er in unserem Beispiel um den »Preis« eines Menschenlebens sechs andere retten können.

Das Bundesverfassungsgericht hat zur Triage entschieden, dass – z.B. von Terroristen – als fliegende Bombe eingesetzte Flugzeuge mit Passagieren an Bord nicht abgeschossen werden dürfen, selbst wenn dadurch das Leben von Tausenden Menschen gerettet werden würde.

Zu Ende gedacht? Natürlich nicht! Denn jedes Jahr opfern wir in Deutschland fast 3.000 Menschen im Straßenverkehr (ADAC 2022), um eben genau diesen Straßenverkehr zu ermöglichen. Wir erbringen dieses Opfer, um wirtschaftlicher Vorteile willen (man stelle sich nur eine Wirtschaft ohne Lkw-Verkehr vor), um uns das Leben leichter und bequemer zu machen und sicherlich auch, um mit Kranken-, Feuerwehr- und Polizeifahrzeugen (andere!) Menschenleben zu retten. Wir opfern also bewusst Menschenleben, sogar nicht nur um andere Menschenleben zu retten, sondern auch um »schnöde« wirtschaftliche und Bequemlichkeitsvorteile einzuheimsen. Natürlich möchte ich damit nicht sagen, dass man den Straßenverkehr verbieten sollte. Ich möchte damit sagen, dass das Bundesverfassungsgericht offenbar so wenig analytisch gedacht hat, dass ihm nicht auffiel, dass das von ihm kriminalisierte Verhalten, die Triage, bereits seit über 100 Jahren tagtäglich praktiziert wird, ohne dass auch nur ein Staatsanwalt einschritt oder sonst jemand – aus diesem Grunde – die Einstellung des Straßenverkehrs forderte oder den Verkehrsminister auf die Anklagebank gebracht hätte. In seiner unzureichend analytischen Betrachtung hat das Bundesverfassungsgericht diesen Problemwiderspruch offenbar nicht erkannt.

Die Triage, die das Bundesverfassungsgericht (für den Fall der Opferung von Menschenleben zugunsten anderer Menschenleben) ebenso kategorisch wie vehement als unzulässig ausschließt, ist in der Politik ständiger »guter Brauch«. Zu »Coronazeiten« hat die deutsche Politik diesen Brauch erst wieder bestätigt, indem sie die Lockdown-Regeln in Deutschland für die Weihnachtsfeiertage 2020 lockerte und damit bewusst zur Bedienung weihnachtlicher Gefühlsromantik zusätzliche Infizierte und damit auch weitere Tote in Kauf nahm.

Reicht das analytische Denkvermögen der höchsten deutschen Richter nicht so weit, dass sie bemerken, dass das, was sie verurteilen, tagtäglich praktiziert, aber nicht bestraft wird und gesellschaftlich ganz offenbar akzeptiert ist?

Klar, es gibt einen Unterschied zwischen dem vom Bundesverfassungsgericht ins Visier genommenen Fall und der Inkaufnahme der

Verkehrstoten. Im Falle des Flugzeugs handelt es sich um die Opferung *konkreter* Personen, während man im Straßenverkehr nicht von vornherein weiß, *wer* als Opfer wird herhalten müssen. Aber natürlich ist der vom Bundesverfassungsgericht aufgestellte Grundsatz, dass man Menschenleben nicht opfern darf, um andere Menschenleben oder gar nur geringere Werte zu retten, in beiden Fällen einschlägig. Dementsprechend ist auch kein vom Bundesverfassungsgericht aufgestellter Grundsatz des Inhaltes bekannt, dass man Menschen zum Erhalt anderer Menschenleben opfern dürfe, wenn diese Menschen (noch) nicht bekannt seien. Eine solche Differenzierung würde auch keinen Sinn machen und wäre schlichtweg unbegründbar.

Tatsächlich gibt es eine Vielzahl von sinnvollen Entscheidungen der Politik in Form von Gesetzen, Verordnungen etc., welche faktisch über Leben und Tod von Menschen zugunsten oder zulasten anderer Menschen verfügen. Man denke nur an solche im Straßenverkehr oder im Gesundheitswesen und dessen Finanzierung. So ist etwa jede politische Entscheidung über Umfang, Intensität und Kosten im Gesundheitswesen potenziell eine über Leben und Tod von Menschen. Dementsprechend wäre vom Bundesverfassungsgericht – auch in Ansehung der hiermit verbundenen erheblichen Schwierigkeiten – eine sinnvolle Abgrenzung zu erwarten gewesen. Stattdessen hat das Gericht in Verkennung des abstrakten Problems eine Entscheidung getroffen, mit der es letztlich seit langem geübte sinnvolle Praxis kriminalisiert, offenbar ohne dass es dies registriert hätte.

Wir sehen wieder einmal: Wenn es um die Wertung unserer Entscheidungen und damit auch um Schuld bzw. Verantwortung geht, machen sich offenbar erhebliche mentale Blockaden selbst bei höchsten Richtern breit. Umso reizvoller und interessanter dürfte die diesbezügliche analytische Befassung werden.

Wenn es um Entscheidungsverantwortung und Schuld – in welchem Sinne auch immer – geht, liefern unsere Strafgerichte und deren forensische Gutachter auch in weiterer Hinsicht ein geradezu erbärmliches Bild ab. Da sollen Gutachter über die »Schuldfähigkeit«, konkret also über einen mentalen Zustand genau *zum Zeitpunkt der begangenen Tat,* eine exakte, »gerichtsfeste« Aussage treffen, die – egal ob die Tat nun einen Monat oder Jahre zurückliegt – die genaue Kenntnis der mentalen Verfassung des Täters zum zurückliegenden Tatzeitpunkt voraussetzt. Der Gutachter soll also die Umstände, die den Täter im Tatmoment gerade beeinflussten, seine mentale Gesundheit sowie gegebenenfalls den Status seiner »inneren Säfte«, seinen hormonellen Status, seinen Blutzuckerspiegel etc., zum *damaligen* Tatzeitpunkt beurteilen, was ein *Kennen* im Sinne von Wissen voraussetzt, und dann hieraus auch noch Schlussfolgerungen für die Schuldfähigkeit des Täters ziehen. Es bedarf keiner weiteren Erläuterung, dass der Gutachter die genannten, in der Vergangenheit liegenden Täterumstände gar nicht kennen kann. Dafür hätte er zumindest bei der Tat dabei sein müssen, um im Tatmoment die entsprechenden Untersuchungen durchzuführen oder gar »Einsicht« in das Gehirn des Täters zu nehmen. Diese Vorstellung ist an Absurdität wohl kaum noch zu übertreffen – was allerdings nichts am Gutachtenunwesen im Strafrecht geändert hat. Niemand kann in den Kopf eines anderen Menschen »hineinschauen«, was aber für die Beurteilung einer wie auch immer gearteten Schuldfähigkeit Voraussetzung wäre.

Als ob dies noch nicht reichen würde, um den gesamten Vorgang als Unsinn abzuqualifizieren, weiß der Gutachter noch nicht einmal, was »Schuld« und »Schuldfähigkeit« sind, denn das Strafgesetzbuch, das eigentlich für ihn maßgeblich und für eine Definition zuständig wäre, hat es aus guten Gründen unterlassen (siehe hierzu u.a. Kapitel 10.1) diese Begriffe nachvollziehbar zu definieren. Selbst Strafrechtskommentare (vgl. zum Versuch einer Schulddefinition z.B. Fischer 2021, § 20 Rz. 2 ff.) gehen davon aus, dass der Schuldbegriff »kaum zu präzisieren« ist (wir werden uns hiermit weiter unten noch eingehender befassen). Aber die Gutachter liefern trotzdem – und zwar das, was von ihnen erwartet wird, nämlich ziemlich präzise Aussagen über die »Schuldfähigkeit« des Täters zum Zeitpunkt der Tat. Sehen sie sich zu diesbezüglichen Aussagen nicht in der Lage, dürfen sie kaum auf einen Folgeauftrag hoffen, denn das Gericht liebt – durchaus verständlicherweise – klare Fälle. Dabei treffen die Gutachter allerdings in aller Regel ihre Aussagen auf der Basis des jeweils *aktuellen* Zustandes des Delinquenten zum Begutachtungszeitpunkt, in der Regel also auf der Basis eines mentalen Zustandes mehrere Monate oder gar Jahre nach der Tat, der im Zweifel mit dem Zustand bei Tatbegehung wenig, häufig wohl eher nichts zu tun hat. Sie stellen äußerstenfalls *aktuelle* Strukturen der Mentalität des Delinquenten zum Begutachtungszeitpunkt fest, die sie – keiner weiß, wie sie es machen – in die Vergangenheit zurückschreiben.

Um all diese Mängel wissen die Strafrichter natürlich, weil sie nicht dumm sind. Aber sie verwenden die Gutachten trotzdem (sonst würden sie sie nicht bestellen) und waschen ihre Hände in »Unschuld«. Vielleicht werden Sie mich jetzt fragen, was das soll, wie könnte es denn sonst laufen? Nun, da wir uns noch in der »Warmlaufphase« befinden, möchte ich Ihnen hierzu jetzt noch keine Antwort geben, aber später natürlich ...

Und wer thematisiert die aufgezeigten Probleme? Die forensischen Psychologen/Psychiater nicht, weil sie gut davon leben? Die Richter nicht, weil sie vermeintlich so Verantwortung von sich fernhalten können? Die Staatsanwälte nicht, weil sie sich nicht als Verteidiger, sondern als Ankläger sehen und als solche von den Gutachtern bedient werden? Die Philosophen nicht, weil es sich aus ihrer Sicht um ein ordinäres Praxisproblem handelt? Die Bevölkerung nicht, weil sie sich nicht berufen fühlt und sich eher nicht mit Problemen herumschlagen möchte, von denen sie glaubt, dass sie für ihr eigenes Leben keine Bedeutung hätten? Offenbar können Erkenntnisprobleme auch Zuständigkeitsprobleme sein.

Es ist mir wichtig, unseren gesellschaftsübergreifend desolaten Umgang mit unseren Entscheidungen sowie der aus diesen resultierenden Entscheidungsverantwortung bzw. Schuld aufzuzeigen, Sie mental für das zu öffnen, was folgt, und Ihnen möglicherweise einiges an Erkenntnisbereitschaft abverlangen wird.

3 Der Entscheidungsprozess

Um Aussagen über die menschliche Entscheidung, insbesondere über Entscheidungsfreiheiten und -unfreiheiten sowie Verantwortung und Schuld treffen zu können, ist es zunächst erforderlich, den gesamten Entscheidungsprozess in seine Bestandteile zu zerlegen. Nur so können wir u.a. analysieren, *an welcher Stelle* des Entscheidungsprozesses eine *Freiheit* der menschlichen Entscheidung, Schuld und Verantwortung ansetzen könnten. Wertvolle und durchaus wissenschaftlichen Anforderungen genügende Ansätze liefert hierzu auch die in Kapitel 4 zu behandelnde ökonomische Entscheidungstheorie. Hier wird es interessant sein zu untersuchen, inwieweit die Ergebnisse der ökonomischen Entscheidungstheorie auch auf nichtökonomische, vielleicht gar sämtliche Entscheidungen des Menschen übertragbar sind.

Die Philosophen haben praktisch komplett auf eine genaue Analyse des Entscheidungsprozesses verzichtet und sich vornehmlich mit Maximen und ethischen Rahmenbedingungen der menschlichen Entscheidung befasst. Allerdings sind sie zum Teil auch ohne eine solche Analyse zu – wie wir noch sehen werden – brauchbaren Ergebnissen gelangt. Während die Psychologen es weitgehend den Philosophen gleichgetan haben, befassen sich die Neurologen durchaus mit der Analyse des menschlichen Entscheidungsprozesses, allerdings vornehmlich im Zusammenhang mit der Messung von Hirnströmen. Es bedarf keiner weiteren Erläuterung, dass aus solchen Messungen (bis heute) nur sehr eingeschränkte Erkenntnisse über den Prozess der menschlichen Entscheidung gewonnen werden können.

Gehen wir also zunächst einmal die Analyse des menschlichen Entscheidungsprozesses an, der – mit Verlaub – in keinem der vorgenannten

Wissenschaftszweige bisher wirklich analytisch komplett aufgeschlüsselt wurde. Bereits die oben aufgezeigte Verwirrung um die Begriffe Willensfreiheit und Entscheidungsfreiheit ist ein beredtes Zeugnis dessen. Bevor wir uns also den verschiedenen Theorien zur menschlichen Entscheidung und Entscheidungsfreiheit zuwenden, sollten wir ein terminologisches und strukturelles Raster für die menschliche Entscheidung schaffen, um diesbezügliche Theorien einordnen und bewerten zu können. Das erscheint zunächst möglicherweise nur mäßig spannend. Dafür wird die Bewertung der verschiedenen Theorien danach umso interessanter und – hoffentlich – fruchtbarer werden.

Ich hielt eine solche Analyse zunächst für ein einfaches Unterfangen. Und wirklich kompliziert ist sie auch nicht, weil sie jeder anhand seines eigenen Entscheidungsverhaltens nachvollziehen kann. Nur hat sich für die Erstellung einer solchen exakten Analyse aus unerklärlichen Gründen bisher kaum jemand interessiert. Eine gewisse Schwierigkeit besteht darin, den Überblick über die zahlreichen »Abzweigungen« und damit den jeweils aktuellen Standort in der Analyse zu behalten. Um Ihnen dies zu erleichtern, habe ich unten den Werdegang des menschlichen Entscheidungsprozesses in einem Ablaufschema visualisiert. Zur besseren Orientierung wäre es also hilfreich, zwischendurch immer wieder einmal den aktuellen Standort im Ablaufschema nachzuvollziehen. Kommen Sie also mit auf eine Entdeckungstour durch das Konstrukt der menschlichen Entscheidung.

Der Entscheidungsprozess:

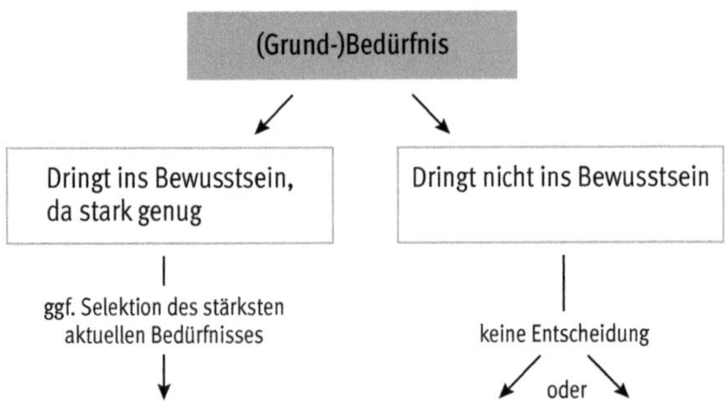

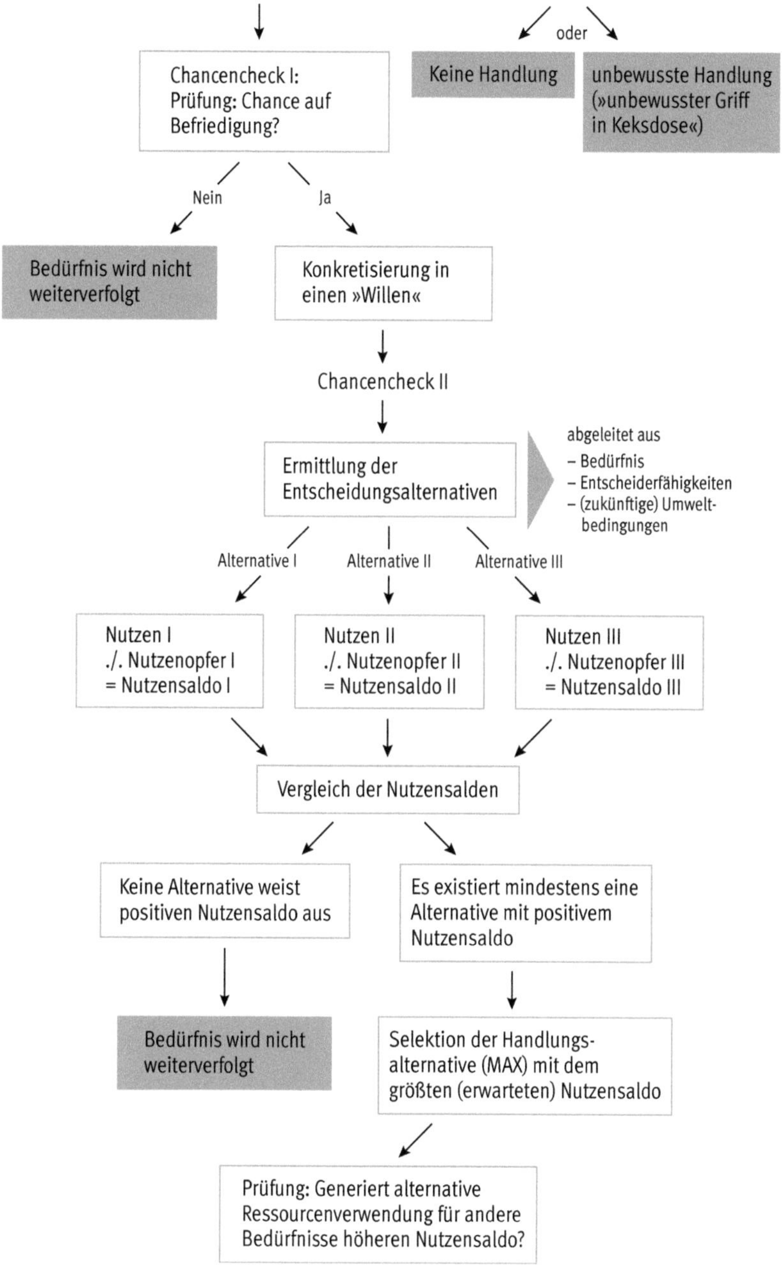
oder
Chancencheck I:
Prüfung: Chance auf Befriedigung?
Keine Handlung
unbewusste Handlung (»unbewusster Griff in Keksdose«)
Nein
Ja
Bedürfnis wird nicht weiterverfolgt
Konkretisierung in einen »Willen«
Chancencheck II
Ermittlung der Entscheidungsalternativen
abgeleitet aus
– Bedürfnis
– Entscheiderfähigkeiten
– (zukünftige) Umwelt-bedingungen
Alternative I
Alternative II
Alternative III
Nutzen I ./. Nutzenopfer I = Nutzensaldo I
Nutzen II ./. Nutzenopfer II = Nutzensaldo II
Nutzen III ./. Nutzenopfer III = Nutzensaldo III
Vergleich der Nutzensalden
Keine Alternative weist positiven Nutzensaldo aus
Es existiert mindestens eine Alternative mit positivem Nutzensaldo
Bedürfnis wird nicht weiterverfolgt
Selektion der Handlungs-alternative (MAX) mit dem größten (erwarteten) Nutzensaldo
Prüfung: Generiert alternative Ressourcenverwendung für andere Bedürfnisse höheren Nutzensaldo?

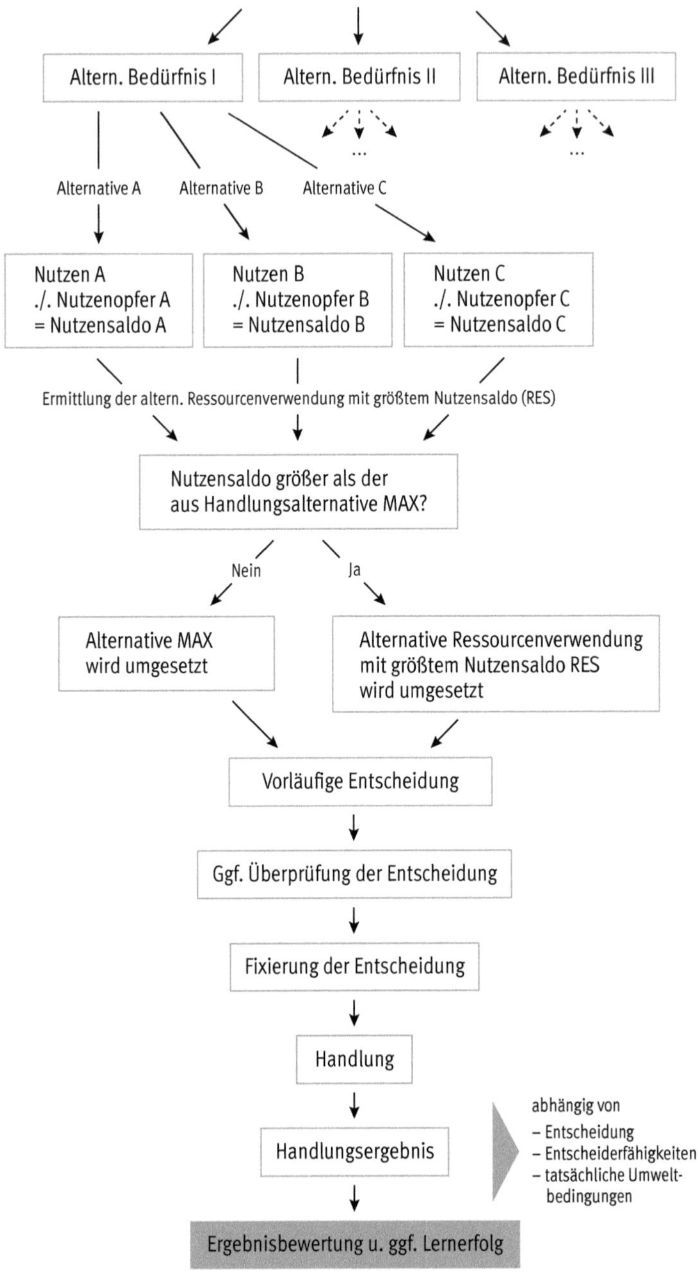
Altern. Bedürfnis I
Altern. Bedürfnis II
Altern. Bedürfnis III
Alternative A
Alternative B
Alternative C
Nutzen A
./. Nutzenopfer A
= Nutzensaldo A
Nutzen B
./. Nutzenopfer B
= Nutzensaldo B
Nutzen C
./. Nutzenopfer C
= Nutzensaldo C
Ermittlung der altern. Ressourcenverwendung mit größtem Nutzensaldo (RES)
Nutzensaldo größer als der aus Handlungsalternative MAX?
Nein
Ja
Alternative MAX wird umgesetzt
Alternative Ressourcenverwendung mit größtem Nutzensaldo RES wird umgesetzt
Vorläufige Entscheidung
Ggf. Überprüfung der Entscheidung
Fixierung der Entscheidung
Handlung
Handlungsergebnis
abhängig von
– Entscheidung
– Entscheiderfähigkeiten
– tatsächliche Umweltbedingungen
Ergebnisbewertung u. ggf. Lernerfolg

3.1 Unsere Grundbedürfnisse

Jeder Entscheidungsprozess beginnt mit der bewussten oder unbewussten Wahrnehmung eines Bedürfnisses. Wir entscheiden und handeln dementsprechend jedenfalls immer (nur?), um eines oder mehrere unserer Bedürfnisse und damit letztlich immer auch eines unserer Grundbedürfnisse zu befriedigen. So ist sich die überwiegende Mehrzahl der Psychologen in der Literatur darüber einig, dass unsere Grundbedürfnisse die eigentliche treibende Kraft hinter *allem* sind, was wir tun. Warum sollten wir auch etwas tun, ohne ein entsprechendes Bedürfnis zu empfinden? In der psychologischen Literatur werden Bedürfnisse u.a. als »psychologisches Mangelgefühl« bezeichnet. Das trifft es, glaube ich, ganz gut. Alle unsere Handlungen sind hiernach darauf ausgerichtet, diese Bedürfnisse zu schützen und zu erfüllen. Das wollen wir zunächst einmal als These so stehen lassen. Wir werden das Thema dann noch einmal aufgreifen, wenn es um die eng verwandte Fragestellung geht, ob der Mensch ausschließlich aus egoistischen Motiven, also ausschließlich zur Befriedigung seiner eigenen Bedürfnisse oder auch aus altruistischen (aber letztlich dann vielleicht doch auch egoistischen?) Motiven handelt.

Bezüglich dessen, was im Einzelnen als Grundbedürfnis angesehen wird, gibt es je nach Wissenschaftsrichtung relativ große Unterschiede. Nicht alle Menschen haben dieselben Grundbedürfnisse, schon gar nicht in gleicher Ausprägung. So gibt es zum Beispiel Menschen, die keinen Sexualtrieb empfinden, also kein entsprechendes Grundbedürfnis haben. Anderen sind Anerkennung und soziale Einbindung wenig oder gar nicht wichtig. Und spätestens wenn Sie sich in den Wohnungen Ihrer Mitmenschen umschauen, stellen Sie fest, wie qualitativ unterschiedlich das Grundbedürfnis nach Sauberkeit ausgeprägt ist. Für unsere weiteren Betrachtungen wollen wir als Grundbedürfnisse diejenigen Bedürfnisse ansehen, die in der Bedürfnishierarchie ganz oben angesiedelt sind, also nicht eine Teil- bzw. Untermenge eines anderen Bedürfnisses bilden. So ist die Nahrungsaufnahme sicher ein Grundbedürfnis, nicht aber der Gang zum Bäcker, um sich Nahrung zu besorgen. Bei letzterem handelt es sich zwar auch um ein Bedürfnis, aber um eines, welches einem Grundbedürfnis untergeordnet ist. Wir wollen es Sekundärbedürfnis nennen. Bei dem Bedürfnis, über Geld zu verfügen, handelt es sich wohl um das umfassendste Sekundärbedürfnis, mit welchem sehr viele – wenn auch glücklicherweise nicht alle – Grundbedürfnisse zu befriedigen sind.

So betrachtet gehören zu den Grundbedürfnissen (der meisten Menschen)

- das Bedürfnis nach Nahrungsaufnahme,
- das Bedürfnis zu überleben,
- das Bedürfnis nach Anerkennung,
- das Bedürfnis nach sozialer Zugehörigkeit,
- das Bedürfnis nach Schlaf,
- das Bedürfnis zu atmen,
- das Bedürfnis nach Autonomie und Selbstbestimmung,
- das Bedürfnis nach Wärme,
- das Bedürfnis nach Sicherheit,
- das Bedürfnis nach Sex,
- das Bedürfnis nach Wissen bzw. Kompetenz,
- das Bedürfnis nach Ästhetik,
- das Sauberkeit nach Sauberkeit,
- das Bedürfnis nach Freiheit,
- das Bedürfnis nach Kreativität,

wobei diese Aufzählung natürlich keinen Anspruch auf Vollständigkeit erhebt. Teilweise überschneiden sich die Grundbedürfnisse auch: die Grundbedürfnisse zu atmen, zu schlafen und Nahrung aufzunehmen haben natürlich auch etwas mit dem Grundbedürfnis zu überleben zu tun. Und Wissen und Kompetenz eignen wir uns sicher nicht nur an, um uns in dieser Welt besser zurechtzufinden, sondern auch um die Anerkennung unserer Person bei unseren Mitmenschen zu steigern.

Wir brauchen die einzelnen Grundbedürfnisse an dieser Stelle nicht weiter zu vertiefen. Es genügt für die uns beschäftigenden Fragen, zu wissen, dass sie unsere ureigensten Antriebe sind und am Anfang des Entscheidungsprozesses stehen bzw. diesen auslösen. Ohne dass irgendein Grundbedürfnis im Hintergrund steht, gibt es für uns keinen Grund, irgendetwas zu entscheiden oder gar einer Entscheidung entsprechend zu handeln. Ohne dass sich ein Bedürfnis bzw. ein hinter diesem stehendes Grundbedürfnis meldet, hätten wir morgens schlichtweg keinen Anlass, aufzustehen – sei es unser Ernährungsbedürfnis, welches uns zum Frühstücken auffordert oder sei es unser körperliches Aktivitätsbedürfnis, welches uns in Bewegung sehen möchte.

Auf unsere Grundbedürfnisse haben wir keinen Einfluss, sie sind uns quasi von der Natur aufoktroyiert. Wer Hunger hat, kann zwar versuchen, diesen zu ignorieren, um schlank zu bleiben. Diesen Versuch unternimmt er dann aber nicht grundlos, sondern im Hinblick auf eines oder mehrere weitere Grundbedürfnisse, die es mit dem Sekundärbedürfnis, schlank bzw. attraktiv zu bleiben oder zu werden, zu befriedigen gilt, etwa das Grundbedürfnis nach Gesundheit, Ästhetik oder Liebe/Sex. Dann haben wir es aber nicht mit der »Beseitigung« eines Grundbedürfnisses zugunsten eines anderen, sondern mit zwei oder mehreren *konkurrierenden* Grundbedürfnissen zu tun, die quasi gegeneinander arbeiten und von denen in der jeweiligen Situation nur eines obsiegen kann und wird. In unserem Beispiel konkurriert das Bedürfnis nach Nahrungsaufnahme z. B. mit dem Bedürfnis nach Ästhetik bzw. Liebe/Sex. Zutreffend werden Sie vielleicht vermuten, dass das obsiegende Bedürfnis regelmäßig das jeweils aktuell stärkste sein wird …

Terminologisch wäre noch das einzuordnen, was wir als »Motive« bezeichnen. Diese sind im normalen Sprachgebrauch wohl am ehesten den Sekundärbedürfnisse gleichzustellen: Ich bin z. B. motiviert, Sport zu treiben (Sekundärbedürfnis), um mein Grundbedürfnis gesund zu bleiben zu bedienen.

Der Vollständigkeit halber: Natürlich gibt es auch Bedürfnisse, die zwar aktuell gegeben sind, es trotzdem aber – wie erwähnt – nicht in unser Bewusstsein schaffen und dennoch ohne bewusste Entscheidung eine Handlung generieren können. Beispiel: der unbewusste Griff in die Keksdose, obwohl ich gerade sehr konzentriert mit der Abfassung dieses Buches befasst bin. Hier hat es ein Genussbedürfnis nicht ins Bewusstsein geschafft, aber dennoch eine unbewusste Handlung ausgelöst. Da eine Entscheidung aber stets die *bewusste* Wahl von etwas ist, spielen die rein intuitiven Handlungen, denen kein bewusstes Bedürfnis und keine (bewusste) Entscheidung vorausgeht, für unsere weiteren Betrachtungen zunächst keine Rolle.

3.2 Der Wille

Wenn unsere Bedürfnisse (als Grund- oder Sekundärbedürfnisse) aktuell stark genug sind, um den Weg in unser Bewusstsein zu finden, können sie zu einem Wollen bzw. einem Willen werden. Melden sich allerdings aktuell mehrere miteinander konkurrierende Grundbedürfnisse, werden wir das jeweils am stärksten empfundene Grundbedürfnis weiterverfolgen und die weniger stark empfundenen zunächst zurückstellen. Ist das aktuelle Grundbedürfnis dagegen nicht stark genug, um ins Bewusstsein zu gelangen, kann es zwar keinen Willen, aber dennoch eine *unbewusste* Handlung *ohne* vorausgegangene Entscheidung generieren, etwa den bereits angesprochenen unbewussten »Griff in die Keksdose«.

Gelangt das jeweilige Bedürfnis bzw. (bei mehreren konkurrierenden Bedürfnissen) das stärkste Bedürfnis in das Bewusstsein, so erfolgt zunächst eine *Filterung* danach, ob das Bedürfnis aufgrund der *eigenen Fähigkeiten* sowie der gegebenen *Umweltbedingungen* (womit natürlich generell in diesem Buch nicht das Klima gemeint ist, sondern die Gegebenheiten bzw. Rahmenbedingungen der Umwelt) überhaupt eine *Chance zur Befriedigung* hat (»Chancencheck«, siehe nächstes Kapitel), also überhaupt Entscheidungsbedarf im Hinblick auf eine *mögliche* Handlung generieren kann. Genauer gesagt handelt es sich dabei um eine Prüfung, ob das sich aktuell meldende Bedürfnis voraussichtlich mit aus der Sicht des Entscheiders »vertretbarem« Aufwand befriedigt werden kann. Fällt dieser Check negativ aus, befassen wir uns in der Regel nicht weiter mit dem ins Bewusstsein getretenen Bedürfnis, da dies schlichtweg sinnlos wäre. So wird jeder von uns in seinem Leben schon einmal – am ehesten wohl als Kind – das Bedürfnis verspürt haben, aus eigener körperlicher Kraft zu fliegen. Da dieses Bedürfnis unter aktuellen Bedingungen keine Chance auf Befriedigung hat, wird man es dann rasch verworfen und keinen entsprechenden Willen gebildet haben. Und verspüren wir das aktuelle Bedürfnis, eine Zigarette zu rauchen, sehen jedoch keine Möglichkeit, über eine solche kurzfristig zu verfügen, so werden wir unsere Gedanken tendenziell anderem zuwenden. Hinweisen sollten wir noch darauf, dass die Prüfung, ob die gegebenen Umweltbedingungen unserem aktuell empfundenen Bedürfnis überhaupt eine Realisierungschance lassen, in diesem Stadium des Entscheidungsprozesses, also beim Chancencheck, in der Regel nur eine kursorische, oberflächliche ist. Sie hat also nichts mit der später anzusprechenden Frage zu tun, *wie* wir unsere Entscheidung im Hinblick auf die gegebenen bzw. zukünftigen Umweltbedingungen optimal gestalten.

Hat das uns bewusst gewordene und gegebenenfalls nach Stärke vorselektierte aktuelle Bedürfnis gemäß unserer Einschätzung die Chance, befriedigt werden zu können, so generiert es einen entsprechenden Willen, der in unser Entscheidungskalkül eingeht.

Der Wille beinhaltet nach unserer Definition dann stets schon das *konkretisierte* Sekundärbedürfnis, quasi bereit, in das Entscheidungskalkül einzugehen. Mit dem primären Bedürfnis bzw. Grundbedürfnis »Hunger« könnten wir im Entscheidungskalkül mangels ausreichender Konkretisierung nichts in eine Handlung Umsetzbares anfangen, wohl aber mit dem Willen, uns eine Pizza zu besorgen und diese zu verzehren.

Bereits an dieser Stelle wollen wir anmerken, dass praktisch jedem mit einem Willen verbundenen Vorteil ein Nachteil, ein zu bringendes Opfer gegenübersteht. Im Falle der Pizza könnte das zum Beispiel der für diese aufzubringende Geldbetrag sein, die ungewollte Kalorienaufnahme und/oder die für den Gang zur Pizzeria und den Verzehr der Pizza aufzuwendende Zeit. Wenn man so will, steht also jedem »Willen« ein mit diesem verbundener »Widerwillen« gegenüber, der sich in jedem Falle zumindest in der zur Umsetzung des Willens aufzuwendenden Zeit manifestiert (betriebswirtschaftlich sogenannte Opportunitätskosten). Dies wird in der philosophischen Literatur sehr konsequent übersehen, spielt aber in der ökonomischen Entscheidungstheorie eine wesentliche Rolle und entspricht ja auch – quasi für jeden erkennbar – der Realität.

Bevor wir uns nun weiter damit befassen, wie der »Wille« zur »Entscheidung« wird, wollen wir allerdings noch klären, ob sich auf dem Weg vom Bedürfnis über den Chancencheck bis hin zum Wollen ein Freiheitselement befindet, ob sich also in dieser Anfangsphase des Entscheidungsprozesses eine Freiheit der Entscheidung ausmachen lässt. Wir hatten gesagt, dass Bedürfnisse zu einem Wollen werden können, wenn sie aktuell in unser Bewusstsein eintreten und von diesem mit positivem Ergebnis auf eine reale Umsetzungschance geprüft worden sind. Das heißt nichts anderes, als dass wir checken, ob das Bedürfnis durch eine entsprechende Entscheidung mit nachfolgender Handlung tatsächlich auch befriedigt werden kann. Das Bedürfnis selbst ist, wie dargelegt, von uns nicht beeinflussbar. Unsere Prüfung, ob eine Chance besteht, das Bedürfnis tatsächlich auch zu befriedigen, ist ebenfalls nicht beeinflussbar, weil wir in unserem ureigensten Interesse stets danach trachten werden, diese Chance nach Maßgabe der eigenen Fähigkeiten und der uns bekannten Umweltbedingungen »richtig«, also so realistisch wie möglich einzuschätzen. Natürlich könnten wir uns theoretisch für eine unrealistische Einschätzung entscheiden. Aber warum sollten wir uns gegen unsere Interessen verhalten und uns eine bewusst falsche Einschätzung antun, die uns dann auch zu einer möglicherweise falschen Entscheidung und damit zu einer reduzierten oder gar keiner Bedürfnisbefriedigung führt? Auch hier manifestiert sich keine »Freiheit«. Wir werden in aller Regel in einer aktuellen Situation gedanklich einen bestimmten, gefühlten Wahrscheinlichkeitsgrad für die Chance auf Realisation unseres Bedürfnisses ermitteln. Und diese Ermittlung steht unter der Maxime der subjektiven Richtigkeit, sodass für eine hiervon abweichende »Freiheit« kein Raum ist. Diese Maxime hängt auch damit zusammen, dass der Mensch quasi »zwanghafter« Nutzenmaximierer ist, was wir unter 3.4.3 noch zu diskutieren haben werden.

Daran, dass der Mensch den Chancencheck seinen Möglichkeiten entsprechend stets möglichst richtig absolviert, ändert übrigens auch die Tatsache nichts, dass er in vielen Fällen die Chancen seines Bedürfnisses, Befriedigung zu erhalten, »gefärbt« einschätzt, also zu negativ oder auch häufig zu positiv. Wird der Selbstbetrug erkannt, wird die Einschätzung korrigiert, wird er nicht erkannt, bleibt die Einschätzung trotzdem eine subjektiv richtige und insoweit »unmanipuliert«. Sie wird halt immer eine subjektiv optimale, also aus der Sicht des jeweiligen Entscheiders möglichst »richtige« sein.

Was dann den Willen als solchen betrifft, so haben – wie bereits angesprochen – schon Schopenhauer, Einstein und etliche andere festgestellt, dass man »Wollen nicht wollen kann«, unser Wollen also nicht frei ist. Das ist zweifellos richtig, weil das Wollen eben die direkte Folge unserer unbeeinflussbaren, sich meldenden Bedürfnisse ist und keinem anderen Zweck dient, als diese bestmöglich zu bedienen. Aber selbst wenn man das Wollen wollen könnte, könnte man dann das Wollen, welches das Wollen will, wiederum wollen usw.? Am Ende dieser Kette – wie lang auch immer man sich diese ausmalen mag – wird stets ein Wollen stehen, welches nicht wiederum »gewollt« ist, sonst wäre es nicht das Ende der Kette. Und diese muss ja irgendwo zu Ende sein, sonst wären wir im wahrsten Sinne des Wortes ewig mit dem Wollen zur Befriedigung eines einzelnen Bedürfnisses befasst. Am Ende spricht also auch schon die reine Logik dagegen, dass man Wollen letztlich auch wollen kann.

3.3 Der Chancencheck

Der Chancencheck erfolgt nach der Selektion des aktuell stärksten Bedürfnisses (»Besteht aktuell eine Möglichkeit, meinen Hunger zu stillen?«) und/oder nach Konkretisierung des Bedürfnisses in einen Willen (»Gibt es in der Nähe eine Pizzeria?«). Dementsprechend haben wir den Chancencheck in unserem Schaubild zum Entscheidungsprozess doppelt verortet. An dieser Stelle sollten wir festhalten, dass die Einschätzung, ob ein empfundenes Bedürfnis bzw. ein Wille tatsächlich eine Chance auf Befriedigung hat, also unser »Chancencheck« stets zukunftsbezogen, subjektiv und damit potenziell fehlerhaft ist. Zum einen hängt die richtige Einschätzung dieser Chance von unseren *Fähigkeiten* ab, die wir – so bedauernswert dies auch sein mag – häufig genug falsch einschätzen. Zum anderen hängt sie von den *zukünftigen* ergebnisrelevanten Umweltbedingungen zum Zeitpunkt der (einer eventuellen Entscheidung folgenden) möglichen Handlung ab. Beispiel: Die richtige Einschätzung der zukünftigen Umweltbedingung »Wetter« kann bestimmend dafür sein, ob meiner Entscheidung, morgen einen Wandertag einzulegen, die erwartete Befriedigung zuteil werden kann. Ökonomisch etwa wird die richtige Einschätzung der zukünftigen Umweltbedingung »Käuferverhalten« ausschlaggebend dafür sein, ob meiner Entscheidung, mit einem bestimmten Produkt Handel zu betreiben, der erwartete Erfolg beschert sein kann. Und wenn Sie jemandem ein schwieriges Anliegen nahebringen möchten, dürfte der Erfolg dieses Anliegens zumindest teilweise davon abhängen, dass Sie die mentalen Befindlichkeiten, insbesondere die Aufnahmebereitschaft (»Umweltbedingung«) Ihres Gegenübers zum zukünftigen Gesprächszeitpunkt richtig einschätzen. Ich selbst konfrontiere meine Mitmenschen – wenn es denn sein muss – mit problematischen Inhalten z.B. vorzugsweise nach dem Mittagessen. Dann haben sie sich im günstigen Falle morgens bereits »abgearbeitet« und die Verdauungstätigkeit sorgt für eine gewisse »Sedierung«.

Es geht also in unserem Chancencheck neben der zutreffenden Einschätzung der eigenen Fähigkeiten stets um die richtige Einschätzung *zukünftiger* Umweltbedingungen, auf welche die Handlung der angedachten Entscheidung voraussichtlich treffen wird. Da nur gegenwärtige Umweltbedingungen bekannt sind (und zukünftige bestenfalls wahrscheinlich) kann die Ermittlung zukünftiger Umweltbedingungen nur durch möglichst richtige *Selektion entscheidungsrelevanter aktueller* Umweltbedingungen und deren möglichst richtiger *Fortschreibung* in die Zukunft erfolgen.

Bereits die Kenntnis der *aktuellen* Umweltbedingungen, aus welchen die entscheidungsrelevanten möglichst richtig zu selektieren sind, ist, wie wir wissen, stets unvollständig. Denn man müsste *alle* aktuellen Umweltbedingungen kennen, um aus diesen bestmöglich die zukünftig mutmaßlich entscheidungsrelevanten zu *selektieren*. In der Praxis ist selbstredend die Kenntnis *aller* aktuellen Umweltbedingungen ebenso wenig realisierbar wie die objektiv *richtige Selektion* der zukünftig entscheidungsrelevanten Umweltbedingungen aus diesen. Deshalb können diese Schritte nur in einem sehr abgekürzten mentalen Prozess in Form einer groben Einschätzung erfolgen. Die *Fortschreibung* der als entscheidungsrelevant selektierten gegenwärtigen Umweltbedingungen auf den Zeitpunkt der zu entscheidenden zukünftigen Handlung erschwert darüber hinaus noch einmal den Prognoseprozess. Wir werden dieses Thema unter 3.4.5 weiter vertiefen.

Hier zunächst ein Beispiel zur Problematik der Selektion und Fortschreibung aktueller Umweltbedingungen in die Zukunft:

Versuchen Sie einmal, im Rahmen ihrer Urlaubsplanung für das nächste Jahr in Zeiten von Corona, Wirtschaftsflaute, Energiekrise, kriegsbedingten Unwägbarkeiten u.ä. die gegenwärtigen Umweltbedingungen im Sinne einer Prognose in die Zukunft fortzuschreiben und aus diesen dann die für Ihre Urlaubsplanung relevanten zu selektieren, um für das Ob und Wie Ihres geplanten zukünftigen Urlaubs die »richtigen« Entscheidungen zu treffen. Über äußerst unsichere Mutmaßungen dürften Sie kaum hinauskommen.

Und ein weiteres Beispiel zur Fehleranfälligkeit der Einschätzung der eigenen Fähigkeiten sowie der relevanten zukünftigen Umweltbedingungen:

Wir können subjektiv durchaus richtig einschätzen, die Pizzeria noch vor deren Schließung um 23 Uhr zu erreichen und dabei sowohl unsere eigenen Fähigkeiten wie auch die Umweltbedingungen objektiv falsch einschätzen: Wir schaffen es erst nach 23 Uhr in der Pizzeria einzutreffen (eigene Fähigkeiten), diese ist aber noch geöffnet (Umweltbedingungen), weil der Gastwirt vergessen hat, auf die Uhr zu schauen. Die falsche Einschätzung der eigenen Fähigkeiten wie auch der zukünftigen Umweltbedingungen hat dann in diesem Falle trotz doppelter Fehleinschätzung zufällig einmal zur Umsetzbarkeit unserer Entscheidung geführt.

3.4 Die Entscheidung

Nach dem Chancencheck und der Konkretisierung des Bedürfnisses in einen Willen geht der Mensch die Entwicklung der eigentlichen Entscheidung an. Dabei wird zunächst ermittelt und vorentschieden, wie und gegebenenfalls durch welche Entscheidungs*alternativen* das vernommene Bedürfnis befriedigt werden kann und schließlich, welche Entscheidungsalternative den voraussichtlich größten positiven Nutzensaldo (siehe 3.4.1) aufweist, mit welcher der zur Verfügung stehenden Entscheidungsalternativen das jeweilige Bedürfnis also am besten befriedigt werden kann. Anschließend wird idealtypischerweise geprüft, ob die für die nutzenträchtigste Alternative aufzubringenden Ressourcen wie Zeit, Geld, Arbeit oder »Nerven« möglicherweise für andere Bedürfnisse nutzenträchtiger eingesetzt werden können. Gesondert befassen wir uns dann noch einmal mit der Bedeutung der Umweltbedingungen und der Entscheiderfähigkeiten für den Handlungserfolg und damit für die jeweilige Entscheidungsqualität. Im Einzelnen:

3.4.1 Entscheidungsalternativen und Nutzen

Wir gehen im Weiteren davon aus, dass *ein* als am stärksten empfundenes, vorselektiertes Bedürfnis in das Bewusstsein vorgedrungen ist, den Chancencheck auf Umsetzung »bestanden« und sich in ein Wollen bzw. einen Willen konkretisiert hat. In unserem Beispiel folgte dem (Grund-)Bedürfnis Hunger der Wille, etwas Bestimmtes zu essen. Aber natürlich gehen wir jetzt nicht einfach Pizza essen. Denn wie oben dargelegt, stehen ja praktisch jedem mit einem Willen verbundenen Vorteil auch *Nachteile* gegenüber: Die Pizza muss bezahlt werden, der Weg zur Pizzeria muss gegangen werden, bis zum Ende des Backvorgangs muss gewartet werden etc. Lassen Sie uns die Vorteile Nutzen und die Nachteile negative Nutzen, Disnutzen oder Nutzenopfer nennen. Letztlich geht es hierbei immer um das Positive und das Negative, die Vorteile und die Nachteile, die wir mit unserem Wollen bzw. der gegebenenfalls folgenden Entscheidung und Handlung glauben, erreichen zu können bzw. hinnehmen zu müssen. Man könnte daher ebenso gut auch von Glücksmehrungen bzw. Glücksminderungen sprechen, die wir mit Nutzen und Nutzenopfern verbinden. Soweit der Nutzen die Nutzenopfer überwiegt oder umgekehrt, wollen wir von einem positiven oder negativen *Nutzensaldo* bzw. *Nettonutzen* sprechen. Dieser repräsentiert also das, was wir uns am Ende an für uns Positivem oder Negativem von einer angedachten Entscheidung erwarten.

In unserem Falle wird der Entscheider also den subjektiv erwarteten Nutzen aus der Entscheidungsalternative »Pizzaverzehr« zum Beispiel gegen den subjektiv erwarteten negativen Nutzen bzw. das Nutzenopfer aus dem Gang zur Pizzeria, der Bezahlung und der insgesamt einzusetzenden Ressource Zeit abwägen. Ist der erwartete Nutzen aus dem Pizzaverzehr kleiner als der erwartete negative Nutzen aus den genannten Nachteilen, wird er die Entscheidungsmöglichkeit, Pizza essen zu gehen, verwerfen, da der Nettonutzen bzw. Nutzensaldo negativ ist. Ist der erwartete Nutzen hingegen größer als der erwartete negative Nutzen, ergibt sich also ein positiver Nutzensaldo, wird unser Entscheider dem Gang zur Pizzeria näher treten. Oder doch direkt dorthin gehen? Nein, natürlich nicht! Denn alternativ könnte er ja zur Stillung seines Hungers auch zum nahegelegenen Veganer gehen und sich dort einen schmackhaften Salat einverleiben oder sich gleich nebenan mit einem Döner in die Verdauungsstarre katapultieren.

Mit anderen Worten: Die meisten Bedürfnisse, wie etwa auch den

Hunger, können wir auf mehrere alternative Weisen, genauer gesagt durch alternative Entscheidungen befriedigen. Deswegen werden wir in unserem Beispiel im Sinne einer bestmöglichen Entscheidung auch die Nutzensalden etwa für die Entscheidungsalternativen »Salat« und »Döner« ermitteln, diese mit dem Nutzensaldo der zuerst geprüften Alternative »Pizza« vergleichen und dann die Alternative mit dem von uns eingeschätzten voraussichtlich größten Nutzensaldo vorselektieren, bevor wir die im Folgekapitel zu behandelnde alternative Ressourcenverwendung prüfen. Natürlich sind die von uns sogenannten Nutzensalden nur *empfundene* Größen, außer es handelt sich ausnahmsweise um »messbare« Nutzenvergleichsgrößen, wie etwa Geld.

Abstrakt betrachtet leiten sich die dem Entscheider zur Verfügung stehenden Entscheidungsalternativen zur Befriedigung des jeweiligen Bedürfnisses aus seinen Fähigkeiten einerseits und den zukünftigen Umweltbedingungen andererseits ab. Für ein einfaches Entscheidungsbeispiel »Pizza oder Salat« würde das u. a. bedeuten, dass der Entscheider finanziell in der Lage sein muss, beide Alternativen zu bezahlen (Entscheiderfähigkeiten) und die Pizzeria bzw. das vegane Restaurant geöffnet sein müssen (Umweltbedingungen), damit ihm die beiden Entscheidungsalternativen zur Verfügung stehen.

Anschließend wird der Entscheider also aus den verschiedenen Entscheidungsalternativen diejenige auswählen, die ihm den größten positiven Nutzensaldo verspricht. Weist keine der Alternativen einen positiven Nutzensaldo aus, so wird er entscheiden, keine der Alternativen in eine Handlung umzusetzen. Hat der Entscheider dagegen die nutzenträchtigste Alternative selektiert, stellt sich die Frage, ob die Entscheidung nun damit gefallen ist. Nein, der Mensch ist halt doch kompliziert.

3.4.2 Alternative Ressourcenverwendung

Bisher hatten wir bewusst und ausdrücklich nur *ein* Bedürfnis betrachtet, welches gegebenenfalls als stärkstes aus einer Mehrzahl von aktuellen Bedürfnissen selektiert worden war. Tatsächlich verhält es sich allerdings so, dass praktisch jede Bedürfnisbefriedigung Ressourcen benötigt bzw. verbraucht, fast immer die Ressource Zeit, häufig die Ressource Geld oder aber auch ganz andere Ressourcen, die uns aktuell zur Verfügung stehen. Grundsätzlich sind diese Ressourcen nicht nur zur Befriedigung des aktuell angedachten Bedürfnisses, sondern *alternativ auch zur Befriedigung eines oder mehrerer anderer Bedürfnisse* geeignet. Obwohl die Pizza oder der Salat also möglicherweise schon als nutzenträchtigste Alternative zur Befriedigung des Grundbedürfnisses Hunger selektiert wurde, werden wir im Rahmen einer idealtypischen Entscheidung noch zu prüfen haben, ob die für den Pizzaverzehr einzusetzenden Ressourcen, also zumindest Zeit und Geld, nicht für die Befriedigung eines *anderen Bedürfnisses* noch *nutzenträchtiger* eingesetzt werden können, beispielsweise für eine Runde im Fitnessstudio zur Befriedigung des Bedürfnisses »körperliches Wohlbefinden«. Ist dies der Fall, ist also der voraussichtliche Nutzensaldo der alternativen Entscheidung, ins Fitnessstudio zu gehen, größer, werden wir uns als Nutzenmaximierer für diese Alternative entscheiden. Und im Regelfall eines idealtypischen, unter der Maxime der Nutzenmaximierung stehenden Entscheidungsprozesses werden wir auch andere, weitere Bedürfnisse in unser Kalkül des optimalen Ressourceneinsatzes einbeziehen und uns letztlich für den Einsatz der Ressourcen zugunsten der den größten Nutzensaldo bzw. Nettonutzen versprechenden Alternative entscheiden. Das kann entweder die ursprüngliche Entscheidungsalternative zur Befriedigung des aktuell empfundenen Bedürfnisses (z.B. Hunger) oder eine der Entscheidungsalternativen mit voraussichtlich nutzenträchtigerer Ressourcenverwendung für ein anderes Bedürfnis (z.B. Besuch des Gyms zur Steigerung des körperlichen Wohlbefindens) sein.

Natürlich erfolgt dieser Abgleich der alternativen Einsatzmöglichkeiten der verfügbaren Ressourcen auf eine maximale Bedürfnisbefriedigung hin häufig eher flüchtig oder gelegentlich auch gar nicht, wenn zum Beispiel der Hunger als »übermächtig« empfunden wird, es subjektiv also gar keinen Sinn macht, sich mit anderen Bedürfnissen zu befassen. Tendenziell erfolgt der Nutzenabgleich zum optimalen Ressourceneinsatz umso intensiver, je »gewichtiger« die einzusetzenden Ressourcen sind. Wer erwägt, eine Pizza zu kaufen, wird möglicherweise über den alternativen Einsatz der Ressource Geld kaum weiter nachdenken, wer erwägt, eine Immobilie zu kaufen, dagegen tendenziell schon.

Fazit: Nachdem wir es im Vorkapitel mit dem Vergleich von Nutzensalden für die verschiedenen Entscheidungsalternativen zur Befriedigung *eines bestimmten* Bedürfnisses zu tun hatten, wird in dem hier dargestellten Folgeschritt die aus diesem Vergleich selektierte nutzenträchtigste Entscheidungsalternative mit möglichen Entscheidungsalternativen verglichen, die unter Verwendung *derselben* Ressourcen ein *anderes* Bedürfnis befriedigen. Generieren die Ressourcen bei Verwendung für eine oder mehrere *alternative* Entscheidungen zur Befriedigung eines *anderen* Bedürfnisses einen *höheren* Nutzensaldo, dann werden die Ressourcen für die ein solches anderes Bedürfnis befriedigende Entscheidung mit dem voraussichtlich größten Nutzensaldo eingesetzt.

Beispiel: Der Jugendliche Kevin, der nur über ein knapp bemessenes Taschengeld verfügt, verspürt Hunger und selektiert zunächst zwischen den Alternativen, eine Pizza, einen Döner oder einen veganen Salat zu kaufen. Er wählt die Pizza, da deren Erwerb ihm subjektiv den größten Nutzensaldo verspricht. Im folgenden Schritt prüft er aber noch, ob er die hauptsächlich einzusetzende Ressource Geld in Höhe von 10 Euro nicht besser, d. h. nutzenträchtiger jenseits der Befriedigung seines Hungers für ein anderes Bedürfnis einsetzt und diesen Betrag etwa für eine Sonnenbrille ausgibt oder für einen E-Roller anspart. Verspricht ihm die alternative Verwendung seiner Ressource in Höhe von 10 Euro für eine oder gar beide dieser alternativen Entscheidungen einen höheren Nutzensaldo als den aus dem Erwerb einer Pizza, wird er den Kauf einer Pizza verwerfen und die Ressource für die voraussichtlich nutzenträchtigste Alternative zur Befriedigung eines anderen Bedürfnisses einsetzen und möglicherweise die Sonnenbrille erwerben oder den Betrag für den Erwerb des E-Rollers ansparen.

Bei der Prüfung, ob die einzusetzenden Ressourcen für die Befriedigung eines oder mehrerer *anderer* Bedürfnisse einen noch größeren Nutzensaldo in Aussicht stellen, beginnt der bis hierhin dargestellte Entscheidungsprozess typischerweise für jedes mit den fraglichen Ressourcen möglicherweise alternativ zu befriedigende Bedürfnis sowie dessen verschiedene Befriedigungsmöglichkeiten idealtypisch jeweils wieder von vorne:

Das bzw. jedes mit den einzusetzenden Ressourcen *alternativ* zu bedienende Grundbedürfnis wird in ein konkretisiertes Sekundärbedürfnis bzw. einen Willen transformiert, es wird hinterfragt, ob dieser vermutlich überhaupt zu befriedigen ist usw. Am Ende wird geprüft, ob die für das ursprünglich zur Befriedigung angedachte Bedürfnis einzusetzenden Ressourcen besser für ein anderes Bedürfnis eingesetzt werden, weil dessen Befriedigung den größeren Nettonutzen bzw. Nutzensaldo verspricht. Der Übersichtlichkeit halber haben wir uns in unserem Schaubild auf die Ermittlung der Nutzensalden für die alternativen Ressourcenverwendungen beschränkt (und die Vorstufen »Chance auf Befriedigung?« sowie »Konkretisierung in einen Willen« ausgelassen).

So jedenfalls läuft es im Grundsatz idealtypisch beim hier vorausgesetzten Nutzenmaximierer ab. Tatsächlich entstehen in der Praxis deutlich komplexere »Gemengelagen«, die aber am grundsätzlichen Ablauf nichts ändern. So kann beispielsweise bei unserer »Alternative« Pizza/Fitnessstudio unter Umständen insoweit gar keine *Alternative* vorliegen, weil der Entscheider (ohne sich in irgendeiner Weise einschränken zu müssen) genügend Geld für den Besuch der Pizzeria *und* des Fitnessstudios hat. Wohl aber wird stets eine Konkurrenz der Entscheidungsalternativen hinsichtlich der Ressource »Zeit« gegeben sein, denn die ist immer und bei jedem nur einmal verfügbar (zum Beispiel die Zeit von 15 bis 17 Uhr des jeweiligen Tages). Beim zeitbewussten Menschen spielt die knappe Ressource Zeit im Entscheidungskalkül dabei tendenziell eine wesentliche Rolle, der nichtzeitbewusste Mensch verschiebt den Besuch des Fitnessstudios ohne weitere Reflexion einfach auf morgen, häufig ohne zu bedenken, dass das morgige Zeitopfer ihn dann andere Handlungsalternativen kosten wird.

Auch bei der Frage nach einer nutzenträchtigeren Ressourcenverwendung werden in der Praxis häufig sehr viel komplexere Gemengelagen auftreten. Selbstverständlich wird der Jugendliche in unserem obigen Beispiel bei der Frage, ob er seine 10 Euro in eine Mahlzeit investieren oder für einen E-Roller ansparen wird, auch zukünftig erforderliche Konsumverzichte in sein Entscheidungskalkül einbeziehen, da man halt mit 10 Euro im Normalfall noch keinen E-Roller erwerben kann.

Abschließend wird verglichen, ob eine der Entscheidungsalternativen mit der Ressourcenverwendung zur Befriedigung eines oder mehrerer alternativer Bedürfnisse voraussichtlich einen größeren Nutzensaldo generiert als die nutzenträchtigste Entscheidungsalternative zur Befriedigung des ursprünglichen Bedürfnisses, welches den Entscheidungsprozess ausgelöst hat. Dementsprechend fällt dann die abschließende Entscheidung aus, bevor diese möglicherweise noch einmal überprüft und später hinsichtlich ihres Handlungserfolges ausgewertet wird (siehe 3.5 bis 3.7).

An dieser Stelle werden Sie möglicherweise einwenden:

»Wer denkt denn so zwanghaft und lohnt es sich überhaupt, Entscheidungsprozesse wie hier dargestellt abzuarbeiten? Dann hätte man ja bald nichts anderes mehr zu tun. Und die meisten alltäglichen Entscheidungen werden doch ohnehin ›aus dem Bauch heraus‹ getroffen …«

Da haben Sie natürlich Recht. Und doch werden Sie konzedieren, dass sämtliche genannten Schritte bei Ihrer Entscheidung, wenn sie im konkreten Fall optimal sein soll, eine Rolle spielen, wenn auch teilweise undefiniert, intuitiv oder »im Hintergrund«. Richtig ist natürlich auch, dass das bewusste Abarbeiten *sämtlicher* Schritte eines idealtypischen Entscheidungsprozesses nach dem hier analysierten Schema so aufwendig wäre, dass man tatsächlich kaum noch zur Umsetzung von Entscheidungen in Handlungen käme. Und doch werden alle genannten Schritte bei Ihren Entscheidungen irgendwie, und sei es nur »aus dem Bauch heraus«, eine Rolle spielen:

- Sie werden ein Bedürfnis, das sich in Ihrem Bewusstsein meldet, gedanklich nicht weiterverfolgen, wenn klar ist, dass es unter den gegebenen Bedingungen nicht zu befriedigen ist.
- Sie werden zumindest intuitiv prüfen, ob Sie statt einer Pizza nicht lieber etwas anderes essen würden.
- Sie werden ebenso prüfen, ob Sie in dem Zeitfenster für den Pizzeriabesuch nicht etwas anderes, vielleicht noch »Dringenderes« (sprich: mit einem höheren Nutzensaldo Verbundenes) tun möchten, um ein Bedürfnis jenseits des Hungers zu befriedigen. Der höhere erwartete Nutzensaldo einer solchen alternativen Verwendung der Ressource Zeit kann sich übrigens auch (lediglich) in der Vermeidung »groben Ungemachs« offenbaren, könnte also z.B. in der Wahrnehmung eines geschäftlichen Besprechungstermins liegen, der Sie andernfalls Ihren Job kosten könnte.

Unser Gehirn ist schon sehr schnell und die dargelegten Schritte des menschlichen Entscheidungsprozesses werden im Normalfall natürlich nicht nach Art einer Rechenaufgabe abgearbeitet, sondern mehr oder weniger intuitiv bzw. »gefühlt«. Weil wir für die Größen »Nutzen« bzw. »Nutzensaldo« keinen Maßstab haben (siehe Folgekapitel), muss der gesamte Abwägungsprozess ohnehin am Ende auf der Gefühlsebene ablaufen, auch wenn er systematisch wie hier dargelegt angegangen wird. Festzuhalten bleibt schließlich, dass der Entscheidungsprozess umso stringenter nach dem hier dargelegten Ablaufschema erfolgen wird, je »gewichtiger« die jeweilige Entscheidung ist. Damit ist wiederum die Frage der in Kapitel 4.3 zu behandelnden Entscheidungsökonomie angesprochen.

Die hiesige Analyse des menschlichen Entscheidungsprozesses zeigt nicht nur auf, wie dieser optimal im Sinne maximaler Bedürfnisbefriedigung abgearbeitet wird, sondern auch, wie dieser tatsächlich in der Praxis abläuft, auch wenn hierbei manches intuitiv, manches unter Auslassung von Schritten »im Eifer des Gefechts« und vieles nicht »bis ins Letzte perfektioniert« erfolgt. So wird man beispielsweise nie alle denkbaren alternativen Verwendungen für die (zum Pizzaverzehr) einzusetzenden Ressourcen (z.B. Zeit und Geld) durchspielen können, weil sich der Aufwand schlichtweg nicht lohnen würde.

Bleibt noch zu prüfen, ob sich denn im Check der alternativen Ressourcenverwendung ein freiheitliches Entscheidungselement findet. Dies können wir verneinen, da die Frage der Entscheidung der Ressourcenverwendung für andere, alternative Bedürfnisse genauso abgearbeitet wird wie der erste Teil des Entscheidungsprozesses, nämlich vom wahrgenommenen Bedürfnis über den Chancencheck und den Willen bis hin zur Selektion der nutzenträchtigsten Entscheidungsalternative. Und hierfür hatten wir, siehe oben, kein freiheitliches Entscheidungselement ausmachen können.

Bewusst haben wir – der eine oder andere wird es bemerkt haben – stillschweigend eine bestimmte Voraussetzung bzw. Grundannahme in unsere Analyse des menschlichen Entscheidungsprozesses eingebaut, mit der wir uns nachfolgend befassen wollen.

3.4.3 Der Mensch als Nutzenmaximierer?

Bei der Betrachtung des Entscheidungsprozesses haben wir unterstellt, dass der Mensch sich – zwangsläufig? – in jedem Falle für die Entscheidungsalternative mit dem nach seiner Einschätzung größten erwarteten Nutzensaldo (bzw. der größten erwarteten Befriedigung) entscheidet. Aber ist das wirklich so und was ist Nutzen überhaupt? Wir hatten diesen Begriff bereits synonym mit »Befriedigung« verwendet, hätten ihn aber ebenso gut durch »Vorteil«, »Wohl« oder »Glück« ersetzen können. Gemeint ist der *mental empfundene Vorteil*, egal ob man diesen nun Befriedigung, Wohl, Glück oder Nutzen nennt. Wir wollen es des neutralen Klangs wegen bei »Nutzen« belassen und vorsichtshalber darauf hinweisen, dass dieser Begriff im hier gebrauchten Zusammenhang keineswegs – obwohl häufig so verstanden – auf ökonomische Vorteile beschränkt ist, sondern ein Synonym für die gefühlte Größe aller Arten von subjektiv empfundenen Vorteilen ist. Dementsprechend sind »Nutzenopfer«, »Disnutzen« oder »negative Nutzen« nach hiesigem Verständnis Synonyme für alle Arten subjektiv empfundener Nachteile. »Nutzensaldo« oder »Nettonutzen« ist dann die Differenz aus positiven und negativen Nutzengrößen.

Damit wären wir bei der Frage angelangt, mit welcher »Maßeinheit« der Nutzen in unser Entscheidungskalkül eingeht. Natürlich gibt es keine Maßeinheit für Nutzen, ebenso wenig wie für Glück, Befriedigung oder Wohlbefinden. Aber wenn wir die Ergebnisse zweier oder mehrerer alternativer Entscheidungen betrachten, können wir immerhin in aller Regel sagen, welche Entscheidung nach unseren Erwartungen den *größeren* Nutzen bzw. Nutzensaldo verspricht. Ja, wir können sogar Aussagen der Art treffen, dass uns ein bestimmtes Entscheidungsergebnis z. B. etwa doppelt so viel Nutzen zu bringen verspricht wie ein anderes, alternatives Entscheidungsergebnis. Nur Maßeinheiten für Nutzen können wir nicht benennen, weil uns hierfür schlichtweg die »Messlatte im Kopf« fehlt. Aber hier geht es uns nicht um ein rechnerisches oder gar mathematisches Kalkül, sondern – erinnern wir uns – um eine Analyse des kompletten Entscheidungsprozesses, unter anderem um zu prüfen, an welchen Stellen möglicherweise die »Freiheit« der Entscheidung »andocken« könnte. Und natürlich soll uns eine solche Analyse auch den kritischen Umgang mit unseren eigenen Entscheidungen ermöglichen, diese und auch die Entscheidungen unserer Mitmenschen zu verstehen helfen. Das geht glücklicherweise auch ohne rechenbare Größen.

Wir haben also unterstellt, dass der Mensch sich für die Entscheidungsalternative entscheidet, welche ihm den voraussichtlich größten Nutzensaldo bzw. Nettonutzen verspricht. Aber ist das auch in der Realität tatsächlich so? »Muss« der Mensch sich für die jeweils nutzenträchtigste Alternative entscheiden? Zahlreiche Autoren – und auch ich – beantworten diese Frage mit einem klaren Ja. Denn es gibt keinen Grund, sich *gegen* den eigenen maximalen Nutzen zu entscheiden, und deswegen tut der Mensch es auch nicht. Sie werden jetzt möglicherweise einwenden, dass Sie jederzeit beweisen könnten, sich gegen Ihren eigenen Nutzen zu entscheiden. Ich möge Ihnen schenkweise 10 Euro anbieten, die für Sie durchaus einen gewissen Nutzen darstellen, und Sie würden mir dann möglicherweise durch Ablehnung dieses Geschenks beweisen können, dass Sie kein Nutzenmaximierer seien, denn ein Nutzenmaximierer könne ein Geschenk, welches ihm nur Vorteile bringe, nicht ablehnen. Aber könnte es nicht sein, dass Ihnen der – vermeintliche – Beweis, kein Nutzenmaximierer zu sein, schlichtweg subjektiv mehr wert ist, also mehr Nutzen bringt als die 10 Euro? Dieser Verdacht erhärtet sich für den Fall, dass ich den Ihnen schenkweise zu überlassenden Betrag auf 100.000 Euro erhöhen würde. Dieses Schenkungsangebot würden Sie vermutlich annehmen, weil es Ihnen jedenfalls nutzenträchtiger erscheinen dürfte, als jemandem (vermeintlich) zu beweisen, dass Sie kein Nutzenmaximierer seien. Sie würden also ganz offenbar in beiden Fällen die aus Ihrer Sicht nutzenmaximale Entscheidungsalternative wählen. Und wenn in Anbetracht des hohen Betrages der vermeintliche Beweis, kein Nutzenmaximierer zu sein, angesichts geringeren Nutzens ausfällt, gibt es auch keinen anderen Grund für Sie, sich nicht nutzenmaximal zu entscheiden.

Ihr möglicherweise nächster Einwand könnte sein, dass es doch – glücklicherweise – auch Altruismus unter den Menschen gebe, und der sei ja gerade nicht auf die Maximierung des *eigenen* Nutzens gerichtet. Dann könnte man Sie fragen, warum Mutter Theresa alles, was sie hatte, ja letztlich ihr gesamtes Leben, für die Armen gegeben hat. Ihre Antwort wäre vermutlich so etwas wie: »Weil es ihr ein Bedürfnis war.« Aber hat sie dann nicht mit ihrem wohltätigen Verhalten (auch) ein eigenes Bedürfnis befriedigt? Hat sie nicht das für sie größte Glück durch ihre Wohltätigkeit erfahren? Ich denke, wenn sie noch leben würde, könnte sie dies genauso bestätigen. Dass ihre eigene Glücks- bzw. Nutzenmaximierung auch anderen, und zwar ganz erheblich, zugutekam, ist natürlich aus gesellschaftlicher Sicht ein sehr günstiger Umstand. Aber dieser ändert nichts daran, dass auch Mutter Theresa durch ihre Entscheidungen und ihr entsprechendes Handeln die eigenen Bedürfnisse befriedigt, ihren eigenen Nutzen maximiert hat.

Berauben uns solche Überlegungen nicht unserer letzten romantischen Vorstellungen? Ist der Altruismus denn »gar nichts mehr wert«? Doch er ist etwas wert und zwar in erster Linie für die Gesellschaft, die ihn deswegen auch nach Kräften hegt und pflegt und deshalb altruistische Mitglieder unserer Gesellschaft gern mit dem Gefühl belohnt, gute Menschen zu sein, manchmal sogar mit einem Bundesverdienstkreuz. Dieses Gefühl ist vielen Menschen sehr, sehr wichtig und dieses Bedürfnis nach Anerkennung bedient die Gesellschaft durchaus gern, weil sie hieraus eigenen Nutzen zieht. Genau darin offenbart sich der eigene »Egoismus« der Gesellschaft: Sie füttert die Menschen mit dem Gefühl, zu den »Guten und Gerechten« zu gehören, um von diesen »kostenlose« Vorteile für die Gemeinschaft oder deren einzelne, häufig hilfsbedürftige Mitglieder zu erlangen. Ist dies nun ein Plädoyer gegen den Altruismus oder gar eine Herabsetzung desselben? Keines von beiden. Es ist lediglich eine wertfreie Analyse, schließlich wollen wir wissen, ob der Mensch *immer* als Maximierer des eigenen Nutzens unterwegs ist und ob sich hinter dem Altruismus, der glücklicherweise anderen zugutekommt, letztlich nicht auch die Maximierung des eigenen Nutzens verbirgt. Versuchen Sie doch bitte, einen einzigen Grund zu finden, weshalb der Mensch nicht Nutzenmaximierer sein sollte, seine Entscheidungen nicht im Hinblick auf den für ihn größten erzielbaren Nutzensaldo treffen sollte. Sie werden vermutlich keinen finden (falls doch, informieren Sie die anderen Leser und mich gern unter diesem Gliederungspunkt, also 3.4.3 unseres Forums auf der Internetseite *lothar-hergarten.de*).

Lassen Sie uns die Dinge wertfrei sehen. Der »gute« Mensch ist ein Geschenk für die Gesellschaft. Deswegen mag diese auch einen hinter den guten Taten möglicherweise stehenden (wertfreien!) Egoismus gar nicht hinterfragen, schließlich will man den guten Menschen ja nicht desillusionieren und demotivieren. Damit ist die Gesellschaft sehr lange auch vergleichsweise gut gefahren. Doch in den modernen westlichen Industrienationen (nennen wir sie einfach einmal so) hat die »Gutmenschen«-Mode dazu geführt, dass allzu viele sich zu den Guten und Gerechten zählen (möchten). In Corona-Zeiten glauben Verschwörungstheoretiker und Maskengegner, für die Demokratie zu kämpfen. In Zeiten des Klimawandels kämpfen andere für die Beendigung der Kohleförderung in Deutschland und ignorieren, dass u. a. China, Indien, Indonesien sowie etliche andere Länder ihre Kohleförderung (auch zum Ausgleich des deutschen Verzichts) extensiv ausweiten und quasi zeitgleich den Bau mehrerer hundert neuer Kohlekraftwerke beschließen. Im Ergebnis hat die Umwelt angesichts eines insgesamt nicht einmal 2%igen deutschen Anteils an den weltweiten CO2-Emissionen nichts gewonnen, wir haben unsere Abhängigkeit von anderen Nationen gesteigert, mehrere 1000 Arbeitsplätze verloren, unsere Wettbewerbsfähigkeit reduziert usw. (vgl. zu den Zusammenhängen der hier angesprochenen Problematik auch Hauke 2023). Aber Hauptsache, man hat das Gefühl, ein guter Mensch zu sein, auch wenn man letztlich für die Umwelt nichts bewegt hat! Man glaubt, durch eine Benzinsteuer die Luftverschmutzung in der Welt zu senken und übersieht geflissentlich, dass, selbst wenn die höhere Besteuerung zu einer (vermutlich nur mäßigen) Verringerung des Benzinverbrauchs im eigenen Land führt, in entsprechendem Maße der Weltmarktpreis für Benzin sinkt, was wiederum zu Mehrverbräuchen in anderen Ländern führt. Man lässt sich »Refugees welcome« aufs T-Shirt drucken, möchte aber keinesfalls das eigene Haus durch ein benachbartes »Flüchtlingsheim« entwertet sehen, gar migrierende Afrikaner bei sich zu Hause aufnehmen oder den in der Mehrheit der Fälle auf Jahre zu Alimentierenden den Lebensunterhalt finanzieren. Man »sinnvestiert« in Fonds mit Anteilen an »ökologisch korrekten« Unternehmen und verkennt dabei, dass solche Investments nur zu höheren Kurswerten bei den Anteilen an diesen Unternehmen führen, die Umwelt aber in keinster Weise profitiert. Und wer benennt dieses unqualifizierte Gutmenschentum, das primär oder gar ausschließlich dem eigenen Wohlgefühl dient? Politik und Presse tun es jedenfalls (fast) nicht. Über die Beweggründe mag man lange spekulieren. Ich persönlich glaube, dass Politik und Medien befürchten, selbst nicht mehr zu den Guten und Gerechten gezählt zu werden, wenn sie ihre ängstlichen Finger in die zahlreichen Wunden legen.

Doch an dieser Stelle ein Plädoyer, obwohl wir eigentlich analysieren wollten? Ein bisschen vielleicht, aber letztlich geht es auch hier darum, uns zu veranschaulichen, dass wir stets Nutzenmaximierer sind, wenn auch gelegentlich recht unreflektiert und unter dem Deckmäntelchen des Altruismus. Die Sozialromantiker unter den Lesern mögen es mir nachsehen. Ich selbst spende übrigens regelmäßig, und wenn mich jemand fragt, weshalb, sage ich wahrheitsgemäß, dass es mir ein gutes Gefühl gibt und ich um mich herum lieber eine glückliche als eine unglückliche Welt sehe. Alles also ganz egoistisch …

In der Literatur wird die These vom Menschen als Maximierer des eigenen Nutzens selbst von Wissenschaftlern zuweilen heftig angegriffen, leider wenig analytisch oder gar wissenschaftlich, sondern in aller Regel verbunden mit einem Plädoyer für den Altruismus, der ja tatsächlich, wie wir gesehen haben, kein Widerspruch zur Nutzenmaximierung ist, sondern lediglich eine von vielen möglichen Ausdrucksformen bzw. Spielarten derselben.

Altruismus setzt Empathie voraus. Empathie wiederum ist zum einen genetisch angelegt und zum anderen anerzogen – darin sind sich wohl alle ernstzunehmenden Wissenschaftler einig. Mit anderen Worten: Man sucht sich Empathie nicht aus, ist also für das Maß an Mitgefühl, welches in einem bestimmten Moment gerade in einem vorhanden ist bzw. gebildet wird, nicht in irgendeinem Sinne verantwortlich. Wie beim Hunger, der Liebe oder anderen Gefühlen obliegt die Generierung der Empathie nicht unserer Entscheidung. Und doch werden Menschen, denen wenig oder gar keine Empathie zugeschrieben wird, gesellschaftlich an den Pranger gestellt (was auch nach meinem Gefühl richtig ist, nicht aber nach meinem Verstand). Sind wenig oder gar nicht empathische Menschen mit ausreichend Intelligenz gesegnet, können sie Empathie vortäuschen, sich also den Pranger ersparen – und von dieser Täuschungsoption machen sie bekanntermaßen reichlich Gebrauch. Aber Intelligenz sucht man sich auch nicht aus, was es umso fragwürdiger erscheinen lässt, diejenigen, die wenig oder keine Empathie *zeigen*, zu ächten. Rein rational betrachtet wäre in Anbetracht solcher unverantworteter menschlicher Empathiedefizite wohl Mitleid »passender« als Ächtung. Wie heißt es häufig so treffend in den Nachrichten: »Der Bundespräsident hat sich angesichts dieses schrecklichen Unglücks tief betroffen gezeigt«, er hat »sein Mitgefühl beteuert« oder er hat »seine Betroffenheit zum Ausdruck gebracht«. Das trifft es genau: Der intelligente Mensch »zeigt« und »beteuert« seine Empathie bzw. bringt sie »zum Ausdruck«, was natürlich nichts über seine tatsächlich empfundene Empathie besagt. Man könnte Empathie ja auch einfach nur empfinden, aber nur das Zeigen, das Beteuern, das Zum-Ausdruck-Bringen von Empathie bringt Punktgewinn bei den Mitmenschen, vor allem wenn die Medien für Verbreitung sorgen. Der Mensch weiß im Allgemeinen genau, wie er bei seinen Mitmenschen punkten kann – unabhängig davon, ob die geäußerte Empathie auch tatsächlich so besteht. Bezüglich dieses Opportunismus ist der Mensch weder gut noch schlecht, sondern ganz normal auf seinen Vorteil bedacht, was gesellschaftlich natürlich nicht gut ankommt, wenn es denn »aufgedeckt« wird.

Aber macht es vor diesem Hintergrund Sinn, geäußerte Empathie, deren *tatsächlichen* Gehalt nur der Äußernde kennt, gesellschaftlich so hoch zu bewerten? Wohl eher nicht. Wie hoch die Gesellschaft die geäußerte Empathie bewertet, ist an der Eile zu erkennen, in welcher sich Politiker befleißigen, ihre behauptete Empathie bei jedem größeren Unglücksfall möglichst wirkungsvoll über die Medien zu kommunizieren. Was ist etwas wert, das behauptet, aber nicht bewiesen wird und nicht bewiesen werden kann? Schließlich zollt Ihnen auch niemand Respekt, wenn Sie tatsachenwidrig behaupten, vielfacher Milliardär zu sein. Bei der Empathiebekundung dagegen scheint dem adressierten »Durchschnittsmenschen« das Kritikvermögen großteils abhandengekommen zu sein ...

Lassen Sie es uns wertneutral betrachten: Selbst wenn die sich so empathisch gebenden Politiker überhaupt keine Empathie hätten, wäre Ihnen dies auch nicht vorwerfbar, denn wie gesagt: Für Empathie entscheidet man sich nicht, sie wird durch die Genetik und/oder die Erziehung generiert. Sie ist wie der Wille: Sie ist da oder auch nicht, wollen kann man sie nicht. Die Wahrheit ist: sich empathisch zu geben bzw. zu äußern ist bei objektiver Betrachtung völlig unsinnig, weil es rein gar nichts über den wahren Gehalt an Empathie sagt. Aber selbst wenn man – hinter welcher Fassade auch immer – tatsächlich völlig unempathisch wäre, würde dies in keinem Sinne vorwerfbar sein, weil letztlich nicht »ausgesucht«. Ja, solche Überlegungen mögen manchem »gegen den Strich« gehen. Wie über so viele Gedanken in diesem Buch habe ich auch über das Thema Empathie über die Jahre mit vielen intelligenten, teils auch weniger intelligenten Menschen die hier niedergelegten Gedanken besprochen und eine Menge emotionaler Verwirrung ausgelöst, taugliche Gegenargumente sind mir in Sachen Empathie kaum begegnet.

Nicht nur, dass der Altruismus nicht ohne dahinterstehenden Egoismus existieren kann. Nein, es kommt noch »schlimmer«: Selbst die den Altruismus auslösende Empathie ist keine »zu belobigende« Eigenschaft. Wenn wir solche Erkenntnis als deromantisierend empfinden, hat das natürlich mit unserer Historie und unseren Gewohnheiten zu tun. Ich persönlich empfinde diese Erkenntnis zu Altruismus und Empathie, die von manchen immerhin als »abgeklärt« angesehen wird, befähigt einen insoweit zu einer verständnisvollen Haltung gegenüber seinen Mitmenschen. Mich persönlich bewegt niemand positiv, der Altruismus oder Empathie »zeigt« und niemand negativ, der sie nicht »zeigt«. Und deswegen kann ich meine Mitmenschen mögen, weil sie nicht minder arme Wesen sind als ich selbst, als solche stets in ihrem Ego gefangen und der eigenen Nutzenmaximierung verschrieben. Auch der empathische Altruist ist Nutzenmaximierer – und zwar in einem völlig wertfreien Sinn!

Lassen Sie uns abschließend noch einen Blick auf den Nutzenmaximierer in der Literatur werfen. Die nutzenmaximierende menschliche Entscheidung wird dort häufig als rationale Entscheidung behandelt, was natürlich impliziert, dass es auch irrationale Entscheidungen gibt. Wäre dies tatsächlich der Fall, wäre der Entscheidungsprozess, wie wir ihn dargestellt haben, jedenfalls teilweise infrage gestellt.

Denn die Irrationalität einer Entscheidung zeichnet sich ja gerade dadurch aus, dass eine Intention der Nutzenmaximierung oder auch überhaupt nur ein mit ihr verbundener Nutzen nicht erkennbar und die Entscheidung damit für Dritte nicht nachvollziehbar ist. Aber gibt es irrationale Entscheidungen überhaupt, oder handelt es sich dabei letztlich doch nur um Entscheidungen, deren Nutzenmaximierungsabsicht und innere Logik für Dritte lediglich nicht erkennbar ist? Wir werden dieser Frage mit 5.3 ein gesondertes Kapitel widmen.

In der wirtschaftswissenschaftlichen Literatur wird der »Homo oeconomicus«, also der »wirtschaftende Mensch«, überwiegend als Nutzenmaximierer verstanden. Das wirft die Frage auf, ob er dies nicht auch außerhalb seines »Wirtschaftens« ist. Der Frage, ob und gegebenenfalls warum der Mensch außerhalb seiner wirtschaftlichen Betätigung nicht Nutzenmaximierer sein sollte, ist – soweit erkennbar – bisher niemand in der Literatur konkret nachgegangen. Dies mag daran liegen, dass der ökonomische Nutzen sich großteils pekuniär niederschlägt, sich somit »berechnen« und gegebenenfalls sogar in Formeln kleiden lässt. Nutzengrößen wie Essensgenuss, ästhetische Empfindungen oder körperliches Wohlgefühl sind naturgemäß viel weniger greifbar und damit in gewisser Weise für Untersuchungen weniger attraktiv. Das besagt aber natürlich nicht, dass solche Nutzengrößen nicht ebenso dem Nutzenmaximierungsprinzip unterliegen. Jedenfalls ist ein Grund für Entgegenstehendes nicht erkennbar. Wonach sonst als nach größtmöglichem Glück sollte der Mensch streben, sei es, dass dieses seinen Ausdruck in vermeintlich gottgefälligem Verhalten, der Sammlung von Briefmarken oder dem Besitz eines Ferrari findet?

Auch in der Mikroökonomie, einer volkswirtschaftlichen Ausrichtung, wird der »Homo oeconomicus« (in aller Regel) als Nutzenmaximierer betrachtet. Dem wird allerdings teilweise das sogenannte Satisficing (vgl. z. B. Kahnemann 2003,1 ff.), eine Wortschöpfung aus Satisfying und Suffice, also »befriedigend« und »genügen« gegenübergestellt. Die Theorie des Satisficing geht schlicht von einer Erreichung des jeweiligen *Anspruchsniveaus* des Menschen als Ziel aus.

Hiernach wird in einer Entscheidungssituation die erstbeste Möglichkeit gewählt, die ein zuvor definiertes Anspruchsniveau erfüllt. Ein Erreichen des Anspruchsniveaus führt zu einem nachfolgend erhöhten Anspruchsniveau, bei Nichterreichen des Anspruchsniveaus wird dieses dagegen gesenkt. Tatsächlich steht die Theorie des Satisfycing der Theorie des Nutzenmaximierers bzw. Homo oeconomicus jedoch nicht entgegen, sondern schränkt diese lediglich für Untersuchungszwecke ein. So ist insbesondere das jeweilige Anspruchsniveau abhängig von Bedürfnissen, die es wiederum grundsätzlich maximal zu befriedigen gilt. Und die Tatsache, dass auf ein einmal realisiertes Anspruchsniveau in aller Regel ein neues, höheres folgt, ist ebenso eine bekannte Tatsache, die dem Prinzip der Nutzenmaximierung nicht entgegensteht, sondern dieses geradezu bestätigt: Ganz offenbar hat die Natur uns so veranlagt, dass wir mit dem Erreichten eigentlich nie zufrieden sind und ständig neuen Nutzen auf höherer Ebene anstreben. Selbstredend geht es dabei vielen Menschen in unseren Wohlstandsgesellschaften heute nicht mehr nur oder vornehmlich um Materielles, sondern um Nutzenmehrung beispielsweise auch in Form von mehr Freiheit, mehr Selbstverwirklichung, mehr Naturerlebnis etc.

Auf den ersten Blick könnte auch der sogenannte Utilitarismus, dessen Wortstamm »Nützlichkeit« bedeutet, für unsere Nutzenüberlegungen interessant sein. Allerdings geht es dort um die Maximierung des *gesamtgesellschaftlichen* Nutzens, also der Summe der Nutzen aller Individuen einer Gesellschaft. Ein hochinteressantes Thema, aber jetzt nicht unseres.

Dürfen wir an dieser Stelle zur Sicht des Menschen als »Nutzenmaximierer« ein Fazit ziehen? Wenn schon der empathische Altruist letztlich »egoistisch« im Sinne der Maximierung seines eigenen Nutzens entscheidet und handelt, in welcher Situation käme der Mensch dann überhaupt noch als Nicht-Nutzenmaximierer im Betracht? Und was sollte unsere Entscheidungen motivieren, wenn nicht die Maximierung des eigenen Nutzens? Klar, wir erleben tagtäglich Menschen, deren Handlungen faktisch gegen sich selbst gerichtet sind, also gegen den eigenen Nutzen und erst recht gegen dessen Maximierung. Aber ist dies als Hinweis darauf zu verstehen, dass es auch Nicht-Nutzenmaximierer gibt? Natürlich nicht! Auch solche Menschen versuchen, größtmögliches Lebensglück zu erfahren, sie schaffen es nur nicht, weil ihre Entscheidungen und die diesen nachgelagerten Handlungen hierzu häufig einfach ungeeignet sind. Da sind beispielsweise die Menschen, die sich im Wesentlichen nur mit sich selbst befassen und dies nicht als Ursache ihres Alleinseins und nicht gelebter sozialer Einbindung begreifen können. Da sind die Menschen, deren soziale Entscheidungen und Verhaltensweisen untauglich sind, weil ihnen die sogenannten Spiegelneuronen fehlen, sie sich also nicht oder nur unzureichend in die Lage anderer versetzen können, die ihre Entscheidungen und Handlungen beurteilen. Da sind beispielsweise auch die Menschen, die glauben, dass man mit »Lug und Trug« am besten durchs Leben komme (und von denen sich nicht wenige durch Politiker wie die Präsidenten Trump oder Putin bestätigt sehen dürften). Dabei haben wir jetzt nur Fehler im Bereich der sozialen Entscheidungen und Handlungen angesprochen, die zwar egoistisch motiviert sind, sich im Ergebnis aber (auch) gegen uns selbst richten.

3.4.4 Nutzenmaximierung und Entscheidungsfreiheit

Sollte der Mensch grundsätzlich und immer Nutzenmaximierer sein – wofür durchaus einiges zu sprechen scheint –, dann ergäbe sich hieraus eine zwangsläufige Konsequenz: Er wäre in seinen Entscheidungen nicht frei, weil er aus den ihm zur Verfügung stehenden Entscheidungsalternativen stets nur diejenige wählen kann, die ihm den größten Nettonutzen bzw. Nutzensaldo verspricht. Und wie wir in unserer Analyse des Entscheidungsprozesses gesehen haben, werden die Entscheidungsalternativen durch die Entscheiderfähigkeiten und die Umweltbedingungen bestimmt, also ebenfalls nicht etwa durch Entscheidungen (und schon gar nicht durch freie Entscheidungen). Nichts anderes gilt für die sich selbst bildenden Bedürfnisse des

Menschen, welche somit ebenso nicht seinen Entscheidungen unterliegen.

Wer Nutzenmaximierer ist, kann nur dieser Maxime entsprechend entscheiden und ist nicht frei, sich für eine Alternative mit submaximalem Nutzen zu entscheiden. Merkwürdigerweise habe ich in der Literatur kaum etwas zu dieser sich geradezu aufdrängenden gedanklichen Konsequenz gefunden. Die Überlegung, dass aus der Nutzenmaximierung *direkt* die Unfreiheit der menschlichen Entscheidung resultieren könnte, wird im Schrifttum nur an wenigen Stellen angesprochen. Bereits unsere Analyse des menschlichen Entscheidungsprozesses hat bis dato – jedenfalls aus diesseitiger Sicht – schon keinen erkennbaren Ansatzpunkt für eine Entscheidungsfreiheit aufgezeigt. Die Betrachtung des Menschen als Nutzenmaximierer legt den Mangel an Entscheidungsfreiheit in noch einfacherer Weise nahe.

3.4.5 Prognose von Umweltbedingungen

Unter 3.3 hatten wir die subjektiv einzuschätzenden zukünftigen Umweltbedingungen (neben den eigenen Entscheiderfähigkeiten) bereits als ein Kriterium zur Beantwortung der Frage, ob eine angedachte Entscheidung überhaupt eine Chance auf Erfolg haben kann (Chancencheck), behandelt. Dabei haben wir es – wie dargelegt – beim Chancencheck in der Praxis mit einer eher kursorischen Prüfung zu tun. Darüber hinaus spielen die zukünftigen Umweltbedingungen eine weitere wesentliche Rolle im Entscheidungsprozess, wenn es gilt, aus den zu ermittelnden Entscheidungsalternativen die voraussichtlich *nutzenträchtigste* zu *selektieren.* Denn die geschätzte *Eintrittswahrscheinlichkeit* der für jede Entscheidungsalternative jeweils als relevant erachteten zukünftigen Umweltbedingungen ist mitentscheidend für den voraussichtlichen Nutzen der jeweiligen Entscheidungsalternative.

Beispiel: Der für den angedachten Kauf eines Autos mit herkömmlichem Verbrennungsmotor einzuschätzende zukünftige Nutzen wird geringer einzuschätzen sein, wenn man davon ausgeht, dass die Politik nichtregenerative Energie weiter verteuern wird. Er wird dagegen höher einzuschätzen sein, wenn man davon ausgeht, dass entsprechende Kraftstoffe sich in der Zukunft (bedingt durch den allgemeinen Umstieg auf regenerative Energien) wegen stetig geringer werdender Nachfrage verbilligen werden. Der voraussichtliche Nutzen einer angedachten Entscheidung zum Erwerb eines Autos mit Verbrennungsmotor hängt also u. a. davon ab, wie der Entscheider die Eintrittswahrscheinlichkeiten einer Verteuerung oder alternativ einer Verbilligung fossiler Energie als zukünftige Umweltbedingungen einschätzt.

Allgemein gilt: Jede Entscheidung kann nur dann im idealtypischen Sinne »richtig« sein und nutzenmaximal ausfallen, wenn die zukünftigen Umweltbedingungen, auf welche die durch die potenzielle Entscheidung zu generierende Handlung treffen wird, als Ausgangsbasis der Entscheidung möglichst richtig *prognostiziert* worden sind. Dies ist natürlich eine mehr als schwierige Aufgabe, weshalb wir mit unseren Entscheidungen auch immer wieder »scheitern«.

Wie auch für den Chancencheck bereits unter 3.3 dargelegt, geht es bei der Prognose der mutmaßlich für den Entscheidungserfolg relevanten zukünftigen Umweltbedingungen generell darum, die *aktuellen* Umweltbedingungen möglichst vollständig und richtig zu *erfassen*, hieraus die entscheidungsrelevanten Umweltbedingungen zu *selektieren* und diese dann in voraussichtliche zukünftige Umweltbedingungen, auf welche die angedachte Entscheidungsalternative bzw. die dieser nachfolgende Handlung treffen wird, *fortzuschreiben*. Dies ist bereits schwierig genug und wird nochmals erschwert, wenn es um die *mentale* Befindlichkeit unserer Mitmenschen als »Umweltbedingung« geht. Denn die mentale Befindlichkeit von Mitmenschen dürfte zu den wichtigsten Umweltbedingungen gehören, die für den Erfolg oder Misserfolg menschlicher Entscheidungen in einem sozialen Umfeld maßgeblich sind. Wie viel Geld ist schon für Werbung in den Sand gesetzt worden, weil man einfach die Mentalität der angesprochenen Zielgruppe falsch eingeschätzt hat? Oder wie oft hat man schon Probleme mit seinen Entscheidungen bekommen, »nur« weil man die mentale Befindlichkeit eines oder mehrerer Mitmenschen als Teil der Umweltbedingungen falsch eingeschätzt hat.

Aber auch aktuelle Umweltzustände, die nicht mit den mentalen Befindlichkeiten unserer Mitmenschen zu tun haben, können und werden wir immer wieder falsch einschätzen und damit eine subjektiv richtige, also eine einen vermeintlich maximalen Nutzen generierende Entscheidung, faktisch zu einer falschen machen. Nehmen wir als einfaches Beispiel ein Kartenspiel, bei welchem uns das aktuelle Blatt in der Hand unserer Gegenspieler nicht bekannt ist oder eine Gehaltsverhandlung mit unserem Chef, dessen tatsächlichen finanziellen Spielraum wir nicht kennen. Diesen beiden Beispielen ist gemein, dass wir unter normalen Umständen unser Wissen um die Umweltbedingungen »Blatt des Mitspielers« oder »Verhandlungsspielraum des Chefs« kaum mit üblichen Mitteln verbessern können, sondern schlichtweg raten müssen. Im Gegensatz hierzu gibt es im täglichen Leben jedoch häufig zahlreiche Informationen über die entscheidungsrelevanten Umweltbedingungen, die durch entsprechende *Recherche* gewonnen werden können. Wenn Sie beispielsweise etwas vergleichsweise Teures kaufen wollen, so werden Sie versuchen, möglichst viele Informationen über Konkurrenzangebote und die Bonität der Anbieter (als Umweltbedingungen Ihrer Entscheidung) zu erlangen. Allerdings werden Sie kaum die äußersten Ecken des Internets ausloten, um zu diesen Informationen zu gelangen, sondern irgendwann die Recherche einstellen, weil sich die Fortführung der Recherche nach Ihrer Einschätzung »nicht mehr lohnt«. Die Informationsbeschaffung, die dafür sorgen soll, dass die auf Basis der Entscheidung vorgesehene Handlung auch tatsächlich auf die »richtigen«, der Entscheidung zugrunde gelegten Umweltbedingungen trifft, hat also auch ihre ökonomische Grenze. Diese hängt von der Menge an Erkenntnisgewinn ab, die eine weitere Recherche voraussichtlich mit sich bringt. Aber diesen zusätzlichen Erkenntnisgewinn kennt man natürlich erst, wenn man die weitere Recherche tatsächlich auch durchgeführt hat! Dann aber braucht man sich keine Gedanken mehr um die Wirtschaftlichkeit des weiteren Erkenntnisgewinns zu machen, weil dieser Erkenntnisgewinn und der dafür erforderliche Aufwand ja bereits stattgefunden haben. Mit anderen Worten: Kann ich den Erkenntnisgewinn einer weiteren Recherche nur ermitteln, indem ich diese Recherche durchführe, so ist der Rechercheaufwand bereits entstanden, sodass sich Überlegungen zu dessen Sinnhaftigkeit bzw. Effizienz erübrigen. Sie sehen, die Sache ist nicht ganz einfach. Der Abbruch der Recherche zur Ermittlung zukünftiger Umweltbedingungen muss und wird aus Effizienz- bzw. Ökonomiegründen also stets nur »nach Gefühl« erfolgen können und deshalb regelmäßig in einem suboptimalen Stadium.

Bei der bestmöglichen Erfassung der *aktuellen* entscheidungsrelevanten Umweltbedingungen, insbesondere für deren Fortschreibung in die Zukunft (siehe nächsten Absatz), kommt es nicht nur darauf an, diese möglichst vollzählig für *eine,* sondern für *alle* angedachten Entscheidungsalternativen (inklusive alternativer Ressourcenverwendungen) zu erfassen. Schließlich können nur dann möglichst richtige Ergebnisse für die Entscheidungsalternativen gewonnen und diese hinsichtlich ihrer Nutzenträchtigkeit miteinander verglichen werden. Um ein sehr einfaches Beispiel zu nennen: Wer sich zur Stillung seines Hungers zwischen dem Verzehr einer Pizza und dem eines Stücks Kuchen entscheiden möchte, sollte die Öffnungszeiten sowohl der Pizzeria als auch des Bäckers kennen.

Weil die durch die Entscheidung zu generierende, dieser nachfolgende Handlung in der Regel nicht auf die *aktuellen* Umweltbedingungen, sondern auf *zukünftige* Umweltbedingungen im *Moment* der mit der Entscheidung avisierten *Handlung* treffen wird, gibt es ein Problem nicht nur mit der Einschätzung der aktuellen entscheidungsrelevanten Umweltbedingungen, sondern zusätzlich mit deren *gedanklicher Fortschreibung in die Zukunft.* Letztlich geht es hier um die Unsicherheit einer jeden Prognose. Nehmen wir als Beispiel das Wetter, dessen zukünftige Entwicklung bekanntlich durch Fortschreibung aus dem aktuellen Zustand des Wetters (natürlich auf der Basis von Erfahrungswissen) abgeleitet wird. Das Ergebnis ist wie bei allen Prognosen bekanntlich eher vage. Für die Prognose von Umweltbedingungen generell gilt: Je mehr Basisinformationen über die aktuellen Umweltbedingungen gesammelt werden, umso richtiger ist tendenziell die Prognose der zukünftigen Umweltbedingungen (was uns die Verbesserung der Wetterprognosen in den letzten Jahrzehnten deutlich veranschaulicht hat). Aber umso eher tritt auch *bei der Prognose* die Frage der Entscheidungsökonomie in den Vordergrund. Wer nur noch mit der Ermittlung aktueller Umweltbedingungen, deren Selektion als entscheidungsrelevant und schließlich deren Fortschreibung in die Zukunft befasst ist, wird am Ende vielleicht den günstigsten oder letztmöglichen Zeitpunkt für seine Entscheidung verpassen und nur noch unzureichend Zeit für die Recherche von Umweltbedingungen für *andere* Entscheidungen des Lebens zur Verfügung haben. Idealtypisch müssten wir unsere knappe Ressource Zeit so auf die Recherchen für die anstehenden Entscheidungen *verteilen*, dass am Ende die bestmöglichen Entscheidungen gefällt werden. Konkreter gesagt: Zunächst müssten wir herausfinden, welchen Anteil der uns zur Verfügung stehenden Zeit wir im Sinne einer Gesamtnutzenmaximierung für Recherchen zur Prognose zukünftiger Umweltbedingungen einsetzen; anschließend müssten wir diese Recherchezeit so auf die Entscheidungen verteilen, dass der durch diese voraussichtlich generierte Gesamtnutzen am größten ist. Ich denke, man muss nicht darauf hinweisen, dass dies ein in Perfektion nicht mögliches Unterfangen ist, schon deshalb, weil man bei ökonomisch bedingtem Rechercheabbruch den potenziellen Nutzen aus weiterer Recherche nie erfahren wird bzw. bei weitgehend »vollständiger« Recherche das Ökonomieprinzip in der Regel bereits verletzt hat.

Die Kunst im täglichen Leben besteht also nicht darin, eine letztlich nicht mögliche Perfektion des Maßes an Rechercheaufwand in Sachen Umweltbedingungen für die einzelnen Entscheidungsalternativen zu erreichen, sondern die Gesamtmenge an Rechercheaufwand »gefühlt« zu optimieren und auf alle anstehenden Entscheidungen gefühlt »richtig« im Sinne einer Gesamtnutzenmaximierung zu verteilen. Dafür ist es allerdings hilfreich, sich die hier dargestellten Zusammenhänge klarzumachen. In meinem Berufsleben als Berater habe ich viele Unternehmer, aber auch »Privatleute« dabei beobachten müssen, wie sie sich bei der Beschaffung relevanter Umweltinformationen für weniger wichtige Entscheidungen »verzettelt« und die Informationsbeschaffung für wirklich wichtige Entscheidungen dabei vernachlässigt haben.

Im *Fortschreibungsprozess* für die aktuellen Umweltbedingungen in die Zukunft gibt es grundsätzlich zwei mögliche Fehlerquellen. Zum einen können die für die Fortschreibung erforderlichen *aktuellen* Umweltbedingungen hinsichtlich ihrer Entscheidungsrelevanz unvollständig oder falsch eingeschätzt werden. Zum anderen kann es passieren, dass die *Fortschreibung* selbst, also die Verknüpfung bekannter aktueller Umweltbedingungen in solche der Zukunft, unlogisch bzw. »nicht zu Ende gedacht« ist. Denken Sie z. B. nur an die Schwierigkeit, bei der Frage der Anschaffung eines E-Mobils die aktuellen Bestimmungsfaktoren für die Entwicklung eines E-Ladenetzes zu erfassen und diese dann auch noch zu einer Prognose über die zukünftige Dichte des E-Tankstellennetzes zu einem oder mehreren zukünftigen Zeitpunkten zu verknüpfen – ein etwa im Jahre 2023 mit auch nur geringer Sicherheit kaum zu bewältigendes Unterfangen.

Die *tatsächlichen* Umweltbedingungen, auf welche die durch die Entscheidung generierte Handlung dann am Ende trifft, spielen für die Entscheidung selbst keine Rolle mehr, da diese ja bereits getroffen ist. Sie dienen aber gegebenenfalls als Vergleichsmaßstab für die qualitative Bewertung der ursprünglichen Prognose der Umweltbedingungen.

Wir halten fest, dass eine möglichst zutreffende Erfassung und Fortschreibung aktueller Umweltbedingungen in die Zukunft unerlässlich für eine Entscheidungsoptimierung ist, aber ihre Grenzen in Effizienz- bzw. Ökonomiegesichtspunkten findet. Der ökonomische Scheitelpunkt für die Effizienz der Recherche und der prognostischen Fortschreibung der entscheidungsrelevanten Umweltbedingungen ist jedoch aus den dargelegten Gründen nie eindeutig bestimmbar. Schon deshalb werden unsere Entscheidungen – zumindest, wenn sie komplexerer Natur sind – bestenfalls zufällig »optimal« ausfallen.

3.4.6 Entscheiderfähigkeiten und Handlungserfolg

Der Erfolg der auf eine Entscheidung folgenden Handlung ist nicht nur davon abhängig, inwieweit die Umweltbedingungen, auf welche die Handlung stoßen wird, zutreffend eingeschätzt wurden. Es kommt – wie bereits angesprochen – auch auf die *intellektuellen Fähigkeiten* des Entscheiders an, die eruierten aktuellen Umweltbedingungen (und nur diese kann er kennen) möglichst zutreffend in die zukünftigen Umweltbedingungen fortzuschreiben, auf welche die zu entscheidende Handlung treffen wird. Der Handlungserfolg ist darüber hinaus auch davon abhängig, inwieweit der Entscheider in der Lage ist, seine in der Entscheidung vorgesehene Handlung *tatsächlich* auch *durchzuführen*, letztlich also davon, ob der Entscheider seine *mentalen und/oder physischen Fähigkeiten* richtig eingeschätzt hat. Es nützt nichts, sich unter weitgehend zutreffender Einschätzung der relevanten Umweltbedingungen dazu zu entscheiden, einen Wald roden zu wollen, wenn man diese Aufgabe physisch nicht bewältigen kann. Es nützt nichts, sich für einen schwierigen Konflikt zu entscheiden, wenn man diesem mental nicht gewachsen ist. In beiden Fällen ist der Eintritt des Handlungserfolgs, wie er vom Entscheider mit seiner Entscheidung angestrebt wurde, fraglich oder gar unmöglich. Sie sehen, es geht um die richtige Einschätzung der eigenen Fähigkeiten des Entscheiders.

3.5 Überprüfung der Entscheidung

Wer entschieden hat, hat damit noch nicht unbedingt »endgültig« entschieden. Bevor die Entscheidung in eine Handlung umgesetzt wird, gibt es häufig noch einen Zeitraum, in welchem diese noch einmal überprüft und gegebenenfalls revidiert wird. Bei einer solchen Überprüfung passiert nichts anderes, als dass der Entscheidungsprozess oder einzelne Elemente desselben noch einmal »durchgespielt« bzw. auf »Richtigkeit« überprüft werden. Wir haben es hier also nicht mit einem qualitativ neuen Element des Entscheidungsprozesses zu tun, sondern mit einer gedanklichen Wiederholung einzelner oder aller Elemente des Entscheidungsprozesses. Einige Philosophen wollen in der Überprüfung der Entscheidung ein »Suspensionsvermögen« (z.B. Locke 1690, zitiert nach Keil 2013a, 59) des Entscheiders erkennen und glauben, in diesem manifestiere sich die von ihnen als gegeben unterstellte Freiheit der menschlichen Entscheidung. Dieses Innehalten, Überprüfen und gegebenenfalls Revidieren der Entscheidung kann aber nur freiheitliche Elemente enthalten, wenn auch einer oder mehrere Schritte des ursprünglichen Entscheidungsprozesses solche enthält, da Überprüfung und gegebenenfalls Revision eben nur eine Wiederholung bzw. nochmalige Verprobung dieser Schritte darstellen. Wenn der ursprüngliche Entscheidungsprozess – wie von uns untersucht – keine freiheitlichen Elemente enthält, kann also dessen nochmalige Aufarbeitung bzw. Überprüfung ebenfalls keine enthalten.

Nach ein- oder mehrfacher Überprüfung und gegebenenfalls Korrektur der Entscheidung gelangt der Entscheidungsträger zur abschließenden, zur Umsetzung durch eine Handlung (oder einem Handlungsverzicht) bestimmten Entscheidung.

3.6 Handlung und Handlungsergebnis, das Finale des Entscheidungsprozesses

Eher unspektakulär gestalten sich die Betrachtungen zu der Handlung, welche der jeweiligen (abschließenden) Entscheidung folgt. Reichen die eigenen Fähigkeiten aus, das Entschiedene in eine oder mehrere Handlungen umzusetzen, erfolgt dies uneingeschränkt zwangsläufig. Denn schließlich gibt es keinen Grund, das abschließend Entschiedene nicht umzusetzen, wenn die eigenen Fähigkeiten hierfür ausreichen. Hat sich aus dem Entscheidungsprozess für die jeweilige Handlung im Vergleich zu den Alternativen der größte voraussichtliche Nutzensaldo ergeben und findet der Entscheider keine nutzenträchtigere Verwendung für die einzusetzenden Ressourcen, so wird er seine Entscheidung in eine Handlung umsetzen. Alles andere wäre schlicht gegen ihn selbst gerichtet. Damit offenbart sich allerdings auch in der Umsetzung einer Entscheidung in eine Handlung keinerlei Freiheitselement. Unter der Voraussetzung der Nutzenmaximierung ist diese Umsetzung – entsprechende Entscheiderfähigkeiten vorausgesetzt – schlichtweg zwangsläufig.

Der *Handlungserfolg* ist dabei abhängig von der möglichst »richtigen« Abarbeitung des Entscheidungsprozesses, insbesondere von der richtigen Einschätzung der eigenen Fähigkeiten zur Entscheidungsumsetzung sowie der möglichst richtigen Prognose der zukünftigen Umweltbedingungen, auf welche die entschiedene Handlung voraussichtlich treffen wird.

3.7 Entscheidungsbewertung

Nachdem die Entscheidung getroffen und in eine Handlung umgesetzt worden ist, kann eine Auswertung des Handlungsergebnisses Grundlage für eine Verbesserung zukünftiger Entscheidungen sein. Voraussetzung hierfür ist die Analyse der Ursachen, die für eine (eventuelle) Diskrepanz von angestrebtem und erreichtem Entscheidungs- und Handlungsergebnis verantwortlich sind. Das können beispielsweise ignorierte Entscheidungsalternativen, nicht erfasste, aber entscheidungsrelevante Umweltbedingungen oder auch eine falsche Einschätzung der eigenen Fähigkeiten (siehe 3.4.6) sein. Lerneffekte aus der Vergangenheit können das Entscheidungsverhalten allerdings nur verbessern, soweit es sich um generelle Fehler bei der Abarbeitung des Entscheidungsprozesses handelt oder wenn die spätere Entscheidungssituation mit der Situation der ausgewerteten Entscheidung konkret vergleichbar ist. Letzteres ist aber schon wegen der ständig im Fluss befindlichen Umweltbedingungen eher selten tatsächlich der Fall. Routine, die glaubt, gleiche Ziele mit gleichen Entscheidungen erreichen zu können, scheitert häufig genug an geänderten Umweltbedingungen.

Bei sich wiederholenden Entscheidungen ähnlicher oder gleicher Art können die Lerneffekte aus früheren realisierten Entscheidungen nur greifen, wenn der fast immer gegebenen – möglicherweise auch nur geringfügigen – Andersartigkeit der Ausgangssituation Rechnung getragen wird. Betsch u. a. weisen in diesem Zusammenhang wohl zu Recht darauf hin, dass in der Praxis bei der Auswertung von Entscheidungsergebnissen häufig »Bestätigungsfehler« begangen werden, indem durch einseitige Informationssuche versucht wird, die gewählte (Wiederholungs-)Hypothese zu stützen (Betsch u. a. 2011, 120).

3.8 Zusammenfassung des Entscheidungsprozesses

Lassen Sie uns den idealtypischen Entscheidungsprozess unserem Schaubild entsprechend wie folgt zusammenfassen:

Ist ein Bedürfnis stark genug, dass es in das Bewusstsein dringt, erfolgt zunächst eine Prüfung darauf, ob es überhaupt eine Chance auf Befriedigung hat. Ist dies der Fall, wird das Bedürfnis in einen Willen konkretisiert. Es werden Entscheidungsalternativen zur Umsetzung des Willens bzw. des Bedürfnisses eruiert und hinsichtlich ihrer voraussichtlichen Nutzensalden miteinander verglichen. Sind alle Nutzensalden negativ, so kommt es zu keiner Entscheidung, genauer gesagt: Es kommt zur Entscheidung, keine der Entscheidungsalternativen mittels einer Handlung zu realisieren. Gibt es eine oder mehrere Entscheidungsalternativen mit positivem Nutzensaldo, so wird diejenige mit dem größten (erwarteten) Nutzensaldo (vor-)selektiert. Im nächsten Schritt wird geprüft, ob die für diese Entscheidungsalternative einzusetzenden Ressourcen zur Befriedigung eines oder mehrerer anderer, alternativer Bedürfnisse (noch) nutzenträchtiger eingesetzt werden können. Ist dies der Fall, wird die Entscheidung mit der nutzenträchtigsten alternativen Ressourcenverwendung gewählt und die ursprünglich selektierte Entscheidung verworfen. Im anderen Falle bleibt es bei der nutzenmaximalen Entscheidungsalternative zur Befriedigung des ursprünglichen Bedürfnisses. Die so ausgewählte Entscheidung wird dann – gegebenenfalls nach abschließender Überprüfung – mit einer entsprechenden Handlung realisiert und anschließend wird gegebenenfalls der Handlungserfolg im Hinblick auf die Verbesserung zukünftiger Entscheidungen bewertet.

3.9 Zwischenfazit

Gerade intelligentere Menschen interessieren sich häufig für fast alles, was in ihrem Umfeld vor sich geht, und zwar unabhängig von der Frage, ob sie die gewonnenen Informationen und Erkenntnisse je nutzbringend werden für sich verwerten können. Dies hat auch damit zu tun, dass man den möglichen zukünftigen Nutzen einer Information erst dann beurteilen kann, wenn diese bereits gewonnen ist, sodass sich die Frage der Effizienz der Informationsgewinnung häufig gar nicht mehr stellt. Neben der Freude am Wissen schlechthin, an der hiermit verbundenen kompetenzbedingten sozialen Anerkennung sowie an der Erkenntnis von Zusammenhängen stellt sich im Leben – so jedenfalls nach meinen Erkenntnissen – immer wieder ein Nutzen ein, der aus Wissen um Dinge und Zusammenhänge resultiert, von dem man nie dachte, es jemals nutzbringend einsetzen zu können. Und dennoch haben sich selbst mental »präsente« Menschen merkwürdigerweise immer schon wenig für das interessiert, was sie (neben dem Atmen) vermutlich am meisten in ihrem Leben tun, nämlich entscheiden (gewisse Ausnahmen finden wir in der Philosophie, dann allerdings meist mit geringem analytischem Tiefgang). Dabei kann doch das Wissen um die Struktur des eigenen Entscheidungsverhaltens selbstredend auch immer zu dessen kritischer Hinterfragung und Verbesserung beitragen. Ich hoffe, dass unsere Analyse des menschlichen Entscheidungsprozesses hierbei helfen kann. Dabei geht es nicht einmal primär um die »Abarbeitung« unseres Ablaufschemas zum menschlichen Entscheidungsprozess in konkreten Entscheidungssituationen (was vielleicht bei sehr gewichtigen Entscheidungen helfen kann), sondern eher allgemein um das Verständnis unseres Entscheidungsverhaltens. Wenn Wissen Macht ist, dann kann uns das Wissen um unsere Entscheidungsprozesse zumindest ein bisschen Macht über uns selbst vermitteln.

Und was ist nun mit der Freiheit der menschlichen Entscheidung? Wenn die Hypothese vom Menschen als Nutzenmaximierer richtig ist, kann und wird er immer nur die vermeintlich nutzenträchtigste Entscheidungsalternative wählen. Und wenn der Entscheider keinen Selbstbetrug, etwa bei der Beurteilung seiner Bedürfnisse, des jeweiligen Ressourcenverbrauchs oder der Umweltbedingungen begeht, wird er in seinem ureigensten Interesse stets die aus seiner Sicht »richtigste« Beurteilung wählen, weil alles andere gegen ihn selbst gerichtet wäre und insofern keinen Sinn machen würde. Aber auch ein – durchaus ja denkbarer – Selbstbetrug würde am Ergebnis nichts ändern. Denn auch der Selbstbetrug wäre ja durch Bedürfnisse motiviert, die sich der Entscheider nicht ausgesucht hat und die wiederum eine eigene Nutzenerwartung generieren.

Denselben Zusammenhang kann man mit demselben Ergebnis auch aus der Sicht des menschlichen Willens erkennen. Jedes Wollen beinhaltet nicht nur Vorteile, sondern auch Nachteile, in jedem Falle zumindest den, bei Realisierung eines bestimmten Wollens auf die gleichzeitige Realisierung eines anderen Wollens verzichten zu müssen. Nach Abwägung der Vor- und Nachteile wird sich stets das stärkste Wollen durchsetzen, weil es schlichtweg keinen Grund dafür gibt, dass der Mensch sich für ein minder ausgeprägtes Wollen entscheidet. Man könnte in Ergänzung einer bereits zitierten philosophischen Aussage auch feststellen: »Wollen kann man nicht wollen, weil sich stets das stärkste Wollen durchsetzt, ob wir es wollen oder nicht ...«

Auch hier ergibt sich prima vista kein Anknüpfungspunkt für irgendwelche »Freiheiten« der Entscheidung. Aber wir sind ja noch nicht am Ende unserer Betrachtungen und wollen uns nachfolgend mit den in der Literatur anzutreffenden Analysen zur Entscheidung und zur Entscheidungsfreiheit auseinandersetzen.

Kürzlich habe ich einen interessanten Satz im Zusammenhang mit der Freiheit bzw. der Unfreiheit der menschlichen Entscheidung gelesen, der Baltasar Gracián y Morales zugeschrieben wird: »Freiheit ist der Zwang, sich zu entscheiden.« Natürlich habe ich mich gleich gefragt, ob diese zweifellos richtige Feststellung tatsächlich etwas mit der (Un-)Freiheit unserer Entscheidungen zu tun hat. Leider nein: Der Satz besagt nur, *dass* wir uns entscheiden müssen, nichts aber darüber, *wie* wir uns entscheiden.

Zwischendurch möchte ich Sie noch einmal daran erinnern, dass Sie mir Bedenken oder Gegenargumente zu Thesen, Analysen und Meinungen in diesem Buch gerne über unser Forum auf *lothar-hergarten.de* zukommen lassen können. Ich gelobe, mich mit allen sachlichen Argumenten auseinanderzusetzen und im Forum gegebenenfalls einen Kommentar dazu zu geben.

4 Die normative Entscheidungstheorie

Schon während meines wirtschaftswissenschaftlichen Studiums hat mich die sogenannte normative Entscheidungstheorie fasziniert und zum Nachdenken über den menschlichen Entscheidungsprozess animiert. Die normative Entscheidungstheorie ist streng logisch aufgebaut und wird deshalb auch als »Entscheidungslogik« bezeichnet (Gäfgen 1968, III, Heinen 1968, Sp. 690). Sie strebt eine möglichst umfassende Erklärung der rationalen Entscheidung an, klammert aber die Frage aus, ob Menschen tatsächlich rational handeln und entscheiden, sondern unterstellt dies. Die Rationalität wird als zweckmäßige Grundeinstellung zum Problem des Auswählens von Handlungsalternativen angesehen und zur Grundlage der weiteren Untersuchungen erhoben (Sieben/Schildbach 1990, 1) Die ökonomische Ausrichtung der normativen Entscheidungstheorie geht von Zielen aus, die der Entscheider bzw. Entscheidungsträger (wie er dort genannt wird) bestmöglich zu erreichen versucht. Ursprünglich war die unterstelltermaßen angestrebte Zielgröße (des jeweiligen Entscheiders bzw. Betriebes) vornehmlich der unternehmerische Gewinn. In den neueren Ausrichtungen werden auch andere Zielgrößen wie Umsatz, Prestige, Macht, Mitarbeiterzufriedenheit etc. berücksichtigt. Wie wir sehen werden (insbesondere bei der Behandlung des sogenannten Omelettenproblems), befasst sich die normative Entscheidungstheorie aber nicht nur mit den Zielen von Unternehmen, sondern von entscheidenden Menschen schlechthin.

Die Literatur zur normativen Entscheidungstheorie liest sich sehr »verwissenschaftlicht«, tatsächlich ist der Grundaufbau jedoch eher einfach, logisch und gut nachzuvollziehen. Ausgangspunkt unseres nachfolgenden einfachen Beispiels zur Veranschaulichung der Entscheidungstheorie sind *zwei Entscheidungsalternativen*, denen *für zwei alternativ mögliche zukünftige Umweltbedingungen* die Ergebnisse hinsichtlich *zweier angestrebter Zielgrößen* zugewiesen werden.

Zunächst einmal werden eines oder mehrere Ziele des Entscheiders definiert. Im Falle unseres Beispielunternehmens könnten dies zum Beispiel die Ziele *Gewinn* und *Renommee*, also das gute Ansehen des Unternehmens in der Gesellschaft sein. Danach werden mehrere, mindestens jedoch zwei Entscheidungsalternativen, die zugleich Handlungsalternativen sind, definiert, also im einfachsten Fall die Alternativen, etwas Bestimmtes zu tun oder es zu unterlassen. Das könnten zum Beispiel im Falle unseres Unternehmens die *Realisierung* oder *Unterlassung* einer Preiserhöhung für ein bestimmtes Produkt sein. Dann werden für die Handlungsalternativen voraussichtliche Ergebniswerte ermittelt. Im Falle unseres erwähnten Unternehmens wären dies Werte für die beiden angestrebten Ziele Gewinn und Renommee. Der Gewinn wird hier naheliegenderweise ausgedrückt durch Einheiten von 1000 Euro, das Renommee durch einen von 0–100 reichenden Index für das Ansehen des Unternehmens in der Gesellschaft. Klar dürfte insoweit sein, dass die alternativen Entscheidungen, den Preis für ein Produkt zu erhöhen oder dies zu unterlassen, Einfluss auf den Gewinn und das Renommee des Unternehmens haben (können). Da aber die ermittelten voraussichtlichen Ergebnisse in der Zukunft liegen und nicht nur von den Entscheidungen selbst, sondern auch von zukünftigen *ungewissen* Umweltbedingungen abhängig sind, müssen sie alternativ für die für möglich gehaltenen zukünftigen Umweltbedingungen ermittelt und ausgewiesen werden. In unserem Falle gehen wir vereinfachend von lediglich zwei alternativen Umweltbedingungen aus, nämlich einer mit einer bestimmten Wahrscheinlichkeit (im Beispiel 80 %) gleichbleibenden Konjunktur und einer mit einer bestimmten Wahrscheinlichkeit (im Beispiel 20 %) »einbrechenden« Konjunktur. Es ergibt sich dann folgende, anschließend zu erläuternde Ergebnismatrix (bitte nicht verzweifeln, wenn Sie zu Matrizen eher ein gespaltenes Verhältnis haben, im mindesten Falle geht es nur um das Prinzip!):

	Umweltbedingung »Konjunktur bleibt« (80 %)	Umweltbedingung »Konjunktur bricht ein« (20 %)
I. Entscheidung »Keine Preiserhöhung«	Ergebnisse A Gewinn: 100 Renommee: 100	Ergebnisse B Gewinn: 80 Renommee: 90
II. Entscheidung »Preiserhöhung um 10 %«	Ergebnisse C Gewinn: 120 Renommee: 80	Ergebnisse D Gewinn: 70 Renommee: 70

In den beiden oberen Karrees sehen wir die geschätzten voraussichtlichen Ergebnisse (Gewinn und Renommee) für die Entscheidung *»keine Preiserhöhung«*: einmal für die zukünftigen *Umweltbedingung »Konjunktur bleibt«* (linkes oberes Karree) und einmal für die zukünftige Umweltbedingung *»Konjunktur bricht ein«* (rechtes oberes Karree). Bleiben Preis und Konjunktur gleich, wird ein Gewinn von 100 (z.B. in TEUR) sowie ein Renommee-Index von 100 erwartet. Bricht die Konjunktur ein, so wird ein Gewinn von nur noch 80 und – da die Kundschaft nun eigentlich eine Preissenkung erwartet – ein verminderter Renommee-Index von 90 prognostiziert. Ich denke, das hat eine Logik und ist so weit nachvollziehbar.

In den beiden unteren Karrees sehen wir die Entscheidungsergebnisse für die Alternative »Preiserhöhung um 10 %«, ebenfalls für die zukünftigen alternativen Umweltbedingungen »Konjunktur bleibt« (linkes unteres Karree) und »Konjunktur bricht ein« (rechtes unteres Karree). Für den Fall gleichbleibender Konjunktur wird eine preisbedingte Gewinnsteigerung auf 120 und ein Absacken des Renommee-Index auf 80 erwartet, da die Preissteigerungen in der Öffentlichkeit vermutlich nicht »gut ankommt«. Bricht die Konjunktur dagegen ein, wird wegen geringerer Nachfrage eine Gewinnreduktion auf 70 und ein weiteres Absacken des Renommee-Index auf ebenfalls 70 (die Preiserhöhung trotz Konjunktureinbruchs kommt noch schlechter beim Publikum an) erwartet.

Wenn wir uns jetzt unsere Ergebnismatrix anschauen, was haben wir gewonnen? Zunächst (nur) eine Strukturierung unserer Entscheidung bzw. der potenziellen Entscheidungsergebnisse! Diese Ergebnismatrix generiert zwar noch keine eindeutige Handlungsempfehlung (Preiserhöhung ja/nein), insbesondere auch, weil noch unbekannt ist, wie wichtig dem Entscheidungsträger Gewinn und Renommee im Verhältnis zueinander sind, etwa in der Form, dass eine Gewinneinheit zwei Renommeeeinheiten entsprechen soll. Die Ergebnismatrix macht uns aber unsere Entscheidungssituation sehr deutlich bewusst und erleichtert uns damit bereits die »richtige« Entscheidung. Sie veranschaulicht uns zum Beispiel, dass in unserem Falle die Ergebniswerte für eine Entscheidung zu 10%iger Preiserhöhung bei bzw. trotz einbrechender Konjunktur die niedrigsten bzw. schlechtesten sind.

Wenn wir häufig Entscheidungen zu treffen haben, sollten wir wohl konzedieren können, dass uns bereits eine solche Ansicht in Form einer Ergebnismatrix durchaus bei wichtigeren zu treffenden Entscheidungen hilfreich sein könnte, schon um »den Überblick zu behalten«. Dies gilt erst recht für komplexere Entscheidungssituationen, für welche die Matrix sich selbstredend um beliebig viele Entscheidungsalternativen, Zielgrößen und alternative zukünftige Umweltsituationen erweitern lässt.

Im Folgenden wollen wir nun einen Schritt weiter gehen und für die dargestellte Entscheidungssituation aus der Ergebnismatrix eine *Nutzenvergleichsmatrix* entwickeln, die uns eindeutige Handlungsempfehlungen gibt. Dazu müssen wir die Ergebnisse mit den sogenannten Präferenzen des Entscheiders, in diesem Falle eines Unternehmers, gewichten. Diese Präferenzen tragen der Tatsache Rechnung, dass es dem Entscheider in der Regel nicht egal ist, welcher *Art* die Ergebnisse seiner jeweiligen Entscheidungsalternativen sind, in welcher *Höhe* diese Ergebnisse anfallen, *wann* sie anfallen und mit welcher *Wahrscheinlichkeit* sie (in Abhängigkeit von alternativen Umweltbedingungen) anfallen.

4.1 Die Entscheiderpräferenzen

Aber wie genau nun können wir unsere obige Ergebnismatrix möglicherweise so bearbeiten, dass wir *Nutzenvergleiche* anstellen und hierdurch die Entscheidungsalternative – Preiserhöhung oder keine Preiserhöhung – mit dem größten voraussichtlichen Gesamtnutzen ermitteln können? Natürlich gibt es, wie erörtert, keinen Maßstab für Nutzen, aber wir können schon sagen, dass uns eine bestimmte Handlungsalternative 1 einen bestimmten Nutzen verspricht, dem wir beispielsweise die Größe 10 zuordnen und dass der voraussichtliche Nutzen einer bestimmten anderen Handlungsalternative 2 für uns im Verhältnis hierzu eine Größe von beispielsweise 8 oder 13 hat. Nur, wie kommen wir zu einer solchen Transformation von Ergebnissen wie Gewinn oder Renommee in Größenangaben der vorgenannten Art, die uns Nutzenvergleiche anstellen und so die voraussichtlich nutzenträchtigste Entscheidung selektieren lassen?

In der Antwort hierzu liegt vermutlich die größte Leistung der normativen Entscheidungstheorie. Sie ist ebenso einfach wie überzeugend und logisch zwingend. Dennoch hat die Menschheit sehr lange gebraucht, um sie zu generieren. Die alternativen Ergebnis*arten* wie Birnen und Äpfel oder Gewinn und Renommee, die dann möglicherweise auch noch zu verschiedenen *Zeiten*, in verschiedener *Höhe* und mit verschiedenen *Wahrscheinlichkeiten* anfallen werden, macht die normative Entscheidungstheorie durch Anwendung der sogenannten *Präferenzen* des jeweiligen Entscheiders hinsichtlich ihres jeweiligen Nutzens vergleichbar. Die Basis hierfür liegt auf der Hand: Der Nutzenwert einer Entscheidungsalternative für den Entscheider hängt von nicht mehr und nicht weniger ab als von der *Art* der mit der jeweiligen Entscheidungsalternative zu erzielenden Ergebnisse, deren *Höhe*, ihrem *zeit*lichen Anfall und ihrer Eintritts*wahrscheinlichkeit* (in Abhängigkeit von den alternativ möglichen Umweltbedingungen).

Die jeweilige Präferenz bezeichnet die Vorteilhaftigkeitseinschätzung durch den Entscheider je nach Präferenzart. Es werden der Realität entsprechend vier Präferenzen unterschieden: die Artenpräferenz, die Höhenpräferenz, die Zeitpräferenz und die Sicherheitspräferenz. Dabei handelt es sich nicht um irgendwelche erdachten Größen, sondern exakt die Kriterien, mit denen wir die Ergebnisse unserer Entscheidung vergleichbar machen können und tatsächlich auch im täglichen Leben vergleichbar machen – selbst wenn den meisten von uns das so noch nie konkret bewusst geworden ist. Jedes zukünftige Ergebnis einer angedachten Entscheidung hängt von genau diesen vier Ergebnisausprägungen ab, welche für seine Transformation in Nutzengrößen relevant sind. Es handelt sich um

- die **Ergebnisart**: Äpfel oder Birnen, Gewinn oder Renommee
- die **Ergebnishöhe**: viele oder wenige Äpfel, hoher oder geringer Unternehmensgewinn
- den **Zeitpunkt** des Anfalls des jeweiligen Ergebnisses: kann ich den Apfel heute oder morgen essen, fällt der Gewinn heute oder in drei Jahren an
- die **Eintrittswahrscheinlichkeit** bzw. **Sicherheit**, mit der das jeweilige Ergebnis – abhängig u. a. von den alternativ möglichen zukünftigen Umweltbedingungen – voraussichtlich erzielt wird bzw. das **Risiko**, mit dem es voraussichtlich nicht erzielt wird

Diese vier Eigenschaftsmerkmale reichen stets aus, damit der jeweilige Entscheider die voraussichtlichen Entscheidungsergebnisse in seine individuellen Nutzengrößen transformieren kann. Dabei wird jeder Entscheider hinsichtlich jedes dieser Ergebnismerkmale individuelle Präferenzen haben: Man kann einem Apfel eine höhere Präferenz zuordnen als einer Birne – oder auch umgekehrt (Artenpräferenz). Vermutlich hat der erste Apfel, wenn er zum Eigenverzehr bestimmt ist, einen deutlich höheren Nutzen als der zehnte Apfel (Höhenpräferenz). Wenn der Entscheider aktuell Hunger hat, wird er den Nutzen eines sofort verfügbaren Apfels vermutlich höher einschätzen als den eines erst in drei Tagen verfügbaren (Zeitpräferenz). Und möglicherweise ist ihm ein sicherer Apfel mehr wert als drei Äpfel, die er mit 50%iger Wahrscheinlichkeit erlangen kann (Risikopräferenz). Wem das zu banal ist: Natürlich lassen sich diese Beispiele auch auf Ergebnis-Zielgrößen wie Gewinn, Unternehmensrenommee, Umweltentlastung oder Reisevergnügen übertragen. Im Folgenden wollen wir auf die einzelnen Präferenzen näher eingehen.

4.1.1 Die Artenpräferenz

Bleiben wir beim Obst: Wenn Sie sagen: »Ein Apfel ist mir so wertvoll wie eineinhalb Birnen«, dann haben Sie damit Ihre Artenpräferenz bezüglich der Ergebnisarten Äpfel und Birnen ausgeübt bzw. angewandt. Gleiches gilt entsprechend, wenn Sie als Unternehmer feststellen, dass Ihnen ein Punkt Verbesserung im Renommee-Index gleich viel wert ist wie eine Gewinnerhöhung um X Geldeinheiten. Mit anderen Worten: Die Artenpräferenz trifft eine Aussage darüber, in welchem Nutzenverhältnis die Einheiten von zwei oder mehr Ergebnis*arten* hinsichtlich ihrer Nutzenträchtigkeit aus der Sicht des Entscheiders zueinanderstehen.

4.1.2 Die Höhenpräferenz

Die Höhenpräferenz bringt zum Ausdruck, dass uns als Entscheider nicht jede *Einheit* einer Ergebnisart gleich vorteilhaft erscheint, abhängig davon, in welcher Höhe die Ergebnisart als Folge unserer Entscheidung voraussichtlich anfällt. Der erste Euro hat in aller Regel für uns einen viel höheren Wert als der 1.000.000. Euro, da ersterer zum Überleben beiträgt, während der 1.000.000. Euro uns vielleicht nur noch (überflüssigen?) Luxus ermöglicht. Andererseits wird der Verlust von 1.000.000 Euro für uns möglicherweise einen *mehr* als zehnmal höheren negativen Wert als der Verlust von 100.000 Euro haben, wenn wir hierdurch in Insolvenz geraten und für einen erheblichen Teil unseres Lebens wirtschaftlich handlungsunfähig bleiben. Bei der Entscheidung, wie viele Apfelbäume wir in unserem Garten anpflanzen wollen, werden wir bedenken, dass die ersten zehn Kilo Äpfel für uns sehr wertvoll sind, weitere 100 Kilo Äpfel nur noch eine geringere Bedeutung für uns haben und weitere 20 t Äpfel vielleicht gar einen negativen Wert, da wir uns um deren Entsorgung kümmern müssten. Vielleicht haben sie aber auch einen sehr hohen Wert, wenn wir eine Apfelkelterei betreiben.

Nebenbei bemerkt spricht man in der Ökonomie in diesen Zusammenhängen auch vom Gesetz des abnehmenden Grenznutzens. Dies besagt nichts anderes, als dass jede weitere Einheit einer bestimmten Ergebnisart für uns (tendenziell!) einen geringeren Nutzen bzw. Wert hat. Streng genommen handelt es sich hierbei aber nicht um ein Gesetz, sondern um eine Regel, die lediglich »häufig« gilt. So können etwa die 20 t zusätzliche Äpfel uns entsprechend unserem Beispiel erst in die Lage versetzen, in effizienter Weise eine Apfelkelterei zu betreiben, und dadurch mit einem besonders hohen Nutzen bzw. Grenznutzen für uns verbunden sein.

Ganz offenbar lässt sich auch die Höhenpräferenz numerisch zum Ausdruck bringen, wenn man etwa sagt, dass die zweiten 100.000 Euro für den Entscheidungsträger nur noch die Hälfte des Wertes der ersten 100.000 Euro haben. Dies kann für die Entscheidungsfindung etwa dann von Bedeutung sein, wenn die erste Entscheidungsalternative einen voraussichtlichen sicheren Ertrag von 100.000 Euro generiert, während die zweite Entscheidungsalternative einen Ertrag von 200.000 Euro mit 50%iger Wahrscheinlichkeit generiert. Rein »rechnerisch« erscheinen die beiden Alternativen gleichwertig. Man muss aber nicht lange rechnen, um zu verstehen, dass man sich für die erste Alternative entscheiden wird, wenn einem die zweiten 100.000 Euro nur noch die Hälfte der ersten 100.000 Euro wert sind.

4.1.3 Die Zeitpräferenz

In unserer Zeitpräferenz kommt die Tatsache zum Ausdruck, dass es uns nicht gleichgültig ist, *wann* ein bestimmtes Entscheidungsergebnis anfällt. So wird es bei der Entscheidung, ob wir für die in unserem Garten anzupflanzenden Apfelbäume junge Triebe oder bereits trächtige Jungbäume erwerben, eine Rolle spielen, dass im erstgenannten Fall erst in etlichen Jahren und im letztgenannten Fall bereits kurzfristig mit einer Apfelernte zu rechnen ist. Im Falle der Ergebnisart »Geld« wird uns eine Entscheidung, die mit einem früheren Geldzufluss verbunden ist, in der Regel nutzenträchtiger erscheinen als eine solche mit späterem Geldzufluss, weil wir im erstgenannten Fall bereits früher mit dem Geld wirtschaften und möglicherweise weitere Erträge erzielen können.

Ein typischer Ausdruck unserer Zeitpräferenz ist der Zins – sieht man einmal von den Zeiten ab, in welchen die Notenbanken diesen z. B. durch künstliche Geldschwemmen auf null oder gar in den negativen Bereich drücken. Der Zins ist – in »normalen« Zeiten – das Entgelt dafür, dass man über sein Geld erst später bzw. nicht sofort verfügen kann.

Offensichtlich lässt sich auch die Zeitpräferenz numerisch darstellen, um Ergebnisse mit unterschiedlichem zeitlichem Anfall miteinander vergleichbar zu machen. Wer sagt, dass ihm ein bestimmter heute verfügbarer Geldbetrag 4 % mehr wert ist als bei Verfügbarkeit erst in einem Jahr, hat diesbezüglich seine Zeitpräferenz ausgeübt und quantitativ benannt. Im Normalfall wird sich die Zeitpräferenz so darstellen, dass früher anfallende Ergebnisse im Hinblick auf ihren Nutzen höher bewertet werden als später anfallende Ergebnisse. Bei einem Negativzins könnte es allerdings ausnahmsweise umgekehrt sein: Soll das Geld auf einem Bankkonto angespart werden, fällt es besser später an, da dann weniger Negativzinsen zu zahlen sind.

Aber warum ist unsere Zeitpräferenz in aller Regel so ausgestaltet, dass uns früher anfallende Nutzenergebnisse lieber sind als später anfallende? Ich denke, es hat mit der Endlichkeit unseres Daseins (jedenfalls auf Erden) zu tun. Wer beispielsweise in jungen Jahren zu Vermögen kommt, kann hiervon in aller Regel länger profitieren als jemand, der voraussichtlich nur noch wenige Jahre zu leben hat. Würden wir ewig leben, wäre es uns auch ziemlich egal, wenn sich ein bestimmter Ertrag bzw. Nutzen erst in einigen Millionen Jahren (mit gleicher Sicherheit) realisieren würde. Natürlich gibt es im täglichen Leben auch eine gewisse Korrelation zwischen Zeitpräferenz und Sicherheitspräferenz: Je weiter ein erwartetes Ergebnis in der Zukunft liegt, umso unsicherer erscheint es uns – häufig zu Recht.

4.1.4 Die Risiko- bzw. Sicherheitspräferenz

Wir hatten bereits dargelegt, dass (voraussichtliche) zukünftige Ergebnisse von zu treffenden Entscheidungen praktisch immer ungewiss sind. Dies liegt daran, dass die an unsere Entscheidung anknüpfende Handlung immer erst *zukünftig* umgesetzt und wirksam werden kann und deshalb nicht auf gegenwärtige, sondern zukünftige und damit *ungewisse Umweltbedingungen* trifft. Selbst die gegenwärtigen entscheidungsrelevanten Umweltbedingungen werden wir – als Basis für die *Fortschreibung* in zukünftige Umweltbedingungen – kaum je vollständig erfassen können. Stellen Sie sich wiederum die Entscheidung vor, ein E-Mobil zu kaufen oder nicht, dann werden Ihnen zahllose zukünftige, höchst ungewisse Umweltbedingungen einfallen, die für die »Richtigkeit« Ihrer Entscheidung eine große Rolle spielen: Wird sich die E-Mobilität gegen die Wasserstoffmobilität, der Austausch gegen das Laden von Batterien durchsetzen, wie wird sich die Abdeckung mit Ladestationen entwickeln und wie der Preis für die erforderliche Elektrizität etc.? Sie werden versuchen, diese *zukünftigen* Umweltbedingungen anhand der Ihnen bekannten *gegenwärtigen* zu prognostizieren, dabei aber auch die gegenwärtigen entscheidungsrelevanten Umweltbedingungen nicht komplett erfassen können. Und wenn Sie über ein Jobangebot zu entscheiden haben, dürften u.a. die folgenden zukünftigen Umweltbedingungen den Ausschlag dafür geben, ob Ihre Entscheidung »richtig« ist oder nicht: Wie wird sich die betreffende Branche allgemein und das Unternehmen konkret entwickeln, wird die zukünftige zeitliche Beanspruchung durch Ihre Familie mit der durch das Unternehmen vereinbar sein, wird die Umgänglichkeit des Vorgesetzten auf Dauer so sein wie im Bewerbungsgespräch usw.? Aber auch die einfachsten privaten Entscheidungen erfordern Prognosen: Werden wir unser Kind für eine Stunde allein lassen können, ohne dass es »Probleme« machen wird? All diese zukünftigen Umweltbedingungen sind nicht »sicher«, weshalb wir ihnen jeweils subjektiv einzuschätzende Eintrittswahrscheinlichkeiten zuordnen müssen, wenn wir »bestmöglich« entscheiden wollen.

Bekanntlich sind in Anlehnung an Mark Twain »Prognosen ungewiss, vor allem wenn sie in die Zukunft reichen«. Wir müssen, wenn unsere Entscheidungen möglichst richtig sein sollen, die alternativen, von uns für möglich gehaltenen zukünftigen Umweltbedingungen zunächst definieren und diesen dann jeweils eine Eintrittswahrscheinlichkeit zuordnen. In unserer obigen Entscheidungsmatrix, wo es um die Entscheidung einer Preiserhöhung ging, haben wir dies bereits getan, indem wir einer gleichbleibenden zukünftigen Konjunktur als maßgebliche Umweltbedingungen eine 80%ige und einem Konjunktureinbruch eine 20%ige Eintrittswahrscheinlichkeit zugeordnet haben. Da zukünftig nach unserer Einschätzung eine der beiden Umweltbedingungen auf jeden Fall eintreten wird, kommen wir in der Summe selbstredend auf 100%.

Nun kann es aber sein, dass wir besonders risikoscheu sind. Diese negative Risikoeinstellung müsste sich dann aber auch in unserer Ergebnismatrix widerspiegeln, wenn wir diese durch Anwendung unserer Präferenzen in eine Nutzenvergleichsmatrix umwandeln. Die Berücksichtigung unserer Risikobereitschaft, in der Entscheidungstheorie »Risikopräferenz« oder »Sicherheitspräferenz« genannt, kann bei der Umwandlung unserer Ergebnismatrix in eine Nutzenvergleichsmatrix durch Anwendung von Faktoren erfolgen, die unsere Risikobereitschaft widerspiegeln. So können im Falle besonderer Risikoscheu beispielsweise die negativen Folgen einer einbrechenden Konjunktur, deren Risiko mit 20% eingeschätzt wird, mit einem »negativen« Faktor versehen werden, der dazu führt, dass Ergebnisse von Entscheidungsalternativen, für welche eine einbrechende Konjunktur größere Auswirkungen hat, entsprechend der Risikoscheu höher abgewertet werden.

Ich weiß, das klingt zunächst für den einen oder anderen etwas abstrakt, dürfte aber im Prinzip wohl zu verstehen sein. Letztlich geht es »nur« darum, dass der Risikoeinstellung bzw. Risikopräferenz des jeweiligen Entscheiders bei der Umwandlung von Entscheidungsergebnissen in Nutzenvergleichsgrößen Rechnung getragen wird. Um es im Extrem zu veranschaulichen: Bei einer Umweltbedingung mit »nur« 1%iger Eintrittswahrscheinlichkeit, die Sie aber im Eintrittsfalle Ihr gesamtes Vermögen kosten wird, werden Sie diesen Fall in Ihrer Ergebnismatrix möglicherweise besonders »negativ« gewichten. Setzt Ihre Lebensplanung als wirtschaftendes Individuum den Einsatz von Kapital voraus, werden Sie bezüglich des möglichen Verlustes Ihres Vermögens besonders risikoavers sein. Benötigen Sie dagegen für Ihre Zukunftsplanung z. B. als Schriftsteller kaum oder gar kein Kapital, so wird Sie der mögliche Totalverlust Ihres Vermögens tendenziell weniger schrecken. Dementsprechend wird dann in Ihrem Entscheidungskalkül auch die Risikopräferenz ausfallen.

Und wenn Sie etwa davon »besessen« sein sollten, eine große Erfindung zu machen, werden Sie das 99%ige Misserfolgsrisiko, welches Sie zwar kennen, aber bewusst weitgehend ignorieren, entsprechend Ihrer Risikopräferenz in Ihrem Entscheidungskalkül voraussichtlich gering bewerten.

Interessant hierbei: Ein Teil der Fachliteratur geht davon aus, dass (fast) nur *subjektive* Eintrittswahrscheinlichkeiten vorliegen, während ein anderer Teil von der Existenz *objektiver* Eintrittswahrscheinlichkeiten ausgeht (vgl. hierzu Gutenberg 1962, 77). Wenn der naturgesetzliche Determinismus und/oder der Kausalismus richtig sein sollten (siehe Kapitel 6 und 7.1), passiert nichts im Universum mit Wahrscheinlichkeiten, sondern *alles* den Naturgesetzen und den Kausalitäten folgend mit Sicherheit – nur kennen wir die sicheren zukünftigen Ereignisse nicht, weil die zu ihnen führenden Wirkungsketten der Naturgesetze bzw. Kausalitäten zu komplex sind. Die Wahrscheinlichkeiten wären dann nur »Krückstöcke«, mit denen wir der Tatsache Rechnung tragen, dass wir die sicher eintretenden zukünftigen Ereignisse wegen der Komplexität der Wirkungsketten nicht kennen. Tatsächlich gäbe es im Falle der Determiniertheit des Weltenlaufs dann gar keine wahrscheinlichen, sondern nur sichere Ereignisse. Wahrscheinlichkeiten können dann dementsprechend nur rein *subjektiv* sein. Mit diesen Überlegungen werden wir uns im Zusammenhang mit der Frage nach der menschlichen Entscheidungsfreiheit noch eingehender zu befassen haben.

4.2 Die Nutzenvergleichsmatrix

Da wir nun um die Bedeutung unserer Präferenzen für die Umwandlung unserer jeweils prognostizierten Entscheidungsergebnisse in Nutzenvergleichsgrößen wissen, können wir unsere obige Ergebnismatrix mit den Entscheidungsalternativen »keine Preiserhöhung« und »Preiserhöhung um 10 %« in eine Nutzenvergleichsmatrix umwandeln (die Literatur spricht hier zwar ebenfalls von einer Ergebnismatrix, zur besseren Unterscheidung und weil es sich hier letztlich nicht mehr um Entscheidungsergebnisse, sondern um Nutzenvergleichsgrößen von Entscheidungen handelt, bezeichnen wir diese Matrix hier als Nutzenvergleichsmatrix). Nur zur Klarstellung: Da es für Nutzen keine Maßeinheit und damit auch keine »Nutzengrößen« gibt, handelt es sich bei dieser Matrix nicht um eine Nutzenmatrix, sondern eben um eine Nutzen*vergleich*smatrix, in welcher die Nutzen der (hier: beiden) alternativen Entscheidungen in ein Größen*verhältnis* zueinander gesetzt werden, damit die nutzenträchtigste Entscheidungsalternative ermittelt werden kann.

Da es uns im Wesentlichen um das Verständnis des Prinzips geht, wollen wir es uns im Folgenden für die Entwicklung einer Nutzenvergleichsmatrix aus unserer obigen Ergebnismatrix leicht machen und von eher einfachen Präferenzen ausgehen. Wir unterstellen daher, dass hinsichtlich der

- **Artenpräferenz** uns eine Gewinneinheit (1000 Euro) doppelt so viel wert sein soll wie ein Punkt im Renommee-Index. Wir gewichten also die Gewinneinheiten mit 1 und die Punkte des Renommee-Index mit 0,5.

- **Höhenpräferenz** uns im Grundsatz alle Ergebniseinheiten unabhängig von der jeweiligen Höhe je Einheit gleich wichtig sein sollen (lineare Höhenpräferenz). Hinsichtlich der Höhenpräferenz erübrigt sich also eine Gewichtung. Lediglich Renommee-Indices, die über 80 hinausgehen, sollen *insoweit* doppelt gewichtet werden, weil für diese Fälle ein wertvolles Alleinstellungsmerkmal am Markt angenommen wird. Ein Wert für den Renommee-Index von 100 in der Ergebnismatrix wird also zunächst durch die Anwendung dieser Höhenpräferenz zu 120 und dann durch Ausübung der Artenpräferenz (Halbierung im Verhältnis zum Gewinn) zu 60 in der Nutzenvergleichsmatrix.
- **Zeitpräferenz** die Ergebnisse Gewinn und Renommee zeitgleich anfallen, womit eine Gewichtung gemäß Zeitpräferenz entfällt.
- **Sicherheitspräferenz bzw. Risikopräferenz** wir eine indifferente Haltung bezüglich der (beiden) möglichen Umweltzustände haben, uns also risikoneutral verhalten, somit weder risikoaffin noch risikoscheu sind. Damit erübrigt sich ebenfalls eine dementsprechende Gewichtung. Aber Achtung: Unabhängig hiervon müssen natürlich die Ergebnisse der beiden möglichen Umweltzustände abschließend mit deren Eintrittswahrscheinlichkeiten gewichtet werden, um einen Nutzenvergleich ziehen zu können.

Unsere obige Ergebnismatrix (siehe Kapitel 4) wird mit Anwendung der Präferenzen zur Nutzenvergleichsmatrix, die uns ermöglicht, die Nutzen der beiden Handlungsalternativen quantitativ miteinander zu vergleichen. Dies wollen wir nachfolgend unter Zuhilfenahme eines weiteren Schaubildes veranschaulichen. Haben Sie eine Aversion gegen »Mathematisches«? Dann sollten Sie bitte trotzdem weiterlesen, schließlich geht es (nur) darum, das Prinzip zu verstehen. Die Kernelemente und die »unwiderlegbare« Logik der Entscheidungstheorie dürften bis hierher tendenziell klar geworden sein. Für Interessierte also nachfolgend die beispielhafte Nutzenvergleichsmatrix, entwickelt aus unserer Ergebnismatrix unter Beachtung unserer wie oben definierten Präferenzen:

	Umweltbedingung »Konjunktur bleibt« (80 %)	Umweltbedingung »Konjunktur bricht ein« (20 %)	
I. Entscheidung »Keine Preiserhöhung«	Nutzen A Gewinn: 100 Renommee: (100+20)/2= 60 160 × 80% = 128	Nutzen B Gewinn: 80 Renommee: (90+10)/2= 50 130 × 20% = 26	Erwarteter Nutzen aus Entscheidung I = 154
II. Entscheidung »Preiserhöhung um 10 %«	Nutzen C Gewinn: 120 Renommee: 80/2= 40 160 × 80% = 128	Nutzen D Gewinn: 70 Renommee: 70/2= 35 105 × 20% = 21	Erwarteter Nutzen aus Entscheidung II = 149

Erläuterung: Im ersten Karree »A« bleibt unter Annahme einer gleichbleibenden Konjunktur und eines gleichbleibenden Preises der Gewinn von 100 als Nutzenvergleichsgröße unverändert. Dagegen wird der Renommee-Index von 100 aus unserer Ergebnismatrix entsprechend unserer definierten Höhenpräferenz um 20 erhöht, da er insoweit über 80 Punkten liegt und uns ein Alleinstellungsmerkmal verschafft. Der sich ergebende Wert von 120 wird daraufhin halbiert, um ihn mit dem Gewinn vergleichbar zu machen. Denn ein Punkt Renommee soll uns ja die Hälfte einer Gewinneinheit wert sein. Damit haben wir die Nutzen aus Gewinn und Renommee für die Entscheidungsalternative »keine Preiserhöhung« für den Fall gleichbleibender Konjunktur vergleichbar gemacht. Die Werte von 60 für das Renommee und von 100 für den Gewinn werden dann zu einem »Nutzenwert« von 160 für die Entscheidung »Preis bleibt« bei Umweltkonstellation »Konjunktur bleibt« aufaddiert. Da diese Umweltkonstellation aber nur mit 80%iger Wahrscheinlichkeit auftreten wird, ist der vorgenannte »Nutzenwert« noch mit 80 % zu gewichten, sodass sich ein gesamter Nutzenvergleichswert für diese Entscheidungs-Umwelt-Konstellation von 128 ergibt.

Im zweiten Karree »B« für den Fall eines Konjunktureinbruchs bei unverändertem Preis wird analog gerechnet. Der Gewinn bricht konjunkturbedingt auf einen Wert von 80 ein. Das Renommee mit einem Wert von 90 wird der definierten Höhenpräferenz entsprechend um zehn Punkte erhöht, da es insoweit über dem Wert von 80 liegt. Das Ergebnis von 100 Punkten wird sodann halbiert, um es mit dem Gewinn vergleichbar zu machen. Am Ende wird die Summe aus Gewinn und Renommee entsprechend der nur mit 20%iger Eintrittswahrscheinlichkeit geschätzten Umweltbedingung »Konjunktureinbruch« mit 20 % gewichtet, was einen Nutzenvergleichswert für die Entscheidungsalternative »keine Preiserhöhung« bei der Umweltbedingung »einbrechender Konjunktur« von 26 ergibt. Addiert man die Nutzenvergleichswerte von 128 (erstes Karree) und 26 (zweites Karree), so erhält man einen Gesamt-Nutzenvergleichswert von 154 für die Entscheidungsalternative »Preis bleibt« unter Berücksichtigung der beiden (ihrer Eintrittswahrscheinlichkeit entsprechend gewichteten) möglichen zukünftigen Umweltzustände.

Zur Ermittlung des Nutzenvergleichswertes der Entscheidungsalternative »Preiserhöhung um 10 %« rechnen wir im dritten und vierten Karree unter Verwendung unserer Basisdaten aus der Ergebnismatrix natürlich im Prinzip genauso (nur die Renommeewerte sind hier nicht anzuheben, da sie nicht über 80 liegen) und wir gelangen für die Entscheidung einer 10%igen Preisanhebung zu einem Summenwert von 149. Damit haben wir die Alternative »keine Preiserhöhung« mit einem Nutzervergleichswert von 154 als die für uns nutzenträchtigere und damit zu bevorzugende Entscheidung ermittelt, da sich der Nutzenvergleichswert für die Entscheidungsalternative »Preiserhöhung um 10 %« nur auf 149 beläuft.

Es bedarf sicher keiner umfangreichen Erläuterung, dass unsere obigen Entscheidungs- und Nutzenvergleichsmatrizen von einer eher einfachen Entscheidungssituation ausgehen, allein schon weil lediglich zwei mögliche zukünftige Umweltzustände und nur zwei Entscheidungsalternativen mit lediglich zwei angestrebten Ergebnisarten vorausgesetzt werden. Der Realität näher kommende Matrizen, etwa für unsere beispielhafte Entscheidungssituation, dürften deutlich mehr Entscheidungsalternativen mit unterschiedlichen Preisanhebungen oder -senkungen und sehr viel mehr verschiedene zukünftig mögliche Umweltzuständen mit z. B. jeweils unterschiedlichen Entwicklungen der Konjunktur aufweisen. Man veranschauliche sich nur, dass schon fünf Entscheidungsalternativen unter Zugrundelegung von lediglich fünf verschiedenen zukünftigen Umweltzuständen bereits 25 Ergebnisfelder mit 50 Ergebnissen generieren, wenn nur zwei Ergebnisarten (z. B. Gewinn und Renommee) als Ziel definiert werden. Wendet man auf diese 50 Ergebnisse dann jeweils noch die Arten-, Höhen-, Zeit- und Sicherheitspräferenz an, hat man es bereits mit 200 Bewertungsvorgängen zu tun.

Da in der Praxis die Anzahl der möglichen Entscheidungsalternativen und aller denkbaren bzw. nicht auszuschließenden zukünftigen Umweltzustände (unter Berücksichtigung aller denkbaren Abstufungen) häufig gegen unendlich tendiert, wird es eine »vollständige« Ergebnis- und Nutzenvergleichsmatrix nur für sehr einfache Fallkonstellationen geben, etwa für das weiter unten zu erläuternde »Omelettenproblem«. Wir werden dementsprechend auch nur in solchen einfachen Fallkonstellationen »beste« (im Sinne von »bessere sind in der Praxis nicht vorstellbar«) Entscheidungen *rechnerisch* mithilfe unserer Matrizen generieren können. Andererseits werden solche analytisch ermittelten Entscheidungen auch bei komplexeren Situationen regelmäßig besser ausfallen als ohne Matrix ermittelte, schon weil die Matrix zur Berücksichtigung aller wesentlichen Aspekte zwingt und am Ende Nutzenvergleichswerte für die Entscheidungsalternativen generiert.

Um einer Vielzahl von Entscheidungsalternativen, Ergebnisarten und Umweltbedingungen Herr zu werden, wurden zahlreiche Computerprogramme zur Entscheidungsfindung geschrieben, meistens auf der Basis des von Thomas L. Saaty entwickelten Analytic Hierarchy Process (vgl. z. B. Saaty 2013).

Hätte man etwa bei der Entwicklung des Berliner Großflughafens BER mit solchen Matrizen, möglicherweise mit entsprechenden Programmen, gearbeitet und insbesondere die Risikowerte unter den Fachleuten und der Politik vorab ausdiskutiert, hätten vielleicht Milliarden von Euro und viel Zeit gespart werden können. Auch wenn die *Entwicklung* einer Nutzenvergleichsmatrix mit größerer Bearbeitungstiefe nur in entsprechend komplexen Entscheidungssituationen sinnvoll sein mag und nie zu »absolut perfekten« Entscheidungen führen kann, so ist sie doch besser als die Alternative einer Entscheidung rein »aus dem Bauch heraus«. Im täglichen Leben, insbesondere bei weniger gewichtigen Entscheidungen, kann uns die Nutzenvergleichsmatrix zumindest ein hilfreiches »Denkschema« zur Verfügung stellen. Die Anwendung von Arten-, Höhen-, Zeit- und Sicherheitspräferenz auf jegliche Entscheidungsergebnisse, um aus diesen unter verschiedenen prognostizierten und gewichteten Umweltbedingungen Nutzenvergleichswerte und damit Entscheidungshilfen zu generieren, ist das große Verdienst der Entscheidungstheorie.

Völlig unterschätzt wird m.E. die mögliche Bedeutung der Entscheidungstheorie für die Politik. Gerade weil die Politik es häufig mit einer Vielzahl verschiedener angestrebter Ergebnisarten zu tun hat, wie etwa Wohlstand, Freiheit, sozialem Ausgleich, Gesundheit, Nachhaltigkeit etc., könnte die Nutzenvergleichsmatrix bei der Auswahl aus verschiedenen Entscheidungsmöglichkeiten bei verschiedenen zukünftig möglichen Umweltbedingungen mehr als hilfreich sein. Und selbst wenn man nur mit *Ergebnis*matrizen arbeiten würde, könnte so zumindest der Überblick gewahrt bleiben.

4.3 Die Entscheidungsökonomie

Lassen Sie uns im Folgenden das bereits angesprochene Thema der Entscheidungsökonomie weiter vertiefen.

Wenn Menschen über richtige und falsche Entscheidungen (meist anderer Menschen) fabulieren, werfe ich gerne ein, dass es praktisch keine richtigen Entscheidungen gibt. Da aus den oben dargelegten Gründen keine Entscheidung für sich beanspruchen kann, ein objektives Optimum gefunden zu haben, ist letztlich jede Entscheidung nur suboptimal bzw. unperfekt und damit im weiteren Sinne »falsch« und »diskussionswürdig«. Denn eine richtige Entscheidung im Sinne von »nicht weiter verbesserbar« würde eine Berücksichtigung nicht nur aller denkbaren Entscheidungsalternativen, sondern u.a. auch die Kenntnis sämtlicher zukünftig möglicherweise entscheidungsrelevanter Umweltbedingungen voraussetzen, was letztlich – wie dargelegt – nicht zu leisten ist und wenn es zu leisten wäre, unökonomisch bzw. ineffizient sein würde. Denn die Entscheidungsökonomie erfordert idealtypisch, dass ich mich nur so lange mit einer Entscheidung befasse, wie der Nutzen der Befassung voraussichtlich größer ist als der hiermit verbundene Aufwand bzw. Disnutzen. Allein schon wegen der zahlreichen denkbaren Entscheidungsalternativen und der regelmäßig ins Unendliche gehenden möglichen zukünftigen Umweltbedingungen müssen wir deren Ermittlung irgendwann abbrechen, um nicht »ewig« hiermit befasst zu sein und damit ineffizient bzw. unökonomisch zu handeln. Hinzu tritt noch die Überprüfung, ob bzw. inwieweit die verfügbaren Ressourcen für ganz andere, in unserer Matrix möglicherweise gar nicht enthaltene Entscheidungen verwendet werden könnten/sollten, im Beispiel des Autobahnbaus etwa (teilweise) für den Ausbau des Schienennetzes. Der Aspekt der alternativen Ressourcenverwendung, den wir oben bei der Analyse des Entscheidungsprozesses näher beleuchtet haben, findet in der Literatur zur normativen Entscheidungstheorie übrigens kaum ausdrückliche Berücksichtigung. Dies mindert aber nicht deren Wert, sondern dient vermutlich der Vereinfachung einer Theorie, die sonst entsprechend komplexer wäre.

Wir sehen, eine objektivierbar optimale bzw. richtige Entscheidung gibt es auch deshalb nicht, weil abgesehen von einfachsten Entscheidungen jeder Entscheidungsprozess aus Gründen der Effizienz bzw. Ökonomie irgendwann abgebrochen werden muss und damit »unvollständig« ist. Das ist ein alle Menschen betreffender Nachteil, dem allerdings der »Vorteil« gegenübersteht, dass man fast immer eine von anderen als »falsch« kritisierte Entscheidung genau hiermit »rechtfertigen« kann, jedenfalls solange die Grundannahmen nicht völlig irreal sind. Wenn Menschen sich wieder einmal in Anschuldigungsorgien über die vermeintlichen Fehlentscheidungen ihrer Mitmenschen ergehen, pflege ich ihnen zu erklären, dass nahezu alle unsere Entscheidungen falsch sind, wenn man eine suboptimale Entscheidung als falsche Entscheidung versteht. Praktisch nichts, was wir entscheiden, hätte nicht auch noch besser bzw. richtiger entschieden werden können – wenn auch vornehmlich aus der Ex-post-Perspektive und häufig in ökonomisch nicht effizienter Weise. Damit stellt sich die bereits im Zusammenhang mit der Prognose der zukünftigen Umweltbedingungen aufgeworfene Frage, ab welchem Punkt man denn idealerweise den Entscheidungsprozess im Hinblick auf die Entscheidungsökonomie bzw. -effizienz abbricht, wann man also die Ermittlung alternativer Entscheidungsmöglichkeiten, weiterer möglicher zukünftiger Umweltbedingungen, alternativer Ressourcenverwendungen etc. beenden sollte. Abstrakt formuliert sollte dies der Punkt sein, ab welchem der Aufwand (negative Nutzen) weiterer Ermittlungen höher ist als der Nutzen aus der weiteren Verbesserung der Entscheidung. Aber wie ist das praktisch umzusetzen?

Das Problem des *gesamten* Entscheidungsprozesses ist das gleiche wie bei der oben analysierten Prognose der entscheidungsrelevanten Umweltbedingungen: Den Nutzen aus der Abarbeitung einer Nutzenvergleichsmatrix mit diversen Entscheidungsalternativen, zukünftigen Umweltbedingungen mit verschiedenen Eintrittswahrscheinlichkeiten, mit den Anwendungen der Präferenzen und dem Check einer optimalen Ressourcenverwendung kann man erst bestimmen, wenn man diese Abarbeitung geleistet hat. Dann macht es aber keinen Sinn mehr, den möglichen Nutzen dieser Abarbeitung zu eruieren, weil die Abarbeitung bereits stattgefunden hat und nicht mehr auf der Basis ihres voraussichtlichen Nutzens entschieden werden muss. Dies gilt natürlich erst recht für die Abarbeitung mehrerer Nutzenvergleichsmatrizen mit unterschiedlicher Bearbeitungstiefe (also z.B. unterschiedlich intensiver Ermittlung der möglichen zukünftigen Umweltzustände und deren Eintrittswahrscheinlichkeiten). Mit anderen Worten: Die Abarbeitung mehrerer Matrizen mit unterschiedlichen Bearbeitungstiefen zum Zwecke der Ermittlung der Matrix mit der unter Effizienz- bzw. Ökonomieaspekten idealen Bearbeitungstiefe führt sich letztlich selbst ad absurdum und ist im Ergebnis nicht möglich. Vielleicht ist dies das größte Problem des menschlichen Entscheidungsprozesses. Wie oft haben wir bei eigenen oder fremden Entscheidungen schon gedacht: »Da hätte man die Datenbasis aber noch besser eruieren sollen« oder »Da wäre eine gute Entscheidung aber auch mit weniger Aufwand möglich gewesen«?

Letztlich ist dieses bisher in der Literatur m. W. nicht beachtete Problem (allerdings wird der Begriff der Entscheidungsökonomie gelegentlich in anderem Zusammenhang gebraucht, vgl. z. B. Hirschbrich 2021) das gleiche wie das eines Anglers, der sich fragt, ob es sich im Hinblick auf den angestrebten Fischfang lohnt, an einem bestimmten Ort zu einer bestimmten Zeit zu angeln. Er wird es erst wissen, wenn er dort geangelt hat. Sprechen wir also vom »Anglerproblem«. Es ist schlichtweg nicht lösbar, obwohl eine Lösung doch für unsere Lebensgestaltung so vorteilhaft wäre (was den meisten von uns so vermutlich bisher kaum ins Bewusstsein gekommen ist): Wenn man wüsste, wie viel Zeit man für jede einzelne Entscheidung und auch die Summe aller Entscheidungen (um noch genügend Zeit für »anderes« zu haben) in seinem Leben aufwenden müsste, um dieses bestmöglich im Sinne von maximalem Nutzen, Glück, Wohlergehen oder schlichtweg »allem, was uns wichtig ist«, zu führen, hätten wir enorm viel gewonnen. Aber tatsächlich können wir dieses Problem in der Praxis nur »nach Gefühl«, also gewissermaßen aus dem Bauch heraus, lösen. Dabei wird es nützen, sich der aufgezeigten Zusammenhänge und Defizite bewusst zu sein. Und wir können versuchen, aus den Erfahrungen mit den verschiedenen Bearbeitungsintensitäten unter Berücksichtigung der Wichtigkeit der jeweiligen Entscheidungen für uns auf der Gefühlsebene zu lernen, bis wohin sich welche Bearbeitungsintensitäten *erfahrungsgemäß* »lohnen«. Und schließlich können wir im täglichen Leben versuchen, unter Einbringung der Tatsache, dass es ein optimales Maß der Basisdatenermittlung ebenso wenig gibt wie a priori »richtige« Entscheidungen, unsere Entscheidungen zu rechtfertigen. Mehr ist leider nicht drin ...

Ich bin mir übrigens ziemlich sicher, dass in Bezug auf die »Richtigkeit« ihrer Entscheidungen die erfolgreichsten Menschen häufig die sein dürften, die trotz rationaler Grundeinstellung ein gutes Gefühl dafür haben, wie sie ihre Zeit und Energie möglichst effizient auf ihre Entscheidungen (und Handlungen) verteilen.

4.4 Das Omelettenproblem

Auch wenn die normative Entscheidungstheorie als ökonomische Teildisziplin gehandelt wird, geht sie offenbar selbst – zutreffenderweise – davon aus, dass sie auch auf *nicht ökonomische* Entscheidungen, z. B. solche privater Art, anwendbar ist. Savage hat anhand einer Ergebnismatrix bzw. Nutzenvergleichsmatrix beispielhaft folgende Entscheidungssituation bis zur Lösung entwickelt (vgl. hierzu Sieben/Schildbach 1990, 31 ff.):

Der Entscheider möchte sich ein Omelette backen. Der Inhalt von fünf Eiern befindet sich bereits in der Schüssel. Daneben liegt ein ungeöffnetes sechstes Ei, dessen Zustand der Entscheider nicht kennt. Wenn es faul ist und in die Schüssel gerät, verdirbt es auch die anderen fünf guten Eier. Es bieten sich nun die drei alternativen Entscheidungsmöglichkeiten an:

- das sechste Ei direkt in die Schüssel zu brechen mit dem Risiko, dass nun alle Eier verdorben sind, wenn dieses Ei faul ist,
- das Ei zunächst in eine Tasse zu brechen und zu prüfen, was den Nachteil mit sich bringt, dass hernach die Tasse gespült werden muss, oder
- das Ei wegzuwerfen, was den Vorteil eines in jedem Falle genießbaren Omelettes, aber den Nachteil eines möglicherweise umsonst weggeworfenen guten Eis mit sich bringt.

Der Entscheider sei dabei an folgenden positiven/negativen Zielgrößen interessiert:

- Omelette mit möglichst vielen unverdorbenen Eiern,
- geringe Anzahl der weggeworfenen guten Eier,
- möglichst kein Erfordernis, die Tasse (nach einer Prüfung des Eis) abzuwaschen.

Nur zur Erinnerung: Diesen Zielgrößen entsprachen in unserem Beispiel zur Ergebnismatrix die Zielgrößen »Gewinn« und »Renommee«. Wie oben angesprochen lauten die Entscheidungsalternativen:

- das sechste Ei in die Schüssel brechen,
- das sechste Ei zuerst in die Tasse brechen und prüfen,
- das sechste Ei wegwerfen.

Die unbekannten Umweltbedingungen bestehen darin, dass das Ei mit einem Risiko von 1 % faul bzw. mit einer Wahrscheinlichkeit von 99 % nicht faul ist.

Jetzt müssen die Ergebnisse der Zielgrößen nur noch entsprechend der persönlichen Präferenzen bezüglich Art, Höhe, Sicherheit und Zeit zahlenmäßig gewichtet werden, wie wir es auch in unserer Matrix getan haben. Es ist also beispielsweise festzulegen, dass die Ergebnisarten »Ei wegwerfen« und »Tasse muss gespült werden« im Verhältnis drei zu eins (negativ) zueinander gewichtet werden. Am Ende haben wir dann eine Nutzenvergleichsmatrix, aus welcher sich wieder die Summen der Nutzenvergleichswerte für die – in diesem Falle drei – Handlungsalternativen ergeben. Bei den von Savage angesetzten Werten für die persönlichen Präferenzen kam übrigens heraus, dass die Entscheidungsalternative, das Ei zunächst in die Tasse zu brechen und zu prüfen, die Tasse dann aber auch abwaschen zu müssen, die voraussichtlich nutzenträchtigste bzw. »vorziehenswürdigste« ist.

Ich möchte an dieser Stelle nicht weiter auf die Details zur Matrix des Omelettenproblems eingehen. Schließlich geht es darum, aufzuzeigen, dass die normative Entscheidungstheorie auch auf nicht ökonomische, also generell auf sämtliche Entscheidungen anwendbar ist. Das Prinzip hat ja unsere obige Nutzenvergleichsmatrix bereits veranschaulicht. Wer die entscheidungstheoretische Lösung des Omelettenproblems in toto nachvollziehen möchte, dem empfehle ich die Lektüre von Bühlmann/Loeffel/Nievergelt (1967, 2) oder Sieben/Schildbach (1990, 31 ff.).

4.5 Fazit zur normativen Entscheidungstheorie

Die normative Entscheidungstheorie liefert ein in sich stimmiges Schema zur Erarbeitung von Entscheidungen mit dem Ziel der Nutzenmaximierung. Obwohl sie für den Bereich der Ökonomie entwickelt wurde, ist sie auch bei nicht ökonomischen Entscheidungen – wie das Omelettenproblem anschaulich zeigt – anwendbar. Die normative Entscheidungstheorie ist keine Theorie im Sinne einer Hypothese, sondern die Analyse einer unter der Maxime der Nutzenmaximierung stehenden Entscheidung. Insoweit darf sie auch Anspruch auf Richtigkeit erheben, da – so behaupte ich es – ein anderer Ablauf einer auf Nutzenmaximierung gerichteten Entscheidung weder auf der Hand liegt noch vorstellbar erscheint – natürlich mit allen Einschränkungen, die wir hinsichtlich der Umsetzbarkeit gemacht haben. Generelle Angriffe auf die Entscheidungstheorie aus der Literatur sind mir nicht bekannt. Sie würden aus meiner Sicht auch wenig Sinn machen, da die Entscheidungstheorie nichts anderes als eine logische Abstrahierung dessen ist, was wir tagtäglich mit unseren Entscheidungen an uns selbst erleben. Sehen Sie das anders? Dann würde mich Ihre Meinung natürlich auch in diesem Punkt interessieren. Lassen Sie sie bitte den anderen Lesern und mir wie bereits erwähnt über unser Forum auf meiner Internetseite *lothar-hergarten.de* unter dem hiesigen Gliederungspunkt zukommen!

Stehen unsere unter 3. vorgenommene Analyse des Entscheidungsprozesses und die normative Entscheidungstheorie im Widerspruch zueinander? Nein, sie beantworten beide die Frage nach der richtigen Entscheidung unter dem Zielaspekt der Nutzenmaximierung. Während unsere Analyse des Entscheidungsprozesses jeweils von einem bestimmten Bedürfnis ausgeht, sind verschiedene miteinander konkurrierende Entscheidungen mit zugehörigen Zielgrößen (die im Prinzip unseren »Sekundärbedürfnissen« entsprechen) Ausgangsbasis der normativen Entscheidungstheorie. Die Transformation realer Zielgrößen wie »Gewinn« oder »Backen eines schmackhaften Omelettes« in Nutzenvergleichswerte mittels der Entscheiderpräferenzen ist ein Kernstück der normativen Entscheidungstheorie, während bei unserer Analyse des Entscheidungsprozesses dessen Verständnis ausgehend von einem bestimmten Bedürfnis im Vordergrund steht. In unserer obigen Analyse des Entscheidungsprozesses wird die *Entwicklung* von Nutzenvergleichswerten anhand von *Entscheiderpräferenzen* ausgespart, die Präferenzen gehen als Determinanten unmittelbar in die Nutzenvergleichswerte ein. Dafür hat unsere Analyse des Entscheidungsprozesses in anderen Bereichen eine höhere Betrachtungstiefe, etwa indem sie den Weg vom Bedürfnis bis zu den Entscheidungsalternativen oder die Möglichkeiten alternativer Ressourcenverwendung analysiert. Glauben Sie, Widersprüche erkannt zu haben? Dann erbitte ich Ihre Info unter diesem Gliederungspunkt in unserem Forum auf meiner Internetseite *lothar-hergarten.de.*

Oft genug erleben wir Menschen (zuweilen auch uns selbst), die in einer Entscheidungssituation verlauten lassen: »Ich kann mich einfach nicht entscheiden …« Wenn man davon ausgeht, dass Ergebnisse verschiedener alternativer Entscheidungen höchstens zufällig einmal gleiche Nutzenwerte für den Entscheider aufweisen, dann gibt es immer nur *eine* für den Entscheider subjektiv optimale, voraussichtlich nutzenträchtigste Entscheidung. Nur, warum kennt er diese so häufig nicht? Wenn man die Analyse der Entscheidungsprozesse und die normative Entscheidungstheorie zu Rate zieht, dann weiß man: Er hat sich nicht ausreichend Gedanken um seine Bedürfnisse und die möglichen Entscheidungsalternativen gemacht, ist sich seiner Arten-, Zeit-, Höhen- und Sicherheitspräferenzen nicht ausreichend bewusst und/oder hat die möglichen Umweltbedingungen, auf welche die vorgesehenen alternativen Handlungen voraussichtlich treffen werden, sowie deren Eintrittswahrscheinlichkeiten nicht ausreichend eruiert. Und genau hierin finden wir die Checkliste für die »Entscheidungsarbeit«, die noch zu leisten ist, um eine Entscheidung in der Praxis subjektiv »gut« treffen zu können. Meistens ist für die jeweilige Entscheidung durch einfache Abarbeitung dieser Checkliste schon viel gewonnen, ohne dass man gleich mit Nutzenvergleichsmatrizen arbeiten müsste, die tendenziell den »großen« Entscheidungen vorbehalten sind.

Bleibt am Ende unserer Betrachtung der normativen Entscheidungstheorie die Frage nach der »Entscheidungsfreiheit«. Hier könnten wir es uns einfach machen: Wenn die normative Entscheidungstheorie den Ablauf von rationalen Entscheidungen behandelt und es keine Abgrenzung zu »irrationalen Entscheidungen« gibt (siehe 5.3), dann laufen alle Entscheidungen (wenn es denn wirklich Entscheidungen sind) nach dem Schema der normativen Entscheidungstheorie ab. Freiheiten der Entscheidung könnten dann höchstens noch in den einzelnen Ablaufelementen liegen.

Da wären zunächst die Entscheidungsalternativen, deren Erkenntnisgrad durch die Intelligenz und insbesondere Fantasie des Entscheiders bestimmt wird. Diese sind aber im Entscheidungsmoment dem Entscheider in jeweils bestimmter Ausprägung gegeben und durch diesen nicht beeinflussbar.

Bei den angestrebten Ergebnisarten nebst Höhen-, Zeit- und Risikopräferenzen handelt es sich bekanntlich um die aus den Grundbedürfnissen abgeleiteten Sekundärbedürfnisse bzw. das, was der Entscheidungsträger konkret will. Aber dass man das, was man will, nicht wollen kann, hatten wir bereits hinreichend thematisiert. Und Bedürfnisse bilden sich schlicht unbeeinflussbar. Also auch hier kein Ansatz für die Freiheit ...

Auch die Einschätzung der für die Entscheidungsergebnisse relevanten zukünftigen Umweltbedingungen wird aus Sicht des Entscheiders stets im ureigensten Interesse so »realistisch« wie möglich und damit stets eindeutig ausfallen. Und wenn der Mensch Nutzenmaximierer ist, wie es unsere Analyse des Entscheidungsprozesses und auch die normative Entscheidungstheorie voraussetzen, dann gibt es für ihn stets jeweils nur *eine* zu treffende Entscheidung, nämlich die mit der größten Nutzenerwartung.

5 Analyse ausgewählter Entscheidungskategorien

Es werden im täglichen Leben immer wieder bestimmte Kategorien von Entscheidungen thematisiert, wovon wir nachfolgend einige anhand unserer Analyse des Entscheidungsprozesses und der Entscheidungstheorie einordnen wollen.

5.1 Die »optimale« Entscheidung

In einer schier endlosen Kette von Neuveröffentlichungen versuchen uns sogenannte Ratgeber(-Bücher) Lebenshilfe zu geben. Sie tragen Titel wie »Selbstwertgefühl«, »Du musst nicht von allen gemocht werden«, »Persönlichkeit« oder »Lassen Sie Ihr Gehirn nicht unbeaufsichtigt«. Letztlich geht es in all diesen Büchern um die richtige Entscheidung für das (weitere) Leben, häufig aber auch eher darum, uns mit Zuversicht für unsere Zukunft zu füttern und uns das Gefühl des Nicht-Alleinseins zu geben. Das sind zwar hehre Ziele, getroffen habe ich allerdings nur wenige, die ihr dem eigenen Lebensglück entgegenstehendes Entscheidungsverhalten auf der Basis solcher Literatur erkennbar über Bord geworfen hätten. Das hat sicher auch damit zu tun, dass uns aus Vermarktungsgründen tendenziell eher empfohlen wird, uns selbst zu mögen, »so wie wir sind«, während eine knallharte Analyse unserer uns selbst im Wege stehenden mentalen Unzulänglichkeiten eher nicht gegenständlich ist. Wohlgefällig freundliche Literatur liest und verkauft sich halt leichter. Und wenn die Stimmung gehoben wird, ist dies selbstverständlich auch ein Ergebnis, welches den Kaufpreis eines Buches wert sein kann. Die Krönung solcher »Ich-muss-mich-nicht-ändern-Suggestion« kann man allerdings in der Werbung beobachten. Da wird ein Joghurt (!) mit dem Slogan »Ich will so bleiben, wie ich bin« beworben oder ein Inkontinenzprodukt mit dem Slogan »Ich bin ich«. Geht's noch?

Lebenshilfe zu den »richtigen« Entscheidungen im Leben wollen und können wir in diesem Buch tendenziell eher abstrakt geben – wohl aber die Basis zu Konkreterem, nämlich das Arbeitsraster für bestmögliche Entscheidungen. Dass es in einem absoluten Sinne »beste« Entscheidungen in der Praxis nicht geben kann, haben wir bereits umfänglich abgehandelt. Also soll es unter den diesbezüglichen Einschränkungen nur um »bestmögliche« Entscheidungen gehen. Was die *vermeidbaren* Fehler unserer Entscheidungen betrifft, so dürften diese bei der Erörterung des menschlichen Entscheidungsprozesses sowie der normativen Entscheidungstheorie bereits zum Großteil deutlich geworden sein. Wir wollen sie abschließend noch einmal kurz in Frageform zusammenfassen:

- Habe ich meine Bedürfnisse richtig erkannt (oder ist mir z.B. mein Ansehen in den Augen der anderen doch nicht so wichtig, weil es häufig genug die Falschen sind, die mir Respekt entgegenbringen)?
- Habe ich bei der Umsetzung eines Bedürfnisses in ein »Wollen« das tauglichste Mittel gewählt (oder kann ich z.B. meinem Geltungsbedürfnis durch den Erwerb einer zusätzlichen Berufsqualifikation vielleicht besser Rechnung tragen als durch die Anschaffung eines teuren Sportwagens)?
- Habe ich den Nutzen einer Entscheidungsalternative zu hoch oder das diesbezüglich zu erbringende Nutzenopfer zu niedrig angesetzt, etwa weil mich die Faszination eines Ziels »blind« für eine realistische Bewertung gemacht hat?
- Habe ich bei der Selektion und Bewertung von Entscheidungsalternativen meine Fähigkeiten zur Umsetzung in eine entsprechende Handlung nicht über- oder unterschätzt?

- Habe ich tatsächlich alle realistischen Entscheidungsalternativen bedacht?
- Habe ich die für eine Entscheidungsalternative relevanten aktuellen Umweltbedingungen »ausreichend« erfasst?
- Habe ich die erfassten aktuellen Umweltbedingungen »bestmöglich« bis zum Eintreffen der zu entscheidenden Handlung in die Zukunft gedanklich fortgeschrieben?
- Habe ich meine Arten-, Risiko-, Zeit- und Höhenpräferenzen tatsächlich meinen Bedürfnissen entsprechend angesetzt?
- Habe ich überprüft, ob die für eine angedachte Entscheidung einzusetzenden Ressourcen nicht nutzenträchtiger für ein anderes Bedürfnis bzw. eine andere Entscheidung eingesetzt werden können?
- Habe ich meinen Entscheidungsprozess in dem Sinne effizient gestaltet, dass sich weitere Denk- und Informationsbeschaffungsarbeit voraussichtlich nicht mehr »lohnen« wird?
- Habe ich den Entscheidungsprozess, soweit dieser auf der Gefühlsebene erfolgt (also z.B. bei Risikoabwägungen), ausreichend intensiv und oft »durchfühlt«, um mir hinsichtlich des Ergebnisses ausreichend sicher zu sein?

Im täglichen Leben stellen sich Mängel im Entscheidungsprozess des Menschen häufig als »zementierte« Entscheidungsstrukturen dar. Ich spreche hier von strukturellen Entscheidungen wie »Mit dem Zug fahre ich nie«, »Ich lasse grundsätzlich nicht mit mir verhandeln«, »Ich spreche immer aus, was ich denke« oder »Kritik behandle ich als einen Angriff auf meine Person«. Auch wenn die hinter solchen Attitüden stehenden mentalen Befindlichkeiten höchst unterschiedlich sein dürften, so ist diesen Beispielen doch gemein, dass die jeweils anstehenden Entscheidungsprozesse durch bewusstes Ignorieren von Entscheidungsalternativen »vereinfacht« bzw. abgekürzt werden, was in aller Regel zur Folge hat, dass der unvollständig abgearbeitete Entscheidungsprozess zu suboptimalen Entscheidungsergebnissen führt. Häufig sind dabei irgendwann, meist in frühen Jahren, gemachte und generalisierte Erfahrungen, an welchen man sich dann im Weiteren »festhält«, die Ursache derartiger Verstümmelungen des Entscheidungsprozesses. Befördert wird solches Entscheidungsverhalten häufig auch durch Denk- und Entscheidungsfaulheit, der durch das Ausblenden von Entscheidungsalternativen – und damit den Verzicht deren gedanklicher Abarbeitung – Rechnung getragen wird.

Eine fixierte Entscheidungsstruktur liegt häufig bei religiös Gläubigen vor, die alle Bedürfnisse und Ziele dem Streben nach der ewigen Glückseligkeit unterordnen. Sämtliche Entscheidungen des Lebens werden an diesem Ziel bzw. der mit dieser verbundenen generellen und maximalen Bedürfnisbefriedigung ausgerichtet (man denke nur an die dem muslimischen Mann für das Jenseits in Aussicht gestellten 72 Jungfrauen). Ein geradezu unglaubliches Phänomen, wenn man bedenkt, dass letztlich keine einzige Religion tatsächlich »bewiesen« ist.

Selbst eine Entscheidung, die an keinem der weiter oben aufgezählten *vermeidbaren* Fehler leidet, kann nie eine objektiv optimale sein, u.a. schon, weil kein Entscheider in die Zukunft blicken und die zukünftigen Umweltbedingungen, auf welche die durch seine Entscheidung generierte Handlung treffen wird, sicher vorhersagen kann. Erst im Nachhinein kann festgestellt werden, inwieweit die der Entscheidung zugrunde gelegten zukünftigen Umweltbedingungen zutreffend unterstellt wurden. Fazit: Eine Entscheidung kann zwar im günstigsten Fall in irgendeinem Sinne fehlerfrei, nie aber objektiv optimal sein.

5.2 Die »intuitive« Entscheidung

Wir haben hinreichend thematisiert, dass es für die Bedürfnisbefriedigung bzw. den Nutzen – das Ziel jeder Entscheidung – keinen Maßstab gibt. Das jeweils erwartete Maß an Bedürfnisbefriedigung bzw. Nutzen kann beim Vergleich der Entscheidungsalternativen also am Ende nur auf der Gefühlsebene »definiert« werden. So gesehen ist jede Entscheidung »intuitiv«, im Sinne von »gefühlsmäßig getroffen«. Eine Ausnahme könnten hier auf den ersten Blick allerdings Entscheidungssituationen darstellen, bei welchen die alternativen zu vergleichenden Ergebnisse gleichartig sind. Beispiel: Für dasselbe Produkt ist auf der Basis zweier Angebote alternativ ein geringeres oder höheres Entgelt zu zahlen. Hier erscheint die Entscheidungssituation »objektiv kalkulierbar«. Aber ist sie das wirklich? Schließlich könnte der Entscheider mit dem durch die Entscheidung für das geringere Entgelt eingesparten Betrag etwas anstellen, was ihm am Ende mehr schadet als nützt (selbstverständlich ohne dass er dies im Vorhinein auch so einschätzt). Dann hätte er sich besser für das höhere Entgelt (für dasselbe Produkt) entschieden. Der Vorteil aus der Entscheidung für das geringere Entgelt war dann am Ende nur ein »gefühlter«, kein objektiver. So könnte der Entscheider beispielsweise mit dem eingesparten Entgelt Drogen erwerben, die ihm am Ende mehr schaden als nützen. Der Vorteil aus der Ersparnis war hier nur ein gefühlter, intuitiv empfundener Vorteil, tatsächlich am Ende aber ein Nachteil. Das Entgelt hat sich dann als nicht geeigneter »objektiver Maßstab« für die Nutzenträchtigkeit entpuppt. Letztlich wird man selbst im Falle gleicher Ergebnisarten festhalten müssen, dass das Maß an Nutzen bzw. Bedürfnisbefriedigung nicht objektivierbar ist und nur auf der Gefühlsebene, also »intuitiv« empfunden werden kann.

Ein anderes Verständnis des Begriffes »intuitive Entscheidung« meint eine solche, bei der kein *bewusster* Abwägungsprozess stattfindet. Ein Beispiel hierzu wäre, dass Sie während einer Autofahrt ein hochkonzentriertes Telefonat (natürlich über die Freisprecheinrichtung ...) führen, während vor Ihnen ein kleineres Hindernis auftaucht, welchem Sie, ohne hierüber auch nur den Bruchteil einer Sekunde nachgedacht zu haben, »intuitiv« ausweichen. Häufig werden Sie sich nach einer solchen Situation sogar nicht einmal an das kleine Ausweichmanöver erinnern. Offensichtlich handelt es sich hier nicht um eine bewusst getroffene Entscheidung, möglicherweise aber um eine *unbewusst* getroffene? Denn irgendetwas in Ihrem Kopf hat ja offenbar entschieden, das Hindernis zu umfahren, anstatt es zu überfahren. Wir hatten bisher gesagt, dass eine Entscheidung stets nur bewusst ausgeübt werden kann, worüber sich aber im Hinblick auf dieses Beispiel durchaus streiten ließe. Letztlich ist es eine Definitionsfrage. Klar dürfte allerdings sein, dass eine in diesem Sinne »intuitive«, unbewusste Entscheidung keine »freie« Entscheidung sein kann und schon gar keine, die in irgendeinem Sinne so etwas wie Verantwortlichkeit oder Schuld auslösen könnte.

5.3 Die »irrationale« Entscheidung

Erklärtermaßen will die normative Entscheidungstheorie aufzeigen, wie *rationale* Entscheidungen im Hinblick auf die Ziele bzw. angestrebten Ergebnisse des Entscheiders bestmöglich entwickelt werden. Auch in der Philosophie ist immer wieder die Rede von rationalen bzw. »vernünftigen« Entscheidungen, ohne dass allerdings definiert wird, was denn rationale Entscheidungen von irrationalen unterscheidet. Speziell für die Entscheidungstheorie, aber auch für unsere eingangs angestellte Analyse des Entscheidungsprozesses würde natürlich die Abgrenzung zu den irrationalen Entscheidungen im Hinblick auf die Frage des jeweiligen Anwendungsbereichs interessieren.

Im täglichen Sprachgebrauch bezeichnen Menschen Entscheidungen von anderen Menschen häufig als irrational, wenn sie diese nicht nachvollziehen können. Die zugehörige Aussage hierzu lautet häufig: »Was der/die da gemacht hat, kann *man* wirklich nicht verstehen« oder ähnlich. Aber das ist natürlich letztlich eine Null-Aussage: Wer ist »man«? In der Regel gehen die Menschen bei dieser Aussage von ihren eigenen Bedürfnissen und Zielen, aber auch von den eigenen von ihnen als entscheidungsrelevant eingeschätzten Umweltbedingungen aus. Diese aber sind bestenfalls zufällig auch die aus der Sicht des betreffenden Entscheiders. Natürlich werden Entscheidungsergebnisse »irrational«, wenn man ihnen als Außenstehender *andere Bedürfnisse* bzw. *Umweltbedingungen* als die des betreffenden Entscheiders zugrunde legt. Letztlich ist eine solche Aussage Ausdruck der Tatsache, dass wir dazu neigen, unsere Bedürfnisse bzw. Ziele und (Umwelt-) Einschätzungen zum Maßstab für die Beurteilung von Handlungen anderer zu machen. Aber ein Mensch ohne kleptomanische Neigungen kann eben die Entscheidungen und nachfolgenden Handlungen eines Kleptomanen nicht »verstehen«, weil er das zugrundeliegende Bedürfnis nicht hat. Deswegen sind diese Entscheidungen aber noch nicht »irrational« in einem irgendwie objektivierbaren Verständnis, sondern lediglich durch andere Bedürfnisse geleitet.

Häufig werden Entscheidungen eines Menschen auch als »irrational« bezeichnet, weil der betreffende Entscheider schlichtweg von anderen zukünftigen *Umweltbedingungen* ausgeht als der Beurteiler und deswegen folglich auch zu anderen Entscheidungen gelangt. Wer davon ausgeht, dass es zukünftig mit hoher Wahrscheinlichkeit auf der Erde einen Nuklearkrieg geben wird, wird diesbezüglich andere Entscheidungen treffen als derjenige, der nicht hiervon ausgeht. Die Einschätzung der zukünftigen Umweltbedingungen, auf welche die einer angedachten Entscheidung folgende Handlung vermutlich treffen wird, ist stets nur eine – wie dargelegt – höchst subjektive. Auch die entscheidungsrelevante Umwelt selbst ist häufig eine höchst unterschiedliche, etwa wenn es um die Entscheidungen eines Afrikaners und eines Europäers geht, eine bestimmte Investition in seinem jeweiligen Heimatland zu tätigen. Es gibt keinen Anlass, die Entscheidung eines anderen als »irrational« zu bezeichnen, nur weil dieser andere zukünftige Umweltbedingungen zugrunde gelegt hat.

In den meisten Wörterbüchern finden wir »irrational« als Synonym für »*unvernünftig*«. Etliche Philosophen bezeichnen all das als »unvernünftig«, was der jeweiligen gesellschaftlichen Moral widerspricht. Damit befinden wir uns allerdings in einer ganz anderen Beurteilungskategorie, der wir uns an späterer Stelle noch zuwenden wollen.

Im Ergebnis mag es wohl naheliegen, nur solche Entscheidungen zutreffend als irrational zu bezeichnen, die *vermeintlich* gegen den jeweiligen Entscheider selbst gerichtet sind. Wenn es aber richtig ist, dass Menschen sich subjektiv – wie oben dargelegt – nie gegen sich selbst entscheiden (allein schon, weil es hierfür nie einen Grund gibt), dann kann es stets für Dritte nur den *Anschein* geben, dass sich jemand gegen sich selbst entscheidet, ohne dass dies tatsächlich subjektiv der Fall ist. Also auch in diesem Sinne macht die »Irrationalität« einer Entscheidung keinen Sinn.

Gelegentlich wird irrationales Entscheiden auch als *widersprüchliches* Entscheiden verstanden. Entweder stellt sich eine dementsprechende Entscheidung nur für Dritte als widersprüchlich dar und wäre bei Kenntnis aller Elemente des betreffenden Entscheidungsprozesses des jeweiligen Entscheiders tatsächlich nicht widersprüchlich. Oder es stehen Elemente des Entscheidungsprozesses, wie z. B. Ziele des Entscheiders im Gegensatz zu seinem tatsächlichen bisherigen Verhalten. Dann hat der Entscheider entweder neue Erkenntnisse bezüglich seiner Bedürfnisse bzw. Ziele, seiner Umwelteinschätzungen etc. gewonnen, was natürlich keiner »Irrationalität« in jedwedem Sinn entspricht, sondern eher dem Gegenteil dessen. Oder er hat in der Abarbeitung seiner Entscheidung schlichtweg einen Fehler begangen, etwa indem er bestimmte Umweltbedingungen zwar erkannt, aber in sein Entscheidungskalkül einzubeziehen übersehen hat. Natürlich kann man eine solche Entscheidung im Sinne eines unsauber abgearbeiteten Entscheidungsprozesses irrational nennen, passender wäre aber wohl das Adjektiv »fehlerhaft«, was dann aber wiederum für jede Entscheidung gilt, da – wie unter 5.1 dargelegt – Entscheidungen in der Praxis stets »suboptimal« sind.

Sinnvoll erscheint es auch, zu fragen, welche Abweichungen einer Entscheidung von der normativen Entscheidungstheorie, die ja erklärtermaßen die »rationale« Entscheidung untersuchen will, eine Entscheidung »irrational« machen könnten. Führen wir uns noch einmal zu Bewusstsein, dass eine Entscheidung nach der normativen Entscheidungstheorie die Definition der eigenen Ziele und Präferenzen sowie der voraussichtlichen zukünftigen Umweltbedingungen mit deren jeweiligen Eintrittswahrscheinlichkeiten beinhaltet. Hinzu käme noch, obwohl in der normativen Entscheidungstheorie nicht thematisiert, der abschließende Check einer möglicherweise besseren

Ressourcenverwendung, wie in unserer Analyse des »Entscheidungsprozesses« dargelegt. Und machen wir uns noch einmal bewusst, dass es keine »perfekte« Entscheidung gibt, weil erstens die eigenen Präferenzen, die zukünftigen Umweltbedingungen, deren Eintrittswahrscheinlichkeiten und/oder die möglichen besseren Ressourcenverwendungen nicht, nicht vollständig oder nicht zutreffend erkannt werden, und zweitens das Schema der normativen Entscheidungstheorie schon aus Effizienzgründen nie vollständig oder gar »optimal« abgearbeitet werden kann sowie drittens in der Praxis stets Entscheidungsparameter mangels Quantifizierbarkeit (von Bedürfnissen, Nutzen etc.) »nach Gefühl« bestimmt werden müssen. Obwohl also letztlich so gut wie alle Entscheidungen »unperfekt« und damit im weiteren Sinne falsch sind, können sie deswegen bei sinnhaftem Verständnis des Wortes nicht »irrational« sein, weil sonst alle Entscheidungen »irrational« wären. Entscheidungen sind also stets nur unterschiedlich falsch, was zudem nur im Nachhinein näher konkretisiert werden kann, insbesondere wenn aus der retrospektiven Betrachtung die Fehlerhaftigkeit der Prognose von Umweltbedingungen erkennbar ist. Könnte man dann nicht eine Entscheidung ab einem *bestimmten Grad* der »Fehlerhaftigkeit« als irrational bezeichnen? Natürlich könnte man das, aber in der Praxis macht es keinen Sinn, weil es auch außerhalb des dargelegten Abarbeitungsschemas keinen objektiven Maßstab für die »Fehlerhaftigkeit« einer Entscheidung gibt.

Wenn es also keinen Sinn macht, die »Rationalität« bzw. »Irrationalität« einer Entscheidung nach dem Grad der *Intensität* der Abarbeitung der ihr vorausgegangenen Arbeitsschritte zu beurteilen, dann bleibt letztlich nur noch die *gar nicht* bezüglich Zieldefinition/Bedürfnisse, Präferenzen, Umweltbedingungen und alternativer Ressourcenverwendung abgearbeitete Entscheidung als möglicherweise »irrational« übrig. Aber wenn wir überhaupt keinen Schritt des Entscheidungsschemas abgearbeitet bzw. keines ihrer Elemente bedacht haben, handelt es sich dann überhaupt noch um eine Entscheidung? Nein, eine »Entscheidung«, bei der nichts bedacht wurde und keinerlei Abwägungsprozess stattgefunden hat, ist schon per definitionem keine Entscheidung, sondern ein »Nichts«, das einem Handlungsreflex, einer Affekthandlung oder der Tat eines Wahnsinnigen »vorausgeht«. Selbst eine Entscheidung, die nur *ein* Element des oben analysierten Entscheidungsprozesses abarbeitet, könnte auch im Hinblick auf die Entscheidungsökonomie (beispielsweise im Falle einer vergleichsweise unwichtigen Entscheidung) »rational« und sinnvoll sein.

Mit anderen Worten: »Irrationale« Entscheidungen im Sinne eines abgrenzbaren Kriteriums gibt es auch in der normativen Entscheidungstheorie nicht, höchstens Handlungen ohne vorausgegangene Entscheidung. Entscheidungen sind aus der Sicht des Entscheiders stets rational und aus der Sicht eines Betrachters gelegentlich subjektiv irrational, nie jedoch *objektivierbar* irrational. Aus der Tatsache, dass das Auslassen von Schritten des idealtypischen Entscheidungsprozesses stets entscheidungsökonomisch begründet sein kann, folgt, dass sowohl unsere Analyse des Entscheidungsprozesses wie auch die normative Entscheidungstheorie auf *jede* Entscheidung anzuwenden sind, sofern es sich denn um eine Entscheidung mit mindestens *einem* Abwägungsprozess handelt.

Nicht wenige Menschen verstehen unter einer irrationalen Entscheidung eine solche, die »aus dem Bauch heraus« bzw. »rein gefühlsmäßig« getroffen wurde. Kann man also eine auf Gefühlsbasis getroffene Entscheidung möglicherweise als »irrational« verstehen? Zur Beantwortung dieser Frage sollten wir uns in Erinnerung rufen, dass für die wesentlichen Elemente unseres Entscheidungsprozesses keine objektiven Maßstäbe zur Verfügung stehen: weder für unsere Bedürfnisse noch für die Eintrittswahrscheinlichkeiten zukünftiger Umweltbedingungen, unsere Arten-, Höhen-, Zeit- und Risikopräferenzen oder unsere Nutzenempfindungen – um nur einige zu nennen. Mit anderen Worten: Unser Entscheidungsprozess muss mangels verfügbarer Maßeinheiten zwangsläufig u. a. »gefühlt« ablaufen. Damit wäre dann auch die Frage beantwortet, ob es Sinn machen kann, Entscheidungen wegen ihrer Abarbeitung auf der Gefühlsebene als irrational zu bezeichnen.

6 Der klassische Determinismus

Stellen Sie sich bitte eine Schneekugel vor (ich spreche hier von dem bei Kleinkindern so beliebten Spielzeug). Die Schneekugel stehe auf einem Regal, alle Schneeflocken in ihr ruhen. Kommt nun von außen ein Impuls in Form eines Stoßes, so stieben die Schneeflocken empor und sinken dann langsam wieder zum Boden der Schneekugel. Am Ende ist das »geschlossene« System Schneekugel wieder im Ruhezustand. Allerdings werden die einzelnen Schneeflocken nun in der Regel an anderer Stelle zum Liegen gekommen sein und die Temperatur in der Schneekugel wird etwas gestiegen sein, weil Bewegungsenergie in Wärme umgewandelt wurde. Dass dies alles nach naturgesetzlichen – hier physikalischen – Regeln abläuft, wird kaum jemand bestreiten wollen. Würde man alle für diesen Vorgang relevanten Rahmenbedingungen kennen, also beispielsweise die Stärke des Impulses, Ausgangslage, Gewicht und Oberflächenbeschaffenheit der einzelnen Flocken, die Konsistenz der in der Schneekugel vorhandenen Flüssigkeit oder die Flexibilität des Materials der Außenhülle, dann könnte man als die Naturgesetze kennender Physiker *im Prinzip* u. a. vorausberechnen, welchen Weg jede einzelne Schneeflocke nehmen, wann und wo sie wieder am Boden zur Ruhe kommen und um wie viel Grad sich die Temperatur in der Schneekugel zum Schluss erhöht haben wird. Natürlich ist dies nur in der Theorie möglich, weil niemand sämtliche hierfür erforderlichen Gegebenheiten tatsächlich kennt und wegen ihrer großen Anzahl auch nie wird wirklich ermitteln können. Allein um den voraussichtlichen Weg einer einzigen Schneeflocke zu berechnen, müsste man u. a. deren Oberflächenstruktur genau kennen, also atom- oder molekulargenau. Das wäre ein – wenn denn überhaupt – nur mit extremem Aufwand umsetzbares Unterfangen. Letztlich müsste man aber u.a. auch Ausgangslage, Oberflächenbeschaffenheit, Größe, Gewicht etc. aller anderen Schneeflocken kennen, die mit der betrachteten Schneeflocke kollidieren und damit deren Weg beeinflussen können. Dies veranschaulicht uns bereits für den Mikrokosmos »Schneekugel«, dass naturgesetzlich »alles mit allem zusammenhängt«. Die wesentliche, wohl unstrittige Erkenntnis aber ist: Nachdem die Schneekugel an einer bestimmten Stelle mit einer bestimmten Intensität einmal angestoßen worden ist, steht aufgrund der Naturgesetze bereits fest, welche Bahn jede einzelne Schneeflocke nehmen und wann sie wo auf dem Boden der Schneekugel aufkommen wird. Trotzdem werden wir natürlich die Flugbahnen der Schneeflocken ebenso wenig wie deren abschließende Lage genau vorhersagen können, weil uns schlicht die Vielzahl der oben genannten Rahmenbedingungen nicht bekannt sind.

Die tatsächliche Unkenntnis sämtlicher Rahmenbedingungen für den Schneeflockenflug ändert aber natürlich nichts daran, dass man bei Kenntnis aller Ausgangsdaten inklusive der vorhandenen (Bewegungs-)Energien, sämtliche Vorgänge in der Schneekugel und auch deren Endzustand vorausberechnen könnte, weil eben sämtliche Vorgänge, hier also alles, was der Impuls auslöst, den bekannten Naturgesetzen folgen. Die Naturgesetze kennen keinen »Zufall«, sondern nur zwangsläufige Abfolgen, sonst wären sie keine Gesetze. Dies wird uns spätestens bewusst, wenn wir – gedanklich – einen Stein zu Boden fallen lassen. Dieser wird nie »zufällig« in einer Kurve, einem Zickzackkurs oder gar nach oben »fallen«, sondern stets nur schnurstracks gen Boden. Als »zufällig« bezeichnen wir lediglich die Abläufe, deren naturgesetzliche Zusammenhänge wir nicht kennen, obwohl sie zwangsläufig und damit im Grundsatz sowohl vorhersehbar als auch nachvollziehbar sind. Denken wir nur an einen Würfel, dessen Wurfergebnis man – vermutlich unbestrittenermaßen – vorhersagen könnte, wenn man u.a. dessen Ausgangsposition und die Intensität des Wurfes in allen drei Dimensionen, die materielle Beschaffenheit des Würfels und seiner Oberfläche sowie die des Untergrundes, auf welchen er geworfen wird, kennen würde. Nicht ohne Grund gibt es Menschen, die in der Lage sind, mit einem Würfel ein bestimmtes Wurfergebnis zu erzielen – allerdings nur mit einem sehr einfachen Wurf, weil ansonsten die physikalischen Vorgänge angesichts der Komplexität für sie nicht mehr ausreichend prognostizierbar wären.

Wenn nun aber der Fall der einzelnen Schneeflocken in unserer Schneekugel nach einem bestimmten Impuls zwangsläufig und mithin – zumindest theoretisch – vorhersehbar ist, dann muss er auch vorherbestimmt, also »determiniert« sein. Oder mit anderen Worten: Was in der Schneekugel – etwa aufgrund eines Impulses – passiert, ist durch die Naturgesetze vorherbestimmt und aus diesem Grunde – zumindest theoretisch – vorhersehbar. Der Fall jeder Schneeflocke ist also durch die Naturgesetze determiniert. Aber warum soll das, was für die Schneekugel gilt, nicht auch für das gesamte Universum gelten – jedenfalls wenn dessen Gang den Naturgesetzen folgt? Durch den Urknall ist das Universum nicht nur – nach heutigem Kenntnisstand – entstanden, sondern auch in Bewegung gesetzt worden, wie unsere Schneeflöckchen (ja, da muss ich jetzt auch schmunzeln, aber nicht, weil dieser Vergleich absurd wäre ...). Und alles, was danach ablief und heute noch abläuft, geschieht zwangsläufig den Naturgesetzen folgend und damit nach der Lehre des Determinismus (theoretisch) vorhersehbar und vorherbestimmt. Jeder Zustand des Universums ist – wie es die Deterministen ausdrücken – die zwangsläufige Folge seines just vorangegangenen Zustandes. Oder um bei unserer Schneekugel zu bleiben: Die zu einem bestimmten Moment gegebenen Positionen der einzelnen Schneeflocken und die in diesem Moment in ihnen gespeicherten Bewegungsenergien bestimmen eindeutig, wo jede einzelne Schneeflocke sich im nächsten Moment befinden wird. Und genauso ist – der Lehre des Determinismus folgend – der Zustand des Universums in jedem Moment die zwangsläufige Folge des Zustandes des Universums im Moment davor. Dabei ist der »Moment« ein gegen »unendlich klein« strebender Zeitraum, da es sich natürlich um fließende Vorgänge handelt.

Hier ein vereinfachtes Beispiel zur Veranschaulichung: Wenn Sie einen Stein aus 1 m Höhe auf ein Holzbrett fallen lassen, folgt auf den

Moment des Aufpralls der Moment, in welchem der Stein wieder vom Holzbrett zurückspringt, beispielsweise 2 cm hoch. Dabei hängt die Höhe des Rücksprungs u. a. ab von folgenden Determinanten: Fallgeschwindigkeit im Moment des Aufpralls, Elastizität des Steins, Elastizität des Holzbretts, Widerstand bzw. Dichte der Luft. Mit anderen Worten: Der Zustand des Systems im Moment des Rückpralls ist unmittelbar abhängig vom Zustand des Systems im gerade vorangegangenen Moment des Aufpralls. Was im Kleinen gilt, gilt nach der Theorie des Determinismus – ich denke, in nachvollziehbarer Weise – auch im Großen, also beispielsweise für das gesamte Universum, soweit dort die Naturgesetze gelten.

Zum Determinismus gehört das sogenannte Konsequenzargument, welches behandelt, was aus dem Determinismus folgt, schön zusammengefasst von Peter van Inwagen: »Wenn der Determinismus wahr ist, dann sind unsere Handlungen die Folgen von Naturgesetzen und von Ereignissen in der Vergangenheit. Es liegt aber nicht bei uns, was vor unserer Geburt geschah, und ebenso liegt es nicht bei uns, wie Naturgesetze sind. Folglich liegen auch die Konsequenzen hieraus (einschließlich unserer gegenwärtigen Handlungen) nicht bei uns« (van Inwagen 1983, 65, Übers. d. Verf.) und »was auch immer eine Konsequenz aus dem ist, was nicht unter unserer Kontrolle steht, ist selbst nicht unter unserer Kontrolle. Folglich, wenn der Determinismus stimmt, dann ist nichts, was geschieht, unter unserer Kontrolle« (Kapitan 2002, 127, Übers. d. Verf.). Hieraus würde bei Wahrheit des Determinismus folgen: »Niemand hat jemals eine Wahl für irgendetwas« (van Inwagen 1983, 95, Übers. d. Verf.).

Vermutlich ahnen Sie schon, was der Determinismus mit unseren Entscheidungen zu tun hat. Wenn das ganze Universum in Abhängigkeit von den Naturgesetzen zwangsläufig und damit vorherbestimmt bzw. determiniert abläuft, dann muss das für den Menschen als Teil des Universums auch gelten. Mit anderen Worten: Wenn der Lauf des Universums »inklusive Mensch und dessen Gehirn« durch die Naturgesetze komplett vorherbestimmt ist, dann ist kein Raum mehr für eine in irgendeinem Sinne »freie Entscheidung« des Menschen. Dies scheint eine logische Konsequenz unter der Grundannahme einer omnipräsenten Wirkung der Naturgesetze zu sein. An dieser Stelle beenden die meisten Vertreter des Determinismus ihre Überlegungen. Aber vielleicht fehlt in diesem Moment auch Ihnen hier der direkte Bezug zum menschlichen Gehirn als (vermutetem) Ort der menschlichen Entscheidungen.

Da die menschlichen Entscheidungen – wovon wir zunächst einmal ausgehen wollen – im Gehirn getroffen werden, stellt sich folglich die Frage: Laufen auch die Vorgänge im menschlichen Gehirn stets nach Maßgabe der Naturgesetze ab? Ist das Gehirn nicht so etwas wie ein organischer Computer, bei welchem ein bestimmter Input bei gegebenem Zustand des »Apparates« den Naturgesetzen folgend immer auch einen ganz bestimmten Output generiert? Sehen wir zunächst noch von der Frage ab, ob es etwas Immaterielles wie eine Seele gibt, wo möglicherweise Entscheidungen unabhängig von der Beschaffenheit des Gehirns getroffen werden könnten, muss man diese Frage wohl mit »Ja« beantworten. Die über die menschlichen Sinne generierten Wahrnehmungen treffen auf das Gehirn mit seiner Struktur, die insbesondere durch Genetik, »abgespeicherte« Bedürfnisse und Erfahrungen aus der Vergangenheit (wozu auch alles Gelernte und zur Kenntnis Genommene wie etwa Umweltbedingungen gehören) geprägt und aktuell gegebenen ist. Auf dieser Basis wird dann der »Output« in Form von Entscheidungen generiert, wobei die Prozesse im Gehirn auf naturgesetzlicher Basis »zwangsläufig« erfolgen – Gegenteiliges konnte bis heute jedenfalls keine Wissenschaft nachweisen. Ändern sich die Bedürfnisse, die Erfahrungen und/oder die jeweils entscheidungsrelevanten Umweltbedingungen, ändern sich tendenziell auch die Entscheidungen. Was von außen kommt, wird von der jeweils aktuellen Struktur des Gehirns den Naturgesetzen entsprechend physisch und/oder chemisch verarbeitet bzw. gespeichert und in die Entscheidungsfindung einbezogen – letztlich ähnlich wie bei einem Computer.

Dies gilt so natürlich nur unter der Grundannahme, dass alles in unserem Gehirn nach Naturgesetzen abläuft und es keine von den

Naturgesetzen unabhängige immaterielle Entscheidungsinstanz, zum Beispiel definiert als Seele, gibt. Da nicht nur Materie, sondern vor allem auch immaterielle elektrische Ströme für die Generierung unserer Entscheidungen im Gehirn relevant sind, ist die Abgrenzung zur immateriellen Instanz Seele nicht ganz korrekt. Weil aber die »immateriellen« elektrischen Ströme in unserem Gehirn an Materie gebunden sind bzw. von dieser generiert werden, wollen wir sie als zur Materie des Gehirns gehörend behandeln. Die isolierte Betrachtung des Gehirns aus deterministischer Perspektive wird übrigens auch neuronaler Determinismus genannt und noch einmal weiter unten in Kapitel 7.4 aufgegriffen werden.

Der Determinismus in seiner hier dargestellten Urform geht im Wesentlichen auf den Mathematiker Pierre-Simon de Laplace zurück, der zur Veranschaulichung das Bild eines Dämons schuf, der aus dem jetzigen Weltzustand den künftigen berechnen kann. Heute würde man vermutlich eher von einem fiktiven »kosmischen Computer« sprechen, der den Zustand des Kosmos zu einem beliebigen späteren Zeitpunkt auf der Basis aller Daten des gegenwärtigen Zustandes des Kosmos berechnen kann. Nur der Vollständigkeit halber: Für eine solche theoretische Berechnung würde man nicht nur die Daten des jeweils gegenwärtigen Zustandes des Universums benötigen, sondern natürlich auch die der Bewegungen bzw. in der Materie gespeicherten Energien, die für die Veränderungen im Kosmos sorgen. Denn ohne diese wäre der zukünftige Zustand des Universums schlichtweg identisch mit dem aktuellen. Merkwürdigerweise bleibt die Rolle der physikalischen Energien ebenso wie die der Chemie bei den Vertretern des Determinismus so gut wie unbeachtet, was aber der Theorie selbst keinen Abbruch bereitet. Denn schließlich geht es auch hierbei um zwangsläufig nach den Naturgesetzen ablaufende Vorgänge.

Im Ergebnis beinhaltet der naturgesetzliche Determinismus auch die – vielen zu weitgehende – These, dass jeder aktuelle Zustand des Universums bereits im Urknall angelegt gewesen sein muss. Diese These ist jedenfalls logisch, wenn man davon ausgeht, dass die Zustände des Universums sich nach dem Urknall den Naturgesetzen entsprechend fortentwickelt haben. Alles andere würde voraussetzen, dass es im Kosmos auch »Zufälle« jenseits der Naturgesetze gibt. Solchen Überlegungen ist allerdings bereits Einstein mit dem Satz »Gott würfelt nicht« entgegengetreten.

6.1 Der Determinismus im Detail

Der Determinismus wird im Allgemeinen beschrieben als der physikalisch bestimmte Geschehensablauf im Universum in Form von Kausalketten. Diese Betrachtung kann nur bedingt zutreffend sein:

Zunächst haben wir es im Universum nicht nur mit physikalischen, sondern auch mit chemischen Vorgängen zu tun, z.B. mit Verbrennungsvorgängen.

Auch geht es eher nicht um Kausalketten, sondern um »Kausalbäume«. Wenn Sie einen Fußball wegschießen, wird dieser nicht nur den physikalischen Gesetzen entsprechend beschleunigt, durch die Reibung mit der Luft wird weiterhin Bewegungsenergie in Wärme umgewandelt und beim Auftreffen auf dem Rasen werden Grashalme gebrochen, was dann Verdunstungs- und Fäulnisprozesse zur Folge hat. Und jeder dieser einzelnen Vorgänge induziert wiederum weitere Vorgänge, die wieder weitere Vorgänge induzieren etc., was das angesprochene Bild des »Kausalbaums« veranschaulicht. Auf der Zeitachse betrachtet führt ein einzelner physikalischer oder chemischer Vorgang durch seine vielfältigen Wirkungen zu immer zahlreicheren Vorgängen, tendenziell allerdings mit immer geringeren energetischen Auswirkungen (da die Ausgangsenergie ja nur einmal vorhanden ist). Aber hiervon gibt es natürlich Ausnahmen dergestalt, dass durch den Kausalbaum auch bis dato gespeicherte, andere Energien freigesetzt werden: Man denke nur an das geringenergetische »Anstupsen« eines großen Felsens, der hernach donnernd zu Tal kracht, oder an das Zünden von Sprengstoff.

Diese Kausalbäume, die praktisch jeder physikalische oder chemische Vorgang im Universum neu bildet, die ebenfalls in Wechselbeziehung miteinander stehen (wenn eine Verästelung eines Kausalbaums mit der eines anderen Kausalbaums zusammentrifft) und von denen jede Verästelung wiederum neue Kausalbäume hervorbringt, sorgen dafür, dass *potenziell* alles mit allem interagiert. So wird sich die von einer kleinen Welle im Meer produzierte Reibungswärme irgendwann vermutlich auf der anderen Seite der Welt wiederfinden, wenn auch in minimierter Form. Dass der Flügelschlag eines Schmetterlings irgendwo anders auf der Welt ein Unwetter auslösen könnte, ist natürlich Blödsinn. Aber die von diesem Flügelschlag induzierte Windbewegung wird erhalten bleiben, auch wenn sie sich immer weiter in Reibungswärme umwandeln wird.

Die gesamte kosmische Entwicklung soll also nach Naturgesetzen ablaufen? Ja, wonach denn sonst? Andererseits: Die Konsequenzen aus dieser möglicherweise richtigen Erkenntnis wären so ungeheuerlich, dass man sich mit ihnen kaum anfreunden mag. Der Lauf des Kosmos soll komplett naturgesetzlich vorbestimmt sein und auch unsere Entscheidungen sollen damit unfrei sein, weil auch sie den Naturgesetzen folgend entwickelt werden?

6.2 Diskussion des Determinismus

Grundsätzlich erscheint der Determinismus unter der Voraussetzung, dass das Universum stets den Naturgesetzen gehorcht hat – und immer noch gehorcht – logisch plausibel, wenn nicht möglicherweise gar zwingend. Was die menschliche Entscheidungsfreiheit betrifft, gilt dies darüber hinaus unter der Voraussetzung, dass es keine weitere Entscheidungsinstanz außerhalb des durch die Naturgesetze determinierten Gehirns, also beispielsweise eine – wie auch immer verstandene – Seele gibt, welche unsere Entscheidungen generiert oder zumindest beeinflusst.

Die meisten Menschen, mit denen ich über den Determinismus gesprochen habe, standen diesem zunächst tendenziell offen gegenüber. Viele hatten zwar noch nie über Determinismus nachgedacht, hielten ihn aber zunächst immerhin für möglicherweise wahr. Sobald ich aber auf die gedankliche Konsequenz zu sprechen kam, dass bei Wahrheit des Determinismus das komplette Geschehen des Universums bereits im Urknall angelegt gewesen sein müsse, erfolgten fast immer – selbst von Naturwissenschaftlern – Reaktionen wie »Das kann nicht sein« oder »Das kann ich mir nicht vorstellen«. Auf meine regelmäßige Frage hin, weshalb mein jeweiliger Gesprächspartner das für unmöglich halte, habe ich als Antwort nie ein wirkliches Gegenargument erhalten. Gut, das mag der Tatsache geschuldet sein, dass man sich mit dieser Frage möglicherweise noch nie wirklich beschäftigt hat. Viel erstaunlicher war jedoch die große Gegenwehr und spürbare Erregung, mit welcher sich etliche Gesprächspartner gegen den Gedanken eines komplett im Urknall angelegten Laufs des Universums wehrten. Natürlich ist uns die Vorstellung, dass jeder Grashalm in unserem Garten, die Tatsache, dass wir dieses Buch lesen, ja sämtliche unserer Entscheidungen bereits im Urknall angelegt sein sollen, zunächst mehr als befremdlich. Aber dafür gibt es selbstverständlich auch Gründe.

Diese Vorstellung beraubt uns jeglicher Romantik über die Freiheit unserer Entscheidungen, die wir doch für so unabhängig halten und auch als frei empfinden. Dabei verkennen wir möglicherweise, dass dieses Gefühl der Freiheit im Wesentlichen auf der Tatsache beruht, dass uns niemand unsere Entscheidungen (im Gegensatz zu unseren Handlungen) vorschreiben oder verbieten kann; alles andere, insbesondere ob unsere Entscheidungen nicht durch die Naturgesetze oder auch nur durch die Entscheidungsgründe determiniert sind, ist zumindest offen. Schließlich ist ein Gefühl auch nur ein Gefühl und nicht zwangsläufig auch ein Argument.

Ein weiterer Grund für die anzutreffende Aversion gegen den Determinismus ist, dass dieser keinen Zufall zulässt bzw. einen solchen schlichtweg verneint. Denn – wenn wir ehrlich sind – lieben wir den Zufall, er macht unser Leben interessant und spannend (manchmal aber auch traurig) und liefert uns die (häufig nur vermeintlichen) Rechtfertigungen für unsere Misserfolge. Die Vorstellung, dass die wahrgenommenen Zufälle gar keine Zufälle sein sollen, sondern nur darauf beruhen, dass wir die Zusammenhänge großteils nicht erkennen können, behagt uns offenbar so gar nicht. Das verwundert auch nicht, nehmen wir doch schon als Kleinkinder die Welt und deren Geschehensabläufe hauptsächlich als »zufällig« war, weil wir die Zusammenhänge und Kausalitäten kaum erkennen können. Und mit fortschreitendem Alter ändert sich hieran nur tendenziell, nicht aber grundsätzlich etwas.

Wenn wir schon mit der Frage nach dem Sinn unseres Lebens unsere Probleme haben, so werden diese durch die Vorstellung eines komplett im Urknall bereits angelegten Laufs des Universums weiterbefördert: »Was soll das alles, wenn wir doch nur ein Spielball der Naturgesetze sind und ohnehin bereits feststeht, was am Ende herauskommt?« Diese Frage kann ich Ihnen natürlich nicht beantworten. Aber darum geht es hier auch nicht, sondern um die Frage, weshalb wir uns so sehr gegen die eigentlich logische Vorstellung des Determinismus wehren.

Letztlich kann es aber für die Frage, ob man von der Richtigkeit oder Unrichtigkeit des Determinismus überzeugt ist, nicht einmal darauf ankommen, ob der gesamte Lauf des Kosmos *bereits im Urknall* angelegt war. Denn entscheidend ist doch, dass zumindest *aktuell* alle Vorgänge zumindest auf unserer Welt durch die Naturgesetze bedingt und von diesen abhängig im Sinne von Kausalketten bzw. -bäumen sein sollen. Wenn das so sein sollte und unsere Entscheidungen den Naturgesetzen folgend in unseren Gehirnen generiert werden, dann könnten unsere Entscheidungen auch nur determiniert, also unfrei sein. Dabei kann es dann auch keine Rolle spielen, ob es einen Urknall gab und ob dieser und die nachfolgenden Prozesse den Naturgesetzen folgend abliefen. Für die Frage nach der Freiheit unserer heutigen Entscheidungen kann es nur darauf ankommen, ob diese *heute* naturgesetzlich determiniert sind, selbst wenn früher »alles ganz anders« gewesen sein sollte …

Vielleicht sind die Gründe der weitverbreiteten Wehrhaftigkeit gegen den Determinismus doch ein Hinweis darauf, dass die Lehre vom

Determinismus irrt. Obwohl im Laufe der Geschichte so viele Wissenschaftler verschiedenster Couleur dem Determinismus das Wort geredet haben, hat sich bis heute kein allgemeiner wissenschaftlicher Konsens dahingehend entwickelt, dass die Lehre vom Determinismus »richtig« sei. Also dürfte es sich lohnen, sich mit den von Philosophen, aber auch Naturwissenschaftlern angeführten Argumenten gegen den Determinismus und dem aus diesem folgenden Rückschluss auf die Unfreiheit der menschlichen Entscheidung zu befassen.

6.2.1 Der Libertarismus

Im Gegensatz zum Kompatibilismus (siehe Kapitel 6.2.7) verneint der Libertarismus den naturgesetzlichen Determinismus teilweise oder ganz, und bejaht – wie auch der sogenannte Kompatibilismus – die menschliche Entscheidungsfreiheit.

Einer der einflussreichsten Libertarier ist Roderick Chisholm. Er unterscheidet zwischen einer »Ereigniskausalität« und einer »Akteurskausalität«. Mit Akteurskausalität meint er eine eigene Ursachenkategorie des Entscheiders, die mit der Kausalität von Ereignissen der (übrigen) Welt nichts zu tun hat. Soweit es denn Ursachenketten von Ereignissen gebe, habe die menschliche Entscheidung hierzu keine Verbindung. »Wir sollten sagen, dass schlussendlich eines der Ereignisse, welches in Handlungen involviert ist, verursacht ist, aber nicht durch irgendein anderes Ereignis, sondern durch etwas anderes, und dieses andere kann nur der Akteur sein – der Mensch« (Chisholm 2003, 30, Übers. d. Verf.). Handlungen seien dementsprechend wohl verursacht, jedoch einzig und allein durch den Verursacher, durch eine diesem »immanente Kausalität«. Handlungen würden nicht erst mit den Vorkommnissen in der Welt, sondern mit mentalen Zuständen im Gehirn wie Überlegungen, Entscheidungen, Wünschen etc. beginnen. Darum müsse auch für diese mentalen Zustände eine Verursachung durch den Akteur, den Menschen, vorausgesetzt werden. Der Entscheider generiere damit sowohl die Handlungen als auch die vorausliegenden zerebralen Aktivitäten im Gehirn selbstständig (Chisholm 2003, 32). Der Mensch sei ein »erster unbewegter Beweger« also ein Verursacher, der selbst nicht durch Ursachen gesteuert ist. Der Entscheider werde so zu einer »causa sui« also zu einer Ursache seiner (Entscheidung) selbst und entscheide dementsprechend frei. Eine Begründung für seine »Akteurskausalität«, die mit der übrigen Welt nichts zu tun haben soll, bleibt Chisholm ebenso schuldig wie beispielsweise für die sich aufdrängende Frage, ob denn zumindest hochentwickelte Tiere auch über eine »Akteurskausalität« verfügen und gegebenenfalls warum bzw. warum nicht.

Was soll man dazu nun sagen? Eine unbelegte These jagt die nächste ... Aber das reicht als Kritik natürlich nicht, also im Einzelnen:

Wie sollen der Mensch und seine Entscheidungen *außerhalb* jeglicher Ereigniskausalität der Umwelt stehen? Welcher Mensch würde die Erfahrung nicht bestätigen, dass »externe« Ereignisse seine Entscheidungen zumindest beeinflussen und regelmäßig auch auslösen? Schließlich gibt es keine Entscheidung ohne Bezug auf die Umwelt, es wäre eine Entscheidung im »Nirvana« und schon deshalb ohne jeglichen Sinn. Und womit will Chisholm begründen, dass das Gehirn als ein – wenn auch minimaler – Teil des Universums nicht in dieses und seine Naturgesetzlichkeit eingebettet sein soll? Er spricht diese Frage nicht einmal an. Unerörtert bleibt auch die Frage, warum denn gerade das menschliche Gehirn an den quasi »unendlichen« naturgesetzlichen Kausalketten nicht teilnehmen sollte. Klein (2012, 33) spricht insoweit von einer »kausalen Geschlossenheit der Welt«. Chisholm lehnt den Determinismus mit der Begründung ab, dieser sei »freiheitsunterminierend«. Damit sagt er im Ergebnis nichts anderes, als dass der Determinismus nicht richtig sein kann, weil ansonsten die menschliche Freiheit, die eigentlich sein Untersuchungsgegenstand ist, unfrei sein müsse. Da kann man nur wiederum mit Christian Morgenstern sagen: »Weil, so schloss er messerscharf, nicht sein kann, was nicht sein darf.«

Wenn nun nach Chisholm die eigene Biografie, die eigenen Wünsche, Präferenzen, Einstellungen usw. keinen determinierenden Einfluss auf die menschliche Entscheidung ausüben, stellt sich die von Chisholm nicht einmal aufgeworfene Frage, was denn dann die Entscheidungen motivieren und hervorbringen soll. Sollen sie sich etwa wie aus dem Nichts heraus selbst generieren? Es bliebe nur der Zufall als Entscheidungsgrund, wodurch auch immer generiert. Den kann Chisholm aber auch nicht gemeint haben, denn die als gegeben unterstellte Entscheidungsverantwortung nimmt in seinem Werk eine herausragende Stellung ein. Eine Verantwortung für eine auf Zufällen basierende Entscheidung dürfte wohl auch Chisholm für Unsinn halten. Vorsichtshalber positioniert er sich aber gar nicht erst zum »Zufallseinwand«.

Chisholm war übrigens Professor an der Brown University in Providence und lehrte daneben auch an etlichen anderen Universitäten, u. a. in Oxford. Er erhielt zahlreiche akademische Auszeichnungen, unter anderem drei Ehrendoktortitel. Auch wurde er in die American Academy of Arts and Sciences gewählt. Ich meine ja nur …

Robert Kane, immerhin auch Professor für Philosophie an der University of Texas in Austin, verfolgt einen anderen Weg, um im Ergebnis – trotz genereller Bejahung des naturgesetzlichen Determinismus – zu einer Verantwortlichkeit des Menschen für seine Entscheidungen zu gelangen: »Wenn wir nach einem bereits geformten Willen handeln, dann ist dieser Wille unser eigener freier Wille, den wir selbst aufgrund früherer Entscheidungen geformt haben, die nicht determiniert waren und infolge derer wir auch wesentlich anders hätten handeln können« (Kane 2003, 305, Übers. d. Verf.). Die Schnittstelle für die Freiheit der menschlichen Entscheidung soll also bei früheren nicht determinierten Entscheidungen über den eigenen Willen liegen. Solche Entscheidungssituationen sollen nach Kane immer dann auftreten, wenn der Mensch unsicher ist, für welche gleich gut begründete Alternative er sich entscheiden soll. Im Überlegen und Abwägen offenbare sich dann die menschliche Entscheidungsfreiheit, wenn er sich für eine der beiden gleichwertigen Alternativen entscheide. Es handele sich dann um einen indeterministischen Prozess im Gehirn. Es reiche dabei aus, dass für beide Optionen gleich gute Gründe sprechen und mithin seien wir auch dann für jede der beiden Optionen ultimativ verantwortlich. Der Ausgang des Überlegungsprozesses erfolge *zufällig* durch indeterministische Prozesse im Gehirn.

Aber auch hier ist die Frage zu stellen, weshalb Zufallsprozesse denn Verantwortlichkeit sollen generieren können. Auch die vorausgesetzten »gleichwertigen« Entscheidungsalternativen machen keinen Sinn. Wenn wir ins Kleinste gehen, wissen wir, dass nichts im Universum wirklich »gleich« ist. Das gilt natürlich auch für Entscheidungsalternativen, deren erwarteter Nutzen und damit deren »Wertigkeit« in der Praxis immer, wenn auch möglicherweise nur minimal, unterschiedlich ist.

Unerfindlich bleibt auch, weshalb solche vermeintlich freien »früheren Entscheidungen«, mit welchen angeblich der Wille frei gebildet wurde, die Verantwortlichkeit für spätere Entscheidungen – auch wenn diese determiniert sein sollten – begründen sollen. Zum einen stellt sich die Frage, weshalb diese früheren willensbildenden Entscheidungen entgegen dem Determinismus frei gewesen sein sollten. Zum anderen stellt sich die Frage, weshalb eine unfreie bzw. determinierte Entscheidung, z.B. zu einem Diebstahl, Verantwortlichkeit auslösen soll, nur weil der Täter Jahre zuvor eine »Willensentscheidung« getroffen hat, nicht arm sein zu wollen.

Alfred Mele, Professor für Philosophie an der Florida State University, vertritt die Auffassung, dass der *In*determinismus, also das angeblich freiheitliche Element der menschlichen Entscheidung, zeitlich vor dem jeweiligen Überlegen und Entscheiden zum Zuge komme, nämlich dort, wo bestimmte »beliefs«, also »Überzeugungen« in den Entscheidungsprozess eingehen (Mele 1995). Nach Mele treten diese »beliefs« zwar *zufällig* in das Bewusstsein oder eben nicht und stehen deshalb nicht unter des Menschen Kontrolle. Dennoch könne der Mensch nach seinem Belieben mit den »beliefs« umgehen, woraus sich die Verantwortlichkeit für seine Entscheidungen ergebe.

Wieder einmal bleibt alles Relevante offen. Wenn die »beliefs« nur zufällig in das Bewusstsein treten, könnten äußerstenfalls auch nur die Entscheidungen »verantwortlich« sein, bei denen dies der Fall war. Was ist mit allen anderen Entscheidungen? Und wieso sollte der Mensch mit seinen »beliefs«, also Überzeugungen, frei umgehen können? Gemäß Duden handelt es sich bei einer Überzeugung um eine »feste, unerschütterliche Meinung«. Und wenn es nicht so etwas wie eine Seele geben sollte (siehe weiter unten unter 7.6), dann muss diese sich in der Struktur des menschlichen Gehirns wiederfinden. Damit aber unterliegt sie – wenn der Determinismus wahr ist – den naturgesetzlich ablaufenden Prozessen im Gehirn und nimmt insoweit keine Sonderstellung ein, ist also ein Bestandteil dieser Prozesse. Natürlich können auch Überzeugungen wie weniger gefestigte Standpunkte bzw. Meinungen im Entscheidungsprozess »überstimmt« werden, wenn die aktuellen Motive nur stark genug sind. Bekanntlich hat sich schon so mancher zum Stehlen entschlossen, der eigentlich der Überzeugung ist, dass »man so etwas nicht tun sollte«. Im Moment der Entscheidung sind alle Rahmenbedingungen bzw. Parameter für die Entscheidung gegeben – sowohl aus Sicht des naturgesetzlichen Determinismus wie auch der des Kausalismus (siehe 7.1). Natürlich kann man noch einmal über alles nachdenken und in diesem Rahmen noch einmal seine »beliefs« wirken lassen. Dann hat man aber nichts anderes getan, als den Entscheidungsprozess noch einmal einem Kontrolllauf zu unterwerfen. Selbst das nochmalige Nachdenken erfolgt doch nur deshalb, weil man das Gefühl hat, möglicherweise nicht alles bedacht zu haben. Aber Gefühle entstehen eben eigenständig und sind nicht das Ergebnis eines »freien« Entscheidungsprozesses ...

Auch Carl Ginet, emeritierter Professor für Philosophie, wartet mit einer eher fragwürdigen These gegen den Determinismus auf. Wenn es nach ihm geht, sind Entscheidungen »ein spezifisches Ereignis, das unabhängig von der Erforschung seiner Ursachen identifiziert werden kann [...]. Es wird nicht unterstellt, dass man wissen muss, unter welches Kausalgesetz ein Ereignis fällt, bevor man es als Entscheidung identifizieren kann« (Ginet 1978, 299, Übers. d. Verf.). Entscheidungen seien nicht »kausal notwendig durch vorausliegende Ereignisse« (Ginet 1997, 89, Übers. d. Verf.). Nur so viel hierzu:

Dass eine Entscheidung ohne Erforschung ihrer Ursachen in irgendeiner Weise »identifiziert« werden kann, mag so sein, aber was hat das mit der Freiheit der Entscheidung zu tun? Und was hat es hiermit zu tun, dass man nicht »zu wissen hat, unter welches Kausalgesetz ein Ereignis fällt«, damit man es als Entscheidung qualifizieren kann? Es ist sogar der Normalfall, nicht (komplett) zu *wissen*, welche Kausalitäten bzw. Kausalketten hinter einer Entscheidung stecken. Aber daraus lässt sich doch keine Entscheidungsfreiheit ableiten. Und wenn Ginet schon die Frage stellt, »welches Kausalgesetz« ein Ereignis zu einer Entscheidung macht, konzediert er dann nicht implizit, dass Entscheidungen durch Kausalgesetze, also durch Gründe (siehe 7.1) determiniert werden?

Ich möchte Sie an dieser Stelle nicht weiter mit fragwürdigen Thesen behelligen. Aber vielleicht haben Ihnen die beispielhaft dargelegten Theorien eine Vorstellung davon geliefert, wie Philosophie auf vermeintlich wissenschaftlicher Ebene zum Teil funktioniert. Hinterfragen Sie alles und zwar konsequent!

6.2.2 Determinismus und Gott

Wenn der Determinismus wahr ist, kann es keine Sünde geben. Dann würden auch all die Religionen ad absurdum geführt, die mit der Sünde »arbeiten«, denn auch die einer Sünde zugrundeliegende Entscheidung wäre schließlich unfrei und damit nicht »vom Sündigenden« zu verantworten. Es würde keinen Sinn machen, dass ein Gott uns bestraft für etwas, was wir nicht anders hätten entscheiden und tun können. Folglich haben Theisten häufig ein Problem mit dem Determinismus und allen Theorien, die eine unfreie menschliche Entscheidung suggerieren.

Bereits Schopenhauer (1839, 553) vertrat die Auffassung, dass die Zukunft feststehe und der Determinismus wahr sei, denn andernfalls gäbe es »gar keine objektiv wirkliche Zukunft [...], die auch nur möglicherweise vorhergesehen werden könnte«. Die gegenteilige Auffassung lautet etwa wie folgt (Keil 2017, 24, offenbar unter Bezugnahme auf Valla 1439, 71 ff.): Eine wahre Aussage über die Zukunft *verursache* das Geschehen nicht. Eine richtige Vorhersage lege die Zukunft nicht fest, vielmehr verhalte es sich umgekehrt. Vom zukünftigen Geschehen hänge ab, welche Aussagen über dieses Geschehen wahr sind.

Damit wird das Problem aber bewusst auf eine unzutreffende Ebene verlagert, offenbar um zum gewünschten Ergebnis zu gelangen. Natürlich ist es richtig, dass wenn Sie vorhersagen, morgen Mittag würde die Sonne scheinen, und sie mit dieser Aussage Recht behalten würden, die Sonne nicht deshalb scheinen würde, *weil* sie es vorhergesagt haben. Die Vorhersage war eben zufällig richtig. Die fiktiven Vorhersagen eines allwissenden Gottes sind aber – da unterstelltermaßen *immer* zutreffend – nicht zufällig richtig, sondern allein deswegen, weil die Zukunft feststehen muss, um nicht nur mit *zufälliger* Richtigkeit vorausgesagt werden zu können. Immerhin haben Keil und Valla einen interessanten Versuch unternommen, der jedoch entlarvbar ist. Es ist absurd, die zutreffende Tatsache, dass eine Vorhersage nicht das zukünftige Geschehen bestimme, als Argument gegen den Determinismus zu verstehen. Da fehlt nicht nur die Logik.

In der richtigen logischen Reihenfolge und konkret auf die menschliche Entscheidung bezogen stellt sich das Problem m. E. wie folgt dar:

Wenn Gott allmächtig ist, so wie es die meisten Religionen lehren, dann ist er auch allwissend. Und wer allwissend ist, kann folglich auch die Zukunft exakt vorhersagen. Das wiederum ist nur möglich, wenn die Zukunft bereits feststeht. Wenn sie aber feststeht, dann gilt das auch für unsere Entscheidungen und Handlungen. Für bereits feststehende und damit unfreie zukünftige Entscheidungen und Handlungen kann man aber – nach den allermeisten Gotteslehren – auch von keinem Gott in Verantwortung genommen werden. Jegliches nicht glaubenskonforme Verhalten wäre dann auch durch einen Gott plausibel nicht mehr sanktionierbar. Für diese Erkenntnis muss man noch nicht einmal dem Determinismus, sondern nur der These von der Allwissenheit eines Gottes folgen.

Die Lehre von der Determination des kosmischen Geschehens durch Gottes Willen nennt man theologischen Determinismus oder Prädestinationslehre. Da diese Lehre auf einem »Glauben« und nicht auf einem »Wissen« basiert, wollen wir uns hiermit nicht weiter befassen. Nur so viel: Bezogen auf die großen Weltreligionen stellt diese Lehre offenbar einen Widerspruch in sich dar. Denn wenn Gott den Weltenlauf determiniert hat, kann es weder gottgefälliges Verhalten noch Sünde geben, da wir wegen der Vorherbestimmtheit nichts frei entscheiden können.

Eine weitere Frage, die im Bereich des theologischen Determinismus diskutiert wird, ist die, warum Gott nicht die »bösen« Taten der Menschen verhindere, wenn er sie doch voraussehe (sogenanntes Theodizeeproblem, vgl. hierzu im Einzelnen z. B. Seebaß 2007, 90 ff.). Eine mögliche Antwort lautet, dass er solche Taten nicht ändern kann, wenn er sie – natürlich richtig – voraussieht, weil dann seine Prognose falsch wäre, was von einem Gott kaum zu erwarten stünde. Andererseits wäre von einem Gott auch kaum zu erwarten, dass er in zukünftiges Geschehen nicht Eingriff nehmen könnte. Denn dann wäre er jedenfalls kein Gott im Sinne der klassischen Weltreligionen. Wenn man Atheist ist, braucht man sich um diese Frage nicht zu scheren, darf sich stattdessen aber vielleicht in seinem Atheismus bestätigt fühlen. Es bleibt dabei: Etwas Zukünftiges kann auch ein Gott nur vorhersehen, wenn es bereits feststeht. Dann aber kann Gott niemanden mehr für das Zukünftige verantwortlich machen. Und verhindern kann er es auch nicht, weil es ja bereits feststeht. Damit ist aber wiederum seine Allmacht infrage gestellt … Allerdings soll an dieser Stelle nicht verschwiegen werden, dass es Stimmen gibt, die solche Denkweise etwa mit der Hypothese zu entkräften versuchen, dass Gott die Zukunft durchaus nicht kenne (vergleiche z. B. Strebel 2015).

Gefragt wird auch, weshalb Gott dem Menschen überhaupt die Fähigkeit zum »Bösen« gibt. Diese Frage setzt allerdings bereits die menschliche Entscheidungsfreiheit voraus, denn unfreie Entscheidungen können weder »gut« noch »böse«, sondern nur zwangsläufig sein.

6.2.3 MacKay und der deterministische Widerspruch in sich

Vielleicht sind Sie mit mir der Meinung, dass die bisher behandelten Kritiken des Determinismus eher mit mauen Argumenten gespickt sind und sich häufig als zielgerichtet im Hinblick auf eine irgendwie darzustellende Entscheidungsverantwortung entpuppten. Die Naturgesetze legen den Determinismus wohl nahe, auch wenn dieser nicht unserem Freiheitsgefühl entspricht. Eine auf den ersten Blick vielleicht zutreffende Überlegung gegen die Richtigkeit eines allumfassenden Determinismus, die auf MacKay (1960, 69) zurückgeht (vgl. hierzu auch R. Merkel 2006, 187 f.), könnte die folgende sein:

Ein Allwissender L, etwa ein Gott, könnte in einem deterministischen System alle Vorgänge im Gehirn eines von ihm beobachteten Akteurs A vollständig kennen und damit in der Lage sein, die künftigen Entscheidungen und das künftige Handeln von A ebenfalls vollständig vorherzusagen. Die Rolle des L könnte dabei aber nie von A selbst übernommen werden, da A dann nämlich wisse, was der Allwissende L über ihn und sein künftiges Verhalten weiß, sodass er dem prognostizierten Wissen um sein Entscheiden und Handeln zuwider entscheiden und handeln und damit die Prognose fehlerhaft machen könnte.

Daraus könnte man folgern, dass es eine allwissende Person, etwa in Form eines Gottes, nicht in einer *komplett* determinierten Welt geben kann. Denn die Vorhersagen des Allwissenden könnten nur dann stets richtig sein, wenn dieser nicht auch als *Akteur* des deterministischen Systems um seine Vorhersagen wisse und diese daher konterkarieren könne. Man könnte am Ende schlussfolgern, dass es in einem komplett determinierten System keinen Allwissenden (Gott) geben kann bzw. dass wenn es einen Allwissenden (Gott) gibt, dieser nicht Bestandteil des deterministischen Systems sein kann. Die Schlussfolgerungen hängen also davon ab, ob man an einen Allwissenden (Gott) glaubt oder nicht.

Nimmt man einen gedachten Allwissenden nicht von vornherein aus einem insgesamt deterministischen System aus, ergeben sich m. E. wohl folgende Überlegungen:

Das Gehirn eines allwissenden Gottes ist (dem Determinismus folgend) selbst Teil des determinierten Gesamtsystems und damit auch *selbst* naturgesetzlich determiniert. Dann aber muss ja der Allwissende jeden eigenen zukünftigen Eingriff sowie dessen Auswirkungen auf den Kosmos in seiner Prognose berücksichtigen, damit diese richtig ist bzw. wird. Wenn er das aber tut, dann setzt dies voraus, dass er keine die Prognose gefährdende Eingriffsentscheidung mehr treffen kann, womit seine Allmacht infrage gestellt bzw. widerlegt wäre. Mit anderen Worten: Kann der Allwissende noch seiner Prognose zuwider eingreifen, ist seine Allwissenheit widerlegt, weil sich die Prognose im Nachhinein als falsch herausstellt. Kann er nicht mehr seiner Prognose zuwider eingreifen, ist zwar seine Allwissenheit bestätigt, seine Allmacht aber widerlegt. Beides würde einem »Gottsein« nach allen gängigen Religionen widersprechen.

Ein Handlungseingriff, welcher in der (richtigen) Prognose des Laufs des Universums nicht bereits berücksichtigt wäre, ist nicht vorstellbar, weil die Prognose sonst falsch wäre. Die zukünftige Eingriffsentscheidung des Allwissenden wäre in einer richtigen Prognose immer schon berücksichtigt, sodass auch der Allwissende keine Möglichkeit hätte, durch diese den gemäß den Naturgesetzen zwangsläufigen Ablauf des Universums zu widerlegen. Man könnte auch sagen: Wenn die Eingriffsentscheidung denn kommen sollte, müsste sie – da ja Determinismus vorausgesetzt ist – auch determiniert, damit vorhersehbar und in der Prognose bereits berücksichtigt sein.

6.2.4 Determinismus und Fatalismus

Nicht selten wird der Determinismus mit dem Fatalismus verwechselt. Der Fatalismus besagt, dass die Zukunft sich nicht beeinflussen lasse und deshalb jede Anstrengung zwecklos sei. Seine Begründung findet der Fatalismus regelmäßig im Glauben an das »Schicksal«, wobei in aller Regel offenbleibt, was das genau sein soll. Der wesentliche Unterschied zwischen Fatalismus und Determinismus liegt darin, dass der Fatalist die Freiheit seiner Handlungen und Entscheidungen nicht bestreitet, diese Freiheit aber insofern für sinnlos erklärt, als dass am Ende doch immer nur das ihm vom Schicksal vorherbestimmte selbe Ergebnis stehe. Der Determinist dagegen hält seine Entscheidungen und dementsprechenden Handlungen für unfrei und das Ergebnis derselben *aus diesem Grund* für feststehend.

Die Irrationalität des Fatalismus offenbart sich bereits in der Hauptrolle des »Schicksals«. Wer oder was ist das? Wodurch konkret übt es seine angebliche Macht aus? Wer oder was bestimmt seinen Inhalt, wie es sich also zu einem bestimmten Menschen verhält, oder hat es etwa eine eigene »Willkür«? Nichts davon ist je von irgendjemandem plausibel beantwortet worden. Alles spricht dafür, dass es sich beim Fatalismus um nichts weiter als ein die Eigenverantwortung von sich weisendes Erklärungsmuster handelt: »Schuld ist das Schicksal.«

Letztlich behauptet der Fatalismus, dass andere Entscheidungen nicht zu anderen Ergebnissen führen können, mithin jede Entscheidung am Ende sinnlos sei. Der Determinismus behauptet dagegen, dass andere Entscheidungen sehr wohl andere Ergebnisse generieren können, die »anderen« Entscheidungen aber durch den naturgesetzlichen Weltenlauf bereits vorbestimmt sind. Dem Determinismus folgend können wir zwar entscheiden und damit den Weltenlauf (wenn auch meistens nur im Geringsten) ändern, nur sind unsere Entscheidungen und die diesen nachfolgenden Handlungen eben nicht frei, sondern sie stehen von vornherein fest, weil auch unser Gehirn den Naturgesetzen folgt.

Damit offenbart sich ein Kuriosum des Determinismus: Obwohl alles bereits vorherbestimmt ist und obwohl wir dies wissen – wenn wir an den in sich durchaus logischen Determinismus glauben –, unternehmen wir alle möglichen Anstrengungen, um unser Leben und damit bereits Vorherbestimmtes zu ändern. Wie kann das sein? Wie kann es beispielsweise sein, dass Deterministen ganze Bücher schreiben, obwohl sie doch davon überzeugt sind, dass ohnehin bereits alles Zukünftige feststeht und sie deshalb mit ihren Büchern nichts verändern können? Wie kann es sein, dass mein Freund X, der als streng logisch denkender Mensch an den Determinismus glaubt, tagtäglich in seinem Unternehmen versucht, Großes zu bewirken, obwohl auch nach seiner Überzeugung der Weltenlauf deterministisch vorbestimmt ist? Widerlegt dieser offenkundige Widerspruch möglicherweise die Theorie des Determinismus? Mit dieser höchst interessanten Frage werden wir uns noch an anderer Stelle zu befassen haben.

Dem Fatalisten fehlt die Vorstellung, dass er durch Entscheidungen und die diesen nachfolgenden Handlungen etwas für sein Leben ändern könnte. Aber warum stehen dann auch Fatalisten morgens auf, frühstücken und gehen mitunter zur Arbeit? Weil ihr Unterbewusstsein offenbar schlauer ist als ihr Bewusstsein: Es hat verstanden, dass es doch nicht völlig sinnlos ist, zur Befriedigung der Bedürfnisse aktiv zu werden.

Mit der Frage nach der Sinnhaftigkeit von Entscheidungen und Handlungen stellt sich auch die Frage, weshalb Menschen, die zur Befriedigung ihrer Bedürfnisse (fast) nichts mehr unternehmen müssten, beispielsweise mehrfache Milliardäre, häufig dennoch hochaktiv sind. Die Antwort liegt häufig in einem in der Literatur eher stiefmütterlich behandelten Grundbedürfnis, nämlich dem, Veränderungen zu schaffen, in irgendeinem Sinne Erfolg zu haben, auch wenn man die Ergebnisse nicht »braucht« bzw. nicht direkt für sich nutzen kann. Erfolg und Veränderung sind dann quasi Selbstzweck zur Befriedigung eines entsprechenden Bedürfnisses. Warum investiert ein Elon Musk viel Geld in die Raumfahrt? Er möchte Veränderung schaffen, Spuren in dieser Welt hinterlassen. Und manch einem geht es natürlich auch um seine soziale Geltung. Es gibt eben keine Entscheidung und keine Aktivität ohne Bedürfnis.

Chrysipp versucht, das Fatum, also die schicksalhafte Unabänderbarkeit, zu »retten«, indem er die menschliche Entscheidung als »koschicksalhaft« (vgl. hierzu Keil 2017, 26) betrachtet. Man könne nicht an die Vorbestimmtheit des Fatums glauben, ohne die eigenen Überlegungen, Entscheidungen und Handlungen in dieses einzubeziehen. Damit argumentiert er nicht falsch, aber eher im Sinne des Determinismus als des Fatalismus.

6.2.5 Determinismus und Quantenmechanik

Für die Quantenmechanik gibt es diverse Deutungstheorien. Die sogenannte Kopenhagener Deutung der Quantenmechanik lehrt, dass die Entwicklung des Kosmos nicht nur von den Naturgesetzen selbst, sondern auch von den den *Naturgesetzen nicht unterliegenden Zufällen* auf kleinster Teilchenebene bestimmt wird, weshalb Vorhersagen auf Basis der Naturgesetze – auch theoretisch – nur mit Wahrscheinlichkeiten, nicht aber mit Sicherheit gemacht werden könnten. Dies spräche allerdings gegen den Determinismus und so wird die Quantenmechanik auch von einigen Wissenschaftlern kontra-deterministisch verstanden. Es würde dann letztlich auch bedeuten, dass unsere Entscheidungen jedenfalls durch Naturgesetze nicht *eindeutig* determiniert und damit aus deterministischer Sicht möglicherweise frei seien. Allerdings gibt es auch deterministische Interpretationen der Quantenmechanik wie etwa die De-Broglie-Bohm-Theorie, die davon ausgeht, dass sich die Unvorhersagbarkeit zukünftiger Systemzustände lediglich aus der nicht ausreichend genauen Kenntnis der Anfangszustände ergibt, weshalb nicht auf einen indeterministischen Lauf des Kosmos geschlossen werden könne. Andere Wissenschaftler sehen in der sogenannten Schrödinger-Gleichung als Universalkonstante indeterministische Rahmenbedingungen. Einstein hatte zur Quantentheorie den Einwand, sie müsse unvollständig sein. Er spricht hier von »verborgenen Parametern« und »verborgenen Variablen«. Wenn er im weiteren Zusammenhang feststellt, »Gott würfelt nicht«, bringt er damit sein – trotz Quantenmechanik – deterministisches Weltbild zum Ausdruck. Obgleich wir hier nicht in die Tiefen der Quantenmechanik einsteigen können und wollen, bleibt im Ergebnis festzuhalten, dass sich auch unter Wissenschaftlern im Hinblick auf die mögliche Bedeutung der Quantenmechanik für den Determinismus und damit für die Frage der Determiniertheit unserer Entscheidungen bis heute kein einheitliches Bild entwickelt hat.

Glücklicherweise bleibt uns ein tieferer Einstieg in die Quantenmechanik schon deshalb erspart, weil sich – selbst wenn sie wegen

»objektiver Zufälle« indeterministisch sein sollte – im Hinblick auf die menschliche Entscheidungsfreiheit nichts ändern würde. Denn dann würden unsere Entscheidungen nicht nur durch die Naturgesetze, sondern auch durch quantenmechanische Zufälle gesteuert. Aber Zufälle könnten eine Entscheidung natürlich nie »frei« und schon gar nicht den Entscheider verantwortlich für seine Entscheidung machen. Von etlichen Wissenschaftlern ist die Annahme, dass Quantensprünge uns frei machen würden, geradezu mit Hohn und Spott überzogen worden; dabei spielte der bereits oben behandelte Zufallseinwand die Hauptrolle. So fragte Schrödinger (1985, 135) bereits in den dreißiger Jahren des letzten Jahrhunderts, wie denn Zufallsereignisse unsere Freiheit gewährleisten sollten.

Der forensisch-psychiatrische Gutachter Norbert Nedopil (2010, 213) führt zur Vereinbarkeit von Determinismus und Zufall im Zusammenhang mit der Frage nach der menschlichen Entscheidungsfreiheit Folgendes aus:

Es »ist die Biologie einer Vielzahl von unfehlbaren Zufällen unterworfen, unvorhersehbaren Rekombinationen von DNA, unvorhersehbaren Verbindungen von Zellen. Ohne diese Zufälle wären Entwicklung und Evolution gar nicht möglich und das Potenzial der Natur wäre längst ausgeschöpft. Der Grundsatz der Biologie vom Zufall innerhalb vorgegebener Grenzen lässt eine Vielzahl von Möglichkeiten nicht nur denkbar erscheinen, sondern auch rückwirkend nachzeichnen. Im physikalischen Sinne ist der Zufall dann auch Freiheit. Er ist nicht determiniert.« Weshalb Nedopil von der Existenz nicht dem naturgesetzlichen Determinismus unterliegender Zufälle ausgeht, verrät er uns leider nicht. Will er damit sagen, dass für einen Teil biologischer Prozesse die physikalischen und chemischen Naturgesetze außer Kraft gesetzt sind? Das hätte dann wohl einer näheren Begründung bedurft. Den von ihm nicht weiter erklärten Zufall dann auch noch begründungsfrei zum Quell der »Freiheit« zu erklären, ist schon reichlich unwissenschaftlich.

Natürlich könnten dem Zufall ausgelieferte menschliche Entscheidungen nicht »frei« sein. Darüber hinaus wären sie, wenn es sie denn geben sollte, durchaus in einem gewissen Sinne determiniert, nämlich eben durch den Zufall. Auch bleibt Nedopil jegliche Erklärung dafür schuldig, wo denn die angeblichen Grenzen des »Zufalls innerhalb vorgegebener Grenzen« liegen sollen. Und schließlich zieht er die Möglichkeit, dass biologische Entwicklungen nicht dem Zufall, sondern einem wie auch immer gearteten Plan folgen könnten, gar nicht erst in Betracht. Mit den Fragen von Zufall und biologischer Entwicklungsgeschichte aus der Perspektive des Determinismus werden wir uns im folgenden Kapitel noch weiter befassen.

Auch scheint Nedopils These vom Zufall darauf zu basieren, dass biologische Prozesse teilweise nicht »vorhersehbar« sind. Der Gedanke, dass diese Unvorhersehbarkeit auf unseren begrenzten Beobachtungsmöglichkeiten anstatt auf Zufall basieren könnte, kommt ihm offenbar nicht. Letztlich dokumentiert er selbst seine Verwechslung von Unvorhersehbarkeit und Zufall:

Hat ein »Pendel mehrere Glieder und nur drei Gelenke, ist weder der Ausschlag noch die Dauer des Pendelschlags berechenbar. Ein solches mehrgliedriges Pendel wird dann als Chaospendel bezeichnet. Sein Ausschlag ist innerhalb der Grenzen der Stangenlänge dem Zufall überlassen und somit frei« (Nedopil 2010, 213). Nur weil bestimmte Pendelausschläge für uns mit unseren beschränkten Mitteln nicht »berechenbar« sind, sollen die Naturgesetze außer Kraft gesetzt und durch den Zufall ersetzt sein und daraus soll dann am Ende noch eine »Freiheit« unserer Entscheidungen resultieren? Mir graut bei der Vorstellung, dass das Schicksal eines Delinquenten von der Beurteilung durch einen solchen forensisch-psychiatrischen Gutachter abhängt.

6.2.6 Evolutionstheorie vs. Determinismus

Unter der Evolutionstheorie versteht man die wissenschaftliche Untersuchung und Beschreibung der Entstehung und Veränderung der »biologischen Einheiten«, insbesondere der einzelnen Arten. Ein gerne aufgegriffenes Beispiel ist die Frage, weshalb heute lebende Giraffen einen vergleichsweise langen Hals haben. Die wissenschaftlich immer noch gültige und vermutlich zutreffende Antwort hierauf ist, dass Tiere mit längerem Hals besser an ihr Futter – beispielsweise an die Blätter der Bäume – kommen und deshalb besser bzw. häufiger überleben und sich fortpflanzen können als Tiere mit kürzerem Hals. Giraffen mit längerem Hals haben also bessere Chancen, sich zu ernähren und fortzupflanzen, als solche mit kurzem Hals und geben so die Eigenschaft des längeren Halses auch häufiger an die nächste Generation weiter. Giraffen mit kürzerem Hals dagegen vermehren sich wegen der schlechteren Bedingungen zur Nahrungsaufnahme tendenziell weniger häufig. Insoweit kann man der nicht auf Genmutation basierenden traditionellen Evolutionstheorie sicher folgen.

Die *moderne* Evolutionstheorie hat eine lange Geschichte und geht im Kern auf die Wissenschaftler Linné, Cuvier, Lamarck und Darwin zurück. Sie basiert auf der Annahme, dass Unterschiede unter den Nachkommen (neben der sogenannten Rekombination) durch *zufällige* Mutationen, also genetische Veränderungen, bewirkt werden. Führt die Mutation zu einer erhöhten Überlebensfähigkeit des jeweiligen Lebewesens, so wird dieses besser in der Lage sein, diese Mutation auch genetisch an die nachfolgenden Generationen weiterzugeben. Die mutierte Art wird sich also längerfristig gegenüber der nicht mutierten Art durchsetzen und diese tendenziell verdrängen.

Was uns hieran im Hinblick auf den Determinismus interessiert, ist der angebliche *Zufall* der jeweiligen Mutation, den die moderne Evolutionstheorie schlichtweg unterstellt, ohne sich hiermit wirklich tiefgründig zu befassen. Wenn die Naturgesetze gelten und der Determinismus richtig ist, dann gibt es aber keinen Zufall, weil sämtliche Zustände und Entwicklungen des Universums durch die Naturgesetze vorherbestimmt sind. Damit kann entweder nur die moderne Evolutionstheorie oder nur der Determinismus richtig sein. Befassen wir uns mit der Frage der Richtigkeit der modernen Evolutionstheorie. Da ich kein Genetiker bin, kann ich diese Frage – wenn denn überhaupt – höchstens denklogisch klären.

Die Fragwürdigkeit der modernen Evolutionstheorie offenbart sich möglicherweise nicht nur in der in anderem Zusammenhang bereits angesprochenen Zufallsproblematik, sondern auch wenn man sie zu Ende denkt – aber vielleicht bin ich hier einfach zu anmaßend … Nehmen wir beispielsweise eine Schlange mit Giftzahn. Irgendwann in der langen Entwicklungsgeschichte der Schlange wird dieser Giftzahn samt Giftdrüse und Giftkanal nach der modernen Evolutionstheorie *zufällig* auf dem Wege einer bzw. mehrerer Mutationen der Schlange zugutegekommen sein. Dafür hätte sich zufällig hinter den Zähnen der Schlange ein Hohlraum bilden müssen, in welchem sich zufällig eine Giftdrüse entwickelte. An dieser hätte sich zufällig ein Kanal bilden müssen, der zufällig an einem Zahn endete. Im Zahn hätte sich des Weiteren zufällig eine Leitung entwickeln müssen, die zufällig an geeigneter Stelle des Zahns endete, damit das Gift dem jeweiligen Opfer auch wirksam verabreicht werden kann. Ein bisschen viele Zufälle, finden Sie nicht? Eher könnte wohl durch ausreichend langes Schütteln von Metallschrott in einem Fass zufällig ein Verbrennungsmotor entstehen …

Nehmen wir als anderes Beispiel das sogenannte Flimmerepithel, die Schleimhaut u.a. in den menschlichen Atemwegen, die Staubpartikel, Tröpfchen, reizende Schadstoffe und mikroskopisch kleine Krankheitserreger wie Bakterien, Pilze oder Viren absorbiert und mit Millionen von kleinen Härchen (Flimmerhärchen) in den Rachen abtransportiert, damit diese nicht in die Lunge gelangen und diese schädigen können. Wie vieler »zufälliger« Mutationen bedurfte es, damit diese hochkomplexe Schleimhaut zustande kommen konnte? Zufällig mussten sich sogenannte Flimmerhärchen bilden, zufällig nicht eines oder einige, sondern Millionen von ihnen und zufällig mussten diese sich im gesamten Atemtrakt bilden, zufällig jedoch nicht im Rachen, auf den Stimmbändern oder gar auf dem Handrücken (wo sie ihrer Funktion nach wohl wenig zu suchen gehabt hätten). Zufällig mussten diese Flimmerhärchen sich selbsttätig bewegen können und zwar zufällig in Richtung Rachen und zufällig musste dies mit einer hohen Frequenz von etwa 1000 mal in der Minute geschehen. Zufällig mussten sich zwischen den Flimmerhärchen zufällig schleimbildende sogenannte Becherzellen bilden, zufällig in millionenfacher Anzahl, die zufällig einen wässrigen Schleim bilden, der zufällig geeignet ist, kleine Teilchen wie Staub und Bakterien festzuhalten. Und zufällig musste der Abtransport der kleinen Teilchen genau bis zum Rachen reichen, von wo diese im Schleim gebundenen Fremdstoffe dann in den Magen heruntergeschluckt werden.

Kann man sich vorstellen, dass so viele Zufälle dann auch noch in einem gewissen zeitlichen Zusammenhang passieren? Das erscheint doch extrem unwahrscheinlich. Erst recht, wenn man sich dann noch vorstellt, dass jedes der Millionen von Flimmerhärchen möglicherweise einen eigenen Zufall, also eine eigene genetische Mutation erforderte. Noch unwahrscheinlicher wird das Zusammentreffen all dieser erforderlichen »zufälligen« Genmutationen vor dem Hintergrund eines funktionalen Zusammenhangs. Denn tatsächlich dienen doch funktional alle erforderlichen Mutationen dem Abfangen und dem Abtransport von störenden Partikeln, Bakterien usw. Wäre irgendwann auch nur eine den Abtransport störende Mutation außerhalb dieses funktionalen Zusammenhangs »dazwischengekommen« oder wäre auch nur eine für diesen Abtransport notwendige Mutation ausgeblieben, wäre das Gesamtsystem nicht zustande gekommen. Die hochaktiven Flimmerhärchen würden ein armseliges sinnloses Dasein fristen. Gleiches gilt, wenn nur eine einzige »zufällige« Mutation in zu geringem Ausmaß oder einfach anders ausgefallen wäre, wenn sich also beispielsweise die Schleimdrüsen nicht oder in zu geringer Anzahl gebildet hätten oder derart, dass der Schleim eine zum Abfangen der Partikel ungeeignete Konsistenz aufweist. Wir hätten dann, weil das »System« nicht vollständig wäre, lauter funktionslose Körperbestandteile. Wenn die Zufallstheorie richtig sein sollte, müssten wir also an unseren Körpern lauter funktionslose Bestandteile feststellen können, weil Zufälle eben nicht konsequent dafür sorgen, dass alles wie beim Flimmerepithel wunderbar aufeinander abgestimmt ist. Aber wo sind diese denklogisch zahlreichen funktionslosen Körperbestandteile? Etwas überspitzt formuliert fällt mir dazu nur der

Blinddarm ein. Nein, es spricht schon vieles gegen Zufälle und für einen Gesamtplan der Evolution und wenn man dem Determinismus folgt, muss dieser bereits im Urknall angelegt gewesen sein.

Eine derartige Ansammlung von zufälligen Genmutationen, die dann auch noch funktional »zusammenpassen«, dürfte letztlich eine gegen Null gehende Eintrittswahrscheinlichkeit haben, selbst wenn es den »Zufall« überhaupt geben sollte. Man bedenke zusätzlich den eher engen zeitlichen Zusammenhang der Mutationen, der erforderlich ist, damit nicht »zufällig«, etwa weil einige 1000 Jahre zwischen den Mutationen liegen, eine unwillkommene Mutation den gegebenen funktionalen Zusammenhang wieder aufhebt, etwa weil sich die Giftdrüse oder die Beweger der Flimmerhärchen in unseren Beispielen zwischenzeitlich wieder »zurückmutiert« haben.

Das alles sieht auch deshalb eher nach einem Bauplan aus als nach einer kuriosen, zudem auch noch funktionsgerechten Anhäufung zufälliger Genmutationen. Diese stünden auch noch unter dem Vorbehalt, dass es überhaupt Zufälle gibt und nicht alles – beispielsweise im Hinblick auf die umstrittene Quantenmechanik – naturgesetzlich determiniert ist. Auch die Tatsache, dass die einmal geschaffenen funktionalen Zusammenhänge merkwürdigerweise (soweit bekannt) nie mehr »zufällig« genetisch rückabgewickelt werden, spricht für einen Bauplan. Oder haben Sie schon einmal von einer Giftschlange gehört, deren Giftapparat auch nur teilweise »rückmutiert« wurde? Und warum erleben wir keine zufälligen Mutationen der Art, dass sich beispielsweise auf dem menschlichen Rücken dort völlig sinnlose Flimmerhärchen bilden oder eine Giftstoff absondernde Drüse in unserem Kniegelenk? Weil dies keinem sinnvollen Bauplan entsprechen würde?!

Aber wo könnte ein solcher Bauplan herkommen? Dazu fallen mir nur zwei Möglichkeiten ein. Die eine liefert der Determinismus, wonach bereits im Urknall alles angelegt ist, also auch jegliche Genmutation. Damit würde die tatsächliche, bauplanbedingte Evolution nicht nur die Theorie des Determinismus stützen, sondern gar für einen »planvollen« Determinismus sprechen. Die andere Möglichkeit könnte sein, dass es eine heute noch nicht bekannte Instanz in den Körpern der Lebewesen gibt, die außerhalb des Bewusstseins für das jeweilige Lebewesen Opportunes zu erkennen und in nützliche Genmutationen umzusetzen in der Lage ist. Aber auch eine solche, zweifellos komplexe Instanz dürfte naturgesetzlich bereits im Urknall angelegt sein.

Wenn wir uns abschließend fragen, ob denn nun eher der Determinismus oder die moderne Evolutionstheorie richtig ist, so ist meine Meinung klar, und Sie werden sich Ihre hierzu sicher bilden.

Aber selbst wenn der Determinismus falsch sein sollte, erscheint die moderne, vom Zufall ausgehende Evolutionstheorie aus den obigen Gründen mehr als fragwürdig.

6.2.7 Der Kompatibilismus

Die Lehre vom Kompatibilismus will uns sagen, dass die Freiheit der Entscheidung und der Determinismus vereinbar seien, ein determinierter Weltenlauf also keine Einschränkungen für die menschlichen Entscheidungen beinhalte, weshalb er auch weicher Determinismus genannt wird. Die Hauptvertreter des »klassischen Kompatibilismus« Hobbes, Hume, Locke und Mill fassen die angebliche Freiheit des Menschen, zu entscheiden, als die ungehinderte Ausübung seiner Fähigkeit auf, seinen Willen *in die Tat umzusetzen.*

Bei näherer Betrachtung macht diese These allerdings wenig Sinn, geht es bei dieser doch nicht um die Freiheit, zu entscheiden, sondern um die Freiheit, das Entschiedene durch eine nachfolgende Handlung umzusetzen. Die Freiheit, seiner Entscheidung entsprechend zu handeln, hat aber nichts mit der Freiheit der Entscheidung als solcher zu tun. Darüber hinaus besteht unsere Freiheit, Entscheidungen in Handlungen umzusetzen, nur sehr bedingt: Wer sich entscheidet, aus eigener körperlicher Kraft zu fliegen, kann diese Entscheidung ebenso wenig umsetzen wie jemand, der sich entscheidet, von einem leeren Bankkonto Geld abzubuchen. Der Mensch wird also bei der

Umsetzung seiner Entscheidungen durch naturgesetzliche wie auch von Menschen gesetzte Hemmnisse eingeschränkt. Selbstredend gibt es auch Entscheidungen, die der Mensch »frei« in Handlungen umsetzen kann. Aber dann geht es eben nicht um die Freiheit der Entscheidung, sondern um die Freiheit der mit dieser beabsichtigten Handlung. Es ist erstaunlich, mit welchem Mangel an Analytik selbst anerkannteste Philosophen die Frage nach der freien Entscheidung des Menschen angehen.

Locke ist der Meinung, das Freiheitsvermögen des Menschen beruhe auf der »Vernunft«, d.h. auf der Fähigkeit, nicht nur von unmittelbar empfundenen Motiven in seinem Handeln bestimmt zu sein, sondern nach (vernünftigen?) Gründen zu handeln. Locke erklärt uns, dass die »Quelle aller Freiheit« des Menschen in dem Vermögen bestehe, die Ausübung und Befriedigung seiner Wünsche »suspendieren« zu können, um diese zu prüfen und zu beurteilen, inwieweit sie als »gut« anzusehen sind (vgl. Locke, 1690, § 48 v. Kap. 21).

Diese Äußerungen werfen gleich eine ganze Reihe von Fragen auf. Es ist die Rede davon, die Ausübung und Befriedigung von Wünschen »suspendieren« zu können, sei die Quelle unserer Freiheit. Wenn wir unsere Wünsche, Bedürfnisse o.Ä. nicht reflektierten und gegebenenfalls suspendierten, also »beiseite tun« könnten, wären wir wohl Tiere niedriger Ordnung. Dem ist entgegenzuhalten, dass fast alle Säugetiere ihre Wünsche suspendieren können, wenn sie erkennen, dass mit der Umsetzung Gefahren verbunden sind. Diese Eigenschaft soll nun die menschliche Entscheidungsfreiheit begründen?

Betrachten wir die These aus der Sicht unserer eingangs des Buches vorgenommenen Analyse des Entscheidungsprozesses. Dem mit einer angedachten Entscheidung verbundenen Nutzen werden die hiermit verbundenen Nutzenopfer gegenübergestellt. Nur wenn der Nutzen z.B. aus dem Genuss eines Stücks Kuchen höher eingeschätzt wird als das Nutzenopfer aus dem vermuteten gesundheitlichen Nachteil, der aufzubringenden Zeit und dem herzugebenden Geldbetrag, wenn also der Nutzensaldo positiv ist, wird der Entscheidungsprozess überhaupt fortgesetzt. Offenbar hat Locke diesen Abwägungsprozess mit dem Vermögen zu »suspendieren« gemeint. Aber in dieser Abwägung steckt keine wie auch immer geartete »Freiheit«. Nutzen, Nutzenopfer und Nutzensaldo hängen unmittelbar von den Bedürfnissen des Entscheiders ab und können somit nicht »frei« sein, wie oben umfassend ausgeführt. Der Mensch wird eine mit einem bestimmten Nutzen verbundene Entscheidung stets dann »suspendieren«, wenn das Nutzenopfer größer als der erwartete Nutzen ist.

Oder hat Locke mit der »Suspension« die Stornierung einer Entscheidung nach nochmaligem Überdenken gemeint? Dann stellt sich aber ebenso die Frage, wie das nochmalige Überdenken eine Entscheidung »frei« machen soll, handelt es sich doch um nichts anderes als die prüfende, wiederholte Abarbeitung des Entscheidungsprozesses.

Nach Locke soll die »Vernunft« zu einer Prüfung der angedachten Entscheidung und in dem Falle, dass diese nicht »gut« ist, zu deren Suspension führen. Aber was ist »vernünftig« und was ist »gut«? Tatsächlich hat Locke hierbei zunächst offenbar an den zukünftigen Vorteil des Menschen, den dieser möglicherweise aus einer aktuellen »Suspension« zieht, gedacht, also beispielsweise an die »Suspension« aktueller Faulheit zugunsten späteren Wohlstands. Aber auch hier stellt sich die Frage, worin die »Freiheit« begründet sein soll. Erkennt der Mensch den zukünftigen Nutzen als überwiegend im Vergleich zum aktuellen Nutzenopfer, wird er bereit sein, dass Nutzenopfer zu erbringen, und im umgekehrten Falle eben nicht (sehen wir hier einmal von Aspekten einer vorteilhafteren alternativen Ressourcenverwendung ab, siehe 3.4.2). Jede andere Entscheidung wäre wieder gegen ihn selbst gerichtet.

Offenbar hat Locke mit »gut« und »vernünftig« aber nicht nur auf den Vorteil des jeweiligen Entscheiders, sondern auch den der Gesellschaft im Sinne eines moralischen Verhaltens des Entscheiders gezielt: Gut und vernünftig handelt, wer moralisch handelt. Das mag man so sehen, aber soll unsere Entscheidungsfreiheit wirklich dadurch begründet sein, dass wir unsere Wünsche zurückstellen und moralisch bzw. gesellschaftskonform entscheiden können? Die Anwendung unserer Analyse des Entscheidungsprozesses verschafft Klarheit:

Eine nach Gesellschaftsvorstellungen unmoralische Handlung ist mit Nutzenopfern verbunden, deren jeweilige Höhe von der Wertigkeit der Moral für den Entscheider abhängt. Einen »moralischen« Menschen wird die mit der Aufdeckung einer Korruption (seiner Person) verbundene gesellschaftliche Ächtung eher treffen, ihm also ein größeres Nutzenopfer abfordern, als dies bei einem »unmoralischen« Menschen der Fall ist. Im Moment der jeweiligen Entscheidung ist aber das »Maß an Moral« des jeweiligen Menschen gegeben und nicht aktuell änderbar. Es ist langzeitlich geprägt durch Erfahrungen, insbesondere Erziehung, sowie Genetik. Kein hochkrimineller Mensch kann und wird aus sich heraus »einfach so« ohne Grund entscheiden, fortan ein hochmoralischer zu sein. Unsere mentalen Zustände sind in dem Moment einer Entscheidung schlichtweg gegeben, sie sind letztlich ein Ergebnis unseres ganzen bisherigen Lebens. Deswegen ist auch die Einschätzung des Negativnutzens einer in irgendeinem Sinne »unmoralischen« Handlung im Entscheidungsmoment eine feststehende, nicht »aus dem Nichts heraus« sich verändernde oder durch uns veränderbare Größe. Das Nutzenkalkül eines Kriminellen funktioniert genauso wie das jedes anderen Menschen und die moralische Ächtung durch die Gesellschaft ist ein Nutzenopfer wie jedes andere. Deswegen nimmt die Moral keine Sonderstellung im Entscheidungsprozess ein, schon gar keine, die dessen Freiheit begründen würde.

Man könnte auch sagen, dass der Mensch bzw. der Entscheider seine Moral nur ändert, wenn es einen Grund hierfür gibt. Denn schließlich geschieht (vermutlich) nichts in diesem Universum ohne Grund. Aber selbst, wenn im Entscheidungsmoment ein solcher Grund – zufällig – eintreten und zu einer Entscheidungsänderung führen würde, wäre dies kein Indiz für eine Freiheit der Entscheidung, denn schließlich war die Änderung der Moral und damit der Entscheidung durch den Grund und nicht durch den Entscheider bedingt.

Wenn der Kompatibilismus, also die Theorie von der freien Entscheidung trotz Gültigkeit des Determinismus, richtig sein sollte, müsste man erklären können, ob bzw. aus welchen Gründen die

Naturgesetze mit ihrer Zwangsläufigkeit vor der menschlichen Entscheidung bzw. vor dem menschlichen Gehirn Halt machen. Vorstellbare Gründe könnten hierfür sein, dass man meint, die Naturgesetze würden im menschlichen Gehirn nicht gelten oder die menschlichen Entscheidungen würden außerhalb des Gehirns in einer gesonderten, dann wohl immateriellen Instanz, etwa in einer »Seele«, generiert. Interessanterweise setzen sich die bekannten Kompatibilisten mit der Frage, weshalb trotz des auch aus ihrer Sicht gültigen Determinismus dieser nicht für das menschliche Gehirn bzw. die menschliche Entscheidung gelten sollte, praktisch nicht auseinander. Die Tatsache, dass sie immer wieder auf die »Verantwortlichkeit« des Menschen zu sprechen kommen, deutet wohl darauf hin, dass ihnen der Gedanke, Menschen für ihre üblen Taten nicht verantwortlich machen und gegebenenfalls bestrafen zu können, alles andere als geheuer ist. Dabei muss das nicht einmal die notwendige Konsequenz aus dem Determinismus sein. Vorstellbar, wenn auch wenig schön, ist doch, dass man, um »Sodom und Gomorrha« zu verhindern, auch ohne Verantwortlichkeit strafen muss. Vielleicht schreckt die Kompatibilisten aber auch nur die Hässlichkeit eben dieses Gedankens ab, was man durchaus nachvollziehen, aber nicht als Begründung akzeptieren kann.

Ich denke, Sie werden mit mir dahingehend einig sein, dass das Schweigen der Kompatibilisten zu dieser Frage durchaus beredt ist und wieder einmal das offenbare Fehlen von Gegenargumenten letztlich eher für den Determinismus als gegen diesen spricht.

Ein Hauptkritiker der Kompatibilisten war Harry Frankfurt. Zutreffend führt er aus, dass das Suspendieren des eigenen »unmittelbaren Wollens« ebenfalls ein Wollen ist, welches er als »Wollen zweiter Ordnung« bezeichnet (Frankfurt 1971, 5–20). Man möchte hinzufügen: Ob das »unmittelbare Wollen« oder das »Wollen zweiter Ordnung« jeweils obsiegt, liegt schlichtweg daran, welches stärker ist. Ist die Moral etwa größer als die Verlockung, wird sie siegen, im umgekehrten Falle nicht. Die Moral ist eben keine besondere Instanz mit Extrastatus, sondern eine Bedürfnis- bzw. Willenskategorie, die mit ihrer jeweiligen Stärke in den Entscheidungsprozess eingeht. Dabei kann an dieser Stelle offenbleiben, ob bzw. inwieweit sie genetisch und/oder erzieherisch generiert ist. Im Entscheidungsmoment ist sie jedenfalls in ihrer aktuellen Ausprägung gegeben.

Tugendhat (2005, 28), bekennender Inkompatibilist (er hält also Determinismus und menschliche Entscheidungsfreiheit für nicht miteinander vereinbar), versucht unter Bezugnahme auf das »Gute« und »Vernünftige«, die menschliche Entscheidungsfreiheit aus der Existenz des Begriffs »Vorwurf« abzuleiten: »Im Vorwurf verbinden sich zwei Dinge: Dass man eine Handlung für schlecht erklärt und dass man das der Person auf eine Weise vorhält, die unterstellt, dass sie hätte besser handeln können, und das entspricht genau dem Tatbestand der Willensfreiheit.« Tugendhat will uns also im Ergebnis wohl sagen, dass wenn es einen »Vorwurf« gibt, es auch eine »Willensfreiheit« geben müsse. Ein interessanter Rückschluss, der aber leider unrichtig ist (mir wäre es auch lieber, ich könnte gegenüber meinen Söhnen mit »berechtigten« Vorwürfen agieren ...). Genauso gut könnte man argumentieren, weil wir Missetaten bestrafen, müsse es auch eine Schuld bzw. Verantwortlichkeit geben, sonst würden wir sie schließlich nicht bestrafen. Tatsächlich habe ich Menschen erlebt, die genauso argumentierten. Um eine abgedroschene Redewendung zu gebrauchen, Tugendhat zäumt das Pferd quasi von hinten auf: Statt zu fragen, ob es in Anbetracht einer fraglichen Willensfreiheit einen berechtigten Vorwurf geben kann, schließt er aus der Existenz von Vorwürfen, dass es eine Willensfreiheit geben müsse. So kann Wissenschaft auch gehen ...

Aber natürlich ist die Frage durchaus angebracht, ob denn Vorwürfe in einer deterministischen Welt, der offenbar auch die Kompatibilisten wenig entgegenzusetzen haben, gerechtfertigt sind bzw. überhaupt Sinn machen. Denn schließlich wären bei Wahrheit des Determinismus keinerlei Entscheidungen und daraus folgende Taten vorwerfbar, da durch die Zwangsläufigkeit der Naturgesetze vorherbestimmt. Hier die Antwort:

Durch einen Vorwurf kann eine Tat, welche auch immer dies sein mag, bekanntlich nicht ungeschehen gemacht werden. Sieht man einmal von der Möglichkeit ab, dass der Vorwerfende sich »Luft machen« möchte, so besteht der Sinn eines Vorwurfs immer darin, das Verhalten des anderen, demgegenüber der Vorwurf gemacht wird, für die Zukunft zu ändern. Das aber funktioniert nur, wenn der Täter den Vorwurf negativ erlebt, also als »negativen Nutzen«, und weitere negative Reaktionen des Vorwerfenden fürchtet für den Fall, dass er sein Verhalten nicht ändert. Wie wir alle wissen, kann eine solche »Steuerung« anderer durch Vorwerfen durchaus funktionieren, wenn der Täter aufgrund des Vorwurfs Sanktionen – mögen diese nun aus einer Kündigung des Arbeitsverhältnisses, einem schlechten Leumund oder der Verweigerung des Beischlafs bestehen – zu befürchten hat. Der Vorwurf eines Menschen, den man selbst nicht kennt, mit dem man keine gemeinsamen Bekannten und auch sonst keine Berührungspunkte hat, wird in aller Regel keine Verhaltensänderung bewirken können.

Der Vorwurf hat also die Funktion, das Verhalten anderer zu ändern. Vielleicht wird der jeweils andere sein Verhalten auch ändern – jedoch nicht, weil er einen »freien Willen« hätte, sondern genau aus dem gegenteiligen Grund. Die Verhaltensänderung wurde dann nämlich durch die mit dem Vorwurf verbundene Sanktionsandrohung ausgelöst und fände eben nicht »aus freien Stücken« statt. Oder mit anderen Worten: Durch den Input »Vorwurf« wurde der Computer »Gehirn« zu einem geänderten Output in Form eines anderen Entscheidungsverhaltens veranlasst. Am Beispiel des »Vorwurfs« lässt sich die »Willensfreiheit« also nicht bestätigen, sondern eher widerlegen. Sollte es keine menschliche Entscheidungsfreiheit geben, so macht der Vorwurf keinen Sinn, weil der andere in dem, was er tat, unfrei war. Dies ändert aber nichts daran, dass der Vorwurf ein taugliches und beliebtes Instrument zur Steuerung unserer Mitmenschen ist.

Die Analyse des »Vorwurfs« zeigt uns damit aber auch das Folgende: Wenn der Determinismus wahr ist, sind zwar unsere Entscheidungen unfrei, jedoch können andere durchaus unsere Entscheidungen beeinflussen! Ein erstaunlicher Befund, der allerdings in das System passt. Denn die anderen, die sich entscheiden, unsere Entscheidung zu beeinflussen, sind dann in dieser Entscheidung auch wieder unfrei – wenn der Determinismus stimmt oder es aus anderen Gründen keine menschliche Entscheidungsfreiheit gibt.

An anderer Stelle führt Tugendhat aus:

»Es ist gerade das Überlegen, in dem der Freiheitsspielraum des So-oder-So-Könnens für den Handelnden selbst geöffnet ist. Er steht vor einer Situation, in der es vom Ergebnis seines Überlegens abhängt, was geschehen wird.« (Tugendhat 1987, 389)

Da macht es sich Tugendhat recht einfach. Die aus der Sicht eines Dritten stets gegebene Möglichkeit, dass ein Entscheider mehrere Alternativen hat, sich zu entscheiden, bedeutet ja nicht, dass die Auswahl einer dieser Alternativen nicht determiniert ist. Denn wenn es mehrere Entscheidungsalternativen gibt, dann ist im Hinblick auf die Bedürfnisse und den Willen des Entscheiders immer eine Alternative optimal und alle anderen sind suboptimal. Und – wie dargelegt – wird der Mensch sich immer für die aus seiner Sicht optimale, also voraussichtlich nutzenstiftendste Alternative entscheiden, jedenfalls wenn man davon ausgeht, dass er Nutzenmaximierer ist. Auch die Erfüllung moralischer Normen kann ihm dabei einen Nutzen bringen, je nachdem wie »moralisch« er ist. Betrachtet man diese These aus der Sicht des Determinismus, dem Tugendhat ja als Kompatibilist seine uneingeschränkte Gültigkeit absprechen will, muss man fragen, weshalb denn die Naturgesetze bei einer solchen Wahl zwischen Entscheidungsalternativen im menschlichen Gehirn nicht gelten sollen. Schließlich (ohne hier dem Kapitel 7.1 vorgreifen zu wollen): Die Wahl zwischen Entscheidungsalternativen geschieht doch aus Gründen. Und diese werden »in letzter Instanz« nicht durch uns selbst, sondern durch unsere Bedürfnisse und die Umweltbedingungen gelegt. Man geht halt zum Bäcker, weil einem der Hunger, also das Bedürfnis nach Nahrungsaufnahme, das aktuell dringendste ist und man geht zu *dem* bestimmten Bäcker X, weil dieser – als Umweltbedingung – von allen im Ort die für einen schmackhaftesten Backwaren anbietet. Auf das aktuelle Bedürfnis als auch auf die aktuellen Umweltbedingungen hat man im Entscheidungsmoment keinen Einfluss – sie sind einem schlichtweg gegeben.

Dass Tugendhat diese Aspekte nicht zumindest thematisiert, verwundert umso mehr, als dass er immerhin als Professor für Philosophie an verschiedenen Universitäten lehrte, zeitweise mit dem Schwerpunkt »analytische Philosophie«. In den achtziger und neunziger Jahren des letzten Jahrhunderts lagen seine Schwerpunkte im Bereich Ethik, was ihm eine offene Einstellung zur Frage der menschlichen Entscheidungsfreiheit vielleicht erschwerte.

Locke, ebenfalls ein Vertreter des Kompatibilismus, erkennt zwar, dass der Mensch – wie er es formuliert – nach Lust und Vermeidung von Unlust strebt, womit er letztlich den Menschen ebenfalls als Nutzenmaximierer versteht. Auch stehe es dem Menschen nicht frei, sich andere Ziele zu setzen als das eigene Glück – wohl wahr. Das hindert ihn aber nicht daran, zu behaupten, dass unsere Freiheit aus unserer Fähigkeit bestehe, zu handeln oder nicht zu handeln, und entsprechend würden wir wählen bzw. wollen (Locke 1690, Bk. II Ch. 21, § 27).

Zur Begründung führt auch Locke an, dass der Mensch die Freiheit habe, die Umsetzung und die Befriedigung eines jeden seiner Wünsche zugunsten einer nachgelagerten Prüfung zu suspendieren, ob seine Wünsche tatsächlich glücksbefördernd sind (ebenda, § 47). Damit hat Locke aber ebenfalls nichts anderes beschrieben als einen ganz normalen menschlichen Entscheidungsprozess, dem regelmäßig eine ein- oder mehrfache Überprüfung zu eigen sein dürfte, ob und inwieweit die jeweils angedachte Entscheidung tatsächlich bestmöglich geeignet ist, die eigenen Bedürfnisse zu befriedigen. Eine Durchbrechung des Determinismus für den Entscheidungsprozess begründet eine solche Überprüfung der jeweiligen Entscheidung jedenfalls nicht. Worin auch sollte das Freiheitselement der Überprüfung bestehen? Wie bereits dargelegt: Die Überprüfung einer Entscheidung ist nichts anderes als eine teilweise oder komplette nochmalige Abarbeitung des Entscheidungsprozesses. Wenn dieser naturgesetzlich determiniert ist, gilt nichts anderes auch für die Überprüfung desselben. Sollten Sie anderer Auffassung sein, würde dies mich natürlich – wie immer – interessieren (Forum unter *lothar-hergarten.de*).

Die Frage, ob nicht auch das Überlegen bzw. Überprüfen einer angedachten Entscheidung ein naturgesetzlich bestimmter Vorgang (im menschlichen Gehirn) mit determiniertem Ausgang ist, wirft Locke leider gar nicht erst auf. Überhaupt ist auffällig, dass die Kompatibilisten sich fast durchgängig nicht mit der Frage befassen, wodurch denn *konkret* die von ihnen anerkannte naturgesetzliche Zwangsläufigkeit gerade und nur für die menschliche Entscheidung außer Kraft gesetzt sein könnte. Stattdessen befassen sie sich fast ausschließlich mit den vermeintlichen Gründen für eine behauptete Freiheit der menschlichen Entscheidung ohne Ansehung des von ihnen grundsätzlich anerkannten naturgesetzlichen Determinismus.

Hume bildet da eine Ausnahme. Er begründet die Verneinung der Allwirksamkeit des naturgesetzlichen Determinismus damit, dass es »Gleichförmigkeit in jeder Einzelheit [...] nirgends in der Natur« gebe (Hume 1748, 112 VIII). Eine gewagte, aber leider nicht plausibel begründete These, die sicher auch dem begrenzten wissenschaftlichen Kenntnisstand der damaligen Zeit geschuldet ist. Denn schließlich bezweifelt Hume hier, dass die Naturgesetze immer gleichartig wirken. Auf die Quantenmechanik, die – je nach Sichtweise – tatsächlich von Vorgängen außerhalb der Naturgesetze ausgeht, und deren mögliche Bedeutung für die Frage der menschlichen Entscheidungsfreiheit sind wir bereits zu sprechen gekommen.

Die bedeutendsten Kompatibilisten des 20. Jahrhunderts, Moore, Schlick und Ayer, verstanden unter Entscheidungsfreiheit in erster Linie die ungehinderte *Verwirklichung* des eigenen Willens. Wie bereits an anderer Stelle erwähnt, ist dies eine Aussage über die der Entscheidung *folgenden* Handlung, nicht jedoch über die Entscheidung selbst. Thema verfehlt? Wohl schon, denn schließlich ist die Handlung nur eine logische Folge der Entscheidung, wenn und soweit sie denn von den Fähigkeiten des Entscheiders und den Umweltbedingungen zugelassen wird.

Würden wir hier die Thesen aller Kompatibilisten aufführen und analysieren, würden Sie dieses Buch vermutlich bald zur Seite legen. Über das oben Gesagte hinaus gibt es leider wenig Abweichendes zu berichten. Zusammenfassend lässt sich allerdings feststellen, dass die Kompatibilisten stets eine konkrete Analyse, wodurch denn nun der Determinismus für den Entscheidungsbereich eliminiert werde, vermissen lassen. Es scheint, dass ihre Argumentationen stark durch die Vorstellung beeinflusst sind, dass es am Ende das Gute, eine Verantwortlichkeit und die Vernunft geben müsse.

6.2.8 Das Beobachterparadoxon

Der »Urvater« des Determinismus, Laplace, formulierte einst (Laplace 1814, 1 f.):

»Eine Intelligenz, welche für einen gegebenen Augenblick alle in der Natur wirkenden Kräfte sowie die gegenseitige Lage der sie zusammensetzenden Elemente kennte, und überdies umfassend genug wäre, diese gegebenen Größen der Analyse zu unterwerfen, würde in derselben Formel die Bewegungen der größten Weltkörper wie des leichtesten Atoms umschließen; nichts würde ihr ungewiss sein und Zukunft wie Vergangenheit würden ihr offen vor Augen liegen.« Diese fiktive »Intelligenz« bzw. die zugehörige Person wird in der Literatur der allwissende Laplacesche Dämon genannt.

Laplace hat hiermit eine denkbare, fiktive Konsequenz des Determinismus beschrieben, nicht jedoch den Determinismus selbst. Das haben aber einige Philosophen offenbar nicht erkannt und einen vermeintlichen Ansatzpunkt für eine Determinismuskritik gefunden.

Diese Kritik macht sich daran fest, dass der allwissende Dämon, der den Weltenlauf vorhersagen könne, selbst Teil dieses Weltenlaufs, also Bestandteil des zu beobachtenden und in die Zukunft fortzuschreibenden Systems sei. Er verbrauche bei seiner Vorhersage Energie und ändere damit die physikalischen Daten des Gesamtsystems (wenn natürlich auch nur in geringem Ausmaße). Wer Informationen sammle, ziehe Energie aus dem beobachteten System ab. Auch verbrauche die Ausführung von (Prognose-)Berechnungen neben der Energie zudem Zeit. Da der voraussagende allwissende Dämon selbst

Teil des Weltenlaufs sei, müsse er die kausalen gegenseitigen Beeinflussungen des Beobachtungs- und des Berechnungsprozesses einberechnen. Dafür »müsste er eine Kopie seiner selbst« (Rosenthal 2017, 69) erhalten, die außerhalb des Systems stehe und dieses nicht beeinflusse. Ein Beobachter, der kausal mit der Welt interagiere und Informationen aus ihr abziehe, verfälsche unvermeidlich die festzustellenden Zustände und könne deshalb keine zutreffenden Voraussagen liefern. Es gebe also ein sogenanntes Beobachterparadoxon.

Was auf den ersten Blick vielleicht einleuchten mag, stellt sich letztlich als schlichtweg nicht zu Ende gedacht heraus. Die Vorhersagbarkeit zukünftiger Zustände des Universums auf der Basis beobachteter aktueller Zustände ist die – zudem rein theoretische – Folge des Determinismus, aber weder dessen Kern noch Ursache oder Voraussetzung. Genau wie die Beobachtbarkeit *aller* gegenwärtigen Zustände und Dynamiken nur *theoretisch* möglich ist, gilt dies auch für einen *gedachten*, rein fiktiven Beobachter. Warum sollte ein *gedachter* Beobachter nicht *außerhalb des Kosmos* stehen können und das System durch seine Beobachtungen und Rechen- bzw. Denkprozesse somit nicht beeinflussen? Sowohl die allumfassende Beobachtung wie auch der das System nicht beeinflussende externe Beobachter sind rein theoretischer Natur und zur möglichen Analyse des Determinismus gedacht, ändern aber an dessen Richtigkeit oder Falschheit nichts. Ein allwissender Beobachter, der nur gedacht ist, kann eben mangels Existenz auch keine Energie aus dem System abziehen. Die Kritik des Beobachtungsparadox geht also schon deshalb ins Leere.

Dies tut sie aber auch noch aus einem anderen Grund. Selbst wenn es einen echten »allwissenden Dämon« gäbe, der den Kosmos beobachtete und – wie von Rosenthal unterstellt – dabei *selbst Teil* desselben wäre, dann würde dessen Beobachtungstätigkeit zugegebenermaßen mit dem Kosmos interagieren. Aber wo soll dann das Beobachtungsproblem liegen? Schließlich wären doch der Beobachter selbst wie auch seine Beobachtungen Teil des naturgesetzlich determinierten Geschehens. Zwar würde die Beobachtungstätigkeit möglicherweise andere naturgesetzliche Abläufe im Kosmos verändern, aber doch ebenfalls nur auf der Basis der Naturgesetzmäßigkeiten. Der Beobachter wäre Teil des von ihm beobachteten Gesamtsystems und würde mit diesem nach den allgemeinen Regeln der Naturgesetze interagieren, wie alle anderen Elemente im Kosmos auch. Auch seine Beobachtungen wären das (Zwischen-)Ergebnis naturgesetzlicher Kausalketten und als solche wären sie zwangsläufig und vorherbestimmt wie alles in einem determinierten Kosmos. Wieso sollten die Beobachtungen die Beobachtungsergebnisse »verfälschen«, wenn doch alles – ihrer inklusive – nach den vermuteten naturgesetzlichen Regeln abläuft? Der Beobachter wäre dann Teil des naturgesetzlich determinierten Kosmos und würde diesen als solcher beobachten wie Sie – ebenfalls als Teil des Kosmos – Ihre Uhr zum Ablesen der Zeit beobachten, ohne dass dies einem wie auch immer gearteten Beobachterparadoxon unterliegen würde. Sollte der Lauf des Kosmos tatsächlich komplett bereits im Urknall angelegt sein (wofür ja, wie dargelegt, einiges spricht ...), dann wäre der Beobachter ohnehin ein ganz gewöhnlicher, eingeplanter Bestandteil des kosmischen Geschehensablaufs.

Popper hält den Determinismus für nicht »wissenschaftlich«, da weder die gegenwärtigen Zustände und Dynamiken des Kosmos noch die hieraus abgeleiteten zukünftigen Zustände und Dynamiken in der Praxis tatsächlich und zudem genau vorhergesagt werden könnten. Stattdessen behaupte der Determinismus einfach, dass der gesamte Weltenlauf vorherbestimmt sei, ohne sich um den entsprechenden *empirischen* Befund zu kümmern (Popper 1982, 33).

Diese Kritik verkennt, dass der Determinismus auf einer Hypothese basiert, nämlich der, dass die Naturgesetze immer und überall im Kosmos gelten. Deswegen muss diese Geltung auch nicht nachgewiesen werden, weil sie eben Ausgangshypothese ist und es an jedem Einzelnen liegt, ob er diese Hypothese zu akzeptieren bereit ist oder nicht. Der von Popper eingeforderte empirische Befund ist selbstredend nicht erbringbar, was Popper natürlich weiß. Deswegen ist die Kritik, der Determinismus kümmere sich nicht um den empirischen Befund, etwas scheinheilig. Der »empirische Befund«, welcher dem naturgesetzlichen Determinismus zugrunde liegt, ist der, dass auf der Erde (sieht man einmal von der Quantenmechanik ab) zumindest in der Menschheitsgeschichte keine nachgewiesenen Vorgänge außerhalb der Naturgesetze beobachtet werden konnten. Selbstredend schließt dies nicht gänzlich aus, dass es solche Vorgänge möglicherweise gibt, vielleicht auch nur irgendwo in den Tiefen des Kosmos. So gesehen ist der naturgesetzliche Determinismus tatsächlich nicht bewiesen. Aber er ist auf der Basis unserer Beobachtung von ausschließlich den Naturgesetzen folgenden Vorgängen zumindest sehr wahrscheinlich. Für eine generelle »Abkanzelung« des Determinismus besteht daher kein Anlass, äußerstenfalls für die Behauptung, dass er nicht mit letzter Sicherheit feststehe.

7 Weitere Theorien zur (Un-)Freiheit der menschlichen Entscheidung

Neben dem Determinismus gibt es zur Freiheit bzw. Unfreiheit der menschlichen Entscheidung eine Reihe weiterer Theorien, die wir in der Folge behandeln und hinsichtlich ihres wirklichen Wahrheitsgehaltes analysieren wollen.

7.1 Das Kausalprinzip

In Ermangelung eines allgemein etablierten Begriffs haben wir hier Theorien, welche die menschliche Entscheidung als durch *Gründe* – also sehr viel abstrakter als im klassischen Determinismus nur durch die *Naturgesetze* – determiniert sehen, unter die Begriffe des Kausalprinzips, der Kausaltheorie oder des Kausalismus gestellt. Das Kausalprinzip besagt nichts anderes, als dass alles in diesem Kosmos auf Gründen basiert, denen Gründe vorgelagert sind, denen wiederum Gründe vorgelagert sind ... usw., sodass alle Ereignisse durch Kausalketten determiniert sind. In Bezug auf unsere Entscheidungen bedeutet dies, dass diese Gründe haben, die wiederum Gründe haben, die wiederum ... usw., wobei die Gründe der Gründe usw. am Ende nicht unserem Einfluss unterliegen. Damit sind nach dem Kausalprinzip unsere Entscheidungen unfrei, weil sie aus vorgegebenen Gründen resultieren. Nach Derk Pereboom (2001, 154) stehen sämtliche Ereignisse in der Welt und so auch die menschlichen Entscheidungen in einer kausalen Linie, sind also durch ihnen vorausgegangene

Kausalketten bedingt. »Für keines dieser Ereignisse könnte Freiheit oder Kontrolle beansprucht werden, da für jedes Ereignis eine weiter zurückliegende Bedingung bzw. Ursache verantwortlich ist« (Klein 2012, 45).

7.1.1 Das uneingeschränkte Kausalprinzip

Zunächst wollen wir uns mit dem (von mir so bezeichneten) *uneingeschränkten Kausalprinzip* befassen, welches davon ausgeht, dass nichts in diesem Kosmos ohne Ursache bzw. Grund passiert. Dieses wird in der Literatur in der Regel schlicht als *das* Kausalprinzip bzw. Kausalismus behandelt, während das von uns sogenannte *eingeschränkte Kausalprinzip* (siehe Folgekapitel) dort nach meinen Erkenntnissen keine Erwähnung findet, für die Beurteilung von Entscheidungen aber dennoch – wie ich aufzeigen möchte – von Bedeutung ist.

Zur Veranschaulichung des uneingeschränkten Kausalprinzips schauen wir uns beispielhaft drei vereinfachte Kausalketten an, welche *dieselbe* Entscheidung generiert haben könnten:

1. Naturgesetzlich deterministisch (siehe Kapitel 6) betrachtet wird eine Entscheidung im menschlichen »Computer« (Gehirn) dadurch getroffen, dass bestimmte Inputs von außen (Umwelt) auf den aktuellen Zustand des »Computers« (der die aktuellen Bedürfnisse und das aktuelle Erfahrungswissen des Individuums kennt) treffen und der »Computer« diese Daten elektrobiologisch verarbeitet, um dann einen Output bzw. die Entscheidung zu generieren. Sowohl dem aktuellen Zustand des Gehirns wie auch den Inputs aus der Umwelt sind quasi zahllose naturgesetzliche Kausalketten vorausgegangen, durch welche am Ende die Entscheidung determiniert wurde. Hier handelt es sich um die Betrachtung einer Kausalkette auf *neurologischer Ebene.*
2. Derselbe Entscheidungsprozess könnte wie folgt vereinfacht analysiert werden (siehe Kapitel 3): Es melden sich Bedürfnisse,

denen endlose genetische Kausalketten (Vererbung) vorangegangen sind. Diese treffen auf alternative Handlungsmöglichkeiten bzw. Umweltbedingungen, denen ebenfalls schier unendliche Kausalketten vorangegangen sind. Abschließend wird die Entscheidungsalternative mit dem größten voraussichtlichen Nutzen(-saldo) gewählt, sofern die einzusetzenden Ressourcen nicht anderweitig nutzenträchtiger verwendet werden können. Auch hier haben wir es mit einer kausalen Betrachtung der möglicherweise selben menschlichen Entscheidung zu tun, nur auf der *Bedürfnis*- bzw. Nutzenebene.

3. Derselbe menschliche Entscheidungsprozess kann auch dergestalt beschrieben werden, dass wir etwas auf bestimmte Weise entschieden haben, da dies in unserer Kindheit bereits etabliert wurde; z. B. haben unsere Eltern uns damit verwöhnt, weil auch sie von ihren Eltern damit verwöhnt wurden. Hier beschreiben wir ebenfalls die möglicherweise selbe Entscheidung kausal, aber eben auf einer anderen kausalen Ebene, nämlich der *Motivationsebene*.

Alle drei aufgezeigten Kausalketten können auf einer höheren Abstraktionsebene als dem Kausalprinzip bzw. Kausalismus folgend bezeichnet werden, wonach menschliche Entscheidungen aus Gründen getroffen werden und damit durch diese determiniert sind.

Das Kausalprinzip beinhaltet nach Pereboom (2011) eine Zwangsläufigkeit der Geschehnisse, jedoch auf einer höheren Abstraktionsebene als z. B. der Determinismus, der so gesehen ein Unterfall des Kausalprinzips ist. Alles – und somit auch die menschliche Entscheidung – geschieht danach aus Gründen, die wiederum durch Gründe bestimmt werden, welche wiederum … usw. Die Gründe bestimmen mithin den gesamten Weltenlauf. Die meisten Menschen würden dem Satz »Nichts in dieser Welt geschieht ohne Grund« vermutlich zustimmen. Doch hieße es, »Auch der Grund hat seinerseits Gründe, und zwar eine ganze Kette von vorgelagerten Gründen, die letztlich bis zum Ursprung des Universums zurückreicht«, würden wir uns mit unserer Zustimmung vermutlich schon schwerer tun. Obwohl nicht einsehbar ist, wieso die Kette der mittelbaren, zeitlich weit zurückreichenden Gründe für eine Entscheidung nicht genauso bestimmend für diese sein soll wie der unmittelbare, letzte Grund. Dieser ist uns nur bewusster, weil er zeitlich der letzte in der quasi unendlichen Kette ist.

Für eine bestimmte Situation oder auch Entscheidung gibt es immer nicht nur *eine*, sondern *mehrere*, quasi aufeinander zulaufende Kausalketten. Der Entscheidung, dieses Buch in Ihrem Sessel im Wohnzimmer zu lesen, könnte dabei eine Kausalkette vorausgegangen sein, die mit der Entscheidung endete, dieses Buch zu kaufen, eine weitere Kausalkette, die damit endete, dass Sie lesen lernten, eine weitere Kausalkette, die damit endete, dass Sie sich eine Brille zulegten, und schließlich etwa eine Kausalkette, die damit endete, dass sie sich entschieden, nicht auf den Golfplatz zu gehen, was Ihnen den zeitlichen Freiraum verschaffte, dieses Buch zu lesen. Tatsächlich haben wir es also bei unseren Entscheidungen in der Regel mit mehreren aufeinander zulaufenden Kausalketten zu tun, welche die Entscheidungen (wenn das Kausalprinzip richtig ist) determinieren. Jede Entscheidung, aber auch jedes andere Ereignis ist somit das Ergebnis einer Mehrzahl schier endloser Kausalketten, welche auf die jeweilige Entscheidung bzw. das jeweilige Ereignis zulaufen. Man könnte deshalb auch von Kausalbäumen sprechen.

Menschliche Entscheidungen haben immer Gründe, auch wenn uns diese zuweilen »völlig verrückt« anmuten (vornehmlich natürlich, wenn es um die Entscheidungen anderer geht). Dies bedeutet – wenn der Kausalismus richtig ist –, dass unsere Entscheidungen durch Gründe, und zwar ausschließlich durch Gründe, determiniert und damit nicht frei sind. Denn nicht wir, sondern die Gründe bestimmen darüber, ob und wie eine Entscheidung gefällt wird. Nehmen wir hierzu als weiteres Beispiel einmal mehr die simple Entscheidung, Kuchen zu essen. Hierzu entscheiden Sie sich, weil Sie Süßes lieben, weil Sie als Kind schon mit Süßem verwöhnt worden sind, weil Ihre Eltern meinten, Ihnen damit etwas Gutes zu tun, weil es damals noch keine wissenschaftliche Aufklärung über die Schädlichkeit von Zucker gab usw.

Eine parallele Kausalkette könnte sein, dass sich die Konditorei in dem Moment, als Sie Hunger auf Süßes verspürten, an bestimmter Stelle in Sichtweite befand, weil diese seinerzeit der Konditor dort eingerichtet hat, weil die Mieten hier am günstigsten waren, weil das Viertel damals als weniger »gute« Gegend galt usw.

Fragen wir einmal andersherum: Spricht etwas dagegen, dass unsere Entscheidungen durch Gründe bestimmt sind? Ich vermute, es dürfte auch Ihnen schwerfallen, hierauf eine plausible bejahende Antwort zu finden. Denn Sie werden stets in der Lage sein, die Gründe für Ihre Entscheidungen zu benennen, selbst wenn Sie diese Gründe nicht konkret gedacht, sondern nur gefühlt haben. Und Sie werden kaum behaupten wollen, dass etwas anderes als Gründe für Ihre Entscheidungen ausschlaggebend ist. Möglicherweise werden Sie als Grund für eine bestimmte Entscheidung angeben, dass sie sehr »moralisch« seien. Aber selbst die eigene Moral, die oftmals entscheidend ist, lässt sich auf Kausalketten zurückführen. Auch ihre moralische Haltung wird Gründe haben – etwa angeborene Empathie oder anerzogene Moralität. Und diese Gründe und die Gründe derselben usw. lagen nicht bei Ihnen. Auch rein intuitive »Entscheidungen«, die keine Entscheidungen im eigentlichen Sinne sind, weil sie nicht bewusst getroffen werden, haben ihre Gründe. Das sind u.a. die aktuellen Bedürfnisse, Erfahrungen und Umweltbedingungen, auf welche wir, wie bereits umfangreich dargelegt, (zumindest) im Moment der Entscheidung keinen Einfluss (mehr) haben.

Wo sollte angesichts einer kausalen Determiniertheit unserer Entscheidungen eine wie auch immer geartete Freiheit ansetzen? Wie sollte diese Freiheit, wenn es sie denn geben sollte, ausgeübt werden, etwa ohne Gründe? Und wäre eine Entscheidung ohne Gründe überhaupt eine Entscheidung? Wohl eher nicht, da eine Entscheidung nach unserer Definition und vermutlich auch nach allgemeinem Verständnis *bewusst* ausgeübt wird. Basiert eine bewusste Entscheidung nicht immer auf Gründen? Man kann auch sagen, dass unsere Entscheidungen das Ergebnis einer Abwägung von Gründen (pro und contra) sind.

Stellvertretend für diverse Kritiken am (uneingeschränkten) Kausalprinzip möchte ich die von Habermas (2005, 161) ansprechen. Menschliches Handeln, so Habermas, lasse sich nicht »nach dem Modell der Verursachung eines beobachtbaren Ereignisses durch einen vorangehenden Zustand« begreifen. Es stütze sich vielmehr auf »handlungsmotivierende Gründe«, die uns »nicht nötigen, sondern auffordern, im Rahmen möglicher Ziele und Verhaltensalternativen Stellung zu beziehen«. Am Ende benennt Habermas hier aber – vermutlich ungewollt – selbst den wesentlichen Ansatzpunkt für Kritik an seiner These. Denn selbstverständlich sind auch »handlungsmotivierende Gründe« nichts anderes als Gründe. Diese bestehen aus unseren Bedürfnissen und den auf diesen basierenden Abwägungen des jeweiligen Nutzens der Handlungsalternativen. Unsere Bedürfnisse sind uns schlichtweg gegeben und der Abwägungsprozess lässt uns unsere Entscheidung – wie umfassend dargelegt – stets zugunsten der subjektiv nutzenträchtigsten Alternative (und damit wohl unfrei) fällen, da alles andere gegen uns selbst gerichtet wäre. Wo soll da die Freiheit liegen? Dass uns handlungsmotivierende Gründe »auffordern« sollen, im Rahmen möglicher Ziele und Verhaltensalternativen »Stellung zu beziehen«, ist eine angenehme Illusion. Auch handlungsmotivierende Gründe haben ihre Gründe und diese wiederum ihre Gründe usw., die nicht durch uns manipulierbar, also in irgendeinem Sinne frei entscheidbar sind.

Eine Bekannte konterte übrigens die hier aufgestellte Behauptung, unsere Bedürfnisse seien uns schlichtweg gegeben und unterlägen damit nicht unseren Entscheidungen, mit dem interessanten Einwand, dass etwa das Bedürfnis eines Rauchers nach Nikotin vom Raucher selbst verursacht (und auch selbst entschieden) sei, als er sich entschlossen habe, mit dem Rauchen anzufangen. Wenn wir diese Behauptung abstrahieren und möglicherweise etwas überspitzen, könnte sie auch lauten: »Der Drogensüchtige hat sich irgendwann entschieden, drogenabhängig zu werden.« Dies dürfte insofern nicht ganz zutreffend sein, als dass der Drogenabhängige wie auch konkret der Raucher sich in aller Regel nicht für ein ihn mehr oder weniger abhängig machendes (Drogen-)Bedürfnis entscheiden dürfte, sondern dafür, »etwas zu probieren« bzw. eine entsprechende Erfahrung zu machen. Das grundlegende Bedürfnis dürfte in diesem Fall also zunächst die zu befriedigende Neugier sein, deren Umsetzung dann das Bedürfnis nach der jeweiligen Droge »weckt«. Unabhängig hiervon kann ein bestimmtes Bedürfnis (etwa Sand zu essen) nicht von uns selbst generiert, sondern allenfalls durch eine vorgelagerte Entscheidung durch uns selbst geweckt werden. Um im Beispiel des Rauchers zu bleiben: Nur derjenige, bei dem das Bedürfnis nach Nikotin bereits latent unterschwellig vorhanden ist, wird auf Nikotin »anspringen«. Das Bedürfnis nach Nikotin kann also nicht durch den Menschen selbst generiert, sondern höchstens durch eine (hier zur Befriedigung der Neugierde) vorgelagerte Entscheidung geweckt werden. Ein Bedürfnis, Sand zu essen, ist dagegen mangels (auch nur unterschwelliger) Existenz dieses Bedürfnisses auf keine Weise zu wecken. Bei Jugendlichen dürfte die Einstiegsentscheidung häufig auch auf einem Sozialbedürfnis fußen, nämlich dem, als »cool« zu gelten und damit einer bestimmten sozialen Gruppe anzugehören.

Lassen Sie uns anhand des *uneingeschränkten* Kausalprinzips beispielhaft den Entscheidungsprozess eines Raubüberfalls nachvollziehen, wie er abgelaufen sein könnte:

Die Entscheidung zum Raubüberfall hat der Täter als »egoistischer« Nutzenmaximierer nur fällen können, weil ihm der erwartete Nutzen (ein hoher Geldbetrag) aus der Tat größer erschien als das Nutzenopfer, bestehend aus dem Risiko der Tatentdeckung mit der Folge einer langjährigen Haftstrafe. Als männlicher Selbstüberschätzer mit ausreichend Testosteronüberschuss sowie aufgrund seiner begrenzten Intelligenz und Lebenserfahrung hat er dieses Risiko zu gering eingeschätzt. Moral kam wegen begrenzter Einsichtsfähigkeit und kaum stattgefundener Erziehung als Hinderungsgrund auch nicht in Betracht. Nun die rhetorische Frage: Hat unser Täter sich die Selbstüberschätzung, den Testosteronüberschuss und den Mangel an Intelligenz,

Lebenserfahrung und Erziehung selbst ausgesucht? Spätestens wenn wir nach den Gründen der Gründe für die Gründe usw. fragen, sehen wir wieder einmal, dass die Gründe letztlich immer unserem Einfluss entzogen sind. Damit sind die Konzepte der Schuld und Verantwortlichkeit infrage gestellt. Um diese irgendwie zu retten, suchen wir verzweifelt nach dem Ansatzpunkt für die Freiheit unserer Entscheidungen. Haben Sie den bis jetzt entdecken können? Falls ja, bitte ich um Mitteilung des Fundortes in unserem Forum auf *lothar-hergarten.de* unter dem entsprechenden Gliederungspunkt.

Merkwürdigerweise findet die folgende, bereits oben angesprochene Betrachtung des Kausalprinzips in der Literatur meines Wissens nicht statt:

Jedes Ereignis im Kosmos ist nicht nur das Ergebnis einer endlosen (bis zum Ursprung des Kosmos zurückreichenden?) Kausalkette. Es ist vielmehr auch das Ergebnis zahlreicher aufeinander zulaufender Kausalketten bzw. Kausalbäume, an deren Ende das jeweilige Ereignis steht. Zunächst ein weiteres Beispiel hierzu: Damit ein Verkehrsunfall zwischen zwei Teilnehmern geschehen konnte, waren verschiedene aufeinander zulaufende Kausalketten erforderlich, u. a. etwa die,

- in deren Verlauf das Automobil erfunden wurde,
- in deren jeweiligem Verlauf die beiden Verkehrsteilnehmer geboren wurden,
- an deren jeweiligem Ende das zeitliche Zusammentreffen der beiden Verkehrsteilnehmer am Unfallort stand,
- an deren Ende die Unaufmerksamkeit des den Unfall verursachenden Teilnehmers stand.

Obwohl also – folgt man dem Kausalprinzip – jedes Ereignis durch eine Vielzahl von Ursachenketten bedingt ist, interessiert sich das geltende Strafrecht vornehmlich für den zeitlich letzten der Gründe, in unserem Falle die Unaufmerksamkeit eines der beiden Verkehrsteilnehmer. Bei streng konsequenter Betrachtung könnte aber auch die Erfindung des Automobils als unverzichtbare Mitursache bzw. nicht wegzudenkendes Glied einer Kausalkette strafrechtliche Beachtung finden. Musste der Erfinder des Automobils nicht davon ausgehen, dass es in Folge der Entscheidung zur Veröffentlichung bzw. Umsetzung seiner Erfindung viele Unfallopfer geben würde und hat er dies damit nicht billigend und somit sogar nach heute noch gültigen Gesetzen strafrechtlich relevant in Kauf genommen? Dem werden Sie möglicherweise entgegenhalten wollen, dass die Erfindung des Automobils der Menschheit auch viele Vorteile beschert und letztlich durch den hierdurch möglichen Einsatz von Rettungsfahrzeugen, Feuerwehrfahrzeugen etc. auch zahlreiche Menschenleben gerettet hat. Aber solchen Überlegungen hat das Bundesverfassungsgericht ja bereits eine Absage erteilt (siehe die Ausführungen zur sogenannten Triage in Kapitel 2): Die Opferung von Menschenleben sei nicht durch die Rettung anderer Menschenleben zu rechtfertigen (obwohl die Rechtsprechung, offenbar ohne es zu merken, diesen Grundsatz permanent ignoriert ...). Fazit: Nach den Schuldgrundsätzen aktuellen Rechts müssten auch weit zurückliegende Elemente von Kausalketten zu Schuldzuweisungen führen können – was aber wohl u.a. bereits aus Praktikabilitätsgründen nicht passiert. Natürlich ist dies eine sehr abstrakte Betrachtung, die lediglich eines der theoretischen Probleme des Strafrechts aufzeigen soll und selbstredend noch keinerlei Empfehlung beinhaltet. Unser Blick auf das Strafrecht dürfte sich ändern, wenn wir uns bewusst machen, dass nie ein einziger Grund ursächlich für eine Straftat ist, sondern etliche, zudem aufeinander zulaufende Kausalketten bzw. Kausalbäume. Ob überhaupt und falls ja, an welchen Stellen der Kausalketten Schuldzuweisungen ansetzen könnten, werden wir weiter unten zu erörtern haben.

Zu eigen ist den Kausalketten, dass die möglicherweise sehr geringe (gedachte) Veränderung auch nur *eines* Gliedes der Kette die *gesamte* zukünftige Kausalkette verändern kann und in der Regel verändern wird. Stehen Sie beispielsweise morgen ein paar Minuten früher auf, werden Sie morgen Abend vermutlich auch etwas früher jedenfalls aber zu einer leicht veränderten Zeit zu Bett gehen. Deshalb werden sie am nächsten Tag vielleicht wieder ein paar Minuten früher aufstehen usw. Nach einer Woche ist die Auswirkung vielleicht auf wenige Sekunden geschrumpft (oder sie hat sich auf einige Minuten ausgedehnt), zumindest im Sekundenbereich wird sie jedoch vermutlich auf immer bestehen bleiben. Solche wenigen Sekunden oder gar Millisekunden können aber genau diejenigen sein, die Ihr Leben für immer verändern, etwa – um bei unserem Beispiel aus Kapitel 2 zu bleiben – weil Sie entsprechend früher oder später Ihrem Unfallgegner »begegnen« und es dementsprechend zum Unfall kommt oder auch nicht.

Wenn man dem Satz »Nichts in dieser Welt geschieht ohne Grund« folgt, dürfte es schwerfallen, nicht sämtliches Geschehen als durch Gründe determiniert anzusehen. Dementsprechend schreibt Prinz (2004b, 22):

»Die Idee eines freien menschlichen Willens ist mit wissenschaftlichen Überlegungen prinzipiell nicht zu vereinbaren. Wissenschaft geht davon aus, dass alles, was geschieht, seine Ursache hat und dass man diese Ursachen finden kann. Für mich ist unverständlich, dass jemand, der empirische Wissenschaft betreibt, glauben kann, dass freies, also nicht determiniertes Handeln denkbar ist.« So richtig diese Aussage scheinen mag, sie ist nicht ganz vollständig. Es handelt sich stets nicht um *eine* Ursache, sondern um eine Ursachenkette, in der Regel sogar eine Mehrzahl aufeinander zulaufender Ursachenketten bzw. Ursachenbäume.

Natürlich würden die anderen Leser und mich Ihre dem möglicherweise entgegenstehende Meinung interessieren (Forum auf *lothar-hergarten.de*).

7.1.2 Das eingeschränkte Kausalprinzip

Wer sich mit dem uneingeschränkten Kausalprinzip – obwohl m. E. logisch nahezu zwingend – nicht anfreunden mag, kann möglicherweise dem bereits angesprochenen eingeschränkten Kausalprinzip folgen. Als solches möchte ich die *Vorstellung* bezeichnen, dass vielleicht nicht alles, was im Kosmos passiert, durch Kausalketten bedingt ist, dass aber bestimmte Vorkommnisse – in unserem Falle Entscheidungen – durch eines oder mehrere vorangegangene Ereignisse in der Weise bedingt sind, dass sie ohne dieses/diese so nicht getroffen worden wären. Dem dürften wohl die meisten ohne »Störgefühle« folgen können. Schließlich wird es kaum jemanden geben, der nicht beispielsweise eines oder mehrere Vorkommnisse oder Umstände benennen könnte, ohne welche bzw. mit denen sein Leben entscheidungsbedingt wohl gänzlich anders verlaufen wäre. Damit erscheint das eingeschränkte Kausalprinzip eher banal und ohne besonderen Aussagewert. Aber ist es das wirklich? Obwohl das eingeschränkte Kausalprinzip als solches wohl von den meisten Menschen befürwortet würde (wenn man es ihnen denn bewusst machte), findet es in der philosophischen und juristischen Literatur praktisch nicht statt. Also doch zu banal?

Der eine mag berichten, er wäre nicht Arzt geworden, wenn er nicht bei einem Besuch im Krankenhaus als Kind das ärztliche Wirken hätte beobachten können. Ein anderer mag berichten, er hätte nicht den Bus genommen, wenn das Auto nicht in die Werkstatt gemusst hätte. Ein Dritter gibt (möglicherweise glaubhaft) an, er hätte den Mord nicht begangen, wenn er nicht als Kind eine oder mehrere bestimmte Gewalterfahrungen hätte machen müssen. In allen drei Fällen haben wir es mit von den jeweiligen Personen nicht zu verantwortenden Vorgängen zu tun, ohne welche bestimmte spätere Entscheidungen so nicht getroffen worden wären. Damit stellt sich die Frage, ob denn die jeweilige Entscheidung, die ohne das betreffende nicht zu verantwortende frühere Ereignis so nicht getroffen worden wäre – bei Gültigkeit lediglich des eingeschränkten Kausalprinzips –, in irgendeinem Sinne zu *verantworten* ist.

Fangen Sie jetzt bitte nicht an zu gähnen, natürlich ist die Aussage »Ohne als Kind Gewalt erfahren zu haben, wäre ich nicht zum Gewalttäter geworden« geradezu ein Klassiker der Tatrechtfertigungen im Strafrecht. Aber damit ist die Frage ja nicht beantwortet. Kann ein *un*eingeschränkter Kausalismus – wenn er denn wahr ist – logischerweise keine Verantwortlichkeit in irgendeinem Sinne generieren, so ist die Frage ausgehend von einem eingeschränkten Kausalismus so nicht ohne weiteres zu beantworten. Wenn wir beim Mörder-Beispiel bleiben, scheint zunächst einmal klar, dass es für die Nicht-Mörder keinen Anlass gibt, sich in irgendeiner Weise moralisch über den Mörder zu stellen, da sie nicht wissen, wie sie sich verhalten hätten, wenn sie als Kind ebenfalls Gewalterfahrung hätten machen müssen. Mit anderen Worten: Selbst wenn man nur dem eingeschränkten Kausalprinzip folgt, besteht für die moralische Ächtung von Tätern kein rationaler Grund. Damit erscheint auch irgendwie fragwürdig, dass diejenigen, die mangels solcher Kindheitserfahrungen nicht zum Mörder wurden – etwa als Richter – über den Mörder mit entsprechenden Kindheitserfahrungen urteilen. Andererseits müssen Täter, wenn die Gesellschaft nicht untergehen soll, verurteilt werden und es muss Menschen geben, die die Urteile aussprechen. Nur ist der in strafrechtlichen Verhandlungen häufig festzustellende »moralisch überlegene« und vorwerfende Habitus von Richtern ebenso wenig begründet wie die ächtende Behandlung von Straftätern in den Medien. Einfach ausgedrückt: Bei entsprechender kindlicher Gewalterfahrung hätte jeder von uns möglicherweise zum Mörder werden können, auch wenn wir nicht wissen, ob man es denn tatsächlich auch geworden wäre. Diese – wohl nur schwerlich zu widerlegende – Sichtweise wird den wenigsten von uns gefallen. Schließlich hätten wir selbst auch Opfer sein können und wehren uns deshalb intuitiv gegen jede »Entschuldigung« von Straftaten. Aber mit unseren Intuitionen sollten wir kritisch umgehen.

Interessanterweise findet die Vorstellung, dass man nicht einmal an einen *allumfassenden uneingeschränkten* Determinismus oder Kausalismus glauben muss, um Entscheidungsverantwortung zu negieren, in der Literatur meines Wissens überhaupt keinen Niederschlag. Dabei liegt es doch quasi auf der Hand, dass auch schon eine einzige vom Menschen nicht beeinflussbare Weichenstellung in entferntester Vergangenheit dafür ausreichen kann, dass es später zu einer bestimmten Entscheidungssituation, etwa mit der Folge einer kriminellen Entscheidung, gar nicht gekommen wäre. Denken Sie nur an die bereits angesprochene Ausbildung, mit der es gar nicht erst zu einer ökonomischen und intellektuellen Ausgangslage für eine bestimmte spätere kriminelle Handlung beim jeweiligen Entscheider gekommen wäre. Ich meine, diese Überlegungen eines zumindest »partiellen« eingeschränkten Kausalismus dürften sich wirklich jedem auf Anhieb erschließen. Vermutlich kann auch jeder selbst diverse Schaltstellen in seiner eigenen Vita benennen, an denen bei anderer Weichenstellung »alles« in seinem Leben – und damit auch späteres Entscheidungsverhalten – ganz anders ausgefallen wäre.

Dass zumindest das eingeschränkte Kausalprinzip wahr ist, wird übrigens auch durch statistische Untersuchungen gestützt. Anhand eines durch den Kriminologen Sheldon Glueck und die Sozialarbeiterin Eleanor Glueck durchgeführten Paarvergleichs von 500 delinquenten und nicht delinquenten Jugendlichen (Glueck 2014) ergab sich, dass der entscheidende Einfluss für die Entwicklung der Jugendlichen von der familiären Situation und dem Erziehungsstil der Eltern ausging (vgl. hierzu Kolb 2003, 21). Zu einem gleichartigen Ergebnis gelangte auch das Tübinger Institut für Kriminologie. Auch die bekannte Tatsache, dass 90 % aller schwerstkriminellen Delikte von Männern begangen werden, legt nahe, dass die weitaus überwiegende Anzahl dieser Delikte ohne die »Monokausalität« männlicher Genetik nicht begangen worden wäre. (Mal ganz nebenbei: Für alle möglichen Gruppen von Benachteiligten definiert die Politik Ausgleichsmaßnahmen; warum eigentlich nicht für die besonders kriminalitätsgefährdeten Menschen männlichen Geschlechts?)

Ist die moralische Ächtung von Tätern aus der Perspektive des eingeschränkten Kausalprinzips also nicht zu rechtfertigen, könnte die Frage, ob auch Schuld und Verantwortlichkeit *aus der Perspektive des eingeschränkten Kausalprinzips* keine Existenzberechtigung mehr haben, möglicherweise zu verneinen sein. Denn da die menschliche Entscheidung beim eingeschränkten Kausalprinzip ja *nicht durchgängig* durch Gründe bestimmt ist, existiert hier ein theoretischer, nicht durch Gründe determinierter Entscheidungsfreiraum. Nur: Wenn wir für niemanden ausschließen können, dass er auch bei nur *einer* bestimmten früheren Erfahrung zum Täter geworden wäre, könnten unter dieser Voraussetzung im Prinzip *alle* »schuldig« geworden sein. Dann aber wäre die »Schuld« so etwas wie eine unausweichliche »Erbsünde« und würde sich damit selbst ad absurdum führen. Und: Auch bei Anerkennung nur des eingeschränkten Kausalprinzips kann für keinen Täter ausgeschlossen werden, dass bei Fehlern auch nur eines einzigen nicht von ihm zu verantwortenden Grundes die Tat nicht begangen worden wäre.

Kann es der »Gerechtigkeit« in irgendeinem Sinne entsprechen, dass jemand, der ohne ein bestimmtes Ereignis (möglicherweise) nicht zum Täter geworden wäre, bestraft wird, während ein anderer, dem dieses Ereignis erspart blieb und der (möglicherweise) deshalb nicht zum Täter wurde, straffrei bleibt? Nur noch einmal zur Klarstellung: Diese Fragestellung soll nicht die Strafe generell infrage stellen, sondern unsere Überheblichkeit und insbesondere die unseres Rechtsapparates im Umgang mit unseren Straftätern. Strafe wird schon aus Präventionsgründen nie verzichtbar sein, so ungerecht sie auch sein möge. Haben wir die Wahl zwischen Ungerechtigkeit einerseits und Untergang der Gesellschaft andererseits, werden wir uns stets für ersteres entscheiden, wie wir dies faktisch (allerdings ohne den richtigen rechtsphilosophischen Hintergrund) bereits jetzt tun.

Folgt man lediglich dem eingeschränkten Kausalprinzip, bleibt des Weiteren natürlich offen, was dann die jeweilige Entscheidung ausmacht, wenn es keine durchgängigen Gründe wie beim uneingeschränkten Kausalismus sind. Schließlich könnte auch z.B. ein mentaler Zufallsgenerator keine Verantwortlichkeit auslösen.

Fazit: Obwohl vieles dafürspricht, dass statt des eingeschränkten das uneingeschränkte Kausalprinzip richtig ist, werden sich viele Menschen mit ersterem eher anfreunden können. Im Ergebnis machen aber auch im eingeschränkten Kausalprinzip die Begrifflichkeiten von Schuld und Verantwortung keinen Sinn. Das wollte ich zeigen.

7.1.3 Beispielhafte Analyse von Entscheidungsgründen

Entscheidungen haben Gründe. Das liegt auf der Hand und dürfte letztlich jedem von uns klar sein. Warum aber interessieren wir uns dann so wenig für die Gründe von dem, was wir für gewöhnlich viele Male am Tag entscheiden, etwa wenn wir kommunizieren? Oder warum interessieren wir uns so wenig für die Gründe unseres durch Kritik und Herabsetzung begründeten mentalen Unglücks, könnte uns deren Analyse doch Hinweise geben, wie wir diesem mit den richtigen Entscheidungen entfliehen können? Und warum – wenn denn – entscheiden wir uns, etwas für das Gemeinwohl zu tun? Ich möchte mich im Folgenden exemplarisch auf diese drei Fragenbereiche beschränken, um Ihnen zu veranschaulichen, wie uns die so häufig vernachlässigte Analyse der Gründe unseres Entscheidungsverhaltens hilfreiche Erkenntnisse bescheren kann.

7.1.3.1 Die Entscheidung zur Kommunikation

Wer das Internet und die Literatur nach der Frage durchforstet, weshalb der Mensch kommuniziert – bzw. sich jeweils zu kommunizieren entscheidet –, trifft in der Regel auf eine lose Ansammlung unsortierter Antworten auf verschiedensten Abstraktionsebenen:

- »Wir kommunizieren, um uns zu verstehen.«
- »Wir wollen mit Mitmenschen in Kontakt treten.«
- »Um mit unseren Mitmenschen zu sprechen.« oder
- »Um Fragen zu beantworten und Klärungen herbeizuführen.« usw.

Das erscheint zwar alles nicht unrichtig, aber ziemlich kasuistisch und schon gar nicht systematisch. Denn interessant wäre doch, die eigentlichen Motive der Kommunikation, die *Bedürfnisse*, welche wir mit unserer Kommunikation befriedigen (können), zu hinterfragen. Nur diese sind die Ausgangsbasis für alle Fragen, die mit der Analyse und Verbesserung unserer Kommunikationsentscheidungen im Sinne einer besseren Zielerreichung und damit einer besseren Befriedigung unserer Bedürfnisse zusammenhängen. Doch da lässt uns selbst der Klassiker der Kommunikationswissenschaft, das Buch »Menschliche Kommunikation« von Paul Watzlawick et al. (Watzlawick et al. 2016) weitestgehend »im Regen stehen«. Versuchen wir uns also selbst an einer vollständigen Analyse der Gründe, aus welchen wir kommunizieren, sowie der hinter diesen stehenden Bedürfnisse. Das ist vielleicht einfacher, als Sie zunächst vermuten mögen. Betrachten wir zunächst die *aktive* Kommunikation, also das, was wir aktiv unseren Mitmenschen gegenüber – sprachlich, schriftlich, durch Gesten etc. – äußern:

- Wir kommunizieren, um andere zu einem bestimmten *Tun, Unterlassen oder Verhalten zu bewegen*, welches erwartungsgemäß der Befriedigung eigener Bedürfnisse dient. Der Standardfall ist hier die an einen anderen gerichtete Bitte oder Aufforderung, etwas Bestimmtes zu tun oder zu unterlassen. Hierzu gehört beispielsweise auch die Versorgung anderer mit Informationen zwecks Bedienung der eigenen Informationsbedürfnisse: Der neueste Tratsch wird an den Nachbarn kommuniziert in der Erwartung, dass dieser auch etwas »Interessantes« zu berichten weiß. Oder dem Arbeitskollegen wird in Erwartung eines (noch) besseren Arbeitsklimas ihm vermutlich Nützliches kommuniziert. Die möglichen hinter diesem Kommunikationsgrund stehenden Bedürfnisse sind vielfältig: So kann das geänderte Tun bzw. Verhalten des jeweiligen Kommunikationsadressaten im Ergebnis zum Beispiel die ökonomische Situation des Kommunikators verbessern und ihm hiermit die Befriedigung verschiedenster Bedürfnisse ermöglichen – die typische Verkäufersituation. Oder die Kommunikation zielt beispielsweise ab auf die Erlangung von menschlicher Zuwendung, also auf die Befriedigung unseres Sozialbedürfnisses.
- Wir kommunizieren, um von anderen für uns *entscheidungsrelevante Informationen zu erhalten* und damit unsere Entscheidungen

verbessern zu können (je nach Betrachtungsweise ist dies allerdings ein Unterfall des erstgenannten Grundes).

- Von der an andere gerichteten Kommunikation, um diese zu einem bestimmten Tun oder Unterlassen zu bewegen, ist diejenige zu unterscheiden, die *unmittelbar* – also ohne dass der jeweilige Kommunikationsadressat etwas tut oder unterlässt – ein *eigenes Bedürfnis* befriedigt. Hierbei geht es in der Regel um das Ausleben eines Empathiebedürfnisses. Ein sehr einfaches Beispiel: Auf der Straße weisen sie jemanden, dem sie voraussichtlich nie wieder begegnen werden, darauf hin, dass er gerade sein Portmonee verloren hat. Wenn Sie jetzt nicht gerade Dankbarkeitsgesten erwarten, dann haben Sie allein Ihr Empathiebedürfnis befriedigt. Ich selbst kann es beispielsweise schwer ertragen, wenn von Menschen geschaffene Werte durch Unbedachtheit oder Unvorsichtigkeit (geschweige denn vorsätzlich) zunichte gemacht werden. Schon fast zwanghaft weise ich Menschen deshalb regelmäßig darauf hin, wenn ich eine Verlustgefahr wahrnehme, etwa wenn jemand unbedacht etwas wegwerfen will, was andere noch gebrauchen könnten. Deswegen bin ich natürlich kein »guter Mensch«, sondern nur jemand, der sein Empathiebedürfnis auslebt bzw. befriedigt.
- Wir kommunizieren, um *psychische Kompensationsbedürfnisse* zu befriedigen, volkstümlich ausgedrückt, um »sich etwas von der Seele zu reden«. Geteiltes Leid soll ja bekanntlich halbes Leid sein. Ich habe schon Mitmenschen erlebt, die einen ganzen Abend damit verbrachten, den Frust über die Schlechtigkeit ihrer Arbeitskollegen monologweise abzuarbeiten. Tatsächlich allerdings wird häufig damit das Gegenteil der angestrebten mentalen »Erleichterung« erreicht. Mit jeder Wiedergabe des das Kompensationsbedürfnis auslösenden Frustrationserlebnisses wird dieses erneut »durchlebt«, was wiederum für weitere Frustration sorgt. Das ändert allerdings nichts daran, dass das psychische Kompensationsbedürfnis in der Kommunikation vieler Menschen eine bedeutende Rolle einnimmt. In diese Kate-

gorie gehört übrigens auch die bewusste Beleidigung unserer Mitmenschen zum Zwecke der Frustkompensation.

- Ein weiterer Grund, weshalb wir kommunizieren, ist mir im Zusammenhang mit dem Schreiben dieses Buchs bewusst geworden. Vielen, die sich mit kreativer Arbeit befassen, wird dieser Grund nicht ganz unbekannt sein. Immer wieder habe ich Überlegungen im Zusammenhang mit diesem Buch anderen Menschen vorgetragen, vielleicht *auch* um von ihnen kreative Anregungen zu erhalten. Hauptgrund solchen Vortrags war für mich häufig jedoch, dass ich selbst durch diesen gezwungen war, Angedachtes konsequent zu Ende zu denken, auf Widersprüche zu überprüfen und verständlich zu formulieren. Die Folge war, dass ich durch den eigenen Vortrag neue (in der Regel analytische) Erkenntnisse gewinnen konnte und zwar unabhängig davon, ob mein Kommunikationspartner mich tatsächlich verstand oder gar etwas konstruktiv beitragen konnte. Mit anderen Worten: Die gewisse »Drucksituation« des kommunikativen Vortrags kann beim Kommunikator offenbar mentales Potenzial freimachen, welches ihm durch alleiniges Denken so wohl nicht zur Verfügung gestanden hätte. Es sieht also ganz so aus, dass wir auch durch rein einseitige Kommunikation unsere Denkdisziplin erhöhen und zu Erkenntnissen gelangen können, die sich uns so sonst nicht erschlossen hätten. Das dahinterstehende Bedürfnis dürfte dann die Förderung unserer *Kreativität* sein.
- Wir kommunizieren, um unser *Sozialbedürfnis* zu befriedigen. Hier erfolgt die Kommunikation quasi als Selbstzweck. Wer kommuniziert – und sei es auch »inhaltsleer«, wie etwa bei Gesprächen über das Wetter –, ist nicht allein. Es ist wie bei den Igeln im Wald, die (ich habe es selbst schon gesehen) ihre Köpfe zusammenstecken und zischeln, obwohl sie sich natürlich nichts zu sagen haben. Es geht letztlich um die Vorstellung, zu einer bestimmten Gruppe »dazuzugehören« und vermeintlich damit deren Schutz (wovor auch immer) zu genießen bzw. durch die Gemeinschaft stärker zu werden. Letztlich verhält sich der Mensch hier nicht

anders als die höher entwickelten Tiere. Während diese Tiere sich ihrer sozialen Einbindung im Wesentlichen durch körperliche Gesten wie gegenseitiges Lausen, Futtergeschenke oder gemeinsames Jaulen vergewissern, erfolgt die Kommunikation zur Befriedigung des Sozialbedürfnisses beim Menschen im Wesentlichen sprechenderweise, durchaus aber auch schriftlich oder durch bildhafte Gesten (wie etwa das von Politikern so gern bemühte »Unterhaken«). Wer kennt es nicht, das gute Gefühl, wenn man mit Gleichgesinnten schöne Gespräche geführt hat, die einem am Ende zeigen, dass man mit seiner Sicht der Welt nicht allein dasteht? Wenn 100.000 Menschen gemeinsam mit voller Inbrunst »Heil Hitler« brüllten, suggerierten sie sich gegenseitig die irrige Vorstellung, dass sie nicht allein sind, mit ihrer Weltsicht wohl kaum falsch liegen können und gemeinsam eine unüberwindbare Macht bilden.

– Haben Sie schon einmal mehrere Tage hintereinander ohne Kommunikation mit irgendeinem Menschen verbracht? Dann werden Sie vielleicht Ähnliches zu berichten wissen wie meine Gesprächspartner, die solche Erfahrungen machen durften bzw. mussten: Das Selbstbewusstsein und insbesondere das Vertrauen in die eigenen intellektuellen Fähigkeiten schrumpfen ab einer bestimmten Dauer von Einsamkeit rapide. Es fehlt die »Spiegelung« an den Mitmenschen, die einem im Vergleich mit anderen zeigt bzw. bestätigt, wo man mental steht. Offenbar verhält es sich so, dass erst die Wahrnehmung der Fehler, Schwächen und Unzulänglichkeiten der anderen uns ermöglicht, unsere eigene mentale Position in Relation hierzu zu verorten. Dies ist zwar nicht unbedingt eine schöne Vorstellung, aber die einzige Erklärung, die ich für dieses Phänomen habe. Offenbar dient unser Sozialbedürfnis auch der Erhaltung unseres eigenen Selbstbewusstseins. Wir kommunizieren, um unser *Ansehen bei unseren Mitmenschen zu heben*. Welche Heldentaten muss man sich nicht jeden Tag anhören? Aber auch die Kommunikation in Form von Weitergabe des eigenen *Wissens* hebt – nicht nur vermeintlich – das eigene Ansehen bei unseren Mitmenschen. Nicht ohne Grund lassen sich so viele Menschen die neuesten »Breaking News« auf ihr Handy pushen, um hierüber als erste im Kreise ihrer Arbeitskollegen, Bekannten oder Familie berichten zu können. »Informiertsein« hebt das Sozialprestige und ist daher wichtiger Motivator zur Kommunikation. Das hier angesprochene *Geltungsbedürfnis* nimmt im Kommunikationsverhalten vieler Menschen eine wesentliche Rolle ein.

Ich behaupte, Ihnen werden auch nach intensivem Nachdenken kaum weitere Gründe bzw. zugrundeliegende Bedürfnisse für unsere aktive Kommunikation einfallen, welche nicht unter den obigen subsumierbar wären. Falls doch, würde mich dies natürlich wie immer interessieren (*lothar-hergarten.de*).

Da wir in unserer Kommunikation nicht nur Kommunikatoren, sondern auch Kommunikationsempfänger – also Adressaten der aktiven Kommunikation unserer Mitmenschen – sind, stellt sich natürlich ebenso umgekehrt die Frage, weshalb wir uns jeweils entscheiden, die Kommunikation unserer Mitmenschen *entgegenzunehmen*. Es kommen – ich behaupte ausschließlich – die nachfolgenden Gründe bzw. zugrundeliegenden Bedürfnisse für unsere *passive* Kommunikation in Betracht. Wir kommunizieren passiv,

- um für eigene Entscheidungen verwertbare, also *entscheidungsrelevante Informationen zu erhalten.* Dies können zum einen Informationen sein, die uns weitere eigene Entscheidungsalternativen offenbaren oder solche einschränken und zum anderen Informationen über Umweltbedingungen, welche mögliche eigene Entscheidungen tangieren. Die möglichen hinter diesem Kommunikationsgrund stehenden Bedürfnisse können wiederum vielfältig sein, je nachdem zur Befriedigung welcher Bedürfnisse, die jeweils zu erhaltende Information nützlich ist bzw. sein kann.
- um Informationsinhalte zu erhalten, die *nicht* für Entscheidungen verwertbar sind und denen stattdessen zu eigen ist, dass sie selbst

bereits *Nutzen in Form von positiven Gefühlen generieren.* Ich spreche hier zum Beispiel von der reinen Freude am Wissen bzw. an der Erkenntnis, ohne dass ein Bezug zu irgendeiner zu treffenden Entscheidung gegeben ist. Ein diesbezügliches Extrembeispiel sind die »Quizkönige«, die in »passiver Kommunikation« schier endloses Wissen aufgesaugt haben, von dem sie kaum annehmen konnten, es jemals im Rahmen einer eigenen Entscheidung nutzbringend verwerten zu können (sieht man einmal von dem Honorar als »Quizkönig« ab, das aber nur in den seltensten Fällen Motiv für eine lebenslange intensive Wissensaneignung gewesen sein dürfte). Auch ist der Humor eine Informationskategorie, die bereits als solche – ohne weitere Verwertung im Rahmen von Entscheidungen – Nutzen generiert. Es geht um die Freude, die in uns ausgelöst wird, wenn uns jemand anders eine humorvolle Äußerung bzw. einen Witz kommuniziert. Sollte die Freude am Witz – der Meinung vieler Psychologen entsprechend – tatsächlich stets auf Schadenfreude basieren, dann dürfte auch der Freude über einen Witz letztlich ein psychisches Kompensationsbedürfnis zugrunde liegen. Denn bekanntlich dient die Schadenfreude dazu, eigenen Frust zu kompensieren – frei nach dem Motto: »Die anderen sind ja auch nicht weniger dumm, haben auch nicht weniger Pech etc.« Und auch Lob, Komplimente, Schmeicheleien und Co. sind Kommunikationsinhalte, die wir gerne zur Generierung positiver Gefühle entgegennehmen.
- um durch das vernommene Unglück anderer die eigene – mehr oder weniger – als *misslich empfundene Situation relativieren* zu können. Man denke da nur an die Sendeabende der privaten TV-Sender, die sich ausschließlich mit dem Elend anderer befassen. Dass es dabei weniger um eine soziale Mission als um Einschaltquoten geht, wird man den Privaten wohl unterstellen dürfen. Offenbar werden die Nikotin- und/oder Alkoholabhängigkeit, die Arbeitslosigkeit, die Behinderung, die Armut oder die Dummheit anderer vom adressierten Publikum als »Unterhaltung« gerne zur Kenntnis genommen. Schließlich zeigen sie

einem, dass das eigene vermeintliche Unglück relativ betrachtet »doch nicht so groß« ist und dass es offenbar noch schlimmer geht. Ich erinnere mich an meine Großmutter – eine durchaus untadelige Frau –, die sich von ihrer Nachbarin stundenlang die neuesten schlechten Nachrichten aus dem Ort vortragen ließ, um dann zu juchzen: »Mein Gott, nichts wie Leid und Elend!« Im Ergebnis haben wir es also wiederum mit dem Bedürfnis der Kompensation negativer (psychischer) Befindlichkeiten zu tun. Natürlich wollen wir nicht verschweigen, dass es dieses Bedürfnis zu passiver Kommunikation auch in einer positiven Ausprägung gibt: Wir hören uns Schilderungen von menschlichem Glück, Erfolgen und anderen positiven Erfahrungen an, weil diese uns selbst beglücken und zeigen, welche positiven Chancen das Leben bietet.

- um uns *integriert zu fühlen*. Wer Adressat von Kommunikation ist, wird offenbar von seinen Mitmenschen wahrgenommen, »gehört dazu« und darf sich zum Kreis derer zählen, die am gesellschaftlichen Leben teilhaben. Dabei spielt der Inhalt der Kommunikation in diesem Zusammenhang letztlich eine untergeordnete Rolle. Wir befriedigen wiederum unser Sozialbedürfnis.
- um dem Kommunikator *Respekt* entgegenzubringen und ihn uns damit gewogen zu halten. Vieles hören wir uns an, was für unser Leben, unsere Entscheidungen ohne jede Bedeutung und *inhaltlich* damit für uns uninteressant ist. Aber wir möchten, dass der Kommunikator uns gewogen bleibt. Deswegen erdulden wir es auch, wenn er uns schon mal seinen mentalen Frust oder seine Heldentaten »vor die Türe kippt«. Die hier denkbaren zugrundeliegenden Bedürfnisse für das »Erdulden« sind wiederum vielfältig und abhängig davon, welche Vorteile uns die Gewogenheit des jeweiligen Kommunikators erwartungsgemäß bescheren kann. Diese sind uns allerdings nur in selteneren Fällen konkret bewusst, sondern gehen eher in der allgemeinen Erwartung unter, dass es uns irgendwie nützen könnte, uns den Kommunikator gewogen zu halten.

So viel also zu den Gründen unserer aktiven und passiven Kommunikation sowie den hinter diesen stehenden Bedürfnissen und Entscheidungen. Ihnen kommt bei alledem »das Menschliche« zu kurz? Nein, es ist alles sehr menschlich und daher ist es weder gut noch schlecht, sondern es ist so, wie es ist. Wer nicht analysieren, sondern »warmherzige Gefühle« haben will, sollte in den Streichelzoo gehen oder sich Bilder von Katzenbabys anschauen. Das ist schließlich auch völlig o. k., bringt aber keinen Erkenntnisgewinn.

Ich wollte Ihnen veranschaulichen, wie wenig wir uns analytisch mit den Gründen bzw. zugrunde liegenden Bedürfnissen unserer Entscheidungen – hier: aktiv und passiv zu kommunizieren – befassen. Vielleicht ist dies die Ursache dafür, dass wir uns so schwer mit der – zumindest denkbaren – Erkenntnis tun, dass es möglicherweise die Gründe unserer Entscheidungen sind, die diese determinieren bzw. unfrei werden lassen.

Aber die Analyse unserer Kommunikationsgründe, also der Gründe für das, was wir nach dem Entscheiden und Atmen vielleicht am häufigsten tun, zeigt uns nicht nur wieder einmal, wie wenig wir uns Gedanken über unser alltägliches Tun und dessen Gründe machen. Das Bewusstmachen der Gründe menschlicher Kommunikation kann auch nutzbringend eingesetzt werden, um etwas über unsere Kommunikationspartner, deren jeweilige Motivlagen und letztlich auch über uns selbst zu erfahren. Fragen Sie sich doch in zufällig ausgewählten Situationen einmal, warum der jeweilige Mensch gerade mit Ihnen kommuniziert bzw. warum Sie mit ihm kommunizieren. Sie werden in jedem Falle auf einen der oben genannten Gründe stoßen und dadurch etwas über die Motivlage wie auch die Kommunikationsstrategie Ihres Gegenübers lernen. Fragen Sie sich einmal, warum Sie sich das, was Ihr Gegenüber Ihnen gerade kommuniziert, anhören sollten. Allzu häufig wird Ihnen als Antwort nur die Erweisung von Respekt einfallen, mit dem Ziel, sich den anderen gewogen zu halten. Dann dürfen Sie sich gerne fragen, ob das im konkreten Fall die aufgewendete Lebenszeit wert ist, womit wir bei der Kommunikationsökonomie wären, aber das ist ein anderes Thema …

7.1.3.2 Die Entscheidung zum Umgang mit Kritik und Herabsetzung

Gemeint ist hier die Situation, dass unsere Mitmenschen uns etwas uns persönlich Betreffendes kommunizieren, das wir als herabsetzend, beleidigend, demütigend o.Ä. empfinden. Lassen Sie uns hier zunächst wertfrei von »Kritik« sprechen, die durchaus sachlich, wohlwollend und/oder konstruktiv, aber auch unsachlich, beleidigend und/oder demütigend sein bzw. gemeint sein kann, ebenso wie sie richtig oder falsch sein kann. Kritik generiert in uns häufig, wenn nicht meistens, eine negative Empfindung – und zwar zunächst unabhängig davon, ob sie konstruktiv oder beleidigend intendiert ist. Dies ist auch nicht weiter verwunderlich – zumindest als Primärimpuls –, will uns Kritik doch im Grundsatz ein mit unserer Person verbundenes Defizit kommunizieren. Natürlich entscheiden wir uns nicht für oder gegen eine solche durch die Kritik verursachte negative Empfindung, sie entsteht vielmehr von selbst. Die Entscheidung zu einer solchen Empfindung wäre ja auch ziemlich absurd, schließlich wäre es eine Entscheidung zu einem unschönen Gefühl.

Unser Entscheidungsverhalten beginnt also in einer solchen Situation der Kritik an unserer Person erst mit der Frage, wie wir *in der Folge* (also nach dem Primärimpuls) mit der Empfindung bzw. dem Gefühl, welches andere Personen durch ihre kritische Äußerung bei uns ausgelöst haben, umgehen. Wenn wir uns als »Nutzenmaximierer« verstehen, kann es bei der Entscheidung zum »richtigen« Umgang mit der (gut oder schlecht gemeinten) Kritik nur darum gehen, aus dieser den größtmöglichen Nutzen im Sinne entweder von guten (oder vermiedenen schlechten) Gefühlen oder von bestmöglichen Entscheidungen für uns zu ziehen.

Anzumerken ist in diesem Zusammenhang noch, dass Menschen, die sich böswillig oder herabwürdigend kritisiert fühlen, es häufig gar nicht zu einer Entscheidung darüber kommen lassen, wie sie mit diesen negativen Gefühlen umgehen. Stattdessen ärgern sie sich und »regen sich auf«. Sie kultivieren das negative Gefühl, was selbstredend keine gute Entscheidung ist. Ja, interessanterweise ist es eigentlich keine Entscheidung, sondern ein »Laufenlassen« des Ärgers. Wenn sie analytisch und entscheidungsorientiert dächten, würden sie die Sinnlosigkeit des Ärgers erkennen, sich gegen negative Emotionen entscheiden und sich sogleich der Frage zuwenden, ob und gegebenenfalls welchen Nutzen sie aus der Kritik ziehen können. Lassen Sie uns im Folgenden das in diesem Sinne *»richtige«* Entscheidungsverhalten entwickeln:

In einem ersten Schritt (nach dem Primärimpuls) versuchen wir, die an uns geübte Kritik einzusortieren: Ist sie konstruktiv gemeint oder besteht ihr Ziel darin, in uns negative Gefühle des Beleidigtseins, der Herabsetzung etc. zu generieren? Das hört sich einfach an, ist aber doch für nicht wenige so schwer. Wie die allermeisten von uns wohl bestätigen können, generiert jede Kritik – egal ob konstruktiv oder nicht – tendenziell erst einmal negative Gefühle in uns. Das hat Gründe: Von Natur aus tendieren wir dazu, jedes nicht von vornherein eindeutig als freundlich zu klassifizierende Verhalten unserer Mitmenschen gefühlsmäßig »vorsichtshalber« als möglichen Angriff zu werten. Dies hatte in grauer Vorzeit, als das menschliche Denken und Kommunizieren noch weniger entwickelt und der menschliche Umgang miteinander noch »weniger zivilisiert« waren, vermutlich seinen Sinn. Heute machen dieser Primärimpuls und die ihm meist unmittelbar folgende unreflektierte Abwehrreaktion dagegen in der Regel keinen Sinn mehr. Im Gegenteil: Die Abwehr einer konstruktiven, berechtigten Kritik stellt sich für unsere Mitmenschen zu Recht als dümmlich und selbstgerecht dar. Als Grundempfehlung darf hieraus sicher abgeleitet werden, Kritik nie intuitiv bzw. affektiv zu begegnen, sondern der Reflexion eine Chance zu lassen und die Berechtigung bzw. Konstruktivität der Kritik möglichst distanziert zu hinterfragen.

Neben der naturgegebenen Abwehrhaltung generiert aber offenbar auch unser Selbstbild schmerzhafte Reaktionen auf Kritik. Ganz offenbar sehen wir uns selbst in einem »besseren Licht« als unsere Mitmenschen dies tun. Auch dies hat natürlich Gründe. Der Spiegel, den unsere Mitmenschen uns im täglichen Umgang mit uns vorhalten, gibt ein stark aufgehübschtes Bild von uns wieder. Denn auch unsere Mitmenschen wollen im Grundsatz ein harmonisches soziales Miteinander und deshalb vermeiden sie es nach Möglichkeit, uns unsere Unzulänglichkeiten zu benennen. Um sich unser Wohlwollen zu erhalten, verwöhnen sie uns mit allerlei Nettigkeiten. Dass wir ziemliche Idioten, dumm, unbegabt, selbstgerecht und/oder egoistisch sind, erzählen sie in aller Regel höchstens anderen. Der tendenziell schmeichelhafte Umgang unterliegt dabei keiner negativen Wertung und ist zum Erhalt des sozialen Friedens absolut sinnvoll. Nur: Er führt eben auch dazu, dass der uns von unseren Mitmenschen vorgehaltene Spiegel ein falsches, häufig fast »perfektes« Bild von uns wiedergibt. Seien wir ehrlich: Wenn wir jedem vollumfänglich sagen würden, was wir von ihm halten, hätten wir vermutlich nur noch wenige Freunde. Leider vergessen wir gerne die Kehrseite der Medaille: Wenn die anderen uns ihre Wahrheiten über uns mitteilen würden, müssten sie aufgrund gemachter Erfahrungen davon ausgehen, dass wir ihnen kaum noch wohlgesonnen wären. Da uns aber aus diesem Grunde kaum jemand die negativen Wahrheiten über uns sagt, haben wir ein von der Realität abweichendes Bild von uns. Wenn nun im Rahmen einer Kritik tatsächlich negative *Wahrheiten* über uns ausgesprochen werden, löst dies tendenziell schmerzhafte Enttäuschung in uns aus, hatten wir doch selbst ein so wunderbares Bild von uns. Die Konsequenz liegt auf der Hand: Anstatt die schmerzhafte Wahrheit über uns zu akzeptieren, unterstellen wir unserem Gegenüber lieber, dass seiner Kritik boshafte Intentionen zugrunde liegen. Dieser Effekt wird verstärkt durch die Tatsache, dass uns andere Dritte aus genannten Gründen kaum kritisieren, woraus wir gerne schließen, dass dieser eine Kritiker ja wohl falsch liegen muss. Solche Denkweise macht natürlich alles auch vermeintlich viel einfacher: Wir müssen uns nicht verändern und zu den Bösen gehören nicht wir, sondern der jeweilige Kritiker. Nur zahlen wir für diesen Selbstbetrug einen hohen Preis. War die Kritik konstruktiv bzw. berechtigt, haben wir nun die Chance einer positiven Veränderung zu unseren Gunsten vertan. Den vielen, die *grundsätzlich* auf diese Weise auf Kritik reagieren, muss leider gesagt werden, dass ihre Aussichten auf ein erfülltes Leben mit möglichst vielen erreichten Zielen und befriedigten Bedürfnissen eher schlecht stehen. Nur wer mit konstruktiver Kritik umzugehen weiß, kann sich im Sinne der Erreichung seiner eigenen Ziele wirklich weiterentwickeln. Und die hohe Schule des Kritikumgangs besteht darin, von seinen Mitmenschen die Kritik an der eigenen Person geradezu zu fordern, anstatt sie abzuwehren oder auf Zufallsbefunde zu warten. Diese »Stärke« ist allerdings leider nicht allzu vielen Menschen gegeben. Dafür sind sie nicht – wie es häufig passiert – als charakterschwach, sondern als bemitleidenswert zu betrachten. Schließlich nimmt ihnen ihre Unzugänglichkeit für Kritik ständig Chancen zur Verbesserung ihres Lebens.

Und was ist mit der *nicht* konstruktiven, bösartigen bzw. beleidigenden Kritik? Erleben wir nicht ständig Menschen, die sich über solche Kritik an ihrer Person aufregen bzw. ärgern? Ja, wie irrational ist das denn? Wenn ich die Kritik an meiner Person nach sorgfältiger Reflexion als böswillig bzw. beleidigend intendiert erkennen muss, dann habe doch *nicht ich* ein Problem, sondern *der Kritiker*! Offenbar muss dieser irgendwelche Missempfindungen in Bezug auf meine Person »abarbeiten«, Frustration kompensieren, Neid ausleben o.Ä. Die angemessene Reaktion hierauf ist doch nicht Ärger oder gar Wut, sondern äußerstenfalls Mitleid. Schließlich hat der Kritiker hier ein Problem und nicht der Kritisierte. Eine beabsichtigte Beleidigung kann im Übrigen doch nur zu Leid werden, wenn der »Beleidigte« dies zulässt. Aber dafür gibt es nie eine sinnvolle Begründung. Entweder ist die Kritik gerechtfertigt bzw. konstruktiv, dann ist auf der Gefühlsebene Dankbarkeit wohl die am ehesten angebrachte Reaktion. Oder die Kritik ist beleidigend intendiert, dann ist Mitleid die passende Reaktion. Wut, Ärger, Hass und Co. ermangeln als Reaktion auf Kritik grundsätzlich jeder sinnvollen Begründung. Wie wäre es, wenn man solches Entscheidungsverhalten im Umgang mit Kritik schon in den Schulen (bei den fortgeschrittenen Jahrgängen) thematisieren würde? Möglicherweise würde dies für das Leben des einzelnen Schülers mehr bringen als die Kenntnis mancher chemischer Formeln …

Wenn also logisch sinnvolle Reaktionen auf Kritik nur Dankbarkeit oder Mitleid sein können: Warum reagieren dann so viele Menschen so oft (zu ihrem eigenen Nachteil) emotional negativ auf Kritik? Ich kann hierfür nur die Erklärung finden, die ich »Flucht in die Emotion« nenne: Wer sich »ordentlich aufregt«, überspringt den Schritt der sachlichen Analyse (der Kritik) und begibt sich direkt in die Wertung (der Kritik). Mit diesem »Trick« glaubt er, sich vor den möglicherweise für das Ego »unschönen« Ergebnissen einer sachlichen Analyse des eigenen Verhaltens in Deckung bringen zu können.

Vielleicht habe ich Ihnen aufzeigen können, wie »irrational« unsere Entscheidungen oder auch nicht getroffenen Entscheidungen im Falle der Kritik sein können und nicht selten sind. Dabei geht es häufig erst einmal um eine Nicht-Entscheidung. Der jeweils betroffene Mensch entscheidet sich nicht dazu, die zutreffende Kritik dankbar entgegenzunehmen bzw. die unzutreffende Kritik mit Gelassenheit zu quittieren. Er folgt stattdessen *weiter* dem (tatsächlich kaum zu verhindernden) emotionalen Primärimpuls des Gekränktseins, obwohl dies doch sein Wohlbefinden beeinträchtigt und ihn im Falle konstruktiver Kritik der Möglichkeit beraubt, sein Leben zu verbessern. Wenn doch logisch ableitbar nur Dankbarkeit oder Mitleid die emotional »rationale« Reaktion auf Kritik sein können, warum reagieren dann so viele Menschen mit Ärger auf Kritik?

Und warum erschließt sich die hier angestellte Analyse nicht jedem quasi von selbst? Die Antwort lautet: Weil wir dazu neigen, die Analyse unserer Entscheidungen zu vernachlässigen. Wir sind denkfaul, haben Angst vor die eigene Person betreffenden Wahrheiten und beschädigen damit immer wieder unser Lebensglück.

7.1.3.3 Die Entscheidung zum Handeln für das Gemeinwohl

Im September 2022 verstarb die Königin des Commonwealth, Elisabeth II., und sogleich wurden Rufe nach Abschaffung der dortigen Monarchie laut. Sicher spricht einiges dafür und dagegen, was aber natürlich nicht Gegenstand unserer Betrachtungen sein soll. Im Zusammenhang dieses Buches interessiert vielmehr, was die Bedürfnisse bzw. Motive eines Monarchiegegners für die Entscheidung zu seinem Engagement sein könnten. Klar ist, dass die Abschaffung der Monarchie der Gesellschaft jährlich etliche Millionen englische Pfund an Ersparnissen bescheren würde, wovon allerdings nur ein ein-, bestenfalls zweistelliger Pfundbetrag anteilig unserem Monarchiegegner zugutekommen würde. Aber dieser Einsparbetrag dürfte darüber hinaus auch völlig unabhängig von dem Engagement unseres Monarchiegegners anfallen oder nicht anfallen; denn ob die Monarchie abgeschafft wird oder erhalten bleibt, dürfte letztlich kaum vom Engagement eines einzelnen Monarchiegegners abhängen. Einem also vermutlich gegen Null tendierenden wirtschaftlichen Vorteil steht ein erheblicher zeitlicher Aufwand unseres Monarchiegegners u.a. für Demonstrationen mit Anreise-, Übernachtungs- und Verpflegungskosten etc. gegenüber. *Wirtschaftliche* Gründe können unseren Monarchiegegner also wohl kaum motiviert haben. Vermutlich den Tatsachen entsprechend würde unser Monarchiegegner eine wirtschaftliche Motivation wohl auch auf das Heftigste bestreiten und stattdessen ein »soziales Engagement« reklamieren, womit wir wieder einmal beim Altruismus wären. Aber der ist ja bekanntlich – wenn unsere obigen Überlegungen stimmen – auch nur eine Erscheinungsform des Egoismus, des Drangs nach eigener Bedürfnisbefriedigung. Welche Bedürfnisse könnten tatsächlich hinter einem solchen Engagement stehen? Da kommt einmal das Bedürfnis in Betracht, etwas zu verändern, Spuren auf diesem Planeten zu hinterlassen, auch wenn sie individuell eher geringer Ausprägung sind. Es ist ähnlich wie mit dem Schreiben dieses Buchs. Wenn es denn zu Veränderungen führen sollte, werden mir diese Veränderungen selbst vermutlich nie zugutekommen. Aber die Vorstellung, möglicherweise im Leben einiger Menschen positive Veränderungen bewirkt zu haben, bereitet mir – ganz egoistisch – Freude. Im *Prinzip* nicht anders verhält es sich bei dem Attentäter, der ein Flugzeug in einen der beiden Twin Towers gelenkt hat. Ihn wird – neben der Erwartung u.a. von 72 Jungfrauen im Jenseits – die Vorstellung beflügelt haben, quasi für immer Spuren auf dieser Welt zu hinterlassen (so traurig dieser Gedanke auch ist).

Daneben könnte unser Monarchiegegner von der Vorstellung getragen sein, Teil einer großen »Gemeinschaft« zu sein, womit sein Sozialbedürfnis angesprochen wäre. Dazu gehört auch das Interesse, mit anderen zu kommunizieren, sowie das Wohlgefühl aus dem Bewusstsein, dass es Gleichgesinnte gibt. Und schließlich könnte ihn das Gefühl beflügelt haben, sich mit seinen Aktionen vermeintlich zu den »Guten und Gerechten« zählen zu dürfen.

Weitere Gründe, sich als Monarchiegegner zu engagieren, so meine ich, gibt es nicht – sieht man einmal von ganz persönlichen Motiven ab, wie etwa dem, der Freundin bzw. dem Freund zu imponieren. Worauf ich hinaus will: Auch wenn es sich um eine vermeintliche Entscheidung für das Gemeinwohl handelt – das »Edle und Gute« suchen wir vergeblich. Selbst wenn eine Entscheidung bzw. die ihr nachfolgende Handlung tatsächlich dem Gemeinwohl zugutekommen sollte, so bleibt sie doch immer eine ich-bezogene, eine zur Befriedigung der eigenen Bedürfnisse. Solches mögen die Politik, die Medien und Teile der Öffentlichkeit allerdings kaum kommunizieren, stünde doch zu befürchten, dass nicht wenige an einem allen zugutekommenden gesellschaftlichen Engagement nicht mehr interessiert wären. Sind Sie anderer Auffassung? Dann würden die übrige Leserschaft und ich uns über einen entsprechenden Beitrag in unserem Forum auf *lothar-hergarten.de* freuen.

Durchaus interessant im Hinblick auf die »Entscheidung für das Gemeinwohl« gestaltet sich auch die Frage, weshalb man als Wähler an einer großen öffentlichen Wahl, etwa einer Bundestags- oder Landtagswahl teilnehmen sollte. Vor etlichen Jahren konnte ich zwei Menschen bei der folgenden Diskussion zuhören:

A: »Zur Wahl gehe ich nicht, weil meine Stimme aller Voraussicht nach ohnehin nichts verändern wird.«

B: »Wenn alle so denken würden …«

A: »Erstens denken nicht alle so, du sprichst also von einer reinen Hypothese, die mit der Realität nichts zu tun hat. Und zweitens: Wenn alle anderen so denken würden, würde ich ja zur Wahl gehen. Dann wäre ich ja der einzige Wähler und würde die Geschicke des Landes allein bestimmen ...«

Auf den Konter von B zu dieser etwas überzogenen Darstellung habe ich vergeblich gewartet. Und ein gutes Gegenargument ist mir auch nicht eingefallen. Immer wieder bemühen Politiker die »gesellschaftliche Verpflichtung, zur Wahl zu gehen«, adressiert sind damit aber natürlich in erster Linie (wenn nicht nur) die Anhänger der eigenen Partei. Was soll das für eine »gesellschaftliche Verpflichtung« sein, womöglich noch »zur Stützung der Demokratie«, die in der Praxis in aller Regel nichts verändert, wenn man ihr nachkommt? Jedenfalls ist bis heute keine landes- oder bundesweite Wahl bekannt geworden, bei welcher eine einzige Stimme den Ausschlag für die zukünftige Regierungskonstellation gegeben hätte.

Natürlich ist die geschilderte Einstellung von A »politisch nicht korrekt«, und das meine ich nicht einmal zynisch. Wenn die meisten so dächten, würden natürlich die wenigen verbleibenden Wähler die politischen Geschicke bestimmen. Dann würde sich für diese das Wählen insoweit angesichts »größerer Erfolgschancen« auch wieder »lohnen«, weil ihre Stimme möglicherweise entscheidend sein könnte. Nur würden diese wenigen, das politische Geschehen bestimmenden Wähler wohl bestenfalls zufällig die Mehrzahl der Nichtwähler repräsentativ vertreten. Das System würde sich dann, obwohl rational logisch, selbst ad absurdum führen. Vielleicht haben deswegen einige Länder die Wahlpflicht eingeführt ...

Obwohl ich sicher bin, dass meine Stimme nichts verändert wird, gehe ich regelmäßig zu den politischen Wahlen. Völlig irrational? Natürlich nicht: Als etwas zwanghafter Mensch tue ich mich schwer damit, nicht alles dafür getan zu haben, dass politisch das umgesetzt wird, was ich für richtig halte – auch wenn dieses Tun völlig sinnlos erscheint. Der – natürlich immer entscheidungsmotivierende – Nutzen offenbart sich hier offenbar (nur) in der Bedienung meiner irrationalen Zwanghaftigkeit. Abgesehen davon, dass Zwanghaftigkeit kein Element einer freien Entscheidung sein kann, wäre damit jedenfalls geklärt, dass der Nutzen einer Entscheidung auch in der Befriedigung liegen kann, seinen mentalen Zwängen nachgekommen zu sein, oder? Wenn der Mensch stets Nutzenmaximierer ist, muss es doch eine positive Nutzenerwartung geben, wenn man zur Wahl geht, obwohl man mit subjektiv 100%iger Sicherheit davon ausgeht, dass dies nichts verändern wird. Worin sonst sollte der erwartete Nutzen liegen, wenn nicht in einer wohltuend empfundenen Prinzipientreue bzw. (in stärkerer Ausprägung) Zwanghaftigkeit?

7.2 Die Lehre vom »Anderskönnen unter gleichen Bedingungen«

Kommen wir von der kausalen Analyse von Entscheidungen zurück zur Frage der Freiheit unserer Entscheidungen. Etliche Philosophen gingen den Problembereich der Entscheidungsfreiheit über die Frage des »Anderskönnens« an, genauer gesagt *anders* entscheiden und/oder handeln können *unter gleichen Bedingungen.*

Bereits Aristoteles (Metaphysik, Übersetzung v. 1995) befasste sich mit dem Anderskönnen und behauptete, das menschliche Handlungsvermögen sei seiner Natur nach »ein Vermögen zum Gegenteiligen«, welches ein »rationales« Vermögen sei, denn »die Vernunftlosen sind jeder nur *einer* Tätigkeit fähig, die Vernünftigen aber sind des Entgegengesetzten fähig«. Kenny (1975, 52 f.) hat hierauf aufbauend die Auffassung vertreten, dass es für die eigentliche Entscheidung stets noch eines *Zutuns* des »vernünftigen« Wesens bedürfe, im Gegensatz zum Speichelfluss eines Hundes, der sich bei gegebenen Umständen automatisch generiere und deshalb »one way power« genannt werde. Unter »Vernunft« verstehen offenbar Aristoteles wie auch Kenny die Fähigkeiten des rationalen Nachdenkens und Abwägens zwischen Entscheidungsalternativen. Die so verstandene »Vernunft« aber ist grundsätzlich dem Menschen (und vermutlich auch einigen höher entwickelten Säugetieren) zu eigen und Voraussetzung für *jede* bewusste Entscheidung. Nur: Sie begründet deshalb noch keine Entscheidungsfreiheit. Erinnern wir uns an unsere Analyse des Entscheidungsprozesses: Dieser beinhaltet stets den Nutzenvergleich zwischen den verfügbaren Entscheidungsalternativen. Der Mensch wird sich – nach hinreichendem »Nachdenken und Abwägen« – immer für die Alternative entscheiden, welche er mit der größten Nutzenerwartung verbindet (wenn er denn tatsächlich Nutzenmaximierer ist …). Er kann schlichtweg nicht anders, weil die Entscheidung für eine Alternative mit submaximaler Nutzenerwartung gegen ihn selbst gerichtet wäre. Warum sollte er sich zu seinem eigenen Nachteil entscheiden?

Auch als »Vernunftwesen« entscheidet der Mensch nach Gründen, deren Gründe usw. am Ende nicht durch ihn selbst gelegt wurden. Sein Gehirn generiert – falls die Naturgesetze dort *allein* wirken sollten – den Entscheidungsoutput auf der Grundlage dessen aktuellen Zustandes und der Inputs aus der Umwelt. Und auf beides hat der Mensch als Entscheider im Moment der Entscheidung keinen Einfluss. Der aktuelle Zustand seines Gehirns ist, wie er ist, und über die Inputs der Umwelt »entscheidet« diese und nicht er. Die menschliche Entscheidung unterscheidet sich vom automatischen Speichelfluss des Hundes im Wesentlichen dadurch, dass sie einen Abwägungsprozess beinhaltet. Und dessen Ergebnis ist determiniert sowohl durch die Eigenschaft des Menschen als Nutzenmaximierer wie auch durch die Entscheidungsgründe wie auch durch den naturgesetzlichen Determinismus – wenn die zugrundeliegenden Theorien richtig sind.

Nach einem langen – aber letztlich doch fruchtlosen – Diskurs über das Können im Sinne einer Fähigkeit einerseits und im Sinne eines möglichen Ereignisses (»Es kann regnen«) andererseits kommt George Edward Moore zu dem Ergebnis, dass der Mensch stets auch anders *handeln* könne, wenn hierzu die objektiven Möglichkeiten gegeben seien. Bereits Campbell und Chisholm wiesen darauf hin, dass eine Handlung ja stets von der dieser vorangegangenen Entscheidung abhängig sei und man doch wissen wolle, ob der Handelnde sich in der fraglichen Situation anders hätte *entscheiden* (und nicht anders hätte *handeln*) können, wozu Moore nicht wirklich Auskunft gibt. Er kontert das Argument damit, dass wir uns anders hätten entscheiden können, »wenn wir uns entschieden hätten, diese Entscheidung zu treffen« (Moore 1912, 154), womit er offenbar die »andere« Entscheidung gemeint hat. Zu der sich hier aufdrängenden Frage, ob der Mensch denn diese Entscheidung, mit welcher er sich zu der eigentlichen Handlungsentscheidung entscheidet, frei treffen könne, schweigt sich Moore aus. Aber letztlich beantwortet er nicht nur die Frage nicht, sondern er stellt seine eigene Argumentation sogar noch – offenbar ungewollt – weiter infrage. Wenn man nämlich davon ausgeht, dass eine Entscheidung durch eine ihr vorgelagerte Entscheidung entschieden wird, welche dann wieder durch eine dieser vorgelagerten Entscheidung entschieden wird, welche dann wieder ... usw., führt man letztlich die eigene Argumentation ad absurdum. Eine Entscheidung begründet sich am Ende nicht durch eine Entscheidung, sondern – je nach Perspektive – durch das Gefühl, hiermit für sich den größten Nutzen zu erzielen, durch die (naturgesetzlichen?) Abläufe im Gehirn bzw. durch die die Entscheidung ausmachenden Gründe etc. Wenn ein Philosoph, der immerhin Professor am Trinity College in Cambridge war, seine Begründung der Entscheidungsfreiheit auf vorgelagerte Entscheidungen »verschiebt«, zu deren Freiheit er sich dann aber vorsichtshalber gar nicht mehr äußert, spricht das nicht möglicherweise auch ein bisschen dafür, dass es diese Freiheit gar nicht gibt? Muss so viel Hilflosigkeit nicht argwöhnisch machen?

Schulte (2012, 319) schreibt: »Es gibt Kontexte, in denen die Aussage ›A kann sich so oder anders entscheiden‹ *falsch* ist, wenn der Determinismus gilt [...], und es gibt Kontexte, in denen dieselbe Aussage wahr ist, obwohl der Determinismus gilt.« Unter Bezugnahme auf diese etwas kryptische These argumentiert Willascheck (2010, 582), dass es in Kontexten, in denen es nur um »Verantwortungszuschreibung« gehe, allein auf Überlegens- und Steuerungsfähigkeiten ankomme, und diese könnten auch in einer deterministischen Welt frei sein.

Wer wollte bestreiten, dass es (auch in einer deterministischen Welt) diese Überlegens- und Steuerungsfähigkeiten gibt? Schließlich arbeiten die Menschen tagtäglich hiermit. Das sagt aber doch nichts über die Freiheit oder Unfreiheit einer Entscheidung aus. Wer überlegt und steuert, tut dies aus Gründen, die wiederum Gründe haben …, die am Ende nicht bei ihm liegen. Auch gegen einen determinierten Ablauf von Entscheidungen nach Naturgesetzen im Gehirn ist damit nichts gesagt. Schließlich ist das Überlegen doch nichts anderes als die Abwägung von Entscheidungsalternativen, Berücksichtigung von Umweltbedingungen etc., was zu jeder bewussten Entscheidung – egal ob diese nun frei oder unfrei ist – gehört.

Des Weiteren müsste man Willascheck fragen, warum es die Freiheit der Entscheidung sowohl »stets« als auch »nur« im Kontext der »Verantwortungszuschreibung« geben soll. Dies wird behauptet, aber letztlich in keiner Weise weiter begründet. War hier wieder einmal das Ziel Ursache einer verqueren Argumentation? Sollte die Zuschreibung von Verantwortung, in welcher wir Menschen uns so gerne üben (»Schuld sind immer die anderen«), auf keinen Fall auf dem Altar des Determinismus geopfert werden?

Verschiedene weitere Philosophen haben damit argumentiert, dass das So-oder-Anderskönnen »schon zum Sinn unserer gewöhnlichen Rede über Handlungen und Entscheidungen gehöre« (z. B. Keil 2017, 110). Keil hat diese fragwürdige Argumentation zur Freiheit der Entscheidung wie folgt zusammengefasst:

Wer »nicht so oder anders könne, könne überhaupt nicht«. In einer deterministischen Welt gebe es aus libertarischer Sicht (also aus Sicht der Befürworter der menschlichen Entscheidungsfreiheit) gar keine Handlungen, die ihren Namen »verdienen«, und auch kein Vermögen dazu. »Wenn Unterlassen eine analytische Komponente des Handlungsbegriffs ist, dann ist libertarische Freiheit ein integraler Bestandteil unseres Handlungsvermögens« (Keil 2017, 96). Wir sehen uns konfrontiert mit etlichen Behauptungen, aber so etwas wie eine Begründung ist äußerstenfalls im letztzitierten Satz zu vermerken. Offenbar wird hier der Versuch unternommen, den Beweis der Freiheit der Handlung (gemeint dürfte die Freiheit der Entscheidung sein) über den sprachlichen Begriff der Handlung zu führen, etwa nach dem Motto, was es in unserer Sprache gibt, muss es auch tatsächlich geben, sonst käme es in unserer Sprache nicht vor – mit dieser Begründung könnte man auch die Existenz des Ungeheuers von Loch Ness als bewiesen feststellen. Zusätzlich wird noch unterstellt, dass dem Begriff des Handelns auch der des Unterlassens immanent sei. Deshalb sei immer auch die Alternative des Unterlassens und *damit* zumindest insoweit Handlungsfreiheit gegeben. Aber nur aus der Tatsache, dass zum Handeln immer auch die Entscheidungsalternative des Unterlassens besteht (schon weil es sich ansonsten nicht um eine Entscheidung handelt), kann man natürlich nicht auf die Freiheit der Entscheidung rückschließen. Die Alternative ist schließlich Voraussetzung für jede Entscheidung, ohne dass dies etwas über deren Freiheit oder Unfreiheit aussagen würde.

Keil bietet folgendes Resümee an: »Das praktische Überlegen folgt logischen Regeln und Rationalitätsstandards, die wir recht gut kennen. Wir besitzen die Fähigkeit, diesen Standards in unserem Überlegen zu genügen. Wie unsere Überlegungstätigkeit genau neuronal realisiert ist, kann uns dabei gleichgültig sein. Wer der Auffassung ist, dass die Arbeitsweise des Gehirns unsere Fähigkeit des ergebnisoffenen Überlegens und andere 2-Wege-Fähigkeiten ausschließt, der möge hervortreten und diese Behauptung begründen« (2017, 233). Ja, gerne: Könnte es nicht sein, dass es (auch) genau die von Keil in Bezug genommenen »logischen Regeln« sind, die – wenn wir denn logisch denken – unsere Entscheidungen bestimmen? Natürlich ist unser Überlegen aus der Ex-ante-Betrachtung stets »ergebnisoffen«, sonst würden wir es ja unterlassen, weil es sinnlos wäre. Aber das kann ja wohl kaum ausschließen, dass z. B. Gründe und/oder die naturgesetzlichen Abläufe in unserem Gehirn unsere Überlegungen determinieren …

Erinnern Sie sich an unser Kapitel »Wir laufen uns warm«, wo wir einen Anwalt den Richter (selbstverständlich fiktiv) nach Gründen fragen ließen, ob und wenn ja, weshalb dieser die Straftat nicht begangen hätte, wenn er der Angeklagte gewesen wäre und sämtliche Umstände der Tat identisch gewesen wären? Die Antwort: Es hätten andere Gründe gegeben sein müssen für die Entscheidung, was allerdings wegen der unterstellten identischen Tatumstände und identischer Mentalität des Richters als Ausgangsvoraussetzung ausgeschlossen ist. Aus Sicht des naturgesetzlichen oder auch des neuronalen Determinismus: Wird in einen identischen Computer (namens Gehirn) ein identischer Input eingegeben, kann auch nur ein identischer Output herauskommen. Wenn im Übrigen alles gleich ist, kann auch nur ein gleiches Entscheidungsergebnis herauskommen. Eine *andere* Entscheidung unter *gleichen Bedingungen* ist schlichtweg nicht möglich, denn sie würde andere Bedürfnisausprägungen, andere Umweltbedingungen, andere Entscheidungsalternativen, einen anderen aktuellen Zustand des Gehirns etc. erfordern und damit eben nicht der Voraussetzung der gleichen Bedingungen entsprechen. Der aktuelle Zustand des Gehirns, die Bedürfnisse, die Umweltbedingungen und die Entscheidungsalternativen stehen aber im Moment der Entscheidung schlichtweg fest und sind kein Ergebnis einer Entscheidung des Entscheiders bzw. Täters. Selbst wenn dieser mit einer *früheren* Entscheidung eine dieser Größen (z.B. Umweltbedingungen) geschaffen oder verändert haben sollte, ändert sich nichts daran, dass diese im Entscheidungsmoment aktuell so sind, wie sie sind, schlicht ein feststehendes Faktum, welches das Entscheidungsergebnis bestimmt. Selbst wenn man versuchen würde, die Freiheit der Entscheidung und somit die Verantwortlichkeit auf diese frühere Entscheidung zu verschieben, ergäbe sich wiederum die Hürde, dass bei dieser früheren Entscheidung deren Bedingungen letztlich ebenso wenig durch den Entscheider veränderbar waren.

Wenn der Mensch Nutzenmaximierer ist und einem Täter der voraussichtliche Nutzen einer Tat größer erscheint als die voraussichtlichen Nutzenopfer (und es aus seiner Sicht keine bessere Ressourcenverwendung gibt), wird er die Tat begehen. Eine Möglichkeit des Anderskönnens bietet sich unter dieser Voraussetzung schon deswegen nicht an, weil jede andere Entscheidung zu einem erwarteten nicht maximalen Nutzen führen würde. Der Mensch würde sich gegen sich selbst entscheiden, wozu er – wie umfassend dargelegt – nicht in der Lage ist. Oder vielleicht doch?

7.3 Nichtkönnen und Nichtwollen

Schon früh in meinem Leben kam mir der für Sie vermutlich zunächst überraschende Gedanke, dass das Nichtwollen und das Nichtkönnen etwas Identisches sein könnten. Das hatte eine persönliche Vorgeschichte:

Mein Vater war ein sehr unternehmenslustiger Mann, er reiste gerne. Meiner Mutter allerdings waren die mit einer Reise verbundenen Beschwerlichkeiten zu groß, sie reiste ungerne und versuchte, familiäre Reisen zu vermeiden. Wenn mein Vater eine gemeinsame Reise (oder andere mit Anstrengungen verbundene Aktivitäten) vorschlug, sagte sie häufig: »Ich kann das nicht …« Im Sinne eines körperlichen Unvermögens war dies natürlich Unsinn, denn meine Mutter war kerngesund und hätte sich im Übrigen nur zu ihrer Familie ins Auto setzen müssen. Aber es lag offenbar ein *mentales* Unvermögen vor. Relativ schnell wurde mir klar, dass das angebliche Nichtkönnen letztlich identisch war mit einem Nichtwollen. Der Nutzen aus den voraussichtlichen Freuden einer Reise war ihr erwartungsgemäß nicht groß genug, als dass dieser das Nutzenopfer aus den erwarteten Beschwerlichkeiten der Reise überwogen hätte. Auf mentaler Ebene ist ein Nichtkönnen im eigentlichen Sinne ein Nichtwollen. Man könnte dementsprechend auch sagen, meine Mutter *konnte* den Willen für eine Reise nicht aufbringen. Damit war ich immerhin in der Lage, meiner sonst von der Familie insoweit unverstandenen Mutter ein gewisses Verständnis entgegenbringen.

Nichtwollen ist also offenbar ein mentales Nichtkönnen, ein »Den-Willen-nicht-aufbringen-Können«. Da das Nichtkönnen im täglichen Sprachgebrauch allerdings vorzugsweise mit einem physischen Unvermögen gleichgesetzt wird, sagen wir gerne, dass wir etwas nicht können (was auch insoweit nicht falsch ist) und nicht, dass wir es nicht wollen. Denn Letzteres würde ja schließlich auch Anlass zu Diskussionen bieten.

Wenn also das mentale »Nichtkönnen« identisch ist mit dem »Nichtwollen« und man »Wollen nicht wollen kann« (siehe oben Schopenhauer), dann ist auch aus dieser Perspektive die menschliche Entscheidungsfreiheit mehr als infrage gestellt.

7.4 Neuronaler und psychologischer Determinismus

Etliche Wissenschaftler, vor allem Philosophen, haben die Frage der Richtigkeit des Determinismus nur für bestimmte Bereiche untersucht und gegebenenfalls bestätigt. Es wird diesbezüglich in der Literatur von sogenannten Bereichsdeterminismen gesprochen, zu denen auch der *neuronale* Determinismus gehört. Die Theorie vom neuronalen Determinismus besagt, dass das Gehirn ein deterministisches System ist, dessen Output durch seinen Anfangszustand, den Input und das »Programm« – gemeint ist offenbar die Funktionsweise des Gehirns – bestimmt wird (Keil 2017, 54). Das kommt Ihnen bekannt vor? Den neuronalen Determinismus haben wir oben bei der Vorstellung des Determinismus allgemein schon einmal angesprochen. Tatsächlich ist der neuronale Determinismus aber wohl der Kern der Determinismustheorie, wenn es um die menschliche Entscheidungsfreiheit geht. Denn schließlich könnte der gesamte Kosmos indeterminiert sein, für die Frage der Entscheidungsfreiheit wäre dies gleichgültig, wenn nur das Gehirn ausschließlich nach Naturgesetzen, also deterministisch, arbeiten würde. Wer nicht an eine Seele o.Ä., wohl aber an die Wirksamkeit der Naturgesetze im menschlichen Gehirn glaubt, wird dieses – wenn er der Theorie des Determinismus folgt – damit als die menschliche Entscheidung determinierendes System ansehen.

Popper schloss aus dem von ihm vertretenen neuronalen Determinismus: »Wenn der Determinismus recht hat, dann sollte es einem Physiker oder einem Physiologen, der nichts von Musik versteht, im Prinzip möglich sein vorauszusagen, auf welche Stelle des Papiers Mozart seine Feder setzen wird, indem er Mozarts Gehirn untersucht« (1982, 31). Die Aussage ist deshalb nicht ganz richtig, weil der Physiker bzw. Physiologe vom materiellen Zustand des Gehirns auf dessen mentalen Zustand schließen können müsste. Wenn man aber wüsste, welche materiellen und elektrobiologischen aktuellen Zustände ursächlich für die mentalen Zustände des Gehirns im Moment einer Entscheidung sind und außerdem die aktuellen Inputs kennen würde, wäre Poppers Aussage jedenfalls nachvollziehbar, was nicht bedeuten muss, dass sie richtig ist.

Keil wendet ein, dass die im neuronalen Determinismus formulierten »deterministischen Verlaufsgesetze [...] nur dann wahre Allaussagen über Input-Output-Korrelationen liefern (könnten), wenn die Verarbeitung eines gegebenen Inputs kausal isoliert vonstattenginge, wenn also die Dynamik des Gehirns durch keinerlei äußere Faktoren beeinflusst werden könnte. Doch tatsächlich ist das Gehirn nicht kausal gegen seine Umwelt isoliert« (2017, 55). Dabei übersieht Keil, dass alles, was von der Umwelt auf das Gehirn einwirkt, zum »Input« gehört und es für die Funktionsweise des Gehirns völlig egal ist, ob der jeweilige Einfluss auf das Gehirn von außen deterministisch generiert ist oder nicht. Der neuronale Determinismus geht ja gerade davon aus, dass möglicherweise *nur* das Gehirn dem naturgesetzlichen Determinismus unterliegt und nicht – jedenfalls nicht zwingend – auch die Umwelt. Von einer Determiniertheit auch der Einwirkungen der Umwelt auf das Gehirn auszugehen, würde doch nur unter Annahme der Determiniertheit des gesamten Kosmos Sinn machen. Dann wären wir aber nicht mehr bei der Theorie des neuronalen Determinismus, sondern bei der des klassischen allgemeinen Determinismus. Fakt bleibt im Übrigen, dass die Einflüsse der Umwelt auf das menschliche Gehirn nicht durch den Entscheider steuerbar sind und deswegen auch keine Entscheidungsfreiheit begründen können.

Wolf Singer widerspricht der Theorie vom neuronalen Determinismus mit folgender Begründung: Da neuronale Prozesse »eine hoch nichtlineare Dynamik aufweisen, sind die Bewegungstrajektorien [Kraftlinien, Anm. d. Verf.] des Gesamtsystems in seinem vieldimensionalen Zustandsraum nicht festgelegt. Das System ist in die Zukunft hinein völlig offen: solange eine Entscheidung nicht gefallen ist, hätte sie auch völlig anders ausfallen können. Das nehmen wir an uns wahr und schreiben uns somit freies Entscheidenkönnen zu« (2005a, 87). Das klingt zwar recht gescheit, ist aber letztlich inhaltsleer. Natürlich hätte eine Entscheidung von außen betrachtet immer anders ausfallen können, als sie dann tatsächlich ausgefallen ist. Was Singer vergisst (oder unterschlägt?), ist die Frage, *weshalb* sie denn hätte anders ausfallen können. Möglicherweise wegen anderer Bedürfnisse, anderer Umweltbedingungen etc. oder »grundlos«? Warum fragen Wissenschaftler so oft nicht zu Ende? Und wenn Singer das denkbare Andersausfallen einer Entscheidung als Ursache für das Gefühl eines »freien Entscheidenkönnens« sieht, dann ist das wohl richtig, aber eben nur eine Gefühlsanalyse und nicht einmal ein Indiz für Entscheidungsfreiheit.

Im Gegensatz zum neuronalen Determinismus geht der *psychologische* Determinismus von der determinierenden Wirkung nicht der Naturgesetze, sondern der menschlichen Motive aus. Motive bestimmen also das menschliche Entscheiden hiernach eindeutig und unabänderlich. Aus der Sicht des oben behandelten Kausalprinzips könnte man auch sagen: »Keine menschliche Entscheidung fällt ohne Gründe in Form von Motiven.« Nun spiegeln Motive ja unsere Bedürfnisse wider. Und zu deren maximaler Befriedigung suchen wir nach der jeweils nutzenträchtigsten Entscheidung, jedenfalls dann, wenn der Mensch tatsächlich Nutzenmaximierer ist. Wir haben dies unter 3.1 und 3.4.3 umfassend thematisiert. Ist der psychologische Determinismus nun so zu verstehen, dass der Mensch zur Befriedigung der hinter seinen Motiven stehenden Bedürfnisse als Nutzenmaximierer stets immer nur eine bestimmte, nämlich die voraussichtlich nutzenträchtigste Entscheidung fällen kann? So wird es in der von mir gesichteten Literatur nicht formuliert, aber so würde es Sinn machen und erklären, weshalb Motive unser Handeln determinieren sollen.

Auch Kant gehörte zu den Vertretern des psychologischen Determinismus, als dessen Konsequenz er in seiner »Kritik der praktischen Vernunft« formulierte: »[W]enn es für uns möglich wäre, in eines Menschen Denkungsart [...] so tiefe Einsicht zu haben, dass jede, auch die mindeste Triebfeder dazu uns bekannt würde, imgleichen [ebenso, Anm. d. Verf.] alle auf diese wirkenden äußeren Veranlassungen, man eines Menschen Verhalten auf die Zukunft mit Gewissheit, so wie eine Mond- oder Sonnenfinsternis, ausrechnen könnte« (Kant, KpV A 177 (AA V, 99)). Auch diese Formulierung erscheint so zunächst nicht zwingend, was die Entscheidungsfreiheit angeht. Allerdings kommt es darauf an, was Kant unter der »Denkungsart« des Menschen versteht. Sollte er hierunter die Bedürfnisse des jeweiligen Menschen, seine genetische Prägung und die Prägung durch seine Erfahrungen meinen, könnte er wohl als Vertreter des psychologischen Determinismus gehandelt werden. Aber das wollen wir Herrn Kant natürlich nicht »unterjubeln«, wir wollen nur verstehen, was er gemeint haben könnte.

Keil (2017, 51) kritisiert an Kants Aussage unter anderem, dass die von Kant vorausgesetzte Kenntnis der »äußeren Veranlassungen«, die Kant auch »Gelegenheitsursachen« nennt, dafür Sorge trage, dass »sich jede Fehlprognose auf den Umstand schieben [lasse], dass die genaue Kenntnis dieser Faktoren eben nicht vorgelegen habe«. Ja, glaubt Keil denn wirklich, dass Kant von einer *realen* Prognose gesprochen hat, die hernach verifizierbar bzw. falsifizierbar wäre? Mit der Eingangsformulierung »Wenn es für uns möglich wäre« bringt Kant doch bereits hinreichend zum Ausdruck, dass er über eine theoretische Möglichkeit der Vorhersehbarkeit spricht, von der offensichtlich ist, dass sie wegen der Ermittlung und Verarbeitung einer quasi unendlichen Datenflut mit einem jedenfalls heute noch nicht zur Verfügung stehenden Instrumentarium, voraussichtlich aber wohl nie tatsächlich möglich sein wird.

Mit den »äußeren Veranlassungen« bzw. »Gelegenheitsursachen« meint Kant vermutlich – so würde es dem Wortsinn wohl am ehesten entsprechen – die Umweltumstände, die den Entscheidungsprozess des jeweiligen Menschen angestoßen haben. Natürlich wäre es richtig, diese äußeren Anstöße in die Gesamtbetrachtung der Gründe der psychologisch determinierten Entscheidung einzubeziehen.

Was Keils Kritik an der Kantschen These der rein theoretischen Vorhersehbarkeit im psychologischen Determinismus betrifft, so hat

Keil sich allerdings an anderer Stelle offenbar zumindest indirekt korrigiert: »Die These des Determinismus, ob universal oder bereichsspezifisch, besagt nicht, dass Anfangsbedingungen und Naturgesetze das Geschehen wahrscheinlich oder begrenzt vorhersehbar machen. Sie besagt, dass sie es bis in alle Einzelheiten festlegen« (2017, 53). So passt's ...

7.5 Die Experimente von Libet & Co.

Benjamin Libet und ihm nachfolgend u.a. Haggard und Eimer (1999, vgl. hierzu auch Kühn et al. 2009) führten beginnend Ende der 1970er Jahre Experimente durch, deren Ergebnisse nahelegen könnten, dass unsere Entscheidungen bereits feststehen, *bevor* wir sie selbst bewusst wahrnehmen, was wiederum auf eine Vorbestimmtheit und Unfreiheit unserer Entscheidungen hindeuten könnte. Probanden sollten bei den durch Libet durchgeführten Versuchen zu einem beliebigen Zeitpunkt eine einfache Handbewegung durchführen. Dabei maß Libet die Muskelaktivität durch ein Elektromyogramm und die Hirnaktivität mittels des Bereitschaftspotenzials im motorischen Kortex durch ein EEG. Libet ließ die Probanden auf eine schnelllaufende Uhr blicken, die Probanden sollten sich dann die Stellung der Uhr zu dem Zeitpunkt merken, an dem sie den bewussten »Drang« verspürten, die Hand zu bewegen, und hernach die gemerkte Stellung der Uhr mitteilen. Das Ergebnis: Ca. 0,35 Sekunden vor dem durch den Probanden mittels der Uhr festgehaltenen Zeitpunkt des Willensaktes (richtiger wohl: der Entscheidung), die Hand zu bewegen, wurde eine Aktivität im motorischen Kortex festgestellt, die Libet den deutschen Hirnforschern Kornhuber und Deecke (1965) folgend »Bereitschaftspotenzial« nannte. Dieses Bereitschaftspotenzial ist charakteristisch für die Einleitung der die Bewegung auslösenden Nervenaktivität. Das Bereitschaftspotenzial war also *vor* dem Zeitpunkt feststellbar, den die Versuchspersonen als Zeitpunkt ihrer bewussten Entscheidung angaben (Libet et al. 1983). Hieraus wurde von vielen – aber längst nicht allen – Wissenschaftlern sowohl der neurologischen als auch der philosophischen Sparte geschlossen, dass unser Gehirn unsere Entscheidungen schon längst getroffen hat, bevor wir sie »bewusst« zu treffen glauben. Mithin könne die menschliche Entscheidung nicht frei sein.

Die von den Probanden geforderte Handbewegung erfolgte dann übrigens 0,2 Sekunden nach der Entscheidung. Letzteres ist hier für uns allerdings weniger interessant, da die Handlung nur eine Folge der Entscheidung ist und wir uns vornehmlich für die Entscheidung interessieren.

Die Libet-Experimente führten zu einer regen Diskussion um das Thema »Willensfreiheit«. Allerdings wurde teilweise bemängelt, dass die Probanden keine *echte* Entscheidung zu treffen hätten, sondern lediglich den Zeitpunkt einer bereits vor dem Starten der Uhr beschlossenen Bewegung festzulegen hätten. Diese Kritik erscheint allerdings fragwürdig, denn regelmäßig treffen wir *allgemeine* Entscheidungen, etwas zu tun, zu dem wir uns später dann (ein zweites Mal) *konkret* entscheiden. In Libets Experiment dürfte es also einmal die Entscheidung zur Kooperation im Rahmen des Experiments sowie danach noch einmal eine Entscheidung zur besagten Handbewegung gegeben haben.

Zudem wurde bemängelt, dass es angeblich nur *eine* Entscheidungsmöglichkeit gegeben habe, nämlich die, besagte Handbewegung auszuführen. Aber auch diese Kritik ist möglicherweise nicht richtig. Denn die alternativen Entscheidungsmöglichkeiten bestanden aus den (letztlich unendlich zahlreichen) Zeitpunkten, zu welchen die Probanden hätten entscheiden können, die Handbewegung tatsächlich auszuführen.

Unabhängig von dieser denkbaren »Kritik an der Kritik« wiederholten der Neurophysiologe Patrick Haggard und der Psychologe Martin Eimer 1999 Libets Versuche mit der Abwandlung, dass die Probanden zwischen zwei Handlungsalternativen wählen konnten. Sie sollten nämlich entscheiden, ob sie jeweils den rechten oder den linken Zeigefinger bewegen wollten. Auch bei diesen Versuchen lag die Aktivierung des Motorkortex im Mittel vor dem angegebenen Zeitpunkt der bewussten Handlungsentscheidung (Haggard/Eimer 1999, 126). Hier wurde vornehmlich bemängelt, dass die Datierung von Eindrücken unterschiedlicher Sinnesmodalitäten von der Aufmerksamkeit abhänge und deshalb auch die Zuverlässigkeit der Ablesungen der Uhr durch die Probanden fraglich sei. Dies scheint tatsächlich einer der erheblichen Einwände zu sein. Lesen die Probanden – aus welchen Gründen auch immer – den Zeitpunkt ihrer jeweiligen Entscheidung auch nur einen Wimpernschlag zu spät ab, bricht die gesamte Theorie in sich zusammen …

Libet selbst interpretierte die Resultate seiner Experimente zunächst dahingehend, dass der Entschluss zu handeln von unbewussten Gehirnprozessen gefällt werde, bevor er als vermeintliche Absicht ins Bewusstsein dringe. Damit sei die *bewusste* Entscheidung nicht ursächlich für die Handlung und Willensfreiheit sowie Verantwortlichkeit seien infrage gestellt. Später ging Libet dann davon aus, dass die aufgrund der Hirnaktivität nachweisbar bereits entschiedene Handlung noch bis zu 100 ms vor ihrer tatsächlichen Ausübung abgebrochen werden könne. Libet ging weiter davon aus, dass ein solches Veto nicht unbewusst eingeleitet werde, sondern unmittelbar auf bewusster Ebene stattfinde. Zur Begründung (!) verwies Libet darauf, dass alternative Annahmen unbefriedigende Schlussfolgerungen hinsichtlich der Willensfreiheit zur Folge hätten; damit postulierte er quasi ein an unliebsamen Folgen orientiertes Denkverbot. Aufgrund seiner – nicht experimentell bewiesenen – Mutmaßungen sei die moralische Verantwortlichkeit des Menschen »wiederhergestellt« (Libet 2004, 268 ff.).

Hier ist zunächst kritisch anzumerken, dass Libets spätere Argumentation nach eigenem Bekunden offenbar von dem Interesse geleitet war, die menschliche Verantwortung nicht zu beschädigen. Und es ist zu fragen, ob ein Mensch tatsächlich in einem Zeitraum von 100 ms eine *bewusste* (Korrektur-)Entscheidung fällen kann, die doch zumindest einige der Stadien des eingangs dieses Buches analysierten Entscheidungsprozesses zu durchlaufen hat. Ich persönlich möchte dies infrage stellen, da in einem Zeitraum von 100 ms kaum eine Abwägung im Sinne einer bewussten Entscheidung stattfinden kann. Von Kühn und Brass im Jahre 2009 durchgeführte Experimente zur Bewusstheit willentlicher Entscheidungen deuten denn auch darauf hin, dass Veto-»Entscheidungen« unbewusst getroffen und erst nachträglich als freie Entscheidungen empfunden werden (Kühn/Brass 2009).

Keil (2017, 225f.) kritisiert an den Libetschen Experimenten zunächst, »dass es nicht den geringsten Grund dafür gibt, einen bestimmten Zeitpunkt für die Ausführung der Bewegung zu wählen und nicht einen anderen«. An den Experimenten von Haggard und Eimer kritisiert er in gleicher Weise: »Solange es keinerlei Grund dafür gibt, einen der beiden Finger zu bevorzugen, bleibt es eine grundlose, ›irrational decision‹« und: »Es fehlt in beiden Experimenten jeder Bezug auf mögliche Gründe oder praktische Überlegungen des Handelnden.« Das erscheint nur auf den ersten Blick richtig, ist es aber nicht. Natürlich gab es zumindest *einen* Grund für die Handlungen der Probanden und die diesen vorgelagerten Entscheidungen, nämlich den, mit den Betreibern der Experimente zu kooperieren. Auch hier gilt der Grundsatz, dass keine bewusste Entscheidung ohne Gründe getroffen wird. Und für die Wahl des Zeitpunktes bzw. des linken oder rechten Fingers, haben sie vermutlich eine Art inneren Zufallsgenerator abgerufen, vielleicht haben auch das Maß ihrer Geduld über den Zeitpunkt und ihre Rechts- oder Linkshändigkeit über die Wahl des Fingers entschieden. Auf die Art, Gründe oder »Qualität« ihrer Entscheidungen kommt es aber letztlich gar nicht an. Der entscheidende Fakt ist, dass die Impulse zur Handlungsauslösung im Gehirn der Entscheider nachweisbar waren, bevor diese – aus ihrer Sicht – bewusst entschieden haben. Selbstredend ging es dabei um eher unwichtige Gründe, welche die Entscheidung so ausgelöst haben, wie sie dann ausfiel. Aber zweifellos handelte es sich doch um Gründe und Entscheidungen. Und diese Entscheidungen waren im Gehirn bereits ablesbar, bevor sie das Bewusstsein der Probanden erreichten – jedenfalls wenn man von einer korrekten zeitlichen Erfassung des Entscheidungszeitpunktes ausgeht. Resümierend glaubt

Keil, feststellen zu dürfen: »Freiheit, an der uns gelegen sein sollte, ist nicht das Zulassen eines Drängens, zu einer funktionslosen Fingerbewegung, sondern die Fähigkeit zur vernünftigen Selbstbestimmung im Handeln.« Ja, geht es denn nun darum, eine »Freiheit, an der uns gelegen sein sollte,« herauszufinden oder der Wahrheit über die Freiheit unserer Entscheidungen auf die Spur zu kommen? Da ist sie wieder, die Rede von der »Vernunft«, die keiner so recht definieren mag, wohl aber so mancher »begründend« einbringt. Wenn Keil meint, eine Entscheidung müsse Gründe haben, um eine Entscheidung zu sein, sollte er sich eigentlich auch konkret dazu äußern, inwieweit die Gründe die Entscheidung dann möglicherweise determinieren oder auch nicht.

Hulk Cruse (2004, 224) berichtet von weiteren Experimenten, in welchen die Fingerbewegung durch (vermutlich elektrische) Reizung in einem anderen Gehirnbereich, dem motorischen Kortex, ausgelöst wurde. Die Probanden behaupteten in diesen Experimenten erstaunlicherweise, dass sie die Bewegung willentlich durchgeführt hätten. Die Entscheidung wurde also als frei erlebt, obwohl sie nachweislich von außen ausgelöst wurde. Dies entspricht der von vielen Autoren vertretenen These, dass vom *Erleben* der Freiheit der menschlichen Entscheidung keineswegs auf deren *tatsächliche* Freiheit rückgeschlossen werden kann.

Cruse erhebt in diesem Zusammenhang allerdings den folgenden Einwand: »Zwar ist die Formulierung, dass die Entscheidung in dem Moment, in dem diese in unserem Bewusstsein auftaucht, schon getroffen wurde, nicht falsch. Sie ist aber nur sinnvoll, wenn man sich darüber klar ist, dass mit ›ich entscheide‹ und mit ›mein Gehirn entscheidet‹ nicht zwei verschiedene Entitäten gemeint sind. Es wäre wiederum ein Kategoriefehler zwischen ›ich‹ und ›mein Gehirn‹ zu unterscheiden.« Das ist wohl richtig, denn es handelt sich in jedem Falle um »meine« Entscheidung, die durch die höchstpersönliche Genetik, Erfahrungen, aktuellen Mentalzustände etc. geprägt ist.

7.6 Immaterielle Entscheidungsinstanzen

Bisher sind wir davon ausgegangen, dass unsere Entscheidungen im Gehirn entstehen. Dies dürfte irgendwie auch unseren Gefühlen entsprechen, was natürlich nichts wirklich zu bedeuten hat. Aber immerhin können wir in Zuständen des Schlafes oder der Bewusstlosigkeit, die zweifellos mit Gehirnzuständen zu tun haben, keine handlungsrelevanten Entscheidungen generieren. Wenn wir die Entstehung unserer Entscheidungen verstehen wollen, dürfen wir nicht von vornherein ausschließen, dass diese *unabhängig* von der materiellen Substanz des Gehirns oder der mit diesem in Verbindung stehenden elektrischen Ströme und chemischen Vorgänge gebildet werden. Es geht also um eine immaterielle Instanz, wie sie sich begrifflich häufig manifestiert in »Bewusstsein«, »Geist«, oder »Seele«. Vom Ich-Bewusstsein glauben wir immerhin, aus eigener Erfahrung zu wissen, dass es existiert. Ob es aber unabhängig vom Gehirn existiert, wissen wir nicht definitiv. Dass der Mensch einen Geist oder eine Seele hat, glauben zwar viele, in irgendeiner Form bewiesen ist es aber ebenfalls nicht, ganz abgesehen von den bereits bei der Definition sich ergebenden Problemen. Wegen genau dieser Probleme wollen wir uns nicht lange mit begrifflichen Verständnisfragen abgeben, sondern abstrakt fragen, ob es denn möglicherweise eine bisher nicht in Betracht gezogene immaterielle Instanz gibt, in welcher sich unsere Entscheidungen bilden. Diese Instanz ungewisser Existenz wollen wir nachfolgend in Ermangelung unbelasteter Begriffe als »Geist« oder »Seele« bezeichnen.

Machen wir uns zunächst einmal bewusst, dass Entscheiden ein Denkprozess ist: keine Entscheidung ohne Gedanken. Aus diesem Grund werden wir uns auch weiter unten noch fragen, ob denn *Gedanken* frei sind, und über das Ergebnis unserer Überlegungen werden Sie vermutlich erstaunt sein. Im hiesigen Zusammenhang allerdings geht es zunächst darum, ob Gedanken und damit auch Entscheidungen als »geistige« Vorgänge womöglich außerhalb der materiellen Substanz des Gehirns angesiedelt sein könnten. Dann wären immerhin die Theorien vom naturgesetzlichen bzw. neuronalen Determinismus für den Bereich der menschlichen Entscheidung infrage gestellt, da Gedanken und Entscheidungen in diesem Falle (möglicherweise) ohne die im Gehirn ablaufenden Naturgesetze auskämen.

Stier (2014, 103f.) formuliert die von ihm umfangreich aufgearbeitete Fragestellung einer geistigen Instanz wie folgt: »Wenn unser Geistesleben einen eigenen Bereich in der Welt darstellt, der von dem der Dinge unterschieden ist, wie können dann Ereignisse in dem einen Bereich Ereignisse im anderen verursachen?« Allerdings beantwortet er nicht die Frage, weshalb denn ein »Überschwappen« von im geistigen Bereich getroffenen Entscheidungen in den realen Bereich nicht zumindest denkbar sein sollte.

Eine andere Theorie hierzu, welche letztlich dem Determinismus folgt, ist die, dass die kausale Geschlossenheit der physikalischen Welt, also von Materie und Energie, die Steuerung durch einen wie auch immer gearteten Geist nicht zulasse (sogenanntes Exklusionsargument). Wenn der Geist auf das (unterstellte) geschlossene physikalische System einwirke, könne dies nur durch Übertragung von Energie geschehen. Dann aber wäre der Energieerhaltungssatz nicht richtig, der besagt, dass sich die Gesamtenergie eines abgeschlossenen Systems nicht mit der Zeit ändert, auch wenn sich beispielsweise Bewegungsenergie in Wärmeenergie umwandelt. Also könne ein Energieeintrag von außen, aus dem nicht-physischen, geistigen Bereich des Willens, in den physischen Bereich des Handelns nicht erfolgen. Diese These ist allerdings nur schlüssig, wenn man davon ausgeht, dass der Energieerhaltungssatz immer und überall gilt und der Geist nur mittels Energie auf den Körper Einfluss nehmen kann. Ersteres ist nicht abschließend beweisbar, Letzteres zumindest fraglich.

Zahlreiche Philosophen sind der Ansicht, dass es Geistiges wie den Willen, Gefühle, Gedanken etc. ohne einen dazugehörigen Zustand des Gehirns nicht gebe. Dafür spricht jedenfalls, dass ein menschliches Gehirn, welches nicht mehr lebt, offenbar keinen Willen, keine Gefühle, Gedanken oder gar Entscheidungen generieren kann. Jedenfalls ist der Geist, wenn es ihn denn als vom Körperlichen abgeteilte

Instanz geben sollte, nicht restlos erfassbar und das wird möglicherweise auch so bleiben.

Dass es den vom Gehirn unabhängigen Geist, etwa in Form einer Seele nicht gibt, lässt sich zweifellos nicht beweisen. Andererseits fällt es schwer, an die Existenz von etwas zu glauben, was zum einen nicht eindeutig definiert ist und zum anderen noch nie jemand mit seinen Sinnen wahrgenommen hat (sieht man einmal von einigen mehr oder weniger obskuren »Erscheinungen« – etwa von Heiligen – ab ...). Unser Ich-Bewusstsein sagt uns, dass wir möglicherweise nicht ausschließlich aus Materie bestehen und da »noch etwas anderes sein könnte«. Dagegen steht, dass grundsätzlich auch unser Geist, unsere Seele – sofern denn existent – möglicherweise nichts anderes ist, als ein bestimmter Teil und/oder Zustand unseres Gehirns. Und ob denn gegebenenfalls in diesem immateriellen Teil unseres Ichs Entscheidungen, zudem noch freie Entscheidungen, generiert werden, weiß auch niemand. Gegen die *Freiheit* von Entscheidungen in einer gedachten immateriellen Instanz spricht allerdings, dass diese auch dort ganz offenbar durch Gründe geleitet, also im Sinne des Kausalprinzips unfrei wären. Und nach unserer Wahrnehmung würden unsere Entscheidungen, auch wenn sie außerhalb des Gehirns angesiedelt sein sollten, offenbar entsprechend dem eingangs dieses Buches analysierten Entscheidungsprozess ablaufen. Das heißt: Unsere Entscheidungen wären gebunden an Bedürfnisse, Entscheidungsalternativen, Umweltbedingungen etc. und in diesem Sinne möglicherweise unfrei. Aber natürlich ist diese Annahme an eine ganze Reihe von – wenn auch realistisch erscheinenden – Voraussetzungen gebunden, wie z. B. an die des Menschen als Nutzenmaximierer.

Nicht wenige Menschen glauben, dass unser Ich-Bewusstsein, also (vereinfacht) die Fähigkeit zu distanzierter Selbstbetrachtung, ein Hinweis auf eine immaterielle Instanz wie etwa eine Seele sei. Vermutlich rührt dies daher, dass der Mensch sich schon immer als Krone der Schöpfung verstanden hat (was er ja auch ist). Heutzutage ist allerdings klar, dass den Menschen von den Tieren nichts Grundsätzliches, nur Graduelles unterscheidet. Delphine, Elefanten und einige andere Tiere sind durchaus in der Lage, sich im Spiegel selbst zu erkennen, was die Wissenschaft als Indiz für ein vorhandenes Ich-Bewusstsein wertet. Aber natürlich wäre grundsätzlich vorstellbar, dass auch Tiere eine wie auch immer geartete »Seele« haben.

Grischa Merkel (2006, 170) fragt zu Recht: »Warum kann mein (körperunabhängiger) Geist immer nur auf *mein* Gehirn und kein anderes einwirken?« Er stellt fest, es gebe heute einen »schwerlich bestreitbaren Konsens: alle mentalen Phänomene hängen auf irgendeine Weise vom Gehirn ab.« Jedenfalls seien Indizien für Gegenteiliges nicht wirklich erkennbar.

Wolf Singer (2004a, 53) präsentiert eine, wie ich finde, sehr plausible Theorie, welche die Existenz einer »Seele« ausschließt:

»Die Verhaltensleistungen einfacher Organismen lassen sich lückenlos auf die neuronalen Vorgänge in den respektiven Nervensystemen zurückführen. Da die Evolution sehr konservativ mit Erfindungen umgeht, unterscheiden sich einfache und hochdifferenzierte Gehirne im Wesentlichen nur durch die Zahl der Nervenzellen und die Komplexität der Vernetzung. Daraus folgt, dass auch die komplexen kognitiven Funktionen des Menschen auf neuronalen Prozessen beruhen müssen, die nach den gleichen Prinzipien organisiert sind wie wir sie von tierischen Gehirnen kennen.« Man könnte auch fragen: Wenn es eine Seele gibt, in welcher Evolutionsstufe des (späteren) Menschen und vor allem wodurch bedingt sollte sie diesem »beigetreten« sein? Zur Beantwortung dieser Frage fehlt mir allerdings sämtliche Fantasie …

Letztendlich spricht auch ein weiteres sehr einfaches Argument dagegen, dass unsere Entscheidungen in einer immateriellen, vom Körper getrennten Instanz getroffen werden. Denn ganz offenbar fallen unsere Entscheidungen nach Einleitung bestimmter Stoffe wie Alkohol, anderer Drogen oder bestimmter Psychopharmaka in das Gehirn tendenziell anders aus. Daraus wird man schließen dürfen, dass die Entscheidungen im Gehirn generiert werden. Mag es nun eine Seele, einen Geist o.Ä. geben, unsere Entscheidungen scheinen dort jedenfalls nicht angesiedelt zu sein angesichts der Tatsache, dass sie sich bei Einleitung bestimmter Substanzen in das Gehirn verändern.

7.7 Kant, freier Wille und Moral

Kants Position zur Frage der Entscheidungsfreiheit – von ihm, wie von den meisten Philosophen unzutreffend »Willensfreiheit« genannt – ist irgendwo zwischen Kompatibilismus und Libertarismus zu verorten. Auch nach mehrfachem Lesen erscheint sie komplex, um nicht zu sagen wirr. Ich würde mich freuen, wenn Sie Kant diesbezüglich studieren und mir gegebenenfalls Ihre entgegenstehende Sicht über unser Forum auf *lothar-hergarten.de* mitteilen würden. An dieser Stelle möchte ich Sie nicht mit Kants Gesamtschau zur menschlichen Entscheidungsfreiheit behelligen, sondern Ihr Interesse auf einen Teilaspekt richten, nämlich den von Kant gesehenen Zusammenhang von Entscheidungsfreiheit und Moral. Kants diesbezügliche Vorstellungen stellen sich in etwa wie folgt dar.

Im Mittelpunkt stehen die von Kant so genannten moralischen Gesetze (vgl. hierzu z. B. Grondin 2009). Ein moralisches Gesetz ist nach Kant objektiv, allgemeingültig und gilt restlos und immer für alle Menschen. Den Gegenpart bilden die von ihm sogenannten Maximen, welche die »Begehren« des Individuums widerspiegeln. Anders als eine Maxime wird ein moralisches Gesetz durch nichts außer durch sich selbst bestimmt. Dabei ermöglicht uns – so Kant – die »Vernunft« das Erkennen der moralischen Gesetze. Kant folgert, dass wir »Freiheit von den Objekten der Natur« erlangen, wenn unser Wille von einem moralischen Gesetz bestimmt wird. Nur ein »reines moralisches Gesetz« ist »ausnahmslos gut«, eine einzige Maxime genügt, damit der Wille diese Reinheit des Gesetzes verliert. Ein freier Wille ist damit ein solcher, der sich immer und nur von moralischen Gesetzen bestimmen lässt. Gleichzeitig bewirken diese Gesetze immer, dass der Wille frei wird. So könne jeder noch so »einfache Verstand« erkennen, ob er sich durch ein moralisches Gesetz leiten lässt.

Sind das nicht wunderschöne Vorstellungen? Wäre das nicht die Welt, von der wir alle träumen? Leider hat das alles mit der Realität nur sehr bedingt zu tun und mit der menschlichen Entscheidungsfreiheit noch weniger. Wie können unsere Entscheidungen frei sein, wenn bzw. weil wir uns an moralische Gesetze halten (müssen)? Dann bestimmen doch schließlich diese Gesetze unsere Entscheidungen. Dies scheint Kant auch zumindest unbewusst selbst zu erkennen, wenn er meint, die Menschen seien verpflichtet, allein das moralische Gesetz zu achten und diesem ihren Willen zu »unterwerfen« und dass ein freier Wille nur ein solcher sei, der sich durch die moralischen Gesetze *bestimmen* lasse.

Und was ist die »Moral«, die doch die Wertvorstellungen der jeweiligen Gesellschaften widerspiegelt und damit nicht nur regional unterschiedlich, sondern auch im Zeitablauf einem ständigen Wandel unterworfen ist? Bis vor wenigen Jahrzehnten stand beispielsweise die Homosexualität – oder zumindest deren Auslebung – in Deutschland noch unter Strafe, und in einigen Ländern ist dies bis heute so. Kants kategorischer Imperativ, der besagt, dass man nur nach derjenigen Maxime handeln solle, von der man selbst wolle, dass sie ein allgemeines Gesetz werde, passt natürlich perfekt in dieses Bild von »Willensfreiheit«. Aber dieses Bild ist eben von Wunschdenken geprägt. Es geht letztlich um Gut und Böse und darum, dass nur noch das Gute das Entscheiden und Handeln der Menschen bestimmen möge. Dem wird die Mehrheit der Menschen zweifellos zustimmen. Nur, dass das Handeln nach moralischen Gesetzen zur Freiheit unserer Entscheidungen führen würde, ist weder von Kant wirklich begründet worden noch sonst irgendwie nachvollziehbar. Logisch erscheint eher das Gegenteil, nämlich dass die konsequente Befolgung moralischer Gesetze (welcher Art auch immer) die Freiheit der Entscheidung einschränkt, wenn nicht ausschließt.

Zahlreiche philosophische Literaten (vgl. z.B. Campbell 1967, 441–465) gehen zwar davon aus, dass wir bei unseren Entscheidungen durch unsere Motive und Wünsche geleitet werden, wir könnten jedoch am Ende unseres Entscheidungsprozesses nochmals unser moralisches Pflichtbewusstsein aktivieren, ohne von den früheren Zuständen unseres Gehirns oder vom Zufall abhängig zu sein. Das klingt zunächst einmal sehr eingängig. Letztendlich sagen diese Philosophen jedoch nichts anderes, als dass das moralische Bewusstsein von den äußeren Einflüssen und der genetischen Entwicklung des Gehirns abgekoppelt sei. Genau darin liegt der Fehler. Natürlich ist Moral nicht gott- oder naturgegeben. Sie hängt ab von unserer Genetik, unserer Erziehung und unseren sonstigen Erfahrungen, wobei die Wertvorstellungen der jeweiligen Gesellschaft eine besondere Rolle spielen. Doch auf all das haben wir keinen Einfluss. Damit haben wir auch keinen Einfluss auf unsere persönliche Moral. Während der eine Mensch in irgendeinem Sinne moralisch erzogen worden ist, ist dies bei einem anderen nicht der Fall. Darüber hinaus sind die moralischen Inhalte – wie bereits angesprochen – interkulturell und im Zeitablauf höchst unterschiedlich. Während die eine Kultur Diebstahl generell moralisch ächtet, tut die andere Kultur dies nur, wenn der Diebstahl im eigenen Clan, der eigenen Familie oder der eigenen Gesellschaftsschicht erfolgt. Während der eine Mensch schon durch die bei ihm genetisch angelegte Empathie in bestimmter Weise moralisch ist, ist der andere kaum oder gar nicht imstande, Empathie zu empfinden. Die Vorstellung einer bei jedem Menschen in gleicher Weise angelegten, von Umwelteinflüssen und Genetik unabhängigen Moral ist also – leider – nur eine sozialromantische Vorstellung.

Aber auch aus der Perspektive des Entscheidungsprozesses ist die Sichtweise von Campbell nicht haltbar. Die beim Entscheider in bestimmten Ausprägungen vorhandene Moral geht in den Abwägungsprozess mit ihrer aktuellen Gewichtung ein. Ist die Moral eher schwach ausgeprägt und die Verlockung eines bestimmten Moralbruchs eher groß, empfindet also der Entscheider das Nutzenopfer einer verletzten Moral geringwertiger als den Nutzen aus dem Moralbruch, wird er diesen schlichtweg begehen. Hieran ändert auch das von Campbell vorgebrachte Argument nichts, der Mensch könne am Ende des Entscheidungsprozesses sein »moralisches Bewusstsein« unabhängig vom bisherigen Werdegang des Entscheidungsprozesses »noch einmal aktivieren«. Dieses nochmalige Überdenken moralischer Aspekte ist nichts anderes als die Überprüfung und Verfeinerung des bisherigen Entscheidungsprozesses, der erst beendet ist, wenn die Entscheidung abschließend getroffen wurde. Das nochmalige Überdenken hat keine eigene Qualität, sondern ist ein typisches Element des Entscheidungsprozesses.

7.8 Sprachliche Freiheit

Eng verwandt mit der bereits kurz angesprochenen These, unsere Entscheidungen seien frei, weil wir sie als frei wahrnehmen, ist die weiter oben angesprochene These, die sprachliche Verankerung der »Willensfreiheit« in unseren »elementaren Sprachstrukturen« *beweise* eine »mit Recht unhintergehbare (d.h. nicht mehr bezweifelbare) Grundlegung der menschlichen Willensfreiheit« (Schünemann 2002, 334, vgl. hierzu auch Schünemann 1989, 153 f.).Reinhard Merkel (2006, 167 f.) bemerkt hierzu sehr trefflich, dass es dann wohl in Gesellschaften mit anderen Sprachstrukturen, in welchen eine Zuschreibung individueller Willensfreiheit nicht vorkomme, auch tatsächlich keine Willensfreiheit geben könne, obwohl die Menschen dort biologisch genauso sind, funktionieren und handeln wie wir. Was er nicht sagt: Es ist zuweilen grausam, was Wissenschaftler uns da aufzutischen versuchen. Reinhard Merkel berichtet in diesem Zusammenhang (2006, 168) von einer Studie über den afrikanischen Stamm der Nuer, wo es eine tief verwurzelte und kommunikativ fest fixierte Überzeugung gebe, schwer missgestaltete Neugeborene seien in Wahrheit Nilpferdbabys, die versehentlich durch eine menschliche Mutter auf die Welt gekommen seien. Deshalb ist es für die Nuer selbstverständlich, diese Kinder in den Fluss zu legen, wo sie ihrer Meinung nach hingehören. Merkel schließt zutreffend mit dem Hinweis, dass auch die über Jahrtausende geübte und sprachlich verwurzelte Praxis die Kinder nicht zu Nilpferden machen könne.

Analytisch bleibt eigentlich nur Folgendes einzuwenden: Die Tatsache, dass es zwei Begriffe (Entscheidung und Freiheit) für zwei real existierende Betrachtungsobjekte gibt, bedeutet noch nicht, dass es etwas real Existierendes gibt, das der Kombination aus den beiden

Begriffen entspricht. Nur weil es real Honig und auch einen Mond gibt, bedeutet dies halt noch nicht, dass es auch einen Honigmond gibt – sieht man einmal vom Honeymoon ab, der aber bekanntlich weder mit Honig noch mit einem Mond etwas zu tun hat.

7.9 Theorie des Entscheidungsmoments

Immer wieder ist mehr oder weniger beiläufig bei den hiermit befassten Philosophen und Neurologen zu lesen, dass *zumindest im Moment* der Entscheidung sämtliche Entscheidungsparameter feststehen und diese damit unfrei sei (vgl. z.B. Merkel 2014, 114f.). Einiges spricht durchaus für diese (nennen wir sie so) »Theorie des Entscheidungsmoments«. Egal wie lange die gedankliche Vorbereitungsphase dauert, die menschliche Entscheidung selbst passiert stets durch einen zeitlich kaum messbaren »Sprung«, in einem sehr kurzen Moment, der jedenfalls zu kurz ist, um in ihm noch etwas anderes als die Entscheidung selbst passieren lassen zu können. Im Entscheidungsmoment stehen die Entscheidungsparameter fest, so lange sie auch vorher entwickelt worden sein mögen, und sind vom Menschen selbst nicht mehr beeinflussbar. Betrachten wir die menschliche Entscheidung aus den diversen bisher erarbeiteten Perspektiven bzw. Theorien, dann stehen *im Entscheidungsmoment* für den Entscheider die Entscheidungsparameter bzw. -determinanten definitiv fest:

- Nutzen und Nutzenopfer sowie damit der erwartete Nutzensaldo (Analyse des Entscheidungsprozesses)
- Ziele, Präferenzen und Umweltbedingungen (Entscheidungstheorie)
- naturgesetzliche Gegebenheiten und Dynamiken (Determinismus)
- Ursachen bzw. Gründe (Kausalismus)

Sie können durch den Entscheidungsträger im Entscheidungsmoment nicht (mehr) verändert werden. Folgt man dem, dann ist die

Konsequenz jedenfalls, dass die Entscheidung zumindest im eigentlichen Entscheidungsmoment unfrei ist in dem Sinne, dass sämtliche Determinanten bereits feststehen – und zwar aus *jeder* der oben angesprochenen Perspektiven/Theorien heraus. Dem könnte man im Prinzip entgegenhalten, dass bereits im *Vorfeld* der eigentlichen Entscheidung die Weichen für einen *anderen* Ausgang derselben hätten gestellt werden können. Dieses Argument kann aber kaum überzeugen, da bei allen genannten Theorien – wenn diese richtig sind – auch die im Vorfeld ablaufenden Prozesse, also etwa die Naturgesetze oder die Kausalketten, zwangsläufig bzw. unabänderlich ablaufen. Dennoch: Wer Letzterem nicht zustimmt, kann immerhin die These vertreten, dass im Entscheidungs*moment* selbst die Determinanten der menschlichen Entscheidung feststehen und diese somit unfrei ist.

8 Analyse unserer Denkprozesse

Nachfolgend wollen wir analysieren, wie unser »Denkapparat« funktioniert, mit anderen Worten: was wir warum denken. Nur dann können wir u.a. verstehen, wie frei oder unfrei unsere Gedanken – und damit unsere »gedachten« Entscheidungen – sind. Auf der Suche nach einer entsprechenden Analyse in der Literatur bin ich nicht fündig geworden, sodass wir uns wohl selbst hieran versuchen müssen.

8.1 Wie frei sind unsere Gedanken?

Warum interessiert uns die Freiheit von *Gedanken* im Zusammenhang dieses Buches? Wenn Entscheidungen die bewusste, mithin *gedachte* Wahl zwischen Handlungsalternativen sind, dann können uns Überlegungen zur Freiheit unserer *Gedanken* möglicherweise auch Aufschluss geben über die Freiheit unserer Entscheidungen. Denn schließlich ist Entscheiden ein Denkvorgang.

Natürlich sind unsere Gedanken frei – jedenfalls in dem Sinne, dass sie uns niemand vorschreiben oder verbieten kann. Wirklich? Wenn neben Ihnen jemand unvermittelt einen Schuss aus einem Gewehr abgibt, werden Sie kaum anders können, als sich gedanklich mit diesem Schuss zu befassen. Über unsere sinnlichen Wahrnehmungen, wie z.B. auch durch die Ausübung von Gewalt, können andere uns also doch in gewissem Maße Gedankenthemen aufzwingen oder uns damit auch von anderen Gedanken abhalten. So viel lediglich zur Vollständigkeit, denn ansonsten kann uns tatsächlich niemand unsere Gedanken vorschreiben oder verbieten.

Einsehen kann unsere Gedanken glücklicherweise auch niemand, obwohl bereits einige Hirnforscher behaupten, mit relativ hoher Treffgenauigkeit durch Messung von Hirnströmen sehr einfache mentale Befindlichkeiten bzw. Vorgänge lesen zu können. Aber sind unsere Gedanken auch in dem Sinne frei, dass wir das denken, was wir denken *wollen*? Oder anders gefragt: Werden unsere Gedanken durch unseren Willen gesteuert, können wir entscheiden, was wir denken? Und falls ja, woraus speist sich dann unser Wille? Auch aus einem (anderen) Willen oder aus etwas, das nicht in unserer Einflusssphäre liegt? Ja, da ist sie wieder, die Frage: »Können wir wollen, was wir wollen?« Spätestens an dieser Stelle dürften die vermeintliche Freiheit unserer Gedanken betreffend einige Fragezeichen angebracht sein.

Während es zahllose Abhandlungen und Positionierungen zur Frage der Freiheit der menschlichen Entscheidung gibt, sind zur Frage der Freiheit unserer Gedanken praktisch ausschließlich Veröffentlichungen aus dem Bereich der Neurologie bzw. Hirnforschung zu finden. Dort geht die Tendenz allerdings in neuerer Zeit stark dahin, das menschliche Gehirn als computerähnliches System zu verstehen, also in Richtung naturgesetzlicher Determiniertheit in dem Sinne, dass bestimmte Inputs bei gegebenem System (Gehirn) zwangsläufig bestimmte Outputs generieren. An durchschlagenden naturwissenschaftlichen Beweisen mangelt es hier jedoch noch, und selbst Libet will ja – wenn auch mit fragwürdiger Begründung – die Ergebnisse seiner Versuche nach einer Kehrtwende nicht mehr als Hinweis auf einen neuronalen Determinismus verstanden wissen.

Als *philosophisches* Thema findet die Frage nach der Freiheit unserer Gedanken dagegen in der Literatur praktisch nicht statt. Grund hierfür dürfte sein – so mutmaße ich –, dass die Freiheit unserer Gedanken schlichtweg generell als wissenschaftlich nicht zu hinterfragender »common sense« vorausgesetzt wird. Aber vielleicht haben uns ja schon die bisherigen Überlegungen zur Freiheit der menschlichen Entscheidung gelehrt, dass mit solchen wissenschaftlichen »Allgemeinplätzen« argwöhnisch umzugehen ist. Analysiert man – anhand des eigenen Denkens für jeden nachvollziehbar – die Entstehung und

Entwicklung unserer Gedanken, gelangt man bezüglich deren Freiheit zu erstaunlichen Ergebnissen. So viel möchte ich vorab schon einmal versprechen ...

Neben diversen Verschwörungstheorien, die eher mit Unfreiheit im Sinne von Manipulation durch Dritte zu tun haben und fragwürdigen Theorien, wie etwa der, dass Coaching unsere Gedanken unfrei mache, sind auch im Internet nach meinen Recherchen keine ernst zu nehmenden Auseinandersetzungen zu der Frage der Freiheit unserer Gedanken anzutreffen. Die Grundsatzfrage, wie unsere Gedanken zustande kommen und sich entwickeln, haben weder die Philosophen noch die Psychiater oder Neurologen in nennenswerter Weise literarisch behandelt. Ist es nicht erstaunlich, dass das Denken, etwas, was wir tagein, tagaus tun und was uns – aus derzeitiger Sicht – zumindest quantitativ am ehesten von den Tieren unterscheidet, einfach nicht analysiert und von der Wissenschaft weitestgehend ignoriert wird? Vermutlich liegt es wie bei den Entscheidungen daran, dass wir unsere Gedanken als frei empfinden. Aber welchen Wert hat das schon, wenn wir hierüber noch nicht einmal analytisch nachgedacht haben? Also lassen Sie uns die Frage, wie unsere Gedanken entstehen und sich entwickeln, analytisch angehen, damit wir uns dann einer Antwort auf die Frage der Freiheit von Gedanken und damit vielleicht auch von Entscheidungen nähern können.

8.1.1 Associative Chain

Stellen Sie sich vor, Sie liegen in Ihrem abgedunkelten Schlafzimmer mit geschlossenen Augen, auch von außen dringen keine Geräusche in das Zimmer und Sie verspüren keinerlei Bedürfnisse wie etwa Hunger etc. Wenn Sie jetzt nicht gerade schlafen, ergibt sprichwörtlich ein Gedanke den nächsten. Sollten Sie zunächst zum Beispiel an einen weißen Sandstrand denken, assoziieren Sie möglicherweise Ihren letzten Urlaub, in welchem Sie einen solchen zuletzt in natura erleben durften. Der Gedanke an den Urlaub lässt sie dann assoziativ möglicherweise an den netten andersgeschlechtlichen Menschen (einmal in diesem Buch wollte ich wenigstens i. w. S. gegendert haben ...) denken, den/die/das Sie im Urlaub kennengelernt haben und der/die/das sich immer so schrill gekleidet hat. Anlässlich des Gedankens an die schrille Kleidung kommt Ihnen in den Sinn, dass Sie sich doch schon länger eine neue Lederjacke kaufen wollten usw. und so fort ....

Sie haben es möglicherweise schon realisiert: Zumindest solange sich z. B. keine Bedürfnisse melden oder man nicht durch Wahrnehmungen aus der Umwelt aus seiner Gedankenkette »gerissen« wird, gibt uns das Gehirn den jeweils nächsten Gedanken in einer Gedankenkette quasi automatisch ohne unser Zutun vor. Unser aktueller Gedanke *assoziiert* den nächsten Gedanken, zu dem uns die Synapsen offenbar weiterleiten. Niemand von uns wird behaupten wollen, dass wir angesichts des Gedankens an die schrille Kleidung unserer Urlaubsbekanntschaft in irgendeiner Weise *entscheiden*, an den überfälligen Kauf der Lederjacke zu denken. Unsere Sprache hat schon erkannt, womit wir selbst uns vermutlich zunächst noch schwertun: »Unsere Gedanken kommen und gehen«, wir »kommen von Hölzken auf Stöcksken«, »mir ist da gerade ein Gedanke gekommen«, »da ist mir gerade in den Kopf geschossen, dass ...« oder wir »lassen die Gedanken fließen«. Nicht *wir* steuern hierbei die Gedanken, sondern die Gedanken steuern unsere Gedanken und zwar einer assoziativ den nächsten und der wiederum den übernächsten usw. ... Jedenfalls assoziiert ein Gedanke den nächsten, solange diese Kette nicht unterbrochen wird, etwa weil sich in unserem Kopf ein mehr oder weniger drängendes Bedürfnis meldet oder wir durch einen oder mehrere unserer Sinne eine Wahrnehmung machen, welche uns aus unserer Gedankenkette herausreißt.

Lassen Sie uns diese Phase die assoziative Gedankenkette bzw. *Associative Chain* (dieser Begriff klingt so schön wissenschaftlich und international) unseres Denkens nennen. Sie ist dadurch gekennzeichnet, dass die Gedanken sich assoziativ hintereinander und in Abhängigkeit voneinander entwickeln. Jeder Gedanke ist Ursache des nächsten und wird seinerseits durch den just vergangenen Gedanken generiert – und nicht etwa durch einen von uns ausgelösten Willensakt. Ich denke, diese Erfahrung wird so ziemlich jeder für sich selbst bestätigen können. Ebenso lästig wie bewusst wird diese assoziative Kette jedem, der gerne einschlafen möchte, aber es nicht kann. Am liebsten würde er gar nichts denken, doch die Gedanken ergeben einer den anderen und man erlebt diese gewisse Ohnmacht, nicht anders zu können, als den Gedankenfluss hinzunehmen …

8.1.2 Requirement Cuts

Während Sie so daliegen und auf die beschriebene Weise ihren »Gedanken nachgehen«, macht sich bei Ihnen plötzlich ein Hungergefühl bemerkbar, welches Ihre bisherige assoziative Gedankenkette unterbricht und eine neue initiiert: »Worauf hätte ich denn jetzt Hunger? Wo bekomme ich das jetzt wohl her? Lohnt es sich überhaupt, dafür aufzustehen? Wann steht das Abendessen sowieso auf dem Tisch?« usw. Offenbar haben wir es hier mit einem durch ein sich meldendes Bedürfnis bedingten Cut unserer Gedankenkette zu tun.

Um es wiederum schön wissenschaftlich klingen zu lassen, könnten wir diesen Cut in unserer assoziativen Gedankenkette, der dann eine neue Gedankenkette auslöst, Bedürfnis-Cut oder *Requirement Cut* nennen. Er unterbricht schlicht unsere bisherige Gedankenkette und »nötigt« uns in eine neue Gedankenkette, die sich zumindest in ihrer Anfangsphase mit der Frage befasst, wie das Bedürfnis, welches sich gemeldet hat, bestmöglich befriedigt werden kann. Da (Grund-)Bedürfnisse bekanntlich ohne unser Zutun entstehen und in Abhängigkeit von ihrer Stärke in unser Bewusstsein treten, geschieht auch dieser Requirement Cut, ohne dass wir hierauf einen Einfluss hätten. Das Bedürfnis muss nur stark genug sein, dann wird es sich bei unserem Bewusstsein melden, ohne dass wir dies verhindern könnten. Nur zur Vervollständigung: Der ein Bedürfnis signalisierende Requirement Cut ist stets auch Voraussetzung für die Einleitung einer Entscheidung, die ja bekanntlich stets auf die Befriedigung eines Bedürfnisses abzielt.

8.1.3 Perceptual Cuts

Während sich die nächsten Momente Ihre Gedanken weiter assoziativ mit der Frage befassen, wie Sie Ihren Hunger möglichst lustvoll zur Erledigung bringen könnten usw., wird auch diese Gedankenkette plötzlich unterbrochen, in unserem Beispiel durch das Schlagen der Wohnungstür. Diese Wahrnehmung führt ebenfalls zu einem Cut der (letzten) assoziativen Phase. Allerdings ist dieses Mal nicht ein sich meldendes Bedürfnis, sondern eine Sinneswahrnehmung, nämlich das Hören des Türenschlagens, die Ursache. Diesen Cut können wir dementsprechend *Perceptual Cut* nennen. Er unterbricht unsere assoziative Gedankenkette durch eine sensitive Wahrnehmung aus unserer Umwelt, also durch Hören, Sehen, Riechen usw. und löst wiederum eine assoziative Gedankenkette aus: Wer betritt da die Wohnung, wird es vielleicht meine Frau sein und wie rechtfertige ich, dass ich immer noch im Bett liege, wer besitzt sonst noch einen Schlüssel für die Wohnung usw. Natürlich haben wir auch auf den Perceptual Cut keinen Einfluss. Wenn die Tür laut genug schlägt, können wir nicht anders, als dies wahrzunehmen. Und im Normalfall werden wir uns zwangsläufig auch mit der Frage befassen, wer oder was das Türschlagen veranlasst hat.

8.1.4 Programmed Cuts

Lassen Sie uns drei weitere Cuts ansprechen, die Ihr Denken lenken bzw. bestimmen können. Wir Menschen sind in der Lage, uns mehr oder weniger erfolgreich so zu »programmieren«, dass wir daran denken, etwa in drei Stunden den Ofen mit dem Schmorbraten abzustellen oder während der Autofahrt beim Anblick einer Apotheke anzuhalten, um ein bestimmtes Medikament einzukaufen – ohne unentwegt daran zu denken. Im erstgenannten Fall unterbricht uns eine Art innerer Timer in unserer jeweiligen Gedankenkette, während es sich beim letztgenannten Fall um einen zur Wahrnehmung einprogrammierten Perceptual Cut handelt. Insgesamt könnte man von *Programmed Cuts* sprechen. Diese Cuts »melden sich« zwar von selbst, beruhen aber auf (Programmierungs-)Entscheidungen unsererseits. So gesehen sind sie so frei oder unfrei wie unsere Entscheidungen … Aus gedanklicher Sicht sind die Entscheidungen zu Programmed Cuts wiederum das Ergebnis von Assocative Chains sowie den diversen Cuts und damit so frei oder unfrei wie diese. So kann etwa die Gedankenkette, die sich während einer Autofahrt mit der Beschaffung eines bestimmten Medikaments befasst, in der Entscheidung enden, einen Perceptual Cut auf die Wahrnehmung einer Apothekenwerbung »einzuprogrammieren«.

8.1.5 Subconscious Cuts

Des Weiteren gibt es noch die Cuts, die quasi selbsttätig aus Ihrem Unterbewusstsein in Ihr Bewusstsein drängen, weil bestimmte Ereignisse oder Gegebenheiten Sie so sehr bewegen, dass diese immer wieder ohne sonstigen konkreten Anlass quasi selbstständig den Weg in das Bewusstsein finden. Dabei kann es sich ebenso um ein großes persönliches Unglück wie auch das Gegenteil davon handeln. Für jene etwa, die gerade Mutter oder Vater geworden sind, wird es kaum 10 Minuten geben, in denen sie nicht hieran denken bzw. denken müssen. Darauf, dass sich diese Cuts – nennen wir sie *Subconscious Cuts* – sich melden oder nicht, haben wir ebenso offensichtlich keinen Einfluss.

8.1.6 Emotional Cuts

Schließlich sind da noch die Cuts, die wir *Emotional Cuts* nennen wollen. Kennen Sie das: Sie lesen einen Text oder hören jemandem zu und plötzlich kommt in Ihnen das Gefühl auf: »Da stimmt etwas nicht, darüber musst du nachdenken.« Bevor der Denkapparat seine analytische Arbeit darüber aufnimmt, was von dem Wahrgenommenen mit irgendetwas nicht im Einklang steht, kommt dieses Gefühl, welches den Denkprozess auslöst bzw. einleitet. Je nachdem wie man Festingers Theorie der kognitiven Dissonanz (Festinger 1957) interpretiert, handelt es sich – nebenbei bemerkt – bei diesem Gefühl um eine »Teilmenge« der von ihm sogenannten kognitiven Dissonanz. Erkennbar haben wir auch auf dieses Gefühl, den *Emotional Cut*, keinen Einfluss. Wenn das Störgefühl sich bildet, bildet es sich von selbst.

Damit dürften wir sämtliche Elemente des menschlichen Denkprozesses erfasst und hinsichtlich ihrer Entstehung analysiert haben (oder glauben Sie, weitere Elemente gefunden zu haben? Dann würde ich mich über einen kurzen Beitrag unter dem hiesigen Gliederungspunkt unseres Forums freuen.).

Nach unserer Analyse des Denkprozesses sieht es also ganz so aus, dass unsere Gedanken kommen und gehen, wie es *ihnen* – und nicht uns – beliebt. Und es sieht auch ganz so aus, dass die Vorkommnisse bzw. Cuts, die unsere Gedankenketten unterbrechen und neue Gedankenketten auslösen, ebenso wenig unserem Belieben bzw. unserer Entscheidung unterliegen. Noch eine Erkenntnis – wenn sie denn richtig ist – der eher unschönen Art. Denn wer möchte schon akzeptieren, dass er nicht Herr dessen ist, was er denkt? Und sollten schon unsere Gedanken unfrei sein, wie können dann unsere auf Gedanken beruhenden Entscheidungen frei sein?

8.2 Können wir entscheiden, was wir denken?

Bis hierher scheint es zunächst so, dass – wie dargelegt – weder die Associative Chain noch die Requirement Cuts, die Perceptual Cuts, die Programmed Cuts, die Subconscious Cuts oder die Emotional Cuts irgendeinem Einfluss unsererseits unterliegen, der auf eine Freiheit des Denkens bzw. unserer Gedanken hindeuten würde. Die assoziativen Gedanken assoziieren sich – offenbar aufgrund entsprechender Verschaltungen im Gehirn – von selbst und die Cuts werden von außen induziert oder melden sich selbsttätig aus den Tiefen unseres Unterbewusstseins, all das jedenfalls, ohne dass wir hierzu irgendetwas frei entschieden hätten. Die Programmed Cuts basieren zwar auf einer »Programmierungsentscheidung«, die nach unserer ausgiebigen Analyse der menschlichen Entscheidung aber wohl auch eher unfrei sein dürfte. Und aus der Gedankenperspektive ist die »Programmierungsentscheidung« selbst wieder Ergebnis der unserem Einfluss nicht unterliegenden Associative Chains und Cuts. Damit stellt sich natürlich die Frage, ob der Fortgang unserer Gedanken ausschließlich auf diese sechs Elemente, also die Associative Chain und die genannten Cuts, zurückgeführt werden kann. Ich behaupte, dass das so ist, schlicht weil mir auch nach reiflichster Überlegung keine anderen Generatoren für unsere Gedanken einfallen.

Ja, können wir denn wirklich nicht unsere Gedankenketten aus eigener Entscheidung heraus unterbrechen und jenseits der Assoziationen willentlich an etwas ganz anderes, Neues denken? Nehmen wir beispielsweise den Eiffelturm, an den Sie jetzt nicht gedacht hätten, wenn er hier nicht erwähnt würde, wenn bei Ihnen also kein entsprechender Perceptual Cut durch optische Wahrnehmung des Wortes Eiffelturm stattgefunden hätte. Wir können offenbar nicht aus eigener Kraft an *irgendetwas* Bestimmtes denken, sondern sind an unsere assoziativen Gedankenketten und die diese unterbrechenden Cuts gebunden. Eine Desillusionierung, die, wenn sie denn stimmt, nicht so ganz leicht zu verdauen ist.

Die mentalen Inputs von außen, also Perceptual Cuts, erleben wir übrigens permanent in kurzer Abfolge beim Lesen eines Buches, bis uns beim Lesen starke Assoziationen oder Cuts treffen, die uns am Weiterlesen hindern und eine eigene neue Gedankenkette auslösen. Das ist beispielsweise der Fall, wenn wir etwas lesen, das uns fraglich erscheint (Emotional Cut) oder wenn wir plötzlich einen starken Drang zum Toilettengang verspüren (Requirement Cut).

Jetzt werden Sie vielleicht einwenden, dass es nicht unbedingt der Eiffelturm sein müsse, Sie sich aber jederzeit hätten entscheiden können, eine Gedankenkette zu unterbrechen mit genau der Absicht, *irgendetwas* anderes zu denken. Das ist natürlich richtig. Nur: Auch auf diesen Gedanken, einfach etwas ganz anderes zu denken, wären Sie wiederum nur gekommen, wenn er sich aus Ihrer Gedankenkette ergeben hätte, aus einem sich meldenden Bedürfnis heraus (etwa dem, der Langeweile der aktuellen Gedankenkette zu entgehen) generiert oder etwa durch einen wahrgenommenen Input aus der Umwelt ausgelöst worden wäre. *Grundlos* werden Sie jedenfalls nicht auf den Gedanken kommen, Ihre aktuelle Gedankenkette zugunsten *irgendeiner* neuen Kette zu verlassen.

Aber wenn Sie es denn etwa wegen eines sich plötzlich meldenden Gefühls der Langeweile täten, würde sich immerhin noch die Frage stellen, welches neue Thema als Beginn einer neuen Gedankenkette Sie bzw. Ihr Gehirn sich dann wählen würden. Vielleicht offenbart sich hierbei eine gedankliche Freiheit? Sie dürfen sicher sein, dass sich Ihr Gehirn von den aktuell assoziativ abrufbaren Themen das Sie am meisten interessierende aussuchen bzw. vorgeben würde. Vielleicht würden Sie die Wahl des neuen Denkthemas aber auch dem »mentalen Zufallsgenerator« (siehe weiter unten) überlassen. Selbst in diesem Falle wäre das neu gefundene Denkthema dann kein von Ihnen entschiedenes, sondern ein vom Zufall bestimmtes. Und wenn Ihnen – wie angesprochen – mehrere Sie interessierende Themen »in den Sinn kämen«, würden Sie sich das für sie interessanteste bzw. wichtigste aussuchen. Warum sollten Sie sich auch gegen sich entscheiden und ein Sie submaximal interessierendes Thema wählen? Das könnten Sie selbstverständlich (vermeintlich) tun, etwa um den Gegenbeweis anzutreten und zu demonstrieren, dass Sie sich auch »frei« für ein Sie weniger interessierendes Denkthema entscheiden können. Dem müsste allerdings eine – dann wieder assoziative und deshalb unfreie – Gedankenkette oder ein ebenso unfrei verspürtes Bedürfnis vorausgegangen sein, an deren bzw. dessen Ende der Gedanke stand, diesen vermeintlichen Beweis antreten zu wollen. Sie werden sich nicht »aus dem Nichts heraus« für den Antritt des vermeintlichen Gegenbeweises entscheiden (können). Gegen sich hätten Sie sich dann übrigens auch nicht entschieden, weil Ihnen nämlich der Gedanke des vermeintlichen Nachweises, dass Sie sich auch für weniger interessante Gedanken entscheiden können, offenbar attraktiver war als andere Gedanken, sonst hätten Sie sich schließlich nicht dafür entschieden.

Wie angesprochen, hätten Sie nach der Entscheidung, eine neue, andere Gedankenkette aufzunehmen, auch den bereits erwähnten mentalen »Zufallsgenerator« anwerfen können, wenn Ihnen denn der Gedanke hierzu »gekommen« wäre. Damit meine ich, dass Sie durchaus in der Lage gewesen wären, es bewusst Ihrem Gedächtnis bzw. Erfahrungswissen zu überlassen, aus seinen Tiefen etwas hervorkommen zu *lassen*, was mit Ihren aktuellen Interessen und Bedürfnissen rein gar nichts zu tun hat, etwa die Schlacht von Waterloo. Nur: Bewusst und willentlich wären Sie nur mit einer gegen Null tendierenden Wahrscheinlichkeit auf Waterloo gekommen. Denn schließlich hätten nicht Sie, sondern Ihr mentaler »Zufallsgenerator« den gewünschten beziehungslosen Begriff aus den Tiefen Ihres Gedächtnisses bzw. Erfahrungswissens hervorgebracht. Ja, es ist ein gar garstig Ding mit der Freiheit der Gedanken ...

Dann ist da noch der neuronale Determinismus, der aus der substanziellen Beschaffenheit des Gehirns und damit dessen Bindung an die Naturgesetze schließt, dass jeder dessen Zustände sowohl die zwangsläufige Folge des vorausgegangenen wie auch Determinante des folgenden Zustandes ist. Dies ist eine nur schwer von der Hand zu weisende These, wenn es denn keine immaterielle Instanz, wie etwa eine Seele, geben sollte und man an die Allpräsenz der Naturgesetze hienieden glaubt. Zwar befasst sich die Theorie vom neuronalen Determinismus mit der Freiheit der Entscheidung, sie muss aber genauso für die Freiheit der Gedanken gelten – wenn sie denn zutrifft. In beiden Fällen geht es nämlich um die (naturgesetzliche) Funktionsweise unseres Denkapparates. Auch das Kausalprinzip, welches uns lehrt, dass nichts in diesem Kosmos ohne Grund geschieht und die Gründe der Gründe usw. jedenfalls letztlich nicht bei uns liegen, ist auf die Frage der Freiheit unserer Gedanken genauso anzuwenden wie auf die nach der Freiheit unserer Entscheidungen.

Es scheint ganz so, dass nicht nur unsere Entscheidungen, sondern auch unsere Gedanken generell unfrei sein könnten. Wenn das so sein sollte, dann gäbe es für unser Gefühl, unsere Gedanken seien frei – ähnlich wie bei der als frei empfundenen Entscheidung – nur eine Erklärung: Die Natur möchte verhindern, dass wir angesichts solcher Erkenntnis einer Unfreiheit unserer Gedanken in fatalistische Lethargie verfallen. Sie zwingt uns, immer weiter zu denken, selbst wenn wir subjektiv davon überzeugt sein sollten, dass unsere Gedanken unfrei bzw. gesteuert und in diesem Sinne »sinnlos« sind. Das hört sich schrecklich an, aber in der Praxis ist es erträglich, oder? Es könnte also sein, dass die Natur einer im späteren Verlauf der Menschheitsgeschichte sich möglicherweise allgemein durchsetzenden Erkenntnis, dass unsere Gedanken wie auch unsere Entscheidungen unfrei sind, durch eine Art »Lethargieverbot« und verordneten Denkgenuss quasi vorausschauend entgegengewirkt hat. Ich persönlich jedenfalls bin von der Determiniertheit und damit Unfreiheit unserer Gedanken durchaus überzeugt, genieße es aber zu denken und freue mich über all das, was ich durch Denken entdecke oder gar entwickele.

8.3 Sind kreative Gedanken frei?

Kreativität wird gemeinhin als ein »freier Schöpfungsakt« verstanden. Dies könnte nahelegen, dass sich im kreativen Akt eine gedankliche Freiheit manifestiert. Auch wenn es zahllose Definitionen für den Begriff der Kreativität gibt, möchte ich diese mit vielen anderen Autoren als das zielorientierte Zusammenfügen von Bekanntem zu etwas Neuem definieren. Dies erscheint nachvollziehbar, denn das Puzzle beispielsweise einer Erfindung kann man nur aus etwas zusammensetzen, was man bereits kennt; was man nicht kennt, kann man auch nicht gedanklich zu etwas Neuem zusammensetzen. Dabei werden – wenn wir beispielhaft bei der Erfindung als einem Akt der Kreativität bleiben – bekannte Funktionsweisen, Gesetzmäßigkeiten, Gegenstände, Vorrichtungen etc. in ihrem potenziellen Zusammenwirken ständig miteinander – zumindest gedanklich – verprobt und das jeweilige Ergebnis mit einem Erfindungsziel abgeglichen oder auf seine Erfindungseignung hin überprüft. Wir haben es also mit einer Art von exzessivem »Associative Chaining« zu tun. Die Assoziationen »bilden sich« und bringen Neues hervor – oder auch nicht. Kreative Ideen »kommen« uns oder eben auch nicht, ohne dass wir hierauf Einfluss hätten. Entscheiden wir uns, uns bekannte Vorrichtungen/Verfahrensweisen zu einer neuen Vorrichtung/Verfahrensweise mit *neuer Funktion* zusammenfügen, so liegen dieser Entscheidung und der ihr folgenden Associative Chain historische Kausalketten zugrunde. Da weder die historischen Kausalketten noch die Associative Chains – wie umfassend dargelegt – unserem Einfluss unterliegen, offenbart sich somit in der Erfindung weder eine Freiheit unserer Gedanken noch eine Freiheit unserer Entscheidungen.

Exkurs: Entscheidung und Disziplin

Bei dieser Gelegenheit wollen wir einen kleinen Seitensprung wagen und uns fragen, wie denn überhaupt Disziplin in das Thema der menschlichen Entscheidungen einzuordnen ist. Können wir uns »frei« zur Disziplin entscheiden? Macht es Sinn, wenn wir Disziplinlosigkeit für »vorwerfbar« halten? Wie bereits dargelegt, beziehen sich unsere Entscheidungen immer auf die Zukunft (da Gegenwart und Vergangenheit bekanntlich nicht mehr zu ändern sind). Genau gesagt wägen unsere Entscheidungen (erwartete) zukünftige Nutzensalden alternativer Entscheidungsmöglichkeiten gegeneinander ab. Dabei kommt es nicht selten vor, dass die eine Entscheidungsalternative *kurzfristig* anfallende vergleichsweise geringe Nutzensalden generiert, während eine konkurrierende andere Entscheidungsalternative größere, aber *längerfristig* und/oder *später* anfallende Nutzensalden generiert. Im Falle meines Sohnes Moritz bedeutet dies zum Beispiel, dass die aktuelle Befassung mit Computerspielen mit dem längerfristigen Einpauken von Schulinhalten zum Zwecke der Erlangung von Abiturnoten, die für die Zulassung zum Medizinstudium ausreichen, konkurriert. Die erste Alternative erfordert fast kein Nutzenopfer und generiert kurzfristig einen Nutzensaldo in Form von Spielgenuss. Die zweite Alternative erfordert dagegen kurz- und mittelfristige Nutzenopfer in Form von Lernarbeit, verspricht aber dafür einen sehr großen, relativ weit in der Zukunft liegenden Nutzen (in diesem Falle des angestrebten Arztberufes), welcher i.d.R auch unter Berücksichtigung der zu erbringenden Nutzenopfer einen deutlich höheren Nutzensaldo verspricht als die Befassung mit Computerspielen.

Das sieht auch mein Sohn Moritz nach einigen Gesprächen so. Aber warum entscheidet er sich trotzdem immer wieder für die Computerspiele? Hier hilft uns die in Kapitel 4 behandelte Entscheidungstheorie. Wir erinnern uns an die sogenannte Zeitpräferenz, nach der wir Ergebnisse von Entscheidungen unterschiedlich bewerten, je nachdem *wann* sie anfallen. Obwohl Moritz genau weiß, dass – auf lange Sicht gesehen – die Vorteile des Arztseins selbst unter Berücksichtigung der hierfür aufzuwendenden Disziplin ungleich größer sind als die einiger glücklicher Stunden am Computer, entscheidet er sich doch so oft für die Computerspiele – und ist damit natürlich in umfangreicher Gesellschaft. Das Beispiel veranschaulicht uns, dass wir die Tendenz dazu haben, kurzfristigen Nutzen und kurzfristige Nutzenopfer deutlich höher zu bewerten als weiter in die Zukunft reichende Nutzen und Nutzenopfer. Dies hat grundsätzlich natürlich auch seinen Sinn, weil Nutzen und Nutzenopfer tendenziell umso unsicherer sind, je weiter in der Zukunft liegend sie anfallen. Dabei spielt der *Grad* der Unsicherheit der zukünftigen Nutzenergebnisse allerdings eine wesentliche Rolle. So wird ein junger Mensch, der (bei ausreichender Intelligenz) diszipliniert seine Studienziele verfolgt, mit relativ großer Sicherheit sein Berufsziel z.B. als Arzt erreichen können. Dennoch reicht diese Sicherheit meinem Sohn Moritz offenbar nicht aus, das Spielen am Computer zugunsten von Lernerfolgen zu reduzieren. Allgemein gesprochen: Es scheint so, dass nicht nur die mehr oder weniger große Ungewissheit *weiter in der Zukunft* liegender

Nutzenergebnisse uns davon abhält, *aktuell* die hierfür erforderlichen Nutzenopfer zu erbringen. Es existiert wohl auch so etwas wie eine bei den Menschen höchst unterschiedlich ausgebildete »Zukunftsblindheit«. Offenbar gibt es »weniger disziplinierte« Menschen, in deren Bewusstsein – aus welchen Gründen auch immer – die Zukunft eine eher geringe Rolle spielt. Um es mit Worten der Entscheidungstheorie auszudrücken: Die Zeitpräferenz dieser Menschen hat einen stark degressiven Verlauf (siehe 4.1.3).

Wir wundern uns vielleicht über Menschen, die sich aktuell gerne Computerspielen hingeben, obwohl sie zumindest ahnen, dass sie möglicherweise ihre berufliche Zukunft damit vertun. Menschen nehmen heute Darlehen auf und verdrängen mehr oder weniger den durch die Rückzahlung bedingten zukünftigen Konsumverzicht. Sie rauchen heute zwei Schachteln Zigaretten am Tag und verdrängen die um durchschnittlich zehn Jahre kürzere Lebenserwartung usw. Wenn sie allerdings schon in Bälde unter einen Lkw geraten, haben sie besser gelebt als die Disziplinierten ... Wenn sie es dann noch könnten, würden sie uns vermutlich sagen: »Nur wer die Zukunft ignoriert, kann verhindern, dass Disziplin sich aufgrund unvorhergesehener Ereignisse dann doch am Ende nicht gelohnt hat ...« Dabei würden sie allerdings selbst ignorieren, dass die Wahrscheinlichkeit des Eintritts von zukünftigen Ereignissen, welche die Früchte der Disziplin zunichtemachen oder gar nicht erst entstehen lassen, in der Regel so gering ist, dass sie den Wert dieser Früchte nicht so weit reduziert, dass es sich nicht mehr lohnen würde, für sie Disziplin aufzuwenden. Oder mit einfachen Worten: Das Risiko eines die zukünftige Berufsausübung verhindernden Ablebens oder einer sehr schweren Erkrankung ist im Durchschnittsfall eines Jugendlichen zu gering, um hiermit sinnvoll die Disziplinlosigkeit bei der eigenen Berufsausbildung begründen zu können.

Ich habe mich oft gefragt, ob »Disziplinlosigkeit« und mangelnde Intelligenz Hand in Hand gehen und habe letztlich doch meine Zweifel. Schließlich könnten auch – zum Beispiel genetisch bedingt – für Ängste zuständige Regionen im Gehirn unterentwickelt sein oder zufällige Lebenserfahrungen suggerieren, dass »schon immer alles gut gegangen ist, warum sollte sich das für die Zukunft ändern …?«.

Selbst Konzernlenker, die sicher nicht wegen minderer Intelligenz an diese Position gekommen sind, beherrschen zum Teil offenbar die »Kunst«, die höchst wahrscheinlichen Spätfolgen krimineller Entscheidungen einfach zu verdrängen (siehe z.B. Bernard L. Madoff oder die ehemaligen Vorstände von Wirecard). Jeder von uns dürfte Menschen kennen, die sich unter Verdrängung der Spätfolgen ihrer Entscheidungen von Desaster zu Desaster durch das Leben hangeln und dabei »doch irgendwie durchkommen«. Wir können diesen Menschen natürlich nicht in den Kopf schauen, aber eine Vermutung ist vielleicht erlaubt. Mich erinnern diese Menschen an die aus der Bergsteigerei bekannten Freeclimber, die ständig ihr Leben riskieren für einen aus der Perspektive der meisten Menschen sehr fraglich Nutzen. Meine Erklärung für das Ignorieren möglicher zukünftiger Spätfolgen von Entscheidungen trotz hoher Intelligenz: Es ist die Lust am »Thrill«, am Risiko, welche diese Menschen bewegt. Sie genießen ihr aktuelles Tun (mit zwei Fingern am Berg zu hängen, Milliarden zu veruntreuen oder einen möglicherweise auch für sie selbst existenzgefährdenden Krieg anzuzetteln), ignorieren aber die Zukunft nicht, sondern freuen sich auf diese als neuen, hoffentlich möglichst gefährlichen »Thrill«, an dessen Bewältigung sie sich beweisen können. Obwohl auch diese Menschen zukünftig voraussichtlich zu erbringende Nutzenopfer (und sei es nur in Form von Risiken) scheinbar ignorieren, sind sie keineswegs per se »zukunftsblind« im sprachgebräuchlichen Sinne. Vielmehr stellt die Gefahr wegen der mit dieser verbundenen Herausforderung einen erheblichen positiven Wert, man könnte auch sagen Nutzen, dar.

Fassen wir zusammen: Disziplinlosigkeit ist in ihrer Grundform letztlich nichts anderes als die äußere Erscheinungsform einer stark degressiven Bewertung zukünftiger Entscheidungsergebnisse. Diese ist allerdings – nur scheinbar – auch bei Abenteurern zu finden, die den »Thrill«, den regelmäßigen Adrenalineinschuss brauchen. Disziplin beruht auf einer hohen oder »angemessenen« Bewertung auch weit in die Zukunft reichender Entscheidungsergebnisse. Allerdings ist Disziplin keine Eigenschaft, die man sich aussucht oder für die man sich entscheidet. Denn Bewertungen – auch von zukünftigen Entscheidungsergebnissen – bilden sich selbsttätig in unserem Kopf und sind Ausdruck unserer Bedürfnisse und Präferenzen, die schlicht jeweils aktuell so sind, wie sie sind, jedenfalls nicht in irgendeiner Weise entscheidbar. Wir bewerten zukünftige potenzielle Entscheidungsergebnisse stets im subjektiven Sinne möglichst richtig, denn schließlich hängt hiervon die Qualität unserer Entscheidungen und damit deren Erfolg ab. Deswegen weisen unsere Bewertungen am Ende immer nur einen Wert aus, nämlich den subjektiv richtigen, der aber unserem Einfluss nicht unterliegt. Der Disziplinlosigkeit ist es zu eigen, dass sie sich aus der Sicht Dritter tendenziell eher selten »auszahlt«. Und doch verhalten sich so viele Menschen in Bezug auf ihre Ziele disziplinlos. Entweder ist ihre uns aus der Entscheidungstheorie bekannte Zeitpräferenz stark degressiv. Oder ihre Intelligenz reicht nur für ein subjektiv (immer) richtiges Entscheidungskalkül, nicht aber für ein »objektiv« richtiges. Auch spricht die Tatsache, dass sich der Disziplinlose letztlich gegen sich selbst verhält, wenig für eine irgendwie »freie« Entscheidung zur Disziplinlosigkeit. Der Disziplinlose weiß zwar häufig genug, dass er einen viel zu hohen Preis für seine Disziplinlosigkeit bezahlen muss, *kann* aber offenbar nicht anders, als diesen zu hohen Preis zu verdrängen bzw. zu ignorieren. Und schließlich hat auch die Disziplinlosigkeit kausalistisch betrachtet ihre Gründe, die wiederum Gründe hat …, die dem Einfluss des Disziplinlosen nicht unterliegen.

Deswegen ist auch ein Vorwurf der »Disziplinlosigkeit« ohne Sinn. Wer »disziplinlos« ist, ist schlichtweg nicht in der Lage, zukünftige Nutzen hoch genug und aktuelle Nutzenopfer niedrig genug einzuschätzen, um auf längere Sicht einen möglichst großen Gesamt-Nutzensaldo erwarten zu können. Statt ihm etwas vorzuwerfen kann man ihm allerdings helfen, indem man ihm genau diesen Zusammenhang erklärt. Auch hier zeigt sich wieder das Phänomen, dass wir selbst möglicherweise unsere eigenen Entscheidungen nicht frei beeinflussen können, während *andere* jedoch durchaus in der Lage sind, *unsere* Entscheidungen zu beeinflussen … Allerdings sind die Entscheidungen der anderen, unsere Entscheidungen zu beeinflussen, selbst wieder unfrei, wenn denn Entscheidungen tatsächlich unfrei sein sollten.

Lassen Sie mich abschließend auf eine besondere, aber durchaus häufige »Spielart« der Disziplinlosigkeit zu sprechen kommen. Es geht um das, was einer meiner damaligen Lehrer als »Verschiebebahnhof« bezeichnete: Der Entscheider, z. B. ein Schüler, hat zwar sein langfristiges Ziel, z. B. ein Medizinstudium, durchaus im Blick, verschiebt aber diesbezüglich erforderliche Aktivitäten immer wieder kurzfristig. Im oben genannten Beispiel sagt er sich, dass er den *aktuellen* Nachmittag durchaus mit Computerspielen anstatt mit Lernen verbringen könne, ohne dass ihn genau dieser Nachmittag das für ein Medizinstudium ausreichende Notenniveau kosten würde. Damit hat er zunächst vermutlich auch recht. Der aktuell »verspielte« Nachmittag wird ihm kaum die Option eines Medizinstudiums verbauen. Nur: Auch den nächsten und den übernächsten Nachmittag usw. verbringt er mit dieser Autosuggestion in gleicher Weise. Irgendwann stellt er dann fest, dass die Zeit bis zum Abitur kaum noch ausreicht, um mit entsprechendem Studienfleiß das für ein Medizinstudium ausreichende Notenniveau noch zu erreichen. Dann kehrt sich die Autosuggestion um: »Selbst wenn ich jetzt den heutigen Nachmittag (wie auch die folgenden Nachmittage bis zum Abitur) der Schule widme, wird mich dies kaum noch auf ein ausreichendes Notenniveau bringen, also kann ich mich auch mit Computerspielen befassen.« Damit liegt er dann womöglich auch wieder richtig. Wir haben es mit einer besonders für einen Jugendlichen geradezu »teuflischen« Mentalfalle zu tun: Mit durchaus zutreffendem Grund wird die Entscheidung zur erforderlichen Arbeit zunächst immer wieder verschoben, um diese dann mit ebenfalls zutreffender Begründung ganz aufzugeben. Die Crux liegt darin, dass mit genau solchen Suggestionen der Zeitpunkt, ab welchem bedingungslos jeder Nachmittag der Schule gewidmet werden müsste, um gerade noch das angestrebte Notenniveau zu erreichen, verpasst wird. Das liegt wiederum auch daran, dass dieser Zeitpunkt in der

Praxis kaum genau zu bestimmen ist. Diese, sagen wir »disziplinäre Mentalfalle«, die man wohl zu Recht als Kuriosum des Entscheidungsverhaltens bezeichnen darf, kann man Menschen wohl am besten ersparen, indem man sie über eben dieses Kuriosum aufklärt. Das habe ich jetzt bei meinem Sohn Moritz getan, mal sehen, was daraus wird ...

8.4 Gedankliche Disziplin

Diese Überschrift hört sich möglicherweise nach einem Coaching-Kapitel an. Aber darum kann es selbstverständlich hier nicht gehen. Vielmehr sind wir an Wahrheiten (und im günstigen Falle an aus diesen resultierender Lebenshilfe) interessiert und wollen im Zusammenhang unseres Themas erkunden, ob gedankliche Disziplin, die es wohl unbestritten gibt, einen Hinweis auf Freiheiten unseres Denkens geben kann. Denn immerhin bedeutet Disziplin so etwas wie Selbstbe*herr*schung. Und wer etwas beherrscht, der steuert es. Fragen wir uns also unabhängig von den obigen Überlegungen zur (Un-)Freiheit unserer Gedanken, ob wir unser *Denken* disziplinieren können und es wenigstens insoweit möglicherweise als freien Akt verstehen dürfen.

Versetzen wir uns in die Situation eines meditierenden Yogi, der – und das wird man ihm glauben dürfen – in der Lage ist, seine Gedanken voll auf ein einziges enges Thema oder gar auf das »Nichts« zu konzentrieren. Ist diese Disziplin Ausdruck gedanklicher Freiheit? Schließlich folgen die Gedanken immerhin einer von ihm getroffenen *Entscheidung*, nämlich der, diszipliniert bei einem einzigen Gedanken zu bleiben. Damit aber sind wir wieder bei der Freiheit von Entscheidungen angelangt. Und diese ist durchaus fraglich, wie umfassend ausgeführt. Ich darf auf das Kapitel 7.1 zum Kausalprinzip verweisen, wenn ich anmerke, dass jede Entscheidung auf Gründen beruht und zumindest die Gründe der Gründe ... nicht unserem Einfluss unterliegen. Des Weiteren steht die These im Raum, dass wir uns stets (nur) für die (Denk-)Alternative mit dem vermeintlich größten Nutzensaldo entscheiden (können). Und auch der naturgesetzliche wie der neuronale und der psychologische Determinismus sprechen wohl für die Determiniertheit unserer Entscheidungen, um noch einmal Positionen gegen unsere Entscheidungsfreiheit anzusprechen. Aus diesen könnte zum Beispiel folgen, dass unser meditierender Yogi sich für seine gedanklich »disziplinierte« Meditation entschieden hat und entscheiden musste, weil ihm dies die aktuell nutzenträchtigste bzw. glückbringendste Handlungsalternative zu sein schien und er sich nicht »gegen sich« entscheiden konnte. Aus der Sicht des neurologischen Determinismus verhält es sich so, dass die naturgesetzlichen und damit zwangsläufigen Vorgänge in seinem Gehirn ihn zu dieser Denk-Entscheidung geführt haben. Aus der Sicht unserer Analyse von Denkprozessen könnte es sein, dass das aktuelle Bedürfnis nach Ruhe und Entspannung stark genug war, um in sein Bewusstsein vorzudringen und ihn assoziativ zur Meditation als für ihn nutzenträchtigste Entscheidungsalternative geführt hat – um nur einige Sichtweisen gegen die Freiheit einer Entscheidung zu mentaler Disziplin (hier zur Meditation) anzusprechen.

8.5 Eigenprogrammierung unserer Gedanken

Lassen Sie uns das oben angesprochene Thema der Eigenprogrammierung unserer Gedanken durch die von uns sogenannten Programmed Cuts noch etwas vertiefen. Schließlich könnte in der Eigenprogrammierung unserer Gedanken so etwas wie deren freie Steuerung im Sinne einer gedanklichen Freiheit liegen.

Unbestritten dürfte sein, dass wir in der Lage sind, bestimmte Gedanken für die Zukunft vorzuprogrammieren. D.h. wir verknüpfen bestimmte Gedanken mit einem erwarteten zukünftigen Ereignis oder einem zukünftigen Zeitpunkt, zu welchem diese Gedanken wieder hervorgeholt, also »erinnert« werden sollen. Psychologie und Psychiatrie sprechen hier vom sogenannten prospektiven Gedächtnis. Wir befestigen zum Beispiel unser Fahrrad auf dem Dach unseres Pkw und programmieren uns darauf, vor der Einfahrt in die Garage daran zu denken, das Rad wieder herunterzunehmen. Die meisten dürften aus eigener Erfahrung bestätigen, dass so etwas ein riskantes Unterfangen ist. Wir verknüpfen bzw. assoziieren hierbei zum Beispiel den Anblick des Garagentors mit dem geplanten Gedanken, das Rad herunterzunehmen. Manchmal gelingt solches, allzu häufig aber auch nicht, etwa weil wir das Garagentor schon zu oft gesehen haben, ohne diesen Anblick vorher mit einem bestimmten Gedanken verknüpft zu haben. Wenn wir wüssten, in zwei Tagen gehängt zu werden, und uns vorgenommen hätten, eine Stunde vor dem angesetzten Termin vorsichtshalber noch ein Stoßgebet gen Himmel zu schicken, würde die Verknüpfung bzw. Assoziierung voraussichtlich klappen, weil es sich dabei um einen ziemlich einmaligen Vorgang handeln würde.

Neben der Verknüpfung mit einer bestimmten Wahrnehmung (z. B. des Garagentors) versuchen wir uns häufig an einer zeitlichen Verknüpfung, etwa dergestalt, dass wir uns vornehmen, gegen 16 Uhr Herrn X anzurufen. Diese Verknüpfung ist noch problematischer, weil sie nicht mit einer Wahrnehmung, sondern mit einem Zeitpunkt oder einer Zeitspanne erfolgt. Zwar verfügen wir zweifellos über so etwas wie eine innere Uhr. Es ist aber nicht nur diese, sondern auch die hieran gesetzte Verknüpfung ziemlich unzuverlässig.

Die wahrnehmungs- oder zeitbedingte Verknüpfung könnte ja ein Indiz dafür sein, dass wir frei entscheiden, was wir – in diesem Fall in der Zukunft – denken, also letztlich ein Indiz für Denkfreiheit. Für den, der dieses Buch bis hierher aufmerksam gelesen hat, müssen wir allerdings wohl nicht mehr viel erläutern. Denn letztlich kommt es darauf an, ob die *Entscheidung* – in diesem Fall zur Verknüpfung – frei oder unfrei ist. Dazu ist Wesentliches bereits gesagt.

8.6 Denkökonomie

Wenn wir denken, versuchen wir letztlich stets – wie mit allem, was wir tun –, Bedürfnisse zu befriedigen. Das kann im Hinblick auf das Denken auf zweierlei Art geschehen. Zum einen kann das Denken selbst schon ein befriedigender Vorgang sein, etwa wenn wir an schöne Erlebnisse, schöne Gegenstände oder für uns attraktive Menschen denken, die in uns Glücksmomente auslösen können. Zum anderen dienen unsere Gedanken dazu, jenseits von solchem reinen Denkgenuss Wege zur Befriedigung unserer Bedürfnisse zu finden, etwa wenn wir darüber nachdenken, wie wir höhere Gehaltsansprüche begründen oder möglichst schnell an die gewünschte Pizza gelangen könnten. Dabei stehen unsere Gedanken miteinander in Konkurrenz: Warum soll ich an Gänseblümchen denken, wenn ich auch an die mir so sehr gefallende Frau Müller denken kann? Warum soll ich daran denken, wie ich bei der Butter sparen kann, wenn mir das Nachdenken über Möglichkeiten der Gehaltserhöhung viel lukrativer erscheint? Mit anderen Worten: Auch unsere Gedanken stehen hinsichtlich ihrer erwarteten Nutzenträchtigkeit in im weiteren Sinne ökonomischem Wettbewerb untereinander.

Grundsätzlich wollen wir – wenn wir tatsächlich Nutzenoptimierer sind – das denken, was uns den meisten Nutzengewinn, die meiste Bedürfnisbefriedigung, verspricht. Vermutlich haben sich viele darüber noch nie auch nur einen grundsätzlichen Gedanken gemacht, aber jeder von uns dürfte sich schon einmal so etwas gedacht haben wie: »Was mache ich mir hier überhaupt für Gedanken, das bringt doch nichts.« In jedem von uns dürfte es eine mehr oder weniger ausgeprägte, in der Regel wohl eher unbewusste Instanz geben, die unsere Gedanken laufend auf Effizienz überprüft. Kaum einer wird behaupten wollen, »ständig unnützes Zeug zu denken« – eben weil diese Instanz filtert und uns zu effizienten Gedanken im Sinne von Nutzenmaximierung zurückführt. Mit »unnütz« ist in diesem Zusammenhang natürlich (nur) das gemeint, was uns weder Denkgenuss vermittelt noch der Befriedigung unserer (sonstigen) Bedürfnisse näher bringt. Oder haben Sie schon einmal Zeit damit vertan, über die Zahnbürste des Ihnen ansonsten gänzlich unbekannten Herrn aus dem übernächsten Häuserblock mit dem blauen Pkw nachzudenken?

Was ich damit sagen will: Auch wer an die grundsätzliche Freiheit der Gedanken glaubt, wird die enge Corsage, welche die Denkökonomie uns anlegt, kaum ignorieren können. Zumindest eine strenge Denkökonomie, welche ausschließlich die vermeintlich nutzbringendsten Gedanken zulässt, also diejenigen, welche die meiste Bedürfnisbefriedigung versprechen, verhindert wohl bereits aus diesem Grund eine weitgehende Freiheit der Gedanken.

Sogenannte *zwanghafte* Gedanken sind in diesem Zusammenhang übrigens nicht solche, die »unfrei« sind (denn das sind sie möglicherweise alle), sondern solche, die sich immer wieder Zutritt in unser Bewusstsein verschaffen, obwohl sie uns weder einen Denkgenuss generieren noch uns der Befriedigung unserer Bedürfnisse näher bringen. Im Gegenteil: Sie generieren Leid und sind in Bezug auf die Befriedigung unserer Bedürfnisse in der Regel nutzlos oder gar kontraproduktiv. Ihnen ist zu eigen, dass wir sie denken *müssen*, obwohl wir uns ständig dagegen entscheiden. So viel zu der Ihnen vielleicht auf der Zunge liegenden Frage, was denn zwanghafte Gedanken sein sollen, wenn Gedanken doch möglicherweise generell schon unfrei sind.

9 Entscheidungen zum Guten und zum Bösen

Bevor wir uns detailliert den rechtsphilosophischen Grundsatzüberlegungen zu Verantwortlichkeit, Schuld und Strafgerechtigkeit zuwenden, wollen wir uns vor dem Hintergrund unserer bisherigen Überlegungen mit der Frage befassen, ob es »Gut« und »Böse« bzw. gute und böse Entscheidungen tatsächlich gibt. Allein diese Fragestellung wird Sie möglicherweise bereits etwas überraschen. Aber abgesehen davon, dass diese Begriffe sehr abstrakt und unklar sind, sind sie vor allen Dingen eins: subjektiv! Was für den einen gut sein mag, kann für den andern schlecht oder böse sein. Die Subjektivität von Gut und Böse ist für manchen vielleicht eine Binsenweisheit, die aber jedem, der mit diesen Begriffen operiert, klar sein sollte. Schließlich wird hiermit häufig so umgegangen, als ob es ein *absolutes* »Gut und Böse« gäbe. Durchaus nicht wenige Philosophen sind der Meinung, dass ein absolutes Naturrecht existiere, welches Gut und Böse vorgebe.

Gerade in den letzten Jahren sind zahlreiche kriminaldokumentarische Bücher veröffentlicht worden, die »das Böse« im Menschen thematisieren und u.a. fragen, wo es herkommt und was es ist, ohne recht Antworten hierzu zu präsentieren. Da wir Tiere kaum als böse bezeichnen und selbst deren uns missliebiges Verhalten in der Regel als natürlich einstufen bzw. rechtfertigen, scheint die Bosheit nach unseren Vorstellungen eine rein menschliche Eigenschaft zu sein. Bereits dies ist höchst erstaunlich, ist sich doch die weit überwiegende Mehrheit der hiermit befassten Wissenschaftler darüber einig, dass es zumindest zwischen hochentwickelten Tieren wie Delphinen, Elefanten und Affen einerseits und uns Menschen andererseits keine grundsätzlichen, sondern nur *graduelle* mentale Unterschiede gibt. Auf das Ich-Bewusstsein von Tieren waren wir bereits zu sprechen gekommen. Hochentwickelten Tieren kann man auch kommunizieren, was sie nicht dürfen, und sie verstehen es. Wenn sie es dennoch tun, käme niemand auf den Gedanken, sie dafür »verantwortlich zu machen«, als »schuldig« zu bezeichnen oder gar vor Gericht stellen zu wollen (mal abgesehen davon, dass unsere Gesetze für Tiere keine Strafen vorsehen). Ich behaupte: Für diese Differenzierung zwischen dem Menschen und dem hochentwickelten Tier gibt es keine plausible Begründung, wenn doch beide mental nur graduell unterschiedlich sind, wie im Übrigen die Menschen untereinander auch. Da (fast) alle (fast) immer ein Plädoyer für oder gegen etwas erwarten, nur zur Klarstellung: Ich plädiere weder für die Bestrafung von Tieren noch für die Nichtbestrafung von Menschen. Ich interessiere mich im Zusammenhang dieses Buches nur dafür, wie die Dinge sind, warum sie so sind und ob sie in sich schlüssig und gegebenenfalls ob sie sinnvoll sind. Und bei dem »Warum« unserer mentalen Einstellungen interessiere ich mich vornehmlich dafür, ob diese rational nachvollziehbar oder möglicherweise durch unsere Emotionen (gegebenenfalls fehl-) gesteuert sind. Übrigens: Gegen den Gedanken einer (rein theoretischen) Bestrafung von Tieren spricht tatsächlich doch ein sehr rationaler Grund: Da die Tiere nicht über Medien und sonst auch äußerstenfalls nur über eine sehr eingeschränkte Kommunikation verfügen, dürfte die allgemeine Abschreckungswirkung der Strafe gegen Null tendieren.

Damit sind wir auch schon bei einem weiteren, ähnlichen Kuriosum in Sachen »Böse«. Auch ein Kind im Alter von, sagen wir 12 Jahren, weiß normalerweise, was es tun darf und was nicht. Es versteht auch, welche Auswirkungen sein Tun hat bzw. haben kann, es besitzt bereits Empathie und versteht eine Strafandrohung. Auch wenn wir z. B. als Eltern ihm gegenüber mit den Begriffen von Gut und Böse operieren, kämen wir als Gesellschaft doch kaum auf den Gedanken, es für eine Untat etwa strafrechtlich zu belangen. Gesellschaftlich und auch rechtlich begründen wir dies damit, dass es noch nicht »schuldfähig« sei. Auch wenn vermutlich die meisten von uns – ich übrigens ebenso – gefühlsmäßig diese Sicht teilen: Wo ist das Kriterium, welches das heranwachsende Kind dann aus Sicht der Gesellschaft »schuldfähig« werden lässt, und in welchem Moment bzw. wodurch tritt dieses Kriterium der Schuldfähigkeit in sein Leben? Ich kann es nicht erkennen und behaupte auch, dass es ein solches Kriterium nicht gibt. Wir reden wohlgemerkt von einem *qualitativen* mentalen Unterschied, der irgendwann – möglicherweise auch schleichend – in das Leben des Heranwachsenden tritt, wenn es einen solchen denn geben sollte ...

Das Nachdenken über dieses Kriterium erinnert mich an eine Bekannte, die mich bei einem gemeinsamen Essen ob des Verzehrs von Lammkoteletts rügte: »Wie kann man so etwas essen? Es stammt doch von einem kleinen, süßen, unschuldigen Lämmchen ...«, worauf ich sie fragte: »Und was ist mit dem, was du gerade auf dem Teller hast? Es ist doch von einem großen, klobigen, unschuldigen Ochsen ...« Was ich damit sagen will, ist, dass vermutlich nicht unser Verstand, sondern unser Gefühl uns vorzugeben scheint, was wir als »gut« zu beschützen und als »böse« zu verurteilen und gegebenenfalls zu bestrafen haben. Während der 12-jährige Junge noch unter dem Schirm unserer Beschützerinstinkte steht, ist dies fünf Jahre später beim selbstbewussten 17-Jährigen mit Bartwuchs, sexueller Reife und Pickeln im Gesicht offenbar nicht mehr der Fall. Wir stehen ihm – unabhängig von einer »tatsächlichen Schuldfähigkeit« – gänzlich anders gegenüber. Aus männlicher Sicht ist er bereits potenzieller Rivale und aus weiblicher Sicht potenzieller sexueller »Aggressor«. Und »süß« ist er auch nicht mehr. Wenn wir ehrlich sind, würden wir über einen 17-Jährigen im Körper eines 12-Jährigen auch unsere schützende Hand halten wollen. Vieles spricht dafür, dass die Natur (oder wer/was auch immer ...) dafür sorgt, dass wir Lebewesen, die (noch) dem »Kindchenschema« entsprechen, quasi automatisch für schutzwürdig halten, und zwar hauptsächlich wegen dieses Schemas und nicht wegen eines noch nicht erfüllten Kriteriums. Welches sollte das auch sein? Die äußere Erscheinung und kein real existierendes Kriterium sorgt m.E. dafür, dass wir frühestens Heranwachsende für potenziell böse im Sinne von »schuldfähig« halten. Sollten Sie für sich doch ein solches (sinnvolles) Kriterium ausgemacht haben, lassen Sie es uns über unser Forum auf *lothar-hergarten.de* wissen. Weiter unten werden wir uns allerdings an den Versuch wagen, ein sinnvolles Kriterium für die Sanktionierung von Straftaten Jugendlicher zu entwickeln.

Konkret würde halt interessieren, ab welchem Moment die Entscheidung eines heranwachsenden Kindes bzw. Jugendlichen, seinen Spielkameraden zu quälen, zu einer bösen im Sinne einer schuldhaften Entscheidung werden soll. Der Gesetzgeber ist bei dieser Einordnung wieder einmal alles andere als hilfreich. In §3 JGG, der die »strafrechtliche Verantwortlichkeit Jugendlicher« behandelt, heißt es:

»Ein Jugendlicher ist strafrechtlich verantwortlich, wenn er zur Zeit der Tat nach seiner sittlichen und geistigen Entwicklung reif genug ist, das Unrecht der Tat einzusehen und nach dieser Einsicht zu handeln« (vgl. hierzu im Einzelnen Volbert/Dahle 2010, 130ff.). Aber nach meinen – und vermutlich auch Ihren – Beobachtungen ist bereits ein z.B. 4-jähriges Kind durchaus in der Lage, zu verstehen, dass der Griff in die Bonboniere verboten ist, und auch in der Lage, hiernach zu handeln. Aber kann es deshalb bei Zuwiderhandlung in irgendeinem Sinne schuldig sein? Offenbar ist es dem Gesetzgeber nicht gelungen, ein plausibles Abgrenzungskriterium zu finden. Vielleicht weil die Schuld an sich schon ein untaugliches Konstrukt, ja möglicherweise gar nur ein menschliches Artefakt ist? Dabei wäre es unabhängig von einem in jeder Hinsicht fragwürdigen Schuldbegriff durchaus möglich, ein sinnvolles Kriterium für die mögliche Bestrafung Heranwachsender zu finden.

Zweifellos können Kinder bzw. Heranwachsende bis zu einer bestimmten Entwicklungsphase unseren in Kapitel 3 eingehend analysierten Entscheidungsprozess nicht sinnvoll »abarbeiten«. Sie sind nicht in der Lage, die erforderlichen Abwägungen sinnvoll vorzunehmen, insbesondere auch weil sie die Konsequenzen ihrer Entscheidungen für sich und andere im Entscheidungsprozess nicht zutreffend gewichten können. Vor allem können sie das voraussichtliche »Nutzenopfer« einer sie erwartenden Bestrafung kaum zutreffend einschätzen. Auch ist ihnen mangels Erfahrung eine zutreffende Einschätzung des Entdeckungsrisikos kaum möglich. Mit anderen Worten: Sie sind nicht in der Lage, den oben dargelegten Entscheidungsprozess in Bezug auf die verbotene Handlung für sich zutreffend zu entwickeln. Auch würde die abschreckende Wirkung einer Bestrafung auf andere Heranwachsende unter diesen Voraussetzungen als möglicher Strafzweck wohl weitestgehend ausbleiben. Erst wenn der Heranwachsende Bedeutung und Konsequenzen seines Entscheidens bzw. Handelns für sich – insbesondere sein weiteres Leben – und andere zutreffend gewichten und dementsprechend im Entscheidungsprozess realistisch abwägen kann, ist ihm ein sachadäquater Entscheidungsprozess möglich. Dies setzt selbstredend einen entsprechenden Entwicklungsstand von Intelligenz und Erfahrungen voraus. Statt auf die Fähigkeit, »das Unrecht der Tat einzusehen«, abzustellen, wäre es also sinnvoll, die Fähigkeit, einen realitätsbezogenen Entscheidungsprozess zu bewerkstelligen, zum Strafbarkeitskriterium für Heranwachsende zu machen. Dies läuft letztlich auch auf die weiter unten als Strafkriterium propagierte »normative Ansprechbarkeit« hinaus, also das vollständige Verstehen des jeweiligen Verbots, der hiermit im Zusammenhang stehenden Strafe wie auch deren Sinnhaftigkeit.

Wenn wir allein ohne Mitmenschen im Wald leben, gibt es kein Gut und Böse, weil es keine Gesellschaft und damit keine von dieser vorgegebenen Normen gibt. Die Gesellschaft gibt uns vor, was gut und böse ist. Wenn Sie mir zehn Euro aus meiner Geldbörse stehlen, ist das gut für Sie, weil Sie jetzt zehn Euro mehr haben. Aus meiner Sicht ist es böse, weil mir jetzt zehn Euro fehlen. Und aus der Sicht der Gesellschaft ist es böse, weil sie jetzt einen Dieb unter sich hat und mit einer hieraus resultierenden gewissen Unsicherheit zu leben hat. Was als böse zu unterlassen ist, normiert die Gesellschaft in ihren Gesetzen und in ihrer Moral. Beide sind dazu bestimmt, die Gesellschaft vor aus ihrer Sicht negativen Entscheidungen (mit nachfolgenden

Handlungen) der Individuen zu schützen und gegebenenfalls auch Vorteile zugunsten der Gesellschaft – und häufig zulasten des Einzelnen – zu generieren, wie dies etwa bei Steuerzahlungen der Fall ist. Unter dem Begriff des »Bösen«, so wird man sagen können, subsumiert die Gesellschaft die Verstöße gegen Recht und/oder Moral. Damit wird aber bereits deutlich, dass das »Böse« nichts Abstraktes oder gar Objektivierbares ist, sondern etwas durch die Gesellschaft in die Welt Gesetztes. Ich höre bereits förmlich Ihren Einwand: »Aber ein Mord beispielsweise ist doch etwas objektiv Böses.« Dem muss man entgegenhalten, dass es jedenfalls aus der Sicht des Mörders kaum einen Mord ohne Gründe bzw. Rechtfertigungen gibt. Nur billigt unsere Gesellschaft einen Mord beispielsweise wegen Ehebruchs nicht, während dies in bestimmten anderen Gesellschaften durchaus der Fall ist. Wir sollten uns klarmachen, dass Gesetze und Moral interkulturell höchst unterschiedlich sind und im Zeitablauf einem ständigen Wandel unterliegen, was damit auch für Gut und Böse gilt. Während es Gesetzen und Moral in einigen Ländern entspricht, die Ehefrau wie eine Leibeigene zu behandeln, bemühen sich Gesellschaften wie die unsrige um eine Gleichstellung der Geschlechter mittels Recht und Moral. Während noch vor weniger als 40 Jahren der angesprochene §175 des deutschen Strafgesetzbuches homosexuelle Aktivitäten in Deutschland unter Strafe stellte, ist die Gleichstellung der verschiedenen sexuellen Ausrichtungen (solange ihr Ausleben niemandem schadet) hierzulande heute weitgehend zur Normalität geworden.

Und auch die »kleine« Moral hat sich in Deutschland in den letzten Jahrzehnten stark verändert. Ladendiebstähle beispielsweise sind moralisch kaum noch geächtet und werden rechtlich – zumindest bei Ersttätern – kaum noch geahndet. Und während vor wenigen Jahrzehnten ein nicht gesellschaftskonformes, »unzumutbares« Äußeres noch einen moralischen Freibrief für Häme und Beschimpfungen gab, kann sich heute jeder so zeigen, wie es ihm beliebt. Als jugendlicher Gitarrist (und als nichts anderes empfand ich mich damals …) bemühte ich mich vor etlichen Jahrzehnten sehr, wie Jimmy Page von der Band Led Zeppelin mit entsprechender Haartracht auszusehen. Dass mir Leute auf der Straße »Hallo Susi« hinterherriefen und mich als schwul »identifizierten«, war vor dem Hintergrund ansonsten eher rüder Beschimpfungen schon fast schmeichelhaft (machen Sie sich keine Sorgen, ich habe nichts aus meiner Jugend zu verarbeiten ...). Heute dagegen sehen sich nicht wenige selbsternannte Moralisten berechtigt, Menschen, die Goldschmuck oder Pelz (obwohl es sich schließlich »nur« um behaartes Leder handelt) tragen, öffentlich moralisierend zu belehren, zu beschimpfen oder neonfarben zu besprayen.

9.1 Kriterien der Entscheidung zum Bösen

In etlichen aktuellen TV-Kriminaldokus, aber auch in diversen populärwissenschaftlichen Veröffentlichungen geht es angeblich (auch) darum, »das Böse« zu ergründen. Es wird behandelt wie eine finstere Macht, die in den dunklen Tiefen unserer Seelen haust. Dabei ist die Entscheidung zum »Bösen« doch recht einfach zu analysieren, wenn wir die oben dargelegte Analyse des menschlichen Entscheidungsprozesses zugrunde legen:

Dem jeweiligen Entscheider erscheint der voraussichtliche Nutzen aus der angedachten, von der Gesellschaft missbilligten Tat schlichtweg größer als das voraussichtliche Nutzenopfer. Der Nutzen manifestiert sich in einem Vermögensvorteil, in der Befriedigung negativer Emotionen wie Hass und Neid oder im Ausleben eines »abartigen« – häufig sexuellen – Triebes. Das mit der Tat verbundene und im Rahmen der Tatentscheidung »gegengerechnete« Nutzenopfer andererseits besteht aus dem mit einer möglichen Tatentdeckung verbundenen Risiko der Bestrafung und gegebenenfalls der gesellschaftlichen Ächtung, manifestiert sich aber auch in der Überwindung eigener moralischer und empathischer Hürden (sofern vorhanden ...). Ist der Nutzensaldo positiv, überwiegen also die erwarteten Vorteile die erwarteten Nachteile der Tat, wird der (zukünftige) Täter diese begehen. Das erscheint ihnen zu einfach, zu rational, zu »mathematisch«? Dann lassen Sie unser Forum unter diesem Gliederungspunkt doch bitte wissen, was Ihrer Meinung nach für die Entscheidung zur »bösen« Tat ausschlaggebend ist.

Verproben Sie doch einmal, weshalb Sie sich vermutlich für oder gegen die jeweilige böse Tat entscheiden würden. Da kommen im Hinblick auf die oben angesprochenen Nutzen und Nutzenopfer beispielsweise folgende Pro- und Contra-Aspekte in Betracht:

Pro:

- Sie haben nur relativ geringe Angst vor Tatentdeckung, da Sie mangels ausreichender Intelligenz unter chronischer Selbstüberschätzung leiden (nur mal so gedacht ...) oder weil Sie als Optimist glauben, dass es »schon irgendwie gut geht ...«.
- Eine Gefängnisstrafe kann Sie nicht besonders schrecken, da Sie dort Ihre alten Kumpels wiedertreffen und/oder sich gut versorgt sehen.
- Gesellschaftliche Ächtung interessiert Sie nicht, etwa weil Sie ohnehin schon als Outlaw gelten oder Ihnen die Meinung Ihrer Mitmenschen über Sie aus anderen Gründen ziemlich egal ist.
- Sie empfinden Moral nicht oder nur in geringem Maße, weil diese in Ihrer Erziehung schlichtweg nicht vorkam.
- Sie empfinden Moral nicht oder nur in geringem Maße, da Sie das Gefühl haben, der Gesellschaft, die gefühlt immer schlecht mit Ihnen umgegangen ist (sie fühlen sich als »Opfer«), nichts zu schulden.
- Sie sind nicht in der Lage, Empathie für Ihr(e) Tatopfer zu empfinden, weil Empathie bei Ihnen genetisch nur schwach angelegt ist und auch nicht anerzogen wurde (falls Letzteres denn möglich sein sollte).
- Sie haben keine Empathie mit Ihren Mitmenschen, weil Sie die Menschen schlechthin aus unguten Erfahrungen heraus hassen und Ihre Intelligenz nicht ausreicht, Ihnen klarzumachen, dass nicht alle Menschen schlecht und nur Sie gut sein können.

Contra:

- Vermögen bedeutet Ihnen nicht viel oder Sie haben bereits genug davon, beispielsweise weil Ihre Eltern Ihnen eine gute Ausbildung angedeihen ließen und/oder Sie mit guter Intelligenz gesegnet sind.
- Hass, Neid und andere negative Gefühle sind bei Ihnen weniger stark ausgeprägt oder Sie sind in der Lage, diese mental, vielleicht kraft Ihrer Intelligenz, gut zu bewältigen.
- Sie verspüren kaum oder gar keinen zu bewältigenden »abartigen« Trieb, dessen Auslebung anderen schaden würde.

Und wenn Sie sich jetzt damit berühmen sollten, dass Sie die jeweilige Tat nicht begangen hätten, kann man Sie doch nur dazu beglückwünschen, dass Ihnen Vermögen nicht so viel bedeutet oder Sie genug davon haben, sich Hass, Neid und andere negative Gefühle bei Ihnen kaum oder gar nicht bilden konnten, Sie keinen »abartigen« überstarken Trieb verspüren, Sie moralisch erzogen wurden, die Genetik Ihnen Empathiegefühle nicht verweigert hat usw. Aber haben Sie sich hiervon irgendetwas aussuchen können? Jedenfalls im Moment der möglichen Tatbegehung war jedes der obigen (wenn auch abstrakten, selbstverständlich beispielhaft und nicht erschöpfend aufgezählten) Kriterien schlichtweg so und nicht anders gegeben. Nein, wir haben keinen Grund, stolz darauf zu sein, nicht zu den »Bösen« zu gehören. Wir haben höchstens Grund, demütig und dankbar zu sein, wenn unsere Lebensumstände nicht so waren, dass wir »böse« Taten nicht subjektiv mit einem positiven Nutzensaldo verbinden mussten, weil etwa die oben erwähnten Kriterien entsprechend ausfielen. Ist der erwartete Nutzensaldo der sich zur Disposition stellenden »bösen« Entscheidung bzw. Tat positiv, wird der Mensch diese begehen, es sei denn, die erforderlichen Ressourcen (z.B. Zeit, siehe 3.4.2) würden in einer anderen Entscheidungs- und Handlungsalternative einen (noch) größeren Nutzensaldo versprechen. Aber ob eine solche Handlungsalternative verfügbar ist, liegt auch nicht in der Macht des potenziellen Täters. Ist beispielsweise der versierte IT-Nerd auch kaufmännisch begabt und ambitioniert, wird er eher versuchen, seine Fähigkeiten in legaler Weise kommerziell zu verwerten; ist er es nicht, könnte er – natürlich unter Hinzutreten weiterer Bedingungen – eher zur Cyberkriminalität neigen. Ich denke, es ist nachvollziehbar, dass die jeweilige Ausprägung der obigen Kriterien dazu führt, dass man die jeweilige Tat begeht oder eben nicht.

Es bleibt festzustellen, dass die Vertreter der bestehenden Judikatur die tatentscheidende Bedeutung der bisherigen und aktuellen Lebensumstände des Täters sowie dessen genetischer Prägung für ihr »Schuldstrafrecht« konsequent ignorieren. Sieht man einmal von Sonderfällen wie kindlichem Missbrauch ab, so findet die *Gesamtheit* der bisherigen Lebensumstände wie auch der genetischen Prägung in der strafrechtlichen Rechtsprechung praktisch keine Berücksichtigung, was aber für eine Schuldbeurteilung nach herkömmlichem Verständnis durchaus relevant wäre. Andererseits ist dies ist auch in gewisser Weise nachvollziehbar, denn die entsprechenden Nachforschungen würden offensichtlich jeden zeitlichen Rahmen sprengen. Wenn man aber nicht leisten kann, was man für ein im Sinne des herrschenden Schuldstrafrechts »gerechtes« Urteil leisten müsste, sollte man das dann nicht schlichtweg konzedieren, von der Schuldfrage (auch aus diesem Grunde) Abstand nehmen und sich einem nutzenorientierten Präventionsstrafrecht zuwenden? Abgesehen davon bleibt es natürlich dabei, dass es für ein »schuldloses« Strafrecht vornehmlich auf die normative Ansprechbarkeit ankommt (vgl. hierzu 10.5)

Ohne Zweifel sitzen in unseren Gerichtsbarkeiten Menschen, die zu einer solchen Erkenntnis nicht nur intelligenzmäßig in der Lage wären, sondern bei denen es auch naheliegen würde, sich hiermit zu befassen. Aber vermutlich hält sie bereits die Ahnung, wie diese Analyse ausgehen könnte, von einer solchen ab. Die Aussicht auf eine mögliche Erkenntnis, dass Lebensumstände und Genetik, und nicht etwa »das freiwillig ausgesuchte Böse im Menschen« Taten begründen und »Schuld« möglicherweise nur eine menschliche Erfindung ist, lässt jemanden, der damit dann seine gesamte bisherige Arbeit wie auch seine berufliche Zukunft infrage stellen müsste, sich dann doch lieber entspannt zurücklehnen, anstatt sich selbst mit solcherlei quälenden Gedanken zu drangsalieren.

In einer in Deutschland ziemlich bekannten Kriminaldoku-Reihe heißt es im Intro: »Böse wird man nicht geboren, zum Bösen entscheidet man sich.« Kann das richtig sein? Zunächst durfte doch den allermeisten Menschen klar sein, dass das »Böse« im Charakter vornehmlich zu Problemen führt:

- weder privat noch beruflich ist ein harmonisches Zusammenleben mit den Mitmenschen möglich,
- je nach Art der Bosheiten ist mit Strafen und/oder Sanktionen zu rechnen,
- getreu dem Spruch »Wer Wind sät, wird Sturm ernten« machen einem die Mitmenschen das Leben schwer,
- langfristige menschliche Beziehungen können kaum zustande kommen usw.

Wer wollte sich vor diesen Hintergründen schon freiwillig zur Bosheit entscheiden? Außer er sei so dumm, diese und viele weitere Nachteile für sein Leben nicht zu erkennen. Aber ist man für seine eigene (gegebenenfalls partielle) Dummheit (hier verstandenen als die Unfähigkeit, Folgen des eigenen Entscheidens einzuordnen) verantwortlich, entscheidet man sich »freiwillig« für sie? Ist es häufig nicht gerade die Dummheit, die dem Menschen im gegebenen Fall legale Erwerbe für ein den eigenen Ansprüchen genügendes Leben verwehrt? Dummheit sucht man sich schließlich nicht aus, oder? O. k., nicht wenigen Menschen ist die Boshaftigkeit ihres Wesens gar nicht bewusst. Sie sehen ihr Verhalten gerechtfertigt in dem Irrglauben, dass es sich um eine natürliche Reaktion auf die Umwelt handele, die sie vermeintlich schon immer zu kurz kommen ließ, weitgehend gegen sie gerichtet sei und ihnen quasi den Krieg erklärt habe. Dass diese Sicht auf die Mitmenschen an Dummheit kaum zu übertreffen ist, muss man wohl keinem intelligenten Menschen erklären. Wiederum: Sucht man sich solche Dummheit aus?

Wie sollte die vermeintliche Entscheidung zum Bösen denn aussehen? Haben Sie schon einmal jemanden erlebt, der sich entschieden hat, fortan »böse« zu sein? Vermutlich nicht, denn das »Böse« ist nicht Folge von Entscheidungen, sondern von Prägungen durch Erfahrungen und Genetik. Und hätte eine tatsächliche Verhaltensänderung oder gar Entscheidung zum Bösen hin nicht Gründe bzw. Ursachen, die nicht bei uns selbst liegen – wenn denn unsere Analyse des Entscheidungsprozesses und/oder die Entscheidungstheorie und/oder der Determinismus (mit seinen verschiedenen Spielarten) und/oder der Kausalismus richtig sein sollten?

Und wieso sollte ein Mensch nicht bereits mit gewissen Veranlagungen zum Bösen geboren worden sein, etwa mit einer übermäßigen Disposition zur Ausschüttung von Testosteron, schwach bzw. gar nicht ausgebildeter Empathie, einem jähzornigen Temperament oder einer Dummheit, die einen selbstkritischen Umgang mit sich selbst und einen objektiv verständigen Umgang mit den Mitmenschen nicht zulässt? Ja, statistisch reicht es bereits aus, männlichen Geschlechts auf die Welt gekommen zu sein, um mit neunfach größerer Wahrscheinlichkeit schwerstkriminell zu werden als die Vertreterinnen des weiblichen Geschlechts. Vor all diesen Hintergründen scheint der Spruch »Böse wird man nicht geboren, zum Bösen entscheidet man sich« rein emotional bedingte Ressentiments der Gesellschaft gegen ihre »Widersacher« zu bedienen. Seine Richtigkeit darf allerdings zu Recht bezweifelt werden. Natürlich fällt es uns allen schwer, uns von der irrigen Vorstellung vom Bösen als selbstverschuldeter Eigenschaft zu verabschieden. Aber so ist das nun einmal, wenn man von Kindesbeinen an mit Gut und Böse sozialisiert wurde.

Vielleicht wenden Sie an dieser Stelle ein, dass man sich doch trotz möglicherweise angeborener Veranlagungen zum Bösen (wie oben exemplarisch genannt) jeweils immer auch gegen das Böse entscheiden könne. Das stimmt – wenn man über ausreichende Intelligenz, Disziplin, Sozialbedürfnisse, Empathie etc. verfügt. Und die kann man sich wiederum leider nicht aussuchen, ebenso wenig wie man sich die (letzten) Gründe für seine eigene Bosheit aussuchen kann.

Schon historisch lässt sich eine generell eher irrationale Betrachtung »des Bösen« feststellen. Cesare Lambroso (1835–1909), Arzt und Professor der gerichtlichen Medizin und Psychiatrie stellte die These auf, dass Kriminelle einen besonderen Menschentypus darstellen. Sie sollen eine besonders enge Verwandtschaft zu ihren aggressiven Vorfahren haben, die sich auch in äußeren Eigenschaften wie etwa zusammengewachsenen Augenbrauen zeige. Lombroso stellte die These vom »*geborenen* Verbrecher« auf (1894). Auf den Gedanken, dass man für charakterliche Eigenschaften, die einem von Geburt an mitgegeben werden, ebenso wenig kann wie für zusammengewachsene Augenbrauen, wollten er und seine Zeitgenossen offenbar nicht kommen. Ist es nicht erstaunlich, auf welchem intellektuellen Niveau sich noch vor etwas mehr als 100 Jahren selbst Vertreter der geistigen Eliten bewegten? Wenn die mentale Entwicklung des Menschen so weitergeht wie in diesem Zeitraum, dürften wir tatsächlich rosige Zeiten vor uns haben.

Kriminalwissenschaftler wie Paul Näcke (1902, 28) reklamierten, gefährliche Gewohnheitsverbrecher seien »minderwertig« und »abartige, nicht veränderbare Persönlichkeiten«. Im Jahr 1906 diskutierte Näcke im »Archiv für Rassen- und Gesellschaftsbiologie« die Frage der »sogenannten Entartung romanischer Völker, vor allem in Frankreich«. Näcke und gleichgesinnte Kriminalwissenschaftler kamen offenbar gar nicht auf den Gedanken, dass man sich die eigene »Minderwertigkeit« nicht selbst aussucht. Der Grazer Kriminologe Adolf Lenz (1927) vertrat die Auffassung, es komme für die »kausale Erforschung der Persönlichkeit in erster Linie der Erbgang in Betracht«, zog hieraus jedoch nicht auch den Schluss, dass man für Geerbtes möglicherweise nicht verantwortlich sein könne. Wenn schon die Eliten (ihrer jeweiligen Zeit) sich derartige, offenbar emotional bedingte Irrungen im Umgang mit dem »Bösen« vorhalten lassen müssen, wie mag es dann erst um den Umgang hiermit bei den breiten Bevölkerungsschichten bestellt (gewesen) sein?

Lassen Sie mich hierzu die Sicht des »Bösen« von Thomas Hobbes (1588–1679) darlegen:

Für Hobbes ist der Mensch *von Natur aus* böse, asozial und egoistisch. Dem könnte man fast zustimmen, wenn man das Wertende aus dieser Aussage herausfiltert und die Natur des Menschen schlichtweg als egoistisch bezeichnet. Der »Naturzustand« (»state of nature«) ist nach Hobbes ein Zustand der ungezügelten Freiheit, in dem jeder ein unkontrollierbares Anrecht auf alles und alle anderen besitzt (Hobbes 1970 XIV, 118). Die Begriffe »gerecht« und »ungerecht« existieren nicht (Hobbes 1970 VIII,115 f.). Jeder kann von Natur aus tun und lassen, was er will. Infolge der gewaltbereiten und egoistischen Natur der Menschen befinden sich diese in einem ewigen Kriegszustand aller gegen alle, der nur durch den Gesellschaftsvertrag und die Gründung einer mächtigen autoritären Staatsstruktur überwunden werden kann (siehe zu den Einzelheiten auch Kunz/Mona 2006, 7 ff.). Interessant ist an dieser Charakterbeschreibung, dass sie genau so auch auf hochentwickelte Tiere wie Wölfe oder Löwen passt, bis hin zum »Gesellschaftsvertrag« und zur »autoritären Staatsstruktur«, die den Rudeln erfolgreiches gemeinschaftliches Jagen und (zumindest zeitweise) Frieden stiftendende Hierarchiestrukturen ermöglichen.

Offenbar hat Hobbes bereits erkannt, dass das »Böse« im Menschen seiner Natur entspricht. Er hat sich allerdings nicht mit der Frage befasst, ob man etwas Naturgegebenes überhaupt mit einer solchen Wertung des »Bösen« belegen kann. Genauso gut könnte man dem Menschen vorwerfen, dass er nur zwei Arme oder zwei Beine hat und derer nicht drei oder vier … Ja, grundsätzlich ist der Mensch egoistisch, genau wie die übrigen Lebewesen auch. Aber warum soll der Mensch im Gegensatz zu den Tieren deswegen »böse« sein? Nicht alles, was von Natur aus unschön ist, ist deswegen auch schlecht im Sinne einer Wertung als böse. Seien wir ehrlich: Bezeichnen wir nicht nur solche Menschen als böse, die nicht intelligent genug sind, ihren Egoismus sozialverträglich zu kaschieren, obwohl dies für sie viel günstiger wäre? Auch der Delphin kämpft egoistisch um sein eigenes Überleben, versteht aber offenbar, dass er dieses Ziel am besten im Verbund mit seinen Artgenossen erreichen kann. In dieser Hinsicht sind uns also sogar die Tiere zuweilen um einiges voraus. Auch hat Hobbes die

Lebewesen vergessen, die – wie der Mensch – bereits genetisch über ein Sozialbedürfnis und Empathie verfügen, sich also zum eigenen Vorteil (Befriedigung des Sozial- und/oder Empathiebedürfnisses) von Natur aus zumindest teilweise »gut« verhalten. Überhaupt hat sich die eigentlich wohl richtige, jedoch emotional negativ belegte Sicht des Menschen als »boshafter Egoist« in der Philosophie einen festen Platz geschaffen. Bei abgeklärterer Betrachtung wären wir heute vielleicht auch im Strafrecht schon weiter ...

Jeder Mensch verfolgt seine eigenen Interessen und bekanntlich stehen diese häufig – wenn nicht meistens – im Konflikt mit den Interessen seiner Mitmenschen. Sehen wir es abstrakt und wertungsfrei: Das Essen, welches ich mir einverleibe, kann ein anderer nicht zu sich nehmen. Wo mein Haus steht, kann nicht das Haus eines anderen stehen. Mein Partner bleibt anderen vorenthalten (zumindest auf Zeit, wenn es denn gut läuft ...) usw. Dafür, dass wir uns trotzdem bemühen, miteinander auszukommen, gibt es genau drei Gründe. Da ist einmal unser Sozialbedürfnis, »der Mensch ist nicht gern allein«. Darüber hinaus lebt es sich in gemeinschaftlicher Organisation oft »erfolgreicher« in dem Sinne, dass der Erfolg gemeinschaftlichen Handelns größer ist als die Summe der Einzelerfolge bei individuellem Handeln. Früher ging es dabei vornehmlich um das erfolgreichere gemeinsame Jagen. Heute geht es im Wesentlichen um die gemeinschaftliche Produktion von Gütern und Dienstleistungen. Damit jeder das macht, was er gelernt hat und (hoffentlich) gut kann, müssen wir uns arbeitsteilig organisieren. Wer das nicht will, darf seine Kartoffeln selbst anpflanzen und ernten und seine Schuhe aus den Häuten selbst erlegter Kaninchen nähen. Mit anderen Worten: Wer am Wohlstand der arbeitsteiligen Gesellschaft teilnehmen will, muss sich mit seinen Mitmenschen arrangieren. Den dritten Grund für unser soziales (hier gemeint als Gegensatz zu »asoziales«) Verhalten haben wir uns selbst geschaffen. Er hängt mit den beiden vorgenannten eng zusammen: Damit wir unser Sozialbedürfnis und unsere Teilnahme an der gemeinschaftlichen Arbeitsteilung möglichst störungsfrei leben können, haben wir uns gesetzliche Regeln geschaffen, die uns durch

Sanktionsandrohung »motivieren« sollen, mit unseren Mitmenschen harmonisch zusammenzuleben.

Aber wie konnte es trotz solcher friedensstiftenden Zusammenhänge zu zwei Weltkriegen, der chinesischen Kulturrevolution, den stalinistischen »Säuberungsaktionen« oder dem Völkermord zwischen Serben und Kroaten kommen? Zum einen wird das Sozialbedürfnis des Menschen von interessierter Seite politisch »ausgeschlachtet«: Wenn 100.000 Menschen gemeinsam »Heil Hitler« brüllen, fühlt sich manch einfacher Mensch erst so richtig in die Gemeinschaft eingebunden und in seiner Sicht bestätigt (»100.000 können ja wohl nicht irren ...«). Und in Kriegen rückt man bekanntlich »enger zusammen«, womit ebenfalls das Sozialbedürfnis angesprochen ist. Je höher die Anzahl an Menschen ist, die etwas Bestimmtes tun, umso weniger wird es infrage gestellt: Da verwundert es den Einfachen kaum, wenn das zuvor unter Strafe gestellte Schießen auf Mitmenschen nun zur Pflicht erklärt wird.

Ganz offenbar fällt die Entscheidung zum »Bösen« im kollektiven Verbund tendenziell bedeutend leichter als die Einzelentscheidung hierzu. Dabei wird die eigentliche, »böse« Entscheidung häufig durch die Politik getroffen, die dumpfen Massen der Kampfwilligen müssen nur noch bei ihrem Sozialbedürfnis gepackt und mit seichten Losungen gespeist werden: »Man muss doch zusammenhalten«, »die anderen mögen uns doch auch nicht«, »ein Krieg fordert halt seine Opfer«, »gemeinsam sind wir stark«, »wenn wir nicht zuerst schießen, schießen die zuerst« oder »jeder von uns ist für den anderen da«.

Vielfach dürften die Entscheidungen der Mitläufer, »dabei zu sein«, mit rationalen Entscheidungen nur wenig zu tun haben: Durch geschickte Ansprache des Sozialbedürfnisses versteht es die Politik, die individuellen Bedürfnisse in den Hintergrund zu drängen, mögliche Entscheidungsalternativen werden nicht thematisiert, die objektiven Umweltbedingungen werden durch »Kriegsoptimismus« verdrängt, andere mögliche Ergebnisse des Konflikts als der »Sieg« werden ausgeblendet. Schade, dass die Massenpsychologie in der Wissenschaft kaum stattfindet und in unseren Schulen schon gar nicht. Wären

Hitler, Napoleon oder Stalin möglich gewesen, wenn die Kinder der jeweiligen Nation darüber aufgeklärt gewesen wären, wie sich das Entscheidungsverhalten des Menschen ändert, wenn dieser von den politischen Führern an seinem Sozialbedürfnis gepackt wird und sich einer bestimmten »Masse« zugehörig wähnt?

Abstrakt wird man sagen müssen, dass das Entscheiden und dementsprechende Verhalten des Menschen in der Gesellschaft durch die Bipolarität von direktem, vordergründigem Egoismus einerseits und Sozialbedürfnis als indirektem Egoismus andererseits geprägt ist. Seinem Wesen nach strebt der Mensch nach Sicherung der eigenen Existenz (inklusive Wohlleben) und möglichst weiter Verbreitung seiner Gene, also danach, seinen Egoismus auszuleben. Beides aber steht in krassem Gegensatz zu seinem Sozialbedürfnis. Denn Existenzsicherung, Wohlleben und genetische Verbreitung des einen Individuums schränken bekanntlich die entsprechenden Möglichkeiten anderer Individuen ein.

Es verhält sich nicht nur so, dass alles, was der eine hat oder erlangt, nicht gleichzeitig ein anderer haben oder erlangen kann. Der diesbezügliche Status entscheidet darüber hinaus bekanntlich auch mit über die Möglichkeiten bzw. Wettbewerbsvorteile bei der genetischen Verbreitung, also der Fortpflanzung und der Sicherung des eigenen Nachwuchses. Mithin kommt es für das Individuum im Hinblick auf sein Sozialbedürfnis darauf an, seinen Egoismus so weit wie möglich auszuleben unter der Maßgabe, dass andere Individuen sich hierdurch so wenig wie möglich beeinträchtigt *fühlen*. Das Wort *fühlen* ist hier kursiv geschrieben, weil es aus Sicht des Individuums für ein »intaktes« Miteinander eben nicht darauf ankommt, wie stark es durch sein Leben und Entscheiden andere *tatsächlich* beeinträchtigt, sondern darauf, wie beeinträchtigt sich diese fühlen. Denn nur dies entscheidet letztlich über Zuneigung oder Aversion der Mitmenschen in Einstellung und Handeln gegenüber dem Individuum. Damit aber sind »Lug und Trug« auf natürliche Weise »Tür und Tor geöffnet«: Für seine Verhältnisse lebt vermutlich am besten, wer seine ureigensten Interessen sehr konsequent verfolgt und gleichzeitig seine Mitmenschen über deren hieraus resultierende Beeinträchtigungen – zumindest temporär – ebenso konsequent hinwegzutäuschen in der Lage ist. Dies ist keine Verurteilung von irgendetwas oder irgendwem, es ist die Analyse menschlicher Verhaltensweisen (bzw. der diesen zugrunde liegenden Entscheidungen) auf der Basis ihrer naturgegeben widerstreitenden direkten Egoismen einerseits und ihrer indirekten, »sozialen« Egoismen andererseits. Was die Natur quasi zwangsläufig hervorbringt, obliegt uns nicht zur Beurteilung als gut oder schlecht!

Ja, ich höre förmlich schon die Aufschreie: »Man lebt doch nicht u. a. dann am besten, wenn man seine eigenen Interessen konsequent durchsetzt und seine Mitmenschen über deren hieraus resultierende Beeinträchtigungen so erfolgreich wie möglich hinwegtäuscht.« Da haben Sie Recht – unter einer Voraussetzung: Wenn Sie von Natur aus (genetisch) oder aufgrund Ihrer Erziehung empathisch und (in bestimmter Weise) »moralisch« sein sollten, kann das Nutzenopfer in Form des aus dem egoistischen und täuschenden Verhalten resultierenden Schmerzes größer sein als der aus dem konsequent eigennützigen Verhalten und der diesbezüglichen Täuschung resultierende Nutzen. Dann werden sie sich als Nutzenmaximierer natürlich gegen die unempathische und täuschende Variante entscheiden (müssen).

Die Kriterien einer Entscheidung zum »Bösen« hat Schmidtchen (2002, 5 f.) sehr schön veranschaulicht:

»Der rationale Straftäter begeht eine Straftat, wenn der erwartete Nutzen aus derselben den erwarteten Nutzen aus der besten alternativen Verwendung der Zeit und seiner sonstigen Ressourcen übersteigt. Man betrachte einen Diebstahl. Der erwartete Nutzen hängt von dreierlei ab: dem Nutzen der Beute für den Täter, der Wahrscheinlichkeit, verurteilt (als tatbestandsmäßig rechtswidrig und schuldhaft Handelnder identifiziert) zu werden und der Höhe der Strafe. Rechnen wir alles in Geld […], dann gilt: Nutzen aus illegaler Tätigkeit = Wert der Beute minus Strafe mal Strafwahrscheinlichkeit (= Erwartungswert der Strafe). Die Straftat wird begangen, wenn der Nutzen aus ihr größer ist als der Nutzen aus legal erzieltem Einkommen […]. Eine mathematische Umformung ergibt, dass eine Straftat begangen wird, wenn der Wert der Beute größer ist als die Kosten der Straftat, wobei diese als Summe aus Opportunitätskosten und erwarteter Strafe errechnet werden [...]. Sind Strafwahrscheinlichkeit und/oder Strafe hinreichend groß, so lohnt sich bei gegebenem Wert der Beute und legalem Einkommen die Straftat nicht. Man sieht, die Kriminalität ist eine Funktion vom Wert der Beute, Erwartungswert der Strafe und legalem Einkommen. Neben diesen drei Faktoren können in einem komplexeren ökonomischen Modell Intelligenz, Schulbildung, Herkunft, Sozialisation einer Person usw. berücksichtigt werden. Auch Moral oder das Gefühl einer sittlichen Pflicht zum Rechtsgehorsam (moralisches und sittliches Kapital) lassen sich prinzipiell im Modell des homo oeconomicus unterbringen. Wenn Verstöße gegen Moralregeln oder die Rechtsordnung Gewissensbisse hervorrufen sollten, dann steigen die subjektiven Kosten einer Tat. Sollte trotzdem der erwartete Nutzen höher sein als die erwarteten Kosten, Gewissensbisse eingeschlossen, dann wird die Straftat begangen.« Bei diesem – wenn auch aus Veranschaulichungsgründen natürlich nicht vollständigen – Modell werden wesentliche Elemente unserer grundlegenden Ausführungen in den Kapiteln 3 und 4 angesprochen, etwa das Nutzenmaximierungsprinzip, die möglichen Arten von Nutzenopfern, das Risikoverhalten oder die Möglichkeiten alternativer Ressourcenverwendung (legaler Erwerb). Leider hat Schmidtchen seine Ausführungen auf den »rationalen« Straftäter beschränkt, ohne dies weiter zu begründen. Ob eine Unterscheidung zwischen »rationalen« und »irrationalen« Entscheidungen überhaupt Sinn macht, haben wir unter 5.3 behandelt.

Zum Schluss dieses Kapitels noch eine ganz simple Überlegung: Das »Böse« ist bekanntlich durchaus in der Lage, dem Individuum auch per Saldo »Vorteile« zu verschaffen, etwa im Falle eines nicht aufgedeckten und damit nicht sanktionierten Diebstahls oder der erfolgreichen, strafrechtlich nicht sanktionierbaren Übervorteilung anderer. Das Problem für das Individuum ist in solchen Fällen nicht die Tat selbst oder die aus dieser resultierenden (nicht erfolgenden)

Konsequenzen. Das Problem für das Individuum offenbart sich in den hinter der Tat stehenden Persönlichkeitseigenschaften wie z. B. mangelndem Respekt vor dem Eigentum und den Werten anderer, Selbstgerechtigkeit, Aggressivität etc. Es sind die hinter den Taten stehenden Eigenschaften, die sich wie ein roter Faden durch das Leben der Individuen ziehen, diesen das Leben schwer machen und nur in den allerseltensten Fällen zu einer Bereicherung an Glück führen – so jedenfalls meine und möglicherweise auch Ihre Erfahrung. Aber wer sucht sich vor diesem Hintergrund solche letztlich gegen ihn selbst gerichteten Eigenschaften aus? Doch nur derjenige (wenn man denn überhaupt von »Aussuchen« sprechen kann), der mental nicht in der Lage ist, solche Zusammenhänge zu erkennen. Und auch hier wieder die Frage: Sucht man sich einen solchen Mangel etwa aus?

Lassen Sie mich abschließend ein Paradebeispiel dazu benennen, mit welcher Unreflektiertheit das »Böse« zuweilen als »Gegenargument« gegen die Unfreiheit der menschlichen Entscheidung instrumentalisiert wird. Seebaß in seinem Buch »Die Bedeutung des Willensfreiheitsproblems« (2007, 40): »Wer die ›Unfreiwilligkeit‹ seiner Handlungen und Entscheidungen in einer ›Welt voller Sachzwänge‹ beschwört, will keine bloße Tatsachenfeststellung treffen, sondern einen pauschalen Freibrief haben für moralisch dubiose, Empörung und Sanktionierung provozierende Praktiken. Politiker und Repräsentanten moralisch oder ökologisch bedenklicher Wirtschaftszweige liefern tagtäglich Beispiele für diese Form interessierter Selbstentschuldigung.« Schade, wenn man mit derartigen Flachheiten sein eigenes Buch diskreditiert …

9.2 Kriterien der Entscheidung zum Guten

Als Pendant zur bösen Entscheidung ist die »gute« Entscheidung und die aus ihr resultierende Handlung im gesellschaftlichen Sinne eine solche, welche die gesetzlichen und moralischen Vorgaben der Gesellschaft erfüllt bzw. beachtet oder gar zum Nutzen der Gesellschaft hierüber hinausgeht. Wenn wir Gutes tun, dann tun wir es, weil wir einen positiven Nutzensaldo erwarten, weil uns unser Nutzen aus der guten Tat größer erscheint als das zu erbringende Nutzenopfer. Der Nutzen manifestiert sich (übrigens auch für mich) in dem Gefühl, ein »guter« Mensch zu sein und in der Anerkennung bzw. Belobigung durch die Gesellschaft, bei »Verwertung« der guten Tat gegebenenfalls auch in wirtschaftlichen Vorteilen. Das Nutzenopfer manifestiert sich dabei in der Regel entweder im aufzuwendenden Vermögen und/oder in der für die gute Tat aufzuwendender Arbeitsleistung bzw. Zeit.

Dass auch die »gute« bzw. »moralische« Tat einem nüchternen Abwägungsprozess unterliegt, können Sie an sich selbst verproben. Im Hinblick auf den russischen Überfall auf die Ukraine werden Sie vermutlich gerne in Kauf genommen haben, wegen der gegen Russland verhängten Sanktionen (und deren Rücksanktionen) Ihre Heizung auf eine 2 °C niedrigere Wintertemperatur zu stellen, weil Ihnen der Nutzen aus dem guten Gefühl, das Richtige zu tun, größer erschien als das Nutzenopfer aus der Tatsache, dass Sie sich in Ihrer Wohnung einen zusätzlichen Pullover überziehen mussten. Hätten die Sanktionen und Gegensanktionen allerdings zur Folge gehabt, dass Sie wegen Energiemangels gar nicht mehr hätten heizen können, wären Sie hiermit vermutlich nicht einverstanden gewesen, da der Nutzen in Form des positiven Gefühls aus der »guten Tat« das Nutzenopfer aus Kälte und gesundheitlicher Gefährdung vermutlich nicht mehr überwogen hätte.

Wie oben bereits angesprochen, wird man davon ausgehen dürfen, dass z. B. eine Mutter Theresa ein sehr glücklicher Mensch war, da das ausgelebte Bedürfnis, anderen zu helfen, ihr eine große Befriedigung verschaffte, während das Nutzenopfer der zu erbringenden Arbeit ihr wohl vergleichsweise leichtfiel. Klar, mancher wird eine solche Feststellung als herabwürdigend empfinden, aber das ist sie natürlich nicht. Sie ist schlicht Ausdruck der Tatsache, dass nichts in diesem Kosmos ohne Grund geschieht und keine Entscheidung, kein Handeln ohne positiven erwarteten Nutzensaldo erfolgt (wenn die These vom Menschen als Nutzenmaximierer richtig ist). Oder meinen Sie nicht, dass derjenige, dessen Bedürfnisse auf Wohltaten gegenüber seinen Mitmenschen und damit auf ein hieraus resultierendes gutes Gefühl sowie Anerkennung und soziale Geltung gerichtet sind, durch das Schicksal besser bedacht wurde als derjenige, dessen Bedürfnisse auf Aneignung fremden Eigentums oder das Quälen seiner Mitmenschen und damit im Ergebnis auf die Gefahr sozialer Ächtung und Bestrafung gerichtet sind? Für die Art und Intensität seiner Bedürfnisse kann man sich schließlich nicht entscheiden.

Gerne wird die »gute Tat« in unserer Gesellschaft als Ausdruck eines reinen Altruismus verklärt. Aus Sicht der Gesellschaft ist diese Verklärung auch durchaus vorteilhaft, sind Belobigung und Anerkennung doch äußerst kostengünstige Belohnungen. Niemand wird sich zur guten Tat entscheiden, wenn er sich hiervon nicht zumindest ein gutes Gefühl verspricht. Das gute Gefühl resultiert dabei im Regelfall aus der Befriedigung eines genetisch angelegten bzw. anerzogenen Empathie- und/oder Sozialbedürfnisses. Natürlich kommen aber auch andere Motivationen in Betracht, etwa die, durch öffentlich zur Schau gestellten »Altruismus« die eigene berufliche Karriere und/oder das eigene Ansehen, die eigene Geltung in der Gesellschaft zu befördern.

In den Medien erleben wir ständig (meist prominente) Menschen, die nicht nur Gutes tun, sondern dies auch wirkungsvoll in Szene setzen, am besten mit größtmöglicher medialer Verbreitung. Dies macht sie erstaunlicherweise in den Augen der adressierten Bevölkerung nicht verdächtig dahingehend, dass mit der veröffentlichten guten Tat eigene Interessen verbunden sein könnten. Schließlich kann man eine gute Tat auch begehen, ohne sie in die Medien zu tragen. Und dass sich die Sympathiemehrung einer in der Öffentlichkeit stehenden Person für diese in der Regel auch im eigentlichen Sinne des Wortes auszahlt, dürfte unbestritten sein. Aber haben Sie je einen Medienvertreter einen prominenten Mäzen fragen gehört, warum er seine gute Tat nicht für sich behalten habe? Ganz offensichtlich steht die gute Tat unter so etwas wie »Artenschutz«, der solche Fragen verbietet. Letztlich befürchten Medien und Politik offenbar, durch solche Fragen die Wohltäter abzuschrecken und für das Ausbleiben der Wohltaten verantwortlich gemacht zu werden oder diese – im Falle der Politik – auf Kosten der Staatskasse am Ende selbst erbringen zu müssen.

Allerdings ist durchaus fraglich, ob man solche Gedanken einer »Entglorifizierung« der guten Tat tatsächlich in die Öffentlichkeit tragen sollte. Denn schließlich sind doch alle zufrieden: Der prominente Mäzen hat seinen Marktwert gesteigert, das Publikum kann ihn jetzt mit schönen Gefühlen »richtig nett und so bescheiden« finden und schließlich darf die Gesellschaft sich freuen, dass sie sich nicht selbst um die durch den Mäzen gelinderte Not kümmern muss. Wenn das keine Win-Win-Situation für alle ist …

Leider hat die gesellschaftlich belobigte »gute Tat« in den modernen Gesellschaften aber auch in bedenklichem Umfang zu einem »Gutmenschentum« dergestalt geführt, dass man sich zur guten Tat bekennt, sich an deren Umsetzung aber nicht beteiligt. Denken Sie nur an die vielen ökologischen Korrekturen, zu denen sich die meisten Menschen zwar bekennen, deren Umsetzung sie aber häufig meiden, sobald z. B. die eigene Geldbörse oder das eigene Einfamilienhaus (im Falle benachbarter Windräder) in Mitleidenschaft gezogen wird.

Weiterer Ausdruck eines fehlgeleiteten »Gutmenschentums« ist die Tatsache, dass vermeintlich gute Taten bzw. Entscheidungen befürwortet und auch umgesetzt, deren weiterreichende Folgen aber ausgeblendet bzw. nicht bedacht werden. Kaum jemand in Deutschland wird Kinderarbeit nicht missbilligen. Wer infolgedessen allerdings keine u. a. mit Kinderarbeit gefertigten Produkte mehr kauft, trägt dazu bei, dass die betreffenden Kinder kein Einkommen mehr haben und sie, gegebenenfalls auch ihre Familien, (ver-)hungern müssen – es sei denn, derjenige leistete einen Beitrag dazu, dass diesen Kindern auf andere Weise das zum Überleben Erforderliche zukommt (wovon mir allerdings bis heute kein einziger Fall bekannt geworden ist). Es existieren zahlreiche Aufrufe, unter Inanspruchnahme von Kinderarbeit angebotene Artikel zu boykottieren. Dass solche Aufrufe mit der Aufforderung verbunden wären, konkret den durch den Boykott an den Rand ihrer Existenz gedrängten Kindern zu helfen, habe ich bisher nicht wahrgenommen. Wie kommt es, dass die naheliegenden Konsequenzen des Wegfalls von Kinderarbeit von den allermeisten Menschen offenbar ausgeblendet bzw. nicht bedacht werden? Wie kommt es, dass auch die Medien sich mit solchen Konsequenzen vermeintlichen »Gutmenschentums« lieber gar nicht erst befassen? Könnte es sein, dass wir unser selbstgefälliges Gefühl, gut zu sein, durch logisches Zu-Ende-Denken lieber nicht gefährden wollen? Könnte es sein, dass es uns letztlich nicht in erster Linie um das Wohlergehen anderer, sondern um das eigene gute Gefühl geht? Oder haben Sie eine andere Erklärung dafür, dass die naheliegenden Konsequenzen – im angesprochenen Falle – (ver-)hungernder Kinder und das Erfordernis deren Rettung offensichtlich verdrängt werden? Wer sich an der Unterbindung von Kinderarbeit beteiligt, ohne sich um die Versorgung der nunmehr mittellosen Kinder zu kümmern, verschlechtert deren Situation noch und ist äußerstenfalls mitschuldig an deren Hungertod. Das sollte doch eigentlich auch dem einfachsten Gutmenschen klar sein.

Dass sich die aus gesellschaftlicher Sicht (vermeintlich) gute Entscheidung letztlich als schlechte Entscheidung entpuppt, zeigen unzählige Beispiele, von welchen ich nur einige wenige weitere nennen möchte. Da ist beispielsweise die in Deutschland von der Politik infolge des Atomdesasters von Fukushima getroffene Entscheidung, auf mittlere Sicht die Produktion von Elektrizität durch Atomkraftwerke einzustellen. Diese als *Folge* von Fukushima getroffene Entscheidung ist schlichtweg völlig irrational, da das, was Ursache des Gaus von Fukushima war – nämlich ein gewaltiges Erdbeben mit nachfolgendem Tsunami – in Deutschland mangels geologischer Voraussetzungen für eine entsprechende Erdplattenverschiebung schlichtweg nicht passieren kann. Wer hat dies der deutschen Bundeskanzlerin anlässlich ihrer Entscheidung entgegengehalten? Niemand. Jedenfalls niemand, den ich – trotz aufmerksamer Verfolgung der Medien – wahrgenommen hätte. Und eine breite Diskussion *dieses* Anlasses zum Atomausstieg hat schon gar nicht stattgefunden …

In Bezug auf deutsche Atomkraftwerke hat Fukushima mangels gleichartiger Voraussetzungen keinerlei neuen Erkenntnisse gebracht. Das haben natürlich auch diejenigen erkannt, die um eine Instrumentalisierung des Unglücks von Fukushima für einen deutschen Atomkraftausstieg bemüht waren. Sie beeilten sich dann, zu verkünden, dass Fukushima gezeigt habe, »wie gefährlich Atomkraft« sei. Aber das ist natürlich Unsinn, solange man nicht die konkreten Gründe der behaupteten Gefahr hinterfragt.

Natürlich war auch der deutschen Bundeskanzlerin klar, dass das Atomdesaster von Fukushima kein rationaler Grund war, sich in Deutschland von der Atomkraft zu verabschieden. Aber offenbar war der Kanzlerin bewusst, dass sie die von diffusen Angstgefühlen begleitete irrationale Aufgebrachtheit von Teilen der deutschen Bevölkerung bedienen musste und nicht mit Wahrheiten konfrontieren durfte, wollte sie weiter zu den »Guten« gehören. Auch führte die Entscheidung, mittelfristig sämtliche deutsche Atomkraftwerke abzuschalten, bekanntlich dazu, dass in geradezu vorhersehbarer Weise insbesondere Nachbarländer wie Polen und Frankreich den Bau neuer Atomkraftwerke – großteils nahe der deutschen Grenze – planten, unter anderem um den deutschen Energiebedarf – der ja wegen Fukushima nicht geringer geworden ist – mit ordentlichen Profiten zu bedienen. Gute Entscheidung? Ganz offenbar geht es der Politik häufig nicht um eine solche, sondern darum, einen kurzsichtigen Mainstream abseits wirklich nützlicher Entscheidungen bestmöglich zu bedienen, um die eigene Karriere zu fördern oder die Chancen der eigenen Wiederwahl zu erhöhen. Und die Medien (jedenfalls die meisten von ihnen) legen ihre Finger nicht in die sich auftuenden Wunden, schließlich wollen sie von den Politikern laufend mit medientauglichem Material versorgt werden. Aber alle verorten sich bei den »Guten und Gerechten«.

Mein nächstes Beispiel für unreflektiertes Gutmenschentum möchte ich in eine Frage kleiden: Warum sollte man mit vorsichtig geschätzten Kosten von weit über 100.000 Euro je Person (für Alimentation und Integration) offenbar nicht unterernährte junge männliche Migranten aufnehmen, die ihre Familien und ihr Vaterland verließen, anstatt dieses mit aufzubauen, andere mit selbst geschaffener Seenot zu Rettungsaktionen nötigten und immerhin über 6.000–10.000 Euro für einen Schlepper verfügten, wenn man mit 0,30 Euro pro Tag und Kind jedes der 6.000 bis 8.000 täglich an Unterernährung sterbenden Kinder in ihrer Heimat retten könnte? Offenbar wollen wir unsere schlicht gestrickte Empathie befriedigen, die beim von den Medien präsentierten Anblick von sich selbst in Lebensgefahr begebenden Menschen in überbesetzten Schlauchbooten bei uns aufkommt. Nachdem – glücklicherweise – weitestgehend Einigkeit über den Grundsatz herrscht, dass wir als Wohlstandsnation auch anderen helfen sollten, gerät das Postulat, unsere Hilfe so zu verteilen, dass mit ihr die größtmögliche Linderung an Not in der Welt erzielt werden kann, offenbar völlig aus dem Blick. Hauptsache, wir haben unsere Empathie, welche die Medien durch ihre Bilder aus dem Mittelmeer in uns geschürt haben, bedient. Dass ansonsten verhungernde Kinder, die zweifellos die hilfsbedürftigsten Menschen auf diesem Globus sind, sich nicht selbst in Lebensgefahr gebracht haben und in keinster Weise verantwortlich für ihr eigenes Schicksal sind, jedes mit einem Bruchteil des pro Migrant aufzuwendenden Betrages gerettet werden könnten, scheint uns schlichtweg nicht zu interessieren. Bei all dem haben wir auf der »Kostenseite« noch gar nicht darüber gesprochen, welche Probleme, Risiken und Gefahren wir importieren, wenn wir Migranten in unser Land lassen, deren Herkunftskulturen die Verachtung von Frauen und/oder die Tötung »Ungläubiger« vorsehen und die nie Gelegenheit hatten, sich an regelmäßige Arbeit zu gewöhnen. Wenn unsere Hilfeleistungsbereitschaft begrenzt ist (und wer wollte das bestreiten), sollten wir unsere Hilfe dort einsetzen, wo sie am meisten bewirkt. Alles andere ist irrationales Gutmenschentum zur Befriedigung des eigenen Empathiebedürfnisses. Bedauerlicherweise ist das Leid auf diesem Globus schier endlos. Aber sollten wir den Medien faktisch die Entscheidung überlassen, wem wir helfen, anstatt dies nach Effizienzgesichtspunkten zu tun?

Abgesehen davon, dass die »gute Entscheidung« stets auch eine – im wertfreien Sinne – egoistische ist, dürfen wir feststellen, dass die vermeintlich gute Entscheidung sich häufig genug als opportunistische Entscheidung auf der Basis nicht zu Ende gedachter Auswirkungen und Alternativen entpuppt. Allzu oft besteht der Vorteil der vermeintlich guten Entscheidung in dem auf nicht zu Ende gedachten Überlegungen beruhenden Gefühl, zu den Guten zu gehören. Das ist keinesfalls »verwerflich« oder gar bösartig, es entspricht offenbar schlicht der Natur des Menschen. Nur wäre es gut, wenn dies auch in der Öffentlichkeit so benannt würde bzw. werden dürfte und in der Folge nützlicher entschieden würde. Es wäre gut, wenn das Zu-Ende-Denken nicht – ganz offensichtlich – tabuisiert würde, nur um nicht gerechtfertigtes Gutmenschengefühl ungestört zu lassen. In meiner Wahrnehmung steht die vermeintlich gute Entscheidung in der Öffentlichkeit – und da spreche ich in der Hauptsache von Medien und Politik – unter so etwas wie Artenschutz, auch wenn sie sich bei näherem Hinsehen als mäßig gute oder gar schlechte Entscheidung entpuppt.

Kein Wunder, dass – wie bereits angesprochen – inzwischen auch die Werbung versteht, unreflektiertes Gutmenschentum für sich zu nutzen. So wetteifern beispielsweise Banken in ihrer TV-Werbung aktuell um Investitionen ökologisch bewusster Menschen in Aktienfonds mit Beteiligungen an »grünen« bzw. »ökologisch korrekten« Unternehmen. Das hört sich zunächst einmal gut an, bringt aber für die Umwelt rein gar nichts. Denn was passiert, wenn der Fonds nun für seine Anleger mit den zur Verfügung gestellten Finanzmitteln am Aktienmarkt auftritt und Anteile ebensolcher Unternehmen erwirbt? Durch die erhöhte Nachfrage steigen die Kurse der Aktien und deren Veräußerer können diese Aktien entsprechend teurer verkaufen. Einfach gesagt: Die Investitionssummen landen bei den Veräußerern, nicht bei den Unternehmen und für die Umwelt ist rein gar nichts gewonnen. Aber der jeweilige Anleger labt sich an dem guten Gefühl, vermeintlich etwas für die Umwelt getan und politisch korrekt investiert zu haben. Das darf man wohl unreflektiertes, fehlgeleitete Gutmenschentum nennen. Dabei kann doch jeder sehr einfach zu solchen Erkenntnissen gelangen, der verstanden hat, dass Aktienfonds die ihnen zur Verfügung gestellten Gelder an den Aktienmärkten einsetzen und eben nicht in die Umwelt investieren. Aber natürlich würde solches Zu-Ende-Denken das schöne Gefühl und nebenbei auch ein Geschäftsmodell beschädigen. Also hat niemand wirklich Interesse daran.

Abschließend möchte ich ein meiner Meinung nach geradezu »irres« Beispiel einer nicht zu Ende gedachten Entscheidung zum vermeintlich Guten ansprechen, welche nach jetzigem Stand wohl zum Niedergang einer gesamten Industrienation und zu einem weitgehenden Wohlstandseinbruch führen könnte. In teilweise geradezu hysterischer Manier fordern in Deutschland Grüne, sogenannte Klimakleber, die »Letzte Generation« und zahlreiche weitere angeblich an der Klimarettung interessierte Organisationen, die CO_2-Produktion des Landes ebenso rasch wie radikal herunterzufahren. Auch wenn Wohlstand und Industrie darunter leiden – es ist ja für den guten Klimazweck. Deutschland ist am weltweiten CO_2-Ausstoß zu gerade mal knapp 2 % beteiligt (Pawlik 2023). Selbst wenn wir diesen Anteil auf annähernd 0 % reduzieren würden, wäre für das weltweite Klima evident so gut wie nichts gewonnen. Das häufigste Gegenargument hierzu lautet, dass wir »als Vorbild mit gutem Beispiel vorangehen« müssen. Als wir den Kohleausstieg beschlossen haben, beschlossen China und Indien etwa zeitgleich den Bau mehrerer 100 neuer Kohlekraftwerke, von welchen allein China zurzeit ca. zwei pro Woche neu genehmigt. Jedes Barrel Öl, das wir wegen Umstiegs auf E-Mobilität und Wärmepumpen auf dem Weltmarkt nicht mehr nachfragen, führt dort entsprechend zu Preissenkungen und somit vermehrter Nachfrage der großen CO_2-Emittenten dieser Welt. Vorbild? Die anderen großen Industrienationen belustigen sich über den naiven Glauben an unsere Vorbildfunktion und unser Credo, »am deutschen Wesen müsse die Welt genesen«. Sie freuen sich über die Lücken, die wir nun an den Weltmärkten energiekostenbedingt hinterlassen (werden) und die sie profitabel ausfüllen dürfen. Mit einem Satz: Alle CO_2-Einsparmaßnahmen, die nicht im Gleichklang mit den wirklich großen CO_2-Emittenten dieser Welt erfolgen, sind nicht nur sinnlos, sondern kontraproduktiv, führen praktisch zu keinerlei Nutzen für die Umwelt, dafür aber zum Abbau des Industriestandortes Deutschland und zu einem allgemeinen Wohlstandseinbruch hierzulande. Erforderlich wären stattdessen organisatorisch-politische Schritte, um die großen CO_2-Emittenten (notfalls mit Druck) »mit ins Boot zu holen«.

Ist es nicht unglaublich, dass wir offenbar politisch Willens sind, Entscheidungen zu treffen, die unsere Volkswirtschaft an den Rand des Ruins bringen (werden), ohne irgendwelche Vorteile zu generieren? Ist es nicht noch unglaublicher, dass dieses Thema in den Medien und in der Politik kaum stattfindet? Oder können Sie sich erinnern, im letzten Jahr auch nur eine einzige Sendung im TV gesehen zu haben, in welcher die grundsätzliche Frage der Sinnhaftigkeit einer CO_2-Reduktion thematisiert wurde, solange diese nicht im Gleichklang mit den großen Emittenten dieser Welt passiert? Stattdessen wird unter Ausklammerung der Sinnhaftigkeitsfrage nur noch diskutiert, *wie* unser Land zu geringeren CO_2-Emissionen gelangt. Könnte es sein, dass wir es mit einem Tabu zu tun haben, welches an die Grundfesten unserer Existenz geht, und das in einem zumindest formal demokratischen Staat? Wie bzw. in wessen Interesse ist dieses offenbar über die (fast) gesamte Politik- und Medienlandschaft verbreitete Tabu entstanden bzw. betrieben worden? Könnte es sein, dass es Kreise in unserer Gesellschaft gibt, die auf durchaus raffinierte Weise eine deindustrialisierte und vermeintlich gerechtere Gesellschaft anstreben, auch wenn die neue Gerechtigkeit dann wohl »Armut für alle« bedeutet? Ja, man mag es kaum glauben, aber tatsächlich können »Entscheidungen zum Guten« so aussehen. Vermutlich wird man ein oder zwei Generationen später zu ergründen versuchen, weshalb es entgegen einer diesbezüglich unstreitigen und unbestreitbaren Faktenlage eine evident sinnlose CO_2-Politik so weit bringen konnte …

Die genannten Beispiele zeigen auch, dass rationales Entscheiden »zum Guten« häufig ein Wissen der Menschen um – hier ökonomische – Zusammenhänge erfordert, wenn private und politische Entscheidungen nicht auf der Unwissenheit breiter Bevölkerungskreise basieren und damit häufig falsch sein sollen. Zu weit abgeschweift? Vielleicht …

10 Entscheidungsverantwortung und Strafe

Im Folgenden wollen wir die Frage behandeln, ob bzw. inwieweit die Verknüpfung von Entscheidungsverantwortung und aus dieser abgeleiteter Schuld mit gesetzlicher Strafe sinnvoll und zu rechtfertigen ist. Dabei wird nicht nur die Frage der menschlichen Entscheidungsfreiheit bzw. deren Einschränkung eine Rolle spielen müssen. Sollten sich aktuelle Strafrechtskonzepte im Hinblick auf sinnvolle Ziele als wenig tauglich erweisen, stellt sich natürlich auch die Frage nach einem »optimierten« Strafrecht, das allerdings ebenfalls ohne Berücksichtigung der Frage nach der Entscheidungsfreiheit kaum auskommen dürfte. Und natürlich wird zu erörtern sein, inwieweit sich die Erkenntnisse mit der bereits angesprochenen Tatsache vertragen, dass eine Gesellschaft wohl kaum je auf Strafe wird verzichten können.

Wenn es jetzt für einige Seiten »ins Juristische geht«, sollten Sie die folgenden Kapitel bitte nicht überschlagen oder gar das Buch zur Seite legen, nur weil Sie juristisch möglicherweise wenig oder gar nicht beschlagen sind. Ich werde mich bemühen, juristische Fachtermini zu erklären und allgemeinverständlich zu schreiben, was nicht ausschließt, dass es zuweilen gilt, komplexere Zusammenhänge zu durchdringen. Aber das eine oder andere wird sich dann auch beim Weiterlesen erschließen. Ist es nicht eine schöne Herausforderung, seinen Fuß in ein bis dato vielleicht eher unbekanntes Wissensgebiet zu setzen?

10.1 Das Schuldstrafrecht

Die Schuld beschreibt im deutschen Strafrecht wie auch in dem vieler weiterer Länder nach gängiger Definition die »persönliche Vorwerfbarkeit« (z.B. Fischer 2021, vor §13 Rz. 47a, Bundesgerichtshof GrSen 2, 194, 200) eines verwirklichten Unrechts gegenüber dem Täter. Sie ist sowohl die Basis für die Begründung der Strafe (»keine Strafe ohne Schuld«) als auch für das Strafmaß. Es wird daher von einem Schuldstrafrecht gesprochen. Diesem liegt konzeptionell die Strafe als *Ausgleich der Schuld* des Täters zugrunde. Dieses Schuldprinzip wird wiederum kritisch auch »als ein Prinzip der Vergeltungstheorie betrachtet« (Erber-Schropp 2016, 8). Obwohl zumindest faktisch dem Schuldstrafrecht auch andere Funktionen als die Vergeltung zugeordnet werden, gilt es schwerpunktmäßig als »Vergeltungsstrafrecht« (Retributivismus). Dies hat letztlich auch das Bundesverfassungsgericht immer wieder bestätigt, wenn auch mit der Einschränkung, dass Vergeltung nicht *alleiniger* Zweck der Strafe sein könne (BVerfG 28, 278; 32, 109; 45, 254; 64, 271). Ist Vergeltung nicht etwas Rückwärtsgewandtes? Hat sie nicht gar mit Rache zu tun? Wir werden uns hiermit noch näher befassen.

Und was ist denn nun Schuld? Im Alltagsgebrauch des Begriffs hat jeder so seine »gefühlten »eigenen« Vorstellungen, wobei diesen am ehesten gemein sein dürfte, dass die Schuld zumeist bei anderen verortet wird. Natürlich hat Schuld etwas mit dem Verstoß gegen Regeln – gesetzt von wem auch immer – zu tun. Was in der einen Kultur Schuld auslöst, führt allerdings in der anderen im Extremfall zu gesellschaftlicher Belobigung.

Im deutschen Strafgesetzbuch hat der Gesetzgeber den Begriff der Schuld gar nicht erst definiert, obwohl er ihn ständig verwendet. Er hat stattdessen eine Negativabgrenzung vorgenommen. So handelt z.B. »ohne Schuld [...], wer bei Begehung der Tat wegen einer krankhaften seelischen Störung, wegen einer tiefgreifenden Bewusstseinsstörung oder wegen einer Intelligenzminderung oder einer schweren anderen seelischen Störung unfähig ist, das Unrecht der Tat einzusehen oder nach dieser Einsicht zu handeln« (§ 20 StGB). Kinder werden bis zu einem Alter von 14 Jahren von der Schuldfähigkeit ausgenommen (§ 19 StGB). Auch wer in Notwehr handelt, ist insoweit zwar nicht schuldunfähig, handelt aber nicht schuldhaft. Wusste der Täter bei der Begehung der Tat nicht, »Unrecht zu tun, so handelt er ohne Schuld, wenn er diesen Irrtum nicht vermeiden konnte« (sogenannter Verbotsirrtum, § 17 StGB). Hieraus lässt sich durchaus der Rückschluss ziehen, dass der Gesetzgeber all jene strafrechtswidrigen Taten als schuldhaft betrachtet, die nicht im Zustand der Schuldunfähigkeit oder mit gesetzlicher Rechtfertigung (z. B. im Fall von Notwehr) begangen werden. Aber das ist natürlich insbesondere für eine Strafrechtfertigung zu dünn, allein schon, weil insoweit jeder rechtstheoretische/rechtsphilosophische Unterbau fehlt. Also begeben wir uns auf die Suche danach, was denn Schuld nun aus der Perspektive des Strafrechts sein soll.

Fischer formuliert in seinem Kommentar zum Strafgesetzbuch (2021, § 20, Rdzf. 2): »Schuld ist Verantwortung für die Folgen normwidrigen Verhaltens.« Nach herrschender Meinung in der einschlägigen Literatur ist Schuld – bestätigt durch den Großen Senat des Bundesgerichtshofs – »Vorwerfbarkeit«. Andere Juristen bzw. Strafrechtsphilosophen stellen wie Fischer den Begriff der »Verantwortung« in den Mittelpunkt und sehen Schuld als ein Belastetsein mit der Verantwortung für rechtswidrige Erfolge oder gefährliche Handlungen (z. B. Jakobs 2006, 831 ff.), wobei »normative Ansprechbarkeit« (Merkel 2011, 737) vorausgesetzt wird. Nach der Rechtsprechung des Bundesgerichtshofs gehört zum Wesen der Schuld außerdem die »in freier Selbstbestimmung getroffene Entscheidung, Unrecht zu tun« (BGH 2, 194, 200). Der Gesetzgeber hat aber – offenbar im Bewusstsein der hiermit verbundenen Probleme – die Frage der »Willensfreiheit« außen vorgelassen. Stattdessen war er (seit der Reichsgründung im Jahre 1871) stets der Auffassung, dass Schuldfähigkeit keine Willensfreiheit im indeterministischen Sinne voraussetzt (Burkhardt 2005b, 94). Das erstaunt bereits deshalb, weil schon nach allgemeinem Verständnis eine nicht mit »freiem Willen« begangene Straftat keine Schuld begründen kann.

Wir sehen, dass die strafrechtlichen Definitionen von Schuld auf die Begriffe der Vorwerfbarkeit und der Verantwortung zurückgeführt werden. Damit ist jedoch rechtsphilosophisch nichts gewonnen. Jeder Grundschüler weiß schließlich, dass er aufgrund eines *Vorwurfs* von *Schuld* zur *Verantwortung* gezogen werden kann. Die Begriffe stehen also in engster Beziehung zueinander, ohne dass einer durch den anderen definiert werden könnte. Ohne Schuld wird einem nichts vorgeworfen und man wird nicht zur Verantwortung gezogen. Doch inwieweit hilft das der Erklärung des Schuldbegriffs? Aus diesem Dilemma hilft der Bundesgerichtshof – vermutlich ungewollt –, wenn er feststellt, dass zum Wesen der Schuld die »in freier Selbstbestimmung getroffene Entscheidung, Unrecht zu tun« (BGH 2, 194, 200) gehört. Damit könnte man sich doch anfreunden: Wer in freier Entscheidung gegen Regeln verstößt, ist schuldig mit der Folge einer Bestrafung. Sie wissen es natürlich schon: Das Problem ist die freie Entscheidung. Wer seine Tat nicht frei entscheidet, kann auch nach allgemeinem Verständnis von Verantwortlichkeit nicht schuldhaft handeln. Dabei ist natürlich streng genommen nicht die Handlung schuldhaft, sondern die Entscheidung, auf der sie beruht. Die Handlung ist allenfalls die Umsetzung der schuldbegründenden Entscheidung. Und mit Strafe bzw. Strafandrohung soll schließlich die Entscheidung als Ursache der Handlung verhindert werden.

Wenn die menschliche Entscheidung also generell nicht frei sein sollte, dann gäbe es selbst nach Ansicht des Bundesgerichtshofs keine Schuld – wie dies auch dem allgemeinen Verständnis entspricht. Wer dieses Buch bis hierher gelesen hat, wird vielleicht ebenso der Meinung sein, dass es jedenfalls mehr vernünftige Gründe gegen die menschliche Entscheidungsfreiheit gibt als dafür – auch wenn ein diesbezüglicher letzter Beweis möglicherweise nie geführt werden kann. Aber es gibt Evidenzen: Denken Sie nur an den Menschen als Nutzenmaximierer. Vermutlich kann er nicht anders, als die Entscheidung zu treffen, die voraussichtlich den größtmöglichen Nutzen bringt, selbst wenn diese sich nach außen als altruistisch darstellen sollte. Denken Sie an das Kausalprinzip und daran, dass alles, was in diesem Universum passiert, Gründe hat – somit auch unsere Entscheidungen. Die Gründe der Gründe usw. werden letztlich nicht von uns selbst gelegt. Denken Sie an die jedenfalls nicht widerlegte Theorie, dass unser Gehirn als Organ, das physikalischen und chemischen Naturgesetzen unterliegt, wie ein Computer bei gegebenem Zustand und einem bestimmten Input nur *einen* bestimmten Output, nur eine bestimmte Entscheidung, generieren kann. Denken Sie schließlich an die mögliche Unfreiheit unserer Gedanken und damit auch unserer (gedachten) Entscheidungen, wenn es richtig sein sollte, dass unser Denken durch die Associative Chain und die diversen Cuts gesteuert wird. Im Gegenzug bin ich mir keiner Theorie bewusst, welche die menschliche Entscheidungsfreiheit plausibel begründen würde. Im Gegenteil: Die Anstrengungen vieler intelligenter Autoren, die die menschliche Entscheidungsfreiheit mit unterschiedlichsten, zudem fragwürdigen Theorien zu begründen versuchen (wobei doch eine einzige überzeugende reichen würde), scheint eher ein starkes Indiz für deren Nichtexistenz zu sein. Das gefällt mir persönlich übrigens gar nicht, denn von meinen Veranlagungen her bin ich (obwohl es ja nicht um mich geht) alles andere als der verzeihende, nachsichtige, tolerante Typ. So viel sei angemerkt, um dem möglichen Verdacht einer interessengeleiteten Argumentation entgegenzutreten …

Vor dem Hintergrund solcher, die menschliche Entscheidungsfreiheit mehr als fragwürdig erscheinen lassender Aspekte, irritiert der apodiktisch anmaßende Anspruch, mit welchem das oberste deutsche Strafgericht das Konstrukt der »Schuld« auf vermeintlicher menschlicher Entscheidungsfreiheit basiert, schon sehr (BGHSt 2, 194, 200, siehe auch Venzlaff 2020, 3):

»Strafe setzt Schuld voraus. Schuld ist Vorwerfbarkeit. Mit dem Unwerturteil der Schuld wird dem Täter vorgeworfen, dass er sich nicht rechtmäßig verhalten, dass er sich für das Unrecht entschieden hat, obwohl er sich rechtmäßig verhalten, sich für das Recht hätte entscheiden können. Der innere Grund des Schuldvorwurfs liegt darin, dass der Mensch auf freie, verantwortliche, sittliche Selbstbestimmung angelegt und deshalb befähigt ist, sich für das Recht und gegen das Unrecht zu entscheiden, sobald er die sittliche Reife erlangt hat und solange die Anlage zur freien, sittlichen Selbstbestimmung nicht durch die in § 51 StGB (heute § 20, 21 StGB) genannten krankhaften Vorgänge gelähmt oder auf Dauer zerstört ist.«

Selbst von der Neurologie droht dem derzeitigen Schuldstrafrecht Ungemach. Die renommierte Strafrechtsanwältin von Galen (2006, 362) formulierte: »Würde die moderne Hirnforschung den Beweis liefern, dass eine freie Entscheidung für das Recht und gegen das Unrecht nicht stattfinden kann, weil der Mensch determiniert ist, wäre dies das Ende des Strafrechts.« Es wäre vermutlich nicht das Ende *allen* Strafrechts, denn strafen müssten wir trotzdem, um nicht unter eine Walze der Gewalt zu geraten, die das Recht des Stärkeren über uns bringen würde. Doch es wäre jedenfalls das Ende des herrschenden Schuldstrafrechts.

Geradezu entlarvend für das herrschende Schuldstrafrecht ist § 20 des StGB, wonach in der bis vor kurzem gültigen Fassung für die Schuldunfähigkeit u.a. auf eine »seelische Abartigkeit« abgestellt wurde. Der Begriff der »seelischen Abartigkeit« wurde inzwischen zwar durch die »seelische Störung« ersetzt, in der Sache geändert hat sich jedoch nichts (Fischer 2021, § 20 Rz. 36):

»Der Begriff der Störung hat den abwertenden Begriff der ›Abartigkeit‹ ersetzt und bezieht sich auf eine Abweichung der Persönlichkeitsstruktur [...] von einem normativ zugrunde gelegten ›Durchschnitt‹, d.h. dem vom einzelnen gemeinhin erwarteten und ihm insoweit als üblich zugemuteten Maß an Selbstkontrolle und Motivierbarkeit hinsichtlich der eigenen Neigungen, Affekte und Triebe [...].« Man mag es kaum glauben, die Schuldfrage soll insoweit auf die »durchschnittliche« mentale Befindlichkeit der (jeweiligen) Bevölkerung abstellen?! Was hat die wie auch immer verstandene Schuld des Einzelnen – wenn es sie denn gibt – mit den mentalen Befindlichkeiten der übrigen Bevölkerung, gar mit deren Durchschnitt zu tun? Und was hat eine mögliche Schuld damit zu tun, was – wer auch immer – von einem »erwartet«? Jeder kann alles Mögliche erwarten, aber das kann doch nichts mit einer individuellen Schuld zu tun haben. Auch kann man sich »Motivierbarkeit« nicht aussuchen, schließlich ist sie das direkte Resultat unserer sich unbeeinflussbar bildenden Bedürfnisse. Und schließlich: Ist die »Persönlichkeitsstruktur« nicht auch etwas, was im Moment der Tatentscheidung schlichtweg gegeben, nicht beeinflussbar ist und damit nicht schuldbegründend sein kann? Offenbar hat der Gesetzgeber die Angreifbarkeit des Begriffs der »Abartigkeit« erkannt und durch »Störung« ersetzt, allerdings ohne inhaltlich etwas ändern zu wollen, wie die Kommentierungen zeigen. Es ging also offenbar nur um kritikhemmende Kosmetik ...

Es kommt noch schlimmer für unser Schuldstrafrecht. Denn nach derzeit geltendem Recht dürfte eigentlich gar nicht mehr gestraft werden (was natürlich auch nicht die Lösung ist ...). Wie das? Als anerkannter Rechtsgrundsatz »in dubio pro reo« gilt, dass in Zweifelsfällen immer zugunsten des Angeklagten zu entscheiden ist. So ein Zweifelsfall ist aber die Frage der »Willensfreiheit« bzw. Entscheidungsfreiheit. Denn selbst von den Vertretern des derzeitigen Schuldstrafrechts wird fast durchgängig konzediert, dass das Problem der »Willensfreiheit« letztlich bis heute nicht geklärt sei. Roxin (1984, 643) schreibt hierzu:

»Es besteht, soweit ich sehe, in Deutschland völlige Einigkeit darüber, dass kein psychologischer oder psychiatrischer Sachverständiger die Fähigkeit des konkreten Täters, im Tatzeitpunkt anders zu handeln, als er es getan hat, mit empirischen Mitteln nachweisen kann. Wenn aber zur Annahme von Schuld ein empirischer Befund vorausgesetzt wird, der sich prinzipiell nicht feststellen lässt, so müsste das nach dem Grundsatz ›in dubio pro reo‹ zum Freispruch führen«. Weiter führt Roxin aus, dass wenn das Strafrecht der Legitimation seiner Sanktionen eine indeterministisch verstandene Willensfreiheit zugrunde lege, dies im konkreten Fall immer zum Freispruch führen müsse. Roxin scheint damit jedenfalls insofern richtig zu liegen, als dass im *geltenden Schuldstrafrecht* mangels möglichem Schuldnachweis eine Bestrafung nie zu rechtfertigen wäre. Nur: Roxin wollte damit eigentlich etwas ganz anderes zum Ausdruck bringen, nämlich dass es für die Schuldfeststellung ja wohl auf eine Entscheidungsfreiheit letztlich nicht ankommen könne ... Offenbar darf mal wieder etwas nicht so sein, wie es vielleicht ist, weil man sich nur ungern mit den Konsequenzen anfreunden würde ...

Laut Bundesverfassungsgericht hat der Grundsatz, dass jede Strafe Schuld voraussetzt, seine Grundlage in der Menschenwürdegarantie des Art. 1 Absatz 1GG (vgl. BVerfGe 57, 250, 275; 80, 367, 378; 90, 145, 173). Im Zusammenwirken mit dem Grundsatz »in dubio pro reo« und den »zweifelsfrei« bestehenden Zweifeln an der menschlichen Entscheidungsfreiheit resultiert hieraus strenggenommen, dass jede hoheitliche Strafe gegen den Grundsatz der Menschenwürde verstößt.

In der Konsequenz begegnet dies allerdings Bedenken in zweierlei Hinsicht. Zum einen ist offensichtlich, dass eine Gesellschaft nie komplett auf Strafe verzichten können wird, will sie nicht kriminalitätsbedingt untergehen. Zum anderen kann wohl etwas für das Zusammenleben der Menschheit Unverzichtbares wie die Strafe in der Gesamtschau kaum gegen die Menschenwürde verstoßen. Das »Laufenlassen« der Kriminalität würde vermutlich zu viel umfangreicheren Verstößen gegen die Menschenwürde führen. Es wäre also der eine Verstoß gegen die Menschenwürde gegen den anderen abzuwägen, wobei einer von beiden immer auf der Strecke bleiben würde. Dies wiederum würde gegen Art. 1 des Grundgesetzes verstoßen, weil die Menschenwürde als oberstes Gut *in jeder Hinsicht* »unantastbar« sein soll. Genau wie wir bewusst durch Lockerung der Corona-Verhaltensregeln Menschenleben geopfert haben, um anderen mehr Freiheiten zu gewähren, müssen wir bei nicht gegebener oder auch nur zweifelhafter Entscheidungsfreiheit möglicherweise dennoch unschuldige Täter schon aus Gründen der Abschreckung bestrafen. Sprechen möchten wir über solche zwangsläufigen Unliebsamkeiten aber lieber nicht ...

Am Ende dieser wenig befriedigenden Erörterungen zum Schuldbegriff sollte uns sicher auch die Frage interessieren, ob denn die Schuld – jedenfalls wie sie in den modernen Demokratien verstanden wird – überhaupt irgendwie objektivierbar ist. Nachdem Fischer in seinem führenden deutschen Strafrechtskommentar Schuld zunächst als persönliche Vorwerfbarkeit eines verwirklichten Unrechts gegenüber dem Täter bezeichnet (s. o.), definiert er sie an anderer Stelle als »Verantwortung für die Folgen normwidrigen Verhaltens« (Fischer, 2021, § 20, Rz. 2). Man mag lange darüber streiten, inwieweit die beiden Definitionen am Ende inhaltliche Unterschiede und damit eine gewisse Unsicherheit bezüglich der »richtigen« Schulddefinition aufweisen. Normwidriges Verhalten als Voraussetzung von Schuld impliziert jedenfalls, dass Schuld u. a. von Normen abhängt und die wiederum werden von Menschen als Rechtsvorschriften gesetzt. So verstanden hat Schuld jedenfalls nichts sachlich Objektivierbares. Daran ändert auch die Tatsache nichts, dass viele – wenn nicht die meisten – der von Menschen gesetzten Rechtsvorschriften in irgendeinem Sinne sinnvoll sind.

Die Schuld manifestiert sich hier ausschließlich in Verstößen gegen das, was (im besten Falle demokratisch gewählte) Menschen – zuweilen höchst subjektiv – anderen Menschen als Gesetz aufoktroyieren. Gesetze ändern sich jedoch und können in jedwedem Sinne sehr ungerecht sein, man denke nur an die bereits thematisierte Strafbewehrtheit homosexueller Betätigung, die in Deutschland noch vor wenigen Jahrzehnten galt. Oder man denke an die Prügelstrafe, die der Bundesgerichtshof noch 1957 als »generelles Gewohnheitsrecht« bestätigte und die in den bundesdeutschen Ländern erst 1973 (Bayern 1983) verboten wurde. Und erst 1998 wurde § 1631 Abs. 2 des BGB neu gefasst und damit der Begriff der »elterlichen Gewalt« zu »elterlicher Sorge«. Auch machte sich der Vermieter einer Wohnung bis zur Einführung des § 180 Abs. 3 StGB im Jahr 1927 wegen Kuppelei strafbar, wenn er einem nicht verheirateten Paar (»wilde Ehe«) oder einer Prostituierten eine Wohnung vermietete oder generell, wenn er in seiner Wohnung anderen Unzucht gestattete. Was ist dann ein solcher Schuldbegriff wert, wenn dieser sich an den aktuell geltenden Gesetzesnormen orientiert? Was hat das noch mit dem alltäglich gebrauchten Schuldbegriff gemeinsam? Wahrscheinlich nur eines: Beide sind nicht abstrakt objektivierbar und inhaltlich deshalb weitgehend beliebig. Den Nimbus eines übergeordneten abstrakten Prinzips nehmen die Verwender beider Schuldbegriffe gerne für sich in Anspruch, nur entbehrt er scheinbar jeglicher Grundlage Nicht ohne Grund schlussfolgern etliche Literaten daher: Am Ende bleibe nicht mehr als die Erkenntnis, dass das Postulat der Schuld eine schlichte generelle normative Verantwortungszuweisung sei. Mit anderen Worten: Schuldhaftes Verhalten ist dasjenige, das der Gesetzgeber jeweils zu solchem erklärt. Damit allerdings wäre der Schuldbegriff rechtsphilosophisch inhaltsleer und als »Organisationsregel« allein der gesetzgeberischen Willkür ausgesetzt. Dass eine wie auch immer definierte oder normierte Schuld in Verbindung mit einer Strafkonsequenz für die Gesellschaft nützlich sein kann, bleibt unbestritten. Nur hat das mit einer Objektivierbarkeit oder gar einem Absolutheitsanspruch des Schuldbegriffs eben nichts zu tun.

10.2 Mögliche Funktionen von Strafe

Wenn wir uns mit der Frage befassen wollen, wie ein sinnvolles Strafrecht aussehen könnte, welches zumindest die *Möglichkeit* berücksichtigt, dass es eine Entscheidungsfreiheit nicht gibt, müssen wir uns mit den möglichen Funktionen von Strafe, also mit deren möglichem Sinn, dem, was Strafe bezwecken kann bzw. soll, auseinandersetzen.

10.2.1 Schuldausgleich und Vergeltung

Die elementare Funktion des Schuldmerkmals im Schuldstrafrecht ist, dass es sowohl Anknüpfungspunkt für die Begründung der Strafverhängung als auch für die Bemessung der Strafsanktionen, also die »Härte« der Strafe ist (Achenbach 1974, 4 f.). Aber selbstverständlich ist die Ausrichtung von Bestrafung und Strafmaß an der – wie auch immer zu verstehenden – Schuld kein Selbstzweck. Die Funktion der Schuld *im Schuldstrafrecht* besteht im »Ausgleich der Schuld des Täters«

(Erber-Schropp 2016, 8). Aber was soll das konkret heißen, schließlich ist die Tat des Täters nicht mehr rückgängig zu machen im Sinne eines Ausgleichs (wenn man einmal von dem strafrechtlich nicht relevanten Schadensersatz absieht)? Hinter der Vorstellung des »Ausgleichs der Schuld des Täters« steht das sogenannte Vergeltungsprinzip, also die Intention, die Schuld des Täters zu vergelten (ausführlich hierzu Erber-Schropp 2016, 31ff.). Interessanterweise findet der Begriff der »Vergeltung« *als Funktion der Strafe* in der Literatur praktisch nicht statt, was vermutlich seiner Angreifbarkeit geschuldet ist. Da hört sich »Ausgleich« schon harmloser und vor allem irgendwie gerechter an, auch wenn »Vergeltung« gemeint ist. Wenn aber das Strafmaß im Schuldstrafrecht (zumindest auch) an der Schwere der Schuld auszurichten ist (§ 46 Abs. 1 Satz 1 StGB) und nicht (vornehmlich) an anderen Zwecken wie etwa der Abschreckung, dann spricht bereits die Logik für eine – im Grundsatz auch kaum bestrittene – Vergeltungsfunktion der Strafe im Schuldstrafrecht.

Nun dürfte aber unbestritten sein, dass auch Strafe kein Selbstzweck sein kann, ihr Sinn und ihre Rechtfertigung ergeben sich nur und erst, wenn und soweit sie irgendjemandem nützt. Was niemandem nützt, kann auch nicht in irgendeiner Weise sinnvoll oder gesellschaftlich wünschenswert sein. Dieser für eine Strafe einzufordernde Nutzen kann aber nicht der »Ausgleich« der Schuld sein. Denn um welchen »Ausgleich« wovon genau soll es da gehen? Die Straftat ist geschehen und lässt sich auch durch Bestrafung des Täters nicht rückgängig machen. Ein Ausgleich im Sinne von Schadensersatz ist – wie bereits angesprochen – Sache des Zivilrechts und nicht des Strafrechts. So gesehen scheint die Funktion des »Ausgleichs« zunächst in einer mehr oder weniger fragwürdigen Vergeltung zu bestehen, die – allerdings und immerhin – der Befriedigung von Rachebedürfnissen dienen kann. Roxin (1966, 377) formuliert dementsprechend zur Straffunktion im Schuldstrafrecht: »Die Strafe dient also zu nichts, sondern trägt ihren Zweck in sich selbst.«

Bei näherer Betrachtung des hinter dem Gedanken des Schuldausgleichs stehenden Vergeltungsprinzips offenbart sich dann allerdings doch ein zumindest denkbarer und nicht von vornherein von der Hand zu weisender Strafzweck, nämlich der der Genugtuung des Tatopfers bzw. dessen Hinterbliebener. Offenbar verspüren Opfer von Straftaten bzw. deren Hinterbliebene häufig das Bedürfnis nach Bestrafung des Täters. Dieses Bedürfnis von Opfern oder Hinterbliebenen vermag durch eine Bestrafung des Täters durchaus befriedigt zu werden, womit die Vergeltungsstrafe jedenfalls einen gefühlten Nutzen hätte. Man schaue sich nur die im TV inzwischen zuhauf gezeigten Kriminaldokus an, in welchen Opfer und/oder Hinterbliebene ihre Sehnsucht nach »gerechter« Bestrafung des jeweiligen Täters zum Ausdruck bringen. Keine Frage, hier geht es um die Befriedigung »niederer Instinkte« wie Rache und Vergeltung. Letztlich muss die Politik entscheiden, ob sie bereit ist, Rache bzw. Vergeltung als Strafzwecke anzuerkennen und hieran das Strafrecht (teilweise oder ganz) auszurichten. Aber natürlich werden wir uns auch fragen dürfen, ob eine solche Ausrichtung wirklich sinnvoll ist.

Wenn schon das Vergeltungsprinzip in der Literatur umfangreich, aber kaum ausdrücklich als Funktion von Strafe behandelt wird, so findet die Schaffung von Genugtuung für Opfer oder Hinterbliebene in der neueren Strafrechtsdiskussion praktisch gar nicht mehr statt. Offenbar wird diese ja durchaus denkbare Funktion von Strafe in irgendeiner Weise als »unschicklich« betrachtet. Und tatsächlich ist fraglich, ob Rache und Vergeltung Leitgedanken von Strafe sein sollten. Andererseits spricht natürlich auch etwas für die »Wiedergutmachung« von erlittenem mentalem Schaden. Würde man unseren Kindern bereits in der Schule (in den fortgeschrittenen Jahrgängen) verdeutlichen, dass es möglicherweise keine Entscheidungsfreiheit und damit auch keine irgendwie geartete Schuld gibt, wäre vermutlich einiges gewonnen. Täter könnten dann als arme Kreaturen betrachtet werden, die im Moment ihrer Tat möglicherweise nicht anders handeln konnten und am Ende sich selbst mit ihrer Tat häufig den meisten Schaden zufügten. Damit könnte bereits das Verlangen nach Genugtuung reduziert werden und es könnten Rache und Vergeltung als Bestrafungszweck entfallen.

Dass das hinter dem Schuldstrafrecht stehende Vergeltungsprinzip in der Literatur seit langem unter Beschuss steht, liegt nahe, auch wenn ganze Bücher verfasst wurden, um »aufzuzeigen, dass die Konzeption von Strafe als Ausgleich der Schuld des Täters legitim und widerspruchsfrei ist« (Erber-Schropp 2016, 8). Andererseits werden Vergeltung und Schuldausgleich als irrationale Prinzipien kritisiert, die an Glaubwürdigkeit missen lassen (z.B. Hart 2008, 10; Roxin 1966, 378; Pawlik 2004b, 227). Auch wird kritisiert, dass durch das Schuldprinzip die »metaphysische Idee der Gerechtigkeit« nicht zu verwirklichen sei, da der Staat hierzu »weder fähig noch berechtigt« (Baumann et al. 1966, 29) sei. Ebert (1988, 56) äußert, dass das Vergeltungsprinzip als Straftheorie nicht tragbar sei, weil es »sich als objektives Prinzip ethisch-rechtsphilosophisch nicht begründen lässt«. Schreiber (1980, 285) meint hierzu: »Ein abschließendes Urteil darüber, ob der Täter bei der Tat fähig oder unfähig war das Unrecht der Tat einzusehen und nach dieser Einsicht zu handeln, ist mit wissenschaftlichen Mitteln nicht möglich. Die individuelle Schuld und ihr Maß sind dem verlässlichen Urteil im Gerichtsverfahren jedenfalls nicht zugänglich.«

Roxin (2006, Rz. 8, 78) kritisiert, dass der Vergeltungsgedanke darauf basiere, dass man ein Übel durch Hinzufügung eines weiteren Übels »ausgleichen oder aufheben« könne, wobei das erste Übel als moralisch schlecht, das zweite hingegen als moralisch gerechtfertigt betrachtet würde. Ähnlich kritisiert Ebert (1988, 51), dass der Vergeltungsgedanke angeblich einen Ausgleich für das begangene Verbrechen behandele, dies beruhe jedoch – so seine Kritik – auf dem »irrigen Glauben, dass Strafe als Vergeltung gerecht sei«. Auf das Thema Gerechtigkeit im Strafrecht werden wir noch näher zu sprechen kommen.

Natürlich wird das Vergeltungsprinzip unter Bezugnahme auf den Determinismus bzw. eine möglicherweise nicht gegebene Entscheidungsfreiheit von vielen Autoren abgelehnt (z.B. R. Merkel 2006; Geyer 2004; Lampe/Pauen/Roth 2008; Merkel 2008; Pauen/Roth 2008; Pauen 2004). Hörnle kritisiert die »geistesgeschichtlichen

Wurzeln« des Schuldbegriffes, die offenbar immer noch »im christlichen Denken« lägen (Hörnle 2013, 59).

Ohne auf alle hier angesprochenen Gesichtspunkte einzugehen, dürfen wir wohl Folgendes festhalten: Das Schuldstrafrecht und mit ihm das Vergeltungsprinzip machen ohne menschliche Entscheidungsfreiheit keinen Sinn. Und selbst (nur) Zweifel an der menschlichen Entscheidungsfreiheit erfordern ein »in dubio pro reo«, also eine Berücksichtigung der Zweifel zugunsten des Angeklagten. Das dem Schuldstrafrecht immanente Vergeltungsprinzip kann äußerstenfalls mit der Satisfaktion für das Tatopfer bzw. die Hinterbliebenen als nutzenstiftend gerechtfertigt werden. Diesem fragwürdigen Rechtfertigungsgrund könnte man allerdings durch eine Bewusstmachung der Tatsache, dass die menschliche Entscheidungsfreiheit und damit die Schuld eines Täters zumindest zweifelhaft sind, begegnen.

10.2.2 Generalprävention

Die Generalprävention zielt als Strafzweck auf den Schutz der Allgemeinheit ab. Es wird unterschieden zwischen negativer und positiver Generalprävention. Die im Folgekapitel zunächst behandelte *negative* Generalprävention soll die Gesellschaft von der Begehung von Straftaten abschrecken, indem sie durch die Bestrafung des jeweiligen Täters ins Bewusstsein ruft, welche Straffolgen Straftaten haben können. Der anschließend zu behandelnden *positiven* Generalprävention steht die Aufgabe zu, das Vertrauen der Gesellschaft in die geltende Rechtsordnung generell zu stärken. Dies wiederum kann zweierlei bewirken: Vertrauen in die Rechtsordnung schafft ein Gefühl der Sicherheit, welches zweifelsohne einen mentalen Nutzen für die Mitglieder der Gesellschaft bedeutet. Darüber hinaus wird den Mitgliedern der Gesellschaft bewusst, dass sie von der Rechtsordnung profitieren, was wiederum tendenziell die mentalen Hürden erhöht, gegen diese zu verstoßen.

10.2.2.1 Die negative Generalprävention

Kant als früher Vertreter der Vergeltungstheorie hat bereits heftige Kritik an der Präventionstheorie geübt (Kant 1797). Die Prävention instrumentalisiere den Täter in herabwürdigender Weise zum »Mittel« der Abschreckung im Interesse der bürgerlichen Gesellschaft. Gleichwohl erkennt Kant präventive Zwecke der Strafe aus pragmatischen Gründen an, auch wenn diese zur Rechtfertigung von Strafe nicht geeignet seien. Geht man davon aus, dass nur Zwecke von Strafen, die für einzelne Mitglieder der Gesellschaft oder deren Gesamtheit einen Nutzen bewirken, auch deren Rechtfertigung begründen können, ist hierin jedenfalls ein Widerspruch zu sehen. Soweit die Generalprävention zumindest mit maßgeblich dafür ist, dass eine Gesellschaft nicht in Kriminalität untergeht, hat sie hierin sowohl ihren Zweck als auch ihre »Rechtfertigung«. Wenn man allerdings unter »Rechtfertigung« nicht den Nutzen der Strafe, sondern deren – höchst subjektive – »Gerechtigkeit« versteht, bewegen wir uns wieder im subjektiv-normativen Bereich. Einigkeit dürfte hier allerdings insofern bestehen, als dass eine Strafe ohne Entscheidungsfreiheit und damit ohne Schuld in keinem Sinne »gerecht«, wohl aber möglicherweise unverzichtbar sein kann. Unter dieser Voraussetzung wäre es also – wie in anderem Zusammenhang bereits dargelegt – erforderlich, in »ungerechter« Weise zu strafen, um eine ausufernde Kriminalität zu verhindern. Ob allerdings ein Vergeltungszweck der Strafe im Kantschen Sinne, der – abgesehen von der mentalen Befriedigung von Opfern oder Angehörigen – der Gesellschaft keinen Nutzen zu generieren vermag, die Strafe rechtfertigen kann, erscheint mehr als fraglich.

Wie subjektiv (und dort geradezu verfehlt) der Gedanke der Strafgerechtigkeit sein kann, wird bei Hegel (1821) deutlich. Nach Hegel ist Aufgabe der Strafsanktion, das Recht »wiederherzustellen« und das Verbrechen »aufzuheben« (§ 99). Der Täter müsse hinnehmen, dass er selbst mit einer »Rechtsverletzung« belegt werde, wenn er sich eine solche Verletzung zuvor selbst herausgenommen habe. Die Verletzung des Täters als Reaktion auf seine Rechtsverletzung – so Hegel geradezu zynisch – »ehrt den Verbrecher als Vernünftigen«. Diese Ehre werde ihm nicht zuteil, »wenn er nur als schädliches Tier betrachtet wird, das unschädlich zu machen sei, oder in den Zwecken der Abschreckung und Besserung« (§ 100), meint Hegel. Deshalb sei die Widervergeltung »strafende Gerechtigkeit« (§ 103). Auch bei Hegel scheint die Frage, wem eine Strafe konkret nütze, wenig Bedeutung zu haben. Zwar möchte Hegel nicht, dass der Täter »als schädliches Tier betrachtet wird«, andererseits möchte er ihm mehr oder weniger sinn- und nutzlose Vergeltung zukommen lassen. Das erscheint nicht besonders logisch. Allerdings legt Hegel Wert auf die Feststellung, dass die Strafe nicht »subjektive und zufällige Wiedervergeltung durch Rache zu sein« habe, sondern »wahrhafte Versöhnung des Rechts mit sich selbst« (§ 220). Während die Absage an die »Rache« seine Vergeltungstheorie zumindest scheinbar relativiert, ist kaum nachvollziehbar, in welcher Weise das Recht sich »mit sich selbst versöhnen« soll. Vielleicht meint Hegel hiermit die positive Generalprävention, also die Wiederherstellung des Vertrauens der Gesellschaft in die Rechtsnorm?

Nebenbei darf man festhalten, dass die Vergeltungstheorien von Hegel und Kant, die zu ihrer Zeit zu den bedeutendsten Denkern gehörten, heutzutage kaum noch großes Gehör finden dürften. Zurecht ist der Begriff der Vergeltung inzwischen als relativ sinnlos negativ belegt. Könnte es sein, dass die »kollektive philosophische Intelligenz« sich die letzten 200 Jahre positiv entwickelt hat?

Aber auch aktuell erfährt die negative Generalprävention heftige Kritik. Sie betrachte den Menschen als »kühl seinen Vorteil kalkulierenden *homo oeconomicus*« (Pawlik 2004a, 22) und »die Gesellschaftsmitglieder als Individuen, die zuallererst an ihrem eigenen Nutzen interessiert sind und diesen in rationaler Weise zu verfolgen wissen« (Pawlik 2004a, 23). Pawlik verkennt, dass alle Menschen, auch in Situationen, in welchen sie sich als Altruisten darstellen, Nutzenmaximierer und in diesem wertfreien Sinne Egoisten sind. Ist es nicht der Nutzen – für wen auch immer –, der überhaupt Voraussetzung dafür ist, dass Strafe in irgendeiner Weise gerechtfertigt werden kann?

Wer will Strafe ohne Nutzen? Pawlik reitet auf einer heutzutage sehr beliebten Welle, die da lautet: »Das Wir zählt, wer seine eigenen Interessen einbringt, handelt egoistisch und gesellschaftsfeindlich.« Klar, aus ihrem eigenen Egoismus heraus versucht die Gesellschaft, den Einzelnen für sich zu vereinnahmen und zum Egoisten zu erklären, wenn er seine Entscheidungen nicht gesellschaftsfreundlich trifft. Das ist genauso legitim oder illegitim wie die Verfolgung der eigenen Interessen durch das Individuum. Aber es hat etwas Drohendes, letztlich Gewalttätiges, weil es die Ächtung durch die Gesellschaft in Aussicht stellt. Es hält die Menschen in gewisser Weise für dumm, weil es wider die Natur des menschlichen Wesens ist. Das Scheitern der politischen Systeme, die versuchten, den Menschen (mehr oder weniger) komplett in den Dienst des Gemeinwohls zu stellen, spricht da wohl eine eindeutige Sprache.

Menschen verfolgen *ihre* Interessen und man kann diese für das Gemeinwohl nützlich machen, indem man den Menschen verdeutlicht, dass die Förderung des Gemeinwohls auch im eigenen Interesse des Individuums liegt, weil sie Befriedigung und Anerkennung vermitteln kann. Die vorrangige Androhung gesellschaftlicher Ächtung dagegen hat nachhaltig noch nie Erfolg gehabt. Im Falle der Generalprävention ist sie auch völlig irrational. Schließlich entspringt der Generalprävention ein Nutzen für alle, also der gesamten Gesellschaft. Die Generalprävention vor diesem Hintergrund zu verurteilen, weil sie den Einzelnen als Egoisten betrachte, macht wenig Sinn. Zwar wird der einzelne Täter bei der Generalprävention zu Zwecken der Abschreckung und des Vertrauens in die Rechtsordnung durchaus »instrumentalisiert« – und das erst recht, wenn es eine »Willensfreiheit« nicht geben sollte. Aber eine in jeder Hinsicht »gerechte« Bestrafung werden wir ebenso vergeblich suchen wie eine in jeder Hinsicht »gerechte« Nichtbestrafung.

Allerdings sind bei einer befürworteten allgemeinen Generalprävention auch die Belange des Täters zu berücksichtigen, da dieser schließlich durch seine Tat (jedenfalls nach der deutschen Rechtsordnung) nicht rechtlos geworden ist. Dies gilt insbesondere vor dem

Hintergrund einer zumindest zweifelhaften »Willensfreiheit«. So wird dem Täter von der unten zu behandelnden positiven Spezialprävention beispielsweise ein Anspruch auf psychiatrische Behandlung zwecks »Besserung« konzediert.

Bereits der Aspekt, dass maximale Abschreckung tendenziell durch maximale Strafe erreicht wird, verdeutlicht, dass die Generalprävention nie alleiniger Strafzweck sein kann. Schließlich würde das bedeuten, dass für jedwede Straftat die höchstmögliche Strafe zu verhängen wäre, um die Abschreckungswirkung so groß wie möglich zu gestalten (auch wenn ohne plausible Begründung immer wieder der Zusammenhang von Strafmaß und Abschreckungswirkung bestritten wird). Mit anderen Worten: Aus verschiedenen Gründen wäre die Androhung einer lebenslangen Freiheitsstrafe für einen geringwertigen Diebstahl wenig sinnvoll. Das »richtige« Verhältnis der verschiedenen Strafzwecke zueinander für die Bemessung der Strafe wird immer ein sehr subjektives sein. Wie soll man beispielsweise die angestrebte Abschreckung der Allgemeinheit einerseits und die Besserung und baldige Reintegration des Täters andererseits für das »richtige« Strafmaß gegeneinander abwägen?

Mushoff (2008, 118f.) kritisiert, dass mit der Strafzumessung nach Maßgabe der Abschreckungswirkung die Proportionalität zwischen Schuld und Strafe aufgelöst werde, was zu der Möglichkeit von exzessiven Strafen und Rechtswillkür führe. Das ist kaum nachvollziehbar, denn es ist gerade der diffuse Schuldbegriff, der bei einer vermeintlichen »Proportionalität« von Schuld und Strafe gemäß Schuldstrafrecht zu Rechtswillkür führt. Richtig ist allerdings, dass die reine Ausrichtung der Strafe an ihrer Abschreckungswirkung zu exzessiven und damit wenig praktikablen Strafen führen kann.

Es lässt sich festhalten, dass die negative Generalprävention in kaum einer Rechtsordnung verzichtbar sein dürfte, da es in jeder Gesellschaft Mitglieder gibt, die sich nur durch die abschreckende Wirkung der Strafandrohung von Straftaten abhalten lassen. Eine alleinige Rolle der Strafe als Abschreckungsinstrument kommt bereits deshalb nicht in Betracht, weil in diesem Falle stets die höchstmögliche Strafe verhängt werden müsste, was insbesondere auch im Hinblick auf mögliche Fehlurteile eine »Angstgesellschaft« zur Folge hätte. Sie verbietet sich aber auch, weil der Täter durch seine Tat nicht zum rechtlosen Outlaw wird und seine Interessen weiterhin zu berücksichtigen sind, wenn man von einem Postulat des Interessenausgleichs ausgeht.

10.2.2.2 Die positive Generalprävention

Die positive Generalprävention will durch das konsequente Verhalten gegenüber Rechtsbrüchen das Vertrauen der Gesellschaft in die geltende Rechtsordnung erhalten bzw. stärken. Hierzu Erber-Schropp (2016, 49): Das der positiven Generalprävention »zugrunde liegende Menschenbild ist nicht mehr das des lediglich Nützlichkeitsaspekte abwägenden ›Homo Oeconomicus‹. Die positive Generalprävention geht vielmehr davon aus, dass Adressaten, die die Rechtsnormen in ihre Handlungsmotivation aufnehmen, also rechtskonform handeln, dies aus einer moralisch fundierten Zustimmung heraus tun und nicht lediglich aufgrund einer Kosten-Nutzen-Kalkulation. Die positive Generalprävention basiert auf der Überzeugung, dass bei den Adressaten eine Änderung in der Disposition gegenüber den Rechtsnormen möglich ist.«

Bei dieser Sicht der positiven Generalprävention kommt leider ein gewisser Hang zur Sozialromantik zum Ausdruck. Das Ökonomische steht offenbar genauso wie die »Kosten-Nutzen-Kalkulation« unter Verdacht. Dabei wissen wir spätestens seit unserer Analyse des Entscheidungsprozesses, dass diesem stets eine Abwägung (Kalkulation) von Nutzen und Nutzenopfern (Kosten) immanent ist. Jedenfalls hat meines Wissens noch niemand analytisch plausibel etwas Gegenteiliges herausarbeiten können. Das Ökonomische ist nichts Böses, sondern die Grundlage unseres Wohlstandes und unserer im Vergleich zum Mittelalter um ein Mehrfaches erhöhten Lebenserwartung. Wie kommt man darauf, dass Bürger, wenn sie denn rechtstreu sind, dies »aus einer moralisch fundierten Zustimmung heraus« sind und dass dies die Sicht der positiven Generalprävention sei? Auch die moralisch begründete Entscheidung (z. B. zur Rechtstreue) ist eine »Kosten-Nutzen-Kalkulation«, bei welcher die Nutzensalden von moralischem und nicht-moralischem Verhalten im Grundsatz gegeneinander abgewogen werden. Für einen eher moralischen Menschen hat die Moral im Vergleich zum eher unmoralischen Menschen schlichtweg einen größeren Nutzen, der aus dem positiven Gefühl, sich moralisch zu verhalten, resultiert. Umgekehrt hat der weniger moralische Mensch weniger oder gar keine Störgefühle bei unmoralischem Verhalten im Vergleich zum eher moralischen Menschen. Auch der rechtstreue »moralische« Mensch kann einen Mitmenschen bei der Parkplatzsuche übervorteilen, etwa um einen für ihn existenziell wichtigen Termin nicht zu verpassen. Er hat dann schlicht das geringere Übel des durch die Übervorteilung generierten unguten Gefühls gegen das größere Übel aus dem möglichen Verpassen eines existenziell wichtigen Termins »kalkuliert«. Und je »moralischer« ein Mensch ist, umso größer muss der Nutzen des Moralverstoßes sein, damit er sich zu der unmoralischen Handlung entschließt. Das ist zwar keine »Kalkulation« nach Zahlen, aber nur deswegen nicht, weil es für Nutzen und Nutzenopfer keine Maßeinheit gibt. Verproben Sie es an sich selbst: Es gibt einen Betrag, für den Sie sich nackt auf die nächste Straßenkreuzung stellen würden, um den Verkehr zu regeln, der Betrag muss nur hoch genug sein ...

Auch in der Theorie der positiven Generalprävention wird der zu Bestrafende zu Zwecken der Gesellschaft instrumentalisiert. Es »wird der Täter nicht wegen seiner Tat bestraft, sondern um anlässlich der Tat präventive Gesellschaftsbedürfnisse zu befriedigen« (Mushoff 2008, 132). Die Normtreue der Gesellschaft, so steht laut Mushoff zu befürchten, würde destabilisiert, wenn der Straftat keine Sanktion folgte. Dabei ist die Instrumentalisierung des Täters für Zwecke der Gesellschaft letztlich keine andere als die im Falle der negativen Generalprävention.

Erber-Schropp (2016, 50) vertritt unter Bezugnahme auf die positive Generalprävention folgende These: »Während das Schuldprinzip den Maßstab für die Bemessung der Strafsanktion in der Schuld des Täters sieht, fehlt präventiv bemessenen Sanktionen ein an die Tat gebundener Maßstab. Die Ausgestaltung der Sanktionen erfolgt gemäß der Anforderung, eine Prävention von weiteren Verbrechen zu erwirken.« Und: »Wenn aber die Sanktionen auf die Verhinderung zukünftiger Verbrechen – entweder durch Abschreckung oder durch Normstabilisierung – zielen und eine Optimierung dieses Zwecks die Grundlage der Bemessung von Sanktionen ist, dann bergen beide Theorien die Gefahr, die Bemessung der Sanktion – im Vergleich zu einem an die Schuld gebundenen Strafmaß – einer willkürlichen Ausgestaltung zu öffnen.« Dem kann so natürlich nicht gefolgt werden. Erber-Schropp geht ganz offenbar davon aus, dass die Bemessung der Strafe nach Maßgabe der jeweiligen Schuld keinen Spielraum für richterliche Willkür lasse. Genau das Gegenteil aber ist der Fall. Abgesehen vom in jeder Hinsicht diffusen Schuldbegriff und dessen immanentem Rachebedürfnis ist festzustellen, dass es gerade keinen Maßstab für Schuld gibt, an den man das Strafmaß knüpfen könnte. Darüber hinaus hängt der Schuldbegriff ohnehin an einem seidenen Faden, denn falls es die wieder einmal schlicht unterstellte »Willensfreiheit« nicht geben sollte, würde er seine Existenzberechtigung einbüßen.

In Thematisierung eines weiteren vermeintlichen Problems stellt Erber-Schropp zutreffend fest, dass der Effekt der Normstabilisierung nur dann erreicht werden kann, wenn die jeweilige Strafe von der Allgemeinheit »als gerecht erkannt« (Pawlik 2004a, 38) wird. Denn die Gesellschaft habe an das gerichtliche Urteil die Erwartung, dass dieses angemessen und fair ausfällt (Kunz 1986, 382; Mushoff 2008, 134). Tiemeyer (1988, 565) bestätigt diese Sicht wie folgt: »Der Normstabilisierungseffekt tritt nur ein, sofern die Maßnahmen des Staates als gerecht empfunden werden. [...] Daher tragen Zurechnungsprinzipien, die nicht als Regeln gerechter Zuordnung erkannt werden, insgesamt eher zur Destabilisierung der gesellschaftlichen Ordnung bei.«

Erber-Schropp fasst ihre Kritik an der positiven Generalprävention wie folgt zusammen: »Die Straftheorie der positiven Generalprävention befindet sich dadurch in einer Art performativem Widerspruch: Sie sieht als Legitimationsgrundlage der Institution Strafe die generalpräventive Zweckverfolgung, tatsächlich erreicht sie diese aber dadurch dass sie bei der Ausgestaltung ihrer Sanktionen die Verfolgung vergeltungstheoretischer Absichten behauptet.« (Erber-Schropp 2016, 51, unter Bezugnahme auf Pawlik 2004a, 41). Im Grunde will dies nichts anderes sagen, als dass die positive Generalprävention zwar die Normtreue der Gesellschaft stabilisieren möchte, dies aber letztlich nur erreicht, wenn sie den mehr oder weniger dumpfen Rachegelüsten der Gesellschaft Rechnung trägt. Roxin (1984, 647) bemerkt hierzu zutreffend, dass man mit solchen vergeltungstechnischen Aspekten im Ergebnis wieder beim Schuldprinzip lande, diesmal in »präventiver Verkleidung«. Aber ist der Gedanke der positiven Generalprävention damit tatsächlich diskreditiert? Die Stärkung des Vertrauens in die Rechtsordnung hat unzweifelhaft den Nutzen eines erhöhten Rechtsbewusstseins und damit einer tendenziell geringeren Neigung zum Rechtsbruch, was letztlich allen Gesellschaftsmitgliedern zugutekommt. Dem steht wie beim Schuldstrafrecht, aber auch bei jeder anderen Strafrechtstheorie, entgegen, dass es eine objektiv gerechte Strafe (außer der Strafe ohne Tat oder ohne vorherige Strafandrohung) wohl nicht gibt. *Jede* Straffunktion muss sich schließlich den Vorwurf der Ungerechtigkeit von irgendeiner Seite gefallen lassen, womit jede Bestrafung aus irgendeiner Perspektive heraus »ungerecht« ist; dafür muss man noch nicht einmal die Möglichkeit einer nicht gegebenen »Willensfreiheit« bemühen. Im Hinblick auf die oben zitierte Forderung, die jeweilige Strafe müsse von der Bevölkerung als »gerecht« bzw. »angemessen und fair« empfunden werden, dürften sich nicht nur Ihnen die Haare sträuben bei dem Gedanken, das Strafmaß an einer Art »gesundem Volksempfinden« zu orientieren, um ein größtmögliches Maß an Vertrauen in die Rechtsordnung zu erreichen.

10.2.3 Spezialprävention und Resozialisierung

Nach der Theorie der Spezialprävention besteht die Aufgabe der Strafe darin, *den Täter selbst* von künftigen Straftaten abzuhalten. Nach heute noch gültiger Lehre von Franz von Liszt (1883) kann man Spezialprävention in dreifacher Form betreiben:

- durch Einsperren des Täters zur Sicherung der Allgemeinheit,
- durch Strafe, damit der Täter von der Begehung weiterer Straftaten abgeschreckt wird (negative Spezialprävention),
- durch Besserung, um den Täter vor Rückfälligkeit zu bewahren (positive Spezialprävention).

In den letzten Jahren ist der Behandlungsgedanke mit dem Ziel der »Besserung« im Vergleich zu den beiden anderen spezialpräventiven Zwecken in der Literatur stark in den Vordergrund getreten (vgl. bspw. G. Merkel 2012, 95). Einer mit der »Besserung« vermeintlich verbundenen »Umerziehung« tritt Mushoff (2008, 318 ff.) entgegen:

»Gegner des Behandlungsvollzugs bemängeln die sog. Behandlungsideologie des Resozialisierungskonzeptes, da dieses die Tat des Täters lediglich als Symptom einer vermeintlich sozialen Inkompetenz versteht. [...] Erwachsene Menschen zwangserziehen zu wollen nimmt diese nicht als autonome, sich selbst bestimmende Mitmenschen war, sondern reduziert diese zum bloßen Behandlungsobjekt. Dies ist mit der Menschenwürde des Einzelnen nicht zu vereinbaren.« Abgesehen davon, dass die Menschenwürde hier – wieder einmal – begründungfrei bemüht wird, müsste in der Schlussfolgerung nach Mushoff jede Strafe gegen die Menschenwürde verstoßen. Denn Strafen verfolgen Zwecke – sonst wären sie sinnlos und damit ohnehin abzulehnen. Und für diese Zwecke wird der zu Bestrafende *immer* instrumentalisiert, wer sonst sollte »Behandlungsobjekt« sein? Eine vermeintliche Instrumentalisierung des Täters kann also kein Anlass für die Ablehnung eines Strafzwecks sein, es sei denn, man lehne Strafe grundsätzlich ab. Aber das kann wohl kein vernünftiger

Mensch allein schon im Hinblick auf die Abschreckungswirkung von Strafe wollen.

Darüber hinaus wird bemängelt, dass der Resozialisierungsgedanke der Spezialprävention vornehmlich das Sicherheitsbedürfnis der Allgemeinheit im Blick habe und nicht die Interessen des Täters. Die Behandlung erfolge durch Zwang und damit weitestgehend entsprechend den gesellschaftlichen Interessen und nur in untergeordneter Weise als »helfende Maßnahme« (Ostendorf 2000, 19) für den jeweiligen Täter. Hörnle (2011b, 15) kritisiert, dass die Therapierung des Täters als wohlwollende Maßnahme dargestellt werde, die schon deshalb vermeintlich nicht der Rechtfertigung unterliege. Dies sei für Therapien, die staatlich angeordnet werden, keine überzeugende Annahme. Solche Kritiken vergessen allerdings, dass die Besserung des Delinquenten *immer* auch den Interessen der Gesellschaft dient, die im günstigen Fall dessen Taten nicht mehr hinnehmen muss. Hörnle ist deswegen entgegenzuhalten: Sollte man etwa auf die Besserung des Täters verzichten, nur weil auch die Gesellschaft davon profitiert?

Erber-Schropp (2016, 53) kritisiert, dass sich »bei einer spezialpräventiv motivierten Strafzumessung ebenfalls das Problem [zeigt], dass die Proportionalität von Schuld und Strafe aufgelöst wird«. Da kann man nur wiederum fragen: welche Proportionalität? Es gibt keinen Maßstab für die Schwere von Schuld und nicht einmal einen Vergleichsmaßstab für unterschiedliche Strafarten (»Sind 10.000,00 Euro Geldstrafe eine schwerere Strafe als drei Monate Gefängnis?«). Wie soll da eine »Proportionalität« zwischen Schuld und Strafe herstellbar sein? Bereits diesseits des Willensfreiheitsproblems stellt sich Schuld – wie oben dargelegt – als ein fiktives gesellschaftliches Konstrukt dar, das interkulturell höchst unterschiedlich ausfällt.

Mushoff (2008, 155) sieht »Begründungsprobleme [...] bei der Gruppe der Tötungsdelikte, denn von der überwiegenden Zahl der Täter geht keine erneute Gefahr aus. Ein ausschließlich auf Spezialprävention ausgerichtetes Strafrecht müsste gegenüber den genannten Tätergruppen auf Strafe verzichten – ein unvorstellbarer Gedanke. Andere Personen, die lediglich Delikte leichterer Kategorie begangen haben, bei denen sich jedoch erhebliche ›Sozialisations-Defizite‹ zeigen, müssten härter, im Einzelfall sogar lebenslang bestraft werden. Zusammenfassend ist damit festzustellen, dass ein rein spezialpräventives Strafrecht zu nicht hinnehmbaren Ungleichbehandlungen führt.«

Erkennen Sie die Angriffspunkte gegen diese Überlegung? Mushoff bezieht sich auf ein »*rein* spezialpräventives Strafrecht«. Wer sagt, dass ein Strafrecht *rein* spezialpräventiv sein soll oder muss? Wer sagt, dass eine Strafe nicht mehrere Zwecke, etwa general- *und* spezialpräventive haben kann? Natürlich kann einem Mörder unter spezialpräventiver Zwecksetzung bei nicht gegebener Wiederholungsgefahr eine Strafe erspart bleiben, während er aus generalpräventiven Gründen (dennoch) eine lebenslange Haftstrafe erhält. Die angeführten »anderen Personen, die lediglich Delikte leichterer Kategorie begangen haben, bei denen sich jedoch erhebliche ›Sozialisations-Defizite‹ zeigen«, müssten keinesfalls härter oder wie behauptet »sogar lebenslang« bestraft werden. Sie müssten aus Sicht der Spezialprävention lediglich intensiver und vielleicht längerfristig therapiert werden – das geht auch ohne Gefängnis. Damit ist dann auch die von Mushoff behauptete »nicht hinnehmbare Ungleichbehandlung« gegenstandslos. Aber eine wirkliche strafrechtliche »Gleichbehandlung« kann es ohnehin nicht geben, weil das Leid, welches einem Täter eine *bestimmte* Strafe zufügt, von Person zu Person in Abhängigkeit von dessen jeweiliger »Leidensfähigkeit« höchst unterschiedlich ist. Ein »Leidmesser«, welcher die unterschiedliche Schmerzhaftigkeit einer bestimmten Strafe bei verschiedenen Menschen messen und aufgrund dessen die Strafe dann individuell angepasst werden könnte, ist jedenfalls bis heute noch nicht gefunden.

Und wiederum kritisiert Erber-Schropp, dass die Spezialprävention – im Gegensatz zum von ihr präferierten Schuldstrafrecht – die Gefahr in sich berge, »zum Ziele einer effektiven Kriminalprävention die Höhe der Strafsanktion von dem Maß der Schuld des Täters zu lösen« (Erber-Schropp 2016, 54). Und weiter: »Wie groß dieser Widerspruch sein kann, zeigen die Extrembeispiele bspw. eines Beziehungsmordes, bei dem die Rückfallgefahr des Täters relativ gering ist und damit eine milde Strafe ausreichend wäre, wohingegen bspw. die Sachbeschädigung durch einen überzeugten Sprayer nur dadurch effektiv unterbunden werden könnte, indem dieser mit Freiheitsstrafe an seinen Aktivitäten gehindert würde.« Auch Erber-Schropp erliegt offenbar der Versuchung, die Spezialprävention ins Abseits zu drängen und stillschweigend zu unterstellen, Spezialprävention und Generalprävention könnten nicht nebeneinander bestehen. Die Begründung für diese Unterstellung bleibt sie allerdings schuldig. Natürlich kann bei einem Beziehungsmord ohne Wiederholungsgefahr aus spezialpräventiven Gründen eine Bestrafung nicht erforderlich sein, sehr wohl aber aus generalpräventiven Gründen. Die Strafzwecke garantieren, dass die Strafe dem Einzelnen oder der Gesellschaft insgesamt nützt, während das Schuldprinzip nicht nach Nutzen, sondern im Kern nach Vergeltung fragt. Bitte werten Sie selbst ...

Weiters wird das Spezial-Präventionsstrafrecht als »Prognosestrafrecht« kritisiert (Erber-Schropp 2016, 54):

»Die Sanktion ist so zu gestalten, dass die Gefährlichkeit des Täters behandelt und dieser ›für die Zukunft‹ unschädlich gemacht wird. Aber auch unter der Annahme, dass die Behandlung generell gelingt, sprich mit der Hoffnung, dass der Täter wieder dazu fähig sein wird, als ungefährliches Mitglied in der Gesellschaft zurückzukehren, ist schwer abzuschätzen, welche Behandlungsart und vor allem Behandlungsdauer dieses Ziel in einem konkreten Fall erreichen wird. Zu viele Faktoren spielen dabei eine Rolle [...].« Soll damit etwa gesagt werden, dass ein rückwärtsgewandtes Schuldstrafrecht unter dem Vergeltungsprinzip einem zukunfts- und nutzenorientierten Verhinderungsrecht, also der Prävention vorzuziehen sei? Grundsätzlich ist die Kritik an der Zukunftsorientiertheit der Spezialprävention durchaus nachvollziehbar, schon weil Prognosen selbstredend immer Unsicherheit mit sich bringen. Aber das kann natürlich kein ernstzunehmender Kritikpunkt sein, da dem »Zweck« stets zu eigen ist, dass er sich immer erst in der Zukunft realisiert, während Vergeltungsrecht sich an der Vergangenheit orientiert.

Diskutiert wird auch eine *zeitlich unbestimmte* oder in einen bestimmten *zeitlichen Rahmen* gesetzte Freiheitsstrafe (bspw. 2–4 Jahre), deren tatsächliche Länge sich dann danach richtet, wie der Täter sich im Strafvollzug verhält und entwickelt (z. B. Merkel 2007). Dies erscheint im Hinblick auf die Spezialprävention eine sinnvolle Überlegung zu sein, wobei man im Auge behalten muss, dass die Spezialprävention nur einer von mehreren möglichen Strafzwecken sein kann. Das Umsetzungsproblem dürfte wohl darin bestehen, dass es der intelligente Täter besser versteht, sich »gebessert« zu zeigen als der weniger intelligente Täter und man niemandem hinter die Stirn schauen kann. Dagegen erscheint die Kritik von Dreher (1987, 20), es handele sich doch nur um »ein Experiment, das gut gehen kann oder auch nicht« wenig überzeugend. Das »Experimentelle« ist schließlich allen in die Zukunft reichenden Maßnahmen zu eigen.

10.2.4 Vereinigungstheorien

Unter dem Begriff der Vereinigungstheorien sind Konzepte zur Kombination der Vergeltungs- und der Präventionstheorien entwickelt worden. Die bekanntesten sind jene von Hart (2008, 9–14) und Roxin (2006 Rz. 51–58, 91–95). Aus diesseitiger Sicht ist eine solche Vereinigung allerdings bereits problematisch, weil schon der Vergeltungszweck höchst fragwürdig ist. Der Vollständigkeit halber sollte dieser Theorienkomplex hier allerdings nicht unerwähnt bleiben.

10.3 Überholte Funktion des Vergeltungsprinzips

Wie bereits oben dargelegt, besteht der einzige denkbare Nutzen der Vergeltung in der möglichen Genugtuung, welche das Opfer und/oder dessen Hinterbliebene durch die Bestrafung des Täters erfahren. Im Bewusstsein der Bevölkerung allerdings spielt diese Genugtuung offenbar eine ganz erhebliche Rolle. Regelmäßig äußern Nebenkläger (die gegebenenfalls neben dem Staatsanwalt die Interessen des Opfers bzw. dessen Hinterbliebener vertreten) ihren Wunsch nach einer hohen Strafe für den jeweiligen Täter. Am Ende des Prozesses äußern sie nicht selten, dass die Strafe für den Täter ihrer Meinung nach nicht hoch genug ausgefallen sei. Die Bestrafung des Täters stellt für diese Personen zweifellos einen Nutzen in Form mentaler Befriedigung und damit nach unserem Verständnis auch einen denkbaren Strafzweck dar. Höchst erstaunlich ist allerdings, dass der entsprechende Strafnutzen der »Genugtuung« im philosophischen wie auch im juristischen Schrifttum kaum – eher fast gar nicht – erwähnt oder gar behandelt wird. Haben die Literaten hier möglicherweise »Beißhemmungen«? Schließlich ist die Genugtuung nichts anderes als die Befriedigung von – aus der Sicht vieler – »niederen« Rache- und Vergeltungsinstinkten. Auch ist die Genugtuung doch der einzige nutzenstiftende Zweck der Vergeltung, die ihrerseits wieder hinter dem herrschenden Schuldstrafrecht steht. Da wäre doch zu erwarten gewesen, dass die Literatur sich hiermit weitergehend befasst …

Wir hatten oben festgestellt, dass Eingangsvoraussetzung für die »Rechtfertigung« eines Strafzwecks immer ist, dass irgendjemand einen Nutzen durch die Bestrafung erfährt. Ein Strafzweck ohne Nutzen, der also quasi als »Selbstzweck« dient, ist schlichtweg sinnlos. Ein solcher Nutzen ist im Falle der Genugtuung durch Bestrafung zweifellos gegeben. Ob damit allerdings am Ende eine Rechtfertigung des Vergeltungsprinzips gegeben ist, kann nur höchst subjektiv beantwortet werden. Es ist eine Frage der »Gerechtigkeit«, die letztlich – ebenso höchst subjektiv – durch die Politik beantwortet werden muss. Wie ich nachfolgend aufzeigen möchte, ist allerdings vorstellbar, dass man die Genugtuung und den mit dieser verbundenen Vergeltungsgedanken weitestgehend aus den Überlegungen zum Strafzweck eliminieren könnte.

Offenbar ist das Verlangen nach Vergeltung bzw. Rache in uns Menschen und wohl auch in den höher entwickelten Tieren (im Falle von Elefanten z. B. wurde dies des Öfteren nachgewiesen) genetisch angelegt. Aber was hat sich die Natur (oder wer auch immer) dabei

»gedacht«? Denn schließlich führt die Ausübung der Rache erst einmal nicht zu Vorteilen für den sich Rächenden – sieht man einmal von einer möglichen Genugtuung ab. Im Gegenteil: Der sich Rächende setzt sich erneut häufig unkalkulierbaren Gefahren aus. Und die die Rachegelüste auslösende Tat des jeweiligen Widersachers wird durch die Umsetzung der Rache auch nicht rückgängig gemacht. Was also könnte der von der Natur vorgesehene Sinn von Rache und Vergeltung sein? Ich denke, hier kommt nur in Betracht, dass durch die Vergeltungsmaßnahme der jeweilige Widersacher im Hinblick auf mögliche *zukünftige* Auseinandersetzungen um Futter, Fortpflanzung und Gebietsherrschaft gewarnt, geschwächt und/oder eliminiert werden soll. Die Natur hat schlichtweg eine weitere Instanz des Kräftemessens eingerichtet, damit der »Stärkere« überlebt und sich fortpflanzt, so wie es das Grundprinzip der Natur vorsieht.

Vor diesem Hintergrund aber haben Vergeltung & Co. in den modernen menschlichen Gesellschaften ihre Funktion verloren. Denn durch Vergeltungsmaßnahmen am Täter erfahren weder das Opfer noch seine Angehörigen bzw. Hinterbliebenen eine zukünftige Verbesserung ihrer Nahrungs- und Fortpflanzungsmöglichkeiten oder ihrer Gebietsherrschaft noch – abgesehen von der Genugtuung – andere Vorteile. Zwar könnte durch selbst ausgeübte Vergeltung der Missetäter davor gewarnt werden, sich ein weiteres Mal an demselben Tatopfer zu vergehen. Glücklicherweise erlauben unsere modernen Rechtssysteme solche Selbstjustiz jedoch nicht. Fazit: Ihre Funktion, die Ausgangssituation des Individuums für Fortpflanzung, Ernährung oder Gebietsherrschaft zu verbessern, kann die Vergeltung in modernen Gesellschaften nicht mehr erfüllen. Damit dient sie im Wesentlichen nur noch der Genugtuung, also lediglich einem emotionalen und eher fragwürdigen Vorteil, dessen wesentliche Problematik darin besteht, dass er den Konflikt potenziell weiter befeuert.

Würde man dies gesellschaftlich in aller Breite vermitteln ebenso wie Tatsache, dass es möglicherweise keine menschliche Entscheidungsfreiheit und damit keine Schuld gibt, so könnte hiermit auch das Verlangen nach Vergeltung bzw. Rache reduziert werden. Ein sehr positiver »Nebeneffekt« bestünde darüber hinaus darin, dass den Opfern bzw. deren Hinterbliebenen die hiermit verbundenen negativen Gefühle – zumindest tendenziell – erspart blieben. Schließlich sind Rachegelüste belastend, mental behindernd und alles andere als glücksfördernd. Bei der Argumentation gegen die Vergeltung bzw. Rache wäre auch die Tatsache zu instrumentalisieren, dass der entdeckte und bestrafte Täter letztlich immer auch an seiner (zumindest partiellen) Dummheit gescheitert ist. Denn er hat offensichtlich seine eigenen Fähigkeiten über- und die Reaktionsfähigkeit der Gesellschaft unterschätzt und im Ergebnis (auch) sich selbst großen Schaden zugefügt. Und Dummheit rechtfertigt eher Mitleid als Rache Ganz nebenbei würde die »Entkriminalisierung« des Täters tendenziell auch zur Reduzierung dessen gesellschaftlicher Ächtung und damit zu dessen besserer Resozialisierbarkeit führen. Es bestünde die gute Chance, dass der Täter sich gar nicht erst mental in seiner kriminellen Rolle einrichtet, sich vielleicht sogar selbst als Opfer sieht.

Soll die Vermittlung solcher Tatsachen an die Gesellschaft erfolgreich sein, muss sie wohl bereits in den Schulen erfolgen. Entsprechende politische Entscheidungen sind in Anbetracht allgemeiner politischer Unzuständigkeiten – besonders wenn es um schwer vermittelbare Themen geht – in den nächsten Jahrzehnten wohl kaum zu erwarten. Aber ich bin der Überzeugung, dass das, was der Gesellschaft guttäte, auf lange zeitliche Distanz nicht zu bremsen ist.

10.4 Entscheidungsfreiheit, Schuld und Verantwortung in der strafrechtlichen Diskussion

Dass das Thema »Entscheidungsfreiheit« bzw. »Willensfreiheit« im deutschen Strafgesetzbuch wie auch meines Wissens in zumindest den meisten anderen Strafgesetzbüchern keine ausdrückliche Behandlung erfährt, verwundert in Anbetracht dessen offensichtlicher emotionaler Belegung, Komplexität und Umstrittenheit nicht. Dagegen bauen die meisten strafrechtlichen Konstrukte auf dem Begriff der Schuld auf, obwohl dieser kaum weniger komplex und umstritten, wenn nicht gar – wie oben erläutert – nur ein menschliches Konstrukt ist. In der Literatur wird der Schuld in der Regel explizit oder stillschweigend Entscheidungsfreiheit als existent vorausgesetzt. Es sind aber auch Konzepte anzutreffen, nach denen es Schuld ohne Entscheidungsfreiheit geben kann. Strafrechtlich lässt sich also das Thema Schuld kaum ohne das Thema Entscheidungsfreiheit behandeln.

Bevor wir die hiermit im Zusammenhang stehenden Fragen vertiefen, sollten wir uns mit der Definition von Schuld im deutschen Strafrecht befasst haben. Aber wie gesagt: Fehlanzeige! Im Strafgesetzbuch finden wir stattdessen nur Hinweise darauf, wer *schuldlos* handelt, also nur eine *negative* Abgrenzung:

- § 20 StGB: »Ohne Schuld handelt, wer bei Begehung der Tat wegen einer krankhaften seelischen Störung, wegen einer tiefgreifenden Bewusstseinsstörung oder wegen einer Intelligenzminderung oder einer schweren anderen seelischen Störung unfähig ist, das Unrecht der Tat einzusehen oder nach dieser Einsicht zu handeln.«

Schuldlos handelt des Weiteren,

- wem bei Begehung der Tat die Einsicht, Unrecht zu tun, fehlt, wenn er diesen Irrtum nicht vermeiden konnte (§ 17 StGB, Verbotsirrtum),
- wer in Abwendung einer nicht anders abgrenzbaren Gefahr eine rechtswidrige Tat begeht (unter weiteren Voraussetzungen, §§ 33 u. 35 StGB, sogenannte Notwehr),
- wer bei Begehung der Tat noch nicht 14 Jahre alt ist (§ 19 StGB).

Im Umkehrschluss ist laut Gesetzgeber also jede rechtswidrige Tat, bei welcher keiner der Schuldausschlussgründe greift, schuldhaft. Das sieht allerdings nach einer Verlegenheitslösung aus. Es scheint so, dass der Gesetzgeber sich außer Lage gesehen haben könnte, Schuld als einen eigenständigen Begriff zu definieren und nicht als eine Differenz (Gesetzesverstöße abzüglich derer, die im Zustand der Schuldunfähigkeit begangen wurden, siehe 10.4.4, sind schuldbegründend). Hier hängt der Schuldbegriff inhaltlich zum einen von der Willkür des Gesetzgebers und zum anderen vom fragwürdigen Schuldunfähigkeitsbegriff ab. Schuld wäre danach z. B. auch gegeben, wenn ein Bürger in einer Diktatur gegen ein völlig sinnloses Gesetz verstoßen würde, welches z. B. die Ermordung bestimmter Bevölkerungsgruppen vorschreibt. Weigert sich der Bürger, wäre er nach obiger Definition grundsätzlich schuldig, da er gegen ein gesetzliches Gebot verstoßen hat. Immerhin kann es nach insoweit wohl überwiegender Auffassung Schuld nicht ohne Entscheidungsfreiheit geben. Rechtsprechung und Literatur bemühen sich bis heute um eine positive Definition von Schuld, ohne allerdings zu einem allgemein anerkannten oder wirklich aussagekräftigen Ergebnis gelangt zu sein, welches nicht nur eine ungelöste Frage durch die nächste ungelöste Frage ersetzt.

Während das deutsche Bundesverfassungsgericht immer wieder feststellt, dass Schuld von Verfassung wegen gebotene Voraussetzung der Strafbarkeit ist (BVerfGE 9, 169; 20, 331; 23, 132; 25, 285 usw.), vermag es selbst keine plausible Aufklärung darüber zu geben, was Schuld eigentlich ist oder sein soll. Gemäß Fischers Kommentar zum Strafgesetzbuch (Fischer 2021, vor § 13, Rn. 47) ist Schuld nach herrschender Meinung (unter Bezugnahme auf eine Entscheidung des Großen Senat des Bundesgerichtshofs, 2, 19; 4, 200) *Vorwerfbarkeit* bzw. das »Belastetsein mit der Verantwortung für rechtswidrige Erfolge oder gefährliche Handlungen« (Fischer, ebenda mit weiteren Literaturnachweisen). Damit ist freilich nichts gewonnen, denn Vorwerfbarkeit und Verantwortlichkeit sind nicht nur vor dem Hintergrund nach wie vor ungewisser menschlicher »Willensfreiheit« höchst fragwürdige und inhaltlich erst noch auszufüllende Begriffe. Sie taugen auch als »Konkretisierung« des Schuldbegriffs mangels eines verfügbaren Maßstabs nicht für die Strafzumessung, wie jedoch vom Gesetzgeber in § 46 StGB vorgesehen.

Der Versuch, Schuld als Vorwerfbarkeit zu definieren, muss bereits im Ansatz scheitern. Schließlich kann jeder jedem alles vorwerfen. Gemeint scheint also offenbar so etwas wie »zu Recht vorwerfen«. Damit sind wir bei den Begriffen Recht bzw. Rechtfertigung gelandet, die uns aber auch nicht weiterhelfen. Abgesehen davon, dass es sich beim »Recht« um einen sehr subjektiven Begriff handelt, der zudem interkulturell mit höchst unterschiedlichen Inhalten belegt ist, weiß doch fast jeder Straftäter seine Tat zumindest »irgendwie« zu rechtfertigen. Und schließlich fehlt in einer solchen »Definition« von Schuld jeglicher Bezug auf eine Freiheit bzw. Unfreiheit der Entscheidung des Täters.

Laut Fischer (2021, vor § 13, Rn. 47) ist *entgegen* der Rechtsprechung des Bundesgerichtshofs »das Wesen der Schuld aber *nicht* die ›in freier Selbstbestimmung‹ getroffene Entscheidung, Unrecht zu tun [...], denn dann wäre [...] der Determinismusstreit entschieden«. So plausibel diese Aussage zunächst scheinen mag, so bedenklich ist doch die Befürwortung von Schuld ohne »freie Selbstbestimmung«. Immerhin bleibt festzustellen, dass auch der führende Strafrechtskommentar die Themen Schuld und Entscheidungsfreiheit nicht einmal subjektiv in Einklang zu bringen vermag.

Im Ergebnis seiner an verschiedenen Stellen des Kommentars angestellten Überlegungen zu Entscheidungsfreiheit und Schuld gelangt Fischer zu der Auffassung, dass durch die Theorie des neuronalen Determinismus »keine einzige der im Zusammenhang mit der sanktionierenden Zuschreibung von individueller Handlungs-Verantwortung bestehenden Fragen gelöst« (Fischer 2021, vor § 13, Rn. 11) werde. Sollte der neuronale Determinismus wahr sein, so ist diese Schlussfolgerung jedenfalls nicht nachvollziehbar, denn was neuronal determiniert ist, kann weder Vorwerfbarkeit noch Verantwortlichkeit oder Schuld begründen. Über die Vertreter des neuronalen Determinismus schreibt Fischer: »Von ihnen hat man bislang kaum gehört, dass sie die *eigene* Verantwortung für das Zumessen gerechter Sanktionen leugnen oder die Zuschreibung des Inhalts ihrer wissenschaftlichen Veröffentlichungen von sich weisen« (Fischer, 2021, vor § 13, Rn. 9b).

Schön geschrieben, aber ebenso wenig argumentativ wie die Sprache vom neuronalen Determinismus als »einem naiven Modell menschlicher Gesellschaft als wunderliche Ansammlung hochintegrierter *Grossrechenanlagen*« (Fischer 2021, vor § 13, Rn. 10). Bei aller Bewunderung für ein zweifellos großartiges Kommentarwerk darf man solche Zynismen wohl als Hilflosigkeit beim Versuch der Bewältigung des »Willensfreiheitsproblems« werten. Es scheint, wir müssen einfach viel Verständnis für diejenigen haben, deren gesamtes Lebenswerk mit der Infragestellung der menschlichen Entscheidungsfreiheit »auf der Kippe steht«.

Aber vielleicht darf ich selbst Herrn Fischer eine Antwort auf seine Zynismen geben: Doch, ich leugne jegliche Verantwortung für alles, was ich in diesem Buch schreibe. Denn ich bin nicht nur mit allem, was ich entscheide, zwanghafter Nutzenmaximierer, ich bin auch Teil eines unbeeinflussbar nach den Naturgesetzen ablaufenden Kosmos und entscheide alles aus Gründen, die wiederum Gründe haben usw., die ich am Ende nicht selbst gelegt habe. Und da auch mein Gehirn zwangsläufig den Naturgesetzen gehorcht, ist auch dieses letztlich nichts anderes als eine »Großrechenanlage«. Dennoch genieße ich tagtäglich ein Freiheitsgefühl, von dem ich weiß, dass es ebenso illusionär wie notwendig ist, damit die Menschen nicht in Lethargie verfallen (siehe 13.8). Noch Fragen, Herr Fischer?

10.4.1 Schuld ohne Entscheidungsfreiheit?

Die Autorin Erber-Schropp hat sich in ihrem Werk »Schuld und Strafe« umfassend mit dem Schuldbegriff befasst (ohne dass allerdings auch sie zu einer plausiblen Definition dieses Begriffes gelangt wäre). Sie ist der Auffassung, dass der menschlichen Entscheidungsfreiheit im Zusammenhang mit Fragen von Schuld und Strafe keine Bedeutung zukommt! Damit Sie nicht glauben, ich hätte Ihnen etwas vorenthalten, erlaube ich mir, Frau Erber-Schropps (2016, 148 f.) Begründung hierzu wörtlich zu zitieren:

»Die strafrechtliche Frage nach der Disposition des Handelnden, nach seiner inneren Beteiligung an der Tat, erfolgt in einem grundsätzlich anderen Kontext als die generelle Frage nach der Willensfreiheit. Das Strafrecht nimmt eine Binnendifferenzierung der Disposition des Handelnden vor. Den differenzierten Kategorien ordnet es dann verschiedene Grade von Schuld und Strafe zu. Die Frage nach der Freiheit des Willens ist im Rahmen dieser Binnendifferenzierung sinnlos und daher irrelevant.« Zur Untermauerung ihres Credos bezieht sie sich auf Strawson (1974, 23, 18), der »das Fazit (ziehe), dass ein In-Frage-Stellen der interpersonalen und strafrechtlichen (stellvertretenden) Praxis aufgrund der These des Determinismus keinen Angriffspunkt findet«. Auch er betrachtet den interpersonalen Bereich als ein Bezugssystem *framework*), in dem die Willensfreiheitsdiskussion bzw. konkret die These des Determinismus irrelevant sei (*useless/not rational*). Ich will Ihnen und mir die detaillierte Analyse solcher Aussagen ersparen, da die Begründungsfreiheit m. E. evident ist. Um es platt zu formulieren: Man kann hier nicht den Ansatz einer Begründung erkennen, eher schon das Bedürfnis, mit ebenso gescheit klingenden wie inhaltsleeren Phrasen und ungeklärten Begriffen wie »Binnendifferenzierung« zu einem gewünschten Ergebnis zu gelangen. Nur so viel: Eine wie auch immer geartete »Binnendifferenzierung« ist ein intellektueller Vorgang, der an den Realitäten nichts zu ändern vermag.

Björn Burkhardt, ehemals Professor für Strafrecht an der Uni Mannheim, hat sich in seinem Buchbeitrag »Willensfreiheit aus rechtlicher Sicht« (Burkhardt 2005b, 87 ff.) umfassend mit den Fragen befasst, ob Schuld Willensfreiheit voraussetze und ob das Erleben unseres (vermeintlich?) freien Willens den Schluss zulasse, dass es einen solchen auch gibt.

Zur erstgenannten Fragestellung führt Burkhardt (2005b, 94) aus: »Der Gesetzgeber war (seit der Reichsgründung im Jahre 1871) stets der Auffassung, dass Schuldfähigkeit keine Willensfreiheit im indeterministischen Sinne voraussetzt.« Damit scheint er nur bedingt Recht zu haben. Denn erst im Jahre 1933 wurde der Ausdruck »freie

Willensbestimmung« – bis dahin Schuldvoraussetzung – aus dem damaligen § 51 StGB eliminiert, dem im Wesentlichen heute immer noch der aktuelle § 20 StGB entspricht. In der Gesetzesbegründung (Drucksache Nr. 3 390, Reichstag III. Wahlperiode 1924/27,14) heißt es: »Die Verwendung dieses Begriffs [scil. freie Willensbestimmung] ist lebhaft angefochten, weil er den Anschein erweckt, es nehme der Gesetzgeber in dem philosophischen Streit über die Willensfreiheit Stellung. Der Entwurf hat daher [...] das Merkmal des Ausschlusses der freien Willensbestimmung ersetzt durch das Merkmal der Unfähigkeit, das Unrechtmäßige der Tat einzusehen und nach dieser Einsicht zu handeln.« Diese Begründung ist fadenscheinig. Wer die »freie Willensbestimmung« zur Voraussetzung für Schuld erhebt, bezieht damit nicht Stellung, sondern fixiert eine Tatbestandsvoraussetzung. Vielmehr scheint es so, dass der Gesetzgeber sich in Anbetracht der breit geführten Willensfreiheitsdiskussion in Erklärungsnöten sah sowie in etwaiger Beweispflicht für die »freie Selbstbestimmung« des jeweiligen Delinquenten. Eine ähnliche »Flucht« trat auch der von Fischer, immerhin einem ehemaligen Vorsitzenden Richter am Bundesgerichtshof, geführte Kommentar an, als er die noch in der 51. Aufl. 2003 (Tröndle/Fischer) enthaltene Feststellung, das geltende Strafrecht könne nur indeterministisch – also die Willensfreiheit bejahend – verstanden werden, in späteren Auflagen ersatzlos strich.

Für die von ihm vertretene Sicht einer strafrechtlichen Schuld auch ohne Willensfreiheit benennt Fischer als Zeugen Roxin (2006, 869) mit der Feststellung, dass das Strafrecht sich im philosophischen und naturwissenschaftlichen Streit um die Willensfreiheit einer Stellungnahme enthalten könne und diese Sicht als die *herrschende* angesehen werde, was allerdings so nicht richtig ist.

Wenn auch plausible Definitionen für den Begriff der Schuld absolute Mangelware sind, so wird kaum jemand bestreiten wollen, dass es nach allgemeinem Verständnis Schuld ohne Entscheidungsfreiheit nicht geben kann. Wer zu seiner Tat keine Alternative, auch nicht die des Nichtstuns, hatte, kann nicht in irgendeinem Sinne schuldig sein. So geht Burkhardt denn auch auf diesen Widerspruch in keiner Weise ein, sondern beruft sich lieber auf andere (»herrschende Sicht«), die auch sagen, dass …

Ist schon die Schuld ein letztlich undefinierter, verschwommener und mithin höchst fragwürdiger Begriff, gibt es scheinbar nur wenig Anlass, sich intensiver mit der auf dem Schuldbegriff basierenden »*verminderten* Schuldfähigkeit« gem. § 21 StGB zu befassen. Diese soll vorliegen, wenn die Fähigkeit des Täters, das Unrecht der Tat einzusehen oder nach dieser Einsicht zu handeln, wegen einer krankhaften seelischen Störung oder einer schweren anderen seelischen Störung bei Tatbegehung »erheblich vermindert« ist; die Strafe könne dann entsprechend »gemildert« werden. Aber was soll das konkret heißen? Muss der Täter, um in den Genuss einer »gemilderten« Strafe zu gelangen, das Unrecht seiner Tat »nur ein bisschen« eingesehen haben? Ich denke, er hat das Unrecht verstanden oder eben nicht. Wo soll es da »ein bisschen« geben?

Was soll die Unfähigkeit des Täters, »nach dieser Einsicht zu handeln«, bedeuten? Aus der Sicht unserer Analyse des Entscheidungsprozesses könnte dieser Passus (unter den Voraussetzungen des § 20 StGB!) geradezu einen Freibrief für den Täter bedeuten (auch wenn er natürlich nicht so gemeint ist). Die allermeisten Täter wissen um das Unrecht ihrer Tat, begehen diese jedoch (wie oben umfassend dargelegt) als »Nutzenmaximierer« zwangsläufig, wenn ihnen der Nutzen, also die Summe der Vorteile aus der Tat, größer erscheint als das Nutzenopfer, also die Summe der aufgrund der unrechtmäßigen Tat zu erwartenden Nachteile. So gesehen hat der Täter dann das Unrecht zwar verstanden bzw. »eingesehen«, kann aber als Nutzenmaximierer nicht dieser Einsicht gemäß handeln und müsste dementsprechend straffrei ausgehen. Diese »Generalamnestie« für den in § 21 StGB benannten Täterkreis hat der Gesetzgeber aber natürlich nicht gewollt. Oder aus der Sicht des Kausalismus: Wer aus Gründen entscheidet, kann nur anders entscheiden, wenn sich die Gründe ändern, und die liegen letztlich nicht bei ihm. Vor diesem Hintergrund kann die Fähigkeit oder Unfähigkeit nach einer bestimmten Einsicht zu handeln, keinen Sinn machen. Der Entscheidungsprozess ist voll von

»Einsichten« für alles Mögliche. All diese Einsichten (betreffend die Vor- und Nachteile der gedachten Tat) gehen mit einer bestimmten Gewichtung in das Abwägungskalkül des Entscheidungsprozesses ein, welches auf den Bedürfnissen des Entscheiders basiert und damit auch insoweit nicht seinem Einfluss unterliegt.

Sehr einfach ausgedrückt: Das Unrecht ihrer Tat wird von fast allen Delinquenten verstanden bzw. eingesehen, aber sie können diesem Verständnis bzw. dieser Einsicht nicht folgen, weil/wenn ihnen der voraussichtliche Nutzen aus der Tat größer erscheint als das voraussichtliche Nutzenopfer.

Wenn es etwa darum geht, jemanden zu töten, um selbst (z. B. mittels Kannibalismus) zu überleben, dann ist die Einsicht in das Unrecht im Regelfall gegeben, was aber niemanden davon abhält, das Unrecht zu begehen, solange (vereinfacht) die Empathie mit dem Opfer nicht größer ist als der Wille zu überleben. Die »verminderte Schuldfähigkeit« geht letztlich von einer verminderten Entscheidungsfreiheit aus und verkennt, dass bereits die Entscheidungsfreiheit als solche mehr als fraglich ist.

Wenn wir uns an unsere Analyse des Entscheidungsprozesses erinnern, dann ist die Handlung die zwangsläufige Folge der *abgeschlossenen* Entscheidung. Folgt die Handlung nicht der Entscheidung, dann ist Letztere schlechterdings noch nicht abgeschlossen. Beinhaltet der Entscheidungsprozess nun derartige Einsichten in das Unrecht, die aber dem Individuum nicht gewichtig genug sind, um den Abwägungsvorgang abschließend *gegen* die Straftat ausfallen zu lassen, wird der Entscheider die Straftat begehen. Der Gesetzgeber verkennt hier, dass die Einsicht in das Unrecht (im besten Falle) zusammen mit anderen Größen an voraussichtlichen Nutzen und Nutzenopfern in den Entscheidungsprozess eingeht.

Um es zu konkretisieren: Wie soll eine *verminderte Fähigkeit* einer Person, nach einer bestimmten Einsicht zu *handeln*, aussehen? Entweder ist die Person gerade noch fähig, nach der Einsicht zu handeln, oder sie ist es gerade nicht mehr, »ein bisschen« macht auch hier wieder keinen Sinn.

Natürlich waren die Überlegungen des Gesetzgebers bei der Fassung von § 21 StGB nicht völlig unsinnig, sodass man fragen darf, was er tatsächlich gewollt hat. Ich könnte mir vorstellen, dass er mit der Vorschrift auf Menschen abzielte, bei denen *fraglich* ist, ob sie aufgrund ihrer mentalen Verfassung überhaupt in der Lage sind, einen abwägenden Entscheidungsprozess zu bewerkstelligen (obwohl er den Wirkbereich tatsächlich auf Täter eingegrenzt hat, bei denen die Voraussetzungen des 20 StGB – seelische Störung etc. – vorliegen). Soweit dies nicht der Fall ist, würde eine Bestrafung auf Unverständnis stoßen und damit auch keine Präventivwirkung entfalten können (was eine Sicherungsverwahrung gleichwohl nicht ausschließt). Wenn der Gesetzgeber so gedacht haben sollte, hätte er im Hinblick auf die Sinnhaftigkeit von Strafe ja auch nicht ganz falsch gelegen. Nur: Ein »bisschen« Fähigkeit, das Unrecht einer Tat einzusehen bzw. nach dieser Einsicht zu handeln, gibt es eben nicht. Damit, dass er hieran anknüpfend ein »gemildertes« Strafmaß vorsah, wollte er möglicherweise der Tatsache Rechnung tragen, dass die gegebene oder nicht gegebene Einsicht in Unrecht bzw. die Fähigkeit, nach dieser zu handeln, als innere Tatsache vor allem in Grenzfällen kaum nachweisbar ist. Das käme dann einem sinnlosen Grundsatz des Inhaltes gleich: »Wenn wir Zweifel haben, strafen wir halt nur ein bisschen.« Aber letztlich sind auch weitere Mutmaßungen über eine verfehlte Gesetzesvorschrift wenig sinnvoll.

10.4.1.1 Schuld und Genetik

Bekanntlich sind ungefähr 90 % der Schwerstkriminellen in Deutschland männlichen Geschlechts. Damit könnte – auch wenn dies zunächst etwas platt klingen mag – jeder männliche Schwerstkriminelle vor Gericht reklamieren, dass er mit 90%iger Wahrscheinlichkeit die Tat nicht begangen hätte, wenn er weiblichen Geschlechts wäre, und dafür, mit welchem Geschlecht er auf die Welt gekommen sei, könne er schließlich nichts. Das zu erwartende Gegenargument dürfte sein, dass er sich ja trotz männlichen Geschlechts gegen die Tat hätte entscheiden können. Das Argument hiergegen (klammern wir das Thema Entscheidungsfreiheit einmal aus) wäre wiederum, dass sich die Entscheidungssituation (bezüglich der Straftat) für den Täter mit 90%iger Wahrscheinlichkeit gar nicht erst gestellt hätte, wenn er mit weiblichem Geschlecht zur Welt gekommen wäre. Im Vergleich zu anderen, die wegen ihres Geschlechts gar nicht erst in die Entscheidungssituation gekommen seien, sei er jedenfalls rechtlich benachteiligt. In der heutigen Zeit, in welcher fast jeder für sich reklamiert, in irgendeiner Weise diskriminiert zu sein, könnte er gar eine naturgegebene Diskriminierung für sich geltend machen. Da wird man ihm wohl grundsätzlich zustimmen müssen. Aber Recht ist eben nicht per se gerecht. Natürlich könnte man auf die Idee kommen, schwerstkriminelle männliche Straftäter zu 90 % »geringer« zu bestrafen, nur hätte das mit einer sinnvollen, an Prävention und Resozialisierung orientierten Bestrafung weniger zu tun als vielmehr mit einer Straforientierung am mehr oder weniger diffusen Schuld- und Vergeltungsgedanken mit einer ebenso diffusen »Strafangemessenheit«.

Ist die Tatsache, dass 90 % aller schwerstkriminellen Straftaten von Männern begangen werden, nicht geradezu ein starkes Indiz gegen die menschliche Entscheidungsfreiheit? Wenn doch Männer und Frauen in gleicher Weise frei entscheiden könnten, warum entscheiden sich Männer dann so viel häufiger zu schwerstkriminellen Straftaten? Dafür muss es schließlich Gründe geben. Und diese müssen andere als die von Frauen im Zusammenhang mit solchen Straftaten sein. Ganz offenbar determinieren diese Gründe die Tatentscheidungen, sonst würden diese nicht so unterschiedlich ausfallen.

Festzuhalten bleibt, dass das geltende Strafrecht sich auch insoweit als nicht »gerecht« entpuppt. Wenn es denn schon ein »gerechtes« Strafrecht mutmaßlich nicht gibt, könnte dies wiederum Legitimation dafür sein, das geltende Recht durch ein anderes, ebenso »ungerechtes« Recht zu ersetzen, welches sich an der Erfüllung der gesellschaftlichen Ziele Prävention und Resozialisierung und damit am Strafnutzen für die Gesellschaft orientiert und ökonomisch weit weniger aufwendig ist. Sie ahnen es vielleicht, ich spreche von einem auf der normativen Ansprechbarkeit des Täters basierenden nutzenorientierten Strafrecht, wie es oben bereits angesprochen wurde und unter 10.5 detaillierter abgehandelt werden wird.

Auch derjenige, der trotz vieler entgegenstehender Argumente an die menschliche Entscheidungsfreiheit glaubt, wird kaum bestreiten können, dass es in der Historie eines jeden Straftäters von diesem nicht beeinflussbare Umstände gibt, ohne welche er die Tat möglicherweise nicht begangen hätte (siehe zum eingeschränkten Kausalprinzip auch 7.1.2). Niemand von denen, die behaupten, sie hätten die Straftat nicht begangen, wird letztlich ausschließen können, die Straftat bei Hinzutreten bestimmter, von ihm nicht beeinflussbarer – gegebenenfalls extremer – Umstände möglicherweise begangen zu haben. Damit erledigt sich dann auch jegliche Erhabenheit, welche die Nicht-Täter gegenüber den Tätern üblicherweise empfinden bzw. zeigen. Nur denkt kaum jemand so weit, was ich unter anderem in den zahlreichen zu dieser Frage geführten Gesprächen feststellen musste. Offenbar werden die meisten von uns durch Denkblockaden geplagt, welche darauf beruhen, dass man selbst zu den Guten und Gerechten gehören und sich – so ist der Mensch nun einmal – über andere stellen möchte. Dies ist keine Verurteilung der Mehrheit unserer Gesellschaft, es ist eine Aufforderung zu rationalem Denken!

Der amerikanische Neurowissenschaftler Adrian Raine hat 1994 mittels Positronen-Emissions-Tomografie (PET) 22 angeklagte Mörder untersucht und mit einer alters- und geschlechtsneutralen Kontrollgruppe verglichen (siehe hierzu auch umfassend Raine 2015). Er fand bei den Mördern eine deutliche Verminderung der Stoffwechselaktivität im präfrontalen Kortex, woraus er in Verbindung mit ungünstigen sozialen Verhältnissen der Betroffenen schloss, dass diese Menschen dazu determiniert waren, schwere Straftaten zu begehen. Eine gleichartige PET-Untersuchung hat Raine 1997 nochmals an 41 angeklagten Mördern durchgeführt, durch die er seine früheren Ergebnisse bestätigt sah (siehe hierzu im einzelnen Northoff 2010). Letztlich ergibt sich hieraus gleiches wie aus der obigen 90-%-Regel: Die Genetik hat ganz offenbar wesentlichen Einfluss darauf, ob und inwieweit wir bereit sind, uns rechtswidrig zu verhalten. Die modernen westlichen Gesellschaften neigen bekanntlich dazu, jedweden Nachteil, den eine gesellschaftliche Gruppe erleidet, in irgendeiner Weise kompensieren zu wollen. Häuser werden behindertengerecht gebaut, für misshandelte Frauen werden Frauenhäuser unterhalten und Medikamentenpackungen müssen auch in Blindenschrift beschriftet sein. Und das ist gut so. Aber an genetisch »mental Benachteiligte« mit entsprechender krimineller Neigung mag offenbar niemand denken. Fragen Sie an dieser Stelle bitte nicht, wie die Gesellschaft solche mental-genetischen Nachteile denn ausgleichen könnte. Mir geht es primär darum, den letzten Gerechtigkeitsromantiker aufzuwecken. Sobald unsere Gesellschaft Individuen als »böse« identifiziert hat, fragt sie sich nicht mehr, ob das »Böse« möglicherweise genetischen Ursprungs ist, obwohl wissenschaftliche Untersuchungen dies nahelegen. Selbst wenn man die menschliche Entscheidungsfreiheit nicht infrage stellen will, muss man es dennoch für zumindest möglich halten, dass Straftaten durch besondere genetische Verhältnisse oder – wie im Vorabsatz dargelegt – andere Umstände begünstigt, vorprogrammiert oder vielleicht auch determiniert sind, ohne welche sie nicht begangen worden wären. Solche Denkweise scheint bei vielen Menschen durch die Gut-und-Böse-Kultur, mit der wir bereits von Kindesbeinen an mental geformt werden, blockiert zu sein.

Aber natürlich gibt es auch einen ganz praktischen Grund, weshalb – sieht man einmal von den Fällen schwerer Erkrankungen ab – die mögliche mentale Beeinträchtigung durch die Gesellschaft keine Beachtung und schon gar keine Zuwendung erfährt: *Jeder* könnte eine gewisse mentale Behinderung für sich in Anspruch nehmen. Mit Sicherheit kann man sie zur Zeit jedenfalls bei keinem Menschen nachweisen oder ausschließen. Auch die Neurologen haben als Diagnose nicht viel mehr als eine »deutliche Verminderung der Stoffwechselaktivität im präfrontalen Kortex« aufzubieten. Nicht jede »deutliche Verminderung« führt auch in die Kriminalität, und ab wann ist eine Verminderung »deutlich«? Gut nachvollziehbar, dass sich niemand mit diesem Thema dezidiert befassen möchte, denn in der Praxis ist es offenbar nicht wirklich händelbar. Aber darf man deshalb die mögliche mentale Behinderung als »conditio sine qua non« für eine Tat ausschließen bzw. totschweigen? Das herrschende Strafrechtssystem muss genau daran wohl ein nachvollziehbares Interesse haben. Zum einen muss es nach eigenem Verständnis »stringent« sein und darf keinesfalls den Verdacht der Beliebigkeit wecken. Denn in der Wahrnehmung der Öffentlichkeit unklare Strafbarkeitsregeln hätten keine gesellschaftliche Akzeptanz. Vor diesem Hintergrund muss die Rechtsprechung versuchen, den Eindruck zu erwecken, dass ihre Urteile stets nur so und nicht anders ausfallen konnten. Zum anderen: Wenn es die praktisch nicht widerlegbare Möglichkeit einer für die Tat ausschlaggebenden mentalen Beeinträchtigung gibt, kann letztlich kein Täter mehr mit Sicherheit als »schuldig« verurteilt werden. Würde dadurch das Rechtssystem kollabieren? Nein, nur das Schuldstrafrecht, das sich auch hier wieder als Sackgasse erweist.

10.4.1.2 Schuld und Freiheitserleben

Nachdem Burkhardt in seinem oben angesprochenen Beitrag die Unabhängigkeit des Schuldbegriffs von der menschlichen Entscheidungsfreiheit propagiert hat, zieht er zur Rettung des Schuldstrafrechts eine zweite, von uns bereits im Rahmen der Determinismuskritik angesprochene Verteidigungslinie: Weil wir unsere Entscheidungen als frei erleben, seien diese auch frei. »Das Erlebnis des Anderskönnens ist im *Kontext des praktischen Denkens* angesiedelt. [...] Es beinhaltet erlebte Handlungsfreiheit [...] und hat zwei komplementäre Aspekte: die Zukunft wird als offen [...] und die Motive werden als nicht zwingend [...] erlebt. Diese Erlebnisinhalte stehen nicht im Widerspruch zu den Forschungsergebnissen der Neurobiologie und sie stimmen normalerweise mit der Wirklichkeit überein« (Burkhardt 2005b, 99).

Schließlich: »Handlungsfreiheit impliziert zwar, dass der Handelnde wenn er anders wollte auch anders handeln würde, sie impliziert aber nicht, dass er auch anders wollen könnte. Handlungsfreiheit und Determinismus sind entsprechend verträglich und es besteht auch Einigkeit darüber, dass es solche Handlungsfreiheit gibt.«

Da muss man wohl erst mal sortieren. Zunächst geht es nicht um »Handlungsfreiheit«. Denn die Handlung ist nur die zwangsläufige Folge der (abschließend) getroffenen Entscheidung, regelmäßig ein physischer, nicht intellektueller Vorgang. Die Entscheidung ist die zum Mord, die Handlung lediglich die Krümmung des Fingers am Revolverabzug. Aber selbst wenn man unterstellt, dass Burkhardt nicht Handlungsfreiheit, sondern Entscheidungsfreiheit meint, macht die (zusammengefasste) Aussage, Entscheidungsfreiheit und Determinismus seien verträglich, *weil* Entscheidungsfreiheit nicht impliziere, dass der Täter auch anders wollen könnte, überhaupt keinen Sinn. Ich verstehe sie nicht einmal, aber das liegt bestimmt an mir …

Allein die Tatsache, dass wir Handlungsfreiheit subjektiv erleben, bedeutet natürlich nicht zwangsläufig, dass dieses Erleben auch »mit der Wirklichkeit übereinstimmt«. Eine Begründung für seine Behauptung bleibt Burkhardt denn auch schuldig. Er argumentiert geradezu so, als ob es Begriffe wie Illusion, Fata Morgana oder Schimäre nicht gäbe. Mit den Details etwa des (neurologischen) Determinismus oder des Kausalprinzips setzt er sich gar nicht erst auseinander. Dennoch hat er natürlich in einer Hinsicht recht. Unsere Entscheidungen sind frei *in dem Sinne*, dass uns *niemand* aufzwingen kann, wie wir entscheiden. D. h. aber nicht, dass es nicht *etwas* gibt, was unsere Entscheidungen bestimmt, etwa die Chemie und die Physik in unserem Gehirn oder die Gründe unserer Entscheidungen, die letztendlich nicht bei uns selbst liegen. Vielleicht verweigert uns die Natur auch ganz »gewollt« die Erkenntnis dieser Differenzierung »in der breiten Masse«. Denn eher einfach strukturierte Mentalitäten könnten die (mögliche) Determiniertheit unserer Entscheidungen durch Gründe oder Naturgesetze durchaus falsch im Sinne eines »Fatalismus« verstehen und sich auf diesen zur Rechtfertigung von bequemem »Nichtstun« beziehen. Dies wiederum hätte wohl eine starke Behinderung des Fortgangs des Weltgeschehens zur Folge. Ganz offenbar aber »will« die Natur die Entwicklung der Lebewesen zu mehr Stärke, Intelligenz und Schaffenskraft, weshalb sie eben entsprechend selektiert. Um weitverbreitete Lethargie zu verhindern, müsste man also, wenn man etwa im Philosophieunterricht in den Schulen über die mögliche Unfreiheit unserer Entscheidungen lehrt, auch über die Differenzierung zum Fatalismus aufklären.

Katzinger (1926, 45) schreibt über das Freiheitserleben: »Ich erlebe, dass ich zwar unter dem Einfluss der Motive stehe, diese jedoch nicht vollständig zur Auslösung des Wollens ausreichen.« Leider schreibt Katzinger nicht, *was* denn »zur Auslösung des Wollens« sonst noch hinzukommen müsse, um dieses vollständig »auszulösen«. Wenn Motive aus unseren Bedürfnissen resultieren, stellt sich hier die Frage, welches Freiheitselement auf dem Weg vom Bedürfnis zum Wollen liegen könnte bzw. sollte. Ebenso wenig wie Katzinger sich hierzu äußert, fällt mir diesbezüglich etwas ein. Wieder einmal darf man im Übrigen auf die Erkenntnis von Schopenhauer, Einstein u.a. verweisen, dass man »Wollen nicht wollen kann«. Unser Wollen resultiert direkt und unmittelbar aus unseren Bedürfnissen.

Laut Pothast (1980, 41), Wallace (2000, 28, 33) oder Danner (1977, 28f.) besteht der sogenannte psychologische Determinismus in der Behauptung, dass alle Entscheidungen und Handlungen durch vorausgegangene psychologische Umstände nach psychologischen Gesetzen determiniert ablaufen und dass bei der Wahl zwischen zwei Entscheidungsmöglichkeiten das emotional am stärksten besetzte Motiv, also das Motiv mit dem größten Gewicht, entscheidet. Hierzu kommentiert Burkhardt (2005b, 104): »Wenn diese Behauptung zutrifft, dann scheint die Annahme, dass ich, soweit es um die psychologischen Ursachen geht, so oder auch anders entscheiden kann, illusionär zu sein. Diesem Problem kann ich nicht weiter nachgehen. Ich erledige es mit dem Hinweis, dass der psychologische Determinismus ganz überwiegend für falsch gehalten wird.« Hierzu benennt Burkhardt dann diverse Quellen. Damit hat er sich allerdings um die Widerlegung eines wesentlichen Arguments gegen die menschliche Entscheidungsfreiheit gedrückt. Die Berufung auf die Meinung anderer ist bekanntlich immer das schwächste Argument, gerne gebraucht bei Fehlen anderer Argumente. Die Theorie des psychologischen Determinismus, wenn man diesen wie Pothast, Danner oder Wallace versteht, ist letztlich eine Unterform des Kausalprinzips, also der Erkenntnis, dass nichts in diesem Universum ohne Grund geschieht und die Gründe bzw. die Gründe der Gründe usw. nicht bei uns liegen bzw. uns vorgegeben sind. Damit »erledigt« Burkhardt argumentationslos eine wesentliche These zur Unfreiheit menschlicher Entscheidungen, wie er auch generell darauf verzichtet, bei der Begründung menschlicher Entscheidungsfreiheit durch das Freiheitserleben in die Tiefe zu gehen.

Im Weiteren beschreibt Burkhardt (2005b, 106) zutreffend die menschliche Selbstwahrnehmung: »Ich bin nicht von außen gelenkt, es sind *meine* Gefühle und Neigungen, die *mein* Wollen bestimmen.« Damit hat er – freilich ohne es zu wollen – konzediert, dass sein Wollen durch seine Gefühle und seine Neigungen bestimmt wird. Er fragt aber nicht, ob sich seine Gefühle und Neigungen möglicherweise nicht von selbst, also ohne seinen Einfluss bilden. Andernfalls hätte er wohl bei der Erkenntnis landen müssen, dass seine Entscheidungen determiniert sind.

Ohne weitere Begründung folgert er dann, dass die Selbstwahrnehmung, nicht »von außen gelenkt« zu sein, »geradezu voraussetzt, dass mein Wollen innendeterminiert (strukturdeterminiert) ist, denn sonst wäre mein Wollen ein Spiel des Zufalls«. Auch wenn Burkhardt – eher unwissenschaftlich – nicht erläutert, was er denn mit »innendeterminiert« bzw. »strukturdeterminiert« eigentlich meint, so wird doch aus dem Zusammenhang und der Zielrichtung seines Beitrags klar, dass er davon ausgeht, dass *wir* frei agierender Herr unserer Entscheidungen sind und nicht irgendwer oder irgendetwas anderes. Aber warum soll aus unserem Freiheitserleben die Freiheit der Entscheidung resultieren, weil ansonsten unser »Wollen ein Spiel des Zufalls wäre«? Abgesehen davon, dass dies im Hinblick auf die Quantenmechanik – wie unter 6.2.5 dargelegt – nicht völlig ausgeschlossen ist, verdrängt Burkhardt offenbar die Möglichkeit, dass die Naturgesetze, die Gründe, unsere Bedürfnisse etc. mit unseren Entscheidungen »spielen« bzw. diese determinieren, und diese basieren eben nicht auf Zufällen.

Ähnlich zielgeleitet argumentiert Singer (2004b, 235ff., 252): »Das Subjekt erfährt sich zu Recht als Urheber der Entscheidung, die es getroffen hat. Wer sonst käme infrage?« Diese Frage ist bereits falsch gestellt, richtig müsste sie heißen: »Wer *oder was* sonst käme infrage?«

Der Behauptung, dass es für die Schuldfrage auf das subjektive Freiheitserleben nicht ankomme, sondern auf eine objektive Freiheit, tritt Burkhardt mit der Behauptung entgegen, »dass bei der Schuldfrage die Innenperspektive des handelnden Subjekts der maßgebliche Beurteilungsgegenstand ist. Es ist also grundsätzlich nicht entscheidend, wie die Welt tatsächlich ist, sondern wie der zu beurteilende Täter sie gesehen hat« (Burkhadt 2005b, 106). Dementsprechend wäre ein in seinen Entscheidungen nicht freier Täter zu verurteilen, nur weil er sich in seinen Entscheidungen frei fühlt …

Natürlich stellt sich hier generell die Frage, warum die Natur uns mit einem Freiheitsgefühl ausgestattet hat, obwohl dieses möglicherweise doch nur illusorisch ist. Auf diese Frage werden wir unter 13.8 noch näher eingehen.

10.4.1.3 Ist unsere Sprache schlauer als wir?

Die Redewendung »Der/Die hat sich auch nicht selbst gemacht« wurde vor etlichen Jahren – zuerst wohl in der Politik – zur häufig verwendeten Umschreibung dafür, dass man jemandem negative Eigenschaften zuschreibt. Das vermeintlich Hinterlistige an dieser Redewendung ist natürlich das »Verständnis«, welches man mit dieser Zuschreibung dem Betroffenen angeblich entgegenbringt. Dennoch behaupte ich, dass diese Redewendung im noch zu erläuternden Sinne richtig ist und etwas zum Ausdruck bringt, was wir zumindest intuitiv als zutreffend empfinden. Denn sie bringt letztlich zum Ausdruck, dass unsere mentalen Zustände das Ergebnis unserer Genetik und unserer Erfahrungen sind, für welche wir jeweils nichts können, die wir uns nicht ausgesucht haben bzw. die wir »nicht selbst gemacht« haben.

Selbst wenn man davon ausgehen würde, dass *in der Vergangenheit* so etwas wie freie Entscheidungen unseren aktuellen mentalen Zustand mitgeprägt haben könnten, ändert dies nichts daran, dass unser aktueller mentaler Zustand in jedem Moment so ist, wie er ist. Die historischen freien Entscheidungen – so es sie denn überhaupt gegeben haben sollte – wurden sicher nicht in dem Bewusstsein getroffen, eine bestimmte spätere (aktuelle) Entscheidung hiermit zu beeinflussen. Ein aktueller mentaler Zustand spiegelt eben unsere Bedürfnisse, Bedenken, Moral, Intelligenz, Erfahrungen, Wissen etc. wider, welche unsere aktuellen Entscheidungen bestimmen bzw. begründen, denn grundlos werden wir diese schließlich kaum fällen. Die Redewendung »Der/Die hat sich auch nicht selbst gemacht« bringt also – jedenfalls nach meinem Verständnis – in zutreffender Weise die Determiniertheit unserer Entscheidungen durch unseren aktuellen, aber historisch geprägten mentalen Zustand zum Ausdruck. Oder was soll diese Redewendung sonst aussagen? Auch wenn sie etwas hinterlistig ist, dürfte sie eine Wahrheit über die – nicht selbst zu verantwortenden – Gründe dafür, wie wir sind und jeweils entscheiden, zum Ausdruck bringen.

10.4.1.4 Entscheidungsfreiheit als »rechtliche Normsetzung«

In seinem Beitrag »Zur Problematik des Schuldstrafrechts« (Roxin 1984, 643) führt Roxin, dem als Rechtswissenschaftler übrigens von 27 Universitäten die Ehrendoktorwürde verliehen wurde, Folgendes aus:

»Es besteht, soweit ich sehe, in Deutschland völlige Einigkeit darüber, dass kein psychologischer oder psychiatrischer Sachverständiger die Fähigkeit des konkreten Täters, im Tatzeitpunkt anders zu handeln, als er es getan hat, mit empirischen Mitteln nachweisen kann. Wenn aber zur Annahme von Schuld ein empirischer Befund vorausgesetzt wird, der sich prinzipiell nicht nachweisen lässt, so müsste das nach dem Grundsatz ›in dubio pro reo‹ zum Freispruch führen.«

Versuchen wir, die in diesen Sätzen enthaltenen Aussagen zu analysieren, so geht es zunächst um die Begutachtung, ob ein Täter zum

Tatzeitpunkt anders hätte handeln können, als er handelte, also letztlich um die Entscheidungsfreiheit des Täters. Der Feststellung, dass eine solche Begutachtung praktisch nicht möglich ist, kann man wohl nur beipflichten. Bereits eingangs dieses Buches hatten wir angemerkt, dass die »Auslagerung« der Schuldfrage durch die Richter mittels Begutachtung der Schuld bzw. »Willensfreiheit« des Täters zum Tatzeitpunkt durch sogenannte Sachverständige nichts anderes als ein »Feigenblatt« ist. Mit diesem soll kaschiert werden, dass die retrospektive Feststellung eines zum Zeitpunkt des Gutachtens regelmäßig mehrere Monate oder gar Jahre zurückliegenden mentalen Zustandes eines Täters schlichtweg illusorisch ist. Hinzu tritt, dass die Beauftragung eines solchen Gutachtens bereits impliziert bzw. voraussetzt, dass es überhaupt eine Entscheidungsfreiheit gibt (kein Richter wird einen Gutachter zur Schuldfeststellung beauftragen, von dem er weiß, dass dieser Schuld mangels Entscheidungsfreiheit schlechthin für ein Artefakt hält). Beispielhaft sei hier kein geringerer als der Professor für Strafrecht und Rechtsphilosophie an der Universität Hamburg Reinhard Merkel zitiert: »Mein eigener Standpunkt [...] ist inzwischen offensichtlich: Nach dem Stand des verfügbaren Wissens spricht nichts für die Annahme, ein normaler Straftäter könnte sich im Moment seines Ansetzens zur Tatbegehung unter identischen Außen- und Innenweltbedingungen noch anders entscheiden und die Tat unterlassen« (Merkel 2014, 114 f.). Aber selbst wenn man die menschliche Entscheidungsfreiheit auch nur für zweifelhaft hält (was nach ausgiebigem Studium der Frage wohl zumindest zu erwarten wäre), müsste jedes Schuldgutachten zu dem Ergebnis gelangen, dass die Schuld und damit natürlich jede wie auch immer geartete Schuldfähigkeit jedenfalls nicht mit ausreichender Sicherheit festgestellt werden kann. Und dies müsste – wie auch von Roxin geschlussfolgert – nach dem Grundsatz »im Zweifel zugunsten des Angeklagten« zum Freispruch führen.

Nur: Roxin will seine Aussage nicht so verstanden wissen, dass alle Strafrechtsverfahren zum Freispruch führen müssen, sondern so, dass dies ja wohl nicht das Ergebnis sein könne. Denn weiter führt Roxin aus, dass die Problematik der generellen und konkreten Beweisbarkeit der »Willensfreiheit« für die Diskussion der Legitimation der Institution Strafe nicht beantwortet werden müsse. Die freie Selbstbestimmung, welche die Zuschreibung von Schuld und Verantwortung begründet, sei kein reales Faktum, sondern eine »normative Setzung«. Dies begründet er wie folgt: »Ihr sollt den Bürger als freien verantwortungsfähigen Menschen behandeln! Es geht also bei der Annahme menschlicher Entscheidungsfreiheit nicht um eine Seinsaussage, sondern um ein rechtliches Regelungsprinzip« (Roxin 1984, 650). Kann man das überhaupt »richtig« verstehen? Befürwortet Roxin hier tatsächlich eine Anmaßung des Staates, etwas möglicherweise nicht Existentes per rechtlicher Normsetzung – also per Gesetz – für existent zu erklären? Will er tatsächlich Schuld und Strafe mit einer Entscheidungsfreiheit rechtfertigen, die es so möglicherweise gar nicht gibt? Es scheint tatsächlich so! Denn Roxin führt weiter aus, dass Menschen vor dem Gesetz als zu freier Selbstbestimmung fähig zu behandeln seien (und zwar unabhängig davon, ob sie es tatsächlich sind). Aus diesem Grunde, so Roxin weiter, könne »die unlösbare Frage der Willensfreiheit nämlich, deren bejahende Beantwortung in den meisten Schuldlehren den Dreh- und Angelpunkt bildet, […] vom hier vertretenen Standpunkt aus getrost ausgeklammert« (Roxin 1974, 185) werden. Für die Beantwortung der Frage nach der Schuld sei insofern nicht eine empirisch gegebene, sondern eine lediglich normativ gesetzte Freiheit ausreichend.

Wie kann man guten Gewissens für den Begriff der Schuld, wie er vermutlich von mehr als 99,9 % der Menschen verstanden wird, die Frage der menschlichen Entscheidungsfreiheit ausklammern? Wie kann man als Befürworter des Schuldstrafrechts Menschen, die möglicherweise nicht Herr ihres Willens sind, mit einer Schuldbegründung bestrafen wollen? Wohlgemerkt propagiere ich mit dieser Frage nicht, dass Straftaten nicht zu bestrafen seien; denn ohne Strafen dürfte eine nennenswerte gesellschaftliche Ordnung bekanntlich kaum zu halten sein. Ich stelle aber die Anbindung einer Strafe bzw. einer Strafandrohung an die Schuld infrage, wenn die in dieser vorausgesetzte »Willensfreiheit« per »normativem Postulat« (Erber-Schropp 2016, 98) dekretiert wird, unabhängig davon, ob sie tatsächlich existiert oder nicht!

Einen ähnlichen Ansatz verfolgt Schreiber, der ebenfalls zunächst wohl zutreffend davon ausgeht, dass die »allgemein theoretisch schon unlösbare Freiheitsfrage jedenfalls im Hinblick auf den konkreten einzelnen Täter und seine Situation bei der Tat rückwirkend nicht verlässlich beantwortet werden kann« (Schreiber 1980, 285). Dann aber: »Schuld ist in generalisierenden Kategorien [...] nur das Zurückbleiben hinter dem Maß an Verhalten, das vom durchschnittlichen Staatsbürger bei normalen Bedingungen erwartet werden kann.« Kriterium für die Schuld und die Bestrafung soll also das Abweichen vom Verhalten des »durchschnittlichen Staatsbürgers bei normalen Bedingungen« sein, ohne dass es auf die individuellen mentalen Bedingungen des Täters ankommt. Der »Durchschnitt« war schon immer als normierender Maßstab ziemlich ungeeignet, erst recht gilt dies, wenn es um Fragen des Strafrechts geht. Aber soll etwa Raub jetzt weniger Schuld und Strafe begründen, wenn er nur durch genügend viele Staatsbürger (den »durchschnittlichen Staatsbürger«) begangen wird? Offenbar soll die dem Schuldbegriff immanente Entscheidungsfreiheit per staatlichem Dekret »bestätigt« und »festgeschrieben« werden, wobei der Schuldmaßstab an der durchschnittlichen Strafanfälligkeit der Bevölkerung zu orientieren ist. Was Sie davon zu halten haben, werden Sie selbst wissen ...

Und was bitte sind »normale Bedingungen«, wer legt fest, was von jemandem »erwartet werden kann« und *weshalb* soll dies der Maßstab für Schuld bzw. Unschuld sein? Da hat Schreiber wohl mehr Fragen aufgeworfen als beantwortet.

Erber-Schropp (2016, 101) ist gar der Meinung, dass die Auffassung Schreibers durch unsere Erfahrungen bestätigt werde:

»Die Interpretation Schreibers kann mit unserer Alltagserfahrung untermauert werden. Wenn wir einer befreundeten Kollegin von einem Gespräch mit dem Vorgesetzten berichten, da diese verspricht, die Informationen vertraulich zu behandeln, dann gehen wir davon aus, dass sich die Kollegin an ihr Versprechen auch halten wird. Wenn diese Kollegin die Information nun aber an andere weitergibt, werfen wir ihr einen Bruch dieses Versprechens vor und betrachten sie für diesen Bruch als verantwortlich, da wir voraussetzen, dass es ihr freistand, das Versprechen zu halten oder zu brechen. Unserem Urteil über den Vertrauensbruch liegt die Erfahrung zugrunde, dass Menschen ein gegebenes Versprechen in der Regel einhalten – und dies somit generell auch können.« Offenbar will Erber-Schropp mit diesem Beispiel aufzeigen, dass wir uns stets alternativ auch »richtig« und somit auch »anders« verhalten können und die schuldbegründende »Vorwerfbarkeit« unserer Alltagserfahrung entspricht. Aber ist das richtig? Lassen Sie uns die Entscheidungssituation der indiskreten Kollegin analysieren: Offenbar erschien dieser Kollegin der erwartete Nutzen aus der Indiskretion, vermutlich basierend auf der Befriedigung eines Mitteilungs- und/oder Geltungsbedürfnisses, größer als das mit dem Entdeckungsrisiko gewichtete Nutzenopfer aus dem bei uns eingebüßten Vertrauen. Das geringer eingeschätzte Nutzenopfer könnte etwa darauf basieren, dass sie uns nicht besonders schätzt, das Entdeckungsrisiko falsch eingeschätzt hat oder der Diskretion generell keinen hohen Wert beimisst. Wenn diese Voraussetzungen eines Nutzenüberschusses bei der Alternative »Weitererzählen – statt – Schweigen« gegeben sind, konnte sie schlichtweg nur indiskret sein. Dies natürlich unter der Voraussetzung, dass sie Nutzenmaximiererin ist. Aber sagen Sie mir einen einzigen Grund, weshalb sie sich – aus ihrer Sicht – gegen die Alternative mit dem größten erwarteten Nutzen hätte entscheiden sollen bzw. können – Sie werden keinen finden. Nach dieser Betrachtung kann es keine »Vorwerfbarkeit« oder »Verantwortlichkeit« geben, weil es schlichtweg keine objektive Handlungsalternative gab – es sei denn, Sie könnten mir sagen, weshalb jemand sich gegen die Entscheidung mit dem vermeintlich größten Nutzen entscheiden sollte. Wenn wir eine solche Indiskretion nicht – wie oben – analysieren, haben wir natürlich das Bedürfnis, unserem Gegenüber etwas »vorzuwerfen« bzw. es für etwas »verantwortlich« zu machen. Das entspricht unseren Emotionen, aber es bedeutet eben nicht, dass es objektiv auch eine »Vorwerfbarkeit« bzw. »Verantwortlichkeit« gibt. Liebe Frau Erber-Schropp, diese auf einem vielleicht autobiografischen Vorgang beruhenden Emotionen sind völlig normal, aber bei analytischer Betrachtung folgt hieraus nicht, dass der zugrundeliegende Vorgang auch »vorwerfbar« im Sinne einer *freien* Entscheidung sein muss. Es täte uns häufig gut, uns – negative – Emotionen zu ersparen und uns zu fragen, ob wir selbst nicht die Folgen unseres Entscheidens – in diesem Falle zur Weitergabe von vertraulichen Informationen – falsch eingeschätzt haben. Im Übrigen ist das Verhalten unserer Mitmenschen nicht »offen«, nur weil wir es nicht vorhersehen können.

Zur Klarstellung: Natürlich hat auch der Vorwurf eine sinnvolle Funktion, nämlich die, den betreffenden Mitmenschen von einer Wiederholung seiner uns unliebsamen Handlung abzuhalten. Aber zum Nachweis einer menschlichen Entscheidungsfreiheit taugt der Vorwurf nicht.

Die Idee einer Normsetzung menschlicher Entscheidungsfreiheit durch die Gesellschaft präsentiert auch Nedopil (2010, 220), wenn er meint, »dass Freiheit des Willens auch dadurch gewährt wird, dass sie den Menschen von anderen Menschen zugebilligt wird«. Leider fragt er nicht, weshalb der Mensch seinen Mitmenschen Entscheidungsfreiheit »zubilligt«, richtiger wohl »unterstellt« und weshalb hierdurch die Freiheit des Willens gewährleistet sein soll. Was bewegt Nedopil, solche begründungsfreien Aussagen zu tätigen? Eine mögliche Antwort könnte beispielsweise wie folgt lauten:

Menschen haben weitgehend gegenläufige Interessen. Der Verkäufer möchte einen hohen Verkaufspreis, der Käufer einen niedrigen, was der Eine hat, kann nicht gleichzeitig ein Anderer haben, an der von dem Einen besetzten Hierarchieposition kann nicht gleichzeitig ein Anderer sein, während der Eine eine florierende Wirtschaft will, will der Andere eine saubere Umwelt usw. Bei der Austragung all dieser Interessengegensätze stehen wir statistisch gesehen genauso oft auf der Gewinner- wie auf der Verliererseite. Das Verlieren weckt bei uns bekanntlich negative Emotionen, die kompensiert bzw. verarbeitet sein wollen. Da hierfür in den modernen Zivilisationen gewalttätige Reaktionen wegen bekannter Nebenwirkungen wenig geeignet sind, machen wir uns häufig, wenn nicht regelmäßig durch Schuldzuweisungen Luft. Offenbar tut es uns gut, den anderen Schuld und Verantwortlichkeit für unsere nicht gehabten Erfolge zuzuweisen. Aber Schuld und Verantwortlichkeit, so wie sie von den meisten Menschen verstanden werden, sind ohne Willensfreiheit wohl nicht vorstellbar bzw. sinnlos. Deswegen unterstellen wir unseren Mitmenschen gerne Willensfreiheit oder wie Nedopil sagt, wir billigen sie ihnen zu. Schließlich wollen wir uns doch die emotional erleichternden Schuldzuweisungen nicht nehmen lassen ...

Im Hinblick auf eine »Willensfreiheit« als (der Realität möglicherweise entgegenstehende) gesellschaftliche Normsetzung schreibt Wuketits (2006, 87): »Die Vorstellung aber, dass die Idee der Willensfreiheit als – ideologisches – Druckmittel gebraucht werden kann, um den einzelnen (dem Staat, der Kirche usw.) gefügig zu machen, muss uns sehr nachdenklich stimmen. Eine ›vorgeschriebene Willensfreiheit‹ ist geradezu der Gipfel an Paradoxie.« Dem ist wohl wenig entgegenzuhalten. Wuketits weiter: »Die Freiheit, die wir – oder viele von uns – zu haben meinen und anstreben, lässt unsere eigene Naturgeschichte nicht zu. Insoweit ist das Projekt als gescheitert zu betrachten. Sofern wir uns aber frei wähnen können – das können wir – und uns die Vorstellung der Willensfreiheit eine Illusion liefert, die unserem Leben dienlich ist, dürfen wir das Projekt als gelungen ansehen.« Ich denke, da ist mal etwas perfekt auf den Punkt gebracht worden.

Soweit Wuketits hier die *Illusion* des Individuums, frei zu sein, anspricht, ist alles »im Lot«. Denn auch Verneiner der Willensfreiheit empfinden sich als »frei« und erleben diese gefühlte »Freiheit« mit Genuss, obwohl sie auch aus ihrer Sicht real nicht existiert. Sofern Wuketits mit seiner Aussage allerdings eine – mehr oder weniger – *gesamtgesellschaftliche* Illusion der Willensfreiheit befürworten sollte, wie sie heute vorherrscht, fragt sich, ob diese tatsächlich wünschenswert ist. Natürlich stellt eine Illusion der menschlichen Willensfreiheit als Voraussetzung für die Zuweisung von Schuld und Verantwortung ein probates und insoweit »bewährtes« Mittel dar, die Gesellschaft zu führen und die zur Führung erforderlichen Bestrafungen zu »rechtfertigen«. Andererseits ist die Willensfreiheit (jedenfalls wenn es sie tatsächlich nicht gibt) eine Illusion, welche die Gesellschaft insoweit weiter dumm hält. Als Voraussetzung für Hass und Ausgrenzung, welche (u. a.) ohne Entscheidungsfreiheit keinen Sinn machen, ist sie auch gesamtgesellschaftlich wohl wenig wünschenswert. Wäre es also sinnvoll, die Gesellschaften darüber aufzuklären, dass die menschliche Entscheidungsfreiheit erheblichsten Zweifeln begegnet, aber dennoch Gesetze und Strafen aus den erörterten Gründen unvermeidbar sind? Wäre es sinnvoll, wenn die Menschen ihre gefühlte Willensfreiheit genießen würden, dabei aber wüssten, dass diese nur eine Illusion ist? Ich denke schon, da ein friedliches Miteinander ohne Hass und Ausgrenzung sowie der Verzicht auf Ächtung unserer Straftäter bei vielen Mitgliedern demokratischer Gesellschaften in der Werteskala weit oben stehen. Geht man davon aus, dass auch die menschliche Intelligenz weiterhin einer positiven Entwicklung entgegensieht, wird ein solcher Wandel irgendwann in der Zukunft ohnehin bevorstehen. Allerdings dürfte die Übergangsphase, in welcher ein Teil der Gesellschaft noch von menschlicher Entscheidungsfreiheit ausgeht, während ein anderer Teil dies nicht tut, möglicherweise zu problematischen Verwerfungen und Spaltungen führen. Da die Politik solchen Transformationsprozessen immanente Übergangsspannungen bekanntlich fürchtet und nach Kräften meidet (»soll sich doch die nächste Regierung darum kümmern«), werden wir auf den »Gesinnungswandel« wohl noch einige Zeit warten müssen.

10.4.1.5 Normative Ansprechbarkeit als Strafkriterium

Roxin präsentiert als Ergebnis seiner Überlegungen zu einem sinnvollen Strafkriterium einen, wie ich denke, sehr brauchbaren Ansatz:

»Die normative Ansprechbarkeit, die ich zum Kriterium der Schuldfähigkeit mache, ist unabhängig vom Bestehen menschlicher Willensfreiheit oder davon, ob in der konkreten Entscheidungslage der Täter sich tatsächlich hätte anders motivieren können; sie ist das einzige, was in diesem Bereich überhaupt mit den Mitteln der Psychologie und der Psychiatrie empirisch festgestellt werden kann.« (Roxin 1984, 653)

»Normative Ansprechbarkeit« will nichts anderes heißen, als dass der jeweilige Mensch in der Lage ist, zu verstehen, dass ihm bestimmte Entscheidungen bzw. die diesen nachfolgenden Handlungen gesetzlichen Regeln entsprechend unter Strafandrohung untersagt sind. Der Mensch muss also verstehen, was er darf und was er nicht darf, um normativ ansprechbar zu sein und – Roxin folgend – bestraft werden zu können. Wenn Roxin meint, die *normative Ansprechbarkeit* zum »Kriterium der Schuldfähigkeit« machen zu dürfen bzw. zu müssen, dann ist dies jedenfalls ein »Weniger« im Vergleich *zur Entscheidungsfreiheit* als Schuldkriterium. Denn wer nicht normativ ansprechbar ist, also nicht versteht, was er nicht darf, kann sich auch nicht für einen Verstoß gegen das Verbot entscheiden, weil er dieses eben nicht versteht. Mit anderen Worten will uns Roxin sagen, dass nach seinem Verständnis mit dem Verstehen eines Verbotes als ausreichender Voraussetzung auch insoweit die »Schuldfähigkeit« begründet wird. Dies entspricht zwar nicht dem allgemeinen Verständnis von Schuldfähigkeit, nach welchem diese auch Entscheidungsfreiheit voraussetzt. Tatsächlich dürfte Roxin aber gemeint haben, dass normative Ansprechbarkeit das Kriterium für Strafbarkeit (und nicht für Schuldfähigkeit) sein sollte. Die normative Ansprechbarkeit könnte sich möglicherweise als einziges praktikables und letztlich damit auch zu rechtfertigendes Bestrafungskriterium entpuppen.

Meiner Meinung nach zutreffend stellt Roxin fest, dass die normative Ansprechbarkeit das Einzige ist, »was in diesem Bereich überhaupt mit Mitteln der Psychologie und Psychiatrie empirisch festgestellt werden kann«. Dem wäre durchaus zu folgen, wenn man davon ausgeht, dass der Tatverdächtige sich überhaupt äußert (dass das Aussageverweigerungsrecht in diesem und anderem Zusammenhang äußerst fragwürdig ist, ist ein anderes Thema ...). Ja, die normative Ansprechbarkeit dürfte in vielen Fällen sogar anmaßungsfrei durch den

Richter selbst, also ohne Auslagerung der Frage an einen »Gutachter« zu beurteilen sein. Der generelle Grad an einem Menschen zuteil gewordener Auffassungsgabe (normative Ansprechbarkeit) lässt sich halt leichter beurteilen als der mentale Zustand (Schuldfähigkeit) dieses Menschen zu einem bestimmten zurückliegenden Zeitpunkt. Wer zeigt, dass er bestimmte Fragestellungen (des Richters) zu verstehen in der Lage ist, zeigt damit, dass er auch bestimmte Verbote verstehen kann.

Wenn niemand Schuld wirklich nachvollziehbar zu definieren vermag, es diese möglicherweise im Hinblick auf die Frage der Entscheidungsfreiheit gar nicht gibt, sie – wie auch immer verstanden – retrospektiv auf länger zurückliegende Zeitpunkte ohnehin gar nicht festgestellt werden kann (selbst wenn man wüsste, was sie eigentlich ist) und auch der beste Gutachter niemandem in den Kopf schauen kann (was durch fehlgeschlagene Verhaltensprognosen immer wieder bestens demonstriert wird), dann macht es schlichtweg überhaupt keinen Sinn, eine wie auch immer geartete Schuld in einem Gerichtsverfahren feststellen zu wollen.

Schon aus Gründen der Generalprävention wird die Bestrafung derjenigen, die gegen Gesetze verstoßen, jedoch nie verzichtbar sein. Die Abschreckungsziele würden bei Bestrafung von Menschen, die zum Tatzeitpunkt – etwa wegen starker Demenz – nicht normativ ansprechbar waren, jedoch verfehlt. Denn es hätte keine positive (abschreckende), äußerstenfalls eine negative Außenwirkung, wenn die Gesellschaft bzw. der Staat jemanden für eine Tat bestrafen würde, die der Täter nicht als verboten verstehen konnte.

Zwar kann und muss man bezüglich einer Bestrafung allein auf der Basis der normativen Ansprechbarkeit monieren, dass der Täter bestraft wird, obwohl er möglicherweise entweder aufgrund der individuellen Tatumstände oder aufgrund der generellen Nichtexistenz von Entscheidungsfreiheit tatsächlich in irgendeinem Sinne »unschuldig« ist. Aber dass allein schon aus Gründen der Generalprävention auch bei nicht gegebener Entscheidungsfreiheit gestraft werden muss, wurde bereits umfassend erläutert. Was die Begutachtung betrifft, so sind die individuellen, eine »Schuldfähigkeit« begründenden bzw. nicht begründenden mentalen Umstände des Täters zum Tatzeitpunkt ex post gar nicht mehr gutachterlich feststellbar (nichts anderes besagt auch Roxins obiges Zitat). Dabei haben wir bisher noch nicht einmal von den schauspielerischen Fähigkeiten intelligenter Straftäter bei der »Begutachtung« gesprochen, welche deren Wert zusätzlich infrage stellen. Im Übrigen sind auch die mentalen Umstände des Täters zum Tatzeitpunkt für die Beurteilung eines tatsächlich nicht erfassbaren »Schuldmaßes« irrelevant, wenn es – wie auch von Roxin (1984, 653) vorgeschlagen – nur noch um die normative Ansprechbarkeit des Täters, also das Verstehen von Verboten geht.

Wenn Roxin die normative Ansprechbarkeit »zum Kriterium der Schuldfähigkeit« machen will, darf ihm wohl unterstellt werden, dass er tatsächlich nicht die Schuldfähigkeit, sondern die Bestrafbarkeit meint. Schließlich stellt er selbst fest, dass Schuld – wie auch immer verstanden –, zudem im Nachhinein, nie tatsächlich festgestellt werden kann. Die normative Ansprechbarkeit zum Kriterium der Schuldfähigkeit zu erheben, wäre bei wörtlichem Verständnis ebenso eine unzulässige »Normsetzung« wie die, die Existenz der menschlichen Entscheidungsfreiheit per »Normsetzung« festzustellen. Nein, was er tatsächlich gemeint hat, kann nur sein, dass unabhängig von jeder Schuldfrage (nur) derjenige bestraft werden kann, der in der Lage war, das gesetzliche Verbot mitsamt Strafandrohung zu verstehen, also normativ ansprechbar war.

Mit dem Strafkriterium der normativen Ansprechbarkeit dürfte auch die Gesellschaft ihren Frieden finden. Es wird kein »Aufschrei durch die Gesellschaft« gehen, wenn ein Täter (nur) deswegen für eine Tat bestraft wird, weil er wusste und verstehen konnte, dass diese gesetzlich verboten ist. Im Gegenteil: Die gesellschaftliche Akzeptanz der Bestrafung dürfte steigen, weil die in Anbetracht schauspielerischer Fähigkeiten zumindest des intelligenten Täters ebenso langatmigen wie sinnlosen Versuche, die Kindheitsumstände oder das Reueverhalten des Täters zu eruieren, entfielen. Überhaupt: Im rein auf die normative Ansprechbarkeit ausgerichteten Strafrecht könnten sich die staatsanwaltliche Vorarbeit, die auszutauschenden Schriftsätze sowie die mündliche Verhandlung darauf konzentrieren, lediglich den Sachverhalt und eben die Frage der normativen Ansprechbarkeit des Täters zu klären sowie gegebenenfalls die Rahmenbedingungen für die Spezialprävention und die Resozialisierung des Täters zu erarbeiten. Langwierige Beweisaufnahmen zur vermeintlichen Klärung der »Schuld« und des mindestens ebenso fragwürdigen »Schuldmaßes« würden entfallen, was eine Straffung der Verfahren sowie eine erhebliche Entlastung des Rechtsapparates zur Folge hätte.

An dieser Stelle ist natürlich der Vorwurf zu erwarten, man wolle mit Angeklagten »kurzen Prozess« machen. Nein, es geht nicht darum, den Angeklagten »abzufertigen«. Es geht darum, in Anbetracht eines ebenso inhaltsleeren wie vergeltungsorientierten Schuldbegriffs, einer zumindest äußerst zweifelhaften menschlichen Entscheidungsfreiheit sowie im Nachhinein nicht feststellbarer Mentalzustände und Begehungsgründe des Täters den Rechtsapparat von sinnlosen Tätigkeiten zu befreien. Hinzu kommt, dass durch die entlastungsbedingte Verkürzung der Verfahren die Strafe zeitlich näher an der Tat wäre, was bekanntlich die Strafakzeptanz, die Individualprävention und damit die Resozialisierung des Täters begünstigt. Die nicht mehr interessierende Schuldfrage und der Verzicht auf eine schuldbedingte Ächtung des Täters würden ebenso dessen Resozialisierung fördern. Dies könnte man – wie bereits dargelegt – weiter begünstigen durch eine breit angelegte Aufklärung, dass ein bestrafter Täter nicht »schuldig« im althergebrachten Sinne sein muss, u.a. schon wegen der fraglichen menschlichen Entscheidungsfreiheit.

Darüber hinaus wäre die Frage der normativen Ansprechbarkeit des Täters zum ehemaligen Tatzeitpunkt vermutlich leichter zu klären als die des damaligen Vorliegens eines der Schuldausschlussgründe des Strafgesetzbuches. Konnte der Täter beispielsweise um den Tatzeitpunkt herum seiner Arbeit in gewohnter, ordnungsgemäßer Weise nachgehen und in verständiger Weise mit seinen Mitmenschen kommunizieren, wird man auch die normative Ansprechbarkeit bzw. das Verstehen gesetzlicher Verbote unterstellen können. Natürlich ist die normative Ansprechbarkeit des Täters zum Tatzeitpunkt auch nur ex post beurteilbar, allerdings viel einfacher als eine diffuse »Schuldfähigkeit«. Insbesondere bei Taten mit planvollen Vorbereitungshandlungen wird man die normative Ansprechbarkeit regelmäßig unterstellen können. Wer planvoll handeln kann, ist auch regelmäßig in einem Bewusstseinszustand, in welchem er um die Rechtswidrigkeit seiner Tat weiß. Selbst wenn keine planvoll vorbereitete Tat vorliegt: Wer sein Leben um den Tatzeitpunkt herum normal zu bewältigen in der Lage ist, zeigt damit einen Bewusstseinszustand, in welchem ihm die Fähigkeit, Unrecht zu erkennen, nicht abhandengekommen ist.

Wie bereits angemerkt: Die Frage, ob die Auffassungsgabe des Täters reicht, um das Unrecht der Tat zu erkennen, ist allemal leichter zu beantworten als die nach einer eventuellen »Schuldunfähigkeit« im Tatmoment.

Dabei kann es auch nicht auf die normative Ansprechbarkeit im Tatmoment, der häufig genug nur wenige Sekunden dauert, ankommen, denn in diesem denkt der Täter regelmäßig an die Ausführung der Tat und eher nicht an gesetzliche Verbote. Vielmehr kommt es darauf an, dass die normative Ansprechbarkeit im (Unter-)Bewusstsein verankert ist. Denn insbesondere im Vorfeld der Tat kann der normativ ansprechbare Täter in Kenntnis des Unrechts der Tat Maßnahmen zum »Selbstschutz« treffen, die ihn gar nicht erst in die Tatsituation kommen lassen.

Wenn man im konkreten Fall davon ausgehen kann, dass die normative Ansprechbarkeit, mithin also zumindest ein entsprechendes Unrechtsbewusstsein beim Täter vorhanden war, wird die Strafe auch von der Gesellschaft getragen werden. Unter dieser Voraussetzung entfaltet sie nicht nur generalpräventive, sondern auch individualpräventive Wirkung. Wer schon einmal die Hand gegen einen Menschen – zu Recht oder zu Unrecht – erhoben hat, weiß, dass in einem solchen Moment immer auch Hemmungen greifen – wenn auch möglicherweise nicht in tatverhinderndem Ausmaß. Unser Unterbewusstsein produziert diese Hemmungen, und zwar – so behaupte ich – auch in Abhängigkeit von der Intensität der drohenden Sanktionen. Merkwürdigerweise wird der Einfluss von Art und Höhe der Strafsanktionen auf das Verhalten des potenziellen Täters immer wieder bestritten. Auch wenn dies nur eine Anekdote ist: Als zorniger junger Mann (keine Ahnung, weshalb ich damals so zornig war …) hätte ich mehr als einen Menschen, der sich an mir oder meinem Hab und Gut verging, gemeuchelt, wenn dies mit keiner oder nur geringer Strafe bewehrt gewesen wäre …

Und was ist mit dem Strafmaß, wenn die vermeintliche Schwere der Schuld dieses nicht mehr bestimmt? Könnte es dann jeweils ein festes Strafmaß für die einzelnen Straftatbestände geben? Folgt man der obigen These, dass nur die Strafzwecke und damit der Strafnutzen das Strafmaß rechtfertigen können, wird man wohl strafzweckabhängig differenzieren müssen. Einen 18-jährigen Straftäter, der noch eher leicht resozialisierbar erscheint, wird man tendenziell gemäßigt bestrafen, um seine Resozialisierung nicht zu gefährden. Zudem würde eine sehr hohe Strafe bei einem so jungen Täter in der Gesellschaft wohl eher Unmut als eine gewollte Abschreckungswirkung auslösen. Die Generalprävention würde in einem solchen Fall als Strafzweck also tendenziell in den Hintergrund treten müssen. Resozialisierung und Generalprävention wären hier unter der Rahmenbedingung der gesellschaftlichen Akzeptanz in Einklang zu bringen.

Wenn Sie mich fragen, ist nur ein auf der normativen Ansprechbarkeit basierendes Strafrecht wirklich sinnvoll. Im Gegensatz zu einem vergeltungsorientierten und schon begrifflich völlig unklaren Schuldstrafrecht orientiert es sich zum Nutzen der Gesellschaft an den Strafzwecken und damit am Strafnutzen. Vor dem Hintergrund einer möglicherweise nicht gegebenen menschlichen Entscheidungsfreiheit und unter Beachtung des Grundsatzes »in dubio pro reo« ist es jedenfalls nicht weniger »gerecht« als das herrschende Schuldstrafrecht. Dabei kann es unter der Annahme einer nicht gegebenen menschlichen Entscheidungsfreiheit oder auch nur diesbezüglicher Zweifel ein wie auch immer verstandenes »gerechtes« Strafrecht nicht geben. Dies ist eine in gewisser Weise traurige und in der Breite schwer zu kommunizierende Wahrheit, die noch am ehesten vermittelbar ist, wenn man detailliert darlegt, dass und weshalb das derzeitige Schuldstrafrecht zumindest in gleicher Weise ungerecht ist, geradezu ebenso »endlose« wie kostspielige Verfahren produziert, die Gerichte qualitativ und quantitativ überfordert, unnötig Ressourcen bindet und die resozialisierungshinderliche Ächtung des Täters betreibt.

Obwohl die normative Ansprechbarkeit als Strafkriterium keineswegs eine neue Erfindung ist, scheuen sich – soweit ich dies übersehen kann – alle Literaten, die diese propagieren, deren offensichtlichen ökonomischen Vorteile auch nur zu erwähnen. Zu leicht gerät man in unserer Gesellschaft der »Guten und Gerechten« wohl in Verdacht, die »Gerechtigkeit« auf den Opferaltar der Ökonomie bringen zu wollen. Dies ist hier keineswegs der Fall, weshalb ich noch einmal darauf hinweisen möchte, die ökonomischen Aspekte ausschließlich als positive Nebeneffekte zu betrachten.

10.4.2 Zur Abgrenzung von Vorsatz und Fahrlässigkeit

Was unter den Begriffen Vorsatz und Fahrlässigkeit als Voraussetzung für jede hoheitliche Strafe zu verstehen ist, überlässt das Gesetz in Deutschland der Klärung durch Wissenschaft und Rechtsprechung.

Vereinfacht ausgedrückt handelt es sich bei einer *vorsätzlichen* Straftat um eine solche, die »mit Wissen und Wollen der Tatbestandsverwirklichung« ausgeführt wird (Fischer 2021, §15 Rz. 3). Ebenso vereinfacht könnte man auch sagen, es handelt sich um eine absichtlich begangene Tat, um deren Strafbewehrtheit der Täter weiß. Im Hinblick auf die uns interessierenden Fragestellungen handelt es sich damit jedenfalls um eine auf der Basis einer bewusst getroffenen Entscheidung umgesetzte Tat.

Fahrlässig handelt dagegen nach einer vereinfachenden Formel derjenige, der die notwendige Sorgfalt außer Acht lässt und dadurch einen gesetzlichen Straftatbestand erfüllt. Der Fahrlässigkeit ist im Normalfall also zu eigen, dass ihr keine (bewusst) getroffene Tatentscheidung vorausgeht. Sie geschieht in ihrer Grundausprägung ungewollt bzw. versehentlich. Die Tatsache, dass die fahrlässig begangene Tat im Regelfall mit *keiner Entscheidung* in direktem Zusammenhang steht, ist zwar wesentliches Unterscheidungskriterium zur vorsätzlich begangenen Tat, findet aber als solche weder in der Literatur noch in der Rechtsprechung besondere Beachtung. Vielmehr wird die Fahrlässigkeit als so etwas wie die »kleinere Schwester« des Vorsatzes betrachtet. So befindet der Große Senat des Bundesgerichtshofs (BGH, GrSen, 9, 393; 17, 210; 32, 48), dass die Fahrlässigkeitstatbestände die Funktion von »Auffangtatbeständen« in den Fällen haben, in denen Vorsatz nicht nachgewiesen werden kann.

Zwischen Vorsatz und Fahrlässigkeit in ihrer jeweiligen »Reinform« liegen allerdings durch Rechtsprechung und Gesetzgebung weiter differenzierte Begehungsgrade:

- *Bedingter Vorsatz* liegt danach vor, wenn der Täter die Tatbestandsverwirklichung weder anstrebt noch für sicher, sondern nur für möglich hält. Dabei soll bereits Gleichgültigkeit gegenüber dem als möglich erkannten Erfolgseintritt ausreichen. Nach der Rechtsprechung deutscher Strafgerichte setzt der bedingte Vorsatz voraus, dass der *Täter* den Erfolg »billigt« oder »billigend in Kauf nimmt« (BGH 7, 363; 21, 283; 36, 9). Bedingter Vorsatz kommt damit beispielsweise im Zusammenhang mit tödlichen Verletzungen von unbeteiligten Personen bei illegalen Autorennen in Betracht. Beim bedingten Vorsatz erscheint eine Strafbarkeit jedenfalls schon aus generalpräventiver Sicht sinnvoll.
- *Bewusste Fahrlässigkeit* liegt vor, wenn der Täter mit der als möglich erkannten Folge nicht einverstanden ist und auf ihren Nichteintritt vertraut. Beispiel: Ein Autofahrer passiert die gerade auf Rot gewechselte Ampel in dem Vertrauen, »dass es schon gut gehen wird«. Auch hier liegt eine bewusste Entscheidung vor, die bereits aus Gründen der Generalprävention sanktionierungsbedürftig erscheint.

- Bei der *unbewussten Fahrlässigkeit* verletzt der Täter seine Sorgfaltspflicht, ohne die Möglichkeit der Tatbestandsverwirklichung vorauszusehen. Volkstümlich gesprochen »passt er nicht genug auf« bzw. lässt die erforderliche Sorgfalt missen. Bei der Wertung der unbewussten Fahrlässigkeit als Straftat besteht m. E. ein erhebliches Problem darin, dass der Gesetzgeber nicht danach fragt, *weshalb* der Täter die Möglichkeit der Tatbestandsverwirklichung nicht vorausgesehen hat. War er hierzu beispielsweise intellektuell nicht in der Lage, wird man ihm kaum so etwas wie Schuld (was auch immer das sein mag) zuweisen können. Und generell stellt sich die Frage, wie man etwas Unbewusstes, also etwas, das man nicht weiß und das man nicht entschieden hat, zum Anknüpfungspunkt einer Schuldzuweisung machen kann.
- Der Begriff der *Leichtfertigkeit* bezeichnet einen erhöhten Grad von Fahrlässigkeit, der etwa der groben Fahrlässigkeit des bürgerlichen Rechts entspricht (BGH 14, 255; 33, 67). Leichtfertigkeit liegt dann vor, wenn der Täter grob achtlos handelt und nicht beachtet, was sich unter den Voraussetzungen seiner Erkenntnisse und Fähigkeiten aufdrängen muss (BGH 33, 67; BGHZ 10, 16). Auch hier wimmelt es nur so vor Problemen: Kommt es nicht darauf an, was sich dem Täter *tatsächlich* aufgedrängt hat und nicht darauf, was sich ihm hätte aufdrängen *»müssen«*? Und was soll der Maßstab für »müssen« sein? Selbst wenn der Täter überdurchschnittlich intelligent sein sollte, sich die Erkenntnis der möglichen Gefahr ihm aber nicht aufgedrängt hat, gibt es keine Entscheidung, die man ihm zur Last legen könnte. Soll Schuld mangels Erkenntnis tatsächlich möglich sein? Schließlich sucht man sich seine Erkenntnisfähigkeiten doch nicht aus … Und schließlich sind bereits die Begrifflichkeiten entlarvend: Wenn dem Täter sich etwas hätte aufdrängen müssen, dann liegt dies jedenfalls schon rein sprachlich nicht im Verantwortungsbereich des Täters, wenn es sich nicht aufgedrängt.

Die Rechtsprechung sieht weitere Differenzierungen im Bereich zwischen Vorsatz und Fahrlässigkeit vor, die aber für unsere Betrachtung betreffend die Entscheidung des Täters sowie dessen Schuld bzw. Verantwortlichkeit nur eine untergeordnete Rolle spielen.

10.4.3 Entscheidung zur Fahrlässigkeit?

Mit der Definition der Begriffe Schuld und Verantwortung haben wir uns bisher schwergetan. Brauchbare Definitionen haben wir in der Literatur nicht finden können. Stattdessen mussten wir uns mit hilflosen Versuchen herumschlagen, etwa dem, Schuld als Vorwerfbarkeit zu definieren. Das hat uns aber auch nicht wirklich weitergeholfen, schließlich kann jeder jedem alles vorwerfen, die Frage ist nur, ob »zu Recht«. Aber wann wirft man jemandem etwas zu Recht vor? Offen gestanden sind mir auch selbst keine brauchbaren Definitionen für den Schuldbegriff eingefallen. Die Erklärungen für die Schwierigkeit einer Schulddefinition gehen hin bis zu der Überlegung, dass Schuld möglicherweise nur eine menschliche Erfindung ist, wenn es denn eine Entscheidungsfreiheit nicht geben sollte. Wie dem auch sei, Einigkeit dürfte jedoch weitestgehend darin bestehen, dass Schuld und Verantwortlichkeit nach ihrem Verständnis im allgemeinen Sprachgebrauch stets eine *bewusste* Entscheidung für oder gegen etwas voraussetzen. Damit stellt sich für die Fahrlässigkeit und deren gesteigerte Formen (siehe oben) die Frage, ob diese auf bewusst getroffenen Entscheidungen basieren. Nur dann bzw. insoweit käme nach allgemeinem Sprachverständnis im Grundsatz eine Zuweisung von so etwas wie Schuld oder Verantwortlichkeit für Fahrlässigkeit überhaupt in Betracht. Eine weitere Hürde wäre bejahendenfalls natürlich die Frage, ob die jeweilige Entscheidung dann überhaupt eine freie sein konnte. Aber auch unabhängig von der generellen Frage der menschlichen Entscheidungsfreiheit, ist die Frage, ob der Fahrlässigkeit in ihren verschiedenen Formen überhaupt eine Entscheidung zugrunde liegt, von großem Interesse. Denn auch in einem auf der normativen Ansprechbarkeit basierenden Strafrecht macht eine Strafe nur Sinn, wenn die Tat letztlich auf einer Entscheidung beruht, denn nur dann kann sie insbesondere im Hinblick auf eine präventive Wirkung ihren Nutzen entfalten.

Es bedarf sicher keiner weiteren Erörterung, dass dem Vorsatz eine Entscheidung zugrunde liegt – wenn auch möglicherweise eine unfreie. Auch der *bedingte* Vorsatz setzt zweifelsfrei eine Entscheidung voraus, nämlich die, die negativen Folgen einer angedachten Tat billigend in Kauf zu nehmen.

Die *bewusste Fahrlässigkeit*, bei welcher der Täter zwar die möglichen negativen Folgen seiner Tat nicht beabsichtigt und darauf vertraut, dass sie nicht eintreten werden, impliziert ebenfalls eine Entscheidung. Es ist die Entscheidung, das nicht gewollte negative Handlungsergebnis gegebenenfalls hinzunehmen, obwohl man es als solches erkannt hat. Da die bewusste Fahrlässigkeit ebenso wie der Vorsatz und der bedingte Vorsatz eine bewusste Entscheidung voraussetzt, ist sie m. E. eher dem Bereich des Vorsatzes als dem der Fahrlässigkeit zuzuordnen. Folglich ist auch der Übergang zum bedingten Vorsatz fließend. Festzuhalten bleibt, dass Straftaten, denen in einer der genannten Formen eine Entscheidung vorausgeht, durch gesetzliche Sanktionsandrohung entgegengewirkt werden kann.

Kommen wir zum Kern unserer Überlegungen: Basiert die »normale« *unbewusste* Fahrlässigkeit, bei welcher der Täter (nur) die erforderliche Aufmerksamkeit missen lässt, auf einer bewusst getroffenen Entscheidung? Auf den ersten Blick wohl nicht. Betrachten wir einen die Vorfahrt versehentlich missachtenden Autofahrer näher. Er hat zunächst keine bewusste Entscheidung des Inhaltes getroffen, unaufmerksam zu sein und damit nicht nur andere, sondern auch sich selbst zu gefährden. Aber ganz so klar ist der Fall natürlich nicht. Die kausale Entscheidung könnte ja aber auch die gewesen sein, sich selbst *nicht* ausreichend »vorzuprogrammieren«, um sich automatisch an jeder Kreuzung die Frage der Vorfahrtsberechtigung zu stellen. Nicht ohne Grund werden die Führerscheinanwärter in den Fahrschulen immer wieder darauf trainiert bzw. »vorprogrammiert«, Verkehrszeichen wahrzunehmen bzw. nicht zu übersehen. Bei Fahrlässigkeiten mit Potenzial zur Selbstgefährdung, wie dies bei der Missachtung der Vorfahrt der Fall ist, dürfte eine bewusst getroffene Entscheidung zum Verzicht auf die erforderliche »Eigenvorprogrammierung« eher unwahrscheinlich sein. Denn eine solche wäre nicht zuletzt auch gegen den Entscheider selbst gerichtet, der damit seine eigene Gesundheit und sein eigenes Leben gefährden würde. Bei Fahrlässigkeiten *ohne Eigengefährdungspotenzial* ist eine bewusste Entscheidung, auf eine ausreichende Eigenprogrammierung zur Aufmerksamkeit im Hinblick auf Gefahrensignale (in unserem Falle z. B. das Vorfahrtschild) schon eher vorstellbar: Der fahrlässige Panzerfahrer könnte durchaus für sich entschieden haben, dass ihm die Vorfahrtsregeln wegen seiner eigenen »Unverletzbarkeit« nicht so wichtig sind, mit der Folge, dass diese in seinem Bewusstsein weniger präsent sind und damit Gefahr laufen, übersehen zu werden. Eine solche Entscheidung ist allerdings nur bedingt unbewusst. Sie ist unbewusst in der Phase der konkreten Gefahrensituation, hier also während der Fahrt. Und sie ist *möglicherweise* bewusst getroffen worden in der vorgelagerten Phase der notwendigen Eigenprogrammierung, auf welche ganz oder teilweise verzichtet wurde. Es wird aber kaum jemand bestreiten wollen, dass dem Desinteresse unseres Panzerfahrers an einer Eigenprogrammierung zur Aufmerksamkeit in Bezug auf die Unversehrtheit der übrigen Verkehrsteilnehmer möglicherweise auch kein bewusst formulierter, sondern nur ein intuitiv »gefühlter« mentaler Vorgang zugrunde liegt. Dann dürfte es sich eher nicht um eine Entscheidung handeln.

Beziehen wir unsere Überlegungen zur »Freiheit der Gedanken« (siehe Kapitel 8) ein. Unsere Gedankenketten werden bestimmt durch die Assoziationen, die jeder Gedanke auslöst und die dann jeweils den Folgegedanken bestimmen, bis ein Cut, etwa eine Wahrnehmung über unsere Sinne oder ein sich meldendes Bedürfnis die jeweilige Gedankenkette unterbricht (und eine neue Gedankenkette auslöst). Wenn diese Überlegungen richtig sind, dann sind unsere Gedanken jedenfalls nicht frei, sondern bestimmt durch die vom Gehirn gebildeten Assoziationen und die Cuts, die ihren Weg in unser Bewusstsein finden. Sie können nicht einfach an Schokoladenkuchen denken, außer ein Bedürfnis, eine sinnliche Wahrnehmung (wie hier durch das Lesen des Wortes Schokoladenkuchen) oder eine Assoziation führt Sie zu diesem Gedanken. Übertragen wir diese Überlegungen auf unseren Autofahrer. Ob die optische Erfassung eines Vorfahrtschildes zu einer Unterbrechung seiner aktuellen Gedankenkette führt, hängt von vier Determinanten ab:

- Da ist zunächst die Intensität der vorangegangenen Eigenprogrammierung auf die Wahrnehmung des jeweiligen Signals, hier des Vorfahrtschildes. Je intensiver man sich mental auf die Beachtung des jeweiligen Signals vorprogrammiert hat, umso eher wird ein entsprechender Perceptual Cut die aktuelle Gedankenkette durchbrechen und für Beachtung des Signals sorgen.
- Des Weiteren wird die Beachtung des Signals von dessen Aufmerksamkeitswert abhängen. Ein großes Verkehrsschild in den Farben Neongelb und Lila wird eher für einen Perceptual Cut sorgen als ein kleines in den Farben Grau und Braun.
- Auch hängt die Beachtung des jeweiligen Signals davon ab, ob und gegebenenfalls mit welcher Stärke andere, konkurrierende Signale (z.B. akustischer Art) oder sich meldende Bedürfnisse die gleichzeitige Wahrnehmbarkeit dieses Signals behindern.
- Und schließlich wird es von der Stärke der aktuellen Gedankenkette (Associative Chain) abhängen, inwieweit das jeweilige Signal diese zu durchbrechen und sich Zugang in das Bewusstsein zu verschaffen vermag. Folglich werden Unfälle häufig von Menschen verursacht, die aktuell mit sehr drängenden Problemen belastet sind, mit denen sie sich gedanklich befassen (von denen sie sich nicht »freimachen« können) und die zu einer reduzierten Verarbeitung der sensitiven Wahrnehmungen bzw. der Inputs von außen führen. Aber auch sehr positive Gedankenketten mit großem Faszinosum oder entsprechende sinnliche Wahrnehmungen können (bspw. für den Straßenverkehr) erforderli-

che Wahrnehmungen verhindern oder reduzieren. Nicht wenige Autofahrer dürften durch einen Vertreter des jeweils anderen Geschlechts schon so abgelenkt gewesen sein, dass sie Verkehrszeichen oder Vorfahrtsbedingungen nicht wahrnahmen und so einen Unfall verursachten.

Genauso wenig wie – wenn es denn stimmt – unsere Gedanken frei sind, entscheiden wir in keinem *aktuellen Moment* jeweils frei, aufmerksam oder unaufmerksam für Sinneswahrnehmungen zu sein. Unser aktueller Wachheitszustand, die Stärke anderer, konkurrierender Sinneswahrnehmungen (zum Beispiel eines Knalls), sich möglicherweise plötzlich meldende Bedürfnisse, die Stärke unserer jeweiligen aktuellen Gedankenkette, der Aufmerksamkeitswert des zu beachtenden Signals und natürlich die Intensität unserer (historischen) Vorprogrammierung auf die Wahrnehmung dieses Signals entscheiden darüber, ob eine bestimmte sinnliche Erfassung durch unsere Sinnesorgane zur bewussten Wahrnehmung (in unserem Beispiel der aktuellen Vorfahrtsbedingungen) wird. Um ein Extrembeispiel zu nennen: Wer über mehrere Stunden sein Gehirn dahingehend trainiert bzw. »programmiert«, einem Vorfahrtsschild die ihm gebührende Aufmerksamkeit zukommen zu lassen, dürfte bei der anschließenden Fahrt kaum ein Vorfahrtsschild übersehen können. Aber kann man einem Menschen deswegen Schuld oder Verantwortlichkeit zuweisen, weil er sich nicht »ausreichend« (?) vorprogrammiert hat, um in allen denkbaren, andere Menschen gefährdenden Situationen in Bezug auf eine bestimmte Verhaltensweise ausreichend aufmerksam zu sein? Gerade bei Fahrlässigkeiten mit Selbstgefährdungspotenzial wird man dem Betroffenen tendenziell unterstellen dürfen, dass er sich subjektiv ausreichend auf Gefahrensituationen »vorprogrammiert« hat, schließlich geht es auch um sein Leben und seine Gesundheit. Natürlich kann man sich theoretisch auf jede mögliche Gefahrensituation, die Fahrlässigkeit generieren kann, stets noch besser bzw. intensiver vorprogrammieren, um die bewusste Wahrnehmung noch besser sicherzustellen. Aber wo ist dann die Grenze? Würde die quasi

»unbegrenzte« Eigenprogrammierung gegen Fahrlässigkeiten nicht unsere Lebensqualität zerstören? Natürlich! Also wird man vom Individuum nur eine »angemessene« Intensität an Vorprogrammierung erwarten können, aber genau da liegt das Problem: Wo fängt die »Angemessenheit« an, wo hört sie auf und wie könnte man – dazu noch im Nachhinein – die Intensität der tatsächlichen Eigenprogrammierung durch den Fahrlässigen feststellen? Vermutlich fallen Ihnen hierzu genauso wenig allgemeingültige Antworten ein wie mir ...

Vielleicht lässt sich zusammenfassend Folgendes festhalten: Die unbewusste Fahrlässigkeit ist mit keiner bewussten *aktuellen* Entscheidung verbunden und kann daher im Grundsatz keine Schuld oder Verantwortlichkeit – was auch immer man hierunter verstehen mag – generieren. Lediglich im weiteren Vorfeld der fahrlässigen Tat ist vorstellbar, dass der Täter sich nicht ausreichend mental auf die jeweilige Gefahrensituation eingestellt bzw. vorprogrammiert hat (durch Programmed Cuts, siehe 8.1.4). Aber wann ist eine solche Vorprogrammierung ausreichend bzw. angemessen intensiv absolviert worden? Bei Fahrlässigkeit mit Selbstgefährdungspotenzial wird man dem Täter unterstellen dürfen, dass er sich subjektiv ausreichend auf die Gefahrensituation vorbereitet hat, auch wenn er hierbei möglicherweise objektiv geirrt hat, was man ihm aber insbesondere in Anbetracht der Gefährdung auch der eigenen Person kaum anlasten kann, sondern als Fehleinschätzung interpretieren muss. Selbst wenn man also davon ausgeht, dass es eine menschliche Entscheidungsfreiheit gibt, wird man wohl konzedieren müssen, dass zumindest die unbewusste Fahrlässigkeit eine Schuld oder Verantwortlichkeit in jedwedem Sinne nicht auslösen kann, sieht man einmal von der möglicherweise gegebenen, aber kaum jemals nachweisbaren »zu geringen« Eigenprogrammierung des jeweiligen Täters (wenn man ihn denn überhaupt so bezeichnen darf) im Vorfeld der Fahrlässigkeit ab. Vor diesem Hintergrund ist sicher bemerkenswert, dass sich das Strafrecht im Spätmittelalter zu einer Sanktionierung vornehmlich von vorsätzlichen Taten hin entwickelte und tendenziell weg von der Bestrafung fahrlässiger Taten (Gmür/Roth 2011, 92).

Merkwürdigerweise findet nach meiner Recherche der Gesichtspunkt unzureichender Eigenprogrammierung im Vorfeld unbewusster Fahrlässigkeit in der Literatur praktisch nicht statt. Zwar kennt das Strafrecht das sogenannte Vorverschulden, welches jedoch nur in den Fällen greift, in welchen der Täter zum Tatzeitpunkt schuldunfähig i. S. v. § 20 StGB war, etwa wegen einer Blutalkoholkonzentration von über 3,0 Promille. Dann kann ihm angelastet werden, dass er sich in diese Rauschsituation gebracht hat. Die Grundsätze der »actio in libera causa« greifen jedoch bei einem *Verzicht* auf *aktive tatverhindernde* Maßnahmen nicht. Dies ist insofern erstaunlich, als dass die Überlegungen zum Vorverschulden auch Überlegungen zur Eigenprogrammierung im Vorfeld der unbewussten Fahrlässigkeit eigentlich nahelegen. Nachdem durch die Presse etliche Fälle bekannt wurden, in welchen Radfahrer durch abbiegende LKW ums Leben kamen, wäre beispielsweise von jedem LKW-Fahrer zu erwarten, dass er sich auf die besondere Vorsicht beim Abbiegen in Bezug auf möglicherweise zu übersehende Radfahrer »vorprogrammiert«.

10.4.3.1 Strafbarkeitskriterien der Fahrlässigkeit

Auch wenn es unterschiedliche Abstufungen der Fahrlässigkeit gibt (siehe hierzu 10.4.2), liegt diese – einfach gesagt – vor, wenn die Tat nicht absichtlich oder zumindest nicht »gänzlich« absichtlich begangen wird. Dabei verläuft die Grenze zwischen Vorsatz und Fahrlässigkeit – wie oben dargelegt – durchaus fließend.

Da wir uns hier mit der menschlichen Entscheidung u. a. im Zusammenhang mit Schuld und Verantwortlichkeit befassen, drängt sich im Hinblick auf die »reine«, also »unbewusste« Fahrlässigkeit geradezu die Frage auf, wie denn eine unabsichtliche und damit nicht entschiedene Tat in irgendeinem Sinne Schuld bzw. Verantwortlichkeit auslösen kann. Egal wie man Schuld versteht, setzt sie nicht immer eine bewusste Entscheidung voraus? Wie kann dann ein sich selbst so bezeichnendes Schuldstrafrecht eine nicht auf bewusster Entscheidung basierende und damit nicht schuldhafte Tat unter Strafe stellen?

Nicht nur geht der unbewussten Fahrlässigkeit keine zu bestrafende Tatentscheidung voraus. Da es kein Menschenleben ohne Unaufmerksamkeiten gibt, sind solche offenbar immer wieder unvermeidbar. Und Unvermeidbares kann nicht strafbar sein.

Ja, obwohl der Gesetzgeber des Schuldstrafrechts vorgeblich dem Grundsatz »keine Strafe ohne Schuld« folgt, straft er im Falle der unbewussten Fahrlässigkeit ganz offensichtlich auch ohne Schuld. Natürlich hat das seinen ganz *praktischen* Grund, der darin liegt, dass ohne Bestrafung fahrlässiger Taten sich viele Menschen »gehen lassen« und keine Aufmerksamkeit mehr zur Vermeidung einer Beeinträchtigung oder Verletzung anderer aufbringen würden. Aber warum kommuniziert das Rechtssystem auch für diesen Fall nicht, dass es offenbar Strafe auch ohne Schuld geben muss? Die Antwort bleibt die gleiche: Damit wäre das gesamte schuldstrafrechtliche System infrage gestellt und daran kann den systemimmanent Mitwirkenden verständlicherweise (und das meine ich wirklich so) nicht gelegen sein. Wer ist schon bereit, die Basis dessen, was er sein ganzes bisheriges Berufsleben lang getan hat, über Bord zu werfen? Aber irgendwann wird es einer tun müssen, wenn das widersinnige Schuldstrafrecht ein Ende haben soll.

In Deutschland ist aus zunächst nicht offensichtlichen Differenzierungsgründen Fahrlässigkeit nur strafbar, wenn »das Gesetz fahrlässiges Handeln ausdrücklich mit Strafe bedroht« (§ 15 StGB). So ist beispielsweise fahrlässige Sachbeschädigung im Allgemeinen nicht strafbar, § 303 StGB (Ausnahmen finden sich u.a. in den §§ 317 Abs. 3, 318 Abs. 6, 319 Abs. 4 StGB), wohl aber fahrlässige Trunkenheit im Straßenverkehr, § 316 StGB (auch wenn niemand zu Schaden gekommen ist, es also keinen »Taterfolg« gab). Hier dürfen wir feststellen, dass es bei der Fahrlässigkeit des herrschenden deutschen Strafrechts offenbar ein Unterscheidungskriterium geben muss, welches die Strafbarkeit bzw. Nichtstrafbarkeit von fahrlässigem Handeln zur Folge hat. Aber um welches Kriterium handelt es sich hierbei? Rechtsphilosophische Literatur und Kommentare schweigen sich hierzu geflissentlich aus. Selbst im führenden Strafrechtskommentar von Fischer (Fischer 2021, § 15) findet sich zu Gründen der selektiven Strafbarkeit bzw. Nichtstrafbarkeit von fahrlässigen Taten nicht die geringste Erläuterung bzw. Erklärung. Auch sonst habe ich in der Literatur keine Begründung für die gesetzliche Differenzierung finden können (was nicht bedeuten muss, dass es sie nicht gibt).

Man wird aber annehmen dürfen, dass die potenzielle voraussichtliche Schwere der möglichen *Tatfolgen* das ausschlaggebende Kriterium für den Gesetzgeber war, eine fahrlässige Tat mit Strafe zu belegen oder eben nicht. Dies wird z.B. indiziert durch die Strafbarkeit von Fahrlässigkeiten mit potenziell schweren Folgen, etwa bei der fahrlässigen Brandstiftung (§ 306d StGB), bei der sogenannten Baugefährdung (§ 319 Abs. 3,4 StGB) oder dem gefährlichen Eingriff in den Straßenverkehr (§ 315c Abs. 3 StGB). Aber warum hat der Gesetzgeber auf die Strafbarkeit von Fahrlässigkeiten mit tendenziell weniger schweren Folgen, etwa der fahrlässigen Sachbeschädigung, verzichtet? Wollte er sich möglicherweise »großzügig« zeigen? Das ist bei einer stringenten Gesetzgebung wie der deutschen wohl eher nicht anzunehmen. Oder hat er vielleicht – ohne eine systematische Aufarbeitung – bereits geahnt, dass eine von zufälligen Folgen (siehe nächstes Kapitel) abhängige Bestrafung, welche zudem nicht auf einer Tat*entscheidung* beruht, wohl nur schwer zu rechtfertigen ist? Oder war die Bestrafung fahrlässig begangener Taten möglicherweise nur eine Konzession an das »Sühnebedürfnis« der Bevölkerung, etwa wenn ein Mensch durch fahrlässiges Verhalten eines anderen im Straßenverkehr zu Tode kommt?

10.4.3.2 Fahrlässigkeit und Taterfolg

Interessant, aber rechtstheoretisch kaum behandelt, ist auch die Tatsache, dass die Straftatbestände der Fahrlässigkeit teilweise einen »Taterfolg« voraussetzen, teilweise aber auch bereits allein die Gefährdung für eine Strafbarkeit ausreichen lassen. So ist gemäß § 315c StGB bereits die Gefährdung des Straßenverkehrs strafbar, ohne dass es darauf ankommt, ob tatsächlich eine Sachbeschädigung eingetreten oder gar ein Mensch zu Schaden gekommen ist. Dagegen ist z.B. gem. § 229 StGB die fahrlässig verursachte »erfolgreiche« Körperverletzung einer anderen Person strafbar, nicht aber bereits allgemein die reine Gefährdung von Leben oder Gesundheit einer anderen Person. Dies ist schwer nachvollziehbar. Die Gefährdung des Straßenverkehrs, die im günstigen Falle eines »Taterfolges« lediglich eine Sachbeschädigung und nur im ungünstigen Falle die Verletzung oder Auslöschung menschlichen Lebens zur Folge hat, soll strafbar sein, während die Schaffung einer Gefahrensituation für die menschliche Gesundheit oder gar das menschliche Leben anderer nur (von Ausnahmetatbeständen abgesehen) strafbewehrt ist, wenn sie »Erfolg« hat, also tatsächlich zur Verletzung oder gar zum Auslöschen menschlichen Lebens führt? Das macht keinen Sinn, zeigt aber wieder einmal die Inkonsistenz des deutschen Strafrechts auf. Sind nicht das menschliche Leben und die menschliche Gesundheit die höchsten Rechtsgüter, die wir haben? So ist beispielsweise ausdrücklich nur die *vorsätzliche* Gefährdung von Menschen durch übertragbare Krankheiten strafbar (§ 178 StGB), nicht aber die fahrlässige. Wer also im Bus unbekümmert in die Umgebung – und nicht etwa in den Ärmel oder eine Maske – hustet, obwohl er eine schwere Infektion hat, macht sich nicht strafbar, obwohl er die Gesundheit seiner Mitmenschen stark gefährdet. Die Corona-Pandemie hat gezeigt, dass allein in Deutschland jährlich Millionen von Infektionskrankheiten durch Lufthygiene (in diesem Falle durch Nutzung einer Mund-Nase-Bedeckung) verhindert werden können. Die üblichen jährlichen »Erkältungswellen« sind praktisch komplett ausgeblieben, was übrigens neben dem verhinderten menschlichen Leid insoweit auch zur deutlichen Reduzierung des Krankenstandes führte. Wären Menschen mit Krankheitssymptomen – insbesondere Erkältungssymptomen – gesetzlich gezwungen, in der Öffentlichkeit eine Mund-Nase-Bedeckung zu tragen, könnte dieser wunderbare Zustand in die Zukunft getragen werden.

In Anbetracht der hohen Rechtswertigkeit menschlicher Gesundheit und menschlichen Lebens macht es aus präventiver Sicht keinen

Sinn, deren Gefährdung durch Fahrlässigkeit nur in ganz bestimmten Fällen (z.B. Gefährdung des Straßenverkehrs, § 315 c StGB, Baugefährdung gemäß § 319 Abs. 3 und 4 StGB oder Herbeiführung einer Brandgefahr gem. § 306f StGB) unter Strafe zu stellen. Schließlich ist jede Gefährdung menschlicher Gesundheit und menschlichen Lebens ein erhebliches rechtliches Ungut, egal durch welche Fahrlässigkeit es realisiert wird. Vor diesem Hintergrund sind rechtspolitische Bestrebungen, leichte und mittlere Fahrlässigkeit ohne schwere Folgen aus der Strafbarkeit nach § 229 StGB (fahrlässige Körperverletzung) herauszunehmen, schwer nachvollziehbar.

Es stellt sich in diesem Zusammenhang die Frage, weshalb der Gesetzgeber dennoch so selektiv bzw. kasuistisch vorgegangen ist und nur einige bestimmte fahrlässige Gefährdungen menschlichen Lebens und menschlicher Gesundheit unter Strafe gestellt hat. Meine Vermutung geht dahin, dass der Gesetzgeber zumindest intuitiv erkannte, dass jedenfalls unbewusste Fahrlässigkeit möglicherweise auch jenseits der Diskussion um die menschliche Entscheidungsfreiheit keine – wie auch immer verstandene – Schuld generieren kann (siehe oben) und schon gar keine *nachweisbare* Schuld. Andererseits wollte er durch Strafbewehrung bestimmter Fahrlässigkeiten verhindern, dass die Menschen mangels Strafbarkeit keinerlei Sorgfalt mehr zur Verhinderung fahrlässiger Taten walten lassen. Da ist sie wieder, die Strafnotwendigkeit auch ohne Entscheidungsfreiheit und/ oder Schuld – ebenso schwer kommunizierbar wie unverzichtbar ...

Soweit die gesetzlichen Fahrlässigkeitstatbestände einen »Taterfolg« voraussetzen, stellen sie im Übrigen evidentes Unrecht im Sinne einer Ungleichbehandlung dar, welches nach meinen Recherchen in der strafrechtlichen Literatur praktisch nicht thematisiert wird:

Wer im Straßenverkehr fahrlässig eine Vorfahrtsberechtigung (eines anderen Verkehrsteilnehmers) *folgenlos* ignoriert, wird gemäß § 315 c Abs. 3 StGB mit einer Freiheitsstrafe bis zu zwei Jahren oder mit einer Geldstrafe, in der Praxis in aller Regel aber nur mit der Verhängung eines Bußgeldes bestraft. Bleibt das fahrlässige Ignorieren der Vorfahrtsberechtigung dagegen nicht folgenlos und kommt es deswegen zu einem schweren Unfall mit Todesfolge, so wird dies gemäß § 222 StGB »mit Freiheitsstrafe bis zu fünf Jahren oder mit Geldstrafe bestraft«. Für diese Differenzierung gibt es keinerlei rechtstheoretisch plausible Rechtfertigung. Denn schließlich entscheidet allein der Zufall darüber, ob das versehentliche Ignorieren der Vorfahrtsberechtigung folgenlos bleibt oder nicht. Kommt zufällig gerade ein Fahrzeug aus der vorfahrtsberechtigten Straße, kann die fahrlässige Körperverletzung oder gar Tötung mit entsprechender Strafe die Folge sein, kommt zufällig kein Fahrzeug aus der vorfahrtsberechtigten Straße, fällt die Strafe nach dem Gesetz deutlich geringer aus, sofern eine Ahndung überhaupt erfolgt. Dabei hat der fahrlässige Täter doch in beiden Fällen dasselbe getan: Er hat versehentlich die Vorfahrt ignoriert. Gleiches muss doch nach dem berühmten Art. 3 des Grundgesetzes auch gleichbehandelt werden. Die Tatfolgen sind zwar in den beiden Fällen unterschiedlich, aber doch nur rein zufällig! Es muss also konstatiert werden, dass das gesetzliche Strafmaß bei an den Taterfolg anknüpfenden Fahrlässigkeitstatbeständen vom Zufall abhängt. Und dass ein zufälliges Strafmaß dem Grundgesetz widerspricht, bedarf keiner weiteren Erläuterung …

Nicht nur dies ist höchst erstaunlich, sondern auch die Tatsache, dass dieser gesetzliche Verfassungsbruch in der Literatur meines Wissens nicht thematisiert wird. Dabei wollen wir einmal offenlassen, ob das offensichtliche Problem einfach nicht erkannt wurde, oder ob man es bewusst tabuisiert. Letzteres würde wohl einer Verschwörungstheorie entsprechen, weshalb ich es für höchst unwahrscheinlich halte. Schließlich findet sich immer einer, der aus der vermeintlichen geschlossenen Gemeinschaft ausbricht. Zumindest intuitiv hat der Gesetzgeber aber *im Ergebnis* vielleicht nicht ganz falsch gehandelt: Würde man den »erfolgreichen« fahrlässigen Täter genauso behandeln wie den »erfolglosen«, so wäre die zufällige fahrlässige Tötung nur noch mit geringer Strafe bewehrt. Dies könnte (und würde vermutlich) Menschen dazu verleiten, deutlich weniger Sorgfalt, z. B. im Straßenverkehr, aufzubringen. Umgekehrt könnte man den »erfolglosen« fahrlässigen Täter auch nicht wie den »erfolgreichen« behandeln, denn dann müsste man ständig große Teile der Bevölkerung mit hohen Strafen belegen. Würde man alle »erfolglosen« Fahrlässigkeiten allein schon im Straßenverkehr tatsächlich bestrafen wollen, wäre man schon rein quantitativ vor unlösbare Aufgaben gestellt. Vor diesem Hintergrund stellt sich ein dem Zufall des »Taterfolges« überlassenes »Bestrafungsrisiko« als unter Praktikabilitätsgesichtspunkten vergleichsweise zweckmäßige Lösung heraus. Denn zur Meidung des Risikos einer hohen Strafe bei »Taterfolg« verhalten sich die Menschen tendenziell aufmerksam bzw. sorgfältig. Nur: Mit Gerechtigkeit in irgendeinem Sinne hat dies natürlich nichts zu tun. Es ist nur praktisch, aber zugleich sehr »ungerecht«. Doch ist diese Ungerechtigkeit für die Gesellschaft vermutlich die beste Lösung. Denn die »gerechten« Alternativen wären – wie aufgezeigt – schlichtweg nicht praktikabel bzw. für die Gesellschaft insgesamt mit großen Nachteilen verbunden. Hören wir – nicht nur aus diesem Grunde – auf, den Menschen vorzugaukeln, unser Rechtssystem könne »gerecht« sein. Im besten Falle kann es »praktikabel« und für die Gesellschaft nutzbringend sein. Auch allein die Möglichkeit (wenn nicht Wahrscheinlichkeit), dass es eine freie menschliche Entscheidung nicht gibt, stellt die »Gerechtigkeit« jeglicher Strafe bereits infrage. Aber vermutlich wird es ein langer Weg sein, bis man einer Gesellschaft kommunizieren kann, dass es eine strafrechtliche »Gerechtigkeit« nicht gibt und nicht geben kann.

Für das erhöhte Strafmaß bei Fahrlässigkeit mit zufälligem »Taterfolg« trotz Verfassungswidrigkeit solcher Differenzierung gibt es aber schließlich noch eine weitere mögliche Begründung. Es ist das »Sühnebedürfnis« des Tatopfers, gegebenenfalls seiner Angehörigen und möglicherweise auch der Öffentlichkeit. Ist bei der fahrlässigen Tat »nichts passiert«, so gibt es in aller Regel auch keine vergeltungsorientierten Störgefühle, die durch eine Bestrafung des Täters zu bedienen wären. Schließlich »macht jeder mal Fehler«. Ist durch die fahrlässige Tat ein Mensch getötet oder verletzt worden oder ist erheblicher Sachschaden durch die Tat entstanden, wird regelmäßig der Ruf nach Vergeltung laut, der allerdings durch Begriffe wie »gerechte

Bestrafung« u.ä. verbrämt wird. Tatsächlich aber handelt es sich regelmäßig um ein Bedürfnis nach Rache, Sühne, Vergeltung o.Ä. ... Warum sonst wünschen sich Angehörige von Todesopfern – auch unbewusst fahrlässiger Taten – die Bestrafung der Täter, treten als Nebenkläger auf und erklären, nur durch eine »gerechte« Bestrafung der Täter wieder »Ruhe finden« zu können? Man denke z.B. an die letztendlich »ungesühnten« Fahrlässigkeiten, welche zum Unglück bei der Duisburger Loveparade 2010 mit zahlreichen Todesopfern geführt haben. Da eine Bestrafung der Verantwortlichen offenbar nicht der Wiederbelebung der getöteten Opfer gelten konnte und sich die Hinterbliebenen auch an Fragen der Prävention eher uninteressiert zeigten, ging es ihnen vornehmlich ganz offenbar um eine »Gerechtigkeit« im Sinne von Vergeltung & Co., wie sie ja bereits dem Schuldstrafrecht zugrunde liegt.

Die Frage, ob die Befriedigung eines Bedürfnisses nach Vergeltung im Strafrecht eine Rolle spielen darf bzw. soll, ist – wie bereits angesprochen – letztlich eine politisch zu entscheidende. Im Hinblick auf die Tatsache, dass die menschliche Entscheidungsfreiheit zumindest äußerst zweifelhaft ist und zudem wenigstens der unbewussten Fahrlässigkeit nicht einmal eine Entscheidung zugrunde liegt (die dann im doch gegebenen Falle auch möglicherweise noch unfrei wäre), spricht wohl vieles dafür, solchen Vergeltungsbedürfnissen für die Bestrafung und im gegebenen Falle für das Strafmaß keine Bedeutung einzuräumen, sondern stattdessen die Bevölkerung über die Problembereiche der Entscheidungsfreiheit, der Fahrlässigkeit sowie der Vergeltung aufzuklären. Und generell: Je mehr die Vergeltung aus den Köpfen der Menschen verbannt wird, umso mehr dürfte die Bereitschaft für strittige Auseinandersetzungen im Allgemeinen schwinden. Natürlich bedeutet ein Plädoyer für den Verzicht auf vergeltungsbedingte Strafe nicht, dass auf die Bestrafung fahrlässiger Taten generell verzichtet werden könnte. Solcher Verzicht wäre gleichbedeutend mit dem Verzicht auf Prävention bei Fahrlässigkeiten. Den kann sich keine Gesellschaft leisten. Wenn sich mangels Strafandrohung viele nicht mehr genötigt sähen, im täglichen Umgang die erforderliche Sorgfalt und

Umsichtigkeit walten zu lassen, würde zweifellos die Zahl der fahrlässigkeitsbedingten »Unglücksfälle« stark ansteigen. Daran ändert auch die Tatsache nichts, dass zumindest eine Vielzahl von Fahrlässigkeiten Schuld oder Verantwortlichkeit im allgemein verstandenen Sinne nicht auszulösen vermögen. Und ein weiterer, bereits eingangs des Buches angesprochener Aspekt: Wer kann schon für sich in Anspruch nehmen, in jedem Moment seines Lebens »voll aufmerksam« zu sein? Das kann wohl niemand, was wiederum den Rückschluss zulässt, dass eine gewisse Menge bzw. Anzahl an Fahrlässigkeiten im Leben eines Menschen schlichtweg »unvermeidbar« ist, was erst recht in einer komplexen Welt wie der heutigen gilt. Jeden Tag gibt es im Leben eines jeden Menschen zahlreiche Geschehnisse, die ohne Wollen und Zutun der betreffenden Person deren Aufmerksamkeit auf sich ziehen – und damit von anderen, möglicherweise relevanteren Vorgängen ablenken. Nur: Welche der durch Unaufmerksamkeit bedingten Fahrlässigkeiten im Leben eines Menschen sind bzw. waren (un-)vermeidbar und wer wollte das im Nachhinein beurteilen? Einige Richter würden vermutlich wieder einmal dazu neigen, hierfür im Einzelfall einen »Sachverständigen« zurate zu ziehen, der natürlich mangels Einblicks in das Gehirn des Täters zu einer solchen, zudem retrospektiven Beurteilungen ebenso wenig in der Lage ist wie der Richter selbst.

Es bleibt dabei: Auch wenn die unbewusste Fahrlässigkeit aus den genannten Gründen zumindest in der Regel nicht in irgendeiner Weise »schuldhaft« und schon gar nicht diesbezüglich nachweisbar ist, kann sie zumindest im »Erfolgsfalle« nicht straflos bleiben, wenn allgemeiner Achtlosigkeit nicht Vorschub geleistet werden soll. Dies gilt selbst für den Fall, dass es eine Entscheidungsfreiheit nicht gibt. Strafe ohne »Schuld« ist zwar höchst unbefriedigend und sicher auch im allgemein verstandenen Sinne »ungerecht«, aber das Leben ist eben kein Wunschkonzert …

Eine andere Frage ist, ob solche Zusammenhänge *allen* Mitgliedern einer Gesellschaft, unabhängig von deren jeweiliger Intelligenz und geistiger Flexibilität aktuell erfolgreich kommuniziert werden könnten. Daran mögen Zweifel angebracht sein. Wollen wir also in unseren dümmlichen Kategorien von »Gut« und »Böse« verharren? Müssen wir vielleicht warten, bis die sukzessive Wandlung des Menschen auf dem Weg vom durch Emotionen beherrschten »Tier« zum »geistigen Wesen« weiter fortgeschritten ist?

Ach ja, ich bin Ihnen noch etwas schuldig geblieben. Erinnern Sie sich an den im Kapitel 2 dargelegten Fall, in welchem es um einen Autofahrer ging, der einen unvermittelt zwischen parkenden Autos hervortretenden Passanten tödlich verletzte (bitte gegebenenfalls noch mal nachlesen, damit wir hier Papier sparen können ...)? Die Frage, ob der Autofahrer für den Tod des Passanten verantwortlich sein könne, weil er den Passanten durch die überhöhte Geschwindigkeit »vorzeitig« erfasste, der Passant allerdings auch bei einer Kollision mit vorschriftsmäßiger Geschwindigkeit nicht überlebt hätte, lässt sich mit der widersinnigen Anknüpfung von »Schuld« an den »Taterfolg« auflösen: Da letzterer in beiden Fällen aus Sicht des Fahrers *zufällig* eintritt oder eben auch nicht, kann er für eine wie auch immer verstandene Schuld keine Rolle spielen. Wenn es denn Schuld geben würde/sollte, kann sie jedenfalls nicht vom Zufall des Taterfolges abhängen. Mit anderen Worten: Unser Fahrer könnte unter Schuldgesichtspunkten nur für eine überhöhte Geschwindigkeit bestraft werden, da der »Erfolg« der Kollision mit dem Fußgänger vom Zufall abhängig ist. Dass das deutsche Strafrecht den zufälligen »Erfolg« mit einer erhöhten Strafe ausstattet, ist einer seiner systematischen Fehler. Andererseits hat das Zufallsrisiko durchaus eine zusätzliche präventive Wirkung. Insofern ist es zwar sinnvoll, aber auch ungerecht ...

10.4.4 Die Exkulpationsgründe des Schuldstrafrechts

Ähnlich den strafrechtlichen Bestimmungen anderer westlicher Demokratien sieht das deutsche Strafrecht bestimmte exkulpierende Tatbestandsmerkmale vor, bei deren Vorliegen keine »Schuld« bzw.

Schuldfähigkeit und in der Folge keine Strafbarkeit gegeben sein soll. Damit will der Gesetzgeber im Übrigen auch die bei Normverletzung ansonsten generell unterstellte »Schuld« definiert sehen. Der deutsche Gesetzgeber geht also davon aus, dass jeder Normverstoß schuldhaft ist, es sei denn, es liegt einer der von ihm benannten Exkulpationsgründe vor. Eine abstrakte Definition der Schuld hingegen bleibt er schuldig.

Im Kern der exkulpierenden bzw. »schuldbefreienden« Vorschriften steht § 20 StGB:

»Ohne Schuld handelt, wer bei Begehung der Tat wegen einer krankhaften seelischen Störung, wegen einer tiefgreifenden Bewusstseinsstörung oder wegen einer Intelligenzminderung oder einer schweren anderen seelischen Störung unfähig ist, das Unrecht der Tat einzusehen oder nach dieser Einsicht zu handeln.«

10.4.4.1 Die krankhafte bzw. schwere seelische Störung

Eingangsvoraussetzung für die Schuldunfähigkeit gemäß § 20 StGB sind bestimmte mentale Störungen, die im Gesetzestext als schwere krankhafte bzw. seelische Störungen zusammengefasst werden, wobei – darin ist die Literatur sich einig – letztlich psychische Störungen gemeint sind. Bei genauerer Betrachtung ist die Frage, ob bzw. wann die Entscheidung eines Täters durch eine krankhafte/schwere seelische Störung derart fehlgeleitet ist, dass er das Unrecht der Tat nicht einsehen bzw. nicht nach dieser Einsicht handeln kann (gesetzliche Voraussetzungen für die Schuldunfähigkeit), schlichtweg ebenso unlösbar wie sinnlos:

- Zunächst stellt sich die bereits angesprochene Frage, weshalb nur derjenige, der *aufgrund einer schweren seelischen Störung* unfähig ist, das Unrecht der Tat einzusehen oder nach dieser Einsicht zu handeln, »ohne Schuld« sein soll. Abgesehen von der generellen Zweifelhaftigkeit des Schuldbegriffs kann – wie oben bereits angesprochen – jemand, der unfähig ist, das Unrecht der Tat einzusehen und/oder nach dieser Einsicht zu handeln, nach allen Verständnisarten von »Schuld« nicht schuldig sein, und zwar völlig unabhängig davon, ob diese Unfähigkeit durch eine schwere seelische Störung oder durch etwas anderes bedingt ist. Bereits in Kapitel 10.4.1 haben wir die (vermuteten) Gründe dafür angesprochen, weshalb das Rechtssystem für die Schuldunfähigkeit dennoch auf die krankhafte bzw. schwere seelische Störung abstellt.

– Was ist eine krankhafte bzw. schwere seelische bzw. psychische Störung? Der Gesetzgeber weicht dieser Frage aus, indem er beispielhaft die »krankhafte« seelische Störung, die »tiefgreifende Bewusstseinsstörung« oder die »Intelligenzminderung« benennt, was allerdings wenig hilfreich ist, da nach dem Gesetzestext auch »schwere *andere* seelische Störungen« Schuldunfähigkeit zur Folge haben. Offenbar soll die Beantwortung der Frage letztlich den Psychoexperten überlassen bleiben. Die Frage aber, ab welcher Stärke eine bestimmte mentale Befindlichkeit als »seelische Störung« zu werten ist, bleibt letztlich ebenso ungeklärt wie die, ab welcher Stärke eine seelische Störung als »schwer« einzustufen ist.

Man muss kein Philosoph und kein Psychologe sein, um zu wissen, dass vermutlich kein einziger Mensch auf dieser Erde komplett frei von (seelischen =) psychischen Störungen ist, wie auch immer man diese definiert. Und ab wann diese schwer bzw. krankhaft sind, dafür gibt es kein Regelmaß. Was sollte denn auch der Maßstab sein? Also kommt es in der Praxis letztlich immer auf das subjektive *Empfinden* des jeweiligen Gutachters an und folglich gelangen regelmäßig auch verschiedene Gutachter zu verschiedenen Ergebnissen, nicht selten in Abhängigkeit von den vermuteten Wünschen des das Gutachten in Auftrag gebenden Finanziers.

Die Psychologie zählt zu den seelischen Störungen beispielsweise neurotische Störungen, sexuelle Verhaltensabweichungen oder die mentalen Folgen chronischen Substanzmissbrauchs. Nach Bolton (2008, 6) ist eine psychische bzw. seelische Störung ein Muster des Erlebens und Verhaltens, das persönlichen Leidensdruck oder eine eingeschränkte Alltagsbewältigung verursacht. Insbesondere auf der Basis des Leidensdrucks ist die jeweilige Störung kaum objektiv nachweisbar. Dies gilt erst recht für die schwere seelische Störung mit einem demzufolge schweren Leidensdruck. Mit einem Wort: Es fehlt wiederum an einem objektiv erfassbaren Kriterium. Dass Krankheit und Leiden in Verbindung miteinander gebracht werden, ist ebenso logisch wie banal, aber für die hier interessierende Abgrenzungsfrage nicht hilfreich.

Demzufolge verwundert es nicht, dass die in dieser Frage ohnehin kasuistische Literatur hinsichtlich mancher mentaler Befindlichkeiten uneins ist, ob diese den psychischen Störungen zuzurechnen sind. Dies gilt beispielsweise für die bisher »offiziell« nicht den seelischen Störungen zugerechnete sogenannte Empathie-Defizit-Störung. Schauen wir uns hierzu den Attentäter an, der im Jahr 1995 mit seinem Bombenanschlag auf das Murrah Federal Building in Oklahoma 168 Menschen umgebracht hat, zu denen er in keinerlei (positiver oder negativer) Beziehung stand. Dass dieser Attentäter eine solche Anzahl ihm unbekannter Menschen umbringen konnte, dürfte mehr als eindeutiges Indiz dafür sein, dass er mit praktisch keinerlei Empathie ausgestattet war. Mancher Psychiater oder Neurologe würde wohl sagen, ihm fehlten die sogenannten Spiegelneuronen. Dass Empathie ein Gefühl ist, das man sich nicht aussuchen kann, haben wir hinreichend thematisiert. Ist dann aber ein solcher Mangel an Empathie nicht mindestens ebenso schwerwiegend und krankhaft wie beispielsweise der Verlust des Gehörs? Wenn ein derartiges Defizit an Empathie, welches jemanden 168 wildfremde Menschen umbringen lässt, keine schwere seelische Störung sein soll, was dann sonst? Und muss nicht generell jeder, der eine Vielzahl wildfremder Menschen »grundlos« umbringen kann, unter einer wie auch immer definierten schweren seelischen Störung leiden? Bei distanzierter Betrachtung wäre der Attentäter von Oklahoma also schuldunfähig im Sinne unserer Gesetze. Was also ist der Begriff der »schweren seelischen Störung« tatsächlich wert? Ab welchem Grad mentaler Beeinträchtigung haben wir es mit einer seelischen Störung zu tun? Wo ist die Messlatte für deren Schwere? Und wo bleibt der rechtstheoretische Unterbau in Bezug auf die Schuldunfähigkeit?

Nebenbei bemerkt: Rechtfertigt ein derartiges Defizit an Empathie nicht geradezu große Empathie unsererseits mit einem solchen Menschen? Klar, dass uns diese Frage befremdlich anmutet. Aber warum soll Empathie hier nicht genauso angebracht sein, wie bei einem Menschen ohne Gehör oder mit fehlenden Gliedmaßen? Ganz offenbar verhält es sich so, dass wir Empathie tendenziell nur für Menschen empfinden, mit denen wir uns identifizieren können. Das ist für die meisten von uns bei einem Massenmörder nicht der Fall, wohl aber bei einem körperlich beeinträchtigten Menschen. Nur: Ist es richtig, dass wir uns selbst zum Maßstab der Dinge erheben? Beim mental behinderten Massenmörder schießt uns direkt in den Sinn, dass auch wir selbst dessen Opfer sein könnten, was bei uns – verständlicherweise – Aversion auslöst. Wir sehen uns zu jeglicher Identifikation mit ihm außerstande, schließlich gehören wir selbst ja zu den »Guten« und nicht zu den Mördern. Beim körperlich Behinderten sehen wir uns dagegen nicht als dessen potenzielles Opfer und empfinden tendenziell eher Mitleid. Die Identifikation mit ihm fällt uns leicht, schließlich wissen wir, dass wir jederzeit durch einen entsprechenden Unglücksfall selbst eine körperliche Behinderung erleiden können. Unsere ich-bezogenen Emotionen blockieren uns offenbar bei dem Verständnis, dass die mentale Beeinträchtigung ebenso ungewollt und bemitleidenswert ist wie die körperliche. Wir blenden schlicht aus, dass die Voraussetzungen, die einen Menschen zu einem Massenmörder werden lassen, bereits für diesen absolut grausam sein müssen. Nicht weniger grausam sind die Folgen, mit denen ein solcher Mensch aufgrund seiner Tat(en) leben muss (wenn er sich denn nicht gleich auch selbst umbringt). Das hat nichts mit »Verständnis« im herkömmlich verstandenen Sinne des »Einfühlens« zu tun, wohl aber mit »Verstehen«.

- Die schwere seelische Störung kann als Ausschlussgrund für die Schuld nur dann einen Sinn haben, wenn sie kausal für die Tat war. Es bedarf aber keiner besonderen Fantasie, sich vorzustellen, dass auch eine nur *leichte* seelische Störung kausal für eine Tat in dem Sinne sein kann, dass ohne diese die Tat nicht begangen worden wäre, sie quasi das »i-Tüpfelchen« war, welches zur Begehung der Tat geführt hat. Dann aber macht es rechtstheoretisch überhaupt keinen Sinn, für den Schuldausschluss nur auf eine krankhafte *schwere* seelische Störung abzustellen. Bitte beachten Sie, dass wir an dieser Stelle lediglich analytische Betrachtungen anstellen, die sorgsam von den aus diesen möglicherweise zu ziehenden Konsequenzen zu trennen sind ...
- Wir haben es bereits mehrfach angesprochen: *Retrospektiv* ist der mentale Zustand des Täters zum Tatzeitpunkt – und nur auf diesen kommt es auch laut Rechtsprechung (siehe z. B. BGH 14, 114) an – in den allermeisten Fällen gar nicht mehr feststellbar.
- Hinzu tritt der Gesichtspunkt, dass die Schwere etlicher Geisteskrankheiten in Wellenform verläuft. Das wird jeder bestätigen können, der z. B. mit dementen, an Alzheimer erkrankten oder schizophrenen Menschen zu tun hatte. Sie haben durchaus »lichte« Momente oder gar länger andauernde »lichte« Phasen. Das erschwert die Beurteilung rückwirkend zum Tatzeitpunkt zusätzlich, wenn es sie nicht gar ebenfalls unmöglich macht.
- Offensichtlich hat der Gesetzgeber die schwere seelische Störung zum Kriterium des Schuldausschlusses erhoben, weil der Täter für diese nicht verantwortlich sein kann. Wie verhält es sich dann aber mit den anderen ebenfalls nicht selbstverschuldeten Eigenschaften eines Täters, aufgrund derer er unfähig ist,

das Unrecht der Tat einzusehen und/oder nach dieser Einsicht zu handeln? Was ist mit dem Mörder, der aus genetischen oder erziehungsbedingten Gründen keine Empathie empfinden kann oder an Selbstüberschätzung »leidet« (was bekanntlich nicht nur bei »seelisch Kranken« vorkommt)? Wenn er das Risiko der Tatentdeckung und Bestrafung – bedingt durch die Selbstüberschätzung – nur gering genug einschätzt und mit seinem Opfer kein Mitleid empfindet, wird er die Tat z. B. um eines ausreichend großen Vermögensvorteils willen begehen, weil ihm der Nutzen der diesbezüglichen Entscheidung größer erscheint als das aus gering eingeschätztem Bestrafungsrisiko und Überwindung der Empathie (falls denn vorhanden) bestehende Nutzenopfer. Dies gilt jedenfalls dann, wenn ihm keine Entscheidungsalternative mit einem voraussichtlich größeren Nettonutzen zur Verfügung steht. Auch dieser Täter ist ebenso wenig wie derjenige mit schwerer seelischer Störung für seine Empathielosigkeit und seine »dummheitsbedingte« Selbstüberschätzung verantwortlich. Unter Verantwortlichkeitsgesichtspunkten macht es daher genauso wenig Sinn, diesen Täter als schuldig zu behandeln wie den, der seine Tatentscheidung im Zustand schwerer oder krankhafter seelischer Gestörtheit getroffen hat.

- Die in § 20 StGB beispielhaft für eine schwere seelische Störung genannte »Intelligenzminderung« wirft zusätzliche Fragen auf. Gemessen woran muss die Intelligenz »gemindert« sein? Soll es als Vergleichsmaßstab auf die »normale« Intelligenz ankommen und wenn ja, mit welcher Begründung? Die rechtsphilosophische Literatur lässt uns hier mit theoretischen Überlegungen ziemlich allein und geht in ihrer Hilflosigkeit als Faustformel für die Annahme von Schuldunfähigkeit von einem IQ von unter 50 aus. Das ist natürlich komplett »aus der Hüfte geschossen« und lässt jeden theoretischen Unterbau vermissen. Zudem trägt es der Tatsache nicht Rechnung, dass Intelligenz aus vielen Teilbereichen besteht, die durchaus höchst unterschiedlich ausgeprägt sein können. Auf welchen Intelligenzbereich soll es dann ausschlaggebend ankommen? Auch hier lassen uns die Rechtstheoretiker »im Regen stehen«. Ich persönlich bin davon überzeugt, dass die allgemein zu vermissende Theorietiefe im Strafrecht damit zusammenhängt, dass eine solche den Kollaps des derzeit in Deutschland herrschenden Schuldstrafrechts zur Folge hätte.

Ganz allgemein gefragt: Ist es nicht so, dass tendenziell *jede* in einem Rechtsstaat begangene schwere Straftat eine gewisse Minderung der Intelligenz zur Voraussetzung hat, die sich in der Überschätzung der eigenen Fähigkeiten und/oder der Unterschätzung der Fähigkeiten der Strafverfolgungsbehörden manifestiert? Denn schließlich richtet der Rechtsstaat seine Strafandrohungen und die Stärke seiner Strafverfolgungsbehörden so aus, dass sich Rechtsbrüche im Durchschnittsfall nicht »lohnen« sollen.

Bezüglich der erforderlichen *Schwere* der die Schuldunfähigkeit auslösenden seelischen Störung führt Fischer (2021, § 20 Rz. 42a) aus, dass entscheidend sei, »ob eine Beeinträchtigung in ihren konkreten Auswirkungen auf die intellektuellen und emotionalen Anteile der Persönlichkeit deren Motivations-, Entscheidungs- und Handlungsmöglichkeiten in einem solchen Maße einengt, dass der Täter *›bei Begehung der Tat‹* die dem Einzelnen *von Rechts wegen* abverlangte psychische Kraft zu normgemäßen Verhalten nicht oder nur eingeschränkt aufzubringen vermag (vgl. BGH 14, 30, 32)«. Ein langer und komplexer Satz, wie er nun mal bei der Darlegung komplexer Zusammenhänge gelegentlich unvermeidbar ist, wenn man nicht seitenweise neue Sätze formulieren möchte. Aber ist er auch plausibel?

Im Kern des Satzes soll es also für die Beurteilung der Schwere der seelischen Störung darauf ankommen, ob diese verursacht, dass der Täter die ihm vom Gesetzgeber »abverlangte« psychische Kraft nicht oder nur eingeschränkt aufzubringen vermag. Zunächst ist hierzu festzustellen, dass man sich seine Kraft –

egal ob die körperliche oder psychische – nicht aussuchen kann. Sie ist im Tatmoment schlichtweg zu einem bestimmten Maß gegeben. Reicht die psychische Kraft eines Menschen nicht aus, einer kriminellen Verlockung zu widerstehen, weil die Tatanreize stärker sind als die Tathemmnisse (insbesondere die zu befürchtenden, mit ihrer jeweiligen Eintrittswahrscheinlichkeit gewichteten Sanktionen), muss und wird der Proband die Tat begehen – und zwar völlig unabhängig davon, welche »psychische Kraft ihm von Rechts wegen abverlangt« wird. Um in der Terminologie Fischers zu bleiben: Es reicht seine »psychische Kraft« nicht aus, um die Tat nicht zu begehen. Warum aber sollte es dann für die strafrechtliche »Verantwortlichkeit« noch auf eine seelische Störung ankommen, wenn doch schon des Täters »psychische Kraft« nicht ausreicht, sich dem Tatdrang zu widersetzen? Und was soll in diesem Zusammenhang die Konkretisierung auf die »vom Gesetzgeber abverlangte« psychische Kraft? Wie viel psychische Kraft wird denn dem Individuum vom Gesetzgeber abverlangt? Und kann es richtig sein, dass Schuld letztlich davon abhängt, welches Maß an (Widerstands-)Kraft der Gesetzgeber seinen Bürgern jeweils *abverlangt*, zumal dieses Maß mangels existentem Maßstab nicht quantifizierbar ist und damit diffus und letztlich beliebig bleibt? Ich habe in der Literatur nichts hierzu finden können. Damit bestätigt sich leider wieder einmal, dass die Rechtsphilosophie tendenziell schöne Sätze liebt, aber leider weniger die konsequente Analytik. Und kommt es – wenn denn überhaupt – nicht auf das im Tatmoment *tatsächlich* vorhandene Maß an psychischer Kraft an, und nicht auf eines, das – dann noch unbestimmterweise – dem Individuum von irgendjemandem »abverlangt« wird? Genauso gut könnte man mich für verantwortlich erklären, dass ich nur die physische Kraft besitze, 50 kg zu stemmen, statt der mir vielleicht »abverlangten« Kraft für das Stemmen von 120 kg.

Man könnte die Kritik an Fischers obigem Zitat auch – ganz anders – wie folgt formulieren: Ob ein Mensch sich entscheidet, etwas Bestimmtes zu tun oder nicht, hängt einerseits von seiner quantitativen und qualitativen Motivierbarkeit im Hinblick auf eines oder mehrere tatrelevante Motive und andererseits von der Stärke dieser Motive ab. Unstrittig dürfte sein, dass beides im Moment der Tatentscheidung schlichtweg gegeben und vom Entscheider nicht beeinflussbar ist. Auch ist die Motivierbarkeit nicht etwas, was durch eine »von Rechts wegen abverlangte psychische Kraft« verändert oder gar verstärkt werden könnte. Da dies bei allen Menschen gleichermaßen der Fall ist, wäre insofern jeder Delinquent exkulpiert, weil er die abverlangte Kraft, sich seinem Tatverlangen zu widersetzen, offenbar nicht hatte. Das ist zwar etwas, was hier im Ergebnis hinsichtlich des Schuldbegriffs (nicht aber hinsichtlich der Strafsanktionen) vertreten wird, aber kaum etwas, was Fischer mit seinem langen Satz wirklich sagen wollte.

Nicht weniger fehl gehen in diesem Zusammenhang die Ausführungen des deutschen Bundesgerichtshofs: Es komme für die exkulpierende psychische Störung darauf an, ob der Täter »bei Aufbietung aller Widerstandskräfte« (vgl. BGH 14, 32f.; 23, 17; 6, 190) seine Entscheidung und damit sein Handeln durch »vernünftige Erwägungen« bestimmen lassen und der Neigung zur Tat widerstehen *konnte*. Auch hier wäre eine analytische Auseinandersetzung mit dem menschlichen Entscheidungsprozess sicher hilfreich gewesen.

Wenn der BGH von »Aufbietung aller Widerstandskräfte« spricht, meint er damit offenbar, dass man die Tat mit allen Kräften »nicht wollen soll«. Aber wie bereits zitiert, haben schon Einstein und Schopenhauer zutreffend festgestellt, dass »man Wollen nicht wollen kann«. Selbst wenn man es könnte, dann kann man das Wollen des Wollens usw. nicht wollen können – wir haben das oben hinreichend thematisiert.

Aus der Perspektive unserer Analyse des Entscheidungsprozesses hat der BGH offenbar gemeint, dass es darauf ankomme, »bei Aufbietung aller Widerstände« die zu erwartenden Nutzenopfer (insbesondere die im Falle der Tatentdeckung zu erwartende Strafe) im Entscheidungsprozess so stark wie möglich zu gewichten, um eine Entscheidung zur Tat zu verhindern. In seinem ureigensten Interesse gewichtet der Entscheider im Entscheidungsprozess aber stets nur nach *einer* Maxime: der subjektiven Richtigkeit im Sinne eines zu erzielenden maximalen Nutzensaldos. Denn nur wenn er Nutzen und Nutzenopfer subjektiv »richtig« gewichtet, kann aus der Abwägung eine für ihn subjektiv »richtige«, subjektiv nutzenmaximale Entscheidung resultieren. Niemand wird absichtlich durch »Manipulation« von zu erwartendem Nutzen oder Nutzenopfern – also durch einen bewussten Selbstbetrug – eine für sich suboptimale Entscheidung herbeiführen. Für eine Manipulation der Entscheidung durch zusätzliche »Aufbietung aller Widerstandskräfte« ist hier überhaupt kein Platz, da der Entscheider ohnehin alles tut, um zu der einen für ihn *subjektiv* optimalen Entscheidung zu gelangen. Wenn er die Gefahr einer möglichen Strafsanktion – aus seiner Sicht »richtig« – im Entscheidungsprozess gering gewichtet, kann auch die »Aufbietung aller Widerstandskräfte« ihn nicht zu einer anderen, also aus seiner Sicht unrichtigen Gewichtung des Sanktionsrisikos verleiten. Der Entscheider ist schlichtweg nicht in der Lage, die Ermittlung der Nutzenopfer – durch »Aufbietung aller Widerstandskräfte« – zu manipulieren, weil er dann zu einer subjektiv suboptimalen und insoweit »falschen« Entscheidung gelangen würde. Im Ergebnis könnte also jeder betroffene Delinquent die Exkulpation gemäß §20 StGB für sich reklamieren, da er trotz »Aufbietung aller Widerstandskräfte« – welche ohnehin im aus seiner Sicht »richtigen« Maße in sein Entscheidungskalkül eingehen – der »Neigung zur Tat nicht widerstehen« konnte.

Das weitere vom BGH genannte Durchfallkriterium für den Schuldausschluss, dass der Täter seine Entscheidung durch »*vernünftige* Erwägungen bestimmen« können muss, macht ebenso wenig Sinn. Für *jeden* Entscheider, auch für den mit »verminderter Intelligenz«, sind seine die Entscheidung bestimmenden

»Erwägungen« subjektiv (und nur hierauf kann es ankommen, schon weil eine objektive Instanz ihm nicht verfügbar ist) »vernünftig«, da er nur solche Erwägungen in die Entscheidung einfließen lässt, die diese nach seinem Dafürhalten optimieren.

- Schließlich, nur der Vollständigkeit halber: Falls die menschliche Entscheidung tatsächlich generell unfrei sein sollte, macht auch eine »zusätzliche« Schuldfreiheit wegen schwerer seelischer Störungen – oder was auch immer sonst – ohnehin keinen Sinn mehr. Menschen entscheiden und handeln aus Gründen, die letztlich nicht bei ihnen liegen; und dabei kann es keinen Unterschied machen, ob die Gründe z. B. in einer schlechten Erziehung oder in einer seelischen Störung gemäß § 20 StGB liegen.

Zusammenfassend lässt sich wiederum feststellen, dass sich im Schuldstrafrecht weder die Leitgedanken zur Schuld noch – logischerweise – die zum Schuldausschluss aufrechterhalten lassen.

10.4.4.2 Die Unfähigkeit, Unrecht einzusehen

Befassen wir uns nun mit dem »entschuldigenden« Kriterium der *mangelnden Einsichtsfähigkeit* in das durch die Tat begangene Unrecht. Gut nachvollziehbar ist, dass derjenige, der das Unrecht seiner Tat nicht einsehen kann, auch nicht in irgendeinem Sinne schuldig sein und bestraft werden kann. Es fehlt in diesem Fall i. d. R. bereits die normative Ansprechbarkeit. Verwunderlich ist wiederum, dass der Gesetzgeber die Schuldunfähigkeit mangels Einsichtsfähigkeit in das Unrecht nur für die ausdrücklich in § 20 StGB genannten Ursachen, also für die Fälle einer schweren seelischen Störung, dekretiert. Wer unfähig ist, das Unrecht der Tat einzusehen, ist *stets* ohne Schuld – in welchem Sinne auch immer man den Schuldbegriff interpretiert. Denn er versteht nicht, dass verboten ist und unter Strafe steht, was er tut. Streng genommen befindet er sich damit im Regelfall auch in einem sogenannten Verbotsirrtum gemäß § 17 StGB.

In diesem Zusammenhang stellt sich auch die folgende Frage: Wenn es richtig sein sollte, dass der Mensch ohnehin in seinen Entscheidungen nicht frei ist, worin besteht dann der *Unterschied* zu dem – quasi zusätzlich – wegen »*seelischer Störung*« unfreien Menschen und welche strafrechtlichen Differenzierungen könnte ein solcher Unterschied rechtfertigen? Betrachten wir zwecks Klärung dieser Fragen drei potenzielle Täter in derselben »kriminalitätsanfälligen« Entscheidungssituation. Diese sei schlicht dergestalt, dass es bei Begehung einer bestimmten Straftat möglich ist, einen bestimmten vergleichsweise hohen Geldbetrag zu vereinnahmen.

– Person 1 hat bei genetisch gut veranlagter Intelligenz eine friedvolle Kindheit erfahren und eine gute Ausbildung erhalten, wurde zu Rücksichtnahme sowie »moralischem« und rechtskonformem Verhalten erzogen und konnte aufgrund einer guten Ausbildung ein gewisses Vermögen ansammeln. Die Person beging die Tat deshalb *nicht*, weil ihre moralischen Grundsätze dies nicht zugelassen hätten, sie kraft ihrer Intelligenz das Risiko von Strafentdeckung und Strafverfolgung zutreffend hoch einschätzte, sie durch ihre Eltern »moralisch« – insbesondere gewaltfrei – sozialisiert wurde und überdies wegen des ausbildungsbedingt guten Vermögensstandes der durch die Tat erzielbare Vermögensgewinn für sie nicht allzu attraktiv war. Oder kurz gefasst: Der subjektiv ermittelte Nutzensaldo, also die Differenz aus erwartetem Nutzen und erwartungsgemäß zu erbringenden Nutzenopfern war entweder negativ oder alternative Aktionsmöglichkeiten versprachen einen größeren Nutzensaldo. Sind wir uns einig darüber, dass von den Gründen, die dazu führten, dass Person 1 die Tat nicht beging, keiner letztendlich durch sie selbst gelegt wurde? Hier werden Sie vielleicht einwenden, dass für die Umsetzung einer guten Ausbildung in Wohlhabenheit auch Fleiß erforderlich ist. Aber für diesen sind wiederum Disziplin und mentale Kraft unabdingbar und, die sucht man sich bekanntlich nicht aus. Wie bereits mehrfach dargelegt, liegen jedenfalls die Gründe der Gründe der Gründe usw. nicht bei uns selbst. Vermutlich werden Sie selbst bestätigen können, dass Sie niemanden kennen, der »disziplinlos« war und plötzlich »aus dem Nichts heraus« Disziplin entwickelt hat. Zur Disziplin bedarf es neben einer entsprechenden Mentalitätsstruktur (die man sich selbstverständlich nicht aussuchen und erst recht im Tatmoment nicht ändern kann) immer auch irgendwelcher Motive und diese sind durch die aktuell präsenten Bedürfnisse gegeben oder eben auch nicht. Auch die eigene Intelligenz kann durch Kreativität aus aktuellen Bedürfnissen unter gegebenen Umweltbedingungen Motivation schaffen. Aber Intelligenz bzw. Kreativität kann man sich eben auch nicht aussuchen.

– Person 2 hat bei genetisch schlecht veranlagter Intelligenz eine lieblose Kindheit erfahren und keine nennenswerte Ausbildung erhalten, eine Erziehung zu Rücksichtnahme, »moralischem« Verhalten und Gesetzeskonformität fand wegen Alkoholproblemen der Eltern praktisch nicht statt und die Person konnte schließlich mangels Ausbildung kein Vermögen ansammeln. In der Folge beging sie die Tat, weil moralische Hemmnisse für sie nicht bzw. nicht in ausreichendem Ausmaß bestanden, sie das Risiko von Tatentdeckung und Strafverfolgung mangels ausreichender Intelligenz und hierdurch bedingter Selbstüberschätzung viel zu niedrig einschätzte, sie »moralisch« nicht geprägt war und wegen ausbildungsbedingt schlechten Vermögensstandes das Geld »gut gebrauchen« konnte. Der von der kriminellen Tat erwartete Nutzensaldo war somit positiv und Entscheidungsalternativen mit größerem erwartetem Nutzensaldo standen nicht zur Verfügung. Auch hier könnten wir uns vielleicht dahingehend einig sein, dass sich die Person die (letzten) Ursachen bzw. Gründe ihrer kriminellen Tat nicht aussuchen konnte (vermutlich aber sehr gern anders ausgesucht hätte, wenn es ihr denn auf der Basis anderer Voraussetzungen möglich gewesen wäre). Einige mögen an dieser Stelle stöhnen: »Schon wieder die alte Leier von der schlechten Kindheit als Rechtfertigungsgrund ...« Natürlich neigen wir emotional dazu, den »üblen« Täter zu »verteufeln« und keinerlei Rechtfertigungsgründe zu akzeptieren. Aber letztlich geht es hier nicht um Rechtfertigung, sondern um Ursachenforschung – und zwar um Ursachen, ohne welche die Tatentscheidung nicht gefallen wäre und die der Täter sich nicht aussuchen konnte. Natürlich kann man sich selbst »an den eigenen Haaren aus dem Sumpf ziehen«. Aber auch dazu bedarf es bestimmter Eigenschaften und/oder Erfahrungen und/oder entsprechend opportuner Umweltbedingungen – und all dieses sucht man sich bekanntlich auch nicht selbst aus. Die letzten Gründe hierfür liegen jedenfalls woanders und nicht bei uns. Person 2 hat ihre kriminelle Entscheidung also offenbar auch nicht frei, sondern durch Gründe (wenn nicht auch durch die Naturgesetze etc.) determiniert getroffen.

– Person 3 hat unabhängig von ihrer Genetik und ihren Erfahrungen jedenfalls zum Tatzeitpunkt eine schwere seelische Störung, etwa Demenz, Psychose oder Idiotie, welche sie außerstande setzte, das Unrecht ihrer beabsichtigten Tat einzusehen. Mit der »Unrechtseinsicht« hat der Gesetzgeber begrifflich leider etwas danebengegriffen. Denn einem ideologisch verbrämten, z. B. islamistischen Attentäter beispielsweise dürfte regelmäßig die Einsicht in das von ihm begangene »Unrecht« verwehrt sein, was dann ja nach dem Gesetzestext seine Schuldunfähigkeit zur Folge hätte. Schließlich glaubt er, im Sinne von Allah Ungläubige zu Recht getötet zu haben. Natürlich geht es dem Gesetzgeber aber um die Erkenntnis von *Unrecht im Sinne des Strafgesetzbuchs*, auch wenn er dies so nicht zum Ausdruck gebracht hat.

Aus der Entscheidungsperspektive ist festzustellen, dass Person 3 aufgrund der seelischen Störung rein intuitiv (»wie ein Tier«), also ohne Entscheidungsprozess gehandelt hat oder aufgrund einer Entscheidung, bei welcher die möglicherweise hinzunehmende Strafe keine

Rolle spielte, weil das Unrecht und die damit verbundene Straffolge nicht erkannt werden konnten. Allerdings ist kaum vorstellbar, dass von Menschen mit schwerer seelischer Störung überhaupt Entscheidungen im Sinne einer rationalen Abwägung der Vor- und Nachteile, also von Nutzen und Nutzenopfern – wie oben in der Analyse des menschlichen Entscheidungsprozesses dargelegt – getroffen werden. In der Regel wird es sich wohl eher um rein intuitiv oder im Affekt begangene Taten handeln. Wie dem auch sei: Der Mensch, der nicht (mehr) in der Lage ist, die Rechtswidrigkeit seiner Tat zu verstehen, kann natürlich keine in irgendeinem Sinne rationale Tatentscheidung treffen und damit auch in jedwedem Sinne nicht schuldig oder verantwortlich sein. Person 3 ist für die Gründe ihrer Tat genauso wenig verantwortlich wie Person 2. Denn Person 3 konnte wegen ihrer Beeinträchtigung einen Entscheidungsprozess nicht bzw. nicht ordnungsgemäß abarbeiten, während Person 2 dies zwar konnte, der Entscheidungsprozess jedoch wegen seiner nicht beeinflussbaren Determinanten nur ein von vornherein feststehendes Ergebnis aufweisen konnte. Aber Person 3 steht unter dem Schutz von § 20 StGB, Person 2 dagegen nicht. Die widrigen Gründe, die in beiden Fällen zur Tat geführt haben, unterscheiden sich nur dadurch, dass sie bei Person 3 vergleichsweise einfach, offensichtlich und aktuell feststellbar sind, während sie bei Person 2 vielschichtig, eher komplex, historisch sowie hinsichtlich innerer Natur und damit ihrer Kausalität für die Straftat schwierig zu beurteilen sind. Geht man gar davon aus, dass es keine menschliche Entscheidungsfreiheit gibt, macht die differenzierte strafrechtliche Behandlung von Person 2 und Person 3 *unter Gleichheits- und Gerechtigkeitsgesichtspunkten* ohnehin keinen Sinn. Unter *Präventionsgesichtspunkten* hingegen gebietet der Erhalt der staatlichen Ordnung die Bestrafung der – unterstelltermaßen – normativ ansprechbaren, also die gesetzlichen Verbote verstehenden Person 2.

Person 1 ist für unsere Betrachtung letztlich nur insoweit von Bedeutung, als dass auch sie ebenso wenig für die Gründe verantwortlich ist, die dazu führten, dass sie die Tat *nicht* begangen hat.

Eine Bestrafung von Person 3 macht aus *rein präventiver* Sicht keinen Sinn, denn die Bestrafung von jemandem, der nicht versteht, dass er gesetzeswidrig handelt, ist nicht geeignet, diejenigen, die wissen, was sie tun, von einer Straftat abzuhalten. Denn es kann zu keiner sinnvollen gedanklichen Identifikation kommen. Im Gegenteil: Die Bestrafung einer Person, die ihre Straftat unter schwerer seelischer Störung begangen hat, würde ein Gefühl der Rechtswillkür und damit Widerstände gegen das Rechtssystem generieren. Obwohl Person 2 ihre Tat auch nur determiniert durch Gründe und insoweit unfrei begangen hat, ist ihre Bestrafung im Hinblick auf ihre normative Ansprechbarkeit aus präventiver Sicht auch ohne Schuld und Verantwortlichkeit erforderlich, wenn der Rechtsstaat nicht im Chaos untergehen soll. Auch wird man davon ausgehen dürfen, dass die Gesellschaft die Bestrafung eines normativ ansprechbaren Täters billigen bzw. gutheißen würde. Natürlich ist die Strafbelegung der Tat von Person 2 in keinem Sinne gerecht, wenn man die Tat als kausal determiniert betrachtet. Aber leider ist die Bestrafung in diesem Falle unverzichtbar. Sie wissen schon, das Leben und der Ponyhof...

Als Fazit darf festgehalten werden, dass angesichts einer schweren seelischen Störung derart, dass die betroffene Person das Unrecht (tatsächlich gemeint ist die Gesetzeswidrigkeit) ihrer Tat nicht erkennen kann, eine Bestrafung weder hinsichtlich der Schuldfrage noch hinsichtlich angestrebter Prävention Sinn macht. Der Verzicht auf Bestrafung ist hier allerdings nicht vornehmlich – wie es der Gesetzgeber getan hat – damit begründbar, dass sie entsprechend einem undefinierten, vagen und »konstruierten« Schuldbegriff »ohne Schuld handelt«, sondern damit, dass die Bestrafung keinerlei Zweck, insbesondere nicht dem der Prävention, dienen und damit keinen Strafnutzen generieren würde. Auch hier erweist sich wiederum die Strafanknüpfung an die normative Ansprechbarkeit statt an die »Schuld« als vorteilhaft.

10.4.4.3 Die Unfähigkeit, nach der Unrechtseinsicht zu entscheiden und zu handeln

Nach §20 StGB handelt »ohne Schuld« auch, wer bei Begehung der Tat zwar in der Lage ist, das *Unrecht einzusehen*, jedoch *außer Lage* ist, nach dieser Einsicht *zu handeln*. Voraussetzung für die Straffreiheit muss ebenfalls eine krankhafte bzw. schwere seelische Störung sein. Dies ist wiederum insofern nicht nachvollziehbar, als dass es keine Rolle spielen kann, *aus welchem Grunde* jemand unfähig ist, trotz Unrechtseinsicht rechtmäßig zu handeln. Wer schlichtweg »nicht anders kann«, wird in keinem Sinne schuldig sein können, egal ob dies wegen seelischer Störung oder aus anderen Gründen der Fall ist. Die Beschränkung der Straffreiheit auf Fälle seelischer Störungen weckt – jedenfalls bei mir – den Verdacht, dass der Gesetzgeber ahnte, ohne diese Einschränkung »im Nirvana zu landen«. Es würde schlichtweg jeder Täter behaupten, in der Tatsituation »nicht anders gekonnt zu haben«. Damit wäre man wieder bei der der Jurisprudenz so unliebsamen Diskussion der menschlichen Entscheidungsfreiheit angelangt. Der Rückgriff auf die Voraussetzung der »schweren seelischen Störung« erlaubt es dem Richter dagegen, die »Schuldfrage« und damit die diesbezügliche Verantwortung auf externe »Experten« auszulagern. Da deren Gutachten gut honoriert werden, nehmen sie die eigentlich nicht lösbare Aufgabe gerne an. Dies fällt umso leichter, als dass ihnen nie jemand ihre retrospektive Beurteilung eindeutig bzw. zwingend wird widerlegen können, wenngleich auch sie selbst keine *Beweise* für ihre Beurteilung aufbieten können. Aber das wird ihnen auch nicht abverlangt, da sie ja die »Experten« sind. Vor all dem verschließt die Richterschaft offenbar gerne die Augen, hat sie doch die Verantwortung für die Beurteilung des Täters »erfolgreich« von sich wenden können. Natürlich sind Richter nicht »die schlechteren Menschen«, möglicherweise ist sogar das Gegenteil der Fall. Aber sie sind Menschen – und die neigen dazu, Verantwortung wenn möglich auf andere abzuschieben, was natürlich erst recht bei schwer oder eigentlich gar nicht zu beurteilenden Sachverhalten gilt.

Interessanterweise befassen sich die Strafrechtskommentare höchst ausführlich mit den verschiedenen Spielarten krankhafter bzw. schwerer seelischer Störung und der durch diese begründeten Unfähigkeit, Unrecht *einzusehen*, jedoch – soweit erkennbar – kaum mit den Fallkonstellationen, in denen der Täter außerstande ist, dem verstandenen und eingesehenen Unrecht entsprechend rechtskonform zu entscheiden und zu *handeln*, die Tat also nicht zu begehen. Ich möchte fast vermuten, dass man dieses gefährliche Terrain bewusst gemieden hat. Schließlich handelt es sich hier um einen Täter, der normativ ansprechbar ist, das gesetzliche Verbot also versteht, und trotzdem wegen schwerer seelischer Störung die verbotene Tat – quasi zwanghaft – nicht unterlassen kann. Das könnte zum Beispiel ein pädophiler Täter sein, der sich im Tatmoment zwar des gesetzlichen Verbotes bewusst ist, die Tat aber wegen überstarken, »alles beherrschenden« Triebes nicht zu unterlassen imstande ist. Abgesehen von den Beweisproblemen hinsichtlich eines behaupteten, im Tatmoment »überstarken Triebes« ist schwer vorstellbar, dass das Rechtssystem auf die Bestrafung eines solchen normal verständigen und normativ ansprechbaren Täters tatsächlich zu verzichten bereit wäre.

Aus der Entscheidungsperspektive handelt es sich hier in einer *ersten* möglichen Variante um einen Täter, bei welchem die erwartete Triebbefriedigung im Tatmoment so groß ist, dass die zu erwartenden Nutzenopfer, insbesondere die drohende Strafe, (nur) im Tatmoment *ausgeblendet* werden. Vermutlich hat der Gesetzgeber (auch) diese Art von Täter gemeint. In dieser ersten Variante findet kein abgeschlossener Entscheidungsprozess im Sinne einer Abwägung statt, weil die Nutzenopfer als Gegenpart zu dem aus der Tat durch die Befriedigung erwartungsgemäß gezogenen Nutzen ausgeblendet werden. Von einer frei entschiedenen Tat kann also keine Rede sein. Aber können Sie sich vorstellen, dass das Rechtssystem bereit ist, auf die Bestrafung eines solchen Täters, beispielsweise eines Pädophilen mit zumindest im Tatmoment überstarkem Trieb (gehen wir einmal davon aus, dass dieser unter § 20 StGB fallen würde), zu verzichten, obwohl er generell normativ ansprechbar ist, nur eben im Tatmoment die Gesetzesnorm nicht in sein Entscheidungskalkül einzubringen vermochte? Mangels Einblicks in das Gehirn sowie mangels Vorliegens eines entsprechenden Maßstabs ist es schlichtweg nicht möglich, die Triebstärke – dann auch noch retrospektiv! – auf den Tatmoment zu eruieren und damit gegebenenfalls des Täters »Unfähigkeit nach der Unrechtseinsicht zu handeln«, nachzuweisen. Nach dem strafrechtlichen Grundsatz »im Zweifel für den Angeklagten« müssten die Gerichte die nicht nachweisbare Unfähigkeit, nach der Unrechtseinsicht zu handeln, eigentlich unterstellen und den Täter (bei Vorliegen auch der übrigen gesetzlichen Vorschriften) freisprechen, wenn er solche Unfähigkeit für sich behauptet. Aber natürlich tun sie das nicht. Und sie können es auch schon deshalb nicht, weil dann so ziemlich jeder Täter behaupten würde, bei der Tat unfähig gewesen zu sein, nach der Unrechtseinsicht tatsächlich auch zu handeln. So gesehen bleibt ihnen kaum eine andere Wahl, als den Täter entgegen dem Buchstaben geltenden Rechts (»in dubio pro reo«) zu verurteilen. Mit Gerechtigkeit in irgendeinem Sinne hat auch dies natürlich nichts mehr zu tun, auch wenn es möglicherweise die einzige sinnvolle Vorgehensweise ist.

In einer *zweiten* denkbaren Variante eines das Tatunrecht einsehenden, aber hiernach nicht handeln könnenden Täters geht es aus der Entscheidungsperspektive um einen solchen, der die möglichen zu erwartenden Nachteile aus der Tat *nicht ausblendet.* Es geht also um einen Täter, der sich »ganz normal« für die Tat entscheidet, weil er einen positiven Nutzensaldo erwartet, also den Nutzen insbesondere aus der Tatbefriedigung höher einschätzt als das Nutzenopfer in Gestalt der Strafe (gewichtet mit dem Entdeckungsrisiko), ja vielleicht sogar auch in Gestalt der Überwindung seiner Empathie. Ausgehend von der – bisher jedenfalls nicht widerlegten – These, dass der Mensch stets nur Nutzenmaximierer sein kann und in diesem Sinne »zwanghaft« nach Maßgabe des größtmöglichen Nutzens handelt, ist auch dieser »ganz normale« Täter unfähig, der Unrechtseinsicht entsprechend zu handeln und fällt somit faktisch unter die Schuldunfähigkeitsvorschrift des § 20 StGB (sofern man vom Vorliegen einer schweren seelischen Störung ausgeht oder diese Voraussetzung als irrelevant ansieht – siehe oben). Da die Strafrechtsphilosophen die These vom Menschen als »zwanghaftem« Nutzenmaximierer weitestgehend ausgeblendet haben, blieb ihnen diese Erkenntnis offenbar verschlossen. Sie haben sie zumindest nicht kommuniziert oder gar angewandt. Denn offensichtlich wäre auch hier mit einer solchen Begründung des Täters praktisch jede vorsätzliche Tat straffrei zu behandeln. Dies wäre zwar unter Schuld- und Gerechtigkeitsgesichtspunkten möglicherweise richtig, aber wiederum im Hinblick auf Generalprävention und Resozialisierung aus den mehrfach genannten Gründen falsch. Noch ein Anlass, von den letztlich irrationalen Begrifflichkeiten von Schuld und (vermeintlicher) Gerechtigkeit im Strafrecht abzulassen …

Zumindest für den Fall der obigen ersten Variante, in welcher der Täter keine Tatentscheidung im eigentlichen Sinne des Wortes getroffen hat, weil wegen überstarken Tattriebes kein Abwägungsprozess stattgefunden hat, wäre allerdings gegebenenfalls noch ein sogenanntes *Vorverschulden* (vgl. z. B. BGH 35, 143; Neumann 1985, 148 ff.) zu beachten. Nach geltender Rechtslehre greift dieses, wenn der Täter sich bewusst, etwa durch Alkohol, in einen Zustand der Schuldunfähigkeit versetzt. Er kann dann wegen Vorverschuldens dennoch bestraft werden. Allerdings ist kaum nachvollziehbar, weshalb die Grundsätze des Vorverschuldens nicht auch anwendbar sein sollen, wenn der spätere Täter im Vorfeld seiner Tat nicht auch *aktiv* alles Erforderliche unternommen hat, um eigenen kriminalitätsanfälligen Eigenschaften entgegenzuwirken. In diesem Sinne könnte das Vorverschulden etwa den pädophilen Täter dadurch treffen, dass er im Vorfeld der Tat nichts gegen seinen pädophilen Trieb unternommen, sich also beispielsweise nicht in Therapie begeben hat. Das Vorverschulden könne – so Fischer – ein eventuelles »Schuld-Defizit bei Begehung der Tat ausgleichen« (Fischer 2021, § 20, Rz. 34). Auch wenn die vorgelagerte Entscheidung des Täters, nichts gegen den überstarken Trieb zu unternehmen, womöglich (wie vielleicht alle menschlichen Entscheidungen) unfrei war, erscheint unabhängig von der fragwürdigen »Schuldzuweisung« durch den Gesetzgeber hier aus präventiver Sicht eine Bestrafung sinnvoll und bei normativer Ansprechbarkeit des Täters auch gesellschaftlich vermittelbar. Wer unheilvolle Kräfte in sich spürt, kann mittels Strafandrohung dazu bewegt werden, etwas gegen diese – insbesondere durch therapeutische Behandlung – zu unternehmen. Dabei ist entscheidend, dass die angedrohte Strafe nicht durch die behauptete oder tatsächliche Unfähigkeit, der Unrechtseinsicht entsprechend zu handeln, obsolet werden kann, wenn – etwa dem überstarken Trieb – entgegenwirkende Maßnahmen im Vorfeld möglich gewesen wären.

Ein derart »erweitertes« Vorverschulden hätte eine starke präventive Bedeutung. Es könnte insbesondere immer dann greifen, wenn die eigentliche Tatentscheidung in irgendeinem Sinne (möglicherweise) unfrei ist oder etwa wegen Affekts ein Abwägungsprozess gar nicht stattgefunden hat, die Tat jedoch durch zeitlich vorgelagerte Maßnahmen des Täters, etwa die Inanspruchnahme einer Therapie, möglicherweise hätte verhindert werden können. Wie bereits oben angedeutet, könnten dem Vorverschulden ähnliche Überlegungen auch bei der unbewussten Fahrlässigkeit (siehe 10.4.3) greifen. Würde man einen unbewusst fahrlässigen Täter dafür, dass er im Vorfeld der Fahrlässigkeit keine ausreichende »Eigenprogrammierung« vorgenommen oder Hilfe durch Dritte (z.B. durch Schulung) in Anspruch genommen hat, bestrafen, könnte dies in generalpräventiver Hinsicht dafür sorgen, dass die Allgemeinheit bestrebt sein wird, durch entsprechende Maßnahmen Gefahrensituationen rechtzeitig zu erkennen und damit fahrlässige Taten zu vermeiden. Auch wenn der unbewussten Fahrlässigkeit keine unmittelbare Entscheidung vorausgeht und die Fahrlässigkeit selbst damit keine Verantwortlichkeit in jedwedem Sinne zu generieren vermag, so kann doch die Bestrafung eines Autofahrers wegen offensichtlich ungenügender Vorfeldmaßnahmen – z.B. durch Eigenprogrammierung auf bestimmte Achtsamkeiten – generalpräventiv eine abschreckende Wirkung entfalten.

In ähnlicher Weise könnte das »erweiterte« Vorverschulden bewirken, dass das Individuum sich im Vorfeld seiner von ihm als möglich erkannten Tat dazu entscheidet, dieser entgegenwirkende Maßnahmen zu ergreifen, z. B. sich medizinisch therapieren zu lassen. Bei normativer Ansprechbarkeit ist dies ohne Frage möglich wie auch sinnvoll. Aber auch hier muss jegliche Schuldfrage außen vor bleiben. Denn diese ändert nichts daran, dass eine Bestrafung wegen »erweiterten« Vorverschuldens (aufgrund Verzichts auf aktive tatverhindernde Maßnahmen) schon aus präventiven Gründen sinnvoll und erforderlich ist. Wer unheilvolle Neigungen in sich verspürt und nichts hiergegen unternimmt, insbesondere keine therapeutische Hilfe beansprucht, muss für seine Taten – auch wenn diese ohne Entscheidungsprozess oder aufgrund unfreier Entscheidung zustande gekommen sind – bestraft werden, damit potenzielle weitere Täter und auch er selbst motiviert sind, sich gegen solche Neigungen therapieren zu lassen oder andere präventive Maßnahmen zu ergreifen. Aber selbst in den Fällen, in welchen das Rechtssystem (in fragwürdiger Weise) eine freie Tatentscheidung des triebgesteuerten Täters unterstellen sollte, würde das »erweiterte« Vorverschulden eine sinnvolle tathemmende Funktion erfüllen können, wenn es mit einer Strafverschärfung verbunden wäre.

10.4.5 Schuld und Identität

Auch wenn es keine allgemeine und plausible Definition von Schuld gibt, so haben doch wohl die meisten Menschen eine *gefühlte* Vorstellung davon, was Schuld sein soll. Diese Vorstellung ist fast immer mit einer emotionalen Komponente verbunden. Die vermeintliche Schuld anderer bringt uns gegen diese auf, lässt uns anklagend mit dem Finger auf sie zeigen und uns selbst moralisch überlegen fühlen. Aber ist dies gerechtfertigt, selbst wenn es eine irgendwie geartete Schuld geben sollte? Ich behaupte nein, auch aus folgender zugegebenermaßen sehr abstrakter Überlegung heraus:

Im Zeitablauf ist der Mensch unzweifelhaft nicht mit sich selbst identisch. Morgens sind wir vielleicht schlecht gelaunt und abends gut gelaunt, was sich auch in der Physis unseres Gehirns niederschlägt. Über die Monate und Jahre verändern wir uns, was nicht nur unseren Körper, sondern auch unsere Mentalität und damit wiederum die Physis unseres Gehirns betrifft. Schon nach einem Zeitraum von 8 bis 10 Jahren sind fast sämtliche menschlichen Körperzellen ausgetauscht. Während sich das Skelett nach einem Zeitraum von zehn Jahren komplett regeneriert hat, braucht unsere Leber dafür nur 300–500 Tage, unser Magen 2–9 Tage. Nachgewiesenermaßen bilden sich im Gehirn nicht nur bis ins hohe Alter ständig neue Zellen. Auch ist unsere Mentalität durch den Alterungsprozess, äußere Einflüsse, Erfahrungen und Lernprozesse einem ständigen Wandel unterworfen. Wer wollte schon behaupten, er hätte sich im Laufe seines Lebens nicht entwickelt? Mit anderen Worten: Der Mensch ist im Zeitablauf mit sich selbst weder physisch noch mental identisch. Aber woran sollte man dann Schuld, wenn es sie denn tatsächlich in irgendeinem Sinne geben sollte, festmachen? Wollte man einem Menschen einige Jahre nach einer »schuldbehafteten« Tat immer noch die Schuld hierfür zuweisen, wäre es ein bisschen so, als ob man dem Sohn die Schuld für die Tat seines Vaters zuweisen würde. Zumindest dürfte man dem Täter die Schuld nur noch zu einem Bruchteil des ursprünglichen Schuldmaßes zuweisen, da er höchstens noch zu einem Bruchteil – physisch wie auch psychisch – derselbe Mensch ist. Das klingt verrückt, und ist es auch. Aber es hat auch etwas Unwiderlegbares und vielleicht hängt diese kuriose Überlegung einfach nur mit der Sinnleere des Schuldbegriffs zusammen …

Möglicherweise waren ähnliche Überlegungen aber auch mittragend bei der seinerzeitigen Einführung der Verjährungsvorschriften, die ja faktisch den Unrechtsgehalt von Straftaten mit einem bestimmten Zeitablauf canceln.

Vielleicht werden auch Sie, wenn Sie in die Vergangenheit blicken, bestimmte (Entscheidungs-)Verhaltensweisen bei sich entdecken, bei denen Sie sich fragen: Das soll ich gewesen sein, das soll ich entschieden und getan haben, wer war ich bloß? Mir jedenfalls geht es genau so, auch wenn ich nie strafrechtlich für irgendetwas belangt worden bin.

10.5 Grundzüge eines nutzenorientierten präventionsbasierten Strafrechts

Wenn also auch die schwere seelische Störung als Kriterium für den Strafausschluss (im Gesetz untauglicherweise als »Schuldunfähigkeit« bezeichnet) weder hilfreich noch mit befriedigenden Ergebnissen praktizierbar ist, wie könnte dann die Lösung für ein nicht schuldbasiertes Strafrecht aussehen? Es bietet sich wiederum ein am praktischen *Nutzen* der Strafe orientiertes Präventions- und Resozialisierungsstrafrecht an, welches nicht auf einem wirren, undefinierten Schuldbegriff und einer ebenso sinnlosen »Schuldunfähigkeit« basiert. Hinsichtlich der *Vorsatz-Straftaten* könnte dieses Präventionsrecht wie folgt aussehen:

10.5.1 Vorsatzdelikte

- Bei den Vorsatzdelikten ist im Anschluss an die Tatfeststellung in einem ersten Schritt zu prüfen, ob der Täter im Tatmoment normativ ansprechbar war, das gesetzliche Verbot also kannte und verstand.
- In einem zweiten Schritt ist dann zu prüfen, ob – etwa wegen überstarken Triebes oder eines Affektes – eine Tatentscheidung im Sinne einer Abwägung im Tatmoment überhaupt stattfinden konnte. Dabei ist davon auszugehen, dass zumindest jeder planvollen Tat auch ein Abwägungsprozess im Sinne einer Entscheidung vorausgegangen ist.
- Ist der Tat ein abwägender Entscheidungsprozess vorausgegangen, erfolgt die Bestrafung aus Präventions- und Resozialisierungsgründen, woran sich auch das Strafmaß orientiert.

- Hätte der Täter seine auf der Grundlage eines Entscheidungsprozesses begangene Tat möglicherweise verhindern können, wenn er kriminalitätsfördernden Eigenschaften wie besonderer Aggressivität oder »ungünstigen« sexuellen Vorlieben im Vorfeld der Tat aktiv – etwa durch Therapien – entgegengewirkt hätte, so ist dies strafverschärfend zu berücksichtigen.
- Ging der Straftat – etwa wegen überstarken Triebes bzw. Affektes oder Volltrunkenheit – keine abwägende Entscheidung voraus, ist zu prüfen, ob der Täter die Tat durch geeignete – auch *aktive* – Maßnahmen, Verzichte oder Eigenprogrammierung *im Vorfeld* hätte verhindern können. Es ist also zu prüfen, ob er sich beispielsweise wegen starker pädophiler Neigungen in psychiatrische Behandlung hätte begeben können bzw. müssen, oder ob er sich z.B. wegen ihm bekannter alkoholbedingter Ausfälle hätte alkoholabstinent verhalten oder in Therapie hätte begeben müssen. Ist dies der Fall, hätte der Täter die Tat also im Vorfeld durch entgegenwirkende Therapiemaßnahmen, Verzichte oder Eigenprogrammierung verhindern können, bedarf die Tat aus präventiver Sicht der Bestrafung, schon um andere – z.B. ähnlich Triebbelastete – zu tatverhindernden Vorfeldmaßnahmen zu animieren. Weiß beispielsweise jemand, dass er zu gewalttätigen Übergriffen im Affekt neigt, so ist von ihm zu erwarten, dass er sich entsprechend therapieren lässt und/oder »affektanfällige« Situationen und Kontakte meidet.
- Im aktuell in Deutschland geltenden Strafrecht spielt die Vorfeldbetrachtung schwerpunktmäßig in der Konstellation eine Rolle, in welcher der Täter sich in einen Vollrausch versetzt und in diesem Zustand eine rechtswidrige Tat begeht, deretwegen er nicht bestraft werden kann, weil er infolge des Rausches »schuldunfähig« war oder weil dies nicht auszuschließen ist. Dabei geht das deutsche Strafrecht als Voraussetzung für dieses sogenannte Vorverschulden (actio libera in causa bzw. »alic«) davon aus, dass der Täter den Zustand der »Schuldunfähigkeit«

vorsätzlich oder fahrlässig herbeigeführt hat (siehe z. B. BGH 2, 17; 10, 251, siehe zum Thema Vorverschulden und Willensfreiheit auch Seebaß 2007, 72 ff.). Der Fall, dass der Täter im Vorfeld *aktiv tatverhindernde Maßnahmen nicht ergriffen* hat, sich also beispielsweise nicht in Therapie begeben hat, wird hiervon m. W. nicht erfasst. Allerdings ist im Sinne einer größtmöglichen Prävention nicht einzusehen, weshalb ein potenzieller Täter nicht auch verpflichtet sein soll, *aktiv* einer potenziellen Straftat in deren Vorfeld entgegenzuwirken. In Bezug auf den angesprochenen Vollrausch würde dies etwa bedeuten, dass der tatanfällige Alkoholiker verpflichtet sein könnte, sich in Therapie zu begeben, damit es gar nicht erst zu einer rechtswidrigen Tat im Vollrausch kommen kann. In gleicher Weise sollte etwa der Therapieverzicht eines Pädophilen oder eines extremen Cholerikers strafbar sein. Dann käme es für eine Bestrafung u. a. nicht mehr darauf an, ob der Täter im Tatmoment selbst »schuldfähig« war bzw. eine abwägende Entscheidung treffen konnte. Die Pflicht zu derartigen aktiven Vorfeldmaßnahmen könnte zahlreiche Straftaten verhindern. Leider ist das geltende Schuldstrafrecht eher darauf ausgerichtet, bereits begangene Straftaten zu »sühnen«.

– Schließlich wäre – wie oben angesprochen – darüber nachzudenken, ob nicht auch dem Täter, der im Tatmoment durchaus noch eine abwägende Entscheidung treffen konnte, der Verzicht auf möglicherweise tatverhindernde Vorfeldmaßnahmen strafverschärfend angelastet werden sollte. Auch der Pädophile, der seine Tat planvoll und damit jedenfalls »entschieden« durchführt, hätte seine spätere Tatentscheidung durch geeignete Vorfeldmaßnahmen möglicherweise verhindern können. Auch in diesem Fall könnte eine Strafverschärfung wegen des Verzichts auf geeignete Vorfeldmaßnahmen erhebliche präventive Wirkung entfalten. Voraussetzung ist natürlich, dass der Täter im Vorfeld der Tat seine Tatanfälligkeit erkennen konnte. Dies dürfte allerdings der Regelfall sein, da Tatanfälligkeiten sich im Normalfall allmählich entwickeln und nicht schlagartig auftreten. Auch wäre durch den Staat die Finanzierung von Therapiemaßnahmen sicherzustellen.

- Ging der Tat – etwa wegen mangelnder intellektueller Fähigkeiten des Täters – keine abwägende Entscheidung voraus und wäre die Tat nicht durch das Ergreifen tatverhindernder Maßnahmen im Vorfeld zu verhindern gewesen, insbesondere weil der Täter intellektuell hierzu nicht in der Lage war, muss die Tat straffrei bleiben, schon weil insoweit keine abschreckende Wirkung zu erzielen wäre und der Täter weder die Entscheidung noch das Vorfeld hierzu »im Griff« hatte. Allerdings kann in diesem Fall in Betracht kommen, die Allgemeinheit vor ihm durch eine Art »Sicherungsverwahrung« zu schützen.

Merkwürdigerweise orientiert sich das aktuelle Schuldstrafrecht am vermeintlichen »Schuldausgleich« für *begangene* Straftaten anstatt durch das Abstellen auf (insbesondere unterlassene) Vorfeldmaßnahmen auf eine Verhinderung der Straftaten hinzuwirken.

Und: Es macht überhaupt keinen Sinn, bei vorsätzlichen Straftaten für das Strafmaß auf den »Erfolg« oder »Misserfolg« der Tat abzustellen – wie dies das geltende Strafrecht nicht nur in Deutschland vorsieht. Wer zu töten beabsichtigt und bei seiner Tat »glücklicherweise« keinen Erfolg hat, kann nicht geringer bestraft werden als der »erfolgreiche« Mörder, denn ein Strafmaß kann nicht von »Glück« oder »Unglück« und damit von einem Zufall abhängen. Wieder ein evidentes Unrecht des geltenden Strafrechts, welches von den Rechtsphilosophen praktisch nicht thematisiert wird. Vermutlich ist das Rechtssystem bereit, den »erfolgreichen« Täter härter zu bestrafen, um Vergeltungs- und Rachebedürfnissen der Gesellschaft Rechnung zu tragen und deshalb evidentes gesetzliches Unrecht aufrechtzuerhalten. Wer eine Straftat vorsätzlich begeht, muss unabhängig davon bestraft werden, ob er nun mit seiner Tat »Erfolg« hatte oder nicht. Gerade unter präventiver Zielsetzung muss die *Entscheidung* zur Tat bestraft werden, die stets den Erfolgswillen beinhaltet und unabhängig davon ist, ob die Tathandlung nun am Ende »von Erfolg gekrönt« ist oder nicht.

10.5.2 Fahrlässigkeitsdelikte

Hinsichtlich der *unbewusst fahrlässigen* Straftaten gestaltet sich das Präventionsstrafrecht insofern etwas schwierig, als dass keine eigentliche Tatentscheidung vorliegt. Eine mögliche Bestrafung mit präventiver Wirkung kann aber insbesondere darauf abstellen, ob der Täter im *Vorfeld* der Tat alles zumutbar Mögliche getan hat, damit es nicht zu der jeweiligen Fahrlässigkeit kommt. Ein präventionsorientiertes Strafrecht könnte bezüglich der Fahrlässigkeit dementsprechend wie folgt aussehen:

- Es ist zunächst zu prüfen, ob der Täter normativ ansprechbar war, also die Strafbarkeit der in Betracht kommenden Fahrlässigkeit verstand.
- War der Täter nicht normativ ansprechbar, kann er nicht bestraft werden, u. a. weil durch eine Strafe keine präventive Wirkung erzielbar wäre.
- War der fahrlässige Täter normativ ansprechbar, ist zu prüfen, ob er die Fahrlässigkeit *im Vorfeld* durch »zumutbare« Maßnahmen der Eigenprogrammierung und/oder die Inanspruchnahme von Hilfe und/oder Vermeidung der jeweiligen Gefahrensituation möglicherweise hätte verhindern können bzw. müssen. Konkret am Beispiel der Teilnahme am Straßenverkehr: Wer weiß, dass er oft unkonzentriert ist, muss seine Konzentration trainieren (Eigenprogrammierung) oder auf die Teilnahme am Straßenverkehr verzichten. Wer weiß, dass er die Verkehrsregeln nur unvollständig beherrscht, muss sich diese autodidaktisch anlernen oder die Fahrschule besuchen. Wer weiß, dass er mangels Führerscheins eine Gefährdung des Straßenverkehrs darstellt, muss auf das Führen eines Kraftfahrzeugs verzichten. Zweifellos ist die »Zumutbarkeit« der Maßnahmen sowie deren Umfang das »Nadelöhr«, durch das die Rechtsprechung hier gehen müsste, im Vergleich zu den Problemen des Schuldstrafrechts aber wohl eher ein geringes Problem. Wir werden

auf die »Zumutbarkeit« im Folgekapitel noch einmal intensiver eingehen.

- Sind die (zugegebenermaßen schwierig, aber notwendigerweise dennoch zu beurteilenden) im Vorfeld getroffenen Maßnahmen in »zumutbarem« Umfang erfolgt, war die Fahrlässigkeit in diesem Sinne zwar »unvermeidbar«, aber dennoch ist sie aus präventiver Sicht *bedingt* sanktionsbedürftig. Denn würde man – wie dargelegt – solche Fahrlässigkeiten unsanktioniert lassen, würde dies allgemeiner Fahrlässigkeit Vorschub leisten. Wiederholt begangene gleichartige Fahrlässigkeiten können allerdings darauf hindeuten, dass im Vorfeld nicht alles Zumutbare zu ihrer Vermeidung getan wurde. Das Ergebnis einer bedingten Strafbarkeit bei unbewusster Fahrlässigkeit ohne Vorverschulden (genauer: bei ausreichenden Vorfeldmaßnahmen) entspricht damit in etwa den derzeitigen Rechtsprechungsgepflogenheiten, wonach Fahrlässigkeit bei erstmaligem Vorkommen eher »nicht direkt spürbar«, also etwa mittels einer Bewährungsstrafe sanktioniert wird.
- Sind die im Vorfeld der Fahrlässigkeitstat getroffenen Maßnahmen dagegen nicht im »zumutbaren« Umfang erfolgt, ist die Fahrlässigkeit erhöht sanktionsbedürftig, damit der Täter wie auch die Allgemeinheit angehalten sind, zur Vermeidung zukünftiger Fahrlässigkeiten *auch im Vorfeld* das Erforderliche zu unternehmen.

Da die Fahrlässigkeitstat in ihrer unbewussten Reinform ohne eine bewusst getroffene Entscheidung erfolgt, muss man bei deren Sanktionierung wesentlich auch auf im Vorfeld getroffene oder nicht getroffene Entscheidungen bzw. Maßnahmen abstellen. Eine unfreiwillig bzw. versehentlich begangene unbewusste Fahrlässigkeit, in deren Vorfeld alles zur Vermeidung zumutbar Erforderliche getan wurde, kann durch Sanktionierung zwar abschreckende Wirkung entfalten, aber keine Schuld in irgendeinem Sinne begründen. Die Beweisprobleme bleiben allerdings die gleichen wie bisher, insbesondere was die inneren, mentalen Vorgänge betrifft.

Ohne hier in die Tiefe gehen zu wollen, wären in einem nutzenorientierten präventionsbasierten Strafrecht die Leichtfertigkeit tendenziell wie die unbewusste Fahrlässigkeit, der bedingte Vorsatz und die bewusste Fahrlässigkeit tendenziell wie der Vorsatz zu behandeln, da bei letzteren dem Täter die möglichen Tatfolgen bewusst sind.

10.5.3 Die »Zumutbarkeit« der Vorfeldmaßnahmen bei der Fahrlässigkeit

Die »Zumutbarkeit« ist ein unverzichtbares Kriterium bei der Beantwortung der Frage, ob der fahrlässige Täter im Vorfeld der Fahrlässigkeit durch Eigenprogrammierung, Inanspruchnahme von Hilfe und/oder Handlungsverzicht (beispielsweise generell kein Kfz mehr zu führen) einer späteren Fahrlässigkeit »ausreichend« entgegengewirkt hat. Denn durch »endlose« Maßnahmen im Vorfeld könnten sicher die meisten Fahrlässigkeiten verhindert werden, dann aber bliebe für das restliche Leben so gut wie nichts mehr. So könnte zum Beispiel die generelle Verzehnfachung der Fahrstunden im Falle von Fahrschülern mit durchschnittlicher Auffassungsgabe die Anzahl der verschuldeten Verkehrsunfälle sicher um einige Prozentpunkte senken. »Zumutbar« wäre dies aber schon aus Gründen der Praktikabilität wohl kaum. Wenn uns also klar ist, dass allein schon aus Praktikabilitätserwägungen heraus der Umfang der im Vorfeld zu treffenden Maßnahmen zur Verhinderung von unbewussten Fahrlässigkeiten durch eine Zumutbarkeitsgrenze limitiert sein muss, wo liegt dann diese Grenze?

Abstrakt gesehen geht es darum, dass jede zusätzliche Vorfeldmaßnahme einen Nutzengewinn durch zusätzlich verhinderte Fahrlässigkeiten verspricht. Dem gegenüber steht ein Nutzenverlust, u. a. durch die für diese Maßnahme aufzuwendende Zeit und weitere Ressourcen. Diesbezüglich gibt es sogar ein *theoretisches* gesamtgesellschaftliches Optimum, welches dann erreicht ist, wenn keine zusätzliche Vorfeldmaßnahme mehr denkbar ist, deren Nutzen das jeweilige Nutzenopfer (an Zeit und weiteren Ressourcen) überkompensiert.

Praktisch bringt dies in Hinblick auf Nutzenbewertungen und erforderliche Prognosen unlösbare Probleme mit sich, sodass die Grenze der Zumutbarkeit von fahrlässigkeitsverhindernden Maßnahmen nur durch sehr subjektive Schätzungen bestimmbar ist. Wer wollte beispielsweise schon unangreifbar festlegen, ab welcher Anzahl von Schulungsstunden die Schulung eines bestimmten Fahrschülers als Vorfeldmaßnahme der Gesellschaft mehr Nutzen bringt als sie durch Ressourcenverbrauch wie Zeit und Geld an Nutzenopfern kostet? Und wer wollte einem Unfallverursacher schon nachweisen können, dass er sich »zumutbar« in größerem Umfang auf die Möglichkeit von anderen Fahrzeugen »im toten Winkel« des Rückspiegels hätte programmieren müssen? Allerdings gibt es auch mehr oder weniger eindeutige Fälle: Wer als Lkw-Fahrer noch immer nicht verinnerlicht hat, dass er beim Rechtsabbiegen auf möglicherweise neben ihm befindliche Radfahrer achten muss, hat sich ziemlich offensichtlich weniger eigenprogrammiert als ihm zumutbar gewesen wäre. In den nicht so eindeutig liegenden Fällen wird es praktisch immer auf die schon bisher gängige Praxis hinauslaufen müssen, die fahrlässige Ersttat mit einer nicht oder kaum direkt spürbaren Strafe – etwa einer Bewährungsstrafe – zu ahnden.

Ein solches, hier in Grundzügen dargestelltes, auf der normativen Ansprechbarkeit basierendes sowie nutzenorientiertes Präventionsstrafrecht, welches schwerpunktmäßig auch auf Vorfeldmaßnahmen abstellt, erscheint gesellschaftlich durchaus gut vermittelbar. Mein persönlicher Eindruck ist, dass die Öffentlichkeit für die »Kaffeesatzleserei« in Sachen »schuldbefreiender« Tatrechtfertigung schon lange kein Interesse mehr aufbringt.

10.6 Der »verblendete« Täter

Zum Abschluss unserer strafrechtlichen Überlegungen zu Entscheidungsfreiheit, Schuld und Verantwortung möchte ich Ihnen den »verblendeten« Täter als besonderes praktisches Beispiel für die Unstimmigkeiten des herrschenden Schuldstrafrechts präsentieren. Im Mai 2021 hat das OLG Dresden einen islamistischen Täter, der ein ihm völlig unbekanntes homosexuelles Paar an einer Bushaltestelle mit einem Messer angegriffen und einen der beiden Männer tödlich verletzt hatte, zu einer langjährigen Haftstrafe verurteilt. In den Urteilsgründen bezeichnete das Gericht diesen Täter als »religiös verblendet«. Das gab mir zu denken. Denn schließlich bedeutet es nach allgemeinem Verständnis doch wohl nichts anderes, als dass der Täter bei seiner Tatentscheidung von irrigen, völlig abwegigen Vorstellungen ausging. Auch hier stellt sich die Frage: Sucht man sich seine Fehlleitungen aus? Nicht nur die kriminelle Tatentscheidung, auch jede andere Entscheidung ist doch faktisch (auch) gegen den Entscheider selbst gerichtet, wenn sie auf irrigen, abwegigen und somit irrealen Vorstellungen bzw. Voraussetzungen basiert. Denn nur die auf Realem basierende Entscheidung kann letztlich erfolgreich sein, da sie am Ende mit der aus ihr resultierenden Handlung ja auf die Realität trifft und sich dort bewähren muss. Verblendung bzw. Fehlleitung resultiert aus mangelnder Intelligenz und/oder Manipulation (bis hin zur Gehirnwäsche) i. d. R. durch Dritte. Und beides sucht man sich nicht aus, schon weil es – wie gesagt – gegen einen selbst gerichtet ist. Dass das Gericht den Täter verurteilt hat, war klar und allein schon im Hinblick auf präventive Gesichtspunkte auch richtig. Nur: Dass das Gericht die Täterschuld u. a. mit der »Verblendung« des Täters begründet hat, anstatt – im Gegenteil – mit dieser die angebliche Schuld infrage zu stellen, ist schlichtweg absurd.

Der Fall ist aber bezüglich der Fragen von Schuld und Verantwortlichkeit auch noch in einer anderen Hinsicht interessant. Wie verzweifelt, frustriert, einsam und von dümmlichem Hass geplagt muss ein Mensch sein, um ihm völlig unbekannte Mitmenschen ermorden zu wollen? Zweifellos muss es sich bei dem Täter um eine der ärmsten Kreaturen hienieden gehandelt haben. Auch dieses Extrembeispiel veranschaulicht höchst greifbar die Fragwürdigkeit einer Kategorie von – wie auch immer gearteter – Schuld. Geht man davon aus, dass Schuld und Mitleid im Gegensatz zueinanderstehen, ist hier Mitleid nicht nur mit den Opfern, sondern auch mit dem Täter angebracht!

Dies stellt natürlich in keiner Weise infrage, dass die Tat bereits aus präventiven Gründen scharf geahndet werden muss.

Eine weitere Überlegung, die mit unserem Thema nur in losem Zusammenhang steht (und deswegen nur kurz abgehandelt werden soll), drängt sich geradezu auf. Wäre es nicht aus präventiven Gesichtspunkten sinnvoll, den Täter, der seine Tat aus reinem Hass gegen ihm völlig unbekannte Menschen richtet, beispielsweise absichtlich mit hoher Geschwindigkeit seinen Pkw in eine für ihn anonyme Menschenmenge lenkt, schwerer zu bestrafen als denjenigen Täter, der etwa eine Beziehungstat aus konkreten Gründen gegen eine bestimmte Person richtet? Dabei geht es nicht einmal um die Qualität der Tatgründe, sondern darum, dass in ersterem Fall im Prinzip *alle* Menschen bedroht sind, in letzterem »nur« einer oder wenige Menschen. Die *jeden* betreffende Gefahr, immer und überall einem völlig »grundlosen« Angriff ausgesetzt zu sein, scheint insofern präventions- und damit bestrafungswürdiger als die für einen Einzelnen bestehende Gefahr, von einem Mitmenschen aus persönlichen Gründen – und damit möglicherweise auch noch vorbereitet und abwehrbar – angegriffen zu werden. Je mehr Menschen durch eine Tat *potenziell* gefährdet sind, umso schwerwiegender muss die präventionsorientierte Sanktion ausfallen, denn umso größer ist das kumulierte Risiko, da jedes einzelne Mitglied der Gesellschaft Opfer sein könnte. Und umso erheblicher ist der Schaden in Form allgemeiner Furcht und Unsicherheit für die Gesellschaft.

11 Kollektiver Schuldwahn?

Unser gesellschaftliches Leben ist von permanenten Schuldzuweisungen geprägt. Die Lächerlichkeit dieses kollektiven Schuldwahns hat sich gerade in der Coronakrise wieder einmal höchst deutlich gezeigt. Es deuten quasi alle mit dem Finger auf andere und weisen ihnen die Schuld zu dafür, dass alles nicht besser gekommen ist, als es tatsächlich kam. Hemmungslos werden ganze Parteien, Meinungsgruppen oder Institutionen im Nachhinein für schuldig an unschönen Entwicklungen erklärt, obwohl diese im Vorhinein bestenfalls als möglich, keineswegs aber als sicher vorhergesagt werden konnten. Da verwundert es nicht, dass es kaum noch zu gesellschaftsübergreifendem Konsens kommt. Befeuert wird diese Schuldkultur besonders durch die Medien, die ständig neue »Aufreger« brauchen, mit denen sie ihre Adressaten bedienen, um ihre Auflagen- und Quotenziele zu erreichen. Faktisch hetzen sie mit solchen permanenten »Aufregern« unterschiedliche Meinungsgruppen aufeinander – auch wenn sie dies so gelegentlich vielleicht nicht beabsichtigen. Und die Politik versucht durch möglichst griffige Schuldzuweisungsrhetorik, den politischen Gegner kollektiv ins Umfragetief zu drücken. Abgesehen von der generellen Unklarheit eines Schuldbegriffs, der ja möglicherweise nur ein menschliches Artefakt ist, wird dabei gnadenlos über die Möglichkeit hinweggegangen, dass der »beschuldigte« Entscheider

- wie jeder andere Mensch auch nur über begrenzte intellektuelle Fähigkeiten verfügt (statt derer werden dem Betroffenen dann gerne unlautere Absichten unterstellt),

- bei seinen Entscheidungen über Informationen verfügte, die er für richtig hielt bzw. halten durfte/musste und die sich lediglich im Nachhinein als falsch herausstellten,
- aus gegensätzlichen Verlautbarungen von Fachleuten bzw. Wissenschaftlern die »richtigen« selektieren muss, was für ihn als Laien (also z.B. für fast jeden Minister der deutschen Bundesregierung) i.d.R. einem Roulettespiel gleichkommt,
- bestimmte Alternativen möglicherweise gar nicht erst wahrgenommen hat, weil sie ihm nicht »in den Sinn gekommen« sind, da die assoziativen Gedankenketten (siehe 8.1.1) ihn nicht dorthin geführt haben (ja, es geht um die mögliche Unfreiheit unserer Gedanken),
- die Interessen mehrerer Gruppen berücksichtigen musste – und nicht nur die der jeweiligen Beschuldiger,
- für die betreffenden Entscheidungen gar nicht zuständig war und diese auch nicht getroffen hat,
- nur in den allerseltensten Fällen *bewusst* falsche Entscheidung getroffen haben dürfte (wer tut das schon in Anbetracht des zu erwartenden Shitstorms?).
- von Dritten in eine Position gebracht wurde, der er tatsächlich nicht gewachsen ist. Häufig genug reichten »nur« die mentalen Fähigkeiten nicht aus, um zufriedenstellende Entscheidungen zu treffen. Aber wer enthebt sich schon selbst seines Amtes, weil er sich aufgrund realistischer Selbsteinschätzung für nicht ausreichend fähig hält? Liegt die Zuständigkeit für die Fehler von Entscheidern damit nicht möglicherweise grundsätzlich bei denen, die die Entscheider in die betreffenden Positionen gebracht haben? Denn erfahrungsgemäß dürfte diesen eine realistische Einschätzung der Fähigkeiten des jeweiligen Entscheiders eher möglich sein als diesem selbst. War es wirklich richtig, eine ihrer Aufgabe offensichtlich nicht gewachsene deutsche Verteidigungsministerin Lambrecht mit Spott und Häme zu überziehen? Hätten diese nicht richtigerweise derjenigen Person gelten müssen, welche Frau Lambrecht in Verkennung derer Ungeeig-

> netheit in dieses Amt gebracht hat, also dem deutschen Bundeskanzler? Schon in Anbetracht der guten Dotierung und der lebenslangen Rentenansprüche hätten schließlich wohl mehrere Millionen Deutsche das Amt ebenfalls ohne Ansehung ihrer eigenen Fähigkeiten angenommen. Wie lehrt uns ein altes Sprichwort: Der Fisch stinkt am Kopf zuerst.

Bei den Schuldzuweisungen geht es häufig nur darum, dem Grundsatz »aliquid semper haeret« (etwas bleibt immer hängen ...) entsprechend den zum Gegner erklärten Beschuldigten zu desavouieren. Merkwürdigerweise wird von den Dauerbeschuldigern offenbar nicht wahrgenommen, dass breite Teile der Öffentlichkeit die permanenten Schuldzuweisungen kaum noch ernst nehmen. Zumindest die etwas Klügeren wollen einfach nicht einsehen, dass Menschen beispielsweise nur, weil sie der jeweils anderen Partei angehören, schlecht und charakterlos sein sollen, während die Vertreter der jeweils eigenen Partei stets zu den »Guten und Gerechten« gehören. Interessanterweise hat die ehemalige deutsche Bundeskanzlerin sich am allgemeinen Schuldwahn (fast) nicht beteiligt und damit für sich höchst erfolgreich agiert. Offenbar hat sie die Durchschaubarkeit und damit die zunehmende Erfolglosigkeit ständiger Schuldzuweisungen verstanden. Interessant auch, dass diese Erkenntnis sich den allermeisten Politikern – zumindest in Deutschland – trotz Vorbildes von ehemals höchster Stelle offenbar nicht erschlossen hat.

Die Tatsache, dass Schuldzuweisungen darüber hinaus völlig sinnlos sind, wenn die Unfreiheit der menschlichen Entscheidung, der Determinismus und/oder der Kausalismus wahr oder auch nur möglich sein sollten, müssen wir hier sicher ebenso wenig vertiefen wie die Erkenntnis, dass sich dieses Denken – wenn denn überhaupt – vermutlich erst in vielen Jahren allgemein verbreitet haben wird.

Die sogenannte Sündenbocktheorie vertritt ebenso wie der Labeling-Approach die Ansicht, dass die Gesellschaft sich eine Gruppe von Menschen aussucht, um diese als Kriminelle und Asoziale auszugliedern (vgl. hierzu Kolb 2003, 23, Rasch 1999, 146f.). Das klingt zunächst nach Verschwörungstheorie, könnte aber vor dem Hintergrund des allgemein festzustellenden Schuldwahns einen wahren Kern haben. Natürlich hat sich hier niemand verschworen. Aber um eigene Befindlichkeiten zu kompensieren und insbesondere Frust abzubauen, lieben es Menschen, anklagend mit dem Finger auf andere zu zeigen, auf aus ihrer Sicht Unfaire, Bösartige, Kriminelle oder Asoziale. Um sich selbst zu den Guten zählen zu können, brauchen sie den Kontrast zu den angeblich Schlechten. Und den Politikern als Umsetzer des gesellschaftlichen Willens bleibt nichts anderes übrig als diese Vorliebe zu bedienen, wenn sie denn nicht abgewählt werden wollen.

Kaum anders sieht es bei den Medien aus. Aufreger garantieren Umsatz. Worüber kann man sich schon so schön aufregen wie über die Schlechtigkeit anderer Menschen? Sack (1968) vertritt in einem Beitrag zu dem Werk »Kriminalsoziologie« gar die Auffassung, dass die Erteilung von positiven und negativen Wertungen der Aufrechterhaltung der gegebenen Herrschaftsverhältnisse dient. Tatsächlich schafft z. B. die Politik ja gerne »gemeinsame« Feindbilder bis hin zum angeblich kriegerisch zu bekämpfenden Gegner, wenn die Umfragewerte sinken. Parolen wie »Wir müssen zusammenrücken« oder »Gemeinsam sind wir stark« sind in diesem Zusammenhang ja nicht unbekannt.

Zuweilen drängt sich gar der Verdacht auf, dass es nicht wenigen Menschen wichtiger ist, anschuldigend mit dem Finger auf Kriminelle zeigen zu können, als deren Straftaten zu verhindern. Schon vor vielen Jahren habe ich mich gefragt, weshalb die Politik keine öffentliche Kampagne fährt, in welcher Pädophilen Hilfsangebote zur Tatverhinderung, insbesondere durch therapeutische Maßnahmen unterbreitet werden. Erst seit 2005 gibt es das Präventionsnetzwerk »Kein Täter werden«, welches in der Öffentlichkeit unter anderem mit dem Slogan »Lieben Sie Kinder mehr als Ihnen lieb ist?« auf sich aufmerksam macht. Auch die Tatsache, dass man erst so spät auf den Gedanken kam, Menschen, welche bei aller Verabscheuenswürdigkeit ihrer Taten zweifellos »eine schwere Last zu tragen haben«, Hilfsangebote zu unterbreiten, stützt die zugegebenermaßen etwas salopp formulierte These vom »kollektiven Schuldwahn«.

12 Welche Entscheidungen kann Künstliche Intelligenz treffen?

Immer wieder wird in jüngster Zeit – auch in der Literatur – die Befürchtung geäußert, Künstliche Intelligenz (KI) könnte in einem zukünftigen Entwicklungsstadium möglicherweise »eigenständige Entscheidungen« treffen, die letztlich gar gegen den Menschen gerichtet sein könnten. Sie könne sich quasi verselbstständigen und nicht mehr »in den Griff zu bekommen sein«. Eher aus dem Bereich der Science-Fiction stammt die Vorstellung, KI könne sich am Ende eigenmächtig weiterentwickeln, menschliche Strukturen annehmen und gegen den Menschen operieren. Uns interessiert im Zusammenhang dieses Buches natürlich in erster Linie, ob KI Entscheidungen treffen kann – und wenn ja, welche – und ob diese in irgendeiner Weise losgelöst vom menschlichen Einfluss denkbar sind.

Der Begriff der Künstlichen Intelligenz wird aktuell geradezu inflationär benutzt, ohne dass die meisten Menschen überhaupt sagen könnten, was Künstliche Intelligenz denn nun genau sein soll. Bei dieser Frage ist der Versuch einer Ableitung aus dem Begriff selbst wenig hilfreich. Denn zweifelsohne ist eine Vorrichtung, die 1 + 1 zusammenzählen kann, bereits (wenn auch nur in geringem Maße) intelligent und auch künstlich in dem Sinne, dass eine solche in der Natur nicht vorkommt. Aber das kann mit KI natürlich nicht gemeint sein. Befreundete Informationstechniker klärten mich auf, dass es sich wohl um ganz besonders leistungsfähige Soft- und Hardware handele. Aber das taugt natürlich auch nicht zu einer Definition, denn dann würde sich die Künstliche Intelligenz von der übrigen IT nur quantitativ, nicht aber qualitativ unterscheiden. Auf der Suche nach einer möglichst allgemeingültigen Definition bin ich auf einen m. E. in sich vergleichsweise stimmigen Beitrag von Jann Raveling (2022) gestoßen: Zunächst konzediert er, dass der Begriff »schwer eindeutig zu klären« sei und sich grundsätzlich sagen lasse, »dass es eine allgemeingültige Definition von Künstlicher Intelligenz nicht gibt …«. Dem entsprechen in etwa die Ergebnisse meiner Recherchen, wonach es der IT-Branche wohl am ehesten darum geht, mit einem neuen Begriff einen neuen Hype auszulösen … So schreibt denn der Chip-Redakteur Markus Mandau (2023, 16): »Künstliche Intelligenz wandelt als Schreckgespenst und Verheißung unter uns. Dabei gibt es sie gar nicht.« Jedenfalls dürfte ein qualitativer Unterschied zur übrigen IT kaum auszumachen sein …

Ravelings Versuch, die Künstliche Intelligenz vom Rest der IT abzugrenzen, kann man in etwa wie folgt zusammenfassen:

Die Künstliche Intelligenz kann mithilfe sehr komplexer Algorithmen Probleme lösen, deren Lösungswege sie vorher selbstständig erlernt hat. Üblicherweise schreibt ein Programmierer Codes, die aus einem Satz an beliebig komplexen Anweisungen bestehen: »Wenn dies, dann das …« Im Falle Künstlicher Intelligenz gibt der Programmierer nicht mehr jeden einzelnen Schritt vor, er schreibt stattdessen einen Algorithmus, der selbstständig in der Lage ist, diese Schritte zu erstellen, indem er »lernt«. Als Beispiel hierfür nennt Raveling die Bilderkennung. Danach kann kein Programmierer der Welt einen Satz an Anweisungen schreiben, der immer erkennt, wie eine bestimmte Person aussieht, ganz gleich ob das Foto nachts, am Strand oder im Auto aufgenommen wurde, weil er dafür alle denkbaren Fälle im Vorhinein kennen und mühsam eingeben müsste. Die Künstliche Intelligenz dagegen kann aus einer Anzahl an vorhandenen Bildern lernen, wie die betreffende Person aussieht, diese Regel dann auf neue Bilder übertragen und die Person erkennen. Eine Künstliche Intelligenz ist also in der Lage, mit ihr bis dato unbekannten Daten umzugehen, Muster zu finden oder Handlungen daraus abzuleiten. Sie lernt eigenständig aus den ihr vorliegenden Daten, meist aus dem Internet.

Ich denke, die Beschreibung vermittelt uns eine ganz brauchbare Vorstellung davon, was Künstliche Intelligenz sein soll, aber das *eine* Unterscheidungskriterium schlechthin scheint es nicht zu geben. Konnten die von Amazon verwendeten Programme nicht schon immer aus der häufigen Bestellung eines bestimmten Haarshampoos »lernen«, dass ich eine Vorliebe für dieses Shampoo habe und mir eher häufig die Haare wasche, woraus sie bestimmte Kaufempfehlungen für mich ableiteten, ohne dass hierfür eine gesteigerte, qualitativ andere Form von IT erforderlich war? Für unsere Fragestellung aber wesentlicher: Die KI »lernt« eigenständig aus den ihr vorliegenden Daten – was sie lernt und wie sie lernt, wird dabei aber vom Menschen vorab festgelegt, indem dieser die KI entsprechend designt. Der Mensch programmiert die KI, die KI lernt jedoch eigenständig, *wie* sie die ihr einprogrammierte Aufgabe ausführt. Selbstverständlich wird auch der »Lernteil« der Programmierung durch den Menschen erstellt und nicht etwa durch das Programm selbst. Ja, die KI kann Entscheidungen treffen, die Entscheidungsregeln bestimmt jedoch nach wie vor der Mensch. Sie kann lernen und auf Grundlage des Gelernten Entscheidungen treffen, aber was und wie sie es lernt, bestimmt ebenfalls nach wie vor der Mensch. Von freien Entscheidungen kann bei der KI also keine Rede sein und dies wird wohl auch sehr lange noch so bleiben. Es ist wie beim menschlichen Gehirn: Was hinten herauskommt, wird dadurch bestimmt, was vorne eingegangen ist, nachdem es durch die aktuelle (und insoweit festgelegte) Struktur des jeweiligen Apparates in einer bestimmten Weise be- oder verarbeitet wurde. KI hat kein Bewusstsein, keine Bedürfnisse, keine Gefühle und wird insofern immer nur ein Instrument des Menschen bleiben. Sie kann zwar unvorhergesehene Entscheidungen fällen, aber nur wenn bzw. weil die vom Menschen selbst erstellte Programmierung in ihrer Komplexität am Ende nicht mehr von ihm selbst durchschaut wird. Unvorhersehbar sind die Entscheidungen der KI jedoch trotzdem nicht, man muss sie nur durch sie selbst vorausberechnen lassen …

13 Unser Leben in einer Welt ohne Entscheidungsfreiheit

Ich weiß nicht, wie es Ihnen gegen Ende dieses Buches geht, aber ich habe keine Quelle mit überzeugenden Argumenten dafür ausmachen können, dass es eine menschliche Entscheidungsfreiheit gibt. Auch haben weder die Analyse des menschlichen Entscheidungsprozesses noch die Entscheidungstheorie Ansatzpunkte für eine Freiheit der menschlichen Entscheidung aufgezeigt. Etliche Theorien, insbesondere die des Determinismus und die Kausaltheorie, sagen uns ebenso wie die Analyse des Entscheidungsprozesses, dass es eine menschliche Entscheidungsfreiheit nicht gibt, ohne dass dies wirklich überzeugend widerlegt worden wäre. Ob die Unfreiheit der menschlichen Entscheidung damit am Ende wissenschaftlich bewiesen ist, hängt davon ab, welche Anforderungen man an einen »Beweis« stellt. Ginge man von der – unwissenschaftlichen – These aus, dass bewiesen ist, was nicht widerlegt ist, könnte man die Unfreiheit der menschlichen Entscheidung wohl als »bewiesen« ansehen. Stellt man höhere, wissenschaftlichen »Standards« entsprechende Anforderungen, ist dieser Beweis wohl nicht zu führen. Dies hat natürlich auch damit zu tun, dass es grundsätzlich schwieriger (wenn nicht in vielen Fällen unmöglich) ist, die Nichtexistenz von etwas zu beweisen als die Existenz von etwas. Aber Überzeugungen benötigen nicht immer wissenschaftliche Standards, um sich Zugang in unsere Köpfe zu verschaffen. Oft reicht es, dass sehr viel mehr für etwas Bestimmtes als dagegen spricht. Und so verhält es sich m. E. bei der Diskussion um die Existenz oder Nichtexistenz der menschlichen Entscheidungsfreiheit.

Lassen Sie uns abschließend der Frage nachgehen, welche Konsequenzen es für uns Menschen hätte, wenn die Überzeugung von der Unfreiheit der menschlichen Entscheidung Einzug in unsere Köpfe halten würde, was m. E. aufgrund der vorliegenden Argumentationslage durchaus mit einiger Arbeit zu bewerkstelligen wäre – vielleicht noch nicht heute, sondern irgendwann in der Zukunft. Ohne dass uns dies so vielleicht bewusst ist, dominieren Schuldzuweisungen nicht nur die Politik und die Medien, sondern tatsächlich unser alltägliches Zusammenleben. Allein in einer x-beliebig ausgewählten Tageszeitung habe ich heute 63 »Schuldzuweisungen« ausmachen können, was natürlich kein statistisch relevanter Wert, sondern eine willkürliche Momentaufnahme ist, die aber wohl die meisten aus ihren Erfahrungen heraus als nicht untypisch ansehen dürften.

Natürlich darf der Verzicht auf Schuldzuweisungen nicht den Verzicht auf Aufdeckung von Verantwortlichkeiten im Sinne von ursächlichem Handeln bedeuten. Wer einer Aufgabe offenbar nicht gewachsen ist, muss selbstredend Platz machen für einen, der es ist, und einen Aufgabenbereich annehmen, den er zur eigenen Zufriedenheit und der seiner Mitmenschen auszufüllen vermag. Aber dafür bedarf es selbstredend keiner Schuldzuweisung, sondern lediglich einer sauberen Ursachenanalyse. Wird man nicht zu Recht annehmen dürfen, dass der Überforderte ohne Schuldzuweisungen viel eher bereit sein wird, seinen Platz für einen nicht Überforderten zu räumen? Schließlich führt doch fast jede Schuldzuweisung beim jeweils Beschuldigten zu Abwehrmechanismen.

Unabhängig hiervon würde es selbstredend keine leichte Aufgabe sein, die Gesellschaft aus ihrem »kollektiven Schuldwahn« zu befreien. Zu sehr haben wir uns daran gewöhnt, Schuld hin- und herzuschieben, immer mit dem Ziel, selbst zu den Unschuldigen und damit zu den Guten zu gehören. Die Entrüstung über die Schuld der anderen erhebt uns (vermeintlich) über diese. Darauf muss man erst einmal verzichten wollen …

Unsere ganze gegenseitige Erziehung – nicht nur die unserer Kinder – basiert im Wesentlichen auf Gut und Böse und damit impliziter auf der Unterstellung menschlicher Entscheidungsfreiheit. Aber wenn eine Erziehung unserer Kinder nicht ohne Gut und Böse möglich ist – wovon ich aus eigener leidgeprüfter Erfahrung zutiefst überzeugt bin –, wie wollen wir ihnen dann gegenübertreten, wenn sie fortgeschrittenen Alters darüber aufgeklärt werden, dass es eine menschliche Entscheidungsfreiheit und damit Schuld wie auch Gut und Böse nicht gibt? Sollen wir ihnen sagen, dass wir sie die ganze Zeit nur aus erzieherischen Gründen »veralbert« haben?

So schwer die Aufgabe einer Vermittlung der (möglichen) Nichtexistenz menschlicher Entscheidungsfreiheit auch zu bewerkstelligen wäre, bin ich davon überzeugt, dass die rasante mentale Entwicklung in den freien Gesellschaften dieser Welt zwangsläufig irgendwann zu einem kollektiven Erkenntnisgewinn in Sachen Entscheidungsfreiheit führen wird. Auch wenn quasi alle versuchen, alle zu manipulieren, und Politik und Medien hier naturgemäß am längeren Hebel sitzen, werden unsere Gedanken tendenziell doch immer »freier«, vorbehaltloser und vermutlich auch intelligenter, selbst wenn Anfang der 2020er-Jahre wohl zunehmend ideologiegetriebene, auf unqualifiziertem Gutmenschentum basierende Denkverbote Einzug in die westlichen Demokratien halten.

Auf der anderen Seite wurden noch vor wenigen Jahrzehnten bestimmte »abnorme« sexuelle Ausrichtungen geächtet. Welchen riesigen mentalen Sprung haben wir da bis heute gemacht, wo penibel auf die Wahrung der Rechte aller geschlechtlichen Ausrichtungen geachtet wird, solange durch diese kein Dritter Schaden nimmt. Dem gegenüber steht, dass heutzutage im TV mindestens jeder zweite Spielfilm ein Krimi ist, an dessen Ende zur Zufriedenstellung der Zuschauerschaft regelmäßig das Gute gewinnt und das Schlechte verliert. Ich schaue mir diesen Unsinn schon lange nicht mehr an, weil ich weiß, dass der Böse sich auch nicht selbst gemacht hat und weil ich es unerträglich finde, wie »Herr Krimissar« sich gewöhnlich als hochamtlicher Vertreter des Guten und der vermeintlichen Gerechtigkeit geriert. Und natürlich fragt in den allermeisten Filmen niemand, *weshalb* der Böse so wurde, wie er ist, was vielleicht die einzige interessante Fragestellung wäre. Aber all das ist sicher im Vergleich zur allgemeinen Entdiskriminierung »abnormer« Sexualität nur ein kleiner Rückschritt.

Fragen wir uns also, wie die Welt aussehen würde, wenn sich die Überzeugung von der Unfreiheit der menschlichen Entscheidung – vielleicht irgendwann einmal – durchsetzen würde. Dabei gehen wir *rein fiktiv* davon aus, dass es tatsächlich keine Entscheidungsfreiheit gibt und sowohl der Determinismus wie auch der Kausalismus wahr sind.

Da die positiven Auswirkungen einer solchen neuen Sozialphilosophie sowohl dem *Einzelnen* wie auch der *Gesellschaft insgesamt* zugutekommen und beides in Wechselbeziehungen zueinander steht, habe ich diesbezüglich nachfolgend nicht weiter differenziert. Denn was dem Individuum nützt, nützt auch der Gesellschaft und umgekehrt ...

Wenn wir abschließend fragen, welche Auswirkungen eine Unfreiheit der menschlichen Entscheidung auf unser Leben hat bzw. hätte, müssen wir natürlich auf bisher gewonnene Erkenntnisse zurückgreifen bzw. Bezug nehmen, sodass Ihnen manches bekannt vorkommen wird. Nachfolgend geht es also um eine zusammenfassende Darstellung gewonnener Erkenntnisse in Bezug auf unser Leben.

13.1 Mitmenschlicher Umgang

Wenn wir die Überzeugung haben, dass es eine menschliche Entscheidungsfreiheit nicht gibt, sind negative Gefühle wie Wut, Ärger oder gar Hass gegenüber unseren Mitmenschen sinnlos. Bekanntlich entstehen solche Gefühle durch Handlungen anderer Menschen, die uns – zu Recht oder zu Unrecht – nicht passen, in der Regel, weil wir unsere eigenen Interessen tangiert sehen. Wenn der andere jedoch seine jeweilige Handlung nur so und nicht anders entscheiden konnte, weil es keine Entscheidungsfreiheit gibt, dann entbehren auch durch die Tat bedingte negative Gefühle gegenüber dem anderen bereits jeder sachlichen Grundlage. Da Wut, Ärger und Co. unsere Lebensqualität verschlechtern, weil sie uns Lebensfreude und Energie kosten und darüber hinaus unsere mentalen Fähigkeiten beeinträchtigen, ist der Verzicht hierauf ein klarer Gewinn.

Das klingt zunächst einmal sehr theoretisch und gelingt natürlich nicht über Nacht. Zumindest in einer Anfangsphase muss man sich regelmäßig darin üben, seinen Mitmenschen nicht Schuld und Verantwortlichkeiten im Vorwurfssinne zuzuschreiben. Aber aus eigener Erfahrung darf ich Ihnen versichern, dass das tägliche »Training« rasch zu Erfolgen führt und man ohne die negativen Gefühle gegenüber seinen Mitmenschen wunderbar lebt. Hilfreich ist es in diesem Zusammenhang auch, wenn man sich die – in der Regel selbstverständlich nur vermutbaren – Gründe für die unliebsamen Entscheidungen und damit Handlungen der anderen bewusst macht. Ist etwa die gegen Sie gerichtete Handlung eines anderen (vermuteterweise) auf Neid begründet, dann machen Sie sich klar, dass die Gründe der Gründe usw. hierfür nicht bei Ihrem Gegenüber liegen und sein Verhalten gründebedingt ein zwangsläufiges ist. Machen Sie sich klar, dass Sie die Gründe nicht einmal ansatzweise kennen müssen, weil Sie bereits auf abstrakter Ebene erkannt haben, dass es jedenfalls die Gründe – egal welche – sind, die sein Entscheiden und Handeln determinieren. Abgesehen davon ist der Neider in erster Linie zu bemitleiden, ist doch der Neid alles andere als eine glücksbefördernde Eigenschaft.

Über diesen lebensverbessernden Ansatz eines gründebasierten Verständnisses habe ich in den vergangenen Jahren mit nicht wenigen Menschen gesprochen, wie ich es mit fast allen (vermeintlichen) Erkenntnissen dieses Buches getan habe, um ein Feedback und damit vielleicht weitere Erkenntnisse zu erhalten. Die einen haben diesen Ansatz sofort verstanden und mit der Umsetzung begonnen. Andere haben sich weiter aufgeregt und sinngemäß etwa erwidert: »Ja, aber er hat doch bewusst gegen mich …« und dann folgten regelmäßig die vorwurfsbelasteten Schuldzuweisungen, von denen genau ich abzulassen geraten hatte. Es hat mir gezeigt, wie schwer es sein kann, von »lieb gewonnenen« Verhaltensweisen abzulassen, selbst wenn diese am Ende gegen uns selbst gerichtet sind.

Ein weiterer Vorteil der emotionalen Reduktion auf der Basis der Erkenntnis, dass Menschen unfrei entscheiden und sich verhalten, ist der, dass wir ohne emotional bedingten Adrenalineinschuss in Konfliktsituationen rationaler und besser argumentieren sowie generell das eigene Verhalten positiv im Sinne von »erfolgsorientierter« steuern können. Mein diesbezügliches Credo heißt: »Ich arbeite die Konfliktsituation emotionslos wie ein Computer ab«, vernachlässige dabei aber natürlich nicht die emotionale Zuwendung zu meinem Gegenüber. Dies ist mir in vielen Verhandlungen, die ich für meine Mandanten und auch mich führen durfte, zugutegekommen. Es bedeutet natürlich nicht, dass wir auch auf den Einsatz *positiver* Emotionalität verzichten sollten. Im Kontext einer positiven Grundeinstellung gegenüber unseren Mitmenschen bleiben Komplimente, Lob oder Anerkennung wichtige Elemente in jeder Verhandlungs- bzw. Konfliktsituation. Allerdings, wenn wir uns auch nur einmal in einer konfliktären Situation negativ emotionalisiert haben, haben wir den Einsatz dieser Elemente in aller Regel verspielt. Denn Lob, Anerkennung & Co. wirken dann alles andere als glaubwürdig. Zudem ist ein negativ emotionalisiertes Gegenüber bekanntlich nur schwer wieder »einzufangen« …

Das »Verstehen« unseres Kommunikationspartners bedeutet natürlich nicht, dass wir auf sachliche Kritik verzichten sollten. Sachliche Kritik muss selbstredend »auf den Tisch«, wenn Probleme gelöst werden sollen, – nur muss die Kritik (und damit verrate ich Ihnen vermutlich nichts Neues) klug vorgetragen werden und vor allem ist auf jegliche Art von Vorwurf zu verzichten, um den Verhandlungserfolg nicht zu gefährden. Allzu oft werden diese Differenzierungsmaximen ignoriert und es wird auf sachliche Kritik verzichtet – aus Furcht, den anderen hiermit zu »beleidigen«. Dazu gibt es nur einen Kommentar: Es ist alles eine Frage des Vortrages. Kommunikativ geht »verdammt viel«. Eine sorgfältige mentale Vorbereitung, insbesondere Planung des Gesprächs ist dabei stets hilfreich.

Schwierig wird eine nicht emotional belastete Reaktion häufig, wenn wir *unvorbereitet* und/oder unerwartet in die jeweilige konfliktäre Situation »geworfen« werden. Dann kommen die »Wölfe, die wir einmal waren« zum Durchbruch, selbst wenn wir sehr gut verstanden haben, dass negative Emotionen sinnlos, letztlich nur gegen uns selbst gerichtet sind und unser Gegenüber (knapp formuliert) »sich nicht selbst gemacht hat«. Dann reagieren wir häufig ohne jede vorherige Reflexion quasi im Affekt. Dem lässt sich am besten durch beharrliche Eigen-Vorprogrammierung begegnen. Probieren Sie es aus, es funktioniert.

Natürlich machen Ärger, Wut & Co. auch ohne den Rückgriff auf die nicht gegebene menschliche Entscheidungsfreiheit keinen Sinn, denn sie haben noch nie etwas besser, vieles dafür aber schlechter gemacht. Gelassene Verhaltensweisen lassen sich in dem Bewusstsein der Nichtexistenz der menschlichen Entscheidungsfreiheit allerdings bedeutend leichter realisieren.

Um eine solche Gelassenheit zu erreichen, ist es nicht einmal unbedingt notwendig, von der Determiniertheit unseres Entscheidens und damit unseres Verhaltens überzeugt zu sein. Es reicht schlichtweg, diese für möglich zu halten. Denn warum sollte man sich quasi »prophylaktisch« über das Entscheiden und Verhalten anderer Menschen in Gefühlswallungen versetzen lassen, wenn diese auch nur *möglicherweise* nicht die letzten Herren ihrer Entscheidungen, ihres Verhaltens sind?

Auch wenn wir das Thema der Gelassenheit im Umgang mit unseren Mitmenschen hier nur kurz behandeln, so geht es doch möglicherweise um den für die »Lebensbewältigung« möglicherweise wichtigsten Erkenntnisgewinn, den wir für uns aus der (gegebenenfalls auch nur für möglich gehaltenen) Determiniertheit der menschlichen Entscheidungen ziehen können. Die Erkenntnis hilft uns nicht nur dabei, selbst im Umgang mit unseren Mitmenschen gelassen zu bleiben. Sie hilft uns auch, diesen mit Verständnis im wahrsten Sinne des Wortes zu begegnen, weil wir nämlich verstehen, was deren Entscheidungen ausmacht: eine Freiheit, die wir alle fühlen, aber (vermutlich) tatsächlich nicht besitzen. Wäre es nicht ein enormer Gewinn an – nicht nur eigener – Lebensqualität, wenn wir unseren Mitmenschen in konfliktären Situationen mit tatsächlichem, ehrlichem Verständnis und damit unverminderter Zuneigung begegnen könnten? Das impliziert selbstverständlich nicht, dass wir in der Sache nicht durchaus bei unseren Zielen bleiben, nur eben erfolgreicher.

13.2 Glück und Gesundheit

Es liegt auf der Hand und ist medizinisch inzwischen unbestritten, dass ein an negativen Emotionen armes Leben nicht nur ein glücklicheres, sondern auch ein gesünderes ist, schon wegen der hiermit verbundenen geringeren Adrenalinausschüttungen. Wer auf negative Emotionen seinen Mitmenschen gegenüber verzichten kann, ist damit jedenfalls auch gesundheitlich schon einmal auf dem richtigen Weg. Ein bekanntes psychologisches Credo ist, dass diejenigen Menschen am glücklichsten sind, die die wenigsten negativen Gefühle haben – eine These, die kaum beweisbar ist, aber »gefühlt« durchaus richtig sein könnte.

Auch ist die soziale Einbindung für den Menschen ein wesentlicher Glücksfaktor. Und wer im Bewusstsein nicht existenter Entscheidungsfreiheit auf negative Emotionen gegenüber seinen Mitmenschen verzichten kann, torpediert seine soziale Einbindung nicht, sondern befördert sie.

13.3 Nachsichtigkeit

Das Wissen darum, dass menschliches Entscheiden und Handeln nicht – oder zumindest möglicherweise nicht – frei ist, versetzt uns in die Lage, nachsichtig zu sein. Dass Nachsichtigkeit neben der sozialen Einbindung auch den »inneren Frieden« befördert, darf als bekannt vorausgesetzt werden. Ein geflügeltes Wort lautet: »Alles verstehen, heißt alles verzeihen.« Wenn wir verstehen, dass das Verhalten unserer Mitmenschen und die diesem zugrunde liegenden Entscheidungen (möglicherweise) nicht frei sind, befähigt uns dies auch, zu verzeihen. Besser noch: Wer aus guten Gründen gar nicht erst »übelnimmt«, muss anschließend nicht verzeihen ...

Das »Verstehen« ist dabei ein durchaus zuweilen anstrengender, analytischer Denkprozess, ein »Sich-mit-den-Dingen-Auseinandersetzen«, der keine besondere Intelligenz, wohl aber eine mentale Offenheit voraussetzt.

Anhand eines fiktiven Dialoges möchte ich Ihnen gerne demonstrieren, wie rational begründete Nachsichtigkeit aussehen kann. Der Hintergrund: Ein Arzt hatte eine Operation an A unbestritten fehlerhaft durchgeführt. Daraufhin hatte A den Arzt u.a. auf einen bestimmten Schadensersatzbetrag verklagt. Dazu muss man erwähnen, dass A durchaus vermögend ist und der Betrag, um den es ging, letztlich für ihn keinerlei Bedeutung hatte. B fragte A also, weshalb er sich diesen Prozess um einen für ihn bedeutungslosen Betrag antue, der ihn letztlich nur Lebenszeit koste und den Operationsfehler nicht rückgängig machen könne.

A: »Der Arzt hat einen Fehler gemacht und ich möchte ihm dafür einen Denkzettel verpassen.«
B: »Aber von einem solchen Denkzettel würdest du doch in keinster Weise profitieren, da du aller Voraussicht nach diesen Arzt nie wieder konsultieren wirst. Und für zukünftige Patienten dieses Arztes, die du nicht kennst, wirst du es vermutlich auch nicht machen, so wie ich dich kenne.«
A: »Das stimmt. Aber für seine Fehler muss man einstehen.«
B: »Aber im Leben eines jeden Menschen kommen Fehler vor. Du gehst doch wohl nicht davon aus, dass der Arzt diesen Fehler absichtlich begangen hätte?«
A: »Nein, das nicht, aber er hat diese Operation vorgenommen, obwohl er sie offenbar nicht richtig durchführen konnte.«
B: »Ja, das wissen wir alle jetzt im Nachhinein, aber wenn er es tatsächlich von vornherein gewusst hätte, hätte er die Operation wohl kaum durchgeführt, schließlich will sich niemand – sieht

man einmal von moralischen Bedenken ab – mit dem Strafrecht und mit Schadensersatzfragen herumplagen. Und schließlich besitzt der Arzt eine fachärztliche Zulassung, die ihm bescheinigt, dass er gelernt hat, solche Operationen durchzuführen und dass er dies auch darf. Aus seiner Sicht war er also durchaus in der Lage und berechtigt, die Operation durchzuführen. Aber Menschen leiden halt gelegentlich unter falscher Selbsteinschätzung, du übrigens auch …«

A: »Dann hätte man ihm eben die fachärztliche Zulassung nicht erteilen dürfen, wenn er sowas nicht kann …«

B: »Dann reden wir also jetzt schon immerhin nicht mehr über die Verantwortlichkeit deines Arztes, sondern über die der Zulassungsbehörde.«

A: »Ja, meinetwegen …«

B: »O. k., wir sind uns aber, denke ich, einig darüber, dass man jede ärztliche Ausbildung noch weiter ausdehnen und die Zulassungsvoraussetzungen immer weiter erhöhen könnte. Dies würde zwar tendenziell zu einer Qualitätssteigerung, zwangsläufig aber auch zu einer geringeren Anzahl verfügbarer Ärzte zu höheren Kosten führen. Je nach Stringenz dieser Anforderungen wärst du vielleicht erst in drei Monaten oder möglicherweise gar nicht behandelt worden. Ist dir nicht klar, dass eine ›exzessive‹ Qualitätssicherung zwangsläufig dazu führt, dass wegen Ärztemangels dann viele Patienten zu spät oder gar nicht mehr behandelt werden könnten? Der Staat muss doch die Ausbildungsanforderungen einerseits so hoch festlegen, dass die Ärzte ausreichend qualifiziert sind, es andererseits jedoch zu keinem Personalmangel kommt. Und dabei hat die Zulassungsbehörde einen weiten Spielraum, denn leider gibt es kein objektivierbares ›Mittelmaß‹, keinen objektiv ›richtigen‹ Ausbildungsstand für die ärztliche Ausbildung und Zulassung. Bei allem Bedauern für den misslungenen Eingriff – ich sehe es eher so, dass deine Klage Ventil für ein unreflektiertes Vergeltungsbedürfnis gegenüber dem Arzt ist.«

Weitere denkbare Argumente beider Seiten nehme ich gerne auf unserem Forum auf *lothar-hergarten.de* entgegen.

13.4 Neid

Wer neidisch ist, kultiviert damit ein negatives Gefühl, welches in erster Linie gegen ihn selbst gerichtet ist. Denn Neid beeinträchtigt bekanntlich das eigene Lebensgefühl. Ist man schlau genug, befasst man sich lieber mit der Bewerkstelligung eigener Erfolge als mit den beneideten Erfolgen anderer. Wer dennoch Neid in sich spürt, übt sich am besten in deterministischer Denkweise: Wenn der gesamte Weltenlauf ohnehin naturgesetzlich vorbestimmt ist, ist man dann nicht am besten beraten, sich dem zu fügen, was ist und nur so werden konnte, wie es ist? Ob das mit Fatalismus zu tun hat, werden wir weiter unten noch zu erörtern haben. Jedenfalls bedeutet es nicht, dass man nicht sein eigenes subjektives Freiheitserleben genießen und im Sinne der bestmöglichen Erreichung seiner Ziele ausleben sollte.

13.5 Religion

Wer an den Determinismus allgemein und an die Unfreiheit der menschlichen Entscheidung im Speziellen glaubt, kann wohl nicht im konventionellen Sinne religiös sein. Stier (2014, 155), der sich ebenfalls mit den denkbaren Konsequenzen des Determinismus und nicht existenter Entscheidungsfreiheit für unser Leben befasst hat, schreibt zu diesem Thema:

»[…] Gott ist Determinist. Das muss er auch sein, denn sonst könnte er nicht wissen, was ich morgen tun werde. Wäre ich nicht determiniert, dann wäre noch völlig ungewiss, ob ich morgen zum Frühstück Kaffee oder Tee trinke. Weil Gott aber allwissend ist, ist ihm das bekannt. Das ist aber nur möglich, wenn es jetzt schon feststeht.« Dem wäre noch Folgendes hinzuzufügen: Wenn es jetzt schon feststeht, kann der Mensch es nicht mehr frei entscheiden und was er tut, aber nicht frei entscheiden konnte, kann nicht Sünde sein. Damit wären alle Religionen, die die menschliche Entscheidung mit dem »Instrument« der Sünde steuern wollen, ad absurdum geführt.

Stellt diese atheistische, kaum zu widerlegende Sicht nun eine Bereicherung oder eine Verarmung unseres Lebens dar? Wohl beides: Es nimmt einerseits die Sündenfurcht und reduziert andererseits die Hoffnung auf eine himmlische Belohnung guter Taten sowie die – ohnehin fragwürdige – Hoffnung auf ein »ewiges Leben«.

In diesem Zusammenhang möchte ich Ihnen nicht vorenthalten, wie Theologen – in diesem Fall Andreas Klein, Professor der Theologie an der Universität Wien – sich dem Thema gelegentlich nähern (Klein 2012, 125):

»Die Frage stellt sich ja, ob etwas, das für uns in der Zukunft liegt, auch für Gott ein zukünftiges Ereignis darstellt. Eher wird man sagen müssen, dass für Gott Vergangenheit, Gegenwart und Zukunft gleichzeitig und für Gott alle Zeiten gleich gegenwärtig sind [...]. Zudem muss noch einmal festgehalten werden, dass ein Vorauswissen oder Vorhersehen als solches das künftige Ereignis nicht hervorbringt. Darum ist ein Vorhersehen prinzipiell kein Einwand gegen Willensfreiheit.« Wenn man dem folgen kann ... Selbstverständlich bringt ein Vorauswissen keine Ereignisse hervor, aber das ändert ja nichts daran, dass ein Vorauswissen nur möglich ist, wenn die künftigen Ereignisse bereits feststehen.

Einen Nachteil deterministischer Denkweise darf man in diesem Zusammenhang natürlich nicht unterschlagen: Wer sich aus dieser heraus von den Religionen distanziert, verzichtet dementsprechend auch auf den schönen Glauben an die »göttliche Vorsehung«, an die lebensverbessernde Wirkung von Gebeten oder die Illusion (?), dass Leid und Opfer auf Erden mit einem besseren Leben im Jenseits vergolten werden. Wer an einen Gott glauben kann, ist zweifellos aus diesem Grund glücklicher, aber aus anderen daraus für sein Leben folgenden Konsequenzen möglicherweise unglücklicher ... Zu entscheiden gibt es hier allerdings kaum etwas: Einen noch so schönen

Glauben wird man kaum aufrechterhalten können, wenn die Ratio subjektiv gegen diesen steht. Der Glaube heißt halt Glaube, weil er von Glauben kommt und nicht von Wissen.

13.6 Liebe, Dankbarkeit & Co.

Stier (2014, 158 ff.) treibt – zu Recht – die Sorge um, dass das »Wissen« um den Determinismus und die nicht gegebene Entscheidungsfreiheit zwar die oben angesprochenen negativen Gefühle eliminieren, aber leider auch die positiven Gefühle gegenüber unseren Mitmenschen entwerten könnte. Wozu sollte man dankbar sein, wenn »mir niemand freiwillig hilft, sondern von der Natur dazu gezwungen wurde?« (Stier 2014, 158). Obwohl Stier selbst an den Determinismus und die Unfreiheit der menschlichen Entscheidung glaubt, führt er weiter aus: »Wenn der Determinismus den Tatsachen entspräche, liefen wir durch eine kalte Welt voller Automaten, denen die Natur dann und wann ein verlogenes Lächeln aufsetzt.« Mit der Frage »Wer fände einen freundlichen Menschen weniger sympathisch, nur weil er weiß, Freundlichkeit ist ein Produkt seiner Erziehung?« (Stier 2014, 159) präsentiert er aber auch gleich die Gegenposition.

Die generelle Antwortformel lautet: Sollten wir uns unsere positiven Gefühle nehmen lassen, nur weil unsere Ratio uns sagt, dass sie einer *sachlichen* Grundlage entbehren? Zu einem glücklichen Leben gehört wohl, dass wir das Positive bewahren – egal wie »unsinnig« es sein mag – und nach allen Möglichkeiten suchen, die uns das Negative vermeiden und gelegentlich auch ignorieren lassen. Der höchst oberflächliche und informativ in keiner Weise bereichernde »nette Plausch« über das Wetter, den Menschen miteinander führen, befördert offenbar ihr Glück, sonst würden sie ihn nicht führen. Warum sollte man daran etwas ändern? Sollte man den Dank, der dem sich Bedankenden wie dem Dankesempfänger offenbar guttut, »abschaffen«, nur weil die ihm zugrundeliegenden Handlungen unfrei und determiniert sind? Wenn die Ratio möglicherweise in der Lage ist, unseren religiösen Glauben subjektiv »ad absurdum zu führen«, bedeutet dies noch lange nicht, dass sie auch unsere positiven Gefühle im Umgang mit unseren Mitmenschen eliminieren muss. Denn als Nutzenmaximierer sind wir viel zu egoistisch, als dass wir bereit wären, auf positive soziale Gefühle zu verzichten – selbst wenn unsere Ratio uns sagen sollte, dass diese »unbegründet« seien. Tatsächlich kann man offenbar auch ohne religiösen Glauben gut durchs Leben kommen, ohne einen positiven Umgang mit seinen Mitmenschen dagegen wird es eng …

Ähnlich sieht es mit der »Liebe« aus, welche Gefühle auch immer man mit diesem Begriff assoziiert. In einem Diskussionsforum im Internet wurde die Frage gestellt: »Was wäre die Liebe ohne Willensfreiheit?« (Experience Project 2013, 2016 eingestellt). Hier die interessantesten Antworten:

- »Nichts … Willensfreiheit ist es, die Liebe wertvoll macht.«
- »Dasselbe wie jetzt: ein Muster neuronaler Signale.«
- »Sie würde nicht existieren, denn wir wären Sklaven.«
- »Eine Attrappe.«
- »Dasselbe, habt ihr noch nie gehört, dass man sich nicht aussucht, in wenn [sic!] man sich verliebt?«
- »Sklaverei.«
- »Schicksal.«
- »Strafe.«

Wenn diese Meinungen auch nicht repräsentativ sind, so war die Mehrzahl der Befragten doch offenbar von der Überzeugung getragen, dass ohne Entscheidungsfreiheit Liebe nicht existieren könne, zumindest aber »wertlos« sei. Dies zeigt zum einen natürlich, welche enormen Hürden zu überwinden sind, wenn man die Menschen von einer Nichtexistenz menschlicher Entscheidungsfreiheit überzeugen will. Die diesbezügliche Akzeptanzbereitschaft scheint äußerst gering zu sein, offenbar schon deshalb, weil man sich mit den vermeintlichen Konsequenzen nur ungerne anfreunden möchte. Zum anderen zeigen uns diese Antworten, dass Liebe und Kausalitätsüberlegungen offenbar von nicht wenigen als unvereinbar angesehen werden. Dennoch gilt auch hier: Wenn wir positive Gefühle genießen können, warum sollten wir sie uns dann durch »Argumente« wie den Determinismus kaputtmachen lassen? Natürlich müssen wir uns Argumenten öffnen, um die Welt besser verstehen zu können, aber das bedeutet ja nicht, dass wir ihnen eine zerstörerische Kraft zubilligen müssen. Haben wir nicht immer schon gewusst, dass Liebe im allgemein verstandenen Sinne mit der Ausschüttung von Hormonen, mit neuronalen Signalen, und gegebenenfalls mit Körperlichkeit zu tun hat? »Liebe [hat] letztlich wohl rein physische Grundlagen« (Stier, 2014, 166). Kennen Sie jemanden, der es ablehnt, andere zu lieben oder sich zu verlieben, weil er nicht an die menschliche Entscheidungsfreiheit glaubt? Wir sollten uns nicht weniger romantisch geben, als wir sind.

13.7 Hass, Wut, Abneigung & Co.

Dass Gefühle wie Hass, Wut, Abneigung & Co. gegen unsere Mitmenschen in einer Welt ohne Entscheidungsfreiheit keinerlei Sinn machen, liegt auf der Hand. Was auch immer gegen uns entschieden und gemacht wird, generiert zunächst einmal solche Gefühle in uns als *Primärimpulse*. Und wenn wir uns etwas Gutes tun wollen, sollten wir uns dahingehend programmieren, diese Gefühle nicht zu kultivieren, sondern zum Verstehen zurückzukehren. Dem Verstehen, dass solche negativen Gefühle angesichts unfreier menschlicher Entscheidungen irrational sind und sich gegen uns selbst richten, wenn wir sie ausleben. Je nach den gegebenen Umständen kann es auch hilfreich sein, wenn wir uns klarmachen, dass unser Gegenüber mit seinem Entscheidungsverhalten Nachteile für sich selbst generiert, die zu erkennen er aktuell nicht in der Lage ist. Rational betrachtet rechtfertigt dies wiederum eher Mitleid als negative Gefühle wie Wut oder Abneigung. Generell gilt natürlich nach wie vor, dass negative Gefühle – sieht man einmal vom Primärimpuls ab – generell keinerlei nützliche

Funktion haben. Schließlich: Sind die Positionen unseres Gegenübers nicht nur »egoistisch« (was ja beim Nutzenmaximierer als »normal« zu akzeptieren ist), sondern gehen sie von falschen Voraussetzungen aus oder sind sie in anderer Weise fehlgeleitet, so sind Berichtigung und Empathie die angezeigten Reaktionen – und nicht etwa emotionale Erregung. Immer wieder sollten wir uns klarmachen, dass ein Interessenwiderstreit emotionales Verhalten nicht nur nicht rechtfertigt, sondern als natürlich hinzunehmen ist. Das hört sich erst einmal banal an, ist aber selbst bei sehr intelligenten Menschen – wie ich in meiner beruflichen Arbeit immer wieder erfahren musste – durchaus nicht Standard. Nur weil jemand etwas anderes will als ich, ist er nicht mein Feind, sondern jemand der – genau wie ich – seine Interessen verfolgt, seine Bedürfnisse befriedigen will. Wer dies genauso sieht und umzusetzen in der Lage ist, wird im Umgang mit seinen Mitmenschen Erfolg haben. Wer nicht, macht sich das Leben selbst schwer.

13.8 Fatalismus und Freiheitsgefühl

Fatalismus beschreibt die Weltanschauung, nach der jegliches Geschehen in Natur und Gesellschaft durch eine *höhere Macht* vorherbestimmt ist. Demnach kann der Wille des Menschen den unausweichlichen Fügungen des Schicksals nichts entgegensetzen.

Aber worin unterscheiden sich dann Fatalismus auf der einen Seite und Determinismus (bzw. psychologischer/neuronaler Determinismus und Kausalismus) auf der anderen Seite, wenn doch aus beiderlei Sichtweise der Weltengang vorherbestimmt ist? Zu den Unterscheidungskriterien ist viel philosophiert worden. Wir erinnern uns, dass der bereits unter 6.2.4 angesprochene Unterschied in Folgendem besteht:

Der Fatalist glaubt nicht, dass er durch sein Entscheiden und Handeln an der auch aus seiner Sicht bereits festgelegten Zukunft etwas ändern kann. Er glaubt, dass die Ergebnisse seiner Entscheidungen immer dieselben, von vornherein feststehenden sein werden. Der Determinist/Kausalist dagegen glaubt sehr wohl, dass seine Entscheidungen die Ergebnisse bedingen. Diese Entscheidungen sind allerdings unfrei. Sein (der Realität widersprechendes) Freiheitsgefühl suggeriert ihm aber, dass er die Zukunft durch seine Entscheidungen und Handlungen ändern kann. Und das kann er tatsächlich. So schreibe ich gerade dieses Buch, weil ich von dem Gefühl geleitet bin, hierdurch für die Zukunft einiger meiner Mitmenschen und vielleicht auch für meine eigene etwas ändern zu können, und vielleicht funktioniert es ja sogar. Das ändert aber nichts daran, dass die Entscheidung, dieses Buch zu schreiben, – folgt man dem Determinismus/Kausalismus – unfrei war.

Aber wenn das so ist und ich ein Buch schreiben oder es lassen kann, dann bin ich doch in meinem Entscheiden und Handeln nicht mehr unfrei und die Zukunft ist nicht mehr unabänderlich, oder? Doch (sagt der Determinist), die Tatsache, dass ich trotz meines Glaubens an den Determinismus, allein aufgrund meines Freiheitsgefühls, entscheide und handle, ist in der feststehenden Zukunft bereits »eingepreist«. Der Dreh- und Angelpunkt ist hier das Freiheitsgefühl, das uns trotz des Glaubens an den Determinismus bzw. Kausalismus – streng genommen also *irrationalerweise* – entscheiden und agieren lässt. Offenbar können wir nicht anders und die Natur hat dafür gesorgt, dass wir in mehr oder weniger großem Maße Freude am Entscheiden und Handeln haben. Wer würde sich diese Freude trotz Überzeugtheit von Determinismus und Kausalismus denn schon nehmen lassen wollen? Trotz unserer als frei empfundenen Entscheidungen und Handlungen würde der fiktive allwissende »Dämon« auf der Basis des Determinismus oder des Kausalismus die Zukunft vorhersagen können, weil er eben auch genau um diese Freude am Entscheiden und Handeln und die hieraus resultierenden Ergebnisse wissen und dieses Wissen in seine Prognose einbauen würde, womit sie wiederum zutreffend wäre.

Mit anderen Worten: Das Freiheitsgefühl und die Freude am Entscheiden und dementsprechenden Handeln lassen uns die Zukunft offen erscheinen, obwohl sie es (aus der Sicht von Kausalismus und

Determinismus) nicht ist. Weil aber das Freiheitsgefühl und die Handlungsfreude in eine – theoretische – Prognose des allwissenden »Dämons« eingehen würden bzw. müssten, wäre das Prognoseergebnis durch das Freiheitsgefühl und die Handlungsfreude nicht tangiert. Ohne das Freiheitsgefühl bzw. die Handlungsfreude müsste uns der Glaube an den Determinismus bzw. die Kausaltheorie wohl umgehend erlahmen lassen. Daran kann aber die auf Fortentwicklung angelegte Natur kein »Interesse« haben, weshalb sie uns eben mit Freiheitsgefühl und Handlungsfreude ausgestattet hat. Sie sind also Teil des deterministischen »Gesamtplans« und streng genommen eine Täuschung der Natur, die erforderlich ist, um die Evolution, soweit sie von menschlichem Handeln abhängig ist, aufrecht zu erhalten – wenn man an Determinismus und Kausalismus glaubt.

Auch das Wesen des Menschen als »zwanghafter« Nutzenmaximierer setzt ein Freiheitsgefühl geradezu voraus, obwohl es impliziert, dass der Mensch in seinen Entscheidungen eben nicht frei ist, weil er stets die nutzenmaximale Entscheidung trifft bzw. treffen muss. Wer nicht das Gefühl hat, durch seine Entscheidungen etwas ändern zu können, wird keinen Sinn darin erkennen, durch Entscheidungen und nachfolgende Handlungen seinen Nutzen maximieren zu wollen. Das Wesen des Menschen als Nutzenmaximierer begründet also gleichzeitig die Unfreiheit seiner Entscheidungen wie auch die Erforderlichkeit, seine Entscheidungen als frei zu empfinden. Ein echtes Kuriosum, oder?

Auch dies sieht wohl mehr nach einem – von wem auch immer – angelegten Plan als nach einem Weltenlauf »durch Zufall« aus, wie von vielen Evolutionstheoretikern angenommen.

Der Fatalist dagegen glaubt, dass alles Entscheiden und Handeln keinen Sinn ergibt, weil eine höhere Macht ohnehin alle Handlungs*ergebnisse* und damit seine Zukunft festgelegt hat. Aber repräsentieren nicht auch Determinismus und Kausalität letztlich eine höhere Macht, nämlich die der Naturgesetze und der Gründe? Die Grenzen scheinen in dieser Beziehung auf den ersten Blick verschwommen zu sein. Aber: Im Fatalismus legt die höhere Macht das *Ergebnis* der

Entscheidungen – unabhängig davon, wie diese ausfällt – von vornherein fest, während im Determinismus/Kausalismus die eigentliche *Entscheidung* festgelegt ist. Im täglichen Leben erleben wir den Fatalisten nach allgemeinem Sprachverständnis wohl eher als jemanden, der den Glauben an die Nicht-Abänderbarkeit der Zukunft zum Vorwand nimmt, sich in Lethargie zu ergehen und Entscheidungen mit anschließenden Handlungen zu meiden, da ja »sowieso alles keinen Sinn hat…«. Der Determinist/Kausalist dagegen lässt sich die Freude am Entscheiden und Handeln nicht nehmen, auch wenn er weiß, dass genau dies in die nach wie vor unabänderliche Zukunft bereits eingepreist ist.

Abschließend: Während der Fatalismus jeglichen theoretischen Unterbaus entbehrt und den Charakter einer Glaubensrichtung hat, verfügen Determinismus und Kausalismus – wie dieses Buch vielleicht gezeigt hat – über einen in sich logischen und konsistenten Theorieunterbau.

13.9 Hoffnung

Stier (2014, 157f.) macht sich in seinem Buch »Willensfreiheit« auch Gedanken darüber, ob das (subjektive) Wissen um die Nichtexistenz der menschlichen Entscheidungsfreiheit uns Menschen die Hoffnung nehmen kann. Diese Fragestellung ist im ersten Moment schwer nachvollziehbar, denn wenn alles bereits feststeht, dann kann es sowohl im Guten wie im Schlechten feststehen. Das bedeutet aber nichts anderes, als dass es auch Grund genug gibt, auf das Gute zu hoffen. Dennoch könnte der Determinismus unsere Hoffnungen beschädigen:

Hoffnungen nähren sich nur zum Teil aus der Erwartung, dass sich Dinge zu meinen Gunsten wenden. Sie nähren sich auch aus dem Bewusstsein, dass *ich* durch *meine* Entscheidungen und Handlungen Änderungen herbeiführen kann. Wenn man aber weiß, dass alles bereits feststeht, könnte das Bewusstsein, selbst Veränderungen herbeiführen zu können, und damit die hieraus resultierende Hoffnung »zerbröseln«. Glücklicherweise habe ich noch niemanden, der subjektiv um die Unfreiheit der menschlichen Entscheidung weiß, in die Hoffnungslosigkeit abgleiten erlebt. Hierfür gibt es zwei Gründe. Der eine ist der, dass unsere Erfahrungen uns gelehrt haben, dass wir durch unsere Entscheidungen sehr wohl Veränderungen herbeiführen können, auch wenn wir zu wissen glauben, dass diese Bestandteile der unabänderlichen Kausalketten sind. Zum anderen erlauben es uns unser Freiheitsgefühl und unsere Entscheidungs- bzw. Handlungsfreude nicht, uns unfrei und dementsprechend hoffnungslos zu fühlen. Wohlgemerkt, diese Freiheit ist nur gefühlt und nicht wirklich existent. Aber sie ist Voraussetzung und Motivation für unsere Entscheidungs- und Handlungsfreude, denn wer sich nicht frei fühlt zu entscheiden, wird nicht entscheiden. Die naturgesetzlich bestimmten, unveränderlichen Kausalketten beinhalten eben auch das uns gegebene Freiheitsgefühl und die Entscheidungs- und Handlungsfreude. Die Kausalketten haben uns zur Entscheidungs- und Handlungsfreude geführt und schreiben die Auswirkungen derselben weiter fort (wenn man an Determinismus/Kausalismus und die Unfreiheit der menschlichen Entscheidung glaubt, was wir in diesem Teil des Buches ja unterstellen wollen).

13.10 Selbstbewusstsein, Eitelkeit und Stolz

Ich habe diese drei Eigenschaften zusammengefasst, weil sie mit unserem Selbstwertgefühl, unserer Ich-Betrachtung zu tun haben. Sind der Determinismus, der Kausalismus und/oder der speziellere Neurodeterminismus richtig, dann gilt für die genannten Eigenschaften das Folgende:

Es ist zweifellos schön, wenn man über ein großes Maß an Selbstbewusstsein verfügt – eine Binsenweisheit, die aber so uneingeschränkt nicht zutrifft. Denn nur wenn das Selbstbewusstsein durch Fakten untermauert ist, kann es im Ergebnis hilfreich sein. Aber wie oft begegnet man Menschen, bei denen man sich fragt, woraus sie denn nur ihr »überbordendes« Selbstbewusstsein schöpfen? Auch diese genießen ihr Selbstbewusstsein und das ist per se ja schon etwas wert. Aber leider müssen sie hierfür auch allzu oft »bezahlen«. Denn wenn Selbstsicht und/oder Selbstdarstellung nicht mit der Realität korrelieren, sind Probleme die zwangsläufige Folge. Aber auch wenn unser Selbstbewusstsein eine faktische Basis hat, gilt, dass die zur Erlangung dieser Basis im Leben getroffenen Entscheidungen und nachfolgenden Handlungen nicht unser »Verdienst« sind (zur möglichen Illegitimität des Begriffs in diesem Zusammenhang: Wingert 2004, 195). Unsere Disziplin, unsere Bedürfnisse bzw. Motive, Fähigkeiten und deren jeweilige Intensität sowie die Umweltbedingungen, welche allesamt die Grundlage unserer persönlichen Erfolge bilden, haben wir uns nicht selbst ausgesucht bzw. wir haben uns nicht für diese entschieden. Sie sind uns schlichtweg gegeben worden. Freuen wir uns über unsere Erfolge, aber seien wir dementsprechend demütig und dankbar! Das entfaltet ganz nebenbei auch die beste Außenwirkung. Eitelkeit und Stolz, so wie diese gemeinhin verstanden werden, stellen sich in dem Zusammenhang als Bestreben dar, das tatsächliche Selbstbewusstsein in der Wahrnehmung Dritter verstärkt wirken zu lassen. Abgesehen davon, dass sich dies (wenn nicht durch die Realität gedeckt) irgendwann fast immer selbst entlarvt, ist auch kein sachlicher Grund hierfür gegeben. Wir sind so, wie uns unsere Gene und unsere Erfahrungen (einschließlich Erziehung), Naturgesetze bzw. Kausalitäten haben werden lassen. In diesem Sinne sind wir weder wertvoll noch wertlos, sondern wertneutral. Wenn man aus Determinismus bzw. Kausalismus und der hieraus resultierenden Erkenntnis einer nicht gegebenen Entscheidungsfreiheit einen »positiven« Fatalismus schöpft, ist man vermutlich recht gut bedient. Sind wir mit uns zufrieden, sollten wir es (still und) dankbar genießen! Sind wir es nicht, dürfen wir uns gerne den Tatsachen entsprechend klarmachen, dass nicht wir selbst es waren, die die letzten Ursachen hierfür gelegt haben. Und wenn wir es ändern können, ändern wir es! Für manchen mag dies platt klingen, aber wer kann schon von sich sagen, im Genuss einer solchen distanzierten Haltung zu sich selbst zu stehen?

13.11 Scham, Peinlichkeit und Reue

Wenn unser Entscheiden und Handeln unfrei ist und von vornherein feststeht, ergeben auch Scham und Peinlichkeitsgefühle keinen Sinn (unabhängig einmal von der generellen Frage, ob negative Gefühle überhaupt irgendwie »sinnvoll« sein können). Aus der Sicht des Kausalismus beispielsweise liegen die Gründe der Gründe usw. für die die Scham auslösenden Handlungen eben nicht bei uns. Unsere Entscheidung, die die jeweilige Handlung auslöst, ist nur das Ende einer durch uns nicht beeinflussbaren Kausalkette.

Scham und Peinlichkeitsgefühle haben aber auch eine Funktion. Denn weil ihnen grundsätzlich Entscheidungen und Handlungen zugrunde liegen, von denen wir glauben, dass sie unser Ansehen in den Augen unserer Mitmenschen mindern könnten, generieren sie tendenziell einen in der Zukunft nutzbaren Lerneffekt. Um diesen Lerneffekt, so denke ich, brauchen wir uns aber keine Sorgen zu machen. Denn aufgrund unserer Erziehung und unseres Freiheitsempfindens bleiben Scham und Peinlichkeitsgefühle im Regelfall als »Primärimpulse« erhalten. Im ersten Moment werden wir Scham und Peinlichkeit nach wie vor empfinden und erst danach werden wir sie rational in dem Sinne abarbeiten können, dass sie wegen der Zwangsläufigkeit der ihnen zugrundeliegenden Entscheidungen und Handlungen keinen Sinn ergeben. Mit dem »Primärimpuls« dürfte der Lerneffekt, der uns motiviert, gleichartige Entscheidungen in Zukunft – zumindest tendenziell – zu vermeiden, aber gesichert sein.

Das Auftreten von Scham und Peinlichkeitsgefühlen als jeweils kurzzeitigem »Primärimpuls« werden wir kaum verhindern können. Und das ist auch gut so. Denn Scham und Peinlichkeitsgefühle haben etwas damit zu tun, wie uns die anderen sehen bzw. sehen könnten. Das kann uns nicht in jedem Falle egal sein. Nicht etwa weil uns diesbezüglich unsere gesellschaftliche Reputation wichtig sein sollte. Da ist man mit einer gewissen souveränen Autarkie wohl besser bedient. Nein, es geht vielmehr darum, dass unser wie auch immer gearteter Erfolg im Umgang mit unseren Mitmenschen davon abhängen kann, wie diese uns sehen. Würde uns nicht ein zumindest kurzzeitiger »Primärimpuls« von Scham und Peinlichkeitsgefühl gelegentlich anregen, unser Verhalten in Bezug auf unsere jeweiligen Zielsetzungen im Umgang mit unseren Mitmenschen zu reflektieren und zu optimieren, würden wir wertvolle Anstöße zur Verbesserung unseres Lebens verpassen. Grämen Sie sich also nicht, wenn Sie von Scham- oder Peinlichkeitsgefühlen »angeflogen« werden, obwohl Sie möglicherweise für sich wissen, dass diese jeder rationalen Grundlage entbehren. Nutzen Sie die Gelegenheit, Ihre Verhaltensentscheidungen zu hinterfragen und gegebenenfalls zu optimieren.

Die Gesellschaft liebt es, wenn Individuen Scham zeigen, denn es lässt sie klein, devot, einsichtig und damit ungefährlich und sympathisch erscheinen. Wohlgemerkt: Wir sprechen über das *Zeigen* von Scham, was bekanntlich nicht viel damit zu tun haben muss, ob der Betroffene tatsächlich auch Scham empfindet. Dies scheint allerdings den wenigsten bewusst zu sein, denn das Zeigen von Scham funktioniert in der täglichen Praxis recht gut, um die Sympathien der Mitmenschen (wieder) zu gewinnen, was wir beispielsweise bei in der Öffentlichkeit stehenden Personen häufig beobachten können. Solange die Gesellschaft in der Breite offenbar wenig in der Lage ist, zwischen gezeigter und tatsächlich vorhandener Scham zu differenzieren, ist es wohl auch legitim, Scham zu instrumentalisieren – mit und ohne entsprechende Gefühle.

Die Reue könnte man auch als die »große Schwester« der Scham bezeichnen. Immer wieder wird erwartet, dass man sie zeigt, obwohl niemand dem Betreffenden hinter die Stirn schauen und eruieren kann, ob er die gezeigte Reue auch tatsächlich empfindet. Sogar die Gerichte – eigentlich besetzt mit eher intelligenten Menschen – scheinen dies zu ignorieren, wenn Sie das Strafmaß auch vom »Maß« der gezeigten Reue abhängig machen. Da Reue in den Augen vieler Menschen das Maß an Schuld im Nachhinein mindern kann, ist das Zeigen von Reue ebenso konsequent wie – im Hinblick auf ihre Nichtnachweisbarkeit – objektiv sinnlos.

Natürlich ist Reue ohne Entscheidungsfreiheit sinnlos, schon weil es ohne Entscheidungsfreiheit keine Verantwortlichkeit gibt. Interessanter erscheint da schon die Frage, *weshalb* ein »aufgeflogener« Delinquent, der sich vor Gericht zu verantworten hat, nun plötzlich Reueempfindungen bezüglich seiner Tatentscheidung hegen (und nicht nur zeigen) sollte. Denn bekanntlich geschieht ja nichts in diesem Kosmos ohne Grund. Neben der Intention, das Gericht möglichst milde zu stimmen, kommt wohl als hauptsächlicher Grund die neu gewonnene Erkenntnis der Tatentdeckung und -ahndung in Betracht. Etwa getreu dem Motto: »Hätte ich gewusst, dass die Tat entdeckt und geahndet würde, hätte ich sie nicht begangen.« Aber hat das etwas mit Reue im allgemeinen Verständnis geänderter Grundeinstellungen zu tun? Natürlich nicht. Das subjektiv eingeschätzte Risiko der Tatsanktionierung hat schließlich keinen Einfluss auf die kriminelle Neigung, sondern höchstens auf die Tatentscheidung. Auch aus dieser Perspektive macht die Abhängigkeit des Strafmaßes u.a. von der Intensität der Reuebeteuerungen des Täters wenig Sinn.

13.12 Beleidigtsein

Unter 7.1.3.2 hatten wir die Beleidigung bereits als (boshafte) Erscheinungsform der Kritik angesprochen. Es gilt natürlich auch für die Beleidigung im Allgemeinen: Sollte die menschliche Entscheidung tatsächlich unfrei sein, so gibt es nichts, was man dem Beleidiger verübeln könnte. Schließlich ist seine Beleidigung nichts anderes als die Folge zwangsläufiger (auch naturgesetzlicher) kausaler Ketten.

Aber abgesehen hiervon und von der Tatsache, dass negative Gefühle wie das Beleidigtsein glücksmindernd sind und unsere Potentiale beeinträchtigen, mithin also (abgesehen vom Primärimpuls, wie weiter oben dargelegt) keinerlei positiven Sinn haben, gibt es weitere Aspekte, die es geradezu absurd erscheinen lassen, sich einem Gefühl des Beleidigtseins in irgendeiner Form hinzugeben. Freunden gegenüber pflege ich dies in etwa so zu formulieren: »Wieso fühlst du dich beleidigt? Objektiv betrachtet hat dein Gegenüber zunächst nur Schallwellen abgesondert. Und du lässt völlig unnötigerweise zu, dass diese Schallwellen in deinem Kopf zu Leid transformiert werden. Es gibt nicht den geringsten vernünftigen Grund dafür, dass du das irgendjemandem konzedierst, schon gar nicht jemandem, der dir offenbar nicht sehr wohlgesonnen ist. Stattdessen könntest du seine Worte – der Vorteil eines mentalen Angriffs im Gegensatz zu einem körperlichen – ignorieren oder sie als das behandeln, was sie sind: Ausdruck des Frustes einer Person, die mit dir offenbar ein Problem hat, welches sie durch die intendierte Beleidigung abarbeiten möchte. Ist es nicht viel rationaler, dieses Problem mit Mitleid zu quittieren, als es in deinem Kopf zu Leid werden zu lassen?«

13.13 Verarbeitung vs. Verhinderung negativer Gefühle

Wir erinnern uns an die These, dass das Maß an Glück im menschlichen Leben davon abhängig sein soll, inwieweit die positiven Gefühle die negativen überwiegen. Dementsprechend gibt es zahllose Ratgeber in Form von Büchern, Zeitschriftenbeiträgen etc., die uns dabei helfen wollen, unsere negativen Gefühle zu *verarbeiten.* Aber wie wäre es damit, stattdessen unsere negativen Gefühle gar nicht erst *entstehen* zu lassen? Wie? In drei Schritten:

Der erste Schritt besteht in dem bereits angesprochenen »Mantra«, dass (über den Primärimpuls hinausgehende, dauerhafte) negative Gefühle – jedenfalls in der jetzigen Entwicklungsstufe des Menschen – keine nützliche Funktion mehr haben. Stattdessen beschädigen sie nur unser Wohlgefühl, unsere Gesundheit und unser Vermögen, klar zu denken und gegebenenfalls zu argumentieren.

Der zweite Schritt besteht darin, uns klarzumachen – wenn wir dem Determinismus und dem Kausalismus folgen können –, dass alles, was passiert, kein »Unglück«, sondern der naturgesetzlich und kausal determinierte, also zwangsläufige Gang des Weltgeschehens ist.

Der dritte Schritt greift immer dann, wenn uns die *Entscheidungen* anderer Menschen negative Gefühle, vornehmlich wohl in Form von »Ärger« bereiten. Wenn wir nicht an die Freiheit der menschlichen Entscheidung glauben, besteht auch kein rationaler Anlass, uns über die Entscheidungen und nachfolgenden Handlungen unserer Mitmenschen zu »ärgern«. Dass für Hass, Neid, Scham, Reue etc. bei rationaler Betrachtung kein Platz ist, hatten wir ja bereits dargelegt.

Es geht also darum, dass wir unsere negativen Gefühle gar nicht erst zu verarbeiten lernen müssen, wenn wir deren *Entstehung* aufgrund unserer – sagen wir – philosophischen Erkenntnisse bereits verhindern können. Dabei muss uns wiederum klar sein, dass wir den ersten Moment eines »Primärimpulses« wohl kaum je werden verhindern können. Das bedeutet, dass wir uns dahingehend vorprogrammieren sollten, diesen Primärimpuls umgehend beiseite zu tun, um uns der rationalen Betrachtung – wie dargelegt – zuzuwenden. Wer sich auf die Nutzlosigkeit und Kontraproduktivität von negativen Gefühlen rational vorprogrammiert hat, wird nach einem peinlichen Versprecher z. B. in einem Vortrag rasch wieder zur »Tagesordnung« zurückkehren können. Wer in einer Verhandlung mit für ihn unschönen Entscheidungen seines Gegenübers zu kämpfen hat, wird nach einem – hoffentlich nicht nach außen gezeigten – Primärimpuls der Wut oder Enttäuschung rasch wieder zu analytischem und kreativem Verhalten zurückkehren können, wenn er sich bewusst macht, dass die Entscheidungen seines Verhandlungspartners auch nur unfrei und mithin zwangsläufig sind.

13.14 Strafrecht

Über die Unsinnigkeit des aktuellen Schuldstrafrechts haben wir uns umfänglich ausgelassen. Der Gesetzgeber definiert Schuld nicht, sondern stuft jeden gesetzlichen Verstoß zunächst einmal als mit Schuld behaftet ein. Sodann erklärt er im Wesentlichen die Handlungsentscheidungen, welche durch »schwere seelische Störungen« bedingt sind, für unverschuldet. Sein Fehler besteht darin, nicht zu fragen, ob bzw. inwieweit die strafbewehrte Tatentscheidung »frei« oder »unfrei« zustande gekommen ist und ob es überhaupt eine »freie« Entscheidung gibt. Folglich vermag auch die strafrechtliche Literatur keinen plausiblen Schuldbegriff zu definieren.

Würde man seitens des Gesetzgebers anerkennen, dass die Freiheit der Entscheidung zum einen generell, zum anderen aber auch in jedem einzelnen Fall zumindest fraglich ist, schon weil niemand die konkrete Entscheidungssituation des Täters zum Tatmoment im Nachhinein sicher beurteilen kann, müsste das Schuldstrafrecht abgeschafft bzw. ersetzt werden. Da Strafe letztlich – leider – zum Erhalt der Rechtsordnung wegen der ihr innewohnenden Präventivwirkung unverzichtbar ist, bietet sich aus diesseitiger Sicht nur ein Präventionsstrafrecht an, welches am Strafnutzen orientiert ist und im Wesentlichen darauf abstellt, ob der Täter im Tatmoment normativ ansprechbar war sowie im Vorfeld der möglichen Tat dieser entgegengewirkt hat. Denn nur so kann die Strafe tatsächlich eine bestmögliche Präventionswirkung und damit einen größtmöglichen Nutzen für die Gesellschaft erzielen.

Ein auf der normativen Ansprechbarkeit basierendes, nutzenorientiertes Präventionsstrafrecht hätte im Vergleich zum herrschenden Schuldstrafrecht gleich mehrere gewichtige Vorteile:

- Die »Schuldfrage«, die u.a. bereits wegen der ungeklärten Schulddefinition wie auch wegen der Retrospektivität des Tatzeitpunkts tatsächlich nicht zu klären ist, könnte ungeklärt bleiben, wenn schlichtweg auf die normative Ansprechbarkeit abgestellt würde. Dem Täter wie auch den Ermittlungsbehörden und dem Gericht könnten ohnehin untaugliche Schulddiskussionen und Schuldermittlungsmaßnahmen erspart bleiben.
- Umfangreiche Reue- und Einsichtsbezeugungen, die ohnehin im Wesentlichen nur dem intelligenten und selbstdarstellungsbegabten Täter zugutekommen und dem insoweit weniger begabten Täter nur begrenzt möglich sind, würden im Gerichtsverfahren für das Strafmaß keine Rolle mehr spielen. Als Bestrafungsziele

kämen lediglich der Schutz der Gesellschaft vor dem Täter, dessen Resozialisierung sowie die General- und Individualprävention in Betracht.

- Der Verzicht auf den Schuldbegriff ermöglichte einen würdevolleren Umgang mit dem »Beschuldigten«, was insbesondere auch dessen Resozialisierung zugutekäme.
- Umfangreiche staatsanwaltliche und gerichtliche Untersuchungen zum Zwecke der Ermittlung der Tatmotive wären entbehrlich und würden das Rechtssystem nicht nur in puncto Arbeit und Kosten erheblich entlasten. Lediglich Motive, die Taten zugrunde liegen, deren Bestrafung kaum eine präventive Außenwirkung hätte, wären entsprechend zu berücksichtigen. So würde es etwa präventiv nur in geringem Maße wirkungsvoll sein, die Mutter eines Kindes schwer zu bestrafen, weil sie dessen Mörder umgebracht hat. Schließlich kommen solche Konstellationen höchst selten vor und sind schon deshalb aus Präventionssicht wenig bedeutungsvoll. Gleichwohl wäre die Strafe in diesem Falle so zu bemessen, dass sie präventiv gegen Selbstjustiz wirkt.
- Investigationen bezüglich der »*Schwere* der Schuld« zwecks Strafbeimessung würden sich erübrigen. Es käme also nur noch auf die Feststellung der Taturheberschaft, der normativen Ansprechbarkeit des Täters, der getroffenen Vorfeldmaßnahmen, der erzielbaren Präventionswirkung (siehe Beispiel im Vorabsatz) sowie der Resozialisierbarkeit des Täters an. Ein geringeres Maß an Ermittlungen würde ganz nebenbei auch zu einer erheblichen Ressourcenersparnis führen. Wie umfassend dargelegt, gehen Gerechtigkeitseinwände hier ins Leere, weil das Schuldstrafrecht in keinem Fall »gerechter« ist als das hier propagierte Präventionsstrafrecht und es ein »gerechtes« Strafrecht wohl nicht geben kann, wenn man die Existenz menschlicher Entscheidungsfreiheit auch nur für fraglich hält.

13.15 Gerechtigkeit

Die Fragen danach, was gerecht, was ungerecht ist und ob es eine objektive Gerechtigkeit überhaupt gibt, wären natürlich Thema für ein eigenes Buch. Aber glücklicherweise müssen wir diese Fragestellung hier nur bezogen auf die Themen dieses Buches anschneiden. Konkret wollen wir uns fragen, ob es in einer Welt ohne Entscheidungsfreiheit Gerechtigkeit geben kann. Ja, gibt es überhaupt so etwas wie eine objektivierbare Gerechtigkeit bzw. Ungerechtigkeit? Einige generelle Überlegungen hierzu:

In einer Welt, in der es nur Pflanzen und Tiere, jedoch keine Menschen gibt, existiert zweifellos auch keine objektivierbare Gerechtigkeit in irgendeinem Sinne. Das Grundprinzip lautet »Fressen und gefressen werden«, lediglich die Pflanzen und einige Bakterien ganz am Anfang der Nahrungskette ernähren sich von nicht lebender anorganischer Materie. Wo bzw. woran sollte man hier Gerechtigkeit oder Ungerechtigkeit festmachen? Erst als der Mensch in das weltliche Leben eintrat, schuf dieser dank seiner Intellektualität den Begriff der Gerechtigkeit und zwar vornehmlich zur Regelung des menschlichen Zusammenlebens. An dieser Stelle dürfen wir festhalten, dass der Begriff der Gerechtigkeit vom Menschen bzw. von den Gesellschaften nicht nur geschaffen, sondern auch inhaltlich gefüllt wurde und zwar höchst unterschiedlich in Abhängigkeit von Kultur, Werten, Machtstrukturen etc. Damit ist m.E. auch klar, dass es keine »objektive« Gerechtigkeit gibt, sondern nur verschiedene, von Menschen geschaffene »Gerechtigkeiten« in jeweils mehr oder weniger sinnvoller Ausprägung. Vieles, was wir Gerechtigkeit nennen, ist lediglich von Menschen geschaffenes Regelwerk, was natürlich nichts damit zu tun hat, dass es für das menschliche Zusammenleben äußerst sinnvoll sein kann.

Bezogen auf die *Verteilungsgerechtigkeit* glauben viele Menschen, dass eine Gesellschaft dann am gerechtesten sei, wenn die von ihr geschaffenen materiellen Voraussetzungen alle Menschen gleich glücklich machten. Eine sehr schöne Vorstellung, die in der Praxis aber allein schon deshalb nicht funktionieren kann, weil das individuelle Glück schlichtweg nicht messbar ist. Kann dann wenigstens so etwas wie eine relative materielle Gerechtigkeit durch gleiches Einkommen und gleiches Vermögen aller Gesellschaftsmitglieder erreicht werden? Abgesehen davon, dass die Menschen vermutlich für gleiches Glück höchst unterschiedliche Einkommens- und Vermögensverhältnisse benötigen, haben die sozialistischen Experimente in der DDR, in Kuba, Venezuela, Nordkorea, der ehemaligen UdSSR etc. gezeigt, dass weitgehend gleiche Einkommens- und Vermögensverhältnisse letztlich stets Armut für (fast) alle bedeuten, nicht zuletzt auch, weil die potenziellen Leistungsträger nicht mehr ausreichend motiviert sind.

Ist dann Armut für alle möglicherweise gerechter als eine ungleiche Einkommens- und Vermögensverteilung, bei der aber (fast) alle wirtschaftlich besser da stehen? Auch wenn meine Meinung hierzu eindeutig ist, objektiv beantwortbar ist auch diese Frage nicht, weil es eben keine objektive Verteilungsgerechtigkeit gibt. Und wenn man unter den genannten Voraussetzungen eine Ungleichverteilung gerechter finden sollte, wie groß darf diese dann sein, um so gerecht wie möglich zu sein? Schließlich: Wie viel relative Armut Einzelner darf hingenommen werden, um die Gesellschaft insgesamt materiell bestmöglich auszustatten? Sie werden mir zustimmen, dass auch für die Beantwortung dieser Fragen keine »richtige« Antwort existiert. Fazit: Es gibt keine objektiv gerechte Einkommens- und Vermögensverteilung, bestenfalls eine von der Gesellschaft selbst geschaffene diesbezügliche Scheingerechtigkeit. Dies schließt selbstverständlich nicht aus, dass es bestimmte Verteilungsrelationen gibt, von denen wir annehmen, dass sie am ehesten geeignet sind, den gesellschaftlichen Frieden zu wahren – das hat aber mit irgendeiner Gerechtigkeit nichts zu tun.

Das Fehlen einer objektiven Verteilungsgerechtigkeit ist aber auch nicht weiter tragisch, wenn sich die Gesellschaft selbst entscheidet, bestimmte Verteilungsregeln zu setzen. Allerdings gibt es kaum eine gesellschaftliche Gruppe in den modernen Demokratien, die nicht unter Proklamation einer angeblichen Verteilungsgerechtigkeit Umverteilungen zu ihren Gunsten fordern würde. Wann treten endlich die Aufklärer auf den Plan, die den Menschen klarmachen, dass es keine objektive Verteilungsgerechtigkeit gibt? Natürlich ist es absolut legitim, von der Gesellschaft für sich selbst »ein größeres Stück vom Kuchen« zu fordern, nur mit einer vermeintlichen Verteilungsgerechtigkeit hat dies schlichtweg nichts zu tun. Diejenigen, die unter Proklamation von angeblicher Gerechtigkeit mehr für sich selbst fordern, verhalten sich insofern »ungerecht«, als dass sie mit dieser Forderung all diejenigen stigmatisieren, die sich dieser Forderung und damit der angeblichen Gerechtigkeit entgegenstellen. Die Verteilungsauseinandersetzungen zwischen Arbeitgebern und Arbeitnehmern sind ein beredtes Zeugnis solcher Stigmatisierungsversuche. Praktisch ließe sich das Problem der Verteilungsgerechtigkeit wohl nur durch Umsetzung der Forderung »Mehr von allem, und zwar für alle!« lösen.

Bei der *Strafgerechtigkeit* sieht es nicht viel anders aus als bei der Verteilungsgerechtigkeit. Auch diese Gerechtigkeit ist ein virtuelles Konstrukt, dass es ohne den Menschen nicht gäbe. Wann ist eine Strafe gerecht? Ist es gerecht, einen Diebstahl milde zu bestrafen mit der Folge, dass sich viele hiervon nicht mehr abhalten lassen, oder ist es gerecht den Diebstahl drastisch – wie in manchen Gesellschaften noch mit dem Verlust einer Hand – zu ahnden, mit der Folge, dass es kaum noch Diebstähle gibt? Natürlich hat jeder von uns eine gefühlte Vorstellung von dem, was hier gerechter ist. Nur: Objektivierbar und mithin zwingend begründen können wir diese Vorstellung nicht. Denken Sie nur an die vielen Millionen Menschen auf diesem Globus, die den Verlust einer Hand als Sanktion für einen Diebstahl ihren Kulturen entsprechend als gerecht ansehen. Sie werden Ihnen aus ihrer Sicht gute Argumente entgegenbringen können, umgekehrt wird es aber genauso sein. Sieht man einmal von den denkbaren Sonderfällen einer völlig sinnlosen Strafe ab, wie einer Strafe, die nicht der Gesellschaft (sondern z. B. dem Machterhalt der Herrschenden) dient, einer Strafe ohne Tat oder einer Strafe ohne Strafankündigung bzw. Gesetz, gibt es also offenbar auch keine objektivierbar »ungerechte« Strafe.

Durch die Theorien des Determinismus und des Kausalismus werden die Probleme der Verteilungs- und Strafgerechtigkeit noch einmal verschärft. Wenn diese Theorien stimmen, wäre die Frage nach jeglicher Gerechtigkeit müßig. Denn dann ist der Weltenlauf naturgesetzlich und kausal bestimmt und Natur und Gründe fragen bekanntlich nicht nach Recht oder Unrecht. Selbstverständlich kann der Mensch – auch erfolgreich – entscheiden und agieren, um die Welt aus seiner Sicht in seinem Sinne »gerechter« zu machen. Dies ist sowohl aus deterministischer als auch aus kausalistischer Sicht Bestandteil der Kausalketten und deshalb »zwangsläufig«. Es gibt eben Gründe und Gründe der Gründe usw. dafür, dass sich jemand um eine aus seiner Sicht »gerechtere« Welt bemüht.

Damit wir uns richtig verstehen: Es geht mir ausschließlich darum, die Zusammenhänge um eines ständig instrumentalisierten, aber letztlich sinnlosen Gerechtigkeitsbegriff darzulegen. Es geht mir nicht darum, die vielen Bemühungen um eine »gerechtere Welt« zu desavouieren. Wer der Meinung ist, Einkommen und Vermögen müssten auf dieser Welt gleich verteilt werden, sollte bitte nicht eine beliebige »Gerechtigkeit« reklamieren, sondern einfach sagen, dass er dies aus von ihm zu benennenden Gründen (jenseits einer angeblichen Gerechtigkeit) für die richtige Lösung hält.

Wir sehen, dass die »von allen und von jedem« vorgetragenen Gerechtigkeitspostulate letztlich einer theoretischen Grundlage entbehren. Und selbstverständlich ist auch eine durch die Naturgesetze und/ oder kausal gesteuerte Welt in keinem Sinne »gerecht«, weil weder Natur noch Gründe nach Gerechtigkeit fragen. Nicht die deterministische bzw. kausalistische *Sichtweise* macht die Welt »ungerecht«, sondern der Determinismus/Kausalismus selbst (wenn er denn jeweils wahr ist). Wenn wir der deterministischen bzw. kausalistischen Weltsicht folgen, sprechen wir damit nicht dem Unrecht das Wort, wir stellen nur fest. Aber es gibt durchaus auch positive Aspekte:

Eine deterministische bzw. kausalistische Weltsicht ist durchaus in der Lage, uns auch in Gerechtigkeitsfragen Gelassenheit zu vermitteln. Wer sich ständig grämt wegen – zumindest vermeintlich – erlittener

Ungerechtigkeit, wird über einen suboptimalen Glückszustand nicht hinauskommen. Wer die naturgesetzlich bedingte Bestimmtheit des Weltengangs für sich erkennt, wird sich mit vermeintlich erlittenem Unrecht kaum befassen, weil es einfach keinen Sinn ergibt – außer er kann es ändern. Wenn er es aber ändert, dann besteht das vermeintliche Unrecht nicht mehr bzw. er hat es im Rahmen seiner Möglichkeiten gemindert. Sich wegen vermeintlich erlittenem, nicht mehr änderbarem »Rest-Unrecht« zu grämen, ist dann nicht nur wegen dessen Unabänderlichkeit sinnlos. Wer das Unabänderliche mit negativen Gefühlen quittiert, kann sich genauso gut darüber beschweren, dass die Blätter an den Bäumen nicht blau, sondern grün sind.

Ebenso interessant wie bedauerlich ist, wie viele Menschen sich ständig über *gefühltes* vermeintlich erlittenes Unrecht beschweren. Wenn sie es denn tatsächlich nicht lassen können, in den Kategorien von Recht und Unrecht zu denken, warum thematisieren die Menschen dann für sich nicht das Unrecht, welches das Leben *zu ihren Gunsten* für sie bereithält? Auch dies ist eine Methode, sich mit glücklichen Gefühlen zu füttern: Machen Sie sich regelmäßig klar, in welchen Punkten das Leben Sie im Vergleich zu vielen Mitmenschen mit Vorteilen ausgestattet hat. Da dürfte allein schon die Tatsache, in einem industriellen Wohlfahrtsstaat leben zu dürfen oder über ausreichend Zeit und Lesekompetenz für das Lesen von Büchern zu verfügen, eine Menge hergeben …

Für »depressive Anwandlungen« bietet die Erkenntnis, dass wir in der naturgesetzlich bzw. kausal determinierten Welt vergeblich nach einer Gerechtigkeit suchen, keinen Anlass. Wo es keine Gerechtigkeit gibt, gibt es auch keine Ungerechtigkeit, über die man sich grämen müsste. Am besten ist man dann wohl beraten, wenn man das Leben nimmt, wie es ist – keine neue, wohl aber eine abermals sich bestätigende Weisheit.

Jeder von uns kann aufgrund seines Freiheitsempfindens und seiner Handlungsfreude versuchen, seine Vorstellung von irgendeiner Gerechtigkeit zumindest für seinen Lebensbereich umzusetzen und damit auch Erfolg haben. Nur sind auch diese Bemühungen eben Bestandteile der determinierten Kausalketten und bewirken somit nur das, was determiniert bzw. vorbestimmt war. Unterlässt man hingegen solche Bemühungen, sind die Gründe für derartige Entscheidungen ebenso Elemente der Kausalketten, sodass dieser Verzicht auf Einflussnahme nur so und nicht anders eintreten konnte – auch wenn unser Freiheitsgefühl uns vielleicht sagt, unsere Entscheidung zum Handlungsverzicht sei frei und ursächlich dafür, dass sich nichts geändert habe. Wer konsequent dort entscheidet und handelt, wo er sein Leben verbessern kann und ansonsten den Philosophien des Determinismus und des Kausalismus folgend »fatalistisch« gelassen bleibt, hat in dieser Beziehung das Bestmögliche für sein Lebensglück getan. Nicht umsonst gehen viele Glücks- und Zufriedenheitsforscher davon aus, dass der wesentlichste Glücksfaktor für den Menschen ein »selbstbestimmtes Leben« ist – und das ist nichts anderes als ein durch Entscheidungen und Handlungen zur Lebensverbesserung bestimmtes Leben.

Was Determinismus und Kausalismus betrifft, so muss man von deren Wahrheit nicht einmal restlos überzeugt sein, es genügt, an sie zu »glauben«, um von einer geänderten Denkweise für das eigene Leben zu profitieren. Betrachten wir nur die Milliarden von Religionsanhängern auf der Erde, die ein glückliches und gelassenes Leben führen, weil sie an die Schicksalslenkung durch ihren jeweiligen Gott glauben, obwohl letztlich die Existenz keines einzigen Gottes in irgendeinem Sinne »bewiesen« ist. Es funktioniert also offenbar! Determinismus und Kausalismus sind im Gegensatz zu jeder bekannten Religion in sich schlüssig und logisch – wenn man an Naturgesetze und Gründe als Ursache der kosmischen Vorgänge glaubt. Und das fällt nach meinem Empfinden jedenfalls sehr viel leichter als an einen der vielen unbewiesenen Götter der Religionen dieser Welt zu glauben.

Natürlich ahnen oder wissen die meisten Menschen, dass negative Gefühle – sieht man einmal vom Primärimpuls ab – generell letztlich zu nichts nütze sind und uns nur schaden. Das gilt auch, wenn wir vermeintliches Unrecht erleben. Dennoch können die meisten

Menschen nicht von ihren negativen Gefühlen lassen. Wie dargelegt, erfüllen negative Gefühle in Form von Primärimpulsen zwar eine wichtige Anstoßfunktion, um Entscheidungen und diesen nachfolgend Handlungen anzustoßen bzw. auszulösen. Der Primärimpuls sorgt dafür, dass wir motiviert sind, das jeweilige Störgefühl durch Entscheidungen zu beseitigen. Mit der Einleitung des Entscheidungsprozesses hat das negative Gefühl als »Primärimpuls« seine Aufgabe aber abschließend erfüllt. Danach hat es keine sinnvolle Funktion mehr, belastet uns nur und verschlechtert unsere Entscheidungen, indem es unsere rationalen Denkprozesse emotional beeinträchtigt. Obwohl dieses Wissen bzw. die Ahnung um die Kontraproduktivität negativer Emotionen den auch nur halbwegs intelligenten Menschen selten vorenthalten bleibt, halten die meisten von ihnen in geradezu masochistischer Weise an ihrem negativen Habitus fest. Von den vielen unternehmerischen Entscheidern, die ich in meinem Berufsleben kennenlernen durfte, waren die erfolgreichsten diejenigen, die ihre negativen Gefühle nach dem jeweiligen »Primärimpuls« auszublenden wussten. Vor diesen Hintergründen kann die ständige Vergegenwärtigung vom – vielleicht auch nur für möglich gehaltenem – Determinismus bzw. Kausalismus eine wichtige Stütze bei der Vermeidung negativer Emotionen sein. In Bezug auf unsere Mitmenschen geht es hierbei darum, deren Entscheidungen und durch diese generierten Handlungen als (möglicherweise) unfrei bzw. kausal und naturgesetzlich determiniert zu verstehen und mental zu verarbeiten. Determinismus und Kausalismus können nicht nur unsere Einstellung gegenüber den Entscheidungen unserer Mitmenschen verändern, sie liefern auch das theoretische Rüstzeug, sich emotional mit »dem Lauf der Dinge«, den unglücklichen »Zufällen« unseres Lebens abzufinden und diesen ohne negative Emotionen zu begegnen. So sehe auch ich mich als einen Vertreter der These, dass das Maß individuellen Glücks wesentlich davon abhängt, inwieweit die positiven Gefühle die negativen überwiegen.

Epilog

Vielleicht handhaben Sie es ja wie ich, wenn Sie ein Ihnen bisher unbekanntes Sachbuch in der Hand halten: Als Erstes lesen Sie sich das Ende, die Zusammenfassung oder den sogenannten Epilog durch, um festzustellen, ob die Quintessenz des Buches überhaupt irgendetwas mit Ihrer Vorstellungswelt zu tun hat. Da muss ich Sie nun leider enttäuschen und entschuldigen Sie bitte, dass ich Sie mit der Überschrift über diesem letzten kurzen Kapitel irregeführt habe. Ich habe bewusst auf so etwas wie eine Zusammenfassung verzichtet. Denn dieses Buch soll nicht auf ein bestimmtes Überzeugungsziel hinführen, sondern ein komplex erscheinendes Gesamtthema möglichst von allen Seiten analytisch beleuchten – und wenn möglich, objektivierbare Ergebnisse liefern. Und natürlich soll es den Leser bei der mentalen Orientierung im täglichen Umgang mit sich selbst und seinen Mitmenschen unterstützen. Da würde Sie eine Zusammenfassung in einigen wenigen Sätzen wirklich nicht weiterbringen. Vielleicht würden Sie das Buch gar zur Seite legen, weil die Ergebnisse mit Ihren *bisherigen* Weltbildern nicht übereinstimmen – und sich damit der Chance auf wirklich neue Erkenntnisse begeben. Daran kann uns beiden nicht gelegen sein …

*

Ihre Meinung zu diesem Buch ist mir wichtig und hilft anderen potenziellen Lesern, die richtige Wahl zu treffen. Wenn Sie einen Moment Zeit haben, würde ich mich sehr freuen, wenn Sie eine Bewertung für das Buch hinterlassen könnten. Dies ist überall dort möglich, wo Sie das Buch erworben haben.

Zitierte und themennahe Literatur

Achenbach, Hans (1974): Historische und dogmatische Grundlagen der strafrechtssystematischen Schuldlehre, Berlin.

Acton, Harry B. (Hrsg.) (1969): The Philosophy of Punishment. A Collection of Papers, London.

ADAC (2022): »Verkehrstote 2022: Mehr tödliche Verkehrsunfälle in Deutschland«, https://www.adac.de/news/bilanz-verkehrstote, Stand: 3.9.2022

Aguilar, Jesus/Buckareff, Andrei (2010): »The Causal Theory of Action: Origins and Issues«, in: dies. (Hrsg.): Causing Human Actions. New Perspectives on the Causal Theory of Action. Cambridge, Mass., 1–26.

Ainslie, George (2001): Breakdown of will, Cambridge (England).

Ainsworth, Mary D. S. (1964): »Pattern of attachment behavior shown by the infant in interaction with his mother«, in: Merrill-Palmer Quarterly 10, 51–58.

Allison, Henry E. (1997/1998): »We can act only under the idea of freedom«, in: Proceedings and Addresses of the American Philosophical Association, 71, 39–50.

Alvarez, Maria (2013): »Agency and Two-Way Powers«, in: Proceedings of the Aristotelian Society 113, 101–121.

Amann, Erwin (2019): Entscheidungstheorie. Individuelle, strategische und kollektive Entscheidungen, Wiesbaden.

An der Heiden, Uwe/Schneider, Helmut (2007) (Hrsg.): Hat der Mensch einen freien Willen? Stuttgart.

Anscombe, Gertrude E. M. (1957): Absicht, Freiburg/München 1986.

Anscombe, Gertrude E. M. (2002): »Causality and determination«, in: E. Sosa, M. Tooley (Eds): Causation. Oxford Reading in Philosophy, Oxford, 88–104.

Arbib, Michael A./Grethe, Jeffrey S. (2001): Computing the brain. A guide to Neuroinformatics, San Diego.

Arbib, Michael A. (Hrsg.). (2002): The handbook of brain theory and neural networks, Cambridge (Mass.).

Aristoteles (1995): Metaphysik, übers. von H. Bonitz, bearb. von H. Seidl (1997): Nikomachische Ethik, hrsg. v. F. Dirlmeier.

Arseneault, Louise/Tremblay, Richard E./Boulerice, Bernard/Seguin, Jean R./Saucier, Jean-F. (2000): »Minor physical anomalies and family adversity as risk factors for violent delinquency in adolescence«, in: Am J Psychiatry 157(6), 917–923.

Audi, Robert (1979): Weakness of the Will and Practical Judgment, Nous 13, 173–196.

Austin, John L. (1978): »Falls und Können«, in: U. Pothast (Hrsg.): Seminar: Freies Handeln und Determinismus, Frankfurt a. M., 169–200.

Avrigeanu, Tudor (2006): Ambivalenz und Einheit. Eine Untersuchung zur strafrechtswissenschaftlichen Grundlagendiskussion der Gegenwart anhand ihrer Bezüge zu Kants Philosophie, Baden-Baden.

Axt-Piscalar, Christine (1996): Ohnmächtige Freiheit. Studien zum Verhältnis von Subjektivität und Sünde bei August Tholuck, Julius Müller, Sören Kierkegaard und Friedrich Schleiermacher, BHTh 94, Tübingen.

Ayer, Alfred J. (1954): »Freedom and Necessity«, in: ders., Philosophical Essays, London/Basingstoke, 271–284.

Bach, Kent (1980): Actions are not Events, Mind 89, 114–120.

Bader, Karl S. (1964): »Schuld – Verantwortung – Sühne als rechtshistorisches Problem«, in: E. R. Frey (Hrsg.): Schuld – Verantwortung – Strafe. Im Lichte der Theologie, Jurisprudenz, Soziologie, Medizin und Philosophie, Zürich, 61–79.

Baecker, Dirk (2005): Form und Formen der Kommunikation, Frankfurt a. M.

Bailey, Andrew M. (2007): The Principle of Alternate Possibilities. A Bibliography.

Baker, Lynne R. (2003): Why Christians should not be Libertarians. An Augustinian Challenge, FaPh 20, 460–478.

Baker, Lynne R. (2006): Moral Responsibility Without Libertarianism, Nous 40, 307 ff.

Balaguer, Mark (2009a): »The Metaphysical lrrelevance of the Compatibilism Debate«, in: The Southern Journal of Philosophy 47, 1–24.

Balaguer, Mark (2009b): Free Will as an Open Scientific Problem, Cambridge, Mass.

Balzer, Philipp (2005): Das Problem der moralischen Verantwortlichkeit, Diss., Zürich.

Bamberg, Günther/Coenenberg, Adolf G. (2019): Betriebswirtschaftliche Entscheidungslehre, München.

Bandt, Hellmut (1958): Luthers Lehre vom verborgenen Gott. Eine Untersuchung zu dem offenbarungstheologischen Ansatz seiner Theologie, ThA 8, Berlin.

Bargh, John A./Williams, Erin L. (2006): »The Automaticity of Social Life«, in: Current Directions in Psychological Science 15, 1–4.

Barnikol, Hermann (1927): Die Lehre Calvins vom unfreien Willen und ihr Verhältnis zur Lehre der übrigen Reformatoren und Augustins, NeuwiHrsg.

Batthyany, Alexander (2009): »Mental Causation and Free Will after Libet and Soon. Reclaiming Conscious Agency«, in: A. Batthyany, A. Elitzur (Hrsg.): Irreducibly Conscious, in: Selected Papers on Consciousness, Heidelberg, 135–161.

Bauer, Manfred/Thoss, Peter (1983): »Die Schuldunfähigkeit des Straftäters als interdisziplinäres Problem. Eine Orientierungshilfe für den Strafrechtspraktiker«, in: NJW, Heft 7, 305–311.

Bauke-Ruegg, Jan (2005): Gottes Gerechtigkeit? Hinweise zur Theodizeeproblematik, ZThK 102, 333–351.

Baumann, Jürgen (1966): Alternativ-Entwurf eines Strafgesetzbuches. Allgemeiner Teil, Tübingen.

Baumann, Jürgen (1969): Weitere Schriften zur Strafrechtsreform, Bielefeld.

Baumann, Jürgen/Weber, Ulrich/Mitsch, Wolfgang (2003): Strafrecht. Allgemeiner Teil, Bielefeld.

Baumgarten, Arthur (1913): Der Aufbau der Verbrechenslehre, Tübingen.

Baumgartner, Hans M./Graßhoff, Gerd (2004): Kausalität und kausales Schließen. Eine Einführung mit interaktiven Übungen, Bern.

Baurmann, Michael (1987): Zweckrationalität und Strafrecht. Argumente für ein Tatbezogenes Maßnahmerecht, Opladen.

Beccaria, Cesare (2005): Von den Verbrechen und von den Strafen (1764), Berlin.

Becchi, Paolo (2011): »Die Strafe als Versöhnung und die Strafzwecke bei Hegel. Ein kritischer Überblick«, in: A. Hirsch, U. Neumann, K. Seelmann (Hrsg.): Strafe – Warum? Strafbegründungen im Lichte von Hegels Straftheorie, Baden-Baden, 87–95.

Beck, Lewis W. (1975): The Actor and the Spectator, New Haven/London.

Beckermann, Ansgar (2005): »Philosophie verständlich: Willensfreiheit: Robert Kane«, http://www.philosophieverstaendlich.de/freiheit/modern/kane.html, Stand: 25.2.2005.

Beckermann, Ansgar (2009): »Naturgesetze, Determinismus und Keils libertarisches Freiheitsverständnis«, in: Erwägen – Wissen – Ethik 20, 16–18.

Beckermann, Ansgar (2011): »Naturalismus und Freiheit. Replik auf die Kommentare von Geert Keil, Jasper Liptow und Gerson Reuter«, in: Allgemeine Zeitschrift für Philosophie 36, 217–237.

Beebee, Helen (2000): »The Non–Governing Conception of Laws of Nature«, in: Philosophy and Phenomenological Research 61, 571–594.

Beebee, Helen/Mele, Alfred (2002): »Human Compatibilism«, in: Mind 111, 201–223.

Beebee, Helen (2013): Free Will, New York.

Behnk, Wolfgang (1982): Contra liberum arbitrium pro gratia dei: Willenslehre und Christuszeugnis bei Luther und ihre Interpretation durch die neuere Lutherforschung, EHS.R 23/188, Frankfurt a. M./Bern.

Beiner, Melanie (2000): Intentionalität und Geschöpflichkeit. Die Bedeutung von Martin Luthers Schrift »Vom unfreien Willen« für die theologische Anthropologie, MThSt 66, Marburg.

Beling, Ernst L. (1906): Die Lehre vom Verbrechen, Tübingen.

Benn, Piers (2000): »Freedom, resentment and the psychopath«, in: C. Heginbotham (Hrsg.): Philosophy, psychiatry and psychopathy, Aldershot, 29–45.

Bennett, Jonathan (1984): »Counterfactuals and Temporal Direction«, in: Philosophical Review 93, 57–91.

Bennett, Max R./Hacker, Peter M. S. (2003): Philosophical Foundations of Neuroscience, Oxford.

Berger, Armin (2004): Unterlassungen. Eine philosophische Untersuchung, Paderborn.

Berlin, Isaiah (1989): »Two Concepts of Liberty«, in: Four Essays on Liberty, Oxford/New York.

Bernhardt, Reinhold (1999): Was heißt »Handeln Gottes«? Eine Rekonstruktion der Lehre von der Vorsehung, Gütersloh.

Bernstein, Mark (1995): »Kanean Libertarianism«, in: SwPhilRev 11, 151–157.

Bernstein, Mark (2002): »Fatalism«, in: R. Kane (Hrsg.): The Oxford Handbook of Free Will, Oxford, 65–81.

Betsch, Tillmann (2011): »Die postselektionale Phase: Effekte von Entscheidungen, Lernen und wiederholte Entscheidungen«, in: T. Betsch, J. Funke, H. Plessner: Denken – Urteilen Entscheiden Problemlösen, Berlin/Heidelberg, 109–121.

Betzler, Monika (2001): »Bedingungen personaler Autonomie«, in: M. Betzler, B. Guckes (Hrsg.): Harry G. Frankfurt: Freiheit und Selbstbestimmung. Ausgewählte Texte, Berlin, 17–46.

Bierbrauer, Günter/Haffke, Bernhard (1978): »§ 2 Voraussetzungen der Strafbarkeit. Schuld und Schuldfähigkeit«, in: W. Hassemer, K. Lüderssen (Hrsg.): Sozialwissenschaften im Studium des Rechts, Bd. III, Strafrecht, München, 122–180.

Bieri, Peter (2005): »Unser Wille ist frei«, in: Der Spiegel, 10. Januar 2005, 124–125.

Bieri, Peter (2006): »Untergräbt die Regie des Gehirns die Freiheit des Willens?«, in: M. Heinze, T. Fuchs, F. M. Reischies (Hrsg.): Willensfreiheit – eine Illusion?, Lengerich, 35–48.

Bieri, Peter (2007): Das Handwerk der Freiheit. Über die Entdeckung des eigenen Willens, Frankfurt a. M.

Binding, Karl (1914): Die Normen und ihre Übertretung, Band 2, Teil 1, Leipzig.

Birbaumer, Niels (2009): Neurobiologie der Willensfreiheit: Die Freiheiten des Gehirns. Redemanuskript eines Vortrags, gehalten bei den 3. Carinthischen Dialogen, zur Verfügung gestellt durch die Veranstalter.

Bischof, Michael H. (2004): »Kann ein Konzept der Willensfreiheit auf das Prinzip alternativer Möglichkeiten verzichten?«, in: ZPhF 58, 548–558.

Bishop, Robert C. (2006): »Determinism and Indeterminism«, in: Encyclopedia of Philosophy, 2nd Edition, Farmington Mills, MI, Vol. 3, 29–35.

Bits, Michael (1981): Entscheidungstheorie, München.

Blair, Robert J. R. (2007): »Aggression, Psychopathy and Free Will from a Cognitive Neuroscience Perspective«, in: Behavioral Sciences and the Law 25, 321–331.

Blau, Günter (1982): »Prolegomena zur strafrechtlichen Schuldfähigkeit«, in: Jura, Heft 8, 393–404.

Bobzien, Susanne (1998): Determinism and Freedom in Stoic Philosophy, Oxford.

Bock, Michael (1991): »Ideen und Schimären im Strafrecht. Rechtssoziologische Anmerkungen zur Dogmatik der positiven Generalprävention«, in: ZStW, Bd. 103, 636–656.

Böckenförde, Ernst W. (2004): »Angriff auf Artikel 1 GG«, in: Blätter für deutsche und internationale Politik, 1216 ff.

Boetticher, Axel (2010): »Raus aus dem Richterstaat, rein in den Neuro-Staat! Der Angriff der Neurowissenschaften auf das Schuldstrafrecht«, in: T. Stumpe, H. Schanda (Hrsg.): Der freie Wille und die Schuldfähigkeit in Recht, Psychiatrie und Neurowissenschaften, Berlin.

Boetticher, Axel et al. (2005): Mindestanforderungen für Schuldfähigkeitsgutachten, NStZ, 57–62.

Bok, Hilary (1998): Freedom and responsibility, Princeton, NJ.

Bok, Hilary (2003): »Freedom and Practical Reason«, in: G. Watson (Hrsg.): Free Will, New York/Oxford, 130–166.

Bolton, Derek (2008): »What is mental disorder? An essay in philosophy, science and value«, in: Oxford University Press.

Boysen, Sarah T. (1996): »More is Less': The Elicitation of Rule-Governed Resource Distribution in Chimpanzees«, in: A. E. Russon, K. A. Bard, S. T. Parker (Hrsg.): Reaching Into Thought. The Minds of the Great Apes, Cambridge, 177–189.

Brass, Marcel/Haggard, Patrick (2007): »To Do or Not to Do. The Neural Signature of Self-Control«, in: JNeurosci 27, 9141–9145.
Braun, Hans A. et. al. (2001): »Noise induced impulse pattern modifications at different dynamical periodone situations in a computer-model of temperature encoding«, in: Biosystems 62, 99–112.
Bresser, Paul (1978): »Probleme bei der Schuldfähigkeits- und Schuldbeurteilung«, in: NJW, Heft 24, 1188–1192.
Bresser, Paul (1983): »Schuldfähigkeit und Schuld – Die Ambivalenzen ihrer Beurteilung«, in: H. J. Kerner, H. Göppinger, F. Streng (Hrsg.): Kriminologie – Psychiatrie – Strafrecht. Festschrift für Heinz Leferenz zum 70. Geburtstag. Heidelberg, 429–440.
Bridgeman, Bruce (1985): »Free Will and the Function of Consciousness«, in: Behavioral and Brain Sciences 8, 540.
Broad, Charlie D. (1933): Examination of McTaggart's Philosophy, Vol. 1, New York.
Broad, Charlie D. (1952): »Ethics and the History of Philosophy«, in: London.
Brücher, Klaus/Gonther, Uwe (2006): »Zum Verhältnis von Willensfreiheit und Neurobiologie. Eine methodenkritische Untersuchung. Fortschritte der Neurobiologie«, in: Psychiatrie 74, 194–202.
Brunner, Rudolf/Dölling, Dieter (2002): Jugendgerichtsgesetz. Kommentar, Berlin/New York.
Brüntrup, Godehard (1996): Das Leib-Seele-Problem. Eine Einführung, Stuttgart u. a.
Brüntrup, Godehard (2010): Auferstehung des Leibes. Unsterblichkeit der Seele, Stuttgart.
Buchak, Lara (2013): »Free Acts and Chance. Why the Rollback Argument Fails«, in: Philosophical Quarterly 63, 20–28.
Buchala, Kazimierz (1996): »Schuld und Strafe. Strafzwecke und Strafzumessung«, in: K. Schmoller (Hrsg.): Festschrift für Otto Triffterer zum 65. Geburtstag, Wien/New York, 561–573.
Buchheim, Thomas (2004): »Die Grundlagen der Freiheit. Eine Einführung in das Leib-Seele-Problem«, in: Phil. Jahrbuch 111, 1–16.
Buchheim, Thomas (2004): »Libertarischer Kompatibilismus. Drei alternative Thesen auf dem Weg zu einem qualitativen Verständnis der menschlichen Freiheit«, in: F. Hermanni, P. Koslowski (Hrsg.): Der freie und der unfreie Wille. Philosophische und theologische Perspektiven, München, 33–78.
Buchheim, Thomas (2004): »Wer kann, der kann auch anders«, in: Geyer (Hrsg.), 158–165.
Buchheim, Thomas (2006): Unser Verlangen nach Freiheit. Kein Traum, sondern Drama mit Zukunft, Hamburg.
Buchheim, Thomas/Pietrek, Torsten (Hrsg.) (2007): Freiheit auf der Basis von Natur? Paderborn.
Buher, Martin (1983): Ich und Du, Heidelberg.
Bühlmann, Hans/Loeffel, Hans/Nievergelt, Erwin (1967): Einführung in die Theorie und Praxis der Entscheidung bei Unsicherheit, Bd. 1 der »Lecture Notes inOperations Research and Mathematical Economics«, hrsg. von und H. B. Künzi, Berlin/Heidelberg/New York.
Bultmann, Rudolf (1952): »Gnade und Freiheit (1948)«, in: Glauben und Verstehen II, Tübingen, 149–161.
Bunge, Mario/Mahner, Martin (2004): Über die Natur der Dinge. Materialismus und Wissenschaft, Stuttgart.

Burkhardt, Björn (1998): »Freiheitsbewusstsein und strafrechtliche Schuld«, in: A. Eser, U. Schittenhelm, H. Schumann (Hrsg.): Festschrift für Theodor Lenckner zum 70. Geburtstag, München, 3–24.

Burkhardt, Björn (2003a): »First-Person understanding of action in criminal law«, in: S. Maasen, W. Prinz, G. Roth (Hrsg.): Voluntary action. Brains, minds, and sociality. (pp. 238–262), Oxford (England), 238–262.

Burkhardt, Björn (2003b): »Und sie bewegt uns doch. Die Willensfreiheit«, in: Das Magazin, 14/2, 21–24.

Burkhardt, Björn (2005a): »Wie ist es, ein Mensch zu sein?«, in: J. Arnold, B. Burkhardt, W. Gropp, G. Heine, H-G. Koch, O. Lagodny, W. Perron, S. Walther (Hrsg.): »Menschengerechtes Strafrecht. Festschrift für Albin Eser zum 70. Geburtstag«, München, 77–100.

Burkhardt, Björn (2005b): Willensfreiheit aus rechtlicher Sicht, in: Tröger, Jochen (Hrsg.): Wie frei ist unser Wille?, Heidelberg.

Burkhardt, Björn (2007): »Die Abhängigkeit der Willensfreiheit vom Freiheitserleben«, in: H. A. Kick, J. Taupitz (Hrsg.): Willensfreiheit und Abhängigkeit im Verständnis von Lernprozess und personaler Entscheidung, Berlin.

Butterfield, Jeremy (1998): »Determinism and Indeterminism«, in: E. Craig (Hrsg.): Routledge Encyclopedia of Philosophy, Vol. III, London/New York, 33–39.

Campbell, Charles A. (1967): In Defence of Free Will, London.

Carnap, Rudolf (1924), »Dreidimensionalität des Raumes und Kausalität«, in: Annalen der Philosophie und philosophischen Kritik 4, 105–130.

Carnap, Rudolf (1932): »Psychologie in physikalischer Sprache«, in: Erkenntnis, 3, 107–142.

Caro, Elme M. (1881): »L'abbé Galiani en exile e sa correspondence«, in: Journal des Savants, 722–739.

Castaneda, Hector-Neri (1975): Thinking and doing, Dordrecht.

Chalmers, David (1996): »The Conscious Mind«, in: Search of a Fundamental Theory, New York/Oxford.

Chappell, Vere (1994): »Locke on Freedom of the Will«, in: G. A. J. Rogers (Hrsg.): Locke's Philosophy. Context and Content, Oxford, 101–121.

Chisholm, Roderick M. (2003): »Human Freedom and the Self«, in: G. Watson (Hrsg.): Free Will and the Self, Oxford, 26–37.

Chisholm, Roderick M. (1964): »Menschliche Freiheit und das Selbst«, in: U. Pothast (Hrsg.): Seminar: Freies Handeln und Determinismus, Frankfurt a. M. 1978, 71–87.

Christie, Nils (1986): Grenzen des Leids, Münster.

Churchland, Patricia S. (1981): »On the Alleged Backwards Referral of Experiences and Its Relevance to the Mind-Body Problem«, in: Philosophy of Science 48, 165–181.

Churchland, Paul M. (1986a): Matter and Consciousness, Cambridge (Mass.).

Churchland, Paul M. (1986b): Neurophilosophy. Toward a Unified Science of the Mind-Brain, Cambridge (Mass.).

Cicero, Marcus Tullius: De fato – Über das Fatum, lat.-dt., hrsg. v. Karl Bayer, München 1963.

Clarke, Randolph (2002): »Libertarian views: Critical survey of noncausal and event-causal accounts of Free Agency«, in: R. Kane (Hrsg.): The Oxford Handbook of Free Will, Oxford, 356–385.

Clarke, Randolph/Capes, Justin (2017): »Incompatibilist (Nondeterministic) Theories of Free Will«, in: The Stanford Encyclopedia of Philosophy (Spring 2017 Edition).

Clarke, Randolph/Reed, Thomas (2015): »Free Will and Agential Powers«, in: D. Shoemaker (Hrsg.), Oxford Studies in Agency and Responsibility, Vol. 3, Oxford, 6–33.

Cloninger, C. Robert (2004): »Personality Disorders«, in: B. Sadock, V. Sadock (Hrsg.): Kaplan and Sadock's comprehensive textbook of psychiatry, Lippincott, 2064–2080.

Cloninger, C. Robert/Sigvaardsson, Sören/Bohman, Michael (1988): »Childhood personality predicts alcohol abuse in young adults«, in: Alcoholism 12, 494–505.

Crick, Francis/Koch, Christof (1998): »Consciousness and Neuroscience«, in: Cerebral Cortex 8, 97–107.

Cruse, Hulk (2004): »Ich bin mein Gehirn. Nichts spricht gegen den materialistischen Monismus«, in: C. Geyer (Hrsg.): Hirnforschung und Willensfreiheit. Zur Deutung der neuesten Experimente, Frankfurt a. M., 223–228.

Dalferth, Ingolf U. (2008): Malum. Theologische Hermeneutik des Bösen, Tübingen.

Danner, Manfred (1977): Gibt es einen freien Willen?, Hamburg.

Danto, Arthur C. (1965a): »Basic Actions«, in: American Philosophical Quarterly 2, 141–148.

Danto, Arthur C. (1965b): Analytische Philosophie der Geschichte, Frankfurt a. M.

Danto, Arthur C. (1973): Analytical Philosophy of Action, Cambridge, Mass.

Danz, Christian (2007): Wirken Gottes. Zur Geschichte eines theologischen Grundbegriffs, Neukirchen-Vluyn.

Daumer, Martin (2009): Quantenmechanik und Determinismus.

Davidson, Donald (1973): »Freedom to Act«, in: T. Honderich (Hrsg.): Essays on Freedom of Action, London, 67–86.

Davidson, Donald (1985a): »Handlungen, Gründe und Ursachen«, in: ders., 19–42.

Davidson, Donald (1985b) »Kausale Beziehungen«, in: ders., 214–232.

Davidson, Donald (1993): »Thinking Causes«, in: J. Heil, A. Mele (Hrsg.): Mental Causation, Oxford, 3–17–

De Boor, Wolfgang et. al (Hrsg.) (2003): Der Krankheitsbegriff und seine strafrechtlichen Folgen. Neue Diskussion um die »schwere andere seelische Abartigkeit«, § 20 StGB, Münster/Hamburg/London.

Della Rocca, Michael (1998): Frankfurt, Fischer and Flickers, Nous 32, 99–105.

Dennett, Daniel C. (1984): Elbow room, Oxford.

Dennett, Daniel C. (1984): »I Could not Have Done Otherwise – So What?«, in: The Journal of Philosophy 81, 553–565.

Dennett, Daniel C. (2003): Freedom evolves, London.

Descartes, René A. T. (1641): Meditationen über die Grundlagen der Philosophie, mit den sämtlichen Einwänden und Erwiderungen, übers. von Artur Buchenau, Hamburg 1994.

Descartes, René A. T. (1649): Die Leidenschaften der Seele, Hamburg 1996.

Descartes, René A. T. (1897): OEuvres de Descartes, hrsg. v. C. Adam, P. Tannery, 12 Bde., Paris 1897–1913.

Dessecker, Axel (2004): Gefährlichkeit und Verhältnismäßigkeit. Eine Untersuchung zum Maßregelrecht, Berlin.

Dierken, Jörg (2005): »Freiheit als religiöse Leitkategorie. Protestantische Denkform zwischen Luther und Kant«, in: J. Dierken, A. v. Scheliha (Hrsg.): Freiheit und Menschenwürde. Studien zum Beitrag des Protestantismus, Religion, in: Philosophy and Theology 16, Tübingen, 119–144.

Diogenes Laertius, L. M. P. (1990): Leben und Meinungen berühmter Philosophen, übers. von Otto Apelt, Hamburg.

Dorn, Anton M. (1976): Schuld – was ist das? Perspektiven aus den Bereichen Literatur, Psychologie, Verhaltensforschung, Jurisprudenz, Philosophie und Theologie, Donauwörth.

Dörner, Dietrich. (1999): Bauplan für eine Seele, Reinbek/Hamburg.

Dörsam, Peter (2007): Grundlagen der Entscheidungstheorie, Heidenau.

Double, Richard (1996): Metaphilosophy and free will, Oxford.

Double, Richard (1991): »Determinism and the experience of freedom«, in: Pacific Philosophical Quarterly 72, 1–8.

Double, Richard (1991): The Non-Reality of Free Will, Oxford.

Doyon, Julien et al. (2009): »Contributions of the Basal Ganglia and Functionally Related Brain Structures to Motor Learning«, in: Behavioural Brain Research 199, 61–75.

Dreher, Eduard (1987): Die Willensfreiheit. Ein zentrales Problem mit vielen Seiten, München, 20.

Dreher, Eduard (1992): »Unser indeterministisches Strafrecht«, in: M. Seebode (Hrsg.): Festschrift für Günter Spendel zum 70. Geburtstag am 11. Juli, Berlin/New York, 13–22.

Dretske, Fred (1988): Explaining Behaviour. Reasons in a World of Causes, Cambridge.

Drubach, Daniel A./Rabinstein, Alejandro A./Molano, Jennifer (2011): »Free Will, Freedom of Choice and Frontotemporal Lobar Degeneration«, in: Sana Monographs 9, 238–250.

Duff, R. Antony (2001): Punishment, Communication and Community, Oxford.

Dürr, Detlef/Lazarovici, Dustin (2012): »Quantenphysik und Quantenphilosophie«, in: M. Esfeld (Hrsg.): Philosophie der Physik, Suhrkamp 2033, Frankfurt a. M., 110–134.

Earman, John (1971): »Laplacian Determinism, or Is This Any Way to Run a Universe?«, in: The Journal of Philosophy 68, 729–744.

Ebeling, Gerhard (1964): Luther. Einführung in sein Denken, Tübingen.

Erber-Schropp, Julia M. (2016): Schuld und Strafe, eine strafrechtsphilosophische Untersuchung des Schuldprinzips, Tübingen.

Ebers, Thomas (2009): Schreckliche Freiheit und Verantwortung. Überlegungen zur Wiedergewinnung eines philosophischen Schuldbegriffs, Berlin.

Ebert, Udo (1988): »Das Vergeltungsprinzip im Strafrecht«, in: H. Krummacher: Geisteswissenschaften – wozu? Beispiele ihrer Gegenstände und ihrer Fragen, Wiesbaden, 35–56.

Ebert, Theodor (2004): »Die Stoa – Determinismus und Verantwortlichkeit«, in: A. Beckermann, D. Perler (Hrsg.): Klassiker der Philosophie heute, Stuttgart, 59–79.

Ellscheid, Günter/Hassemer, Winfried (1970): »Strafe ohne Vorwurf. Bemerkungen zum Grund strafrechtlicher Haftung«, in: Civitas. Jahrbuch für Sozialwissenschaften, Bd. 9. Mannheim/Ludwigshafen, 27–49.

Engisch, Karl (1963): Die Lehre von der Willensfreiheit in der strafrechtsphilosophischen Doktrin der Gegenwart, Berlin.

Erb, E. (2003): »Willensfreiheit, therapeutische Zielimplikation – anthropologische Entwick-

lungsmöglichkeit«, in: N. Groeben (Hrsg.): Zur Programmatik einer sozialwissenschaftlichen Psychologie, Band II, 2. Halbband, Münster, 273–315.
Ernst, Gerhard (2009): »Freiheit, Determinismus und Zufall«, in: Erwägen – Wissen – Ethik 20, 18–20.
Evers, Dirk (2000): Raum – Materie – Zeit. Schöpfungstheologie im Dialog mit naturwissenschaftlicher Kosmologie, Tübingen.
Evers, Dirk (2003): »Art. Naturgesetz«, in: RGG 6, 115–116.
Experience Project (2013): »What would love be without free will?«, in: http://www.experience project.com/question-answer/What-Would-Love-BeWithout-Free-Will/1772683, aufgerufen 20.10.2013, eingestellt 2016.
Ezorsky, Gertrude (Hrsg.) (1972): Philosophical Perspectives on Punishment, New York.
Falkenburg, Brigitte (2006): »Was heißt es determiniert zu sein?« in: D. Sturma (Hrsg.): Philosophie und Neurowissenschaften, Frankfurt, 43–74.
Falkenburg, Brigitte (2012): Mythos Determinismus. Wieviel erklärt uns die Hirnforschung?, Heidelberg.
Fara, Michael (2008): »Masked Abilities and Compatibilism«, in: Mind 117, 843–865.
Fehr, Ernst/Fischbacher, Urs (2004): »Third-party punishment and social norms«, in: Evolution and Human Behavior, 25, 63–87.
Feigl, Herbert (1967): The mental and the physical. The essay and a postscript, Minneapolis.
Feinberg, Joel (1970): Doing and Deserving. Essays in the Theory of Responsibility, Princeton.
Festinger, Leon (1957): A theorie of cognitive dissonance, Stanford.
Feynman, Richard P. (2008): Vom Wesen physikalischer Gesetze, München u. a.
Fink, Helmut/Rosenzweig, Rainer (Hrsg.) (2006): Freier Wille – frommer Wunsch? Gehirn und Willensfreiheit, Paderborn.
Fink, Helmut/Rosenzweig, Rainer (Hrsg.) (2012): Verantwortung als Illusion? Moral, Schuld, Strafe und das Menschenbild der Hirnforschung, Münster.
Finnis, John (1983): Fundamentals of ethics, Oxford, England.
Fischer, John M. (1989): God, Foreknowledge, and Freedom, Stanford.
Fischer, John M. (1989): »Introduction«, in: ders. (Hrsg.): God, Foreknowledge, and Freedom, Stanford, CA, 1–56.
Fischer, John M. (1994): The Metaphysics of Free Will, Aristotelian Society Series 14, Oxford.
Fischer, John M. (1995): »Libertarianism and Avoidability«, in: FaPh 12, 119–125.
Fischer, John M./Ravizza, Mark (1998): Responsibility and Control. A Theory of Moral Responsibility, Cambridge.
Fischer, John M. (1999), »Recent Work on Moral Responsibility«, in: Ethics 110, 93–139.
Fischer, John M. (2000): »Problems with Actual-Sequence Incompatibilism«, in: The Journal of Ethics 4, 323–328.
Fischer, John M. (2002): »Frankfurt-Type Examples and Semi-Compatibilism«, in: R. Kane (Hrsg.): The Oxford Handbook of Free Will, Oxford, 281–308.
Fischer, John M. (2003): »Frankfurt-Style Compatibilism«, in: G. Watson (Hrsg.): Free Will, Oxford, 190–198.
Fischer, John M. (2004): »Responsibility and Manipulation«, in: The Journal of Ethics 8, 145–177.

Fischer, John M. (2006): »The Cards that are dealt you«, in: The Journal of Ethics 10, 107–129.
Fischer, John M. (2010): »Replies«, in: Philosophy and Phenomenological Research 80, 267–278.
Fischer, John M. (2015): »Responsibility and the Actual Sequence«, in: D. Shoemaker (Hrsg.): Oxford Studies in Agency and Responsibility, Vol. 3, Oxford, 120–135.
Fischer, Thomas (2021): Strafgesetzbuch mit Nebengesetzen (Kommentar), München.
Fisher, Helen E./Aron, Arthur/Brown, Lucy L. (2006): »Romantic love. a mammalian brain system for mate choice«, in: Philos Trans R Soc Lond B Biol Sci, 361(1476), 2173–2186.
Flanagan, Owen (1992): Consciousness Reconsidered, Cambridge, Mass.
Foppa, Klaus (1996): »Über Handlungsfreiheit und die Restriktionen menschlichen Handelns«, in: H. v. Cranach, K. Foppa (Hrsg.): Freiheit des Entscheidens und Handelns, Heidelberg.
Forschner, Maximilian (1995): Die stoische Ethik, Darmstadt.
Frank, Reinhard (1907): Über den Aufbau des Schuldbegriffs, Berlin.
Frankfurt, Harry G (1971): »Freedom of the Will and the Concept of a Person«, in: Journal of Philosophy 68, 5–20.
Frankfurt, Harry G. (1988): »Identification and Wholeheartedness«, in: ders. (Hrsg.): The Importance of What We Care About, Cambridge, 159–176.
Frankfurt, Harry G. (1988), The lmportance of What We Care About, Cambridge.
Frankfurt, Harry G. (1992): »The Faintest Passion«, in: Proceedings and Addresses of the American Philosophical Association 66, 5–16.
Frankfurt, Harry G. (1993): »Willensfreiheit und der Begriff der Person«, in: P. Bieri (Hrsg.): Analytische Philosophie des Geistes, Bodenheim, 287–302.
Frankfurt, Harry G. (2003a/1966): »Alternate Possibilities and Moral Responsibility«, in: The Journal of Philosophy,Vol. 66, No. 23, 829–839.
Frankfurt, Harry G. (2003b): »Freedom of the Will and the Concept of a Person (1971)«, in: G. Watson (Hrsg.): Free Will, Oxford, 322–336.
Franklin, Christopher E. (2014): Event-causal Libertarianism, Functional Reduction, and the Disappearing Agent Argument, Philosophical Studies 170, 413–432.
Franklin, Christopher E. (2011): »Farewell to the Luck (and Mind) Argument«, in: Philosophical Studies 156, 199–230
Frede, Michael (2011): A Free Will: Origins of the Notion in Ancient Thought, Berkeley, CA.
Freud, Sigmund (1982): »Vorlesungen zur Einführung in die Psychoanalyse« (1916/17), in: ders., Studienausgabe, Frankfurt a. M.
Friedreich, Johann B. (1842): System der gerichtlichen Psychologie, Regensburg.
Frisch, Wolfgang (2002): »Sicherheit durch Strafrecht? Erwartungen, Möglichkeiten und Grenzen«, in: G. Duttge, G. Geilen, L. Meyer-Großner, G. Warda (Hrsg.): Gedächtnisschrift für Ellen Schlüchter. Köln/Berlin/Bonn/München, 669–689.
Frister, Helmut (1993): Die Struktur des voluntativen Schuldelements, Berlin.
Frister, Helmut (1994): »Der Begriff der Schuldfähigkeit«, in: Monatsschrift für Kriminologie, 77, 316–323.
Frith, Christopher D. (1992): The Cognitive Neuropsychology of Schizophrenia, Hillsdale, NJ.
Frommel, Monika (1987): Präventionsmodelle in der deutschen Strafzweck-Diskussion, Berlin.

Fuchs, Peter (2005): Das Gehirn ist genauso doof wie die Milz, Weilerswist.
Fuchs, Peter (2007): Das Maß aller Dinge. Eine Abhandlung zur Metaphysik des Menschen, Weilerswist.
Funkhouser, Eric (2009): Frankfurt Cases and Overdetermination, 1–31.
Gabriel, Gottfried (1993): Grundprobleme der Erkenntnistheorie. Von Descartes zu Wittgenstein, Paderborn/Wien.
Gäfgen, Gerhard (1968): Theorie der wirtschaftlichen Entscheidung, Untersuchungen zur Logik und ökonomischen Bedeutung des rationalen Handels, Tübingen.
Galiani, Ferdinando/d'Epinay, Louise (1992): Helle Briefe (a. d. Französischen von H. Conrad). Frankfurt a. M.
Geach, Peter T. (1973): »Aquinas«, in: G. E. M. Anscombe, P. T. Geach: Three Philosophers, Oxford, 64–126.
Gell-Mann, Murray (1994): Das Quark und der Jaguar. Vom Einfachen zum Komplexen – Die Suche nach einer Erklärung der Welt, München.
Gerhardt, Volker (1999): Selbstbestimmung. Das Prinzip der Individualität, Stuttgart.
Gert, Bernard (1998): Morality. Its Nature and Justification, Oxford.
Geyer, Christian (Hrsg.) (2004): Hirnforschung und Willensfreiheit. Zur Deutung der neuesten Experimente, Frankfurt a. M.
Gierer, Alfred (2005): »Bewusstseinsnahe Hirnforschung und das Gehirn-Geist-Problem«, in: M. Engels, E. Hildt (Hrsg.): Neurowissenschaften und Menschenbild, Paderborn, 139–150.
Gies, K. (1930): »Experimentelle Untersuchungen über den Willen mit Berücksichtigung der Entstehung des Bewußtseins der Willensfreiheit«, in: Archiv für die gesamte Psychologie 74, 1–96.
Giesinger, Johannes (2009): »Geert Keils kompatibilistisches Verständnis der Willensfreiheit«, in: Erwägen – Wissen – Ethik 20, 25–27.
Gillett, G. R. (2001): »Free will and events in the brain«, in: Journal of Mind and Behaviour 22, 287–310.
Ginet, Carl (1978): »Kann der Wille verursacht sein?«, in: U. Pothast (Hrsg.): Seminar: Freies Handeln und Determinismus, stw 257, Frankfurt a. M., 294–302.
Ginet, Carl (1990): On action, Cambridge u. a.
Ginet, Carl (1997): »Freedom, Responsibility, and Agency«, in: The Journal of Ethics 1, 85–98.
Glueck, Sheldon/Glueck, Eleanor (2014): Delinquents and Nondelinquents in Perspective, Harvard.
Gmür, Rudolf/Roth, Andreas (2011): Grundriss der deutschen Rechtsgeschichte, München.
Goebel, Bernd et al. (Hrsg.) (2005): Probleme des Naturalismus. Philosophische Beiträge, Paderborn.
Goldenberg, Georg (2007): Neuropsychologie. Grundlagen, Klinik, Rehabilitation, München, Jena.
Gomes, Gilberto (1998): »The Timing of Conscious Experience: A Critical Review and Reinterpretation of Libet's Research«, in: ConCog 7, 559–595.
Gomes, Gilberto (1999): »Volition and the readiness potential«, in: B. Libet, A. Freeman, K. Sutherland (Hrsg.): The volitional brain. Towards a neuroscience of free will, Thorverton, 59–76.

Gomes, Gilberto (2002): Problems in the Timing of Conscious Experience, in: ConCog 11, 191–197.
Gomperz, Heinrich (1907): Das Problem der Willensfreiheit, Jena.
Göppinger, Hans/Witter, Hermann (Hrsg.) (1972): Handbuch der forensischen Psychiatrie, Bd. 1 und 2., Berlin/Heidelberg/New York.
Görnitz, Thomas (2006): »Protyposis – die naturwissenschaftliche Grundlage für die Freiheit des Willens«, in: M. Heinze, T. Fuchs, F. M. Reischies (Hrsg.): Willensfreiheit – eine Illusion?, Lengerich, 121–154.
Goschke, Thomas (1996): »Wille und Kognition. Zur funktionalen Architektur der intentionalen Handlungssteuerung«, in: J. Kuhl, H. Heckhausen (Hrsg.): Enzyklopädie der Psychologie, Serie IV, Bd. 4: Motivation, Volition und Handeln, Göttingen, 583–663.
Goschke, Thomas (2004): »Vom freien Willen zur Selbstdetermination. Kognitive und volitionale Mechanismen der intentionalen Handlungssteuerung«, in: Psychologische Rundschau 55, 186–197.
Goschke, Thomas (2005): »Volition und kognitive Kontrolle«, in: J. Müsseler, W. Prinz (Hrsg.): Allgemeine Psychologie, Heidelberg, 271–335.
Goschke, Thomas (2006): »Der bedingte Wille. Willensfreiheit und Selbststeuerung aus der Sicht der kognitiven Neurowissenschaft«, in: G. Roth, K.-J. Grün (Hrsg.): Das Gehirn und seine Freiheit, Göttingen, 107–156.
Goschke, Thomas/Linser, Katrin/Wendt-Kürschner, Juliane (2008): »Wille und Bewusstsein«, in: T. Vierkant (Hrsg.): Willenshandlungen. Zur Natur und Kultur der Selbststeuerung, Frankfurt a. M., 4–66.
Gottesman, Irving I./Gould, Todd D. (2003): »The endophenotype concept in psychiatry: etymology and strategic intentions«, in: Am J Psychiatry 160, 636–645.
Gräb-Schmidt, Elisabeth (2003): »Sünde und Bestimmung des Menschen. Die bleibende Aktualität der Lehre von der Erbsünde«, in: NZSTh 45, 149–169.
Grawe, Klaus (2004): Neuropsychotherapie, Göttingen.
Greene, Joshua/Cohen, Jonathan (2004): »For the law neuroscience changes nothing and everything«, in: Philosophical Transactions of the Royal Society London, B 359, 1775–1785.
Greve, Werner (1996): »Schiedsrichter der Schuld?«, in: Jahrbuch für Recht und Ethik, 615–635.
Grondin, Jean (2009): Zur Phänomenologie des moralischen »Gesetzes«. Das kontemplative Motiv der Erhebung in Kants praktischer Metaphysik, Kant-Studien, September 2009.
Grün, Klaus-Jürgen (2001): Arthur Schopenhauer, München.
Grün, Klaus-Jürgen/Friedman, Michel/Roth, Gerhard (Hrsg.) (2008): Entmoralisierung des Rechts, Göttingen.
Grünbaum, Adolf (1988): Die Grundlagen der Psychoanalyse, Stuttgart.
Grundmann, Thomas (2003): »Wenn der Determinismus wahr wäre. Über die Möglichkeit von Willensfreiheit in der natürlichen Welt«, in: A. Bächli, K. Petrus (Hrsg.): Monismus, Frankfurt a. M./London, 293–313.
Grush, Rick/Churchland, Patricia S. (2001): »Lücken im Penrose-Parkett«, in: T. Metzinger (Hrsg.): Bewußtsein. Beiträge aus der Gegenwartsphilosophie, Paderborn, 221–250.
Guckes, Barbara (2001): Freiheit und Selbstbestimmung. Ausgewählte Texte, Berlin, 53–83.

Guckes, Barbara (2003): Ist Freiheit eine Illusion? Eine metaphysische Untersuchung, Paderborn.

Günther, Klaus (2002): »Die symbolisch-expressive Bedeutung der Strafe. Eine neue Straftheorie jenseits von Vergeltung und Prävention?«, in: C. Prittwitz, M. Baurmann, K. Günther, L. Kuhlen, R. Merkel, C. Nestler, L. Schulz (Hrsg.): Festschrift für Klaus Lüderssen. Zum 70. Geburtstag am 2. Mai 2002, Baden-Baden, 205–219.

Günther, Klaus (2005): »Verantwortlich für die eigene Tat?«, in: Forschung Frankfurt 4, 26–30.

Günther, Klaus (2007): Die naturalistische Herausforderung des Schuldstrafrechts, Frankfurter kriminalwissenschaftliche Studien, Bd. 100, 71–871.

Gutenberg, Erich (1962): Unternehmensführung – Organisation und Entscheidungen, Wiesbaden, 77.

Gütt, Arthur (1934): Erblehre und Rassenhygiene im völkischen Staat, München.

Habermas, Jürgen (2004): »Freiheit und Determinismus«, in: Deutsche Zeitschrift für Philosophie 52, 871–890.

Habermas, Jürgen (2005): »Freiheit und Determinismus«, in: ders.: Zwischen Naturalismus und Religion, Frankfurt a. M., 155–186.

Habermas, Jürgen (2006): »Das Sprachspiel verantwortlicher Urheberschaft und das Problem der Willensfreiheit. Wie lässt sich der epistemische Dualismus mit einem ontologischen Monismus versöhnen?«, in: Deutsche Zeitschrift für Philosophie 54, 669–707.

Haddenbrock, Siegrfried (1972): »Strafrechtliche Handlungsfähigkeit und ›Schuldfähigkeit‹ (Verantwortlichkeit)«, in: H. Göppinger, H. Witter (Hrsg.): Handbuch der forensischen Psychiatrie, Bd. 2. Berlin/Heidelberg/New York, 863–946.

Haddenbrock, Siegrfried (2003): »Das rechtliche Schuldprinzip in wissenschaftlichanthropologischer (= global akzeptabler) Sicht«, in: Goltdammer's Archiv für Strafrecht 150, 521–535.

Haeffner, Gerd (2005): Philosophische Anthropologie, Stuttgart.

Haffke, B. (1991): »Zur Ambivalenz des Paragraph 21 StGB«, in: Recht und Psychiatrie 9, 94–108.

Haggard, Patrick/Eimer, Martin (1999): »On the relation between brain potentials and the awareness of voluntary movements«, in: Experimental Brain Research 126, 128–133.

Haggard, Patrick/Clark, Sam/Kalogeras, Jeri (2002): »Voluntary action and conscious awareness«, in: Nature Neuroscience 5, 382–385.

Haji, Ishtiyaque (2000): Indeterminism, Explanation, and Luck, in: The Journal of Ethics 4, 211–235

Haji, Ishtiyaque (2001): »Control Conundrums. Modest Libertarianism, Responsibility, and Explanation«, in: Pacific Philosophical Quarterly 82, 178–200.

Haji, Ishtiyaque (2003): »Alternative Possibilities, Luck, and Moral Responsibility«, in: The Journal of Ethics 7, 253–275.

Haji, lshtiyaque/McKenna, Michael (2004): »Dialectical Delicacies in the Debate About Freedom and Alternative Possibilities«, in: Journal of Philosophy 101, 299–314.

Hameroff, Stuart (1994): »Quantum Coherence in Microtubules: A neural basis for emergent consciousness?«, in: JCS 1, 98–118.

Hameroff, Stuart/Penrose, Roger (1996): »Conscious events as orchestrated space-time selections«, in: JCS 3, 36–53.

Härle, Wilfried (1995): Dogmatik, Berlin/New York.

Hart, Herbert L. A. (2008): Punishment and Responsibility. Essays in the philosophy of law, Oxford/New York.

Hassemer, Winfried (1983): »Alternativen zum Schuldprinzip?«, in: H. M. Baumgartner, A. Eser (Hrsg.): Schuld und Verantwortung. Philosophische und juristische Beiträge zur Zurechenbarkeit menschlichen Handelns, Tübingen, 89–107.

Hassemer, Winfried (2009): Warum Strafe sein muss. Ein Plädoyer, Berlin.

Hauke, Michael (2023): »Deutschland ist für 0,06 % des CO2 verantwortlich – 99,94 % des Kohlendioxids können wir nicht beeinflussen«, https://www.hauke-verlag.de, Deutschland-ist-fuer-006-des-CO2-verantwortlich/, Stand: 6.9.2023.

Hawthorne, John (2001): »Freedom in Context«, in: Philosophical Studies 104, 63–79.

Hebler, Carl (1887): Elemente einer philosophischen Freiheitslehre, Berlin.

Heckhausen, Heinz (1989): Motivation und Handeln, Berlin.

Hegel, Georg W. F. (1821): »Grundlinien der Philosophie des Rechts«, in: ders.: Werke in zwanzig Bänden, Band 7. (Hrsg.: Moldenhauer E., Michel K. M.), Frankfurt a. M. 1986.

Heidelberger, Michael (2005): »Freiheit und Wissenschaft! Metaphysische Zumutungen von Verächtern der Willensfreiheit«, in: E.-M. Engels, E. Hildt (Hrsg.): Neurowissenschaften und Menschenbild, Paderborn, 195–219.

Heinen, Edmund (1968): »Entscheidungstheorie«, in: Staatslexikon, erster Ergänzungsband, Freiburg 1968 Sp., 689–706.

Heinroth, Johann C. A. (1825): System der psychisch-gerichtlichen Medizin, oder theoretisch-praktische Anweisung zur wissenschaftlichen Erkenntnis und gutachtlichen Darstellung der krankhaften persönlichen Zustände, welche vor Gericht in Betracht kommen, Leipzig.

Heisenberg, Werner (1927), »Über den anschaulichen Inhalt der quantentheoretischen Kinematik und Mechanik«, in: Zeitschrift für Physik 43, 172–198.

Heisenberg, Werner/Bohr, Nils (1963): Die Kopenhagener Deutung der Quantenmechanik, Stuttgart.

Helmrich, Herbert (2004): »Wir können auch anders. Kritik der Libet-Experimente«, in: C. Geyer (Hrsg.): Hirnforschung und Willensfreiheit. Zur Deutung der neuesten Experimente, Frankfurt a. M., 92–97.

Herrmann, Christoph S. et al. (2005): »Eine neue Interpretation von Libets Experimenten aus der Analyse einer Wahlreaktionsaufgabe«, in: dies. (Hrsg.): Bewusstsein. Philosophie, Neurowissenschaften, Ethik, München, 120–134.

Herrmann, Thomas (1996): »Willensfreiheit – eine nützliche Fiktion«, in: M. v. Cranach, K. Foppa (Hrsg.): Freiheit des Entscheidens und Handelns, Heidelberg, 56–69.

Hermanni, Friedrich (2002): Das Böse und die Theodizee. Eine philosophisch-theologische Grundlegung, Gütersloh.

Hertz, Eduard (1880): Das Unrecht und die allgemeinen Lehren des Strafrechts, Hamburg.

Heun, Werner (2005): »Die grundgesetzliche Autonomie des Einzelnen im Lichte der Neurowissenschafien«, in: Juristenzeitung, 59, 853–860.

Hill, Thomas E. (1992): Dignity and practical reason in Kant 's moral theory, New York.

Hillenkamp, Thomas (2005a): Das limbische System. Der Täter hinter dem Täter? Neue Hirnforschung – Neues Strafrecht? Tagungsband der 15. Max-Alsberrg-Tagung am 28.10.2005, Berlin, 85 ff.

Hillenkamp, Thomas (2005b): »Strafrecht ohne Willensfreiheit? Eine Antwort auf die Hirnforschung«, in: Juristenzeitung, 59, 313–32.

Hillenkamp, Thomas (2006) »Das limbische System. Der Täter hinter dem Täter?«, in: ders. (Hrsg.): Neue Hirnforschung – Neues Strafrecht?, Baden-Baden. 85–110.

Hippel, Robert (1903): »Willensfreiheit und Strafrecht«, in: Zeitschrift für die gesamte Strafrechtswissenschaft, 23, 396–422.

Hirsch, Hans J. (1994): »Das Schuldprinzip und seine Funktion im Strafrecht«, in: Zeitschrift für die gesamte Strafrechtswissenschaft, 106, 746–765.

Hirschbrich, Michael (2021): Game-Changer »Entscheidungsökonomie«, in: www.Brutkasten.com, zuletzt aufgerufen am 4.1.2022.

Hobart, R. E. (1934): »Free Will as Involving Determination and Inconceivable Without It«, in: Mind 43, 1–27.

Hobbes, Thomas (1651): Leviathan. McMaster University, Hamilton. Online verfügbar unter: http://socserv2.mcmaster.ca/~econ/ugcm/3ll3/hobbes/Leviathan.pdf; 07.08.2013.

Hodgson, David (2002): »Quantum Physics, Consciousness, and Free Will«, in: R. Kane (Hrsg.): The Oxford Handbook of Free Will, Oxford, 85–110.

Hoefer, Carl (2016): »Causal Determinism«, The Stanford Encyclopedia of Philosophy (Spring 2016 Edition), https://plato.stanford.edu/archives/spr2016/entries/determinism–causal/.

Hoffbauer, Johann C. (1808): Die Psychologie in ihren Hauptanwendungen auf die Rechtspflege nach den allgem. Gesichtspunkten der Gesetzgebung, oder die sog. gerichtliche Arzneiwissenschaft nach ihrem psychologischen Teile, Halle.

Höffe, Otfried (2000): »Proto–Strafrecht: Programm und Anfragen eines Philosophen«, in: A. Eser, W. Hassemer, B. Burkhardt (Hrsg.): Die deutsche Strafrechtswissenschaft vor der Jahrtausendwende. Rückbesinnung und Ausblick. München, 307–337.

Hoffmann, Manfred (1985): »Erasmus im Streit mit Luther«, in: O.H. Pesch (Hrsg.): Humanismus und Reformation – Martin Luther und Erasmus von Rotterdam in den Konflikten ihrer Zeit, München/Zürich, 91–118.

Holmes, J./Thapar Anita (2004): »Genetics and juvenile antisocial behavior«, in: S. Bailey, M. Dolan (Hrsg.): Adolescent Forensic Psychiatry, London 87–95.

Holton, Richard (2009): Willing, Wanting, Waiting, Oxford.

Holzhauer, Heinz (1970): Willensfreiheit und Strafe. Das Problem der Willensfreiheit in der Strafrechtslehre des 19. Jahrhunderts und seine Bedeutung für den Schulenstreit, Berlin.

Honderich, Ted (1969): Punishment. The Supposed Justifications, London.

Honderich, Ted (1988): A Theory of Determinism, Oxford.

Honderich, Ted (1995): Wie frei sind wir? Das Determinismus–Problem, Stuttgart.

Honderich, Ted (2002): How Free Are You? The Determinism Problem, Second Edition, Oxford.

Honderich, Ted (2004): »After Compatibilism and Incompatibilism«, in: J. K. Campbell

(Hrsg.): Freedom and Determinism. Topics in Contemporary Philosophy, Cambridge/London, 305–321.
Honderich, Ted (2006): Punishment. The Supposed Justifications Revisited, London/Ann Arbor (Michigan).
Hörnle, Tatjana (1999): Tatproportionale Strafzumessung, Berlin.
Hörnle, Tatjana (2011a): Straftheorien, Tübingen.
Hörnle, Tatjana (2011b): »Gegenwärtige Strafbegründungstheorien: Die herkömmliche deutsche Diskussion«, in: von Hirsch, A. Neumann, U. Seelmann, Kurt (Hrsg.): Strafe – Warum? Gegenwärtige Strafbegründungen im Lichte von Hegels Straftheorie, BadenBaden, 11–30.
Hörnle, Tatjana (2013): Kriminalstrafe ohne Schuldvorwurf. Ein Plädoyer für Änderungen in der strafrechtlichen Verbrechenslehre, Baden-Baden.
Hornsby, Jennifer (1980): Actions, London/Boston/Henley.
Hörster, Matthias (2009): Die strict liability des englischen Strafrechts. Zugleich eine Gegenüberstellung mit dem deutschen Straf- und Ordnungswidrigkeitenrecht, Berlin.
Hösle, Vittorio (1999): »Rationalismus, Determinismus und Freiheit«, in: V. Hösle et al. (Hrsg.): Jahrbuch für Philosophie des Forschungsinstituts für Philosophie Hannover. Band 10, Wien.
Hubbertz, Karl-Peter (1992): Schuld und Verantwortung. Eine Grenzbeschreitung zwischen Tiefenpsychologie, Ethik und Existenzphilosophie, Münster/Hamburg.
Huber, Gerd (1974): Psychiatrie, Stuttgart, New York.
Hübl, Philipp (2010): Action and Consciousness, Dissertation an der Humboldt-Universität Berlin.
Hume, David (1739): A Treatise of Human Nature, D. F. Norton, M. J. Norton (Hrsg.), Oxford 2000.
Hume, David (1748): An Enquiry Concerning Human Understanding, McMaster University, Hamilton. Online verfügbar unter: http://soc serv2.mcmaster.ca/-econ/ugcm/3ll3/hume/enquiry.pdf; 08.08.2013, übersetzt: Eine Untersuchung über den menschlichen Verstand, Stuttgart 1982.
Hunt, David (2000): »Moral Responsibility and Avoidable Action«, in: PhSt 97, 195–227.
Hursthouse, Rosalind (1991): »Arational Actions«, Journal of Philosophy 88, 57–68.
Hüttemann, Andreas (2003): »Introduction: Determinism in Physics and Biology«, in: ders. (Hrsg.): Determinism in Physics and Biology, Paderborn, 9–18.
Hyman, John (1989): The Imitation of Nature, Oxford.
Ichheiser, Gustav (1933): »Das Können, die Bedingungen des Könnens und das Erlebnis des Könnens«, in: Zeitschrift für angewandte Psychologie 44, 364–378.
Iwand, Hans J. (1959a): Die Freiheit des Christen und die Unfreiheit des Willens, München.
Iwand, Hans J. (1959b): »Die grundlegende Bedeutung der Lehre vom unfreien Willen für den Glauben. Eine Einführung in Luthers Schrift vom unfreien Willen«, in: ders. (Hrsg.): Um den rechten Glauben, GAufs, TB 9, München, 13–30.
Iwand, Hans J. (1959c): »Studien zum Problem des unfreien Willens«, in: ders. (Hrsg.): Um den rechten Glauben, GAufs, TB 9, München, 31–61.

Jackson, Frank (1982): »Epiphenomenal Qualia«, in: The Philosophical Quarterly 32, 127–136. (deutsch in: Metzinger 2006, 83–97)

Jacobs, Jonathan D./O'Connor, Timothy (2013): »Agent Causation in a Neo-Aristotelian Metaphysics«, in: S. C. Gibb, E. J. Lowe, R. D. Ingthorsson (Hrsg.): Mental Causation and Ontology, Oxford, 173–192.

Jäger, Christoph (2006): Drei Konsequenzargumente für eine inkompatibilistische Theorie moralischer Verantwortung, ZPhF 60 (2006), 504–527, http://www.abdn.ac.uk/philosophy/staff/documents/JaegerDreiKonsequenzargumenteSeptember06.pdf.

Jäger, Christoph (2009) »Determinismus und Verantwortung: Was kann das Konsequenzargument?«, in: Deutsche Zeitschrift für Philosophie 57, 119–131.

Jäger, Christoph (2013): »Das Konsequenzargument«, in: R. W. Puster (Hrsg.): Klassische Argumentationen der Philosophie, Münster, 275–296.

Jakobs, Günther (1976): Schuld und Prävention, Tübingen.

Jakobs, Günther (1991): Strafrecht. Allgemeiner Teil: die Grundlagen und die Zurechnungslehre, Berlin/New York.

Jakobs, Günther (2005): »Individuum und Person. Strafrechtliche Zurechnung und die Ergebnisse moderner Hirnforschung«, in: ZStW, Bd. 117, 247–266.

Jakobs, Günther (2006): »Die Schuld der Fremden«, in: ZStW Bd. 118, 831–854.

Jakobs, Günther (2008): Norm, Person, Gesellschaft. Vorüberlegungen zu einer Rechtsphilosophie, Berlin.

Jakobs, Günther (2012): System der strafrechtlichen Zurechnung, Frankfurt a. M.

Janich, Peter (2008): Naturalismus und Menschenbild. Deutsches Jahrbuch Philosophie 1, Hamburg.

Janich, Peter (2009): Kein neues Menschenbild. Zur Sprache der Hirnforschung, Frankfurt.

Janßen, Hans-Gerd (1982): Das Theodizee-Problem der Neuzeit. Ein Beitrag zur historisch-systematischen Grundlegung politischer Theologie, EHS.R 23/198, Frankfurt a. M./Bern.

Janßen, Hans-Gerd (1989): Gott – Freiheit – Leid. Das Theodizeeproblem in der Philosophie der Neuzeit, Grundzüge 74, Darmstadt.

Janzarik, W. (2000:) »Handlungsanalyse und forensische Bewertung seelischer Devianz«, in: Nervenarzt 71, 181–187.

Jedan, Christoph (2000): Willensfreiheit bei Aristoteles?, Göttingen.

Jescheck, Hans-Heinrich (1998): »Wandlungen des strafrechtlichen Schuldbegriffs in Deutschland und Österreich«, in: H. F. Köck, R. Moos: Dienst am Strafrecht– Dienst am Menschen, Linz, 57–79.

Joas, Hans (2011): Die Sakralität der Person. Eine neue Genealogie der Menschenrechte, Berlin.

Joos, Erich (2002): »Dekohärenz und der Übergang von der Quantenphysik zur klassischen Physik«, in: J. Audretsch (Hrsg.): Verschränkte Welt. Faszination der Quanten, Weinheim, 169–195.

Jüngel, Eberhard (1986a): »Quae supra nos, nihil ad nos. Eine Kurzformel der Lehre vom verborgenen Gott – im Anschluß an Luther interpretiert«, in: E. Jüngel (Hrsg.): Entsprechungen: Gott – Wahrheit – Mensch, in: Theologische Erörterungen, BEvTh 88, München, 202–251.

Jüngel, Eberhard (1986b): Gott als Geheimnis der Welt. Zur Begründung der Theologie des Gekreuzigten im Streit zwischen Theismus und Atheismus, Tübingen

Justizministerium Nordrhein-Westfalen (2014): Justizvollzug. Kosten des Vollzuges, https://www.justiz.nrw.de/Gerichte_Behoerden/zahlen_fakten/statistiken/justizvollzug/kosten.pdf.

Kahle, Egbert (2001): Betriebliche Entscheidungen, Oldenburg/München/Wien.

Kahnemann, Daniel (2003): »Maps of Bounded Reality: Psychology for Behavioral Economics«, in: American Economic Review, Band 93, Nr. 5, 1.

Kandel, Eric (2006): Auf der Suche nach dem Gedächtnis. Die Entstehung einer neuen Wissenschaft des Geistes, München.

Kane, Robert (1996): The Significance of Free Will, Oxford/New York.

Kane, Robert (1998): The significance of free will, New York u. a.

Kane, Robert (1999): »Responsibility, Luck, and Chance: Reflections on Free Will and Indeterminism«, in: Journal of Philosophy 96, 217–240.

Kane, Robert (2002) (Hrsg.): The Oxford Handbook of Free Will, Oxford.

Kane, Robert (2003): »Responsibility, Luck, and Chance. Reflections on Free Will«, in: G. Watson (Hrsg.): Free Will, Oxford, 299–321.

Kane, Robert (2005): A contemporary introduction to free will, New York u. a.

Kanitscheider, Bernulf (2006): »Was können wir tun? Willens- und Handlungsfreiheit in naturalistischer Perspektive«, in: H. Fink, R. Rosenzweig (Hrsg.): Freier Wille – frommer Wunsch? Gehirn und Willensfreiheit, Paderborn, 117–133.

Kannetzky, Frank (2000): Psychologischer Determinismus und andere Schwierigkeiten., Philokles, 3, 50–61.

Kant, Immanuel KrV (1781/87): Kritik der reinen Vernunft AA III/IV.

Kant, Immanuel GMS (1785): Grundlegung zur Metaphysik der Sitten, AA IV. Kargl, W. (1991): Handlung und Ordnung im Strafrecht, Berlin.

Kant, Immanuel (1788): KpV: Kritik der praktischen Vernunft, AA V.Kapitan, Tomis (2002): »A Master Argument for Incompatibilism?«, in: R. Kane (Hrsg.): The Oxford Handbook of Free Will, Oxford, 127–157.

Kant, Immanuel (1797): Die Metaphysik der Sitten, Leipzig

Kargl, Walter(1982): Kritik des Schuldprinzips. Eine rechtssoziologische Studie zum Strafrecht, Frankfurt/New York.

Kasten, Erich (2007): Einführung Neuropsychologie, München/Basel.

Kasten, Erich KU (1790): Kritik der Urteilskraft (1790), AA V.

Kasten, Erich Rel (1793): Die Religion innerhalb der Grenzen der bloßen Vernunft, AA VI.

Kapitan, Tomis (1986): »Deliberation and the Presumption of Open Alternatives«, in: The Philosophical Quarterly 36, 230–251.

Katzinger, Franz (1926): Menschliches Freiheitsbewußtsein, Innsbruck.

Kaufmann, Armin (1976a): Das Schuldprinzip. Eine strafrechtlich-rechtsphilosophische Untersuchung, Heidelberg.

Kaufmann, Armin (1976b): »Schuldprinzip und Verhältnismäßigkeitsgrundsatz«, in: G. Warda, H. Waider, R. von Hippe, D. Meurer (Hrsg.): Festschrift für Richard Lange zum 70. Geburtstag, Berlin/New York, 27–38.

Kaufmann, Armin (1983): Die Aufgabe des Strafrechts, Opladen.

Keil, Geert/Schnädelbach, Herbert (Hrsg.) (2000a): Naturalismus. Philosophische Beiträge, Suhrkamp 1450, Frankfurt a. M.

Keil, Geert (2000b): Handeln und Verursachen, Frankfurt a. M.

Keil, Geert (2003): »Über den Homunkulus-Fehlschluß«, Zeitschrift für philosophische Forschung 57, 1–26.

Keil, Geert (2005): »How the Ceteris Paribus Laws of Physics Lie«, in: J. Faye et al. (Hrsg.): Nature's Principles, Berlin/Heidelberg/New York, 167–200.

Keil, Geert (2009a): »Ich und mein Gehirn: Wer steuert wen? Das Geist-Körper-Problem und die Hirnforschung«, in: H. Schnädelbach, H. Hastedt, G. Keil (Hrsg.): Was können wir wissen, was sollen wir tun? Zwölf philosophische Antworten, Reinbek, 126–146.

Keil, Geert (2009b): Willensfreiheit und Determinismus. Stuttgart.

Keil, Geert (2012): »Kann man nichtzeitliche Verursachung verstehen? Kausalitätstheoretische Anmerkungen zu Kants Freiheitsantinomie«, in: M. Brandhorst, A. Hahmann, B. Ludwig (Hrsg.): Sind wir Bürger zweier Welten? Freiheit und moralische Verantwortung im transzendentalen Idealismus, Hamburg, 223–257.

Keil, Geert (2013a): Willensfreiheit. Berlin/Boston.

Keil, Geert (2013b): »Making Causal Counterfactuals More Singular, and More Appropriate for Use in Law«, in: B. Kahmen, M. Stepanians (Hrsg.): Causation and Responsibility: Critical Essays, Berlin/Boston,157–189.

Keil, Geert (2014): »Wie fängt (man) eine Handlung an?«, in: A. S. Spann, D. Wehinger (Hrsg.): Vermögen und Handlung. Der dispositionale Realismus und unser Selbstverständnis als Handelnde, Münster, 135–157.

Keil, Geert (2017): Willensfreiheit, Berlin.

Keil, Geert/Keuck, Lara/Hauswald, Rico (Hrsg.) (2017): Vagueness in Psychiatry, Oxford.

Keller, Ingo/Heckhausen, Heinz (1990): »Readiness Potentials Preceding Spontaneous Motor Acts. Voluntary vs. Involuntary Control«, in: Electroencephalography and Clinical Neurophysiology 76, 351–361.

Keller, Josef A.(1981): Grundlagen der Motivation, München.

Kenny, Anthony (1975): Will, Freedom and Power, London, 52 f.

Kenny, Anthony (1989): The metaphysics of mind, Oxford (England).

Kick, Hermes A. (2007): »Einleitung. Willensfreiheit und Abhängigkeit im Verständnis von Lebensprozess und personaler Entscheidung«, in: H. A. Kick, J. Taupitz (Hrsg.): Willensfreiheit und Abhängigkeit im Verständnis von Lernprozess und personaler Entscheidung, Berlin.

Kiefer, Claus (2004): Quantentheorie, Frankfurt a. M.

Kim, Jaegwon (1998): Philosophie des Geistes, Wien u. a.

Kim, Jaegwon (2007): Physicalism, Or Something Near Enough, Princeton/Oxford.

Klein, Andreas (2003): Die Wahrheit ist irgendwo da drinnen ? Zur theologischen Relevanz (radikal-)konstruktivistischer Ansätze unter besonderer Berücksichtigung neurobiologischer Fragestellungen, Neukirchen-Vluyn.

Klein, Andreas (2009): Willensfreiheit auf dem Prüfstand. Ein anthropologischer Grundbegriff in Philosophie, Neurobiologie und Theologie, Neukirchen-Vluyn.

Klein, Andreas (2012): »Ich bin so frei!« Willensfreiheit in der philosophischen, neurobiologischen und theologischen Diskussion, Neukirchen-Vluyn, 33.
Klein, Stanley (2002): Libet's Research on the Timing of Conscious Intention to Act: A Commentary, Conscious and Cognition 11, 273–279.
Knobe, Joshua/Nichols, Shaun (2008): Experimental Philosophy, Oxford/New York.
Koch, Traugott (1978): »Das Böse als theologisches Problem«, in: KuD 24, 285–320.
Köhler, Thomas (2001): Biopsychologie. Ein Lehrbuch, Stuttgart.
Kolb, Bryan (2011): An Introduction to Brain and Behavior, Whishaw, I. Q. 2011, New York.
Kolb, Marcel (2003): Die Begutachtung von Straftätern zur Feststellung der Schuldfähigkeit, Hamburg.
Kolb, Robert (2005): Bound, Choice, Election, and Wittenberg Theological Method. From Martin Luther to the Formula of Concord, Michigan/Cambridge.
Koller, Peter (1979): »Probleme der utilitaristischen Strafrechtfertigung«, in: ZStW, Bd. 91, 45–95.
König, René (2021): Materialien zur Kriminalsoziologie, Berlin.
Konrad, Norbert (1995): Psychiatrische Richtungen und Schuldfähigkeit, Hamburg.
Koriath, Heinz (1995): »Über Vereinigungstheorien als Rechtfertigung staatlicher Strafe«, in: In Jura, Heft 12, 625–635.
Kornhuber, Hans H./Deecke, Lüder (1965): »Hirnpotentialänderungen bei Willkürbewegungen und passiven Bewegungen des Menschen: Bereitschaftspotential und reafferente Potentiale«, in: Pflügers Archiv für die gesamte Physiologie des Menschen und der Tiere 281, 1–17.
Korsgaard, Christine (2009): Self-Constitution. Agency, Identity, and Integrity, Oxford.
Korsgaard, Christine (1996): Creating the kingdom of ends, Cambridge, England.
Kraepelin, Emil (1880): Die Abschaffung des Strafmaßes. Ein Vorschlag zur Reform der heutigen Strafrechtspflege, Stuttgart.
Kreiner, Armin (2005): Gott im Leid. Zur Stichhaltigkeit der Theodizee-Argumente, Freiburg i. Br. u. a.
Kröber, Hans-Ludwig (2001): »Die psychiatrische Diskussion um die verminderte Zurechnungs- und Schuldfähigkeit«, in: ders., H.-J. Albrecht (Hrsg.): Verminderte Schuldfähigkeit und psychiatrische Maßregel, Baden-Baden, 33–68.
Kröber, Hans-Ludwig (2003): »Das limbische System – ein moralischer Limbus?«, in: FAZ vom 11.11.2003, 37.
Kröber, Hans-Ludwig (2007): »Steuerungsfähigkeit und Willensfreiheit aus psychiatrischer Sicht«, in: H. L. Kröber et al. (Hrsg.): Handbuch der Forensischen Psychiatrie, Darmstadt, 159–218.
Krüger, Hans-Peter (Hrsg.) (2007): Hirn als Subjekt? Philosophische Grenzfragen der Neurobiologie, Berlin.
Kudlich, Hans (2004): »Rezension von Gunnar Spilgies. Die Bedeutung des Determinismus Indeterminismus-Streits für das Strafrecht«, in: Online-Zeitschrift für Höchstrichterliche Rechtsprechung im Strafrecht 5, Ausg. 6 (Juni), 217–220, (http://www.hrr-strafrecht.de).
Kuhl, Julius (1996): »Wille und Freiheitserleben – Formen der Selbststeuerung«, in: J. Kuhl, H. Heckhausen (Hrsg.): Motiv, Volition und Handlung, Göttingen, 665–765.

Kühn, Simone/Brass, Marcel (2009): »Retrospektive construction of the judgement of free choice«, in: Consciousness and Cognition 18 (1), 2009, 12–21.

Künne, Wolfgang (2003): Conceptions of Truth, Oxford.

Kunz, Karl-Ludwig (1986): »Prävention und gerechte Zurechnung. Überlegung zur normativen Kontrolle utilitaristischer Strafbegründung«, in: ZStW, Bd. 98, 823–838.

Kunz, Karl-Ludwig (2004): »Muss Strafe wirklich sein? Einige Überlegungen zur Beantwortbarkeit der Frage und zu den Konsequenzen daraus«, in: H. Radtke, E. Müller, G. Britz, H. Koriath, H. Müller-Dietz (Hrsg.): Muss Strafe sein? Kolloquium zum 60. Geburtstag von Herrn Professor Dr. Dr. h. c. H. Jung, Baden-Baden, 71–83.

Kunz, Karl-Ludwig/Mona, Martino (2006): Rechtsphilosophie Rechtstheorie Rechtssoziologie, Bern, Stuttgart, Wien.

Kunz, Karl-Ludwig (2011): Kriminologie, Bern/Stuttgart/Wien.

Kupke, Christian (2006): »Metaphysischer Determinismus und naturgeschichtliche Freiheit. Zur gegenwärtigen Debatte über Willensfreiheit und Gehirndeterminismus«, in: M. Heinze, T. Fuchs, F. M. Reischies (Hrsg.): Willensfreiheit – eine Illusion?, Lengerich, 63–76.

Lagodny, Otto (1996): Strafrecht vor den Schranken der Grundrechte, Tübingen.

Lampe, Ernst-Joachim (1970): Rechtsanthropologie, Berlin.

Lampe, Ernst-Joachim/Pauen, Michael/Roth, Gerhard (Hrsg.) (2008): Willensfreiheit und rechtliche Ordnung, Frankfurt a. M.

Lambroso, Cesare (1894): Der Verbrecher (homo delinquens) in anthropologischer, ärztlicher und juristischer Beziehung, Hamburg.

Laplace, Pierre-Simone (1814): Philosophischer Versuch über die Wahrscheinlichkeit, Frankfurt a. M. 2003.

Lange, Friedrich A. (1877): Geschichte des Materialismus. 2. Buch, Iserlohn.

Laughlin, Robert B. (2008): Abschied von der Weltformel. Die Neuerfindung der Physik, München u. a.

Leder, Matthias (1999): Was heißt es, eine Person zu sein?, Paderborn.

Lefcourt, Herbert M. (1973): »The function of the illusions of control and freedom«, in: American Psychologist 28, 417–425.

Lehrer, Keith (2004): »Freedom and the Power of Preference«, in: J. Campbell et al. (Hrsg.): Freedom and Determinism. Topics in Contemporary Philosophy, Cambridge/London, 47–69.

Leibniz, Gottfried W. (1680/84): »De libertate a necessitate in eligendo«, in: ders.: Sämtliche Schriften und Briefe (Akademie-Ausgabe), Bd. VI, 4, Berlin 1999, 1450–1455.

Leibniz, Gottfried W. (1685/86): »De natura veritatis, contingentiae et indifferentiae atque de liberitate et praedeterminatione«, in: ders., Sämtliche Schriften und Briefe (Akademie-Ausgabe), Bd. VI, 4, Berlin 1999, 1514–1524.

Leibniz, Gottfried W. (1710a): Versuche in der Theodicee über die Güte Gottes, die Freiheit des Menschen und den Ursprung des Übels, hrsg. v. E. Cassirer, Werke Bd. 4, PhB 499, Hamburg 1996.

Leibniz, Gottfried W. (1710b): »Die Theodizee«, in: ders., Philosophische Schriften, Bd. 2, hrsg. und übers. v. H. Herring, Frankfurt a. M. 1996.

Leibniz, Gottfried W. (1765): »Neue Abhandlungen über den menschlichen Verstand (1701–1704)«, in: ders., Philosophische Schriften, Bd. 3. übers. von W. v. Engelhardt, H. H. Holz, Frankfurt a. M. 1996.
Leist, A. (2000): Die gute Handlung. Eine Einführung in die Ethik, Berlin.
Lenckner, Theodor (1972): »Strafe, Schuld und Schuldfähigkeit«, in: H. Göppinger, H. Witter (Hrsg.): Handbuch der forensischen Psychiatrie, Berlin/Heidelberg/New York, 3–286.
Lenckner, Theodor/Eisele, Jörg (2010): »Grundlagen der Strafbarkeit«, in: A. Schönke, H. Schröder (Hrsg.): Strafgesetzbuch. Kommentar. München, 130–190.
Lenk, Hans (1978a): »Handlung als Interpretationskonstrukt«, in: H. Lenk (Hrsg.): Handlungstheorien – interdisziplinär II. Handlungserklärungen und philosophische Handlungsinterpretation, Erster Halbband, München, 279–350.
Lenk, Hans (Hrsg.) (1978b): Handlungstheorien – interdisziplinär, 6 Bde., München.
Lenz, Adolf (1927): Grundriss der Kriminalbiologie – Werden und Wesen der Persönlichkeit des Täters nach Untersuchungen an Sträflingen, Wien.
Lenzen, Wolfgang (2008): »Die Mythen des Geistes«, in: P. Spät (Hrsg.): Zur Zukunft der Philosophie des Geistes, Paderborn, 125–139.
Leotti, Lauren A./Iyengar, Sheena S./Ochsner, Kevin N. (2010): »Born to Choose: The Origins and Value of the Need for Control«, in: Trends in Cognitive Sciences 14,457–463.
Levy, Neil (2011): Hard Luck. How Luck Undermines Free Will and Moral Responsibility, Oxford.
Libet, Benjamin (1981): »Timing of cerebral processes relative to concomitant conscious experience in man«, in: G. Adam, I. Meszaros, E. I. Banyai (Hrsg.): Advances in Physiological Sciences, New York, 47–57.
Libet, Benjamin et al. (1983): »Time of conscious intention to act in relation to onset of cerebral activity (readiness-potential). The unconscious initiation of a freely voluntary act«, Brain 106, 623–642.
Libet, Benjamin (1985): »Unconscious Cerebral Initiative and the Role of Unconscious Will in Voluntary Action«, in: Behavioral and Brain Sciences 8, 529–566.
Libet, Benjamin (1992): »The neural time-factor in perception, volition, and free will«, in: RMM 97, 255–272.
Libet, Benjamin (1994): »A Testable Field Theory of Mind-Brain Interaction«, in: Journal of Consciousness Studies 1, 119–126.
Libet, Benjamin (1999) »Do We Have Free Will?«, in: Journal of Consciousness Studies 6, No. 8–9.
Libet, Benjamin (2002a): »The Timing of Mental Events. Libet's Experimental Findings and Their Implications«, Consciousness and Cognition 11, 291–299.
Libet, Benjamin (2002b): »Do we have Free Will?«, in: R. Kane (Hrsg.): The Oxford Handbook of Free Will, Oxford, 552–564.
Libet, Benjamin (2004): »Haben wir einen freien Willen?«, in: C. Geyer (Hrsg.): Hirnforschung und Willensfreiheit. Zur Deutung der neuesten Experimente, Frankfurt a. M., 268–291.
Libet, Benjamin (2005): Mind Time. Wie das Gehirn Bewusstsein produziert, Frankfurt a. M.
Liessmann, Konrad P.(Hrsg.) (2007): Die Freiheit des Denkens, Wien.

Lipps, Theodor (1905): Die ethischen Grundfragen, Hamburg.

Liptow, Jasper (2011): »Fähigkeiten und die Bedingung alternativer Möglichkeiten«, Allgemeine Zeitschrift für Philosophie 36, 177–195.

Locke, John (1873): An essay concerning human understanding 2 (1690; dt. Ein Versuch über den menschlichen Verstand), Übersetzung von Julius Heinrich von Kirchmann, PhB 51, Berlin.

Lohmar, Achim (2005): Moralische Verantwortlichkeit ohne Willensfreiheit, Frankfurt a. M.

Lohmar, Achim (2006): Freiheit und kausale Determiniertheit. Das Kompatibilitätsproblem, Vortragsmanuskript.

Lohmar, Achim (2008) »Fähigkeiten, Beschränkungen und Freiheit. Ein Argument gegen den Inkompatibilismus«, in: Zeitschrift für philosophische Forschung 62, 492–515.

Löhrer, Guido (2009): »Die Freiheit innezuhalten«, in: Erwägen – Wissen – Ethik 20, 43–46.

Long, Arthur A./Sedley, David N. (Hrsg.) (1987): Die hellenistischen Philosophen. Texte und Kommentare, übers. von K. Hülser, Stuttgart/Weimar 2000.

Loukas, Constantinos/Brown, Peter (2004): »Online Prediction of Self-paced Hand-movements from Subthalamic Activity Using Neural Networks in Parkinson's Disease«, in: Journal of Neuroscience Methods 137, 193–205

Löw-Beer, M. (1994): Sind wir einzigartig? Zum Verhältnis von Autonomie und Individualität, in: Deutsche Zeitschrift für Philosophie, 42, 121–139.

Lowe, Edward J. (2013): »Substance Causation, Powers, and Human Agency«, in: S. C. Gibb, E. J. Lowe, R. D. Ingthorsson (Hrsg.): Mental Causation and Ontology, Oxford, 153–172.

Lowe, Edward J. (2008): Personal Agency: The Metaphysics of Mind and Action, Oxford.

Lück, Monika/Strüber, Daniel/Roth, Gerhard (2005): »Psychobiologische Grundlagen aggressiven und gewalttätigen Verhaltens«, in: Hanse-Studien, Bd. 5, Oldenburg.

Luhmann, Niklas (1977): »Interpenetration, Zum Verhältnis personaler und sozialer Systeme«, in: Zeitschrift für Soziologie 6 (1). 62–76.

Luhmann, Niklas (1981): »Erleben und Handeln«, in: Soziologische Aufklärung, Wiesbaden/Opladen, 67–80.

Lukrez (1986): De rerum natura. Welt aus Atomen, übers. und mit einem Nachwort, K. Büchner (Hrsg.), Stuttgart.

Lumer, Christoph (1999): »Art. Handlung/Handlungstheorie«, in: H. J. Sandkühler (Hrsg.): Enzyklopädie Philosophie, 2 Bde., Hamburg, 534–547.

Luther, Martin (1520): Von der Freiheit eines Christenmenschen, WA 7, 20–38.

MacKay, Donald M. (1960): »On the Logical Indeterminacy of a Free Choice«, in: Mind 31–40, 69.

Mackie, John L. (1974): The Cement of the Universe. A Study of Causation, Oxford.

Mackie, John L. (1981): Ethik. Auf der Suche nach dem Richtigen und Falschen, Stuttgart.

Mackie, John L. (1982): Das Wunder des Theismus. Argumente für und gegen die Existenz Gottes, Stuttgart.

MacSorley, Harry J. (1967): Luthers Lehre vom unfreien Willen. Nach seiner Hauptschrift De Servo Arbitrio im Lichte der biblischen und kirchlichen Tradition, BÖT 1, München.

Magen, Stefan (2005): »Fairness, Eigennutz und die Rolle des Rechts. Eine Analyse auf Grundlage der Verhaltensökonomik«, in: Reprints of the Max Planck Institute for Research on Collective Goods, Bd. 22. Bonn, https://www.coll.mpg.de/pdf_dat/2005_22 online.pdf, Stand: 11.01.2014.

Magill, Kevin (1997): Freedom and experience. Self-determination without illusions, New York.

Mandau, Markus (2023): Hätten wir es nur nicht »Intelligenz« genannt, Chip, Stand: 08.2023, 16.

Markowitsch, Hans J. (2004): »Warum wir keinen freien Willen haben. Der sogenannte freie Wille aus Sicht der Hirnforschung«, in: Psychologische Rundschau, Bd. 55 (4). Göttingen, 163–168.

Markowitsch, Hans J./Siefer, Werner (2007): Tatort Gehirn, Frankfurt a. M.

Markowitsch, Hans J./Staniloiu, Angelica (2012): »Gehirn und Gewalt. Der determinierte Täter«, in: H. Fink, R. Rosenzweig (Hrsg.): Verantwortung als Illusion? Moral, Schuld Strafe und das Menschenbild der Hirnforschung, Münster, 37–70.

Markram, Henry (2009): The Blue Brain Project, http://bluebrain.epfl.ch/Jahia/site/blue brain/op/edit/pid/19094, Stand: 08.12.2022.

Marquard, Odo (2000a): »Der angeklagte und der entlastete Mensch in der Philosophie des 18. Jahrhunderts«, in: ders. (Hrsg.): Abschied vom Prinzipiellen. Philosophische Studien, UB 7724, Stuttgart, 3--66.

Marquard, Odo (2000b): »Homo compensator. Zur anthropologischen Karriere eines metaphysischen Begriffs«, in: ders. (Hrsg.): Philosophie des Stattdessen, UB 18049, Stuttgart, 11–29.

Martinson, Robert (1974): »What works? – questions and answers about prison reform«, in: The Public Interest, Nr. 35, S. 22–54.

Marusic, Berislav (2015): Evidence and Agency: Norms of Belief for Promising and Resolving, Oxford.

Mayer, Max E. (1901): Die schuldhafte Handlung und ihre Arten im Strafrecht, Leipzig.

Mayer, Max E. (1915): Der Allgemeine Teil des deutschen Strafrechts, Heidelberg.

Mayr, Erasmus (2011): Understanding Human Agency, Oxford.

McCall, Storrs (1999): »Deliberation Reasons and Explanation Reasons«, in: R. Jackendoff, P. Bloom, K. Wynn (Hrsg.): Language, Logic and Concepts, Cambridge, Mass., 97–108.

McClure, Samuel M./Li, Jian/Tomlin, Damon/Cypert, Kim S./Montague, Latané/Montague, Pendleton (2004): »Neural Correlates of Behavioral Preference for Culturally Familiar Drinks«, in: Neuron 44, 379–387.

McGeer, Victoria/Pettit, Philip (2015): »The Hard Problem of Responsibility«, in: D. Shoemaker (Hrsg.): Oxford Studies in Agency and Responsibility, Vol. 3, Oxford, 160–188.

McGinn, Colin (2001): Wie kommt der Geist in die Materie? Das Rätsel des Bewußtseins, München.

McKenna, Michael (1998): »The Limits of Evil and the Role of Moral Address: A Defense of Strawsonian Compatibilism«, in: The Journal of Ethics 2, 123–142.

McKenna, Michael (2001): »Source Incompatibilism, Ultimacy, and the Transfer of Non-Responsibility«, in: APQ 38, 37–52.

McKenna, Michael/Russel, Paul (Hrsg.) (2008): Free Will and Reactive Attitudes: Perspectives on P. F. Strawson's »Freedom and Resentment«, Farnham/Burlington.

McKenna, Michael/Coates, Justin D. (2016): »Compatibilism«, The Stanford Encyclopedia of Philosophy (Winter 2016 Edition), https://plato.stanford.edu/archives/win2016/entries/compatibilism/, Stand: 09.2023.

Melden, Abraham (1961): Free Action, London.

Mele, Alfred R. (1995): Autonomous Agents. From Self-Control to Autonomy, Oxford/New York.

Mele, Alfred R./Robb, David (1998): »Rescuing Frankfurt-style Cases«, in: PhRev 107, 97–112.

Mele, Alfred R. (2003): Motivation and Agency, Oxford/New York.

Mele, Alfred R. (2006): Free Will and Luck, Oxford/New York.

Mele, Alfred R. (2009): Effective Intentions. The Power of Conscious Will, Oxford/New York.

Mele, Alfred R. (2015): »On Pereboom's Disappearing Agent Argument«, in: Criminal Law and Philosophy 9, 1–14.

Merkel, Grischa (2006): Grenzen der Freiheit – Bedingungen des Handelns – Perspektive des Schuldprinzips. Konsequenzen neurowissenschaftlicher Forschung für das Strafrecht, Berlin.

Merkel, Grischa/Roth, Gerhard (2010): »Hirnforschung, Gewalt und Strafe – Erkenntnisse neurowissenschaftlicher Forschung für den Umgang mit Gewaltstraftätern«, in: T. Stompe, H. Schanda (Hrsg.): Der freie Wille und die Schuldfähigkeit in Recht, Psychiatrie und Neurowissenschaften, 143–163.

Merkel, Grischa (2012): »Motive, Gründe und Ursachen für strafbares Verhalten. Kriterien eines Kernstrafrechts?«, in: F. Helmut, R. Rosenzweig (Hrsg.): Verantwortung als Illusion? Moral, Schuld Strafe und das Menschenbild der Hirnforschung, Münster, 89–114.

Merkel, Reinhard (2005): »Handlungsfreiheit, Willensfreiheit und strafrechtliche Schuld. Versuch eines Beitrages zur Ordnung einer verworrenen Debatte«, in: B. Schünemann, M.-T. Tinnefeld, R. Wittmann (Hrsg.): Gerechtigkeitswissenschaft – Kolloquium aus Anlaß des 70.Geburtstages von L. Philipps, Berlin, 411–466.

Merkel, Reinhard (2006): »Handlungsfreiheit, Willensfreiheit und strafrechtliche Schuld. Vorläufige Vorschläge zur Ordnung einer verworrenen Debatte«, in: H. Fink, R. Rosenzweig (Hrsg.): Freier Wille – frommer Wunsch? Gehirn und Willensfreiheit, 135–191.

Merkel, Reinhard (2007): »Handlungsfreiheit, Willensfreiheit und strafrechtliche Schuld«, in: Liessmann(Hrsg.):Die Freiheit des Denkens, Wien, 68–110.

Merkel, Reinhard (2008): Willensfreiheit und rechtliche Schuld, Baden-Baden.

Merkel, Reinhard (2011): »Schuld, Charakter und normative Ansprechbarkeit – zu den Grundlagen der Schuldlehre Klaus Roxins«, in: M. Heinrich et al.: Festschrift für Klaus Roxin zum 80. Geburtstag am 15. Mai 2011, Berlin.

Merkel, Reinhard (2014): Willensfreiheit und rechtliche Schuld. Eine strafrechtsphilosophische Untersuchung, Baden-Baden.

Merker, Barbara (1999): »Naturalistischer Fehlschluss«, in: H. J. H. Sandkühler (Hrsg.): Enzyklopädie Philosophie, Vol. Bd. 1: A–N, Hamburg, 914 ff.

Merle, Jean-Christophe (2007): Strafen aus Respekt vor der Menschenwürde. Eine Kritik am Retributivismus aus der Perspektive des deutschen Idealismus, Berlin.

Metzinger, Thomas (1996): »Niemand sein. Kann man eine naturalistische Perspektive auf

die Subjektivität des Mentalen einnehmen?«, in: S. Krämer (Hrsg.): Bewusstsein. Philosophische Beiträge, Frankfurt a. M., 130–154.
Metzinger, Thomas (2006): Grundkurs Philosophie des Geistes, Bd. 1: Phänomenales Bewußtsein, Paderborn.
Metzinger, Thomas (2007): Grundkurs Philosophie des Geistes, Bd. 2: Das Leib – Seele-Problem, Paderborn.
Metzinger, Thomas (2010): Grundkurs Philosophie des Geistes, Bd. 3: Intentionalität und mentale Repräsentation, Paderborn.
Mezger, Edmund (1931): Strafrecht. Ein Lehrbuch, Berlin.
Michalke, Regina (2003): »Begrüßung«, in: W. de Boor, I. A. Rode, H. Kammeier, (Hrsg.): Der Krankheitsbegriff und seine strafrechtlichen Folgen. Neue Diskussion um die »schwere andere seelische Abartigkeit«, § 20 StGB. Münster/ Hamburg/London, 1–3.
Mill, John S. (1836): »On the Definition of Political Economy; and on the Method of Investigation Proper to It«, in: ders.: Collected Works, Vol. IV, hrsg. v. J. M. Robson, Toronto 1967, 309–339.
Mill, John S. (1843): A System of Logic, Ratiocinative and Inductive, [= Collected Works, Vol. VII/VIII], hrsg. v. J. M. Robson, Toronto 1973/4.
Mill, John S. (1859): On Liberty, Oxford 1947.
Mill, John S. (1871): Utilitarianism [= Collected Works, Vol. X] hrsg. v. J. M. Robson, Toronto 1969.
Ministerium für Gesundheit, Emanzipation, Pflege und Alter des Landes Nordrhein-Westfalen 2014: Fragen und Antworten zu den neuen Maßregelvollzugskliniken.
Mir, J. C. (1996): »Der materielle Schuldbegriff«, in: Zeitschrift für die gesamte Strafrechtswissenschaft, 108, 9–25.
Mischer, S. (2003): »Finns Wahl«, in: S. Mischer, M. Quante, C. Suhrn (Hrsg.): Auf Freigang. Metaphysische und ethische Annäherungen an die menschliche Freiheit, Münster, 207–239.
Modell, Arnold H. (2003): Imagination and the meaningful brain, Cambridge (MA).
Mohr, Georg (2008): »Welche Freiheit braucht das Strafrecht?«, in: E.-J. Lampe, M. Pauen, G. Roth (Hrsg.): Willensfreiheit und rechtliche Ordnung, Frankfurt a. M., 72 ff.
Montague, P. Read (2009): »Free Will«, in: Current Biology 18, R 584–585.
Moore, George E. (1912/1975): Grundprobleme der Ethik (engl.: Ethics [1912]), BsR 126, München.
Morse, Stephen (2000a): »Deprivation and desert«, in: W. C. Heffernaim, R. J. Kleinig (Hrsg.): From social justice to criminal justice, New York, 114–160.
Morse, Stephen (2000b): »Rationality and responsibility«, in: Southern California Law Review, 74, 251–268.
Müller, Jürgen L. (2009): »Forensische Psychiatrie im Zeitalter der »neuroscience«: Stand und Perspektive neurobiologischer Forschung«, in: Nervenarzt 80(3), 241–251.
Mumford, Stephen/Anjum, Rani L. (2014): »A New Argument against Compatibilism«, in: Analysis 74, 20–25.
Mushoff, Tobias (2008): Strafe – Maßregel – Sicherungsverwahrung. Eine kritische Untersuchung über das Verhältnis von Schuld und Prävention, Bielefeld.

Näcke, Paul (1902): Über die sogenannte »Moral insanity«, Wiesbaden 1902.

Näcke, Paul (1906): Zur angeblichen Entartung der romanischen Völker, speziell Frankreichs, Archiv für Rassen-und Gesellschaft-Biologie, 1906

Nahmias, Eddy et. al. (2004): »The phenomenology of free will«, in: Journal of Consciousness Studies, 11, No. 7–8, 163–179.

Nahmias, Eddy/Morris, Stephen/Nadelhoffer, Thomas/Turner, Jason (2005): »Surveying freedom. Folk intuitions about free will and moral responsibility«, in: Philosophical Psychology, 18, 561–584.

Nahmias, Eddy et al. (2006a): »Is Incompatibilism Intuitive?«, in: Philosophy and Phenomenological Research 73, 28–53.

Nahmias, Eddy (2006b): »Folk fears about freedom and responsibility. Determinism vs. reductionism«, in: Journal of Cognition and Culture 6, 215–237.

Nass, Gustav (1963): Ursprung und Wandlungen des Schuldbegriffs. Ein Beitrag der psychologischen Anthropologie zur Evolution des Rechtsdenkens, Neuwied a. R./Berlin.

Nass, Gustav (1989): »Begutachtung als Chance«, in: Monatsschrift für Kriminologie und Strafrechtsreform 71,109–114.

Nass, Gustav (1998): »Determinismus und Autonomie – Sichtweisen der Psychiatrie«, in: J. Eisenburg (Hrsg.): Die Freiheit des Menschen, Zur Frage von Verantwortung und Schuld, Regensburg.

Nedopil, Norbert (1974): »What Is It Like to Be a Bat?«, in: The Philosophical Review 83, 435–450, (deutsch in: Metzinger 2006, 62–78).

Nedopil, Norbert (2010): »Der freie Wille und die Schuldfähigkeit aus der Perspektive des forensisch-psychiatrischen Gutachters«, in: T. Stompe, H. Schanda (Hrsg.): Der freie Wille und die Schuldfähigkeit in Recht, Psychiatrie und Neurologiewissenschaften, Berlin, 209–222.

Neumann, Odmar/Prinz, Wolfgang (1987): »Kognitive Antezedenzien von Willkürhandlungen«, in: H. Heckhausen, P. M. Gollwitzer, F. E. Weinert (Hrsg.): Jenseits des Rubikon, Der Wille in den Humanwissenschaften, Berlin, 195–215.

Neumann, Ulfried (1985): Zurechnung und »Vorverschulden« – Vorstudien zu einem dialogischen Modell strafrechtlicher Zurechnung, Berlin.

Neumann, Ulfried (2000): »Die Schuldlehre des Bundesgerichtshofs – Grundlagen, Schuldfähigkeit, Verbotsirrtum«, in: 50 Jahre Bundesgerichtshof. Festgabe aus der Wissenschaft Bd. IV, 83–109.

Nichols, Shaun (2004): »The Folk Psychology of Free Will. Fits and Starts«, in: Mind and Language 19, 473–502.

Nichols, Shaun/Knobe, Joshua (2007): »Moral Responsibility and Determinism. The Cognitive Science of Folk Intuitions«, in: Noûs 41, 663–685.

Nida-Rümelin, Julian (2004): Neuro-Visionen. Hirnforschung im 21. Jahrhundert. Über menschliche Freiheit. https://www.sprache-werner.info/29-X-Neuro-Visionen-Ruemelin.2057.html.

Nida-Rümelin, Julian (2005): Über menschliche Freiheit, Stuttgart.

Nietzsche, Friedrich (1954): Menschliches, Allzumenschliches. Ein Buch für freie Geister (1878–1880), v. K. Schlechta (Hrsg.), München.

Nietzsche, Friedrich (1993): Jenseits von Gut und Böse. Vorspiel einer Philosophie der Zukunft (1885), Stuttgart.
Northoff, Georg (2000): Neurophilosophie, Paderborn.
Northoff, Georg (2008a): Ist Gott nur eine Funktion unseres Gehirns? Weltonline 3. August 2008, http://www.welt.de/wissenschaft/article2275668/ist-Gott-nur-eine-Funktion-unseres-Gehirns.html, Stand: 03.07.2020.
Northoff, Georg (2008b): »Das Selbst und sein Gehirn – Hat unser Selbst eine neuronale Basis«, in: D. Quadflieg (Hrsg.): Selbst und Selbstverlust, Berlin, 159–168.
Northoff, Georg (2010): »Freier Wille und Gehirn – eine neuro-relationale Hypothese«, in: T. Stompe, H. Schanda (Hrsg.): Der freie Wille und die Schuldfähigkeit in Recht, Psychiatrie und Neurowissenschaften, Berlin, 37–62.
Nowakowski, Friedrich (1981a): »Freiheit, Schuld, Vergeltung«, in: Perspektiven der Strafrechtsdogmatik. Ausgewählte Abhandlungen, Wien/New York, 49–91.
Nowakowski, Friedrich (1981b): »Probleme der Strafzumessung«, in: Perspektiven der Strafrechtsdogmatik. Ausgewählte Abhandlungen, Wien/New York, 199–226.
Nowakowski, Friedrich (1995) (Hrsg.): Agents, Causes and Events. Essays on Indeterminism and Free Will, New York/Oxford.
Nowakowski, Friedrich (2000): Persons and Causes. The Metaphysics of Free Will, New York/Oxford.
Nowakowski, Friedrich (2003): »Agent Causation (1995)«, in: G. Watson (Hrsg.): Free Will, Oxford, 257–284.
Nowakowski, Friedrich (2009): »Agent-Causal Power«, in: T. Handfield (Hrsg.): Dispositions and Causes, Oxford, 189–214.
O'Connor, Timothy (2016): »Free Will«, in: The Stanford Encyclopedia of Philosophy (Summer 2016 Edition), https://plato.stanford.edu/archives/sum2016/entries/freewill/, zuletzt aufgerufen am: 20.06.2020.
Olds, James/Milner, Peter (1954): »Positive Reinforcement Produced by Electrical Stimulation of Septal Area and Other Regions of Rat Brain«, in: Journal of Comparative and Physiological Psychology 47, 419–427.
Olivier, Reinhard (2007): »Die Willensfreiheit aus der Sicht einer Theorie des Gehirns«, in: H.-P. Krüger (Hrsg.): Hirn als Subjekt?, Berlin, 203–214.
Ostendorf, Heribert (2000): Wieviel Strafe braucht die Gesellschaft? Plädoyer für eine soziale Strafrechtspflege, Baden-Baden.
Ostendorf, Heribert (2004): »Mehr Prävention und weniger Strafe, weniger Prävention und mehr Strafe oder mehr Prävention und mehr Strafe?«, in: H.-J. Kerner, E. Marks, Erich (Hrsg.): Internetdokumentation Deutscher Präventionstag, Hannover, http://www.praeventionstag.de/html/GetDokumentation.cms?XID=76, Stand: 11.01.2014.
Otto, Werner (1998): Verborgene Gerechtigkeit. Luthers Gottesbegriff nach seiner Schrift »De servo arbitrio« als Antwort auf die Theodizeefrage, RSTh 54, Frankfurt a. M. u. a.
Pannenberg, Wolfhart (1972): Gottesgedanke und menschliche Freiheit, Göttingen.
Pannenberg, Wolfhart (1958): Christlicher Glaube und menschliche Freiheit, KuD 4, 251–280.
Papineau, David (2002): Thinking about consciousness, Oxford.
Paquette, Vincent et al. (2003): »Change the Mind and You Change the Brain. Effects of Cog-

nitive-behavioral Therapy on the Neural Correlates of Spider Phobia«, in: NeuroImage 18, 401–409.
Pauen, Michael (2004): Illusion Freiheit? Mögliche und unmögliche Konsequenzen der Hirnforschung, Frankfurt a. M.
Pauen, Michael/Roth, Gerhard (2008): Freiheit, Schuld und Verantwortung. Grundzüge einer naturalistischen Theorie der Willensfreiheit, Frankfurt a. M.
Pauen, Michael (2006): »Anders handeln in einer determinierten Welt? Grundzüge einer philosophischen Konzeption von Willensfreiheit«, in: M. Heinze, T. Fuchs, F. M. Reischies (Hrsg.): Willensfreiheit – eine Illusion?, Lengerich, 15–34.
Pauen, Michael (2007): »Ursachen und Gründe. Zwei zentrale Begriffe in der Debatte um Naturalismus und Willensfreiheit«, in: J.-C. Heilinger (Hrsg.): Naturgeschichte der Freiheit, Berlin/New York, 247–272.
Pauen, Michael (2009): »Das Dilemma des Inkompatibilismus«, in: Erwägen – Wissen – Ethik 20, 50–52.
Paulsen, Friedrich (1906): System der Ethik, Band I, Stuttgart.
Pawlik, Michael (2004a): Person, Subjekt, Bürger. Zur Legitimation von Strafe, Berlin.
Pawlik, Michael (2004b): »Kritik der präventionstheoretischen Strafbegründungen«, in: K. Rogall, I. Puppe, U. Stein, J. Wolter (Hrsg.): Festschrift für Hans-Joachim Rudolphi zum 70. Geburtstag München, 213–230.
Pawlik, V. (2023): »CO2-Ausstoß weltweit nach Ländern 2021«, in Statista: https://de.statista.com/statistik/daten/studie/179260/umfrage/die-zehn-groessten-co2-emittenten-weltweit/#:~:text=Der%20Anteil%20von%20CO2%2DEmissionen,zuletzt%20bei%20knapp%20zwei%20Prozent, aufgrufen 08.10.2023.
Penrose, Roger (1994): Shadows of the Mind. A Search for the Missing Science of Consciousness, Oxford.
Penrose, Roger (1995): Schatten des Geistes. Wege zu einer neuen Physik des Bewußtseins, Heidelberg u. a.
Penrose, Roger (1998): Das Große, das Kleine und der menschliche Geist, Heidelberg/Berlin.
Penrose, Roger (2001): Living without free will, Cambridge (England).
Pereboom, Derk (2001): Living Without Free Will, Cambridge, 154.
Pereboom, Derk (2005): »Defending Hard Incompatibilism«, in: Midwest Studies in Philosophy 29, 228–247.
Pereboom, Derk (2011): »Free Will Skepticism and Meaning in Life«, in: Kane (Hrsg.): The Oxford Handbook of Free Will, Oxford.
Pereboom, Derk (2014a): »The Disappearing Agent Objection to Event-causal Libertarianism«, in: Philosophical Studies 169, 59–69.
Pereboom, Derk (2014b): Free Will, Agency, and Meaning in Life, Oxford.
Perron, Walter (2010): »§ 20 Schuldunfähigkeit wegen seelischer Störungen«, in: A. Schönke, H. Schröder (Hrsg.): Strafgesetzbuch, Kommentar, München, 363–390.
Perry, John (2004): »Compatibilist Options«, in: J.K. Campbell (Hrsg.): Freedom and Determinism, in: Topics in Contemporary Philosophy, Cambridge/London, 231–254.
Pesch, Otto H. (2004): »Art. Wille/Willensfreiheit, III. Dogmen- und theologiegeschichtlich«, in: TRE 36, 76–97.

Petersen, Julius (1905): Willensfreiheit, Moral und Strafrecht, München.

Peterson, Michael L. (1979): »God and Evil. Problems of consistency and gratuity«, in: The Journal of Value Inquiry 13, 305–313.

Pickard, Hanna/Pearce, Steve (2013): »Addiction in Context: Philosophical Lessons from a Personality Disorder Clinic«, in: N. Levy (Hrsg.): Addiction and Self-control, Oxford, 165–189.

Pickard, Hanna (2015): »Psychopathology and the Ability to Do Otherwise«, in: Philosophy and Phenomenological Research 90, 135–163.

Pieper, Annemarie (1994): Einführung in die Ethik, Tübingen, Basel.

Pieper, Annemarie (1978): Seminar. Freies Handeln und Determinismus, Frankfurt a. M.

Pietschmann, Herbert (2007): Die Phänomenologie der Naturwissenschaften, Wien.

Pink, Thomas (2004): Free Will: A Very Short Introduction, Oxford.

Plack, Arno (1974): Plädoyer für die Abschaffung des Strafrechts, München.

Plathow, Michael (1976): Das Problem des concursus divinus. Das Zusammenwirken von göttlichem Schöpferwirken in K. Barths »Kirchlicher Dogmatik«, FSÖTh 32, Göttingen.

Platon: Protagoras (1957): sämtliche Werke, Bd.1, W.Otto, E. Grassi, G. Plamböck, (Hrsg.), Hamburg.

Pöltner, Günter (2008): »Sorge um den Leib – Verfügen über den Körper«, in: Zeitschrift für medizinische Ethik 54, 3–11.

Popper, Karl R. (1982): Das offene Universum. Ein Argument für den Indeterminismus, Tübingen 2001.

Pothast, Ulrich (1980): Die Unzulänglichkeit der Freiheitsbeweise, Frankfurt a. M..

Pothast, Ulrich (1999): »Eine Spielart des epistemischen Indeterminismus«, in: Ethik und Sozialwissenschaften 10, 314–315.

Pothast, Ulrich (2011): Freiheit und Verantwortung. Eine Debatte, die nicht sterben will – und auch nicht sterben kann, Frankfurt a. M.

Price, Joseph L. (2005): »Free Will Versus Survival: Brain Systems That Underlie Intrinsic Constraints on Behavior«, in: The Journal of Comparative Neurology 493, 132–139.

Prinz, Wolfgang (1996) »Freiheit oder Wissenschaft?«, in: M. v. Cranach, K. Foppa (Hrsg.): Freiheit des Entscheidens und des Handelns, Heidelberg, 86–103.

Prinz, Wolfgang (2003): »Freiheit oder Wissenschaft? Zum Problem der Willensfreiheit«, in: J.C. Schmidt, L. Schuster (Hrsg.): Der entthronte Mensch? Anfragen der Neurowissenschaften an unser Menschenbild, Paderborn, 261–279.

Prinz, Wolfgang (2004a) »Kritik des freien Willens«, in: Psychologische Rundschau 55, 198–206.

Prinz, Wolfgang (2004b): »Der Mensch ist nicht frei. Ein Gespräch«, in: C. Geyer (Hrsg.): burkhardt. Zur Deutung der neuesten Experimente, Frankfurt a. M., 20–26.

Prinz, Wolfgang (2005a): »Der freie Wille. Warum es ihn eigentlich nicht gibt, praktisch aber doch«, in: Dokumentation Neuro2004, Hirnforschung für die Zukunft, 17. November 2004, Düsseldorf.

Prinz, Wolfgang (2005b): »Wer deutet das Denken? Streitgespräch zwischen Wolfgang Prinz und Wolf Singer«, in: Die Zeit 29, 31–32.

Prinz, Wolfgang (2006): »Kritik des freien Willens. Bemerkungen über eine soziale Institu-

tion«, in: H. Fink, R. Rosenzweig (Hrsg.): Freier Wille – frommer Wunsch? Gehirn und Willensfreiheit, Paderborn, 23–46.
Prinz, Wolfgang (2008): »Philosophie nervt. Eine Polemik«, in: P. Spät (Hrsg.): Zur Zukunft der Philosophie des Geistes, Paderborn, 237–247.
Quante, Michael (2003): »Philosophische Freiheiten. Eine systematische Landkarte zur Einleitung«, in: S. Mischer et al. (Hrsg.): Auf Freigang. Metaphysische und ethische Annäherungen an die menschliche Freiheit, Münsteraner Philosophische Schriften 11, Münster u.a., 11–37.
Quine, Willard V. O. (1953): From a Logical Point of View, Cambridge, Mass.
Quine, Willard V. O. (1987): Quiddities. An Intermittently Philosophical Dictionary, Cambridge, Mass.
Quitterer, Josef (2006): »Wie viel Freiheit braucht Verantwortung? Ethische Implikationen neurowissenschaftlicher Studien«, in: Zeitschrift für medizinische Ethik 52, 45–55.
Rae, Alister I. M. (1996): Quantenphysik: Illusion oder Realität?, Stuttgart.
Raine, Adrian (2015): Als Mörder geboren, Stuttgart.
Raine, Adrian/Brennan, Peter/Mednick, Sarnoff A. (1997): »Interaction between birth complications and early maternal rejection in predisposing individuals to adult violence: specifity to serious, early onset violence«, in: Am I Psychiatry 154, 1265–1271.
Rasch, Wilfried (1999): Forensische Psychiatrie, Stuttgart.
Raveling, Jann (2022): Was ist Künstliche Intelligenz? Seite der WFB (Wirtschaftsförderung Bremen), 11.4.2022, https://www.wfb-bremen.de/de/page/stories/digitalisierung-industrie40/was-ist-kuenstliche-intelligenz-definition-ki, aufgerufen am 25.4.2023, 14:45 Uhr.
Ravizza, Mark (1994): »Semi-Compatibilism and the Transfer of Non-responsibility«, in: PhSt 75, 61–93.
Rawls, John (2000): Lectures on the history of moral philosophy (Hrsg. by B. Herman), Cambridge, MA.
Rawls, John (1955): »Two concepts of rules«, in: The Philosophical Review, Nr. 369, 3–32.
Reid, Thomas (1768): »Essays on the Active Powers of Man«, in: ders., Philosophical Works, Hrsg. by W. Hamilton, Vol. 1, Hildesheim 1967, [reprogr. Nachdr. der 8. Aufl. Edinburgh 1895].
Reiner, Hans (1927): Freiheit, Wollen und Aktivität, Halle 1927.
Reischies, F. M. (2006): »Die Amplifikation stochastischer Effekte und Handlungsbeeinflussung – limitierter Indeterminismus und Spielräume für Neues«, in: M. Heinze, T. Fuchs, F. M. Reischies (Hrsg.): Willensfreiheit – eine Illusion?, Lengerich, 103–120.
Renzikowski, Joachim (1990): »Forensische Psychiatrie und Strafrechtswissenschaft«, in: Neue Juristische Wochenschrift, 46, 2905–2910.
Reznek, Lawrie (1997): Evil or ill. Justifying the insanity defence, London.
Rheinwald, Rosemarie (2003): »Eine konditionale Analyse von Freiheit. Bündel von kontrafaktischen Aussagen«, in: S. Mischer et al. (Hrsg.): Auf Freigang. Metaphysische und ethische Annäherungen an die menschliche Freiheit, Münsteraner Philosophische Schriften 11, Münster, 175–198.
Rice, Hugh (2015): »Fatalism«, in: The Stanford Encyclopedia of Philosophy (Summer 2015 Edition).

Ritzenhoff, Steffan (2000): Die Freiheit des Willens. Argumente wider die Einspruchsmöglichkeit des Determinismus, München.

Rohracher, Hubert (1971): Einführung in die Psychologie, Berlin.

Rohs, Peter (2003): »Libertarianische Freiheit«, in: S. Mischer, M. Quante, C. Suhm (Hrsg.): Auf Freigang, Metaphysische und ethische Annäherungen an die menschliche Freiheit, Münster, 39–60.

Rohs, Peter (2000): »Handlungen und Ereignisse«, in: Zeitschrift für Philosophische Forschung 54,1–22.

Romang, Johann P. (1835): Über Willensfreiheit und Determinismus, Bern.

Rorty, Richard (1979): Philosophy and the Mirror of Nature, Princeton.

Rosenthal, Jacob (2017): Entscheidung, Rationalität und Determinismus, Berlin/Boston.

Rosenberger, Michael (2002): »Das unwiderlegbare Gefühl der Freiheit«, in: Theologische Revue 98, 91–102.

Rosenberger, Michael (2006): Determinismus und Freiheit, Darmstadt.

Rosenthal, David M. (2002): »The Timing of Conscious States«, in: Consciousness and Cognition 11, 215–220.

Roth, Gerhard (2000) »Es geht ans Eingemachte« (Interview mit Gerhard Vollmer), in: Spektrum der Wissenschaft, Oktober, 72–75.

Roth, Gerhard (2001a): »Das Ich ist nicht der Herr im Hause«, in: Das Magazin, 12/03, 32–34.

Roth, Gerhard (2001b): Fühlen, Denken, Handeln. Wie das Gehirn unser Verhalten steuert, Frankfurt a. M.

Roth, Gerhard (2003a): »Willensfreiheit, Verantwortlichkeit und Verhaltensautonomie des Menschen aus Sicht der Hirnforschung«, in: D. Dölling (Hrsg.): Jus humanum. Grundlagen des Rechts und Strafrecht. Festschrift für Ernst-Joachim Lampe zum 70. Geburtstag, Berlin, 53–63.

Roth, Gerhard (2003b): Aus Sicht des Gehirns. Frankfurt a. M.

Roth, Gerhard (2003c): Fühlen, Denken, Handeln, 2. Aufl. Frankfurt a. M.

Roth, Gerhard (2004a) »Worüber dürfen Hirnforscher reden – und in welcher Weise?«, in: Geyer (Hrsg.), 66–85.

Roth, Gerhard (2004b): »Wir sind determiniert. Die Hirnforschung befreit von Illusionen«, in: C. Geyer (Hrsg.): Hirnforschung und Willensfreiheit. Zur Deutung der neuesten Experimente. Frankfurt a. M., 218– 222.

Roth, Gerhard (2004c). »Das Problem der Willensfreiheit«, in: Information Philosophie, Ausg. 5/04, 51ff.

Roth, Gerhard/Lück Monika/Strüber, Daniel (2005): »Schuld und Verantwortung von Gewaltstraftätern aus Sicht der Hirnforschung und Neuropsychologie«, in: Deutsche Richterzeitung 83, 356–36.

Roth, Gerhard (2006): »Willensfreiheit und Schuldfähigkeit aus Sicht der Hirnforschung«, in: G. Roth, K.-J. Grün (Hrsg.): Das Gehirn und seine Freiheit, Göttingen, 9–28.

Roth, Gerhard (2007): Persönlichkeit, Entscheidung und Verhalten. Warum es so schwierig ist, sich und andere zu ändern, Stuttgart.

Roth, Gerhard: (2016) »Schuld und Verantwortung. Die Perspektive der Hirnforschung«, in: Biologie in unserer Zeit 46, 177–183.

Roxin, Claus (1966): »Sinn und Grenzen staatlicher Strafe«, in: JUS, Heft 10, 377–387.
Roxin, Claus (1974): »›Schuld‹ und ›Verantwortlichkeit‹ als strafrechtliche Systemkategorien«, in: C. Roxin, H. Bruns, H. Jäger (Hrsg.): Grundfragen der gesamten Strafrechtswissenschaft. Festschrift für Heinrich Henkel zum 70. Geburtstag am 12. September 1973, Berlin/New York, 171–197.
Roxin, Claus (1979): »Zur jüngsten Diskussion über Schuld, Prävention und Verantwortlichkeit im Strafrecht«, in: A. Kaufmann, G. Bemmann, D. Krauss, K. Volk (Hrsg.): Festschrift für Paul Bockelmann zum 70. Geburtstag am 7. Dezember 1978, München, 279–309.
Roxin, Claus (1984): »Zur Problematik des Schuldstrafrechts«, in: ZStW, Bd. 96, S. 641–660.
Roxin, Claus (1987): »Was bleibt von der Schuld im Strafrecht übrig?«, in: ZStrR, Bd. 104, 356–376.
Roxin, Claus (1993): »Das Schuldprinzip im Wandel«, in: F. Haft, W. Hassemer, U. Neumann, W. Schild, U. Schroth (Hrsg.): Strafgerechtigkeit, Festschrift für Arthur Kaufmann zum 70.Geburtstag, Heidelberg, 519–535.
Roxin, Claus (2006): Strafrecht. Allgemeiner Teil, Bd. 1. München.
Rummens, Stefan/Cuypers, Stefaan E. (2010): »Determinism and the Paradox of Predictability«, in: Erkenntnis 72, 233–249.
Rundle, Bede (1997): Mind in Action, Oxford.
Runggaldier, Edmung (1996): Was sind Handlungen? Eine philosophische Auseinandersetzung mit dem Naturalismus, MPhS.NF 12, Stuttgart u. a.
Rushton, J. Philippe (1988:) »Epigenetic rules in moral development. Distal-proximal approaches to altruism and aggression«, in: Aggressive Behavior 14, 35–50.
Russell, Bertrand (1914): Unser Wissen von der Außenwelt, übers. v. W. Rothstock, Leipzig 1926.
Saaty, Thomas L. (2013): Decision Making for Leaders – The Analytic Hierarchie Process for Decisions in a Complex World, Dover.
Sack, Fritz (1968): »Neue Perspektiven in der Kriminologie«, in: F. Sack, R. König (Hrsg.): Kriminalsoziologie, Frankfurt a. M., 431–475.
Sack, Fritz (1975): »Die Chancen der Kooperation zwischen Strafrechtswissenschaft und Kriminologie – Probleme und offene Fragen«, in: K. Lüderssen, F. Sack (Hrsg.): Abweichendes Verhalten, Bd. II, Die gesellschaftliche Reaktion auf Kriminalität, Bd. 1., Frankfurt a. M., 346–385.
Salmon, Wesley C. (2002): »Probabilistic causality«, in: E. Sosa, M. Tooley (Hrsg.): Causation. Oxford Reading in Philosophy, Oxford, 137–153.
Schacter, Daniel L. (2001): Wir sind Erinnerung. Gedächtnis und Persönlichkeit, Reinbek.
Schälike, Julius (2010): Spielräume und Spuren des Willens. Eine Theorie der Freiheit und der moralischen Verantwortung, Paderborn.
Scheibe, Erhard (2007): Philosophie der Physiker, München.
Schelling, Friedrich W. J. (1809/34), »Philosophische Untersuchungen über das Wesen der menschlichen Freiheit«, in: ders., Sämtliche Werke, hrsg. v. K. F. A. Schelling, Stuttgart 1856–1861, Bd. VII, 331–416.
Schelling, Friedrich W. J. (1983): Über das Wesen der menschlichen Freiheit (1809), SW VII (1860), UB 8913, Stuttgart, 333–416.

Schiefelbein, Mirko C. (2010): Schuld. Kategorie, Kompetenz und Prinzip, http://www.db-thueringen.de/servlets/DerivateServlet/Derivate-20356/Schiefelbein/Dissertation.pdf.
Schiemann, Anja (2004): »Kann es einen freien Willen geben? Risiken und Nebenwirkungen der Hirnforschung für das deutsche Strafrecht«, in: NJW, Heft 29, 2056–2059.
Schild, Wolfgang (2007): »(Un)freiheit in rechtlicher Sicht«, in: T. Buchheim, T. Pietrek (Hrsg.): Freiheit auf Basis von Natur, Paderborn, 155–178.
Schlick, Moritz (1930): Fragen der Ethik, Wien.
Schleim, Stephan (2011): Die Neurogesellschaft. Wie die Hirnforschung Recht und Moral herausfordert, Hannover.
Schleim, Stephan/Spranger, Tade M./Walter, Henrik (Hrsg.) (2009): Von der Neuroethik zum Neurorecht? Göttingen.
Schlesinger, George (1987): »Is Determinism a Vacuous Doctrine?«, in: British Journal for the Philosophy of Science 38, 339–346.
Schlosser, Markus E. (2014) »The Luck Argument Against Event-causal Libertarianism: It Is Here to Stay«, in: Philosophical Studies 167, 375–385.
Schmidtchen, Dieter (2002): Prävention und Menschenwürde – oder: Kants Instrumentalisierungsverbot und die ökonomische Theorie der Strafe, CSLE Discussion Paper, No 2002–15, Universität des Saarlandes, Center for the Study of Law and Economics (CSLE), Saarbrücken, https://www.econstor.eu/bitstream/10419/23129/1/2002-15_praevention.pdf.
Schneider, Kurt (1948): Die Beurteilung der Zurechnungsfähigkeit, Stuttgart.
Schockenhoff, Eberhard (2004): Beruht die Willensfreiheit auf einer Illusion? Hirnforschung und Ethik im Dialog. Vorträge der Aeneas-Silvius-Stiftung an der Universität Basel.
Schockenhoff, Eberhard (2007): Theologie der Freiheit, Freiburg i. Br. u. a.
Schopp, Robert F. (1991): Automatism, insanity, and the psychology of criminal responsibility, Cambridge (England).
Schopenhauer, Arthur (1839): Über die Freiheit des menschlichen Willens, (in: Die beiden Grundprobleme der Ethik), Sämtliche Werke, W. Löhneysen (Hrsg.), Bd. III, Darmstadt 1962, 519–627.
Schreiber, Hans-Ludwig (1980): »Vor dem Ende des Schuldstrafrechts?«, in: Immenga, Ulrich (Hrsg.): Rechtswissenschaft und Rechtsentwicklung, Göttingen, 281–290.
Schreiber, Hans-Ludwig (1981): »Bedeutung und Auswirkungen der neugefaßten Bestimmungen über die Schuldfähigkeit«, in: NStZ, Heft 2, 46–51.
Schreiber, Hans-Ludwig (1986): »Juristische Grundlagen der psychiatrischen Beurteilung im Strafverfahren«, in: U. Venzlaff (Hrsg.): Psychiatrische Begutachtung, Stuttgart/New York.
Schreiber, Hans-Ludwig (2003): »Die ›schwere andere seelische Abartigkeit‹ und die Schuldunfähigkeit«, in: W. de Boor, I. A. Rode, H. Kammeier, (Hrsg.): Der Krankheitsbegriff und seine strafrechtlichen Folgen. Neue Diskussion um die »schwere andere seelische Abartigkeit«, § 20 StGB, Münster/Hamburg/London, 7–16.
Schreiber, Hans-Ludwig/Rosenau, Henning (2009): »Rechtliche Grundlagen der psychiatrischen Begutachtung«, in: K. Foerster, H. Dreßing, (Hrsg.): Psychiatrische Begutachtung, München/Jena, 78–109.

Schröder, Jürgen (2004): Einführung in die Philosophie des Geistes, Frankfurt a. M.
Schrödinger, Erwin (1985): Mein Leben, meine Weltsicht, Wien.
Schrödinger, Erwin (1989): Was ist Leben? Die lebende Zelle mit den Augen des Physikers betrachtet, München.
Schubert, Werner (Hrsg.) (1992): Strafgesetzbuch für den Norddeutschen Bund – Entwurf vom 14.02.1870 (Reichstagsvorlage), Reprint 1992, Frankfurt a. M.
Schulte, Peter (2012): »Worum geht es in der Kompatibilismusdebatte?«, in: Zeitschrift für philosophische Forschung 66, 310–334.
Schulte, Peter (2014): »Beyond Verbal Disputes: The Compatibilism Debate Revisited«, in: Erkenntnis 79, 669–685.
Schultze-Kraft, Matthias et al. (2016): »The point of no return in vetoing self-initiated movements«, in: Proceedings of the National Academy of Sciences 113(4), 1080–1085.
Schünemann, Bernd (2002): »Aporien der Straftheorie in Philosophie und Literatur. Gedanken zu Immanuel Kant und Heinrich von Kleist«, in: C. Prittwitz, M. Baurmann, K. Günther, L. Kuhlen, R. Merkel, C. Nestler, L. Schulz (Hrsg.): Festschrift für Klaus Lüderssen. Zum 70. Geburtstag am 2. Mai 2002, Baden-Baden, 327–343.
Schünemann, Bernd (1989): »Die Entwicklung der Schuldlehre in der Bundesrepublik Deutschland«, in: H. Hirsch, T. Weigend (Hrsg.): Strafrecht und Kriminalpolitik in Japan und Deutschland, Berlin.
Schwöbel, Christoph (2002): »Imago Libertatis. Freiheit des Menschen und Freiheit Gottes«, in: C. Schwöbel (Hrsg.): Gott in Beziehung, Studien zur Dogmatik, Tübingen, 227–256.
Scriven, Michael (1961) »The Key Property of Physical Laws – Inaccuracy«, in: H. Feigl, G. Maxwell (Hrsg.): Current Issues in the Philosophy of Science, New York, 91–101.
Searle, John R. (1984): Minds, brains and science, Cambridge, MA.
Searle, John R. (1993): Wollen, PhA 59, Frankfurt a. M.
Searle, John R. (2000a): »Consciousness, free action and the brain«, in: Journal of Conscious Studies, 7, No.10, 3–22.
Searle, John R. (2000b): »Was heißt, sich im Wollen orientieren«, in: M. Betzler, B. Guckes (Hrsg.): Autonomes Handeln, Beiträge zur Philosophie von Harry G. Frankfurt, Deutsche Zeitschrift für Philosophie, Sonderband 2, Berlin, 193–213.
Searle, John R. (2001a): Rationality in Action, Cambridge, Mass./London.
Searle, John R. (2001b): »Free will as a problem in neurobiology«, in: Philosophy, 76, 491–514.
Searle, John R. (2004): »Wille. Willensfreiheit«, in: Theologische Realenzyklopädie, Bd. XXXVI, Berlin/New York, 55–73.
Searle, John R. (2006a): Geist. Eine Einführung, Frankfurt a. M.
Searle, John R. (2006b): Freedom and Neurobiology. Reflections on Free Will, Language, and Political Power, New York.
Searle, John R. (2006c): »Handlung und Freiheit«, in: Philosophische Aufsätze, Tübingen.
Seebaß, Gottfried (1995): »Stufen der Pragmatisierung von deduktiv-nomologischer Erklärung, Begründung und Voraussage«, in: H. Stachowiak (Hrsg.): Pragmatik. Handbuch pragmatischen Denkens, Bd. V, Hamburg, 315–343.
Seebaß, Gottfried/Schurz, Gerhard (2006): Einführung in die Wissenschaftstheorie, Darmstadt.

Seebaß, Gottfried (2007): Willensfreiheit und Determinismus, Bd.I: Die Bedeutung des Willensfreiheitsproblems, Berlin.

Seifritz, Walter (1987): Wachstum, Rückkopplung und Chaos, München.

Sellars, Wilfrid (1956): Empiricism and the Philosophy of Mind, Harvard 1997.

Shackle, George L. S. (1979): Imagination and the Nature of Time, Edinburgh.

Sieben, Günther/Schildbach, Thomas (1990): Betriebswirtschaftliche Entscheidungstheorie, Düsseldorf, 31ff.

Simmel, Georg (1924): Kant. Sechzehn Vorlesungen, München.

Singer Wolf (2004a): »Verschaltungen legen uns fest: Wir sollten aufhören, von Freiheit zu sprechen«, in: C. Geyer (Hrsg.): Hirnforschung und Willensfreiheit. Zur Deutung der neuesten Experimente, Frankfurt a. M., 30–65.

Singer, Wolf (2002a): »Ein Frontalangriff auf unser Selbstverständnis und unsere Menschenwürde«, in: W. Singer, T. Metzinger (Hrsg.): Gehirn und Geist, 4, 32–35.

Singer, Wolf (2002b): Der Beobachter im Gehirn: Essays zur Hirnforschung, Suhrkamp 1571, Frankfurt a. M.

Singer, Wolf (2003): Ein neues Menschenbild? Gespräche über Hirnforschung, Frankfurt a. M.

Singer, Wolf (2004b): »Selbsterfahrung und neurobiologische Fremdbeschreibung. Zwei konfliktträchtige Erkenntnisquellen«, in: Deutsche Zeitschrift für Philosophie 2, 235–255.

Singer, Wolf (2005a): »Die Welt jenseits der Oszillografen. Ein Streitgespräch zwischen dem Hirnforscher Wolf Singer und dem Philosophen Marcus Willascheck«, in: Forschung Frankfurt, Das Wissenschaftsmagazin, 4/05, 84–91.

Singer, Wolf (2005b): »Grenzen der Intuition: Determinismus oder Freiheit?«, in: R. M. Kiesow et al. (Hrsg.): Summa. Dieter Simon zum 70. Geburtstag. Frankfurt a. M., 529–538.

Singer, Wolf (2006a): »Der freie Wille ist nur ein gutes Gefühl«, in: Süddeutsche Zeitung.

Singer, Wolf (2006b): »Selbsterfahrung und neurobiologische Fremdbeschreibung«, in: Krüger (Hrsg.): Hirn als Subjekt?, 39–60.

Singer, Wolf (2010): »Wann und warum erscheinen uns Entscheidungen frei?«, in: T. Stumpe, Thomas. H. Schanda (Hrsg.): Der freie Wille und die Schuldfähigkeit, in: Recht, Psychiatrie und Neurowissenschaften, Berlin, 15–35.

Slenczka, Notger (2004): »Virtutibus nemo male utitur (Augustin). Die aristotelische Tradition der Tugendethik und die protestantische Ethik. Zugleich ein Beitrag zum Verständnis der Unfreiheit des Willens«, in: H. Deuser, D. Korsch (Hrsg.): Systematische Theologie heute, Zur Selbstverständigung einer Disziplin, in: VWGTh 23, Gütersloh, 170–192.

Smart, John J. C. (2007): »The Mind-Brain Identity Theory«, in: E. N. Zalta, (Hrsg.): The Stanford Encyclopedia of Philosophy, http://plato.stanford.edu/archives/win2012/entries/mind-identity, Stand: 11.10.2013.

Smart, John J. C. (1963): »Materialism«, in: Journal of Philosophy 60, 651–662.

Smilansky, Saul (2002): »Free Will, fundamental Dualism, and the centrality of Illusion«, in: R. Kane (Hrsg.): The Oxford Handbook of Free Will, Oxford, 489–505.

Smilansky, Saul (2000): Free will and illusion, Oxford u. a.

Söffler, Detlev (1994:) Auf dem Weg zu Kants Theorie der Zeit, Frankfurt/Berlin/Bern/New York/Paris/Wien.

Solms, Mark (2003): »Was bleibt von Freud? Essay des Hirnforschers und Psychoanalytikers«, in: Spiegel spezial (2003): Die Entschlüsselung des Gehirns 4, 60.
Soon, Chun S. et al. (2008) »Unconscious determinants of free decisions in the human brain«, in: Nature Neuroscience 11, 543–545.
Soon, Chun S./He, Anna H./Bode, Stefan/Haynes, John-Dylan (2013): »Predicting free choices for abstract intentions«, in: Proceedings of the National Academy of Sciences of the United States of America 110, 6217–6222.
Spencer-Brown, George (1993/94): »Selfreference, Distinctions and Time«, in: Teoria Sociologica 2–3, 47–53.
Spinoza, Baruch de (1677): Ethik, übers. von C. Vogl, hrsg. V. F. Bülow, Stuttgart 1976.
Spitzer, Manfred (2002): Lernen. Gehirnforschung und die Schule des Lebens, Darmstadt.
Spitzer, Manfred (2004): Selbstbestimmen. Gehirnforschung und die Frage. Was sollen wir tun?, Heidelberg.
Spitzley, Thomas (1999): »Art. Willensschwäche«, in: H. J. Sandkühler (Hrsg.): Enzyklopädie Philosophie, 2 Bde., Hamburg, 758–759.
Steinvorth, Ulrich (1994): Freiheitstheorien in der Philosophie der Neuzeit, Darmstadt.
Steward, Helen (2009): »The Truth in Compatibilism and the Truth of Libertarianism«, in: Philosophical Explorations 12 (2), 167–179.
Steward, Helen (2011): Verantwortung und Strafe ohne Freiheit, Paderborn.
Steward, Helen (2012a): A Metaphysics for Freedom, Oxford.
Steward, Helen (2012b): »Keine Illusionen! Über die Grenze der Verantwortung ohne Willensfreiheit«, in: H. Fink, R. Rosenzweig, (Hrsg.): Verantwortung als Illusion? Moral, Schuld, Strafe und das Menschenbild der Hirnforschung, Paderborn, 157–171.
Stier, Marco S. F. (2001): The vienna circle, Berlin.
Stier, Marco (2014): Willensfreiheit. Bestimmt mein Gehirn oder bestimme ich?, München.
Stompe, Thomas/Schanda, Hans (Hrsg.) (2010): Der freie Wille und die Schuldfähigkeit in Recht, Psychiatrie und Neurowissenschaften, Berlin.
Stratenwerth, Günter (1977): Die Zukunft des strafrechtlichen Schuldprinzips, Heidelberg/Karlsruhe.
Strawson, Galen (1986): Freedom and belief, Oxford.
Strawson, Galen (1989) »Consciousness, Free Will, and the Unimportance of Determinism«, in: lnquiry 32, 3–27.
Strawson, Galen (1994): Mental reality, Cambridge.
Strawson, Galen (2002): »Tue bounds of freedom«, in: R. Kane (Hrsg.): The Oxford handbook of free will, New York 2002, 441–460.
Strawson, Galen (2003): »The Impossibility of Moral Responsibility«, in: G. Watson (Hrsg.): Free Will, Oxford, 212–228.
Strawson, Peter F. (1959): Einzelding und logisches Subjekt (Individuals), Stuttgart.
Strawson, Peter F. (1962): »Freedom and Resentment«, in: Strawson, P. F.: Freedom and Resentment and other Essays, London/New York 2008.
Strawson, Peter F. (1974): Freedom and Resentment and other essays, London, 1–25.
Strebel, Hanniel (2015): »Schränkt Gott seine Kontrolle zugunsten des freien menschlichen

Willens ein?«, in: https://www.evangelium21.net/media/281/schraenkt-gott-seine-kontrolle-zugunsten-des-freien-menschlichen-willens-ein, aufgerufen 15.08.2023.

Streminger, Gerhard (1992): Gottes Güte und die Übel der Welt. Das Theodizeeproblem, Tübingen.

Streng, Franz (1983): »Richter und Sachverständiger. Zum Zusammenwirken von Strafrecht und Psychowissenschaften bei der Bestimmung der Schuldfähigkeit (§§ 20, 21 StGB)«, in: H.-J. Kerner, H. Göppinger, F. Streng (Hrsg.): Kriminologie – Psychiatrie – Strafrecht. Festschrift für Heinz Leferenz zum 70. Geburtstag, Heidelberg, 397–409.

Streng, Franz (1995): »Psychowissenschaft!er und Strafjuristen«, in: NStZ, Heft 1,12–16 (1. Teil), Heft 4, 161–165.

Strobach, Niko (1998): »Logik für die Seeschlacht. Mögliche Spielzüge«, in: Zeitschrift für Philosophische Forschung 51, 105–119.

Ströker, Elisabeth (1990): »Zur Frage des Determinismus in der Wissenschaftstheorie«, in: W. Marx (Hrsg.): Determinismus – Indeterminismus, Philosophische Aspekte physikalischer Theoriebildung, Frankfurt a. M., 9–28.

Stump, Eleonore (1993): »Sanctification, Hardening of the Heart, and Frankfurt's Concept of Free Will«, in: J.M. Fischer, M. Ravizza (Hrsg.): Perspectives on Moral Responsibility, London, 211–234.

Stump, Eleonore (1996): »Libertarian Freedom and the Principle of Alternative Possibilities«, in: J. Jordan, D. Howard-Snyder (Hrsg.): Faith, Freedom, and Rationality, Lanham, 73–88.

Stump, Eleonore (1999): »Alternative Possibilities and Moral Responsibility. The Flicker of Freedom«, in: The Journal of Ethics 3, 299–324.

Stump, Eleonore/Fischer, John M. (2000a): »Transfer Principles and Moral Responsibility«, in: J.E. Tomberlin (Hrsg.): Action and Freedom, Philosophical Perspectives 14, Oxford, 47–65.

Stump, Eleonore (2000b): The Direct Argument for lncompatibilism, PPR 61, 459–466.

Stump, Eleonore (2002): »Control and Causal Determinism«, in: S. Buss/L. Overton (Hrsg.): Contours of Agency. Essays in Honor of Harry Frankfurt, Cambridge, 33–60.

Sukopp, Thomas/Vollmer, Gerhard (Hrsg.) (2007): »Naturalismus. Positionen, Perspektiven, Probleme, Tübingen.

Suppes, Patrick (1994): »Voluntary Motion, Biological Computation, and Free Will«, in: Midwest Studies in Philosophy 19, 452–467.

Swartz, Norman (1985): The Concept of Physical Law, Cambridge.

Taylor, Christopher/Dennett, Daniel (2002): »Who's Afraid of Determinism? Rethinking Causes and Possibilities«, in: Kane (Hrsg.): The Oxford Handbook of Free Will, Oxford, 257–277.

Taylor, Richard (1962): »Fatalism«, in: Philosophical Review 71, 56–66.

Taylor, Richard (1966): Action and Purpose, Englewood Cliffs, N. J.

Taylor, Richard (1974): Metaphysics, 2nd Edition, Englewood Cliffs, N. J.

Ten, Chin L. (1987): Crime, Guilt, and Punishment. A Philosophical lntroduction, Oxford/New York.

Tetens, Holm (1999): »Art. Naturgesetz«, in: H. J. Sandkühler (Hrsg.): Enzyklopädie Philosophie, 2 Bde., Hamburg, 918–922.

Tetens, Holm (2006): »Freiheitsbegriff und Lebenspraxis. Ändert sich für uns etwas, wenn wir nicht frei sind?«, in: H. Fink, R. Rosenzweig (Hrsg.): Freier Wille – frommer Wunsch? Gehirn und Willensfreiheit, Paderborn, 239–255.

Thiele, Ulrich (2007): »Willensfreiheit und Zeit. Eine Kantianische Kritik des neurophilosophischen Determinismus«, in: H. A. Kick, J. Taupitz (Hrsg.): Willensfreiheit und Abhängigkeit im Verständnis von Lernprozess und personaler Entscheidung, Berlin.

Thiem, Annika (1999): Freier Wille bei Calvin und Cochläus, ASKG 57, 101–144.

Thies, C. (2009): »Menschenbild und Ethik«, in: I. Kaplow, (Hrsg.): Mensch – Bild – Menschenbild, Anthropologie und Ethik in Ost-West-Perspektive, Weilerswist, 21–34.

Thorp, John (1980): Free Will. A Defence Against Neurophysiological Determinism, London.

Tibbetts, Paul (1995:) »Neurobiology and the Homunculus Thesis«, Man and World 28, 401–413.

Tiemeyer, Jörg (1988): »Zur Möglichkeit eines erfahrungswissenschaft!ich gesicherten Schuldbegriffs«, in: ZStW, Bd. 100, 527–566.

Tillich, Paul (1926): »Das Dämonische. Ein Beitrag zur Sinndeutung der Geschichte«, in: Sammlung gemeinverständlicher Vorträge und Schriften aus dem Gebiet der Theologie und der Religionsgeschichte, 119.

Tononi, Giulio/Koch, Christof (2008): »The Neural Correlates of Consciousness. An Update«, in: Annals of the New York Academy of Sciences 1124, 239–261.

Tretter, Felix/Gruenhut, Christine (2010): Ist das Gehirn der Geist? Einführung in die Neurophilosophie, Göttingen.

Trevena, Judy/Miller, Jeff (2002): Cortical Movement Preparation before and after a Conscious Decision to Move, ConCog 11, 162–190.

Tröndle, Herbert/Fischer, Thomas (2003): Strafgesetzbuch und Nebengesetze, München.

Tugendhat, Ernst (1989): Selbstbewußtsein und Selbstbestimmung, Frankfurt a. M. Tugendhat, Ernst (2003): Egozentrizität und Mystik, München.

Tugendhat, Ernst (2005): »Willensfreiheit und Determinismus«, in: J. Tröger (Hrsg.): Wie frei ist unser Wille? Heidelberg, 9–29.

Tugendhat, Ernst (1987): »Der Begriff der Willensfreiheit«, in: K. Cramer et al. (Hrsg.): Theorie der Subjektivität, Frankfurt a. M., 373–393.

Tugendhat, Ernst (2007a): »Willensfreiheit und Determinismus«, in: Liessmann (Hrsg.), 45–67.

Tugendhat, Ernst (2007b): Anthropologie statt Metaphysik, München.

Turkheimer, Eric (1998): »Heritability and Biological Explanation«, in: Psychological Review 105, 782–791.

Urbaniok, Frank/Hardegger, Judith/Rossegger, Astrid/Endras, Jérôme (2006): »Neurobiologischer Determinismus. Fragwürdige Schlussfolgerungen über menschliche Entscheidungsmöglichkeiten und forensische Schuldfähigkeit«, in: Fortschritte der Neurologie – Psychiatrie 74, 431–441.

Vaitl, Dieter (2006): »Das Menschenbild der Psychologie«, in: H. R. Duncker (Hrsg.): Beiträge zu einer aktuellen Anthropologie, Stuttgart.

Valéry, Paul (1988): Cahiers/Hefte, Bd. 2., Frankfurt a. M.

Valla, Lorenzo (1439): De libero arbitrio, übers. und hrsg. v. E. Keßler, lat./dt., München 1987.

Van Inwagen, Peter (1983): An Essay on Free Will, Oxford.

Venzlaff, Ulrich et al. (2020): Psychiatrische Begutachtung, ein praktisches Handbuch für Ärzte und Juristen, München/Jena.

Van Inwagen, Peter (1998): »The Mystery of Metaphysical Freedom«, in: ders., D. W. Zimmerman (Hrsg.): Metaphysics. The Big Questions, Mass./Oxford, 365–374.

Van Inwagen, Peter (2000): »Free Will Remains a Mystery«, in: Philosophical Perspectives Vol. 14, Action and Freedom, 1–19.

Van Inwagen, Peter (2002): »Free Will remains a Mystery«, in: R. Kane (Hrsg.): The Oxford Handbook of Free Will, Oxford, 158–177.

Van Inwagen, Peter (2004a): Christian Faith and the Problem of Evil, Michigan/Cambridge.

Van Inwagen, Peter (2004b): »On Free Will«, in: J. K. Campbell (Hrsg.): Freedom and Determinism. Topics in Contemporary Philosophy, Cambridge/London, 213–230.

Velleman, David J. (1993): »What Happens When Someone Acts?«, in: J. M. Fischer, M. Ravizza (Hrsg.): Perspectives on Moral Responsibility, London, 188–210.

Velleman, David J. (1989): Practical reflection, Princeton, NJ.

Velmans, Max (2003): »Preconscious free will«, in: Journal of Consciousness Studies, 10, No. 12, 42–61.

Vihvelin, Kadri (2000): »Freedom, Foreknowledge, and the Principle of Alternate Possibilities«, in: Canadian Journal of Philosophy 30, 1–24.

Vihvelin, Kadri (2000): »Libertarian Compatibilism«, Philosophical Perspectives 14, 139–166.

Vihvelin, Kadri (2004): »Free Will Demystified: A Dispositional Account«, in: Philosophical Topics 32, 427–450.

Vihvelin, Kadri (2013): Causes, Laws, and Free Will: Why Determinism Doesn't Matter, Oxford/New York.

Vihvelin, Kadri (2015): »Arguments for Incompatibilism«, in: The Stanford Encyclopedia of Philosophy (Fall 2015 Edition), https://plato.stanford.edu/archives/fall2015/entries/incompatibilism-arguments zuletzt aufgerufen am: 12.08.2017.

Vogel, Matthias (2004): »Gehirne im Kontext. Anmerkungen zur philosophierenden Hirnforschung«, in: Deutsche Zeitschrift für Philosophie 6, 985–1005.

Vohs, Kathleen D./Schooler, Jonathan W. (2008): »The Value of Believing in Free Will. Encouraging a Belief in Determinism Increases Cheating«, in: Psychological Science 19, 49–54.

Volbert, Renate/Dahle, Klaus-Peter (2010): Forensisch-psychologische Diagnostik im Strafverfahren, Göttingen u.a. 130ff. Von Liszt, Franz (1883): »Der Zweckgedanke im Strafrecht«, in: ZStW, Bd. 3, 1–47.

Von Bertalanffy, Ludwig (1970): »Diskussionsbeitrag«, in: A. Koestler, J. R. Smythies (Hrsg.): Das neue Menschenbild, Die Revolutionierung der Wissenschaft vom Leben, Ein internationales Symposion, Wien/München/Zürich.

Von Feuerbach, Paul J. A. (1799): Revision der Grundsätze und Grundbegriffe des positiven peinlichen Rechts. Teil I, Aalen 1966.

Von Foerster, Heinz (1997): Wissen und Gewissen. Versuch einer Brücke, Frankfurt.

Von Galen, Margarete (2006): »Der Standpunkt der Strafverteidigung – Plädoyer für eine

Überprüfung der Schuldkriterien«, in: Barton (Hrsg.): ... weil er für die Allgemeinheit gefährlich ist, Tagungspublikation d. 3. Bielefelder Verfahrenstage, 361–370.
Von Hartmann, Eduard (1992): Phänomenologie des sittlichen Bewußtseins, Berlin.
Von Hirsch, Andreas (2011): »Warum soll die Strafsanktion existieren? Tadel und Prävention als Elemente einer Rechtfertigung«, in: A. Hirsch, U. Neumann, K. Seelmann (Hrsg.): Strafe – Warum? Gegenwärtige Strafbegründungen im Lichte von Hegels Straftheorie, Baden-Baden, 43–66.
Von Rotterdam, Erasmus (1969): »De libero arbitrio diatribe sive collatio (1524)«, in: W. Welzig (Hrsg.): Erasmus von Rotterdam, Ausgewählte Schriften 4, Darmstadt, 1–95.
Von Wright, Georg H. (1980): »Freedom and Determination«, in: Acta Philosophica Fennica 31, 5–88.
Vorster, Hans (1965): Das Freiheitsverständnis bei Thomas von Aquin und Martin Luther, Kirche und Konfession 8, Göttingen.
Vossenkuhl, Wilhelm (2002): »Der eigene Wille«, in: T. Buchheim (Hrsg.): Die Normativität des Wirklichen. Über die Grenze zwischen Sein und Sollen, Stuttgart, 250–271.
Walde, Bettina (2003): »Ein Fingerschnipsen ist noch keine Partnerwahl«, in: Gehirn & Geist 2, 14–15.
Walde, Bettina (2006a): Willensfreiheit und Hirnforschung. Das Freiheitsmodell des epistemischen Libertarismus, Paderborn.
Walde, Bettina (2006b): »Was ist Willensfreiheit? Freiheitskonzepte zwischen Determinismus und Indeterminismus«, in: Fink, Rosenzweig (Hrsg.), 91–115.
Walde, Bettina (2009) »Willensfreiheit. Libertarisch, kompatibilistisch – oder beides?«, in: Deutsche Zeitschrift für Philosophie 57, 133–140.
Walker, Nigel (1991): Why Punish?, Oxford/New York.
Wallace, R. Jay (1994): Responsibility and the Moral Sentiments. Cambridge (Massachusetts)/ London.
Wallace, R. Jay. (2000): »Moral responsibility and the practical point of view«, in: T. van den Beld (Hrsg.): Moral responsibility and ontology, Dordrecht, 25–47.
Waller, Bruce (1988): »Free Will Gone Out of Control, in: Behaviorism 16, 149–167.
Waller, Bruce (1990): Freedom Without Responsibility, Philadelphia.
Waller, Bruce (2011): Against moral responsibility, Cambridge.
Walter, Henrik (1999): Neurophilosophie der Willensfreiheit, Paderborn.
Walter, Henrik (2006) »Sind wir alle vermindert schuldfähig? Zur Neurophilosophie der Verantwortlichkeit«, in: Barton (Hrsg.), ... weil er für die Allgemeinheit gefährlich ist!, Tagungspublikation der 3. Bielefelder Verfahrenstage, Baden-Baden, 309–334.
Walter, Henrik (2017): »Das Imperium schlägt zurück. Zur Kritik von Sven Walters vehementer Neurokritik«, in: Zeitschrift für philosophische Forschung Bd. 71, H.3. 413–417.
Walter, Henrik (2009): »Wir können auch anders? Aber nicht besser: Warum auch Keils Skizze des Libertarismus scheitert«, in: Erwägen – Wissen – Ethik 20, 69–71.
Walter, Sven (2008): »Mentale Verursachung- Standortbestimmung und Ausblick«, in: P. Spät (Hrsg.): Zur Zukunft der Philosophie des Geistes, Paderborn, 45–58.
Walter, Sven (2016): Illusion freier Wille? Grenzen einer empirischen Annäherung an ein philosophisches Problem, Stuttgart.

Walter, Tonio (2006): »Hirnforschung und Schuldbegriff. Rückschau und Zwischenbilanz«, in: A. Hoyer, H. E. Müller, M. Pawlik, J. Wolter (Hrsg.): Festschrift für Friedrich-Christian Schroeder zum 70. Geburtstag, Heidelberg/München/Landsberg/Berlin, 131–144.

Wandschneider, Dieter (2002): »Handeln und Schuldigwerden zwischen Determinismus und Freiheitsidee«, in: Prima Philosophia 15, 191–205.

Watson, Gary (1987): »Responsibility and the Limits of Evil. Variations on a Strawsonian Theme«, in: F. D. Shoeman (Hrsg.): Responsibility, Character and the Emotions. New Essays in Moral Psychology, Cambridge, 256–286

Watson, Gary (1977): »Skepticism About Weakness of Will«, in: Philosophical Review 86, 316–339.

Watzlawick, Paul (2016): Menschliche Kommunikation, Göttingen.

Wegner Daniel M. (2002): The illusion of conscious will, Cambridge (MA).

Wegner, Daniel M./Wheatley, Thalia (1999): »Apparent Mental Causation, Sources of the Experience of Will«, in: American Psychologist 54, 480–492.

Weidemann, Hermann (2003): »Allwissenheit und Freiheit«, in: S. Mischer et al. (Hrsg.): Auf Freigang. Metaphysische und ethische Annäherungen an die menschliche Freiheit, Münsteraner Philosophische Schriften 11, Münster u. a., 143–173.

Weinkauf, Wolfgang (Hrsg.) (2001): Die Philosophie der Stoa, Stuttgart.

Weischedel, Wilhelm (1979): Der Gott der Philosophen. Grundlegung einer Philosophischen Theologie im Zeitalter des Nihilismus, Bd. 2, München.

Welzel, Hans (1969): Das Deutsche Strafrecht. Eine systematische Darstellung, Berlin.

Welzer, Harald (2005): Das kommunikative Gedächtnis. Eine Theorie der Erinnerung, München.

Wetz, Franz J. (2005): Illusion Menschenwürde. Aufstieg und Fall eines Grundwertes, Stuttgart.

White, Stephen L. (1991): The unity of the self, Cambridge, MA.

Widerker, David (1995): »Libertarianism and Frankfurt's Attack on the Principle of Alternative Possibilities«, in: Philosophical Review 104, 247–261.

Widerker, David (2002): »Responsibility and Frankfurt-Type Examples«, in: R. Kane (Hrsg.): The Oxford Handbook of Free Will, Oxford, 323–334.

Widerker, David (2003): »Libertarianism and Frankfurt's Attack on the Principle of Alternative Possibilities«, in: G. Watson (Hrsg.): Free Will, Oxford, 177–189.

Widerker, David (2006): »Libertarianism and the philosophical significance of Frankfurt Scenarios«, in: Journal of Philosophy 103, 163–187.

Wiggins, David (1973): »Towards a Reasonable Libertarianism«, in: T. Honderich (Hrsg.): Essays on Freedom of Action, London 1976, 31–61.

Willaschek, Marcus (1992): Praktische Vernunft. Handlungstheorie und Moralbegründung bei Kant, Stuttgart/Weimar.

Willaschek, Marcus 1992: Verhütung oder Vergeltung? Einführung in ethische Straftheorien, Freiburg/München.

Willaschek, Marcus (2002): »DNS – Doch nicht schuldig? Zum Zusammenhang zwischen genetischer Disposition und persönlicher Verantwortung«, in: Jahrbuch für Wissenschaft und Ethik 7, 243–257.

Willaschek, Marcus (2009): »Möglichkeiten und Fähigkeiten. Einige Anmerkungen zu Geert Keils Buch Willensfreiheit«, in: Deutsche Zeitschrift für Philosophie 57, 141–148.

Willaschek, Marcus (2010): »Non-Relativist Contextualism about Free Will«, European Journal of Philosophy 18 (4), 567–587.

Willaschek, Marcus (2011): »Der Begriff der Willensfreiheit im deutschen Strafrecht«, in: C. F. Gethmann et al. (Hrsg.): Lebenswelt und Wissenschaft. XXI. Deutscher Kongreß für Philosophie 2008, Kolloquienbeiträge, Hamburg, 1185–1203.

Wingert, Lutz (2004): »Gründe zählen. Über einige Schwierigkeiten des Bionaturalismus«, in: C. Geyer (Hrsg.): Hirnforschung und Willensfreiheit. Zur Deutung der neuesten Experimente, Frankfurt a. M., 194–204.

Wittgenstein, Ludwig (1953): Philosophische Untersuchungen [1953], Schriften Bd.1, Frankfurt a. M. 1960.

Wittwer, Hector (2011): »Muss die Willensfreiheit bewiesen werden, damit sich das Schuldprinzip rechtfertigen lässt?«, in: Jahrbuch für Recht und Ethik 19, 397–425.

Wolf, Susan (1990): Freedom within Reason, New York.

Wolter, Allan B. (1997): Duns Scotus on the Will and Morality, Washington.

Wootton, Barbara (1981): Crime and the Criminal Law. Reflections of a Magistrate and Social Scientist, London.

Wuketits, Franz M. (2006): »Der Affe in uns. Scheitert das »Projekt Willensfreiheit« an unserer eigenen Vergangenheit?«, in: H. Fink, R. Rosenzweig (Hrsg.): Freier Wille – frommer Wunsch? Gehirn und Willensfreiheit, Paderborn, 67–90.

Wuketits, Franz M. (2008): Der freie Wille. Die Evolution einer Illusion, Stuttgart.

Wundt, Wilhelm (1924): Ethik, Band III. Die Prinzipien der Sittlichkeit und die sittlichen Lebensgebiete, Stuttgart.

Young, Susan J./Chesney, Simon/Sperlinger, David/Misch, Peter/Collins, Philip (2009): »A qualitative study exploring the life-course experiences of young offenders with symptoms and signs of ADHD who were detained in a residential care setting«, in: Criminal Behaviour and Mental Health 19(1), 54–63.

Zagzebski, Linda T. (2002): »Recent Work on Divine Foreknowledge and Free Will«, in: R. Kane (Hrsg.): The Oxford Handbook of Free Will, Oxford, 45–64.

Zagzebski, Linda T. (2017): »Foreknowledge and Free Will«, in: The Stanford Encyclopedia of Philosophy (Summer 2017 Edition), https://plato.stanford.edu/archives/sum2017/entries/free-will-foreknowledge/, Stand: 17.05.2018.

Zeh, Heinz D. (1970): »On the Interpretation of Measurement in Quantum Theory«, in: Foundations of Physics 1, 69–76.

Zeh, Heinz D. (1990): »Bedeutung und Problematik einiger Grundbegriffe der modernen Physik«, in: W. Marx (Hrsg.): Determinismus – Indeterminismus. Philosophische Aspekte physikalischer Theoriebildung, Frankfurt a. M., 71–110.

Zeilinger, Anton (2006): »Der Zufall als Notwendigkeit für eine offene Welt«, in: A. Zeilinger, H. Leder, E. Lichtenberger, J. Mittelstrass, R. Taschner, V. Winiwarter (Hrsg.): Der Zufall als Notwendigkeit, Wiener Vorlesungen, Wien, 19–24.

Zeilinger, Anton (2003): Einsteins Schleier. Die neue Welt der Quantenphysik, München.

Zeki, Semir (1993): A Vision of the Brain, Cambridge.

Zihlmann, Peter (2002): Macht Strafe Sinn? Sieben Fragen und ein Dutzend Geschichten rund um Recht und Gerechtigkeit, Zürich/Basel/Genf.

Zimmerman, David (1981): »Hierarchical Motivation and Freedom of the Will«, in: PPQ 62, 354–368.

Zoglauer, Thomas (1998): Geist und Gehirn. Das Leib-Seele-Problem in der aktuellen Diskussion, UTB 2066, Göttingen.

Zschorlich, Volker/Köhling, Rüdiger (2013): »How Thoughts Give Rise to Action – Conscious Motor Intention Increases the Excitability of Target-Specific Motor Circuits«, PLoS ONE 8(12): e83845, https://doi.org/10.1371/journal.pone.0083845.

Zurek, Wojciech H. (1991): »Decoherence and the transition from quantum to classical«, in: Physics Today Oct., 36–44.

Zurek, Wojciech H. (2001): »Sub-Planck Structure in phase space and its relevance for quantum decoherence«, in: Nature 412, 712–717.